꼭 알아야 할

필수

漢字

쉽게
배우기

강영수_지음

예문당

꼭 알아야 할
필수 漢字 쉽게 배우기

2006년 3월 30일 개정판 1쇄 발행

지은이 | 강영수
펴낸이 | 임일웅
펴낸곳 | 예문당
책임편집 | 조경희
본문교정 | 정순화 · 오미경
표　　지 | Design4u
본문인쇄 | (주)청우인쇄
표지인쇄 | (주)예일정판
제　　책 | (주)기환제책
출　　력 | (주)해성문화사
제　　작 | 김성찬
마케팅 | 황정규 · 김용운

주　　소 | 130-800 서울특별시 동대문구 답십리4동 16-4호
전　　화 | (02)2243-4333 · 4334
팩　　스 | (02)2243-4335
E·mail | lforest@korea.com
등　　록 | 1978년 1월 3일 제5-43호

*본사는 출판물 윤리 강령을 준수합니다.

정가 13,000 원

머리말

한자 교육의 문제는 교육계만이 아니라 사회적으로도 큰 문제이다. 이는 한자의 혼용 문제가 불거져 나오기만 하면 금시 찬반 논쟁이 과열되는 것만 봐도 알 수 있다. 한쪽에서는 이를 다만 문자적 면으로만 보고 우리글이 아니므로 배격하려 하고, 한쪽에서는 이를 우리 문화의 일부로 보고 포용하려고 한다. 그래서 논쟁은 어느 한쪽의 우세함이 없이 과열된다. 사실 컴퓨터 시대에 살면서 표의문자인 한자를 혼용한다는 것은 시대적으로 역행하는 처사가 된다. 그렇다고 대학교육까지 마친 사람이 자신을 낳아준 부모의 이름 석 자를 한자로 쓸 수 없는 사람이 있다는 것은 분명히 우리 문화에 이상 신호를 보여주는 것이다.

우리의 언어에서 순 우리말과 한자 가운데 어느쪽이 더 많은가를 찾아본다면 단연 우리 말이 많다고 단정할 수 없을 것이다. 그것이 학술 용어에서는 더욱 그렇다. 그러나 이들 용어들을 한글전용 방침에 따라 모두 한글로 표기해 놓는다. 그래서 그 글의 내용을 쉽게 이해할 수 없다. 이것이 오늘의 현실이다. 표기는 한글로 하고 뜻은 한자어를 빌어서 사용한다. 이런 불합리한 문제는 사회 모든 분야에서 이루어지고 있다. 직장에서는 아직도 한자를 많이 사용한다. 이것이 법원에서는 말할 것도 없다. 법률 용어는 한자를 모르는 신세대가 본다면 마치 외국어를 음역해 놓은 것 같을 것이다. 한자 한 단어, 구절 등의 의미를 정확히 따져 이해해야 할 내용이, 이처럼 이해할 수 없는 용어들로 이루어졌음에도 한글전용론자들은 한자 교육문제만 나오면 펄쩍 뛴다. 이것이 과연 바람직한 국어교육인가고 묻고 싶다.

한글을 배우기는 쉽다. 그러나 대부분 한자로 만들어진 단어들의 뜻은 이해되지 않는다. 그래서 암기해야만 된다. 그러나 한자는 배우기는 어려우나 그 뜻을 알고 나면 단어가 지닌 의미를 이해할 수 있다. 이것이 한자가 지닌 가장 큰 장점이다. 요즘에는 다른 주장을 펴는 사람들도 있다. 한자권 문화에 속하는 인구가 세계 인구의 4할이 된다고 한다. 영어 사용권 인구보다 많다는 것이다. 그러므로 당연히 가르쳐야 한다는 것이다.

한자를 배우기란 소문처럼 그렇게 어렵지 않다. 오히려 한글전용론자들이 한자교육의 단점들만 부각시키는 때문에 소문만 나빠지고 그래서 감각적으로 자꾸 낯설게 만든다. 이것이 한자교육을 어렵게 만든다. 한자의 구성은 '부수' 라는 기준에 의해 질서 있게 만들어져 있다. 그러므로 부수가 지닌 의미와 기본자에 대한 '음' 만 알고 나면 왠만큼은 배운 셈이 된다. 그리고 우리가 사용하는 수만 단어들은 이렇게 구성된 한자들로 조합시켜 만들어 지고 있다. 한자의 조어 능력이 뛰어나다는 것은 이 때문이다. 최근에 번역되는 각 분야의 학술·사상서적들은 모두 이와 같은 한자의 조어능력에 의하여 번역되고 있다.

본 서에서는 필수 한자 1,800자와 3급 수준에 포함되는 7자를 더 넣어 1807자를 쉽게 배우도록 풀어서 설명했다. 또 한자를 1807자로 선정한 것은 물론 한국어문교육 연구회에서 선정한 데에 따랐다. 그러나 이 정도의 한자만 익힌다면 그 의미의 이해능력에 의해 그 이상의 한자까지도 뜻을 이해할 수 있을 것이란 저자의 생각에 의한 것이기도 하다. 그리고 이 책은 한자의 활용단어와 비슷한 의미를 가진 한자를 틈틈이 정리하여 그 의미의 차이를 설명했으며, 모양이 비슷하지만 사실은 다른 한자들 역시 모아서 서로 혼동됨이 없도록 했다. 그리고 반대되는 한자와 잘못 읽기 쉬운 한자, 덧붙여진 의미 등을 정리하여, 현재 사회생활에서 사용하기 편리하도록 만들었으며 동시에 한자 구성의 원리와 의미 등을 이해하여 그 이상의 한자어에 대한 의미를 추측할 수 있게 했다. 그리고 이런 비교 정리한 곳에는 별색 인쇄로 하여 쉽게 찾아볼 수 있도록 시각적인 면까지 고려했다. 한자를 배우려는 여러분에게 많은 도움이 되리라 믿는다.

1. 한자의 부수

(1) 부수(部首)란 무엇인가

한자(漢字) 한글자 한글자의 뜻을 풀어 모아 자전(字典)을 만들 경우에 찾아보기 쉽게 배열하기 위하여 수 많은 한자의 형태를 분석하여 서로 공통되는 부분이 있는 글자들끼리 모을 필요가 있었다. 이 글자 집단을 부(部)라 하고, 각 부의 글자들에서 서로 공통되는 부분을 부수(部首)라 한다.

이를테면 日部(일부)에는 '日', '時', '曜', '春', '是', '星' 등과 같이 '日'을 바탕으로 해서 이루어진 글자들을 모으고, '日'을 부수로 하고 있다.

(2) 부수의 구실

㉠ 부수는 주로 상형자와 지사자로 되어 있으며, 그 부의 가장 기본이 되는 글자 구실을 한다.   ㉡ 글자의 개략적인 뜻을 나타낸다.

㉢ 자전에서 글자의 음과 뜻을 찾는 데에 활용된다. 이를테면, '水(氵)'가 부수인 한자는 물과 관계가 깊음을 나타낸다.

江 (강 강)　　淸 (맑을 청)

深 (깊을 심)　　海 (바다 해)

溪 (시내 계)　　洗 (씻을 세)

(3) 부의 수와 부수의 명칭

부는 현재 214부로 확정되어 있다. 따라서 부수도 214 글자이다. 부수의 명칭은 특히, 관습적인 명칭보다 원래의 음과 뜻을 기억해야 뜻을 짐작할 수 있다. 예를 들어 'ㅡ'을 관습적으로 '갓머리'라고 하나, 원래 '집 면'이다. 이것을 '집 면'으로 기억하면 'ㅡ'이 부수인 한자는 집과 관련이 있음을 쉽게 알 수 있다.

(4) 부수의 변형

부수 글자는 다른 글자와 합쳐져 새로운 글자를 이룰 경우, 놓여지는 위치에 따라 모양이 달라진다. 몇 가지 예를 도표로 보이면 다음과 같다.

변형된 부수	원래의 부수	변형의 원인	부수가 나타내는 뜻
ㄴ (새을 방)	乙 (새 을)	방에 위치 : 亂	새의 앞가슴처럼 굽음
亻 (사람 인 변)	人 (사람 인)	변에 위치 : 仙	사람과 관련된 성질 및 행위
儿(걷는 사람 인 발)	人 (사람 인)	발에 위치 : 先	사람이 걷는 것과 관련됨.
巛 (내 천 머리 개미 허리)	川 (내 천)	머리에 위치 : 災	흐르는 물과 관련됨.

⺀ (얼음 빙 변 이 수 변)	冰 (얼음 빙)	변에 위치 : 冷	찬물, 차다, 시원하다.
氵 (물 수 변 삼 수 변)	水 (물 수)	변에 위치 : 江	물과 관련된 성질이나 동작
忄 (마음 심 변 심방 변)	心 (마음 심)	변에 위치 : 情	마음
扌 (손 수 변 던질 투 변)	手 (손 수)	변에 위치 : 投	손 또는 손으로 인한 동작
犭 (개사슴록 변)	犬 (개 견)	변에 위치 : 獨	동물 또는 동물 같은 성질
阝 (좌부, 방<변>)	阜 (언덕 부)	변에 위치 : 防	언덕, 막히다, 막다
阝 (우부 방)	邑 (고을 읍)	방에 위치 : 郡	고을, 사람이 모인 곳
王 (구슬 옥 변)	玉 (구슬 옥)	변에 위치 : 珠	구슬, 보물
灬 (불 화 발)	火 (불 화)	발에 위치 : 然	불, 불로 인한 작용
刂 (육달 월)	肉 (고기 육)	변에 위치 : 胸	고기, 살, 신체의 일부분
⺾ (풀 초 머리 초 두)	艸 (풀 초)	머리에 위치 : 花	풀, 나무
示 (보일 시 변)	示 (보일 시)	변에 위치 : 祝	신(神), 신에 정성을 보이다.
衤 (옷 의 변)	衣 (옷 의)	변에 위치 : 被	옷, 천, 옷감

(5) 부수의 위치와 명칭

한자의 글자 모양을 자세히 살펴보면, 부수는 항상 한 글자의 형태 안에서 일정한 위치(位置)를 차지하고 있으며, 이러한 부수의 위치는 한자를 기억하고 습득하는 데 필요한 학습 요소가 될 수 있다. 부수의 위치를 크게 구분하면 대체로 다음과 같이 나눌 수 있다.

① 변 〔扁; 편〕 : 왼쪽 부분을 차지하는 부수

예   亻(<人> 사람 인) → 仁(인), 信(신), 仙(선)
　　　彳(자축거릴 척) → 往(왕), 待(대), 得(득)
　　　扌(<手> 손 수) → 持(지), 指(지), 授(수)

부수가 놓인 위치가 '변'이므로 亻(사람 인 변), 彳(자축거릴 척 변), 扌(손 수 변)이라고 한다.

② 방 [旁 ; 방] : 오른쪽 부분을 차지하는 부수

> 예
>
> 攵(<攴> 칠 복) → 收(수), 改(개), 放(방)
> 欠(하품 흠) → 次(차), 欲(욕), 歌(가)
> 頁(머리 혈) → 頭(두), 順(순), 頂(정)

부수가 놓인 위치가 '방'이므로, 攵(칠 복 방), 欠(하품 흠 방), 頁(머리 혈 방)이라고 한다.

③ 머리 [冠 ; 관] : 위 부분에 놓여 있는 부수

> 예
>
> 宀(집 면) → 宇(우), 安(안), 家(가)
> 艹(<艸> 풀 초) → 花(화), 落(락), 草(초)
> 竹(<竹> 대 죽) → 笑(소), 筆(필), 答(답)

위에서, 부수 이름을 宀(집 면), 艹(풀 초), 竹(대 죽)이고, 놓인 자리의 이름이 '머리'이므로 宀(집 면 머리), 艹(풀 초 머리), 竹(대 죽 머리)라고 한다.

④ 발 [=다리, 脚 ; 각] : 아래 부분에 놓인 부수

> 예
>
> 皿(그릇 명) → 盆(익), 盛(성), 盡(진)
> 心(마음 심) → 忠(충), 意(의), 思(사)
> 儿(어진 사람 인) → 光(광), 元(원), 兄(형)

위에서, 부수 이름은 皿(그릇 명), 心(마음 심), 儿(걷는 사람 인)이고, 놓인 자리의 이름이 '발'이므로 皿(그릇 명 발), 心(마음 심 발), 儿(걷는 사람 인 발)이라고 한다.

⑤ 밑 [=엄, 垂 ; 수] : 위와 왼쪽을 싸는 부수

> 예
>
> 广(집 엄) → 店(점), 度(도), 庭(정)
> 尸(주검 시) → 居(거), 尾(미), 屋(옥)
> 虍(범 호) → 虎(호), 虛(허), 處(처)

부수 이름이 '밑'이므로, 广(집 엄 밑), 尸(주검 시 밑), 虍(범 호 밑)이라고 한다. '밑'을 '엄'이라고도 한다.

⑥ **받침** 〔辵 ; 착〕 : 왼쪽과 밑을 싸는 부수

> 예   辶(쉬엄쉬엄 갈 **착**) → 道(도), 近(근)
>
> 走(달아날 **주**) → 起(기)
>
> 廴(길게 걸을 **인**) → 建(건)

위에서, 부수 이름은 辶(쉬엄쉬엄 갈 **착**), 走(달아날 **주**), 廴(길게 걸을 **인**)이고, 놓인 자리의 이름이 '받침'이므로 辶(쉬엄쉬엄 갈 착 받침), 走(달아날 주 받침), 廴(길게 걸을 인 받침)이라 한다.

⑦ **몸과 안** 〔構 ; 구〕 : 아래와 같은 형태로 결합된 경우, 빗금 친 부분을 '몸'이라 하고, 빗금을 치지 아니한 부분을 '안'이라고 한다.

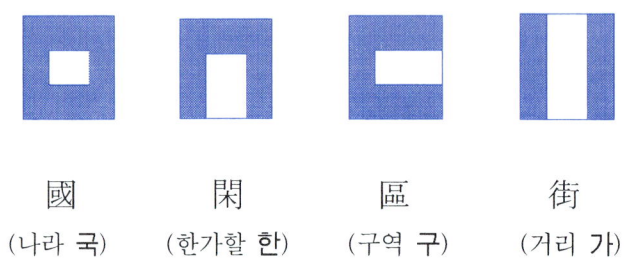

國	閑	區	街
(나라 **국**)	(한가할 **한**)	(구역 **구**)	(거리 **가**)

위에서, 부수의 이름은 囗(에울 **위**), 門(문 **문**), 匸(감출 **혜**)이고, 놓인 자리의 이름이 '몸'이므로 囗(에울 위 몸), 門(문 문 몸), 匸(감출 혜 몸)이라고 한다.

⑧ **독립형**(부수 글자) : 하나의 부수 글자로만 짜여진 경우를 말한다.

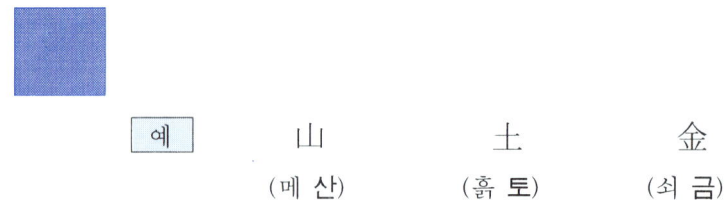

> 예   山   土   金
>
>   (메 **산**)   (흙 **토**)   (쇠 **금**)

2. 부수의 명칭

1획

一 한 일
丨 뚫을 곤
丶 점
丿 삐침
乙 새 을
亅 갈구리궐

2획

二 두 이
亠 돼지해머리
人(亻)사람인변
儿 어진사람인발
入 들 입
八 여덟 팔
冂 멀경몸
冖 민갓머리
冫 이수변
几 안석궤
凵 위튼입구몸
刀(刂)칼 도
力 힘 력
勹 쌀포몸
匕 비수비
匚 튼입구몸
匸 감출혜몸
十 열 십
卜 점 복
卩(㔾)병부 절
厂 민음 호

厶 마늘 모
又 또 우

3획

口 입구변
囗 큰입구몸
土 흙 토
士 선비 사
夂 뒤져올치
夊 천천히걸을쇠발
夕 저녁 석
大 큰 대
女 계집 녀
子 아들 자
宀 갓머리
寸 마디 촌
小 작을 소
尢(兀)절름발이왕
尸 주검시 엄
屮 왼손 좌
山 뫼산
巛(川)개미허리
工 장인 공
己 몸 기
巾 수건 건
干 방패 간
幺 작을 요
广 엄호 밑
廴 민책받침
廾 스물입발
弋 주살 익
弓 활 궁
彐(彑)튼가로 왈

彡 터럭삼 방
彳 두인변
忄(心)심방변
扌(手)재방변
氵(水)삼수변
犭(犬)개사슴록변
阝(邑)우부방
阝(阜)좌부방

4획

心(忄)마음 심
戈 창 과
戶 지게 호
手(扌)손 수
支 지탱할 지
攴(攵)등글월문
文 글월 문
斗 말 두
斤 날 근
方 모 방
无 이미기방
日 날 일
曰 가로 왈
月 달 월
木 나무 목
欠 하품흠방
止 그칠 지
歹(歺)죽을사변
殳 갖은등글월문
毋 말 무
比 견줄 비
毛 털 모
氏 각시 씨

气 기운기엄
水(氵)물 수
火(灬)불 화
爪(爫)손톱조머리
父 아비 부
爻 점괘 효
爿 장수장변
片 조각 편
牙 어금니 아
牛 소우변
犬(犭)개 견
王(玉)구슬옥변
耂(老)늙을로엄
月(肉)육달월변
卄(艸)초 두
辶(辵)책받침

5획

玄 검을현
玉(王)구슬 옥
瓜 외 과
瓦 기와 와
甘 달 감
生 날 생
用 쓸 용
田 밭 전
疋 필 필
疒 병질엄
癶 필발머리
白 흰 백
皮 가죽 피
皿 그릇명밑
目(罒)눈 목

10

矛	창 모
矢	화살 시
石	돌 석
示(礻)	보일시변
内	짐승발자국유
禾	벼 화
穴	구멍 혈
立	설 립

6획
竹	대 죽
米	쌀 미
糸	실 사
缶	장군부
网(罒)	그물망
羊	양 양
羽	깃 우
老(耂)	늙을 로
而	말이을 이
耒	가래 뢰
耳	귀 이
聿	오직 율
肉(月)	고기 육
臣	신하 신
自	스스로 자
至	이를 지
臼	절구 구
舌	혀 설
舛	어그러질천
舟	배 주
艮	괘이름 간
色	빛 색
艸(艹)	초두

7획
見	볼 견
角	뿔 각
言	말씀 언
谷	골 곡
豆	콩 두
豕	돼지 시
豸	발없는벌레치
貝	조개 패
赤	붉을 적
走	달아날 주
足	발 족
身	몸 신
車	수레 거
辛	매울 신
辰	별 신
辵(辶)	책받침
邑(阝)	고을 읍
酉	닭 유
釆	분별할채
里	마을 리

8획
金	쇠 금
長(镸)	길 장
門	문 문

阜(阝)	언덕부
隶	미칠 이
隹	새 추
雨	비 우
靑	푸를 청
非	아닐 비

9획
面	낯 면
革	가죽 혁
韋	다룬가죽위
韭	부추구
音	소리 음
頁	머리 혈
風	바람 풍
飛	날 비
食	밥 식
首	머리 수
香	향기 향

10획
馬	말 마
骨	뼈 골
高	높을 고
髟	터럭발밑
鬥	싸움 투
鬯	울창주창
鬲	오지병격
鬼	귀신 귀

11획
| 魚 | 고기 어 |
| 鳥 | 새 조 |

鹵	잔땅 로
鹿	사슴 록
麥	보리 맥
麻	삼 마

12획
黃	누를 황
黍	기장 서
黑	검을 흑
黹	바느질치

13획
黽	맹꽁이맹
鼎	솥 정
鼓	북 고
鼠	쥐 서

14획
| 鼻 | 코 비 |
| 齊 | 가지런할제 |

15획
| 齒 | 이 치 |

16획
| 龍 | 용 룡 |
| 龜 | 거북 귀(구) |

17획
| 龠 | 피리악변 |

11

| 口의
2 총
5획 | 可 | ★ ★ ★
옳음 가
가치 가 | · 可決(가결) 의안을 옳다고 결정함.
· 可否(가부) 옳고 그름의 여부.
· 可觀(가관) · 可能(가능) · 可當(가당) · 可動(가동)
· 可望(가망) · 可變(가변) · 可笑(가소) · 可視(가시)
· 可聽(가청) · 認可(인가) · 可及的(가급적) · 不可
能(불가능) · 不可思議(불가사의) · 曰可曰否(왈가
왈부) | 一
一
口
可 |

풀이 口와 음을 나타내는 丁를 합쳐 '좋다'하고 말로써 허용하다의 뜻.

| 力의
3 총
5획 | 加 | ★ ★ ★
더할 가
더욱 가 | · 加工(가공) 인공을 더함.
· 加味(가미) 맛을 더함.
· 加算(가산) · 加勢(가세) · 加速(가속) · 加熱(가열)
· 加外(가외) · 加入(가입) · 加重(가중) · 加害(가해)
· 增加(증가) · 參加(참가) · 追加(추가) · 加算稅(가
산세) · 加速度(가속도) · 加害者(가해자) · 雪上加
霜(설상가상) | フ
力
加
加
加 |

풀이 입을 뜻하는 口와 힘을 뜻하는 力을 합쳐 힘주는 투로 말하다의 뜻. 후에 욕을 퍼붓다의 뜻에서 더하다의 뜻이 됨.

| 亻의
6 총
8획 | 佳 | 아름다울 가
좋을 가 | · 佳人(가인) 미인, 당대의 재사(才士).
· 佳景(가경) 아름다운 경치(景致).
· 佳句(가구) · 佳味(가미) · 佳配(가배) · 佳寶(가보)
· 佳約(가약) · 佳言(가언) · 佳作(가작) · 佳節(가절)
· 佳行(가행) | 丿
亻
仁
仹
佳 |

풀이 사람을 뜻하는 亻과 음을 가리키는 圭(규)[가는 변음]를 합쳐 아름다운 사람이라는 뜻을 나타냄. 일반적으로 아름답다, 좋다의 뜻으로 씀.

참고
⊕ 부수풀이 · 人(사람 인): 사람이 서 있는 모양의 뜻을 지님.
❖ 비슷한 의미를 가진 한자 · 착하다의 뜻을 가진 글자 →善(선)

| 宀의
7 총
10획 | 家 | 집 가
전문가 가 | · 家內(가내) ① 집안 친척, 집안 식구. ② 온 집안.
· 家事(가사) 한집안 살림살이.
· 家計(가계) · 家業(가업) · 家屋(가옥) · 家長(가장)
· 家庭(가정) · 家族(가족) · 國家(국가) · 農家(농가)
· 生家(생가) · 作家(작가) | 丶
宀
宇
家
家 |

풀이 집을 뜻하는 宀과 음을 나타내는 豭(시:'가는 변음임)를 합쳐서 사람이 있는 집이란 뜻. ①집, 가족 ②남편, 서방, 아내 ③학문이나 기예에 능한 사람.

참고
❖ 비슷한 의미를 가진 한자 · 집의 뜻을 가진 글자 家(가)는 일반적인 집 · 저택. 室(실)은 가족들이 있는 깊숙한 방. 宅(택)은 몸을 담는 곳. 舍(사)는 여관처럼 쉬기 위하여 묵는 곳. 屋(옥)은 사람이 있는 방의 뜻에서 가옥.

11

亻획 9 총 11획	假 ★★ 임시 가 빌려 줌 가	· 假面(가면) 거짓으로 꾸민 표정. · 假想(가상) 가정하여 생각함. · 假橋(가교) · 假令(가령) · 假名(가명) · 假死(가사) · 假說(가설) · 假設(가설) · 假聲(가성) · 假性(가성) · 假定(가정) · 眞假(진가) · 假建物(가건물) · 假分 數(가분수) · 假執行(가집행) · 假處分(가처분)	亻 亻 作 假 假

[풀이] 사람을 뜻하는 亻와 음을 가리키는 叚(가)를 합쳐서 다른 사람을 대신한다는 뜻.

行획 6 총 12획	街 ★★ 거리 가 네거리 가	· 街道(가도) 큰 길거리. · 街頭(가두) 시가지의 길거리. · 街角(가각) · 街道(가도) · 街頭(가두) · 商街(상가) · 街路燈(가로등) · 街路樹(가로수) · 市街戰(시가전) · 市街地(시가지) · 紅燈街(홍등가) · 歡樂街(환락가)	彳 彳 往 街 街

[풀이] 길을 뜻하는 行과 음을 나타내는 圭[규→가]를 합쳐서 시가의 가로 세로를 통하는 길이라는 뜻. 널리 거리의 뜻으로 쓰임.

[참고]
※ **부가의미** · ①갈림길. ②별 이름 등의 뜻도 있음.

日획 9 총 13획	暇 ★★ 겨를 가 한가할 가	· 閑暇(한가) 할 일이 없어 시간이 많음. · 病暇(병가) 몸의 병으로 얻는 휴가. · 暇隙(가극) · 暇日(가일) · 餘暇(여가) · 休暇(휴가)	日 日 晔 睱 暇

[풀이] 日과 음을 나타내는 叚(가)를 합쳐서 하루를 한가롭게 집에서 지내다의 뜻.

[참고]
※ **부가의미** · ①휴일. ②차분히 자리 잡음 등의 뜻도 있음.

欠획 10 총 14획	歌 ★★★ 노래 가 노래할 가	· 歌詞(가사) 노래의 내용이 되는 문구. · 歌曲(가곡) · 歌手(가수) · 歌謠(가요) · 歌謠曲(가 요곡) · 歌人(가인) · 歌才(가재) · 歌題(가제) · 歌 集(가집) · 歌體(가체) · 歌風(가풍) · 高聲放歌(고 성방가) · 校歌(교가) · 國歌(국가) · 軍歌(군가) · 流行歌(유행가) · 祝歌(축가)	一 可 哥 歌 歌

[풀이] 입을 벌리다의 뜻인 欠과 소리를 길게 빼다의 뜻인 哥를 합쳐서 입을 벌리고 어미를 길게 빼서 노래하다의 뜻.

價

亻의 13
총 15획

값 가
값어치 가

| ノ |
| 亻 |
| 仴 |
| 俨 |
| 價 |

풀이 사람을 뜻하는 亻과 음을 나타내는 賈(가)를 합쳐 값이라는 뜻을 나타냄.

· 價格(가격) 금. 값. 금새.
· 價値(가치) 값어치. 보람. 효용.
· 單價(단가) · 代價(대가) · 市價(시가) · 時價(시가)
· 低價(저가) · 定價(정가) · 好價(호가)

참고

❖ **비슷한 의미를 가진 한자** · 價(가)와 値(치)의 구별: 둘 다 값어치라는 뜻으로 쓰이지만, 價(가)는 값을, 値(치)는 주로 수학에서 쓰임. · 그때의 값→時價(시가). 본디의 값→元價(원가). 비싼 값→高價(고가). 싼 값→廉價(염가). 절반 값→半額·半價(반액·반가). 사는 값→買價(매가). 파는 값→賣價(매가).

各

口의 3
총 6획

각각 각
제각각 각

| ノ |
| ク |
| 夂 |
| 冬 |
| 各 |

풀이 다리를 뜻하는 足(족)을 거꾸로 한 모양인 夂(치)와 음을 나타내는 口(구)[각은 변음]를 합쳐 높은 곳에서 내리다의 뜻. 후에 각각이라는 뜻에서 쓰게 됨.

· 各位(각위) 여러분.
· 各自(각자) 각각의 자신.
· 各各(각각) · 各個(각개) · 各界(각계) · 各國(각국)
· 各其(각기) · 各論(각론) · 各離(각리) · 各般(각반)
· 各別(각별) · 各所(각소) · 各心(각심) · 各樣(각양)
· 各員(각원) · 各位(각위) · 各人(각인) · 各自(각자)
· 各種(각종) · 各地(각지) · 各處(각처) · 各層(각층)

참고

❖ **부가의미** · 따로 따로, 제각기의 뜻도 있음.
◪ **모양이 비슷한 한자** · 各(각기 각) 各種(각종)
　　　　　　　　　　　· 名(이름 명) 姓名(성명)

角

角의 0
총 7획

뿔 각
모 각
귀 각

| ノ |
| 广 |
| 介 |
| 角 |
| 角 |

풀이 돋아나기 시작한 짐승의 뿔 모양을 본뜸. 뿔을 뜻함.

· 角度(각도) 각의 크기.
· 鹿角(녹각) 사슴의 뿔.
· 角弓(각궁) · 角帶(각대) · 角度(각도) · 角燈(각등)
· 角力(각력) · 角膜(각막) · 角膜炎(각막염) · 角帽 (각모) · 角木(각목) · 角砂糖(각사탕) · 角笛(각적)
· 角錢(각전) · 角材(각재) · 角質(각질) · 四角(사각)

참고

❖ **부가의미** · ①견줌. 겨룸. ②모퉁이. ③각도. ④쌍상투. ⑤이마의 뼈 등의 뜻도 있음.

刻

刂의 6
총 8획

새김 각
시각 각

| 、 |
| 十 |
| 亥 |
| 亥 |
| 刻 |

풀이 칼을 뜻하는 刂와 음을 나타내는 亥(해)[각은 변음]를 합쳐 금을 새긴다는 뜻을 나타냄. 널리 새기다의 뜻으로 쓰임.

· 刻薄(각박) 모나고 인정이 없음.
· 陽刻(양각) 돋을 새김. 철형(凸形)으로 새김.
· 刻苦(각고) · 刻骨(각골) · 刻刀(각도) · 刻銘(각명)
· 刻印(각인) · 刻針(각침) · 頃刻(경각) · 時刻(시각)
· 篆刻(전각)

참고

❖ **부가의미** · ①상처를 냄. 괴롭힘. ②가련함. ③물시계의 눈금. 시각 등의 뜻도 있음.

月의7 총11획	**脚** 다리 각 하지 각	・脚本(각본) 연극의 대사 따위를 적은 글. ・健脚(건각) 튼튼한 다리. ・脚光(각광)・脚氣(각기)・脚色(각색)・脚線美(각선미)・脚註(각주)・脚下(각하)・馬脚(마각)・飛脚(비각)・三脚(삼각)・船脚(선각)・失脚(실각)

[풀이] 살을 뜻하는 月(월)과 음을 나타내는 却(각)을 합쳐서 다리의 뜻을 나타냄.

[참고]

❖ 부가의미 ・입장의 뜻도 있음.

月 肐 肰 胠 脚

門의6 총14획	**閣** 다락집 각 내각 각	・閣議(각의) 내각의 會議(회의). ・樓閣(누각) 높은 다락집. ・閣僚(각료)・閣外(각외)・閣員(각원)・閣議(각의) ・閣筆(각필)・閣下(각하)・高閣(고각)・金閣(금각) ・內閣(내각)・佛閣(불각)・入閣(입각)・組閣(조각)

[풀이] 門(문)과 음을 나타내는 各(각)을 합하여 대문을 잠그는 빗장의 뜻. 널리 높은 건물의 뜻으로 쓰임.

[참고]

❖ 부가의미 ・①관성(官省). ②복도, 낭하(廊下). ③사닥다리. ④꼿꼿함. ⑤찬장. ⑥선반. ⑦높음. ⑧개구리 소리 등의 뜻도 있음.

厂 門 門 閁 閣 閣

見의13 총20획	★ **覺** 깨달음 각 깨우침 각	・覺悟(각오) 도리를 깨달음. 앞으로 닥쳐 올 일을 알아차리고 마음을 정함. ・覺醒(각성) 이전의 잘못을 깨달아 정신을 차림.

[풀이] 보다의 뜻인 見과 음을 나타내는 (교)[각은 변음]를 합쳐서 눈앞이 확 트여 선명하게 보이다의 뜻. 널리 깨닫다・외다의 뜻.

[참고]

❖ 비슷한 의미를 가진 한자 ・깨닫다의 뜻을 가진 글자 覺(각)은 모르던 것을 분명히 알게 됨. 悟(오)는 해매던 마음이 갈피를 잡게 됨. 깨다의 뜻을 가진 글자 覺(각)은 꿈에서 깨어 현실로 돌아옴. 醒(정)은 술에 취했다가 깨어남.

干의0 총3획	★ **干** 방패 간 막을 간 천간 간	・干滿(간만) 썰물과 밀물. ・干涉(간섭) 남의 일에 참견(參見)함. ・干戈(간과)・干求(간구)・干祿(간록)・奸物(간물) ・干犯(간범)・干城(간성)・干與(간여)・干潮(간조) ・干支(간지)・干拓(간척)

[풀이] 끝이 두 갈래인 창의 모양을 본뜸. 창으로 찌르다의 뜻. 후에 범하다・막다・방패의 뜻으로 쓰임.

[참고]

❖ 부가의미 ・①범함. ②천간(天干). ③참견함. ④생강(生薑) 등의 뜻도 있음.

◻ 모양이 비슷한 한자 ・干(방패 간) 干戈(간과)
　　　　　　　　　・于(어조사 우) 于今(우금)

一 二 干

刂의 3 총5획	**刊** 새길 간 각 간 출판할 간	· 刊行(간행) 인쇄하여 출판함. 출판. · 新刊(신간) 새로 발행한 책. · 刊本(간본)·刊行物(간행물)·季刊(계간)·公刊(공간)·旣刊(기간)·發刊(발간)·夕刊(석간)·旬 刊(순간)·月刊(월간)·日刊(일간)·停刊(정간)· 朝刊(조간)·週刊(주간)·增刊(증간)·創刊(창간)

풀이 칼을 뜻하는 刂와 음을 나타내는 干(간)을 합쳐 판본에 글자를 새겨 인쇄한다는 뜻.

참고
⊕ **부수풀이** · 刀(刂)(칼 도): 칼의 모양을 본뜬 자. 그 쓰임에서 자르다, 베다, 나누다 등의 뜻으로, 그 속성에서 위엄의 뜻으로도 쓰임.

一
二
千
刊
刊

月의 3 총7획	**肝** 간 간 요긴할 간	· 肝臟(간장) 담즙의 분비, 양분의 저장, 요소의 생성, 해독 작용 등을 하는 장기. · 心肝(심간) 심장과 간장. 깊이 생각하고 있는 마음. · 肝膽(간담)·肝要(요간)·肝油(간유)·肝腸(간장) 洗肝(세간)·忠肝(충간)·肺肝(폐간)

풀이 살을 뜻하는 月과 음을 나타내는 干(간)을 합쳐서 생기의 근원이 되는 창자·간이라는 뜻.

참고
❊ **부가의미** · 마음의 뜻도 있음.

丿
刀
月
肝
肝

★ 目의 4 총9획	**看** 볼 간 지킬 간	· 看破(간파) 보아서 속을 알아차림. · 看護(간호) 환자나 어린이 등을 보살펴 돌봄. · 看客(간객)·看經(간경)·看過(간과)·看病(간병) · 看守(간수)·看做(간주)·看取(간취)·看板(간판) · 慣看(관간)·登看(등간)·愁看(수간)·臥看(와간) · 傳看(전간)·走馬看山(주마간산)·回 (회간)

풀이 눈[目]과 손[手]을 합하여 눈 위에 손을 대고 멀리 바라봄을 뜻함.

참고
❊ **부가의미** · 자세히 봄. 감시함. 보살핌의 뜻도 있음.
❖ **비슷한 의미를 가진 한자** · 보다의 뜻을 가진 글자로는 見(견)이 있음.
⊕ **잘못읽기 쉬운 한자** · 看做 간주 (간고로 읽지 말것)

一
二
手
看
看

★ ★ ★ 門의 4 총12획	**間** 사이 간 틈 간 간 간	· 間間(간간) 간간이. 드문드문. · 林間(임간) 수풀 사이. · 間選(간선)·間食(간식)·間接(간접)·間紙(간지) · 間或(간혹)·空間(공간)·期間(기간)·年間(연간) · 世間(세간)·時間(시간)·日間(일간)·行間(행간)

풀이 본래의 글자 閒은 門과 음을 나타내는 月을 합하여 문의 틈이란 뜻. 후에 間자가 생겨 閒은 사이, 間(閒)은 여기, 조용함의 뜻으로 구별하여 쓰게 됨.

참고
⊡ **모양이 비슷한 한자** · 問(물을 문) 問題(문제)
　　　　　　　　　　　· 間(사이 간) 間隔(간격)
⊕ **잘못읽기 쉬운 한자** · 間歇 간헐 (간흘로 읽지 말것)

冂
尸
門
門
間

干의 10 총 13획	幹	줄기 간 몸 간

· 幹部(간부) 단체의 수뇌부의 임원.
· 根幹(근간) 뿌리와 줄기. 근본.
· 幹事(간사) · 幹線(간선) · 幹枝(간지) · 骨幹(골간)
· 主幹(주간) · 才幹(재간) · 材幹(재간)

풀이 幹이 정자로서 나무를 뜻하는 干[木은 잘못 적은 것임]과 음을 나타내는 幹(간)을 합쳐서 나무의 쪽 곧은 부분이라는 뜻. 널리 중요한 곳이라는 뜻으로 쓰임.

참고

❖ **부가의미** · ①일을 맡음. ②재능, 솜씨 등의 뜻도 있음.

十 古 𠦝 倝 幹

心의 13 총 17획	★ ★ ★ 懇	간절할 간 정성 간

· 懇切(간절) 지성스럽고 절실함.
· 懇談(간담) 정답게 얘기함.
· 懇曲(간곡) · 懇求(간구) · 懇篤(간독) · 懇望(간망)
· 懇命(간명) · 懇願(간원) · 懇請(간청) · 悃懇(곤간)
· 勤懇(근간) · 誠懇(성간)

풀이 心[마음]과 음을 나타내는 狠(간)을 합쳐서 마음을 다하여 섬기다의 뜻. 널리 간절하다의 뜻으로 쓰임.

참고

❖ **비슷한 의미를 가진 한자** · 懇(간)은 정성을 다하여 친절하게 함. 慇(은)과 懃(근)은 정을 깃들여 함, 소홀하게 여기지 않음. 寧(령)은 되풀이해서 말함, 즉 친절하다의 뜻.

竹의 12 총 18획	★ 簡	편지 간 대쪽 간 간단히 간

· 書簡(서간) 편지.
· 簡易(간이) 간단하고 쉬움.
· 簡潔(간결) · 簡單(간단) · 簡略(간략) · 簡明(간명)
· 簡拔(간발) · 簡選(간선) · 簡素(간소) · 簡約(간약)
· 簡閱(간열) · 簡易(간이) · 間紙(간지) · 簡捷(간첩)
· 簡擇(간택) · 簡便(간편) · 簡忽(간홀) · 竹簡(죽간)

풀이 竹[대]과 음을 나타내는 間(간)을 합하여 글자를 쓸 수 있도록 깎은 대나무 조각을 뜻함. 널리 책 · 편지의 뜻으로 쓰임.

참고

❖ **부가의미** · ①고름. 선발함. ②검열. 살펴봄. ③간단함. ④대범함. 까다롭지 아니함. 소홀히 함. ⑤간 함. 간언(諫言)을 올림. ⑥정성. 성의 등의 뜻도 있음.

竹 𥬦 𥲲 𥳑 簡 簡

甘의 0 총 5획	★ 甘	달 감 맛날 감

· 甘苦(감고) ①단맛과 쓴맛. ②즐거움과 괴로움. 甘酸(감산). 苦樂(고락). ③고생을 달게 여김.
· 甘味(감미) 단 맛. 맛이 담.
· 甘露(감로) · 甘露水(감로수) · 甘栗(감률) · 甘美(감미) · 甘酸(감산) · 甘受(감수) · 甘心(감심) · 甘雨(감우) · 甘蔗(감자) · 甘酒(감주) · 甘草(감초)

풀이 甘[입]속의 것을 一로 나타냄. 입 속에 넣고 맛보다의 뜻. 널리 맛나다, 달다의 뜻으로 씀.

참고

❖ **잘못읽기 쉬운 한자** · 甘蔗 감자 (감서로 읽지 말것)

一 十 廿 甘 甘

減

★
氵의 9
총 12획

덜 감
줄 감
뺄 감

- 減價(감가) 값을 감함.
- 減收(감수) 수입이나 수확이 적어짐.
- 減量(감량)·減免(감면)·減産(감산)·減算(감산)
- 減稅(감세)·減少(감소)·減水(감수)·減刑(감형)
- 輕減(경감)·急減(급감)·節減(절감)·增減(증감)

[풀이] 氵[물]과 음을 나타내는 咸 [함→감]을 합쳐서 물이 적어지다의 뜻. 널리 줄다의 뜻으로 씀

[참고]
❖ 비슷한 의미를 가진 한자 · 減(감)은 적어지다의 뜻. 耗(모)는 닳아 적어지다의 뜻임.
· 減殺 감쇄 (감살로 읽지 말것)

氵 氵 氵 減 減

敢

★
攵의 8
총 12획

굳셀 감
감히 감

- 敢行(감행) 과감하게 행함.
- 勇敢(용감) 용기 있고 과감함.
- 敢死(감사)·甘言(감언)·敢然(감연)·敢爭(감쟁)
- 敢鬪(감투)·敢行(감행)·果敢(과감)

[풀이] 본디 글자는 𣪊로서 두 손 을 뜻하는 𠬪와 음을 나타내는 古 (고)[감은 변음]를 합쳐서 자진하여 잡다의 뜻. 널리 자진하여 일을 하 다의 뜻으로 쓰임.

[참고]
❖ 부가의미 ·①용기가 있음. ②구태여. ③뿌리치고 함. ④분별없이 등의 뜻도 있음.

一 下 百 軒 敢

感

★ ★ ★
心의 9
총 13획

느낄 감
감동할 감

- 感動(감동) 깊이 느껴 마음이 움직임.
- 感謝(감사) 고맙게 느낌.
- 感氣(감기)·感性(감성)·感電(감전)·感情(감정)
- 感知(감지)·交感(교감)·多感(다감)·同感(동감)
- 反感(반감)·私感(사감)

[풀이] 心[마음]과 음을 나타내는 𢦏[함→감]이 합쳐서 마음이 움직이 다, 감동되다의 뜻을 나타냄.

[참고]
❖ 부가의미 ·①고맙게 여김. ②마음속에 생각함. ③알아 차림. ④느껴서 영향을 받음의 뜻도 있음.

厂 后 咸 咸 感

監

★ ★
皿의 9
총 14획

볼 감
감옥 감
벼슬 감

- 監督(감독) 보살펴 단속함.
- 監査(감사) 감독하고 검사함.
- 監軍(감군)·監禁(감금)·監理敎(감리교)·監房 (감방)·監事(감사)·監査(감사)·監守(감수)·監 視(감시)·監獄(감옥)·監察(감찰)·監護(감호)· 舍監(사감)·總監(총감)·學監(학감)

[풀이] 물을 담는 대애[皿]와 큰 눈 [臣]과 사람[人]을 합하여 사람이 물그림자를 보다의 뜻. 널리 비추어 보다의 뜻으로 씀.

[참고]
✛ 부수풀이 · 皿(그릇 명): 위가 넓고 받침이 있는 쟁반 모양을 본떠 그릇을 뜻함.

一 ⊤ 臣 監 監

金의 14 총 22획

鑑

거울 감
볼 감

풀이 거울의 본디 글자 監(감)이 물거울인데 대하여 쇠붙이로 만든 거울을 나타내기 위하여 金자를 더하였음. 監은 음을 나타냄.

· 鑑定(감정) 사물의 선악(仙惡)·우열(愚劣)을 분별하여 정함.
· 龜鑑(귀감) 본받을 만한 모범, 본보기.
· 鑑戒(감계)·鑑別(감별)·鑑査(감사)·鑑賞(감상)
· 鑑識(감식)·鑑定士(감정사)·鑑止(감지)·鑑札(감찰)·龜鑑(귀감)·圖鑑(도감)·門鑑(문감)

참고
❖ 부가의미 · ①본보기. ②살펴봄. 고찰함. ③식별함. ④본뜸. 거울삼음. ⑤밝음. ⑥경계함 등의 뜻도 있음.

★

田의 0 총 5획

甲

갑옷 갑
첫째 천간 갑

풀이 껍질이 벌어진 모양을 본뜸. 또 싹터서 아직 겉껍질을 쓰고 있는 모양을 본뜸. 싹이 나기 시작하다의 뜻. 바뀌어 처음, 제일을 뜻함. 또 씨의 껍질, 단단한 껍데기의 뜻.

· 甲冑(갑주) 갑옷과 투구.
· 回甲(회갑) 환갑. 61세 되는 해.
· 甲富(갑부)·甲乙(갑을)·甲種(갑종)·同甲(동갑)
· 六甲(육갑)·甲勤稅(갑근세)·甲骨文字(갑골문자)

참고
❖ 부가의미 · ①비롯함. ②으뜸. ③떡잎이 남. 싹틈. ④법령. ⑤과거. ⑥대궐. ⑦아무개 등의 뜻도 있음.

★ ★ ★

氵의 3 총 6획

江

물 이름 강
강 강

풀이 물[氵]이 오랜 세월 흐르면서 만든[工] 것이 강(江)이란 뜻임.

· 江山(강산) 강과 산.
· 江村(강촌) 강가의 마을.
· 江上(강상)·江心(강심)·江河(강하)·江湖(강호)
· 長江(장강)·江南北(강남북)·豆滿江(두만강)·八道江山(팔도강산)

참고
❖ 부가의미 · 큰 내의 뜻도 있음.
⊕ 부수풀이 · 水(氵)(물 수): 물줄기가 흘러가는 모양을 본뜸.

阝의 6 총 9획

降

내릴 강
항복할 항

풀이 阝[산]과 두 발이 아래쪽으로 향한 것을 본뜬 夅을 합쳐서 산을 내려오다의 뜻.

· 降雨(강우) 비가 내림. 또는 내린 비.
· 降伏·降服(항복) 힘이 다하여 적에게 굴복함.
· 降等(강등)·降福(강복)·降神(강신)·降下(강하)
· 乘降(승강)·下降(하강)·降雪量(강설량)·降水量(강수량)·降雨量(강우량)·急降下(급강하)

참고
❖ 부가의미 · ①굴복함. ②항복시킴. 높은 곳에서 내려옴. ③내려놓음. 내림. 끌어 내림. ④지상으로 내려옴. 後(후). ⑤내리게 함. 왕녀를 신하에게 시집 보냄. 계급을 내림. ⑥하늘에서 떨어짐. 떨어짐. 비·눈이 내림. 높은 곳에서 떨어짐 등의 뜻도 있음.

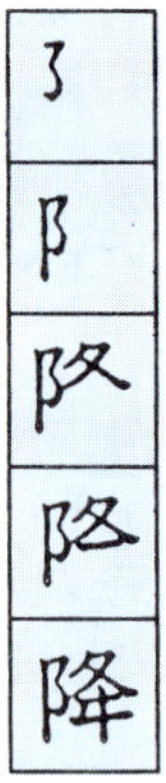

19

刂의 8 총 10획	 굳셀 강 억셀 강	· 剛柔(강유) 굳셈과 부드러움. · 外柔內剛(외유내강) 겉으로 보기에는 부드러우나 속은 강함. · 剛介(강개) · 剛健(강건) · 剛梗(강경) · 剛斷(강단) · 剛膽(강담) · 剛力(강력) · 剛性(강성) · 剛忍(강인) · 剛直(강직)	丨 冂 冂 岡 岡 剛

풀이 칼을 뜻하는 刂와 음을 나타내며 단단하다는 뜻인 岡(강)을 합쳐 단단하고 강한 칼을 뜻함. 널리 강하다는 뜻으로 쓰임.

참고
❖ 부가의미 · ①힘이 셈. ②정신이 굳음. ③기력이 한창임. ④단단함. ⑤무서움. ⑥무서움 등의 뜻도 있음.
❖ 비슷한 의미를 가진 한자 · 단단하다의 뜻을 가진 글자→堅(견)

广의 8 총 11획	★  편안할 강 튼튼할 강	· 康寧(강녕) 건강하고 마음 편안함. · 健康(건강) 몸에 탈이 없고 튼튼함. · 康健(강건) · 康衢(강구) · 康濟(강제) · 康候(강후) · 康熙字典(강희자전) · 康熙帝(강희제) · 安康(안강)	亠 广 庐 庚 康

풀이 절굿공이를 두 손으로 잡고 찧는 모양인 康과 쌀겨를 뜻하는 八를 합쳐서 쌀겨를 뜻함. 널리 편안하다의 뜻으로는 빌어 쓰임.

참고
❖ 부가의미 · ①다섯 갈래가 난 큰 거리. ②큼. ③성씨의 하나 등의 뜻도 있음.
❖ 비슷한 의미를 가진 한자 · 편안하다의 뜻을 가진 글자→安(안)

弓의 8 총 11획	★ ★ ★  강할 강 힘쓸 강 억지로 강	· 强硬(강경) 굳세게 버티어 굽히지 않음. · 强要(강요) 강제로 요구함. · 强權(강권) · 强度(강도) · 强力(강력) · 强賣(강매) · 强勢(강세) · 强手(강수) · 强弱(강약) · 强敵(강적) · 强調(강조) · 强直(강직) · 强打(강타) · 强風(강풍) · 强行(강행)	그 弓 弘 弘 強

풀이 벌레를 뜻하는 虫과 나타낸다는 의미의 弘[홍→강]을 합쳐서 바구미(벌레 이름)라는 뜻이 변해 '강하다'의 뜻으로 쓰임

참고
❖ 부수풀이 · 弓(활 궁) : 땅을 잴 때 활의 길이를 기준삼는 데서 땅을 재는 자의 뜻으로 쓰임.
❖ 반대되는 한자 · 强(강할 강)↔弱(약할 약)

糸의 8 총 14획	 벼리 강 대강 강	· 綱目(강목) 대강과 세목(細目). · 紀綱(기강) 으뜸이 되는 중요한 규율과 질서. · 綱紀(강기) · 綱領(강령) · 綱常(강상) · 綱常之變 (강상지변) · 綱要(강요) · 大綱(대강) · 要綱(요강)	糸 糸 紀 綱 綱

풀이 糸(실)와 음을 나타내는 岡(강)을 합하여 굵고 단단한 밧줄이라는 뜻.

참고
❖ 부가의미 · ①도덕 · 법칙 · 규율. ②대강(大綱). 동류의 사물을 크게 구별함. 유별(類別). ③맴. 잡아 묶음. ④통치함. ⑤줄. 행렬. ⑥근본 등의 뜻도 있음.
❖ 모양이 비슷한 한자 · 綱(벼리 강) 綱領(강령)
· 網(그물 망) 魚網(어망)

講

言의 10 총 17획

★

풀이할 강
배울 강

· 講堂(강당) 강의나 의식을 행하는 건물 또는 방.
· 講習(강습) 학문과 기예를 배우고 익힘.
· 講究(강구)·講讀(강독)·講論(강론)·講士(강사)
· 講師(강사)·講義(강의)·講和(강화)·開講(개강)
· 受講(수강)·終講(종강)·休講(휴강)

言 言 誹 講 講

[풀이] 言[말]과 음을 나타내는 冓[구]를 합쳐서, 의논해서 화합한다는 뜻으로, 후에 쉽게 풀이하다의 뜻으로 씀.

[참고]

❊ 부가의미 · ①강구함. 꾀함. ②화해함. 강화함 등의 뜻도 있음.

介

人의 2 총 4획

낄 개
도울 개

· 介意(개의) 마음에 두고 생각함.
· 媒介(매개) ①중간에 관계를 맺어 주는 일. ②전파하는 일
· 介入(개입)·介在(개재)·介弟(개제)·岡介(강개)
· 紹介(소개)·仲介人(중개인)

丿 人 介 介

[풀이] 人(인)과 물건을 가른다는 뜻인 八(팔)을 합쳐 사람이 물건을 가르다의 뜻.

[참고]

❊ 부가의미 · ①도움. 보좌함. ②중개(仲介). ③사이에 둠. ④경계(境界). ⑤갑옷. ⑥절개 등의 뜻도 있음.
❖ 비슷한 의미를 가진 한자 · 돕다의 뜻을 가진 글자
→助(조)

改

攴의 3 총 7획

★ ★ ★

고칠 개
바로잡을 개

· 改悛(개전) 잘못을 뉘우쳐 개심(改心)함.
· 改革(개혁) 새롭게 뜯어고침.
· 改良(개량)·改名(개명)·改善(개선)·改選(개선)
· 改設(개설)·改心(개심)·改惡(개악)·改定(개정)
· 改題(개제)·改造(개조)·改宗(개종)

ㄱ ㄹ 改 改 改

[풀이] 매를 든 모양인 攴과 음을 나타내는 己[기→개]를 합쳐서 귀신을 매로 때려 쫓다의 뜻. 귀신을 쫓고 새해를 맞는다는 뜻에서 고치다의 뜻으로 쓰이게 됨.

[참고]

◈ 잘못읽기 쉬운 한자 · 改竄 개찬 (개서로 읽지 말것)
· 改悛 개전 (개준으로 읽지 말것)
· 槪括 개괄 (개활로 읽지 말것)

個

亻의 8 총 10획

★

낱 개

· 個性(개성) 개체의 특성.
· 別個(별개) 서로 다른 것.
· 個當(개당)·個數(개수)·個人(개인)·個中(개중)
· 個體(개체)·個別的(개별적)·個人技(개인기)·
個人的(개인적)·數個(수개)

亻 亻 個 個 個

[풀이] 사람을 뜻하는 亻과 음을 가리키는 固[고→개]를 합쳐서 사람이 죽어서 해골이 된다는 뜻. 지금은 물건을 셀 때 붙임.

[참고]

❊ 부가의미 · 전체에 대한 하나의 뜻도 있음.
◈ 부수풀이 · 人(사람 인): 사람이 서 있는 모양의 뜻을 지님.

21

門의 4
총12획

開 열 개
펼 개

[풀이] 門과 음을 나타내는 开[견:개는 변음]의 변형인 幵를 합하여 양쪽 문짝을 벌려서 열다의 뜻임.

· 開業(개업) 사업을 시작함.
· 開放(개방) 열어 터놓음.
· 開講(개강)·開國(개국)·開明(개명)·開發(개발)
· 開設(개설)·開祖(개조)·開通(개통)·開閉(개폐)
· 開學(개학)·開花(개화)·未開(미개)·續開(속개)

[참고]
❖ **부가의미** ·①문화가 발달함. ②펌. 벌림. ③넓게 깖.
④핌. ⑤개우침. ⑥놓아 줄 등의 뜻도 있음.
❖ **반대되는 한자** ·開(열 개)↔閉(닫을 폐)

冂 冂 門 門 門 開

木의 11
총15획

概 대개 개
절개 개

[풀이] 木(나무)과 음을 나타내는 旣(기)[개는 변음]를 합쳐서 말에 담은 곡물을 쏠어서 고르게 하는 평미레를 뜻함. 후에 대개·대체로의 뜻으로 씀.

· 概要(개요) 대강의 요점(要點).
· 大概(대개) 그저 웬만한 정도로.
· 概觀(개관)·概括(개괄)·概念(개념)·概念的(개념적)·概略(개략)·概論(개론)·概算(개산)·概說(개설)·概數(개수)·概言(개언)·概評(개평)·概況(개황)·景概(경개)·氣概(기개)·一概(일개)

[참고]
❖ **부가의미** ·①됨[計]. ②풍취(風趣).③절개, 절조 등의 뜻도 있음.
❖ **잘못읽기 쉬운 한자** ·概括 개괄 (개활로 읽지 말 것)

木 朾 栖 栖 概 概

宀의 6
총9획

客 손님 객
나그네 객

[풀이] 집을 뜻하는 宀과 음을 나타내는 各[각→개]을 합쳐서 집에 오는 사람. 손님의 뜻임.

· 客氣(객기) 객적게 부리는 혈기.
· 客地(객지) 나그네살이하는 고장.
· 客苦(객고)·客死(객사)·客舍(객사)·客席(객석)
· 客人(객인)·客主(객주)·客地(객지)·過客(과객)
· 觀客(관객)·來客(내객)·旅客(여객)

[참고]
❖ **모양이 비슷한 한자** ·客(손 객) 主客(주객)
·容(쉬울 용) 容貌(용모)
❖ **반대되는 한자** ·客(손님 객)↔ 主(주인 주)

宀 宀 宇 客 客

曰의 3
총7획

更 다시 갱
고칠 경

[풀이] 몽둥이를 들고 억지로 시키다의 뜻인 攴과 음을 나타내는 丙[병→경]을 합쳐서, 억지로 좋은 방향으로 이끌다의 뜻. 널리 '고치다'의 뜻으로 쓰임.

· 更新(경신) 옛것을 고쳐 새롭게 함.
· 更正(경정) 바르게 고침.
· 更年期(갱년기)·更生(갱생)·更紙(갱지)·更改(경개)·更代(경대)·更新(경신)·更衣(경의)·更張(경장)·更正(경정)·更訂(경정)·更迭(경질)·變更(변경)·三更(삼경)·追加更正(추가경정)

[참고]
❖ **부가의미** ·①하룻밤을 2시간씩 다섯으로 나눈 시각을 일컫는 말. ② 재차, 또 등의 뜻도 있음.

一 冂 百 百 更 更

ム의3 총5획  갈 거 버릴 거	· 去來(거래) 물건을 사고 파는 일. · 除去(제거) 덜어 없앰. · 去事(거사) · 去勢(거세) · 去處(거처) · 去就(거취) · 收去(수거) · 退去(퇴거) · 去來所(거래소) · 過去 事(과거사) · 商去來(상거래) · 暗去來(암거래)	一 十 土 去 去
(풀이) 뚜껑있는 밥그릇 모양을 본 뜸. 뚜껑을 열고 밥을 담으므로 걷 어치운다는 뜻.	(참고) ❈ 부가의미 · ①버림. 죽음. ②덜어냄. ③지나갈 때 등의 뜻도 있음.	

工의2 총5획 巨 클 거 많을 거	· 巨富(거부) 큰 부자. 많은 재산. · 巨人(거인) 몸이 유난히 큰 사람. · 巨金(거금) · 巨大(거대) · 巨頭(거두) · 巨木(거목) · 巨物(거물) · 巨山(거산) · 巨商(거상) · 巨人(거인) · 巨視的(거시적)	｜ 厂 𠃋 𡰥 巨
(풀이) 모서리가 직각인 큰 자와 그것을 들기 쉽게 단 손잡이의 모 양을 본 뜸, 널리 크다의 뜻으로 쓰 임.	(참고) ❈ 부가의미 · 億(억)의 뜻도 있음. ❒ 모양이 비슷한 한자 巨(클 거) 巨大(거대) · 臣(신하 신) 臣下(신하)	

車의0 총7획 車 수레 거 수레 차	· 車馬(거마) 수레와 말. 탈것의 총칭. · 車庫(차고) 차를 넣어 두는 곳집. · 停車場(정거장) · 急停車(급정거) · 人力車(인력거)	一 厂 百 亘 車
(풀이) 사람이 타는 수레를 본뜸. 부수로는 수레에 관한 뜻을 나타냄.	(참고) ❈ 부가의미 · 성씨의 하나의 뜻도 있음. ❁ 잘못읽기 쉬운 한자 · 車馬 거마 (차마로 읽지 말것)	

尸의5 총8획 居 살 거 있을 거	· 居住(거주) 자리를 잡고 머물러 삶. 또 그곳. · 居處(거처) 거주하는 곳. · 居間(거간) · 居室(거실) · 起居(기거) · 同居(동거) · 別居(별거) · 住居(주거) · 居中調停(거중조정) · 日居月諸(일거월저)	ㄱ ㄱ 尸 尼 居
(풀이) 사람의 엉덩이를 뜻하는 尸 와 음을 나타내는 古[고→거]를 합 쳐서 엉덩이를 한곳에 두어 움직이 지 않는다는 뜻.	(참고) ❈ 부가의미 · ①머무름. ②벼슬을 하지 않음. 불교에서 법명을 가진 속인을 일컫는 말 등의 뜻도 있음.	

拒

扌의5 총8획

★

막을 거
겨룰 거

[풀이] 손을 뜻하는 扌=手와 음을 나타내는 巨(거)를 합쳐서 손으로 막다, 거절하다의 뜻.

- 拒否(거부) 승낙하지 않고 물리침.
- 拒逆(거역) 명령을 거스름.
- 拒否權(거부권)·拒絶(거절)·拒止(거지)·固拒(고거)·反拒(반거)·防拒(방거)·辭拒(사거)·前拒(전거)·折拒(절거)

[참고]
❊ 부가의미 · 다다름의 뜻도 있음.

扌 扌 扡 扡 拒

距

足의5 총12획

떨어질 거
어길 거

[풀이] 足[다리]과 음을 나타내는 巨(거)를 합하여 닭의 며느리발톱의 뜻. 후에 거리(距離)를 두다의 뜻으로 씀.

- 距離計(거리계) 거리를 측정하는 기계. 사진기·측량기 등에 쓰임.
- 距離標(거리표) 길가에 세워 거리를 나타내 보이는 표목(標木).
- 距骨(거골)·距離(거리)

[참고]
❊ 부가의미 · ①며느리발톱. 닭 따위의 뒷발톱. ②서로 공간적으로 떨어져 있음 등의 뜻도 있음.

口 口 足 距 距

據

扌의13 총16획

의지할 거
웅거할 거

[풀이] 손을 뜻하는 扌=手와 음을 나타내는 豦(거)를 합쳐서 손으로 매달리다의 뜻. 널리 기대다, 의지하다의 뜻으로 씀.

- 據點(거점) 활동의 근거가 되는 지점.
- 論據(논거) 논설이나 이론의 근거.
- 根據(근거)·本據(본거)·依據(의거)·典據(전거)·占據(점거)·準據(준거)·證據(증거)·占據(점거)
- 割據(할거)

[참고]
❊ 부가의미 · ①의탁함. ②깊음. ③누름 등의 뜻도 있음.
✛ 부수풀이 · 手(손 수): 손의 모양을 본뜬 자.

扌 扌 扩 扩 掳 據

擧

手의13 총17획

★ ★ ★

들 거
올릴 거

[풀이] 手[손]와 음을 나타내는 與[여→거]를 합쳐서 손으로 들어올린다는 뜻.

- 擧手(거수) 손을 위로 들어올림.
- 擧行(거행) 일을 일으켜 행함.
- 擧國(거국)·擧動(거동)·擧論(거론)·擧名(거명)
- 擧事(거사)·科擧(과거)·大擧(대거)·選擧(선거)
- 列擧(열거)·義擧(의거)·壯擧(장거)·快擧(쾌거)
- 擧國的(거국적)

[참고]
❖ 비슷한 의미를 가진 한자 · 擧(거)는 두 손으로 올림. 아래에 있는 것을 위로 올림. 上(상)은 아래에서 위로 올림. 揚(양)은 높이 떠오름.

厂 厃 臷 與 擧

件

亻의 4
총 6획

물건 건
사건 건

- 件名(건명) 일이나 물건의 이름.
- 事件(사건) 일거리. 뜻밖에 일어난 일.
- 件件(건건)·件名簿(건명부)·件數(건수)·物件(물건)·要件(요건)·一件(일건)·條件(조건)

풀이 亻과 음을 나타내는 牽의 약자 牛를 합쳐서 가르다의 뜻.

참고

❖ 부가의미 · ①것(물건, 사건, 조건 등)의 뜻. ②사물의 이름. ③범죄 사건의 명칭 등의 뜻도 있음.

筆順: ノ 亻 亻 亻 件

建

廴의 6
총 9획

세울 건
지을 건

- 建設(건설) 새로 만들어 세움.
- 建議(건의) 의견을 내어 말함.
- 建國(건국)·建立(건립)·建物(건물)·建造(건조)·再建(재건)·重建(중건)·土建(토건)·建議案(건의안)·假建物(가건물)

풀이 붓을 가지고 있다는 뜻인 聿과 천천히 나아간다는 廴을 합쳐서 붓을 세우고 천천히 쓰다의 뜻. 후에 세우다의 뜻으로 쓰임.

참고

❖ 비슷한 의미를 가진 한자 · 建(건)은 집을 세움. 만듦. 시작함. 立(립)은 사람이 땅덩이를 굳건히 디디고 서다에서 나온 글자.
❖ 반대되는 한자 · 建(세울 건)↔壞(무너뜨릴 괴)

筆順: 기 ㄱ 클 建 建

健

亻의 9
총 11획

굳셀 건
튼튼할 건

- 健康(건강) 몸에 탈이 없어 튼튼함.
- 健勝(건승) 건강함.
- 健脚(건각)·健康診斷(건강진단)·健啖(건담)·健忘(건망)·健步(건보)·健實(건실)·健兒(건아)·健胃劑(건위제)·健在(건재)·健全(건전)·健鬪(건투)·健筆(건필)·剛健(강건)·强健(강건)

풀이 사람을 뜻하는 亻과 음을 나타내는 建(건)을 합쳐 사람이 의젓하게 서 있다는 뜻. 일방적으로 굳건하다는 뜻으로 쓰임.

참고

❖ 부가의미 · 어렵게 여김의 뜻도 있음.

筆順: 亻 亻 伊 律 健

乾

乙의 10
총 11획

하늘 건
마를 건

- 乾坤一擲(건곤일척) 운명과 흥망을 하늘에 맡기고 단번에 성패(成敗)를 겨룸.
- 乾達(건달) 직접 관계도 없는 일에 잘 덤비고 허풍을 치며 돌아다니는 사람.
- 乾物(건물)·乾枯(건고)·乾坤(건곤)·乾期(건기)·乾畓(건답)·乾德(건덕)·乾酪(건락)

풀이 초목이 자라나는 모양을 나타낸 乙과 음을 나타내는 倝(건·간)을 합쳐 하늘로 올라 감을 뜻함. 후에 마르다의 뜻으로 씀.

참고

❖ 비슷한 의미를 가진 한자 · 마르다의 뜻을 가진 글자 乾(건)은 물기가 없어짐.↔濕(습). 燥(조)는 불에 쬐어 바삭바삭하게 됨.↔潤(윤).

筆順: 一 古 草 卓 乾

イ의 10 총 12획	傑 뛰어날 걸 준걸할 걸	

· 俊傑(준걸) 재주와 슬기가 뛰어난 사람.
· 豪傑(호걸) 지용이 뛰어나고 기개와 풍모가 있는 사람.
· 傑氣(걸기) · 傑物(걸물) · 傑士(걸사) · 傑作(걸작)
· 傑出(걸출) · 女傑(여걸) · 英傑(영걸) · 雄傑(웅걸)
· 人傑(인걸)

[풀이] 사람을 뜻하는 イ과음을 나타내는 桀(걸)을 합쳐서 뛰어난 인물이라는 뜻을 나타냄.

[참고]
※ 반대되는 한자 · 傑(뛰어날 걸)↔拙(못날 졸)

イ의 13 총 15획 ★ ★	儉 검소할 검 적을 검	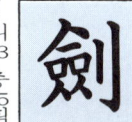

· 儉素(검소) 검약하고 질박함. 낭비하지 않고 알뜰함. 사치하지 않고 수수함. 질소(質素).
· 儉約(검약) 검소하고 절약함. 비용을 적게 함. 절약 (節約).
· 儉德(검덕) · 儉朴(검박) · 恭儉(공검) · 勤儉(근검)
· 廉儉(염검) · 節儉(절검)

[풀이] 사람을 뜻하는 イ과 음을 나타내는 僉(첨)[검은 변음]을 합쳐 사람을 엄격하게 조사한다는 뜻을 나타냄. 일반적으로 낭비를 하지 않는다는 뜻으로 쓰임.

[참고]
※ 부가의미 · ①요긴하지 않은 일은 하지 않음. ②부족함. ③자기를 낮춤 등의 뜻도 있음.

リ의 13 총 15획	劍 칼 검	｀ 厶 命 僉 劍

· 劍術(검술) 칼 쓰는 재주.
· 短劍(단검) 짤막한 칼.
· 劍客(검객) · 劍戟(검극) · 劍道(검도) · 劍舞(검무)
· 劍法(검법) · 劍士(검사) · 劍術(검술) · 劍俠(검협)
· 刀劍(도검) · 木劍(목검) · 長劍(장검)

[풀이] 칼을 뜻하는 リ와 음을 나타내는 僉(첨)[검은 변음]을 합쳐 글이 뾰족하고 양쪽 날을 가진 칼을 뜻함.

[참고]
※ 부가의미 · ①죽임. 칼로 찔러 죽임. ②검법. 검술 등의 뜻도 있음.

木의 13 총 17획 ★ ★	檢 봉할 검 검사할 검	

· 檢問(검문) 검사하고 물음.
· 檢閱(검열) 검사하여 열람함.
· 檢擧旋風(검거선풍) · 檢鏡(검경) · 檢校(검교) · 檢尿(검뇨) · 檢斷(검단) · 檢便(검변) · 檢分(검분)
· 檢事(검사) · 檢使(검사) · 檢査(검사) · 檢算(검산)
· 檢索(검색) · 檢束(검속) · 檢屍(검시) · 檢視(검시)
· 檢眼(검안) · 檢疫(검역) · 檢印(검인) · 檢認定(검인정) · 檢字(검자) · 檢定(검정) · 檢證(검증)

[풀이] 木[나무]과 음을 나타내는 僉[첨→검]을 합쳐서 '나무상자에 챙기다'의 뜻. 후에 조사하다의 뜻으로 쓰임.

[참고]
※ 부가의미 · ①봉(封). 봉인함. ②단속함 등의 뜻도 있음.

格 격식 격 / 격차 격

木의 6 총 10획 ★★★

[풀이] 木과 음을 나타내는 各(각)을 합쳐서 높은 나무를 뜻함. 후에 글자를 빌어 규칙·다다르다 등의 뜻으로 쓰임.

- 格子(격자) ①대갓끈의 대통들 사이에 꿴 둥근 구슬. ②창 등의 정간(井間)을 맞추어 짠 나무오리나 대오리.
- 格調(격조) ①시가(詩歌)의 체제(體制)와 가락. ②사람의 품격(品格). 인격(人格).
- 格納庫(격납고) · 格談(격담) · 格物致知(격물치지)
- 格別(격별) · 格式(격식) · 格言(격언) · 格外(격외)

[참고]
❉ 부가의미 · ①바로 잡음. ②재목을 종횡으로 짜 맞춘 것. ③신분, 지위 정도. ④중지함. 막음 등의 뜻도 있음.

才 扌 扗 扲 挌

激 과격할 격

氵의 13 총 16획 ★

[풀이] 氵[물]과 음을 나타내는 敫(격)을 합쳐서 물이 힘차게 튄다는 뜻. 널리 '심하다'의 뜻으로 씀.

- 激奮(격분) 몹시 흥분(興奮)함.
- 過激(과격) 지나치게 격렬함.
- 激減(격감) · 激怒(격노) · 激湍(격단) · 激突(격돌)
- 激動(격동) · 激浪(격랑) · 激勵(격려) · 激烈(격렬)
- 激論(격론) · 激流(격류) · 激務(격무) · 激發(격발)
- 激變(격변) · 激憤慷慨(격분강개) · 激賞(격상) · 激矢(격시) · 激甚(격심) · 激昂(격앙) · 激語(격어)
- 激越(격월) · 激戰(격전) · 激情(격정)

[참고]
❉ 부가의미 · ①격려함. ②부딪침. ③마음이 몹시 흔들림 등의 뜻도 있음.

氵 泊 澎 湝 激

擊 칠 격 / 마주칠 격

手의 13 총 17획 ★

[풀이] 手와 음을 나타내는 轚(격)을 합쳐서 손으로 치다의 뜻. 널리 공격하다의 뜻.

- 擊破(격파) 쳐부숨.
- 衝擊(충격) 서로 맞부딪쳐서 몹시 침.
- 擊劍(격검) · 擊鼓(격고) · 擊毬(격구) · 擊滅(격멸)
- 擊發(격발) · 擊碎(격쇄) · 擊壤(격양) · 擊墜(격추)
- 擊沈(격침) · 擊柝(격탁) · 擊退(격퇴) · 攻擊(공격)
- 突擊(돌격) · 目擊(목격) · 射擊(사격) · 襲擊(습격)
- 遊擊(유격) · 進擊(진격) · 追擊(추격) · 打擊(타격)
- 砲擊(포격) · 爆擊(폭격)

[참고]
❉ 부가의미 · ①눈에 띔. ②제거함, 물리침. ③죽임 등의 뜻도 있음.

亘 軎 軝 軗 擊

犬 개 견

犬의 0 총 4획

[풀이] 개의 모양을 본뜸. 개를 뜻함. 부수로서는 짐승에 관한 뜻을 나타냄

- 犬馬(견마) 개와 말.
- 猛犬(맹견) 몹시 사나운 개.
- 犬公(견공) · 犬馬之勞(견마지로) · 犬馬之心(견마지심) · 犬馬之養(견마지양) · 犬猿(견원) · 犬齒(견치) · 狂犬(광견) · 軍犬(군견) · 名犬(명견) · 番犬(번견) · 野犬(야견) · 獵犬(엽견) · 愛犬(애견)

[참고]
❉ 부가의미 · 자기를 겸양해서 일컫는 말의 뜻도 있음.
◪ 모양이 비슷한 한자 · 犬(개 견) 忠犬(충견)
· 大(큰 대) 大小(대소)
· 太(클 태) 太初(태초)

一 ナ 大 犬

| 見의 0 총7획 |  볼　　　견 나타날　현 | ・見聞(견문) 보고 들음. ・謁見(알현) 지체 높은 사람을 찾아 뵘. ・見蚊拔劍(견문발검)・見物生心(견물생심)・見本(견본)・見習(견습)・見性(견성)・見性成佛(견성성불)・見地(견지)・見解(견해)・發見(발견)・所見(소견)・識見(식견)・意見(의견)・接見(접견)・ | 一 冂 目 目 見 見 |

풀이 눈을 뜻하는 目과 사람을 뜻하는 儿을 합쳐서 사람이 눈을 크게 뜨다의 뜻. 부수로는 보는 것에 관한 것을 뜻함.

참고
🔵 모양이 비슷한 한자・見(볼 견)　見學(견학)
　　　　　・貝(조개 패) 貝物(패물)
　　　　　・具(갖출 구) 具備(구비)

| 土의 8 총11획 | 堅 울　　　견 단단함　견 | ・堅固(견고) 굳고 튼튼함. ・堅忍(견인) 굳게 참고 견딤. ・堅甲(견갑)・堅强(견강)・堅硬(견경)・堅牢(견뢰)・堅壘(견루)・堅氷(견빙)・堅城(견성)・堅忍不拔(견인불발)・堅持(견지)・堅陳(견진)・强堅(강견)・剛堅(강견)・貞堅(정견) | 𦥔 𦥓 臣 臤 堅 |

풀이 土[흙]와 음을 나타내는 臤(견)을 합쳐서 단단한 흙이란 뜻.

참고
❖ 비슷한 의미를 가진 한자・堅(견)은 쇠붙이나 돌처럼 단단함. 硬(경)은 치밀하여 속뼈대가 단단함. 固(고)는 바깥으로부터 단단히 굳힘. 剛(강)은 세고 단단함. 牢(뢰)는 손쉽게 뽑히지 않을 만큼 단단함.

| 氵의 4 총7획 | 決 결정할　결 터질　　결 | ・決定(결정) 결단(決斷)하여 정함. ・決裂(결렬) 갈갈이 찢어짐. ・決算(결산)・決選(결선)・決勝(결승)・決心(결심)・決然(결연)・決意(결의)・決議(결의)・決戰(결전)・決判(결판)・對決(대결)・否決(부결)・速決(속결)・完決(완결)・終決(종결)・解決(해결) | 丶 氵 江 汮 決 |

풀이 내를 뜻하는 氵와 음을 나타내는 夬(결)을 합쳐서 강둑이 끊어져 물이 흘러나오다의 뜻. 후에 결단하다의 뜻으로 쓰임.

참고
❈ 부가의미・①끊음. ②깨뜨림. ③물어뜯음. ④물꼬를 터 놓음. ⑤이별함 등의 뜻도 있음.
🔵 모양이 비슷한 한자・決(정할 결) 決意(결의)
　　　　　・訣(이별할 결) 訣別(결별)

| 缶의 4 총10획 | 缺 이지러질 결 빌　　　결 | ・缺席(결석) 출석(出席)하지 않음. ・缺禮(결례) 예의 범절에 어긋남. ・缺講(결강)・缺格(결격)・缺課(결과)・缺口(결구)・缺勤(결근)・缺漏(결루)・缺番(결번)・缺本(결본)・缺點(결점)・缺乏(결핍)・缺陷(결함)・缺航(결항)・亡缺(망결)・補缺(보결)・損缺(손결) | 𠂤 缶 缸 缺 缺 |

풀이 독을 뜻하는 缶와 음을 나타내는 夬(결)을 합쳐서 독이 깨어지다의 뜻.

참고
❈ 부가의미・①모자람. ②자리를 비움. ③번개가 번쩍거림 등의 뜻도 있음.

28

★ ★ ★

糸의
6
총
12
획

맺을 결
매듭 결

· 結縛(결박) 두 손을 묶음.
· 結合(결합) 둘 이상이 맺어서 하나가 됨.
· 結果(결과) · 結論(결론) · 結末(결말) · 結石(결석)
· 結成(결성) · 結實(결실) · 結婚(결혼) · 歸結(귀결)
· 連結(연결) · 完結(완결) · 終結(종결) · 集結(집결)
· 結草報恩(결초보은)

풀이 糸[실]와 음을 나타내는 吉[길→결]을 합하여 실이나 끈을 매다의 뜻.

참고

❖ **부가의미** · ①한 동아리가 됨. ②초목이 열매를 맺음. ③엉킴. 고체가 됨. ④모임. ⑤마침 등의 뜻도 있음.
🔲 **반대되는 한자** · 結(맺을 결)↔解(떨어질 해)

幺 糸 紀 結 結 結

★

氵의
12
총
15
획

깨끗함 결

· 簡潔(간결) 간단하고 요령 있음.
· 潔白(결백) 깨끗하고 흼.
· 高潔(고결) · 不潔(불결) · 純潔(순결) · 淨潔(정결)
· 貞潔(정결) · 淸潔(청결)

풀이 氵[물]과 음을 나타내는 絜(결)을 합쳐서 깨끗한 물이란 뜻. 후에 깨끗하다의 뜻으로 쓰임.

참고

❖ **부가의미** · ①맑음. ②말끔함 등의 뜻도 있음.
❖ **비슷한 의미를 가진 한자** · 맑다의 뜻을 가진 글자로는 淸(청)이 있음.

氵 氵 沖 潔 潔

言의
4
총
11
획

헤어질 결
비결 결

· 訣別(결별) 기약없는 영원한 작별. 별리(別離).
· 祕訣(비결) 감추어 남에게 알리지 않은 비밀스러운 방법(方法).
· 訣辭(결사) · 口訣(구결) · 妙訣(묘결) · 永訣(영결)
· 要訣(요결)

풀이 말(言)로 결정(夬)하니 서로 갈림을 뜻함. 널리 갈림. 헤어짐의 뜻으로 씀.

참고

❖ **부가의미** · 남몰래 간직한 재주의 뜻도 있음.
🔷 **모양이 비슷한 한자** · 訣(이별할 결) 訣別(결별)
· 決(정할 결) 決意(결의)

言 言 訂 訣 訣

八의
8
총
10
획

아우를 겸

· 兼職(겸직) 두 가지 직무(職務)를 겸함. 또 그 직무.
· 兼全(겸전) 여럿이 다 완전함.
· 兼帶(겸대) · 兼務(겸무) · 兼備(겸비) · 兼床(겸상)
· 兼愛(겸애) · 兼業(겸업) · 兼用(겸용) · 兼任(겸임)
· 兼職(겸직) · 兼行(겸행)

풀이 두 줄기의 벼(禾)를 뜻하는 秉(력)과 손(⺕)을 합쳐 두 줄기를 한꺼번에 갖는다는 뜻. 보통 겸한다는 뜻으로 쓰임.

참고

❖ **비슷한 의미를 가진 한자** · 겸하다의 뜻을 가진 글자 兼(겸)은 두 개의 물건을 하나로 함. 該(해)는 모든 것이 갖추어져 골고루 미침. 攝(섭)은 하나로 통할함. 또는 대행함. 包(포)는 함께 쌈, 한데 묶음이라는 뜻.

丷 丷 屮 屮 兼 兼

言의 10 총17 획	謙 겸손할 겸	・謙遜(겸손) 남 앞에서 제 몸을 낮춤. ・謙讓(겸양) 겸손한 태도로 사양(辭讓) 함. ・謙德(겸덕)・謙卑(겸비)・謙辭(겸사)・謙稱(겸칭) ・謙虛(겸허)・恭謙(공겸)

言
言
言
謙
謙

풀이 言(말)과 음을 나타내는 兼(겸)을 합쳐서 겸손하다의 뜻.

참고

❋ 부가의미・①삼감. ②괘 이름 등의 뜻도 있음.
Ⓧ 반대되는 한자・謙(겸손할 겸)↔慢(거만할 만)

亠의 6 총8 획	★★★ 京 서울 경 언덕 경	・京鄕(경향) 서울과 시골. ・上京(상경) 시골에서 서울로 올라감. ・京城(경성)・京仁(경인)・歸京(귀경)・東京(동경) ・入京(입경)・在京(재경)・中京(중경)

、
亠
古
京
京

풀이 언덕 위에 세워진 집 모양을 본뜸. 지배자의 저택이나 신전 같은 것이 있는 장소, 즉 서울이라는 뜻으로 쓰임.

耒의 4 총10 획	耕 밭을 갈 경 쟁기질할 경	・耕作(경작) 밭을 갈아 농사를 지음. ・農耕(농경) 논・밭을 경작하는 일. ・耕夫(경부)・耕鋤(경서)・耕耘(경운)・耕蠶(경잠) ・耕種(경종)・耕地(경지)・歸耕(귀경)・牛耕(우경) ・晝耕夜讀(주경야독)・疾耕(질경)・筆耕(필경)

三
丰
耒
耒
耕

풀이 쟁기를 뜻하는 耒와 음을 나타내는 井(정)[경은 변음]을 합쳐서 쟁기로 논밭을 갈아 고르다의 뜻.

참고

❋ 부가의미・말을 함의 뜻도 있음.

頁의 2 총11 획	頃 잠깐 경 쯤 경	・頃刻(경각) 극히 짧은 시간, 삽시. ・食頃(식경) 한끼의 밥을 먹을 만한 시간. ・頃聞(경문)・頃者(경자)・頃步(경보)・萬頃(만경) ・半頃(반경)・俄頃(아경)

一
匕
此
頃
頃

풀이 頁[머리]과 음을 나타내는 동시에 기울이다의 뜻인 匕(비)[경은 변음]을 합하여 머리를 기울이다의 뜻. 바꾸어 기울어짐을 뜻함. 傾(경)의 본디 글자임. 즈음・잠깐의 뜻으로 쓰이는 것은 間(간)에서 빌어 온 것임.

참고

❋ 부가의미・①기욺. 기울임. ②산 이름. ③잠시. ④무렵. ⑤요즈음. 요사이 등의 뜻도 있음.

日의 8 총 12획	**景** ★★★ 빛 경 그림자 영	· 景致(경치) 산수(山水) 등 자연계의 아름다운 현상. · 背景(배경) 뒷 경치. · 景槪(경개) · 景觀(경관) · 景光(경광) · 景氣(경기) · 景物(경물) · 景福(경복) · 景色(경색) · 景勝(경승) · 景仰(경앙) · 景雲(경운) · 景祚(경조) · 景趣(경취) · 景品(경품) · 景況(경황)	冂 日 昮 昮 景

풀이 日[해]와 음을 나타내는 京(경)을 합쳐서 햇빛이라는 뜻. 후에 빛으로 인하여 생기는 그림자의 뜻으로도 쓰임.

참고

❖ **부가의미** · ①큼. ②사모함. ③경사스러움 등의 뜻도 있음.

攵의 9 총 13획	**敬** ★★★ 공경할 경 삼가할 경	· 敬老(경로) 노인(老人)을 공경함. · 尊敬(존경) 높여 공경함. · 敬具(경구) · 敬禮(경례) · 敬慕(경모) · 敬白(경백) · 敬服(경복) · 敬事(경사) · 敬神(경신) · 敬仰(경앙) · 敬愛(경애) · 敬讓(경양) · 敬語(경어) · 敬畏(경외) · 敬遠(경원) · 敬意(경의) · 敬弔(경조) · 敬重(경중) · 敬天(경천) · 敬聽(경청) · 敬稱(경칭) · 恭敬(공경) · 拜敬(배경) · 不敬(불경) · 崇敬(숭경) · 失敬(실경)	亠 艹 苟 苟 敬

풀이 강제하다를 뜻하는 攵과 음을 나타내는 苟[구→경]를 합쳐서 몸을 깊이 숙이는 절을 시키다의 뜻. 널리 공경하다의 뜻으로 쓰임.

참고

❖ **비슷한 의미를 가진 한자** · 삼가다의 뜻을 가진 자로는 謹(근)이 있음.

イ의 11 총 13획	**傾** ★ 기울 경 기울어질 경	· 傾斜(경사) 비스듬히 기울어짐. · 傾注(경주) 기울여 쏟음. · 傾國(경국) · 傾倒(경도) · 傾覆(경복) · 傾聽(경청) · 傾向(경향) · 斜傾(사경) · 右傾(우경) · 左傾(좌경) · 側傾(측경)	イ 化 化 傾 傾

풀이 사람을 뜻하는 イ과 음을 가리키는 頃(경)을 합쳐서 기운다는 뜻.

참고

❖ **부가의미** · 멸망시킴. 넘어 뜨림. 정력을 쏟음. 솔깃해 함 등의 뜻도 있음.

糸의 7 총 13획	**經** ★★ 날 경 다스림 경	· 經過(경과) 때를 지남. 때의 지나감. · 經國(경국) 나라를 다스림. · 經度(경도) · 經歷(경력) · 經綸(경륜) · 經理(경리) · 經書(경서) · 經由(경유) · 經典(경전) · 讀經(독경) · 佛經(불경) · 西經(서경) · 聖經(성경) · 心經(심경)	

풀이 糸[실]와 음을 나타내는 巠을 합하여 곧게 뻗은 울이라는 뜻. 널리 '사리(事理), 조리(條理)'의 뜻으로 쓰임.

참고

❖ **부가의미** · ①지경. 경계. ②길. 도로. 도덕. 상법. ③지남. 통과함. 세월이 감. ④경영함 등의 뜻도 있음.

境	
土의 11 총 14획	**境** 경계 경 지명 경

· 境界(경계) 사물이 어떤 표준 밑에 맞닿는 자리.
· 心境(심경) 마음의 상태.
· 境內(경내) · 境涯(경애) · 境遇(경우) · 境地(경지)
· 佳境(가경) · 老境(노경) · 夢幻境(몽환경) · 悲境(비경) · 逆境(역경) · 異境(이경) · 絶境(절경)

[풀이] 土[흙]와 음을 나타내는 竟(경)을 합쳐서 땅의 경계라는 뜻.

[참고]
❋ **부가의미** ·①한정. ②곳. ③상황 등의 뜻도 있음.

土 圵 圹 境 境

輕	
車의 7 총 14획	**輕** 가벼움 경

· 輕視(경시) 가볍게 봄.
· 輕率(경솔) 언행이 진중하지 않고 가벼움.
· 輕擧(경거) · 輕擧妄動(경거망동) · 輕輕(경경) · 輕口(경구) · 輕減(경감) · 輕量(경량) · 輕油(경유)
· 輕重(경중) · 輕快(경쾌) · 輕工業(경공업) · 輕洋食(경양식) · 輕音樂(경음악)

[풀이] 車[수레]와 몸을 나타내는 巠(경)을 합하여 적진을 향해 곧장 돌진하는 전차의 뜻. 널리 경쾌하다, 가볍다 의 뜻으로 쓰임.

[참고]
✿ **모양이 비슷한 한자** ·輕(가벼울 경) 輕妄(경망)
·徑(지름길 경) 經路(경로)
·經(지날 경) 經由(경유)

✖ **반대되는 한자** ·輕(가벼울 경)↔重(무거울 중)

亠 車 車 輕 輕

慶	
心의 11 총 15획	**慶** 경사 경 축하함 경

· 慶祝(경축) 경사스러운 일을 축하함.
· 慶弔(경조) 경사스런 일과 궂은 일.
· 慶福(경복) · 慶事(경사) · 慶賞(경상) · 慶雲(경운)
· 慶典(경전) · 慶祝(경축) · 慶賀(경하) · 慶幸(경행)
· 嘉慶(가경) · 同慶(동경) · 恩慶(은경) · 祝慶(축경)

[풀이] 心[마음]과 음을 나타내는 严(경)을 합쳐서 맛있는 음식을 먹고 기뻐하다의 뜻.

[참고]
❋ **부가의미** ·하사품, 행운 등의 뜻도 있음.
❖ **비슷한 의미를 가진 한자** ·기뻐하다의 뜻을 가진 글자→喜(희)
✖ **반대되는 한자** ·慶(경사 경)↔弔(조상할 조)

广 庐 庐 庭 慶

警	
言의 13 총 20획	**警** 경계할 경 깨달을 경

· 警戒(경계) 마음놓지 않고 조심함.
· 警備(경비) 만일을 염려하여 미리 방비함.
· 警告(경고) · 鏡面(경면) · 鏡影(경영) · 萬華鏡(만화경) · 望遠鏡(망원경) · 明鏡(명경) · 三面鏡(삼면경) · 水鏡(수경) · 神鏡(신경) · 心鏡(심경) · 眼鏡(안경) · 顯微鏡(현미경) · 化粧鏡(화장경)

[풀이] 言[말]과 훈계하다의 뜻인 敬을 합쳐서 말로 타이른다는 뜻.

[참고]
❋ **부가의미** ·깨달음. 소리를 지름. 민첩함. 잠이 깸 등의 뜻도 있음.

丶 亠 苟 敬 警

★

金의
11
총
19획

鏡 거울 경

[풀이] 金과 음을 나타내는 竟(경)을 합쳐서 모양을 비추어 보는 쇠붙이로 된 물건의 뜻. 옛날엔 거울을 쇠붙이로 만들었음.

- 鏡臺(경대) 거울을 달아 세운 화장대.
- 銅鏡(동경) 동으로 만든 거울.
- 鏡考(경고)·鏡面(경면)·鏡影(경영)·萬華鏡(만화경)·望遠鏡(망원경)·明鏡(명경)·三面鏡(삼면경)·水鏡(수경)·神鏡(신경)·心鏡(심경)·眼鏡(안경)·顯微鏡(현미경)·化粧鏡(화장경)

[참고]

❀ **부가의미** · ①비춤. 조감함. ②대조하여 봄. ③살핌. ④안경 등의 뜻도 있음.

金 釒 鏡 鏡 鏡

★ ★ ★

立의
15
총
20획

競 다툴 경 / 겨룰 경

[풀이] 두 사람이 나란히 서다를 뜻하는 竞과 말씀 언 두 개를 늘어놓은 誩誩을 합하여 두 사람이 입씨름함을 뜻함. 널리 겨루다의 뜻으로 쓰임.

- 競技(경기) 기술의 낫고 못함을 경쟁함.
- 競爭(경쟁) 같은 목적에 관하여 서로 겨루어 다툼.
- 競落(경락)·競馬(경마)·競賣(경매)·競買(경매)·競步(경보)·競選(경선)·競走(경주)·競進(경진)·競合(경합)·運動競技(운동경기)·陸上競技(육상경기)

[참고]

❀ **부가의미** · ①좇음. ②나아감. ③급함. ④성함. 왕성함. ⑤힘을 냄 등의 뜻도 있음.

◪ **모양이 비슷한 한자** · 競(다툴 경) 競走(경주)
· 兢(조심할 긍) 兢兢(긍긍)

亠 立 竟 竞 競

馬의
13
총
23획

驚 놀랄 경 / 놀랠 경

[풀이] 馬[말]과 음을 나타내는 敬(경)을 합쳐서 말이 뒷발로 서며 놀라다의 뜻. 널리 놀라다의 뜻으로 씀.

- 驚異(경이) 놀라서 이상히 여김.
- 驚歎(경탄) 놀라 탄식함.
- 驚癇(경간)·驚怯(경겁)·驚倒(경도)·驚濤(경도)·驚服(경복)·驚愕(경악)·驚天動地(경천동지)·驚蟄(경칩)·驚破(경파)·驚怖(경포)·驚惶(경황)·驚喜(경희)·喫驚(끽경)·一驚(일경)·震驚(진경)

[참고]

⚙ **잘못읽기 쉬운 한자** · 驚蟄 경칩 (경첩으로 읽지 말것)

⺲ ⺾ 敬 驚 驚

★

系의
1
총
7획

系 이을 계 / 잡아맬 계

[풀이] 두 가닥의 실을 손으로 잇는 모양을 본뜸. 널리 '연결하다'의 뜻으로 씀.

- 系列(계열) 같은 계통에 따른 배열.
- 家系(가계) 한 집안의 계통.
- 系圖(계도)·系譜(계보)·系子(계자)·系統(계통)·系統樹(계통수)·傍系(방계)·父系(부계)·直系(직계)

[참고]

❀ **부가의미** · ①맏아들. ②혈통. ③족보 등의 뜻도 있음.

一 丿 玄 系 系

戈의
3
총7획

경계할 계
재계할 계

· 戒告(계고) 경계하여 고함.
· 訓戒(훈계) 타일러서 경계함.
· 戒禁(계금) · 戒壇(계단) · 戒名(계명) · 戒法(계법)
· 戒愼(계신) · 戒心(계심) · 戒嚴(계엄) · 戒嚴令(계엄령) · 戒律(계율) · 戒飭(계칙) · 警戒(경계) · 懲戒(징계) · 破戒(파계) ·

풀이 戈[창]과 廾[양쪽 손]을 합쳐서 창을 손에 잡고 경계하다의 뜻. 널리 훈계하다 의 뜻으로 쓰임.

참고

❖ 비슷한 의미를 가진 한자 ·戒는 미리 조심함. 誡는 말로 타이름. 警(경)은 충고를 하든지 꾸짖어서 단속함·또는 깨워서 놀라게 함.

二 开 戒 戒 戒

★

子의
5
총8획

끝   계
막내아우 계

· 季節(계절) 철.
· 春季(춘계) 봄철.
· 季刊(계간) · 季氏(계씨) · 季子(계자) · 季節風(계절풍) · 季主(계주) · 季夏(계하) · 季候(계후) · 冬季(동계) · 四季(사계) · 秋季(추계) · 夏季(하계)

풀이 禾[벼]와 음을 가리키는 子(자)를 합쳐서 작은 벼의 뜻. 후에 어린 아들. 뜻이라는 뜻으로 쓰임.

참고

◙ 반대되는 한자 ·季(끝 계)↔孟(맏 맹)

二 千 禾 季 季

★ ★ ★

田의
4
총9획

지경 계

· 限界(한계) 사물의 정해진 범위.
· 世界(세계) 온 세상.
· 各界(각계) · 敎界(교계) · 郡界(군계) · 業界(업계)
· 財界(재계) · 政界(정계) · 他界(타계) · 學界(학계)
· 分界線(분계선) · 敎育界(교육계) · 別世界(별세계)
· 全世界(전세계) · 花柳界(화류계)

풀이 田[밭]과 음을 나타내는 介[개→계]를 합쳐서 밭의 경계의 뜻. 널리 '경계'의 뜻으로 씀.

참고

❖ 부가의미 ·①경계를 지음. 인정함. 한정함. ②둘레. 세계. ③데어 놓음 등의 뜻도 있음.

一 口 田 昇 界

大의
6
총9획

맺을 계
새길 계

· 契員(계원) 계에 든 사람.
· 默契(묵계) 말없는 가운데 뜻이 통함.
· 契券(계권) · 契機(계기) · 契盟(계맹) · 契文(계문)
· 契父(계부) · 契約(계약) · 契弟(계제) · 契兄(계형)
· 契會(계회) · 交契(교계) · 券契(권계) · 盟契(맹계)
· 默契(묵계) · 符契(부계) · 書契(서계) · 心契(심계)

풀이 크다의 뜻인 大(대)와 음을 나타내는 㓞(갈·힐)[계·글·설·결은 변음]을 합쳐서 나무에 새긴 큰 부절이라는 뜻. 약속하다의 뜻으로 쓰임.

참고

❖ 부가의미 ·①부절. 맹세. ②나라이름. ③이름의 하나. ④신고하여 일함[勤告]. ⑤끊음. ⑥이지러짐 등의 뜻도 있음.

三 圭 㓞 契 契

係 맬 계 / 계(계통) 계
亻의 7 / 총 9획 / ★★

- 係員(계원) 한 계에서 일보는 이.
- 關係(관계) 둘 이상이 서로 걸림.
- 係關(계관) · 係累(계루) · 係留(계류) · 係船(계선)
- 係屬(계속) · 係數(계수) · 係爭(계쟁)

[풀이] 사람을 뜻하는 亻과 음을 가리키는 系(계)를 합쳐 사물을 이어 맺는다는 뜻을 나타냄.

[참고]
❖ 부가의미 · 이음, 계속함의 뜻도 있음.
❖ 비슷한 의미를 가진 한자 · 係는 이어줌. 掛(괘)는 못 따위를 걸다. 懸(현)은 멀리 또는 높은 곳에 물건을 걸거나 드리움.

ノ 亻 仁 伨 係 係

計 셀 계 / 셈할 계
言의 2 / 총 9획 / ★★★

- 計算(계산) 셈을 헤아림.
- 設計(설계) 계획을 세움.
- 計家(계가) · 計巧(계교) · 計器(계기) · 計略(계략)
- 計量(계량) · 計理(계리) · 計理士(계리사)

[풀이] 言[말]과 많다의 뜻인 十(십)을 합쳐서 수를 세다의 뜻.

[참고]
❖ 비슷한 의미를 가진 한자 · 計는 수를 셈. 속셈. 謨(모)는 남과 상의하여 궁리함. 畵(화) · 圖(도)는 순서에 따라 생각을 진전시킴. 量(양)은 되로, 度(도)는 자로 헤아림. 測(측)은 깊이를 미루어 생각해 봄. 議(의)는 여럿이 모여서 시비를 따짐.

ㅗ ㄷ 言 言 計

啓 열 계 / 여쭐 계
口의 8 / 총 11획

- 啓蒙(계몽) 어린 아이나 무식한 이를 깨우쳐 줌. 계명(啓明).
- 啓發(계발) 슬기와 재능을 널리 열어 줌.
- 啓蒙思想(계몽사상) · 啓上(계상) · 啓示(계시) · 啓誘(계유) · 謹啓(근계) · 拜啓(배계) · 天啓(천계)

[풀이] 입을 뜻하는 口와 음을 나타내면서 문을 손으로 열다의 뜻인 (계)를 합쳐서 입으로 사람을 깨우치다의 뜻.

[참고]
❖ 부가의미 · ①인도함. ②여쭘. ③책상 다리를 함 등의 뜻도 있음.
❖ 부수풀이 · 口(입 구): 사람의 입 모양을 본뜬 자. 입의 기능에서 말하다, 그 모양에서 어귀의 뜻으로 쓰임.

ㄱ 戶 啟 啓 啓

械 형틀 계
木의 7 / 총 11획

- 械繫(계계) 감옥에서 형구(形具)로 얽어 매어 움직일 수 없게 함.
- 械器(계기) 기계(機械)나 기구(器具). 도구.
- 器械(기계) · 機械(기계)

[풀이] 木[나무]과 징계하다의 뜻인 戒를 합쳐서 죄인을 경계하기 위한 목제 형틀을 뜻함. 널리 기계의 뜻으로 씀.

[참고]
❖ 부가의미 · ①수갑. 차꼬 따위. ②장치. 기계 등의 뜻도 있음.

木 杧 杧 械 械

阝의 9 총12획	**階** 섬돌 계 충계 계	· 階級(계급) 지위·관직 등의 등급(等級). · 位階(위계) 벼슬의 품계(品階). · 階級章(계급장)·階段(계단)·階上(계상)·階前 (계전)·階梯(계제)·階次(계차)·階層(계층)·段 階(단계)·音階(음계)·職階(직계)

[풀이] 阝[계단]과 음을 나타내는 皆[개→계]를 합쳐서 산길에 만든 계단의 뜻.

[참고]
❊ **부가의미** · ①징조. 단서. 시작. ②손을 잡고 데리고 감. ③품질. 품. 벼슬의 등급 등의 뜻도 있음.
⬡ **모양이 비슷한 한자** · 階(섬돌 계) 階層(계층)
· 偕(함께 해) 偕老(해로)

氵의 10 총13획	**溪** 시내 계	· 溪流(계류) 산골짜기를 흐르는 시냇물. · 碧溪(벽계) 물빛이 매우 푸르게 보이는 맑은 시내. · 溪谷(계곡)·溪邊(계변)·溪聲(계성)·溪水(계수) · 谿壑(계학)·綠溪(녹계)·烟溪(연계)

[풀이] 손(爫)과 손(大)으로 실(幺)을 늘어뜨리듯이 물(氵)이 길게 흐르니 시내(溪)를 이름이다. 그러므로 널리 시내를 뜻한다.

[참고]
❊ **부가의미** · ①활 이름의 뜻도 있음. ②溪와 谿는 같은 자임.

糸의 14 총20획	**繼** 이을 계 맬 계	· 繼續(계속) 끊이지 않고 잇대어 나아감. · 中繼(중계) 중간에서 이어줌. · 繼起(계기)·繼糧(계량)·繼母(계모)·繼父(계부) · 繼嗣(계사)·繼承(계승)·繼室(계실)·繼泳(계영) · 繼子(계자)·繼電器(계전기)·繼走(계주)·承繼 (승계)·中繼(중계)·後繼(후계)

[풀이] 실을 뜻하는 糸와 음을 나타내는 㡭(계)를 합쳐서 실을 잇다의 뜻. 널리 계속함. 이어 발음의 뜻으로 씀.

[참고]
❊ **부가의미** · 이어받음의 뜻도 있음.
◈ **부수풀이** · 糸(실 사): 가는 실 적을, 가는 실을 감아 놓은 실타래 모양을 본뜬 자.
❎ **반대되는 한자** · 繼(이을 계) ↔ 斷(끊을 단)

鳥의 10 총21획	**鷄** 닭 계	· 鷄聲(계성) 닭의 울음소리. · 鷄卵(계란) 닭의 알. · 鷄林(계림)·鷄鳴(계명)·鷄舍(계사)·錦鷄(금계) · 養鷄(양계)·種鷄(종계)·烏骨鷄(오골계) · 鷄姦(계간)·鷄犬相聞(계견상문)·鷄冠(계관)· 鷄狗(계구)·鷄口牛後(계구우후)

[풀이] 鳥와 음을 나타내는 奚[혜→계]를 합쳐서 닭을 뜻함.

[참고]
❊ **부가의미** · ①맏아들. ②혈통. ③족보 등의 뜻도 있음.
❖ **비슷한 의미를 가진 한자** · 雞(계)는 같은 글자이며 隹(추)는 鳥(조)와 똑같이 새를 뜻함.

口의2
총5획

옛적 고
선조 고

· 古木(고목) 오래 된 나무.
· 古宮(고궁) 옛 궁전.

[풀이] 古는 十과 口[입]을 합친 글자로서 십대(十代)동안이나 말로 전해 내려오는 옛 일임을 나타냄.

[참고]

❖ 부가의미 · 묵음의 의미도 있음.
❖ 비슷한 의미를 가진 한자 · 古는 시간적으로 오래됨. 舊(구)는 일이 오램. 故도 이와 비슷함. 陳(진)은 물건이 낡아서 가치가 없음.

一 十 十 古 古

耂의2
총6획

상고할 고
장수할 고

· 考察(고찰) 상고하여 보살핌.
· 詳考(상고) 자세히 참고(參考).
· 考課(고과) · 考試(고시) · 考案(고안) · 考證(고증)
· 論考(논고) · 再考(재고) · 考古學(고고학) · 思考力(사고력) · 參考書(참고서)

[풀이] 늙은이란 뜻인 耂와 음을 나타내는 丂(고)를 합쳐서 죽은 늙은이를 뜻함. 음을 빌어서 생각하다의 뜻으로 씀.

[참고]

❖ 비슷한 의미를 가진 한자 · 자기의 생각은 私見(사견). 상대편의 생각은 高見(고견), 貴意(귀의). 뛰어난 생각은 卓見(탁견), 妙案(묘안). 깊은 생각은 深慮(심려). 옅은 생각은 短見(단견). 마음 속의 생각은 意中(의중). 깊이 생각하는 것은 深思(심사) 등임.

一 十 土 耂 考

口의4
총7획

고할 고
뵙고 청할 고

· 上告(상고) 윗사람에게 고함.
· 告白(고백) 숨김없이 사실대로 말함.
· 告發(고발) · 告知(고지) · 公告(공고) · 廣告(광고)
· 勸告(권고) · 論告(논고) · 密告(밀고) · 報告(보고)
· 申告(신고) · 原告(원고) · 忠告(충고) · 告解聖事(고해성사) · 求人廣告(구인광고)

[풀이] 입을 뜻하는 口와 위에 바치다의 뜻인 牛를 합쳐, 말을 위에 아뢰다, 진언하다의 뜻. 告는 큰 소리로 아뢰다의 뜻인 號와도 관계가 있음.

[참고]

❖ 부가의미 · ①알릴 곡. 말미암을 곡. ②국문할 국 등의 음과 뜻도 지니고 있음.

丿 牛 牛 告 告

口의5
총8획

굳을 고
굳이 고

· 固守(고수) 굳게 지킴.
· 確固(확고) 확실하고 견고함.
· 固有(고유) · 固定(고정) · 固執(고집) · 固着(고착)
· 固體(고체) · 固形(고형) · 堅固(견고) · 王固執(왕고집)

[풀이] 口[테두리]와 음을 나타내는 古(고)를 합쳐서 테두리를 굳게 지키다의 뜻.

[참고]

❖ 부가의미 · ①진실로. 떳떳함. ②이미 등의 뜻도 있음.

| 冂 用   固

苦 ★★★

++의 5 총9획

쓸　　고
괴로울　고

・苦楚(고초) 어려움과 괴로움.
・苦生(고생) 어렵고 외로운 생활.
・苦難(고난)・苦杯(고배)・苦戰(고전)・苦學(고학)
・苦行(고행)・勞苦(노고)・病苦(병고)・産苦(산고)
・忍苦(인고)・生活苦(생활고)

[풀이] ++[풀]과 음을 나타내는 古(고)를 합쳐서 쓰다의 뜻. 널리'쓰다・괴롭다'의 뜻으로 씀.

[참고]

❖ 부가의미・①재미없음. ②부지런함. 모짐. ③엷어서 깨지기 쉬움. ④추하고 나쁘게 됨 등의 뜻도 있음.

⊠ 반대되는 한자・苦(쓸 고)↔樂(즐거울 락)

| ヽ |
| ++ |
| ++ |
| 艹 |
| 苦 |

姑

女의 5 총8획

시어머니 고
고모　　고

・姑母(고모) 아버지의 여자 형제.
・姑息(고식) 구차하게 우선 당장에 탈없이 편안함만을 취함.
・姑舅(고구)・姑婦(고부)・姑從(고종)・先姑(선고)

[풀이] 시집온지 오래고(古) 아들이 아내를 맞이하게 된 여자(女)로, 널리 시어머니를 뜻함.

[참고]

❖ 부가의미・① 시누이. ②일시적으로. ③아직 등의 뜻도 있음.

| く |
| 女 |
| 女 |
| 姑 |
| 姑 |

孤 ★

子의 5 총8획

외로울 고
홀로　 고

・孤兒(고아) 부모를 여의어 외로운 아이.
・孤島(고도) 육지에서 멀리 떨어진 섬.
・孤介(고개)・孤客(고객)・孤劍(고검)・孤高(고고)
・孤軍(고군)・孤獨(고독)・孤立(고립)・孤帆(고범)
・孤憤(고분)・孤身(고신)・孤兒院(고아원)・孤哀子(고애자)・孤影(고영)・窮孤(궁고)・獨孤(독고)

[풀이] 子[자식]와 음인 瓜[과]를 합쳐서 아버지가 없는 자식, 고아라는 뜻을 나타냄.

[참고]

❖ 부가의미・①우뚝함. ②저버림 등의 뜻도 있음.

| ⁊ |
| 子 |
| 子 |
| 孤 |
| 孤 |

故 ★★

攵의 5 총9획

옛일　　　고
까닭　　　고
그러므로 고

・故國(고국) 조상이 살던 고향인 나라.
・緣故(연고) 사유, 혈통 등으로 맺어진 관계.
・故舊(고구)・故都(고도)・故老(고로)・故買(고매)
・故物(고물)・故事(고사)・故山(고산)・故殺(고살)
・故俗(고속)・故實(고실)・故園(고원)・故意(고의)
・故人(고인)・故障(고장)・故地(고지)・故參(고참)

[풀이] 강제하다를 뜻하는 攵와 음을 나타내는 古를 합쳐서 사람에게 일을 시키다의 뜻. 후에 '낡음'의 뜻으로 쓰임.

[참고]

❖ 부가의미・①낡음. ②죽음. 죽은 사람 등의 뜻도 있음.

❖ 비슷한 의미를 가진 한자・본래의 뜻을 가진 글자로는→本. 낡은, 오래된의 뜻을 가진 글자로는→古가 있음.

| 一 |
| 十 |
| 古 |
| 故 |
| 故 |

★ ★ ★

高의 0
총 10획

高

높을 고

· 高架(고가) 높이 건너 지름.
· 高音(고음) 높은 소리.
· 高潔(고결)·高校(고교)·高貴(고귀)·高度(고도)
· 高尙(고상)·高手(고수)·高揚(고양)·高祖(고조)
· 高調(고조)·高卒(고졸)·工高(공고)·女高(여고)
· 崇高(숭고)·最高(최고)·波高(파고)

참고

❋ 부가의미 · ①솟음. 뛰어남. 현저함. 위. ②높아짐. 오름. 왕성함. 유명해짐. 나이를 먹음. ③존경함. ④뽐냄. ⑤고상함. ⑥양. 수량. 정도 등의 뜻도 있음.
⊠ 반대되는 한자 · 高(높을 고)↔低(낮을 저)

풀이 큰 건물의 모양을 본뜸. 높은 곳을 뜻함. 널리 높다 의 뜻으로 쓰임.

丶 一 古 高 高

★

广의 7
총 10획

庫

곳집 고
창고 고

· 寶庫(보고) 재보를 쌓아 두는 창고.
· 倉庫(창고) 곳집.
· 庫裏(고리)·庫房(고방)·庫錢(고전)·庫直(고직)
· 金庫(금고)·冷藏庫(냉장고)·在庫(재고)·車庫(차고)

참고

❋ 부가의미 · 전차 또는 재보 등 물건을 넣는 건물의 뜻도 있음.
⊕ 부수풀이 · 广(바위집 엄): 厂은 집붕이 없는 굴집이고 广은 집붕(丶)이 있는 집임.

풀이 집을 뜻하는 广과 수레를 만나는 車를 합쳐서 전차를 넣어 주는 건물이라는 뜻. 널리 창고 의 뜻으로 쓰임.

丶 一 广 庐 庫

鼓의 0
총 13획

鼓

북 고
북을 칠 고

· 鼓動(고동) 격동시킴. 심장이 뜀.
· 大鼓(대고) ①큰북 ②타악기의 한가지.
· 鼓膜(고막)·鼓舞(고무)·鼓腹(고복)·鼓手(고수)
· 鼓子(고자)·鼓笛隊(고적대)·鼓吹(고취)·金鼓(금고)·小鼓(소고)·鉦鼓(정고)·鐘鼓(종고)·太鼓(태고)

참고

❋ 부가의미 · ①곡(斛). 양곡을 되는 그릇. ②별 이름. ③격려함 등의 뜻도 있음.

풀이 豈와 支(지)를 합쳐서 북을 두드리다의 뜻. 널리 북의 뜻으로 씀. 부수로서는 북에 관한 뜻을 나타냄.

士 吉 壴 鼓 鼓

禾의 10
총 15획

稿

볏짚 고
원고 고
초안 고

· 稿草(고초) 볏짚.
· 原稿(원고) 인쇄하기 위해 애벌로 쓴 글.
· 稿料(고료)·稿本(고본)·寄稿(기고)·遺稿(유고)
· 草稿(초고)·脫稿(탈고)·投稿(투고)

참고

⊕ 부수풀이 · 禾(벼 화): 볏대에서 이삭이 패어 드리워진 (丿) 모양을 본떠 벼를 뜻한 자.

풀이 禾(벼)와 음을 나타내는 高 (고)를 합하여 벼의 누런 줄기 즉 짚이라는 뜻. 짚을 재료로 하여 종이를 만들므로 초안·초고(草稿)의 뜻.

禾 秆 稆 稿 稿

曰의 2
총 6획

굽을 곡
곡조 곡

- 曲線(곡선) 부드럽게 굽은 줄.
- 名曲(명곡) 유명한 악곡.
- 曲目(곡목) · 曲藝(곡예) · 曲調(곡조) · 歌曲(가곡)
- 別曲(별곡) · 序曲(서곡) · 新曲(신곡) · 樂曲(악곡)
- 作曲(작곡) · 曲線美(곡선미) · 愛唱曲(애창곡) ·
  靑山別曲(청산별곡)

[풀이] 나무나 대를 구부려서 만든 그릇을 본뜸. 널리 굽다 의 뜻으로 쓰임.

[참고]

❖ 부가의미 · ①꼬불꼬불한 곳. ②음악의 가락. ③연극의 각본 등의 뜻도 있음.

⊠ 반대되는 한자 · 曲(굽을 곡)↔直(곧을 직)

〡 冂 曲 曲 曲 曲

谷의 0
총 7획

골짜기 곡

- 谷泉(곡천) 골짜기에서 흐르는 샘.
- 溪谷(계곡) 물이 흐르는 골짜기.
- 谷泉(곡천) · 谷風(곡풍) · 空谷(공곡) · 陵谷(능곡)
- 山谷(산곡) · 深谷(심곡) · 幽谷(유곡) · 壑谷(학곡)
- 峽谷(협곡)

[풀이] 열다의 뜻인 八을 둘 겹친 谷과 구멍을 뜻하는 口를 합쳐서 출구가 열려 있음을 뜻함. 후에 골짜기의 뜻으로 씀. 부수로서는 골짜기에 관한 뜻을 나타냄.

[참고]

❖ 부가의미 · ①궁합. 궁지에 빠짐. ②동쪽에서 부는 바람. ③기름[養] 등의 뜻도 있음.

八 八 父 谷 谷

口의 7
총 10획

울 곡

- 哭聲(곡성) 슬피우는 소리.
- 哭泣(곡읍) 소리를 내어 슬프게 통곡함.
- 啼哭(제곡) · 痛哭(통곡) · 慟哭(통곡) · 號哭(호곡)

[풀이] 외치다의 뜻인 吅[훤]과 음을 나타내는 ㅆ(역)[곡은 변음 犬은 변형]을 합쳐 만들어진 글자.

[참고]

❖ 부가의미 · ①착함[善]. ②녹[祿]. ③삶. 생존함. ④기름[養]. ⑤젖[乳] 등의 뜻도 있음.

〢 口 吅 哭 哭

禾의 10
총 15획

곡식 곡

- 穀倉(곡창) 곡식이 많이 나는 지방.
- 米穀(미곡) 쌀. 쌀 등의 곡식.
- 穀物(곡물) · 穀食(곡식) · 舊穀(구곡) · 糧穀(양곡)
- 米穀(미곡) · 百穀(백곡) · 雜穀(잡곡) · 主穀(주곡)
- 秋穀(추곡) · 脫穀(탈곡) · 夏穀(하곡) · 五穀百果
  (오곡백과)

[풀이] 禾[곡식]과 음을 나타내며 단단한 껍질을 뜻하는 殼[각→곡]을 합하여 벼의 단단한 껍질을 뜻함. 후에 곡식 의 뜻으로 쓰임.

[참고]

❖ 부가의미 · 농사의 뜻도 있음.

⊡ 모양이 비슷한 한자 · 殼(껍질 각) 貝殼(패각)
· 穀(곡식 곡) 穀食(곡식)

士 壴 壴 殼 穀

口의 4 총7획	困 곤할 곤 괴로울 곤	· 困窮(곤궁) 가난하고 구차함. · 疲困(피곤) 몸이 지쳐 고달픔. · 困却(곤각) · 困境(곤경) · 困苦(곤고) · 困急(곤급) · 困惱(곤뇌) · 困難(곤란) · 困憊(곤비) · 困塞(곤색) · 困厄(곤액) · 困臥(곤와) · 困辱(곤욕) · 困學(곤학) · 困惑(곤혹) · 窮困(궁곤) 참고 ◎ 모양이 비슷한 한자 · 困(곤할 곤) 疲困(피곤) · 囚(가둘 수) 囚人(수인) · 因(까닭 인) 因習(인습)	一 冂 困 困 困

풀이 木[나무]과 □[테두리]를 합쳐서 나무가 자라지 못하다의 뜻. 지금은 난처함으로 쓰임.

骨의 0 총10획	骨 뼈 골 몸 골	· 骨子(골자) 요긴한 부분. · 氣骨(기골) 기혈과 골격. · 骨相(골상) · 骨材(골재) · 貴骨(귀골) · 頭骨(두골) · 武骨(무골) · 色骨(색골) · 弱骨(약골) · 遺骨(유골) · 人骨(인골) · 接骨(접골) · 烏骨鷄(오골계) 참고 ❀ 부가의미 · 인품의 뜻도 있음.	丨 冂 四 丹 骨

풀이 月[살]과 冎[두개골 목뼈]를 합쳐 살을 발라 낸 뼈의 뜻. 널리 '뼈'를 뜻함. 부수로서는 뼈에 관한 뜻을 나타냄.

工의 0 총3획	★ ★ ★ 工 만들 공 장인 공	· 石工(석공) 석수(石手). · 工程(공정) 일하는 정도. · 工房(공방) · 工法(공법) · 工夫(공부) · 工事(공사) · 工學(공학) · 加工(가공) · 陶工(도공) · 木工(목공) · 石工(석공) · 細工(세공) · 完工(완공) · 人工(인공) · 電工(전공) · 着工(착공) · 化工(화공) 참고 ❀ 부가의미 · ①만듦. ②옛날 벼슬의 하나등의 뜻도 있음.	一 丁 工

풀이 도끼 모양을 본 뜬 글자. 도끼는 공작 같은 것의 연장으로 쓰이므로 공작이라는 뜻. 또는 직선과 직각을 그리는 곱자를 본 뜬 것이라고도 함

八의 2 총4획	★ ★ ★ 公 공변될 공 공공 공	· 公共(공공) 일반사회. 공중(公衆). · 公告(공고) 세상에 널리 알림. · 公金(공금) · 公路(공로) · 公倫(공륜) · 公利(공리) · 公賣(공매) · 公法(공법) · 公傷(공상) · 公式(공식) · 公約(공약) · 公言(공언) · 公用(공용) · 公園(공원) · 公益(공익) · 公認(공인) · 公的(공적) 참고 ❀ 부가의미 · ①주군. 천자. ②제후. ③손윗사람이나 같은 또래에 대한 경칭. ④다섯 작위 公·侯·伯·子·男 중 첫째 등의 뜻도 있음.	八 八 公 公

풀이 둘러 싸인 지역임을 뜻하는 厶와 입구를 연다는 뜻인 八을 합쳐 누구나 드나들 수 있는 장소라는 뜻. 보통 공공(公共)이라는 뜻으로 쓰임.

子의
1 총
4획

孔

무엇 공
성씨 공

ㄱ
了
孑
孔

풀이 자식이라는 뜻인 子와 구멍이란 뜻인 乚을 합쳐서 아기가 태어나는 구멍이라는 뜻.

· 孔方(공방) 공방형.
· 九孔炭(구공탄) 구멍이 아홉 뚫린 구멍탄.
· 孔德(공덕) · 孔老(공로) · 孔孟(공맹) · 孔明(공명)
· 孔門(공문) · 孔父(공부) · 孔子(공자) · 孔子家語
(공자가어) · 孔雀(공작) · 工雀扇(공작선) · 鼻孔
(비공) · 眼孔(안공) · 耳孔(이공) · 穿孔(천공)

참고

❖ 부가의미 · 통함. 큼. 깊음의 뜻도 있음.
❖ 비슷한 의미를 가진 한자 · 구멍의 뜻을 가진 글자
→穴(혈)

力의
3 총
5획

功

공적 공
보람 공

一
丁
工
巧
功

풀이 힘을 뜻하는 力과 음을 나타내는 工(공)을 합쳐 공적인 일에 힘쓰다의 뜻을 나타냄. 널리 공훈 · 공덕의 뜻으로 쓰임.

· 功勞(공로) 일에 애쓴 공적(功績).
· 成功(성공) 목적을 이룸.
· 功過(공과) · 功利(공리) · 有功(유공) · 恩功(은공)

참고

❖ 비슷한 의미를 가진 한자 · 功은 나라를 위하여 이룩한 일. 勳(훈)은 주군(主君)을 위한 일. 績(적)은 일의 훌륭한 결과임.
▣ 모양이 비슷한 한자 功(공로 공) 功勞(공로)
· 巧(공교로울 교) 巧妙(교묘)
· 切(끊을 절) 切斷(절단)
▨ 반대되는 한자 功(공 공)↔過(허물 과)

八의
4 총
6획

共

함께 공
한가지로 공

一
卄
井
共

풀이 구슬을 뜻하는 玉과 두 손으로 받쳐 드는 모양을 본뜬 글자를 합쳐서 이루어진 글자가 변한 것. 구슬을 받쳐든다는 뜻을 나타냄. 나중에 함께라는 뜻으로 쓰이게 됨.

· 共有(공유) 공동으로 소유(所有)함.
· 共用(공용) 공동으로 사용함.
· 共同(공동) · 共生(공생) · 共用(공용) · 共助(공조)
· 共存(공존) · 公共(공공) · 國共(국공) · 反共(반공)
· 防共 · (방공) · 人共(인공) · 共和國(공화국) · 自
他共認(자타공인) · 平和共存(평화공존)

참고

❖ 부가의미 · ①공손함. ②바침 등의 뜻도 있음.

攵의
3 총
7획

攻

칠 공
닦을 공

一
工
工
功
攻

풀이 치다의 뜻을 나타내는 攵과 음을 나타내는 工(공)을 합쳐서 무기를 들고 치다의 뜻.

· 攻擊(공격) 적을 침. 시비를 가려 논란함.
· 侵攻(침공) 침범(侵犯)하여 공격함.
· 攻苦(공고) · 攻究(공구) · 攻略(공략) · 攻防(공방)
· 攻伐(공벌) · 攻城野戰(공성야전) · 攻城砲(공성포)
· 攻勢(공세) · 攻守(공수) · 攻守同盟(공수동맹) · 攻
玉(공옥) · 攻圍(공위) · 攻戰(공전) · 攻奪(공탈)

참고

❖ 부가의미 · ①다스림. 연구함. 만듦. 닦음. ②굳음 등의 뜻도 있음.

★ ★ ★

穴의 3 총8획

空 빈 공
하늘 공

・空間(공간) 빈 곳.
・空想(공상) 헛된 상상.
・空軍(공군)・空氣(공기)・空洞(공동)・空論(공론)
・空白(공백)・空士(공사)・空約(공약)・領空(영공)
・低空(저공)・虛空(허공)・空洞化(공동화)

[풀이] 穴[구덩이]과 음을 나타내며 ❖ 동시에 대롱처럼 속이 빈 모양을 뜻하는 工(공)을 합하여 헐거 주택 위의 구멍이라는 뜻으로 쓰이며, 그 모양에서 비다, 헛되다의 뜻으로 쓰임.

[참고]

❖ **부가의미** ・①속이 빔. ②다함. 없어짐. ③헛됨. 보람 없음. ④쓸쓸함 등의 뜻도 있음.
❖ **비슷한 의미를 가진 한자** ・空은 없음. 虛(허)는 알맹이가 없음. 曠(광)은 넓고 안에 물건이 없음.

`丶 宀 宀 穴 空`

亻의 6 총8획

供 이바지할 공
줄 공
받들 공

・供給(공급) 수요에 응하여 물품을 제공함.
・提供(제공) 바치어 이바지함.
・供物(공물)・供米(공미)・供奉(공봉)・供述(공술)
・供養(공양)・供出(공출)

[풀이] 사람을 뜻하는 亻과 음을 ❖ 나타내는 共(공)을 합쳐 바치다의 뜻을 나타냄.

[참고]

❖ **부가의미** ・①베풂. ②할당함. ③준비. ④마련한 물건. ⑤용의(用義). ⑥공손함. ⑦사정을 말함 등의 뜻도 있음.
❖ **비슷한 의미를 가진 한자** ・준비하다의 뜻을 가진 글자→備(비)

`亻 仁 仳 供 供`

心의 6 총10획

恭 공경할 공
받들 공

・恭敬(공경) 공손히 섬김.
・過恭(과공) 지나치도록 공손함.
・恭儉(공검)・恭謙(공겸)・恭待(공대)・恭遜(공손)
・恭順(공순)・恭讓(공양)・恭畏(공외)・不恭(불공)
・溫恭(온공)

[풀이] 心(마음)의 변형인 忄과 음 ❖ 을 나타내는 共(공)을 합쳐서 공손한 마음가짐을 뜻함.

[참고]

❖ **부가의미** ・공손함. 존경하여 삼감의 뜻도 있음.
❖ **비슷한 의미를 가진 한자** ・삼가다의 뜻을 가진 글자 →謹(근)

`一 卄 共 恭 恭`

貝의 3 총10획

貢 공물 공
바칠 공

・貢獻(공헌) 공물을 바침. 사회에 이바지함.
・朝貢(조공) 작은 나라가 큰 나라에 물건을 바치는 일.
・貢擧(공거)・貢納(공납)・貢物(공물)・貢米(공미)
・貢賦(공부)・供貢(공공)・奉貢(봉공)・賓貢(빈공)
・歲貢(세공)・雜貢(잡공)

[풀이] 貝(패)[재보]와 음을 나타내는 工(공)을 합쳐 나라에 바치는 재화를 뜻함. 널리 바치다의 뜻으로 씀.

[참고]

❖ **부가의미** ・①천거함. 조정에 천거함. ②나아감 등의 뜻도 있음.

`一 工 百 百`

心의
6
총
10획

두려워할 공
으를 공

一
工
巩
恐
恐

풀이 心[마음]과 음을 나타내는 玏(공)을 합쳐서 마음이 움츠려져 무서워하다의 뜻.

· 恐怖(공포) 무서움과 두려움.
· 恐懼(공구) 몹시 두려워함.
· 恐喝(공갈) · 恐恐然(공공연) · 恐龍(공룡) · 恐水病(공수병) · 恐怖(공포) · 恐脅(공협) · 恐惶(공황)

참고

❖ **비슷한 의미를 가진 한자** · 恐(공)은 무서워하다. 怖(포)는 이유 없이 두려워하다. 怯(겁)은 마음이 약해 겁을 먹다. 畏(외)는 공경하고 두려워하다. 悸(계)는 무서워서 가슴이 두근거리다. 惶(황)은 두려워서 어찌 할 바를 모르다. 慄(률)은 두려워서 떨다. 무서워서 오싹하다. 懼(구)는 의심하여 두려워 하다.

木의
4
총
8획

★ ★ ★

果

열매 과

丶
冂
曰
甲
果

풀이 나뭇가지에 열매가 달린 모양을 본뜸. 과일의 뜻.

· 果實(과실) 과수에 생기는 열매. 실과.
· 結果(결과) · 效果(효과) · 果然(과연) · 成果(성과)
· 實果(실과) · 藥果(약과) · 漢果(한과) · 靑果(청과)
· 果樹園(과수원) · 水正果(수정과) · 因果應報(인과응보) · 溫室效果(온실효과)

참고

❖ **부가의미** · ①결연히 함. ②과연. 생각대로. ③끝. 완성된 것. ④보답 등의 뜻도 있음.
❌ **반대되는 한자** · 果(결과 과)↔因(까닭 인)

禾의
4
총
9획

★ ★ ★

조목 과
등급 과
과거 과

丿
二
禾
禾
科

풀이 科[곡식]과 斗[곡식을 되는 말]를 합한 글자. 벼를 묶어 세다의 뜻. 후에 물품을 분류하다의 뜻으로 쓰임.

· 科目(과목) 학문의 구분. 분류한 조목.
· 學科(학과) 교수 및 연구의 편의상 구분한 학술의 분과.
· 科擧(과거) · 科落(과락) · 科學(과학) · 內科(내과)
· 文科(문과) · 法科(법과) · 兵科(병과) · 本科(본과)
· 實科(실과) · 眼科(안과) · 外科(외과) · 理科(이과)

참고

❖ **부가의미** · ①근본. ②법. ③죄. ④웅덩이. 구멍. ⑤과학 등의 뜻도 있음.

辶의
9
총
13획

★ ★ ★

過

지남 과
허물 과
죄 과

丨
冂
口
咼
過

풀이 보행의 뜻인 辶과 음을 나타내는 咼(과)를 합쳐서 지나치다의 뜻.

· 過失(과실) 잘못함. 허물.
· 通過(통과) 통하여 지나가거나 옴.
· 過多(과다) · 過當(과당) · 過大(과대) · 過滿(과만)
· 過歲(과세) · 過速(과속) · 過食(과식) · 過熱(과열)
· 過誤(과오) · 過用(과용) · 過重(과중) · 看過(간과)
· 經過(경과) · 功過(공과)

참고

❖ **부가의미** · 그르치다의 뜻을 가진 글자로는 誤가 있음.
❌ **반대되는 한자** · 功(공 공)↔過(허물 과)

44

言의6 총13획	誇 자랑할 과	· 誇張(과장) 실지보다 지나치게 나타냄. · 誇示(과시) 자랑하여 보임. · 誇大(과대) · 誇大妄想狂(과대망상광) · 誇稱(과칭) · 驕誇(교과) · 矜誇(긍과) · 陵誇(능과) · 自誇(자과)	丶 言 訝 誇 誇

풀이 言(말)과 음을 나타내며 크다의 뜻인 夸(과)를 합쳐 과장해서 말한다는 뜻.

참고

❖ 부가의미 · 과장(誇張)해서 말함의 뜻도 있음.
❖ 비슷한 의미를 가진 한자 · 자랑하다의 뜻을 가진 글자. 誇(과)는 부풋한 소리를 하면서 뻐김. 矜(긍)은 잘난 체함.

宀의11 총14획	寡 과부 과 적을 과	· 寡婦(과부) 홀어미, 과수(寡守). · 衆寡(중과) 수효의 많음과 적음. · 寡默(과묵) · 寡聞(과문) · 寡兵(과병) · 寡少(과소) · 寡言(과언) · 寡慾(과욕) · 寡人(과인) · 孤寡(고과) · 多寡(다과)	宀 宇 寈 寡 寡

풀이 집을 뜻하는 宀과 음을 나타내는 夏(하)를 합쳐서 집안에 의지할 것이 적은 사람이라는 뜻. 널리 적다의 뜻으로 쓰임.

참고

❖ 부가의미 · ①홀어미 ②나[諸侯自稱] 등의 뜻도 있음.

★★★ 言의8 총15획	課 매길 과 시험할 과	· 課業(과업) 맡긴 업무 또는 학과. · 放課(방과) 그날의 한 과를 끝냄. · 課稅(과세) · 課外(과외) · 課長(과장) · 課題(과제) · 考課(고과) · 日課(일과) · 公課金(공과금) · 認定 課稅(인정과세)	言 訂 評 評 課

풀이 言[말]과 음을 나타내는 果(과)를 합쳐서, 사람에게 분부하여 일거리를 주다의 뜻.

참고

❖ 부가의미 · ①할당된 일. ②일의 구분. 분담. ③과정. ④차례. ⑤공부. 공로 등의 뜻도 있음.

★★ 宀의5 총8획	官 집 관 대궐 관	· 官印(관인) 관청 또는 관직의 도장. · 官員(관원) 관리(官吏). 벼슬아치. · 官權(관권) · 官民(관민) · 官服(관복) · 敎官(교관) · 舊官(구관) · 名官(명관) · 文官(문관) · 民官(민관) · 法官(법관) · 史官(사관) · 士官(사관) · 上官(상관) · 長官(장관)	宀 宁 宁 官 官

풀이 집을 뜻하는 宀과 음을 나타내며 사람이 많이 모이다의 뜻인 𠂤(퇴)를 합쳐서, 사람이 많이 모여서 일을 하는 집. 관청이라는 뜻.

참고

❖ 부가의미 · ①마을. ②오관[눈·코·귀·입·살갗] 등의 뜻도 있음.
◨ 모양이 비슷한 한자 · 官(벼슬 관) 官民(관민) · 宮(집 궁) 宮女(궁녀)

冠

一의7
총9획

갓 관
관 관

풀이 덮어 쓰는 물건을 뜻하는 冖과 사람의 머리를 뜻하는 元과 손을 뜻하는 寸을 합쳐 머리에 관을 쓴다는 뜻을 나타냄. 관이라는 뜻으로 쓰임.

- 冠婚喪祭(관혼상제) 관례·혼례·상례·제례.
- 弱冠(약관) 남자 나이 20세를 일컬음. 약년.
- 冠禮(관례)·冠履轉倒(관리전도)·冠名(관명)· 冠毛(관모)·冠詞(관사)·冠省(관성)
- 冠者(관자)·冠絕(관절)·冠婚(관혼)·桂冠(계관)·
- 寶冠(보관)·榮冠(영관)·玉冠(옥관)·王冠(왕관)·

참고

✿ **부가의미** · ①관을 씀. ②아이가 어른이 되는 예식 등의 뜻도 있음.

`  冖  冘  完  冠`

貫

貝의4
총11획

꿸 관
본 관

풀이 貝(화폐)와 음을 나타내는 毌(관)을 합쳐 끈으로 꿴 돈의 뜻. 널리 꿰뚫다의 뜻으로 쓰임.

- 貫徹(관철) 어려움을 뚫고 목적을 이룸.
- 本貫(본관) 관향(貫鄕). 본(本).
- 貫祿(관록)·貫流(관류)·貫屬(관속)·貫子(관자)
- 貫通(관통)·貫行(관행)·貫革(관혁)

참고

✿ **부가의미** · ①꿰뚫음. ②끝까지 함. ③연이음. ④돈꿰미. ⑤가운데를 맞힘. ⑥익숙함. ⑦조리. 사리. ⑧본관(本貫) 등의 뜻도 있음.

`  乚  毌  毌  貫  貫`

寬

宀의12
총15획

너그러울 관
용서할 관

풀이 집을 뜻하는 宀과 음을 나타내는 莧(관)을 합쳐서 집이 넓다의 뜻. 후에 넓다·마음이 크다의 뜻으로 씀.

- 寬大(관대) 마음이 너그럽고 큼.
- 寬容(관용) 너그럽게 용서하고 용납함.
- 寬免(관면)·寬赦(관사)·寬恕(관서)·寬雅(관아)·
- 寬柔(관유)·寬刑(관형)·寬弘(관홍)·裕寬(유관)·
- 政寬(정관)·平寬(평관)·絃寬(현관)

참고

✿ **부가의미** · 놓아줌[宥]. 용서함[恕]의 뜻도 있음.
❖ **비슷한 의미를 가진 한자** · 넓다의 뜻을 가진 글자 →廣(광)

`  宀  宀  宀  宀  寬`

管

竹의8
총14획

★

관 관

풀이 竹(대)와 음을 나타내는 官(관)을 합쳐서, 마디가 꿰뚫려 있는 대나무의 뜻. 널리 대나무의 대롱이라는 뜻으로 쓰임.

- 管樂器(관악기) 입으로 불어서 소리를 내는 악기
- 管長(관장) ①보관하여 지키고 보존하는 관할의 우두머리. ②종가(宗家)의 문중(門中)을 보살피는 우두머리.
- 管見(관견)·管句(관구)·管內(관내)·管領(관령)·
- 管理(관리)·管理法(관리법)·管理人(관리인)· 管鮑之交(관포지교)·管下(관하)·管轄(관할)· 管弦(관현)·管弦樂(관현악)·毛細管(모세관)· 保管(보관)

`  竹  竹  竹  管  管`

慣 忄의 11 총 14획	익숙할 관 버릇 관	·慣用(관용) ①항상 씀. ②습관이 되어 사용함. ·習慣(습관) 버릇. ·慣例(관례)·慣面(관면)·慣性(관성)·慣習法(관습법)·慣用句(관용구)·慣用語(관용어)·慣行(관행)·舊慣(구관)	

[풀이] 마음을 뜻하는 忄과 음을 나타내는 貫(관)을 합쳐서 마음에 되세기어 익숙하게 되다의 뜻.

[참고]
⊕ **부수풀이** ·心(忄)(마음 심): 마음은 심장에서 우러나온다하여 그의 모양을 본떠 마음의 뜻으로 널리 쓰임.

館 食의 8 총 17획	객사 관 큰집 관	·館驛(관역) 옛날의 역의 건물을 일컬음. ·客館(객관) 객지(客地)의 숙소. ·館舍(관사)·館員(관원)·館長(관장)·館職(관직) ·開館(개관)·公使館(공사관)·舊館(구관)·大使館(대사관)·圖書館(도서관)·美術館(미술관)·博物館(박물관)·別館(별관)·本館(본관)	

[풀이] 食[음식물]과 음을 나타내는 官(관)을 합쳐서 음식물이 준비되어 있는 집, 여관이라는 뜻.

[참고]
❖ **부가의미** ·큰 상점. 관청. 관사(官舍). 학교 등의 건물의 뜻도 있음.

關 門의 11 총 19획 ★ ★	문빗장 관 관계 관	·關連(관련) 관계를 맺음. 걸리어 얽힘. ·難關(난관) 지나기가 어려운 몫. ·關門(관문)·關稅(관세)·關心(관심)·關與(관여) ·關節(관절)·相關(상관)·稅關(세관)·通關(통관) ·大關節(대관절)·無關心(무관심)·關東八景(관동팔경)	

[풀이] 門과 음을 나타내는 𢆶(관)을 합하여, 문을 닫아 거는 빗장의 뜻. 후에 '관문, 닫다'의 뜻으로 쓰임.

[참고]
❖ **부가의미** ·①묘문. 묘지 앞으로 들어가는 문. ②기관. ③가운데를 뚫어 꿰. ④신을 신음. ⑤참여함 등의 뜻도 있음.

觀 見의 18 총 25획 ★ ★ ★	볼 관 생각 관	·觀光(관광) 풍광·풍속을 유람함. ·壯觀(장관) 훌륭한 광경. ·觀客(관객)·觀念(관념)·觀望(관망)·觀相(관상) ·觀賞(관상)·觀戰(관전)·客觀(객관)·景觀(경관) ·達觀(달관)·樂觀(낙관)·美觀(미관)·悲觀(비관) ·史觀(사관)·外觀(외관)·主觀(주관)·直觀(직관)	

[풀이] 보다의 뜻인 見과 음을 나타내는 𦠢(관)을 합쳐서 빙 둘러보다의 뜻.

[참고]
❖ **비슷한 의미를 가진 한자** ·보다의 뜻을 가진 글자
→見(견)

光

儿의 4
총 6획

★ ★ ★

빛 광
빛날 광

[풀이] 불을 뜻하는 火와 음을 나타내는 儿[인]→광]을 합쳐 불이 빛나다. 빛이라는 뜻을 나타냄.

· 光明(광명) 밝고 환함.
· 月光(월광) 달빛.
· 光景(광경) · 光度(광도) · 光線(광선) · 光速(광속)
· 光陰(광음) · 光體(광체) · 脚光(각광) · 發光(발광)
· 眼光(안광) · 夜光(야광) · 採光(채광) · 風光(풍광)
· 後光(후광)

[참고]
❖ 비슷한 의미를 가진 한자 · ①햇빛→日光(일광). 陽光(양광). ②달빛→月光(월광). 月明(월명). 月影(월영). ③별빛→星光(성광). 星輝(성휘). ④아침 햇빛→旭光(욱광). 曙光(서광). ⑤저녁 햇빛→晩照(만조).

廣

广의 12
총 15획

★ ★ ★

넓을 광
널리 광

[풀이] 집을 뜻하는 广과 음을 나타내는 黃[황]→광]을 합쳐서, 텅 빈 큰 집이라는 뜻. 넓다의 뜻으로 널리 쓰임.

· 廣告(광고) 널리 알림.
· 廣義(광의) 넓게 보는 뜻.
· 廣大(광대) · 廣木(광목) · 廣野(광야) · 廣場(광장)
· 求人廣告(구인광고)

[참고]
❖ 비슷한 의미를 가진 한자 · 廣은 끝없이 넓음. 博(박)은 폭이 넓음. 闊(활)은 넓게 활짝 열려 있음. 弘(홍)은 마음이나 도덕이 넓고 큼. 汎(범)은 구석구석에 미침. 寬(관)은 마음이 여유가 있어서 넓음.
❖ 반대되는 한자 · 狹(좁을 협)↔廣(넓을 광)

鑛

金의 15
총 23획

★

쇳돌 광
광석 광

[풀이] 金과 음을 나타내는 廣(광)을 합하여 쇠붙이를 채취하는 노란 돌이란 뜻.

· 鑛物(광물) 천연 무기물로서 화학 성분이 일정한 물질.
· 炭鑛(탄광) 석탄을 캐어 내는 광.
· 鑛區(광구) · 鑛毒(광독) · 鑛脈(광맥) · 鑛夫(광부)
· 鑛山(광산) · 鑛産物(광산물) · 鑛床(광상) · 鑛石(광석) · 鑛水(광수) · 鑛業(광업) · 鑛油(광유)

[참고]
❖ 부가의미 · 쇳덩어리의 뜻도 있음.

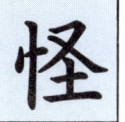

怪

忄의 5
총 8획

★

괴이할 괴

[풀이] 마음을 뜻하는 忄과 음을 나타내는 圣(골, 괴)를 합쳐서 마음에 자연스럽게 받아 들여지지 않고 이상하게 생각되다의 뜻.

· 怪物(괴물) 괴상한 물체. 괴상한 사람.
· 怪異(괴이) 이상 야릇함. 알 수 없음.
· 怪傑(괴걸) · 怪鬼(괴귀) · 怪談(괴담) · 怪童(괴동)
· 怪力(괴력) · 怪聞(괴문) · 怪變(괴변) · 怪事(괴사)
· 怪狀(괴상) · 怪石(괴석) · 怪疾(괴질) · 怪漢(괴한)
· 奇怪(기괴)

[참고]
❖ 부가의미 · ①괴물. 요괴. ②의심스러움. ③감짝 놀람 등의 뜻도 있음.

土획 16 총 19획	壞	무너질 괴 앓을 괴	· 壞死(괴사) 조직이 국부적으로 죽는 일. · 破壞(파괴) 건물이나 기물·조직 따위를 부수거나 무너뜨림. · 壞亂(괴란) · 壞滅(괴멸) · 壞裂(괴열) · 壞屋(괴옥) · 壞頹(괴퇴) · 壞敗(괴패) · 壞血病(괴혈병)	土 圹 壞 壞 壞

풀이 土(흙)와 음을 나타내는 褱(회)[괴는 변음]를 합쳐서 흙이 무너지다의 뜻. 널리 파괴되다의 뜻으로 씀.

참고

❖ 비슷한 의미를 가진 한자 · 무너뜨리다의 뜻을 가진 글자→破(파)
◌ 모양이 비슷한 한자 · 壞(무너질 괴) 破壞(파괴)
· 壤(부드러운흙 양) 土壤(토양)
· 懷(품을 회) 懷疑(회의)

工획 2 총 5획	巧	교묘할 교 공교할 교	· 巧妙(교묘) 썩 잘 되고 묘함. · 工巧(공교) 뜻밖에 맞거나 틀리다. 때·기회가 우연하게도 좋거나 나쁘다. · 巧辯(교변) · 巧言(교언) · 巧言令色(교언영색) · 巧拙(교졸) · 巧態(교태) · 巧猾(교활) · 奇巧(기교) · 機巧(기교) · 邪巧(아교) · 精巧(정교)	一 丁 工 工 巧

풀이 기술이란 뜻인 工(공)과 음을 나타내는 丂(교)를 합쳐서, 만드는 솜씨가 능란하다의 뜻.

참고

❖ 비슷한 의미를 가진 한자 · 공교하다의 뜻을 가진 글자. 巧(교)는 솜씨가 능란함.↔拙(졸) 工(공)은 뛰어난 세공(細工) 또는 세공가. 匠(장)은 목수에서 나온 말로 지금은 목수일을 하는 사람의 총칭이기도 함.

亠획 4 총 6획	★ ★ ★ 交	사귈 교 엇갈릴 교	· 交友(교우) 벗을 사귐. · 交通(교통) 왕래. 오가는 일. · 交感(교감) · 交代(교대) · 交流(교류) · 交尾(교미) · 交分(교분) · 交信(교신) · 交易(교역) · 交遊(교유) · 交戰(교전) · 交着(교착) · 性交(성교) · 修交(수교) · 絕交(절교) · 親交(친교) · 外交官(외교관)	丶 亠 六 亽 交

풀이 사람의 다리를 걸치고 있는 모양을 본뜸. 교차의 뜻으로 쓰임.

참고

❖ 비슷한 의미를 가진 한자 · 交는 물건이 비집고 들어가 섞임. 混(혼)은 다른 것이 섞임. 雜(잡)은 뒤죽박죽인 것. 錯(착)은 물건들이 이리저리 뒤섞임.

木획 6 총 10획	★ ★ ★ 校	학교 교 군사 교	· 校則(교칙) 학교의 규칙. · 將校(장교) 소위 이상의 무관. · 校歌(교가) · 校門(교문) · 校舍(교사) · 校外(교외) · 校友(교우) · 校長(교장) · 校庭(교정) · 校訓(교훈) · 開校(개교) · 登校(등교) · 母校(모교) · 本校(본교) · 分校(분교) · 入校(입교) · 他校(타교) · 學校(학교)	十 木 杧 校 校

풀이 木[나무]과 음을 나타내는 交(교)를 합쳐서 죄인의 손발에 채우는 나무 가쇄의 뜻. 후에 학교의 뜻으로 씀.

참고

❖ 부가의미 · ①군대의 지휘관이 있는 곳. 지휘관. ②비교함. ③조사함. 조사하여 바로 잡음. ④생각함 등의 뜻도 있음.

49

攵의 7 총 11 획	教 가르칠 교

・教育(교육) 가르쳐 기름.
・教養(교양) 학식을 바탕으로 닦은 수양.
・教界(교계)・教權(교권)・教大(교대)・教理(교리)
・教養(교양)・教人(교인)・教場(교장)・教材(교재)
・教化(교화)・說教(설교)・宗教(종교)

풀이 教[배워서 익힘]에 攵(칠
북)을 합한 글자로 회초리로 때리
면서 배우게 함을 뜻함.

참고
❖ 부가의미・①교육. 훈계. 학문. 도덕. 종교. ②분부. 명
령. ③…로 하여금. …하게 함 등의 뜻도 있음.

ノ ソ 耂 孝 孝 教

車의 6 총 13 획	較 견줄 교 비교할 교

・較量(교량) 비교하여 헤아려 봄.
・比較(비교) 둘을 서로 견주어 봄.
・較明(교명)・較然(교연)・較著(교저)・對較(대교)
・詮較(전교)・平較(평교)

풀이 車[수레]와 음을 나타내는
交(교)를 합하여 수레의 상자 위에
짜 맞추는 나무의 뜻. 널리 견주다
의 뜻으로 쓰임.

참고
❖ 부가의미・①차체. 수레 위의 상자처럼 된 부분. ②겨
룸. ③견줌. ④대략. ⑤조금. 좀. ⑥환함. 분명한 모양
등의 뜻도 있음.

一 亓 百 百 車 軒 較

木의 12 총 16 획	橋 다리 교

・橋脚(교각) 다리를 받치는 기둥.
・假橋(가교) 임시로 놓은 다리.
・橋架(교가)・橋頭(교두)・橋頭堡(교두보)・橋梁
(교량)・橋畔(교반)・跨線橋(과선교)・浮橋(부교)
・石橋(석교)・雲橋(운교)・陸橋(육교)・棧橋(잔교)
・鐵橋(철교)・土橋(토교)・板橋(판교)・虹橋(홍교)

풀이 木[나무]과 음을 나타내는
喬(교)를 합쳐서, 반동식 두레박의
뜻. 후에 다리의 뜻으로 쓰임.

참고
❖ 부가의미・①강이나 바다에 놓은 다리. ②반동식 두
레박의 가로대[橫木] 등의 뜻도 이음.

木 杯 杯 橋 橋

乙의 1 총 2 획	九 아홉 구

・九回(구회) 아홉 회.
・九牛一毛(구우일모) 썩 많은 가운데서 아주 적은 수
를 이르는 말.
・九經(구경)・九氣(구기)・九月(구월)・九日(구일)
・九族(구족)・九泉(구천)・九天(구천)・九寸(구촌)
・九官鳥(구관조)・九九法(구구법)・九節草(구절초)

풀이 팔꿈치가 굽은 모양을 본뜸.
수사의 아홉의 뜻으로 쓰임.

참고
❖ 부가의미・역(易)에서의 양수(陽數)의 뜻도 있음.
🔲 모양이 비슷한 한자・九(아홉 구) 九拾(구십)
・丸(알 환) 丸藥(환약)

ノ 九

★ ★ ★

口의 0
총 3획

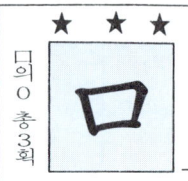

입 구
어귀 구

풀이 입 모양을 본뜬 글자. 부수로서는 입·목소리·말에 관한 뜻을 나타냄.

· 口味(구미) 입맛.
· 口傳(구전) 입(말)으로 전함.
· 口承(구승)·口實(구실)·口傳(구전)·口號(구호)
· 口話(구화)·家口(가구)·經口(경구)·洞口(동구)
· 食口(식구)·入口(입구)·窓口(창구)·河口(하구)
· 戶口(호구)·虎口(호구)·口語體(구어체)

참고

❖ **부가의미** · ①구멍. ②말함. ③사람의 수. ④자루, 칼을 세는 단위 등의 뜻도 있음.

ㅣ
口
口

丿의 2
총 3획

久

오래할 구

풀이 사람을 뜻하는 人과 人이 변한 久와 사람을 뒤에서 만류하는 뜻의 부호 久를 합쳐, 사람이 멈춰서서 움직이지 않는다는 뜻을 나타냄. 후에 오래되다의 뜻으로 쓰이게 됨.

· 久遠(구원) 아득히 멀고 오램.
· 悠久(유구) 연대가 아득히 오래됨.
· 久久(구구)·久留(구류)·久病(구병)·久習(구습)
· 彌久(미구)·良久(양구)·永久(영구)·長久(장구)

참고

❖ **부가의미** · ①언제까지나 변함이 없음. ②기다림. ③막음. 가림 등의 뜻도 있음.

丿
ク
久

★

口의 2
총 5획

구절 구
맡을 구

풀이 입을 뜻하는 口와 음을 나타내며 얽혀서 펴지지 않다의 뜻인 勹(구)를 합쳐서 말을 쉼, 글의 한 토막이라는 뜻.

· 句節(구절·귀절) 한 토막의 말이나 글.
· 絕句(절구) 한시의 근체시의 하나.
· 結句(결구)·名句(명구)·文句(문구)·聖句(성구)
· 詩句(시구)·語句(어구)·句句節節(구구절절)·
  一言半句(일언반구)

참고

❖ **부가의미** · ①한시(漢詩)의 1절. 거리낌. 맡아 봄. 굽음. 활을 잡아 당김 등의 뜻도 있음.

◈ **모양이 비슷한 한자** · 句(글귀 구) 句節(구절)
　　　　　　　　　　　· 旬(열흘 순) 下旬(하순)

丿
勹
勹
句
句

★

水의 2
총 7획

구할 구
바랄 구

풀이 털가죽을 늘여 뜨린 모양을 본뜸. 본래 털가죽 옷을 뜻함. 후에 '바라다, 요구하다'의 뜻으로 씀.

· 求人(구인) 쓸 사람을 구함.
· 要求(요구) 강력히 청(請)하여 구함.
· 求道(구도)·求愛(구애)·求刑(구형)·求婚(구혼)
· 渴求(갈구)·急求(급구)·請求(청구)·追求(추구)
· 探求(탐구)·希求(희구)·求人難(구인난)·請求權
  (청구권)·求人廣告(구인광고)

참고

❖ **비슷한 의미를 가진 한자** · 求는 찾다 또는 없는 것을 손에 넣다. 要(요)는 어떻게 해서라도 구하다 또는 기다려서 구하다. 索(색)은 찾아 구하다의 뜻.

一
十
寸
求
求

★

穴의 2 총7획

究

부딪칠 구
갑자기 구

풀이 穴[구멍]과 음을 나타내는 九(구)를 합하여 꼬불꼬불하고 좁은 움집을 뜻함.

· 究明(구명) 사리를 궁구하여 밝힘.
· 窮究(궁구) 속속들이 깊이 연구(硏究)함.
· 究極(구극) · 究理(구리) · 究明(구명) · 究問(구문)
· 考究(고구) · 論究(논구) · 硏究(연구) · 追究(추구)

참고

❖ 부가의미 · ①헤아림. ②다함. 끝남. ③미워함 등의 뜻도 있음.

★ ★

八의 6 총8획

具

갖출 구
그릇 구

풀이 세 발 무쇠를 뜻하는 鼎(정)이 변한 目과 두 손을 받쳐 드는 모양을 뜻하는 廾을 합쳐서 세 발 무쇠솥을 받친다는 뜻. 보통 갖추다의 뜻으로 쓰임.

· 具備(구비) 여러 가지 물건을 모두 갖춤.
· 家具(가구) 집안 살림에 쓰이는 기구.
· 具象(구상) · 具象名詞(구상명사) · 具象美(구상미)
· 具色(구색) · 具申(구신) · 具眼(구안) · 具有(구유)
· 具足(구족) · 具陳(구진) · 具體(구체) · 具體案(구체안) · 具體的(구체적) · 具現(구현) · 敬具(경구)

참고

❖ 부가의미 · 설비. 빠짐없이. 자세히 기물의 뜻도 있음.

❖ 모양이 비슷한 한자 · 具(갖출 구) 具備(구비)
· 貝(조개 패) 貝物(패물)
· 見(볼 견) 見學(견학)

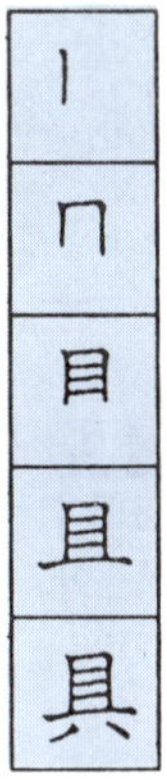

扌의 5 총8획

拘

잡을 구
거리낄 구

풀이 손을 뜻하는 扌와 음을 나타내는 句(구)를 합쳐서 손으로 멈춤·잡음의 뜻.

· 拘留(구류) 붙잡아 머물러 둠.
· 不拘(불구) 거리끼지 않음. 구애받지 않음.
· 拘禁(구금) · 拘泥(구니) · 拘束(구속) · 拘礙(구애)
· 拘引(구인) · 拘置(구치) · 絆拘(반구) · 囚拘(수구)
· 執拘(집구) · 虛拘(허구)

참고

❖ 비슷한 의미를 가진 한자 · 잡다의 뜻을 가진 글자 →捕(포)

❖ 모양이 비슷한 한자 · 拘(거리낄 구) 拘束(구속)
· 狗(개 구) 走狗(주구)

❖ 잘못읽기 쉬운 한자 · 拘碍 구애 (구득으로 읽지 말것)

★ ★ ★

匸의 9 총11획

區

구역 구
구구할 구

풀이 많은 물건을 뜻하는 品과 숨기다의 뜻인 匸(혜)를 합쳐 물건을 간막이로 감추다, 따로 따로 갈라 놓다, 구분하다의 뜻으로 변해 있음.

· 區分(구분) 따로따로 갈라 나눔.
· 地區(지구) 땅의 한 구획.
· 區間(구간) · 區區(구구) · 區內(구내) · 區民(구민)
· 區別(구별) · 區域(구역) · 區劃(구획)

참고

❖ 부가의미 · ①경계. 작게 잘린 곳. ②작은 방. ③숨김. ④용량의 단위 등의 뜻도 있음.

球

玉의7 총11획

옥 구

★★★

[풀이] 王[구슬]과 玉의 변음인 求(구)를 합쳐서 둥근 옥을 뜻함. 후에 구슬의 뜻으로 씀.

· 球形(구형) 구슬과 같이 둥근 모양.
· 氣球(기구) 공중 높이 올리는 물건.
· 球莖(구경) · 球根(구근) · 球技(구기) · 球面三角法(구면삼각법) · 球狀(구상) · 球威(구위) · 球場(구장) · 球戲(구희) · 剛球(강구) · 硬球(경구) · 籠球(농구) · 排球(배구) · 選球(선구) · 送球(송구)

[참고]
❖ 부가의미 · ①공. ②옥으로 만든 경쇠 등의 뜻도 있음.

丁 王 玗 玝 球

救

攵의7 총11획

구원할 구
도울 구
막을 구

★★★

[풀이] 강요하다의 뜻인 攵과 음을 나타내는 求(구)를 합쳐서, 멈추게 하다의 뜻. 후에 구제하다의 뜻으로 쓰임.

· 救援(구원) 도와 건져 줌.
· 救國(구국) 나라를 구함.
· 救難(구난) · 救命(구명) · 救民(구민) · 救助(구조) · 救出(구출) · 自救(자구) · 救急車(구급차) · 救世軍(구세군) · 救世主(구세주) · 救助船(구조선) · 海難救助(해난구조)

[참고]
❖ 비슷한 의미를 가진 한자 · 救(구)는 곤궁한 처지에 있는 자를 도와 줌. 濟(제)는 건너지 못할 곳을 건너게 해주다의 뜻.
❖ 잘못읽기 쉬운 한자 · 救恤 구휼 (구혈로 읽지 말 것)

一 寸 求 求 救

構

木의10 총14획

얽을 구
맺을 구
이룰 구

[풀이] 木[나무]과 음을 나타내는 冓(구)를 합쳐서 나무를 얽다의 뜻.

· 構成(구성) 얽어 만듦.
· 構想(구상) 생각을 얽어 놓음.
· 構內(구내) · 構圖(구도) · 構外(구외) · 構造(구조) · 構築(구축) · 改構(개구) · 結構(결구) · 築構(축구) · 虛構(허구)

[참고]
❖ 부가의미 · ①마음을 정함. ②쨈[조립]. 만들어 냄. 짜임새. ③울타리 등의 뜻도 있음.

木 朾 桜 構 構 構

舊

臼의12 총18획

옛 구
오랠 구
친구 구

★★★

[풀이] 머리에 털이 많은 새를 뜻하는 萑(환)과 음을 나타내는 臼(구)를 합쳐서 수리부엉이의 뜻. 음이 久(구)와 같으므로 오래다, 또는 늙은이의 뜻으로도 쓰임.

· 舊習(구습) 옛날의 풍속(風俗)과 습관.
· 舊態(구태) 옛 모양.
· 舊官(구관) · 舊都(구도) · 舊面(구면) · 舊聞(구문) · 舊式(구식) · 舊屋(구옥) · 舊怨(구원) · 復舊(복구) · 依舊(의구) · 親舊(친구) · 舊世代(구세대) · 舊勢力(구세력) · 舊時代(구시대)

[참고]
❖ 부가의미 · ①昔(석)과 같은 뜻임. ②낡다의 뜻을 가진 글자로는 陳(진)이 있음.

丶 艹 芢 萑 舊

局

★★★

尸의
4
총7획

관청 국
방 국
부분 국

ㄱ コ 尸 尽 局

[풀이] 집을 뜻하는 尸와 음을 나타내는 句(구)[국은 변음임]를 합쳐서 집 안의 칸막이가 된 방이라는 뜻. 널리 구획을 짓다의 뜻으로 씀.

· 局限(국한) 어떤 부분에만 한정함.
· 時局(시국) 당면한 국내 및 국제 정세.
· 局面(국면)·局部(국부)·局所(국소)·局外(국외)·
· 國外中立(국외중립)·局長(국장)·局地(국지)·
開局(개국)·結局(결국)·當局(당국)·大局(대국)
· 對局(대국)·醫局(의국)·政局(정국)·支局(지국)

[참고]

❖ 부가의미 ·①일정한 직무. 책임. ②지능. 도량. ③되어가는 형편 등의 뜻도 있음.

菊

艹의
8
총12획

국화 국

艹 艹 芍 菊 菊

[풀이] 艹(풀)와 음을 나타내는 匊(국)을 합쳐서 국화를 뜻함.

· 菊花(국화) 엉거시과 국화속의 풀의 총칭.
· 秋菊(추국) 가을 국화.
· 菊水(국수)·菊月(국월)·菊版(국판)·梅蘭菊竹
(매난국죽)·白菊(백국)·野菊(야국)·除蟲菊(제충국)·寒國(한국)

[참고]

⊕ 부수풀이 ·艹(풀 초): 屮(싹날 철)들의 합침. 초목의 싹들 (屮·屮)이 돋아나오는 모양에서 풀싹의 뜻이 된 자.

國

★★★

口의
8
총11획

나라 국
국가 국

冂 冂 國 國 國

[풀이] 둘러싸다의 뜻인 口와 음을 나타내는 或(혹)[국은 변음임]을 합쳐서 경계의 안임을 뜻함.

· 國基(국기) 나라가 이루어진 본바탕.
· 國權(국권) 주권과 통치권.
· 國歌(국가)·國家(국가)·國軍(국군)·國權(국권)
· 國難(국난)·國力(국력)·國史(국사)·國語(국어)
· 强國(강국)·貴國(귀국)·美國(미국)·愛國(애국)
· 祖國(조국)·天國(천국)·韓國(한국)

[참고]

❖ 부가의미 · 고향의 뜻도 있음.
⊕ 부수풀이 · 口(에울 위): ①사방을 둘러싼 모양을 나낸 자로, 圍(에울 위)의 본 자. ②일정한 경계안의 지역을 본뜬 자로, 國(나라 국)의 옛 자.

君

★

口의
4
총7획

임금 군
제후 군
군자 군

ㄱ ㅋ 尹 君 君

[풀이] 입을 뜻하는 口와 사람을 다스린다는 뜻인 尹을 합쳐, 호령하며 사람을 다스리는 자를 뜻함.

· 君子(군자) 학식과 덕행이 높은 사람.
· 聖君(성군) 덕이 뛰어난 어진 임금.
· 君主(군주)·大君(대군)·郎君(낭군)·夫君(부군)
· 諸君(제군)·暴君(폭군)·四君子(사군자)·君臣有義(군신유의)·道德君子(도덕군자)·不事二君(불사이군)

[참고]

❖ 부가의미 ·①남에 대한 경칭. ②부모. 조상. ③남편. 아내. ④스승. ⑤귀신 등의 뜻도 있음.

車의 2
총 9획

軍 군사 군

ㅣ
冖
冝
宣
軍

· 軍機(군기) 군사상의 기밀.
· 軍士(군사) 군인.
· 軍歌(군가) · 軍犬(군견) · 軍番(군번) · 軍服(군복)
· 軍部(군부) · 軍律(군율) · 軍人(군인) · 建軍(건군)
· 空軍(공군) · 國軍(국군) · 女軍(여군) · 大軍(대군)
· 陸軍(육군) · 叛軍(반군) · 水軍(수군) · 進軍(진군)

풀이 車와 음을 나타내는 勹(포)[군은 변음]를 합하여 전차를 둘러싸고 진을 친다의 뜻. 후에 군사의 집단을 뜻하게 됨.

참고

❖ 부가의미 · 진을 침. 주둔함의 뜻도 있음.

阝의 7
총 10획

郡 고을 군

ㅋ
尹
君
郡
郡

· 郡界(군계) 군과 군의 경계(境界).
· 郡守(군수) 한 고을의 우두머리.
· 郡內(군내) · 君民(군민) · 郡部(군부) · 郡司(군사)
· 郡守(군수) · 郡縣制度(군현제도) · 漢四郡(한사군)

풀이 阝[마을]과 음을 나타내는 君(군)을 합쳐서 부락이 많이 모인 것을 뜻함. 후에 행정구역의 하나로 쓰이게 됨.

참고

⊕ 부수풀이 · 邑(阝)(고을 읍): 囗(둘러쌀 위)와 巴의 합침. 巴은 巳(卩=무릎 마디 절)의 변형된 자로 사람을 나타냄. 일정하게 둘러싸인 지경(囗) 안에 사람(巴)들이 모여 사는 고을 또는 읍을 뜻한 자.

羊의 7
총 13획

群 무리 군
떼 군

尹
君
君
君
群

· 群像(군상) 많은 사람들. 또 그 그림.
· 拔群(발군) 여럿 중에서 뛰어남.
· 群居(군거) · 群鷄一鶴(군계일학) · 群起(군기) ·
  群島(군도) · 群盜(군도) · 群落(군락) · 群盲(군맹)
· 群生(군생) · 群棲(군서) · 群小(군소) · 群臣(군신)
· 群雄(군웅) · 群雄割據(군웅할거) · 群衆(군중)

풀이 양을 뜻하는 羊과 음을 나타내는 君(군)을 합쳐서 양떼를 뜻함. 널리 '무리, 떼를 짓다'의 뜻으로 쓰임.

참고

❖ 부가의미 · ①모음. ②많음 등의 뜻도 있음.

尸의 5
총 8획

屈 굽을 굴
굽힐 굴

尸
尺
屈
屈
屈

· 屈曲(굴곡) 상하 좌우로 꺾이고 굽음.
· 屈服(굴복) 힘이 못미쳐 복종(服從)함.
· 屈伸(굴신) · 屈身(굴신) · 屈辱(굴욕) · 屈原(굴원)
· 屈折(굴절) · 屈折語(굴절어) · 屈從(굴종) · 屈指
  (굴지) · 不屈(불굴) · 卑屈(비굴)

풀이 꼬리를 뜻하는 尸와 음을 나타내는 出(출)[굴은 변음]은 합쳐서 짧은 꼬리라는 뜻. 후에 구부리다의 뜻으로 씀.

참고

❖ 부가의미 · ①따르게 함. ②강한 모양. 힘차게 일어서는 모양 등의 뜻도 있음.

⊠ 반대되는 한자 · 屈(굽을 굴)↔抗(대항할 항)

弓의 0 총3획	弓 활 궁	· 弓馬(궁마) 활과 말. 궁술과 마술. · 弓手(궁수) 활을 쏘는 사람. · 弓弩(궁노) · 弓道(궁도) · 弓師(궁사) · 弓術(궁술) · 弓腰(궁요) · 弓弦(궁현) · 弓形(궁형) · 弓腰(궁요) · 弓弦(궁현) · 弓形(궁형) · 强弓(강궁) · 洋弓(양궁) · 彈弓(탄궁) · 胡弓(호궁)	ㄱ ㄱ 弓

풀이 가운데가 볼록하게 굽은 활 모양을 본뜸. 부수로는 활 또는 활을 쏘는 동작에 관한 뜻을 나타냄.

참고
❖ 부가의미 · ①땅을 재는 자[활을 쏠 때의 거리에서 나옴]. ②성(姓)의 하나 등의 뜻도 있음.

宀의 7 총10획	★ ★ 宮 집 궁 대궐 궁	· 宮殿(궁전) 대궐. 궁궐(宮闕). · 宮中(궁중) 대궐(大闕). 안. · 宮家(궁가) · 宮闕(궁궐) · 宮女(궁녀) · 宮門(궁문) · 宮城(궁성) · 宮人(궁인) · 宮廷(궁정) · 神宮(신궁) · 王宮(왕궁) · 龍宮(용궁) · 離宮(이궁) · 後宮(후궁)	﹅ 宀 宀 宫 宫

풀이 집을 뜻하는 宀와 건물이 이어지는 모양을 나타내는 몸을 합쳐서 건물이 몇 개씩이나 있는 큰 집이라는 뜻.

참고
❖ 부가의미 · 담장의 뜻도 있음.

穴의 10 총15획	★ 窮 궁할 궁 궁구할 궁 다할 궁	· 窮究(궁구) 사리를 깊이 궁리함. · 窮狀(궁상) 곤궁(困窮)한 상태(狀態). · 窮境(궁경) · 窮困(궁곤) · 窮屈(궁굴) · 窮極(궁극) · 窮氣(궁기) · 窮達(궁달) · 窮理(궁리) · 窮民(궁민) · 窮迫(궁박) · 窮僻(궁벽) · 窮死(궁사) · 窮勢(궁세) · 窮節(궁절) · 窮鳥(궁조) · 窮地(궁지) · 窮策(궁책)	穴 穷 窜 窮 窮

풀이 穴[구멍]과, 음과 몸의 구부림을 가지는 躬을 합하여 몸을 구부리고 들어가는 좁은 구멍을 뜻함.

참고
❖ 부가의미 · 막힘. 처리할 방도가 없음. 궁지에 빠짐. 출세하지 못함. (인물·연구 등이) 알려지지 못하고 묻힘의 뜻도 있음.

刀의 6 총8획	★ 券 문서 권 약속할 권	· 證券(증권) 증거로 되는 문건. · 債券(채권) 국가 · 지방 자치단체 등이 필요한 자금을 차입하기 위해 발행하는 공채. · 券契(권계) · 券書(권서) · 馬券(마권) · 乘車券(승차권) · 旅券(여권) · 入場券(입장권)	﹅ 丷 兰 券 券

풀이 칼을 뜻하는 刀와 음을 나타내는 龹(권)을 합쳐 눈금을 새긴 나무나 대의 패를 뜻함. 이 패를 두 쪽으로 내어 계약의 증거로 두 사람이 나누어 가졌으므로 '부적, 어음'의 뜻을 갖게 됨.

참고
❖ 부가의미 · 우표. 인지의 뜻도 있음.

己의 6
총 8획

★

卷 두루마리 권
말을　권

[풀이] 사람이 무릎을 꿇은 모습인 己과 음을 나타내는 𠔉(권)을 합쳐 사람이 몸을 굽혀서 물건을 말다, 만 것이라는 뜻.

· 卷煙(권연) 궐련. 종이로 말아 놓은 담배.
· 席卷(석권) 자리를 말 듯이 쉽게 공략함.
· 卷頭(권두)·卷頭言(권두언)·卷末(권말)·卷尾(권미)·卷舌(권설)·卷首(권수)·卷數(권수)·卷鬚(권수)·卷雲(권운)·卷積雲(권적운)·卷紙(권지)·卷帙(권질)·卷尺(권척)·卷層雲(권층운)

[참고]

❖ **부가의미** · ①권. 책을 세는 수사. ②굽음. ③정성 등의 뜻도 있음.

丷
䒑
䒑
卷

手의 6
총 10획

拳 　　주먹 권

[풀이] 手(수)[손]와, 음 및 둥글게 하다의 뜻을 가진 𢍏(권)을 합쳐서 손을 쥔 모양, 즉 주먹을 뜻함.

· 拳鬪(권투) 주먹으로 싸우는 운동 경기.
· 拳銃(권총) 짧고 작은 호신용 총. 피스톨.
· 拳固(권고)·拳骨(권골)·拳拳(권권)·拳拳服膺(권권복응)·拳大(권대)·拳法(권법)·拳術(권술)
· 强拳(강권)·空拳(공권)·鐵拳(철권)

[참고]

❖ **부가의미** · ①손으로 쥠. 주먹을 쥠. ②예의가 바르고 공손한 모양. ③무술의 일종 등의 뜻도 있음.

丷
䒑
𢍏
拳

力의 19
총 20획

勸 권할　권
권면할 권

[풀이] 힘을 뜻하는 力과 음을 나타내는 雚(관)을 합쳐 마음으로부터 일에 힘쓰다의 뜻을 나타냄. 힘써 일하도록 권하다의 뜻도 됨.

· 勸告(권고) 하도록 권함.
· 勸勉(권면) 알아 듣도록 타일러 힘 쓰게 함.
· 勸告文(권고문)·勸農(권농)·勸士(권사)·勸善懲惡(권선징악)·勸說(권설)·勸業(권업)·勸誘(권유)·勸奬(권장)·勸酒(권주)·勸進(권진)·勸進帳(권진장)·勸懲(권징)·勸請(권청)

[참고]

❖ **부가의미** · ①힘써 함. ②순종 함 등의 뜻도 있음.

䒑
吅
萑
雚
勸

木의 18
총 22획

★ ★

權 권세 권
권력 권
저울 권

[풀이] 木[나무]과 음을 나타내는 雚(관)[권은 변음]을 합쳐서 본래는 나무 이름임. 후에 달아 보다, 저울추 등으로 쓰이고, 또 저울추는 경중을 나타내므로 권세의 뜻으로 쓰임.

· 權利(권리) 권세(權勢)와 이익(利益).
· 生存權(생존권) 생존을 누릴 권리(權利).
· 權勢(권세)·敎權(교권)·國權(국권)·女權(여권)·利權(이권)·民權(민권)·父權(부권)·商權(상권)·失權(실권)·王權(왕권)·人權(인권)·政權(정권)·執權(집권)·公權力(공권력)·決定權(결정권)

[참고]

❖ **부가의미** · ①모의함. ②처음. 시작. ③일시. 대리. 버금. 정(正)에 대한 부(副) 등의 뜻도 있음.

木
栌
椊
椊
權

鬼

鬼의 0
총 10획

귀신 귀
도깨비 귀

풀이 사람이 가면을 쓴 모양을 본떠서 신의 모습을 나타냄. 옛날 조상의 제사 때 사람에게 가면을 씌워 조상으로 생각하고 지냈기 때문에 선조나 죽은 사람이라는 뜻으로 씀.

· 鬼才(귀재) 세상에 드문 뛰어난 재주.
· 惡鬼(악귀) 나쁜 귀신, 사람에게 몹쓸 짓을 하는 귀신.
· 鬼哭(귀곡)·鬼氣(귀기)·鬼女(귀녀)·鬼面(귀면)
· 鬼門(귀문)·鬼物(귀물)·鬼神(귀신)·鬼瓦(귀와)

참고

❖ **부가의미** · ①슬기로움. ②별 이름. ③멂 등의 뜻도 있음.

`ノ 宀 由 鬼 鬼`

貴 ★★★

貝의 5
총 12획

귀할 귀
값이 비쌀 귀

풀이 貝[화폐]와 음을 나타내는 臾(귀)의 변형인 𡳿를 합쳐서 '큰 조개'의 뜻. 널리 '값이 비싸다', 또는 '귀하다'의 뜻으로 쓰임.

· 貴物(귀물) 귀중(貴重)한 물건.
· 品貴(품귀) 물건의 귀함.
· 貴骨(귀골)·貴官(귀관)·貴宅(귀댁)·貴人(귀인)
· 貴族(귀족)·貴中(귀중)·貴下(귀하)·高貴(고귀)
· 尊貴(존귀)·貴公子(귀공자)·貴婦人(귀부인)·貴重品(귀중품)

참고

❖ **부가의미** · 하고자 함의 뜻도 있음.
✖ **반대되는 한자** · 貴(귀할 귀)↔賤(천할 천)

`口 中 𡳿 貴 貴`

歸 ★

止의 14
총 18획

돌아올 귀
돌아갈 귀

풀이 부인을 뜻하는 帚와 음을 나타내는 𠂤(추)[귀는 변음]를 합쳐서 남편을 따라 시집가는 여자를 뜻함. 널리 돌아오다, 시집가다의 뜻을 나타냄.

· 歸家(귀가) 집으로 돌아감.
· 歸省(귀성) 부모를 뵈러 고향에 돌아감.
· 歸正(귀정)·歸國(귀국)·歸路(귀로)·歸順(귀순)
· 歸依(귀의)·歸鄕(귀향)·歸化(귀화)·復歸(복귀)
· 歸省客(귀성객)·回歸線(회귀선)·事必歸正(사필귀정)

참고

❖ **비슷한 의미를 가진 한자** · 歸는 장소에 돌아감. 還(환)은 갔던 곳으로부터 되돌아 옴. 返(반)은 갔다 되돌아 옴, 또는 끝에서 다시 돌아 감.

`「 𠂤 𠂤 歸 歸`

規 ★★★

見의 4
총 11획

법 규
자 규

풀이 자를 뜻하는 夫와 음을 나타내는 見(견)[규는 변음]를 합쳐서 동그라미를 그리는 기구. 이러한 기구로 그린 동그라미는 완전하므로 후에 본보기, 법도의 뜻으로 쓰임.

· 規定(규정) 규칙을 정함.
· 法規(법규) 법률의 규정(規程).
· 規格(규격)·規矩(규구)·規矩準繩(규구준승)·
  規模(규모)·規範(규범)·規約(규약)·規律(규율)·
· 規正(규정)·規程(규정)·規定濃度(규정농도)·
  規制(규제)·規準(규준)·規則(규칙)·內規(내규)

참고

❖ **부가의미** · ①간함. ②꾀함. 계획. ③새 이름 등의 뜻도 있음.

`二 夫 却 規 規`

★

土의 4
총7획

均

평평할 균
고를 균

[풀이] 土[흙]와 음을 나타내는 匀(균)을 합쳐서 흙을 평평하게 고르다'의 뜻. 고르게 하다의 뜻으로 씀.

· 均分(균분) 고르게 나눔.
· 平均(평균) 여럿을 고르게 함. 중간적인 값.
· 均當(균당)·均等(균등)·均役法(균역법)·均一(균일)·均田(균전)·均霑(균점)·均整(균정)·均質(균질)·均衡(균형)·均衡財政(균형재정)·天均(천균)·平均壽命(평균수명)

[참고]

❉ 부가의미·①두루함. ②기와를 만드는 틀. ③악기 이름. ④싸움하는 곳. ⑤大學(대학) 등의 뜻도 있음.

一 十 圵 坸 均

儿의 5
총7획

克

이길 극
능할 극

[풀이] 사람이 갑옷을 입고 투구를 쓴 모습을 본뜬 것임. 뜻은 그 무게를 견딘다는 데서 나옴. 보통 이김·잘 함이라는 뜻으로 쓰임.

· 克己(극기) 자기의 욕망을 눌러 이김.
· 克明(극명) 똑똑히 밝힘.
· 克苦(극고)·克復(극복)·克服(극복)·克慾(극욕)
· 相克(상극)·超克(초극)

[참고]

❉ 부가의미·①잘됨. 해냄. 충분히. ②견딤 등의 뜻도 있음.

❖ 비슷한 의미를 가진 한자·이기다라는 뜻의 글자→勝(승)

一 十 古 克 克

★★

木의 9
총13획

極

용마루 극
극처 극

[풀이] 木[나무]과 음을 나타내는 亟(극)을 합쳐서 가장 높은 곳에 있는 나무, 즉 왕마루라는 뜻·널리 최고의 것을 뜻함.

· 極署(극서) 몹시 심한 더위.
· 極端(극단) 맨 끄트머리.
· 極口(극구)·極烈(극렬)·極貧(극빈)·極小(극소)
· 極盡(극진)·極致(극치)·極寒(극한)·登極(등극)
· 兩極(양극)·北極(북극)·陽極(양극)·電極(전극)
· 終極(종극)

[참고]

❉ 부가의미·①끝까지 감. 끝까지 이름. ②끝. 한쪽 끝. 지축(地軸)이나 자석(磁石)등의 양쪽 끝. ③근원 제일의(第一義). ④별이름. ⑤지극히. 더없이 등의 뜻도 있음.

木 杧 柯 極 極

★

刂의 13
총15획

劇

심할 극
연극 극

[풀이] 본디 자형은 劇이었던 것이 劇·劇로 바뀜. 힘을 뜻하는 力과 음을 나타내는 豦(거)[극은 변음]를 합쳐 노력, 과격, 연극의 뜻을 나타냄.

· 劇變(극변) 급격한 변화.
· 劇甚(극심) 극히 심함.
· 劇界(극계)·劇團(극단)·劇談(극담)·劇道(극도)
· 劇毒(극독)·劇動(극동)·劇烈(극렬)·劇論(극론)
· 劇務(극무)·劇文學(극문학)·劇署(극서)·劇詩(극시)·劇藥(극약)·劇語(극어)·劇作(극작)

[참고]

❉ 부가의미·①어려움. ②바쁨 등의 뜻도 있음.

广 庐 虍 虜 劇

59

★★★
辶의4 총8획

近 가까울 근

[풀이] 걷다의 뜻인 辶과 음을 나타내는 斤(근)을 합쳐서 보행 거리가 가깝다 의 뜻으로 씀.

· 近年(근년) 가까운 해.
· 近郊(근교) 도시 변두리의 마을이나 산야.
· 近間(근간) · 近來(근래) · 近方(근방) · 近世(근세)
· 近日(근일) · 近者(근자) · 近接(근접) · 近處(근처)
· 近海(근해) · 接近(접근) · 最近(최근) · 親近(친근)
· 近代化(근대화) · 近視眼(근시안)

[참고]
❖ **부가의미** · ①알기 쉬움. ②알맞음. ③거의. ④요사이 등의 뜻도 있음.

` ′ 斤 斤 近 近

★★★
木의6 총10획

根 뿌리 근 / 근본 근

[풀이] 木과 음을 나타내는 艮(훈·간)[근은 변음]을 합쳐서 나무 뿌리 의 뜻.

· 根本(근본) 초목의 뿌리. 사물이 발생하는 근원(根源).
· 毛根(모근) 털이 피부에 박힌 부분.
· 根性(근성) · 根絕(근절) · 根治(근치) · 男根(남근)
· 木根(목근) · 善根(선근) · 着根(착근) · 平方根(평방근) · 草根木皮(초근목피) · 事實無根(사실무근)

[참고]
❖ **부가의미** · ①뿌리 박음. 연유함. ②본래 가지고 있는 성질. ③알고 깨닫는 작용 등의 뜻도 있음.

十 木 朾 柑 根 根

★
竹의6 총12획

筋 힘줄 근 / 힘 근

[풀이] 竹[대]과 살[肉=月]가 힘을 나타내는 力을 합하여 대나무의 섬유를 뜻함. 사람도 힘을 주면 살이 대나무 섬유처럼 보이므로 근육의 뜻으로 쓰이게 되고, 다시 가늘고 긴 것 의 뜻으로 쓰이게 됨.

· 筋骨(근골) 힘줄과 뼈. 근육과 골격.
· 鐵筋(철근) 콘크리트 속에 든 철봉(鐵棒)
· 筋力(근력) · 筋纖維(근섬유) · 筋肉(근육) · 筋肉質(근육질) · 血筋(혈근) · 本筋(본근)

[참고]
❖ **부가의미** · 힘. 체력의 뜻도 있음.

筋 竹 竹 筋 筋

★
力의11 총13획

勤 부지런할 근 / 힘쓸 근

[풀이] 힘을 뜻하는 力과 음을 나타내는 堇(근)을 합하여 근육 노동을 하다 의 뜻. 널리 열심히 일하다 의 뜻으로 씀.

· 勤勞(근로) 심신을 수고하여 일에 힘씀.
· 勤務(근무) 직무에 종사함. 일을 봄.
· 勤勉(근면) · 勤續(근속) · 勤學(근학) · 皆勤(개근)
· 內勤(내근) · 常勤(상근) · 夜勤(야근) · 外勤(외근)
· 日勤(일근) · 通勤(통근) · 退勤(퇴근) · 特勤(특근)
· 勤勞者(근로자) · 出退勤(출퇴근)

[참고]
❖ **비슷한 의미를 가진 한자** · 勤(근)은 고생을 하면서도 게으름을 피지 않고 열심히 함. 努(노)는 힘을 들여 스스로 열심히 함. 勉(면)은 힘이 부치는 것을 억지로 열심히 함.

艹 革 堇 勤 勤

今

人의 2 총 4획

★ ★ ★

이제 금
지금 금
곧 금

筆順: ノ 人 今 今

- 今日(금일) 오늘.
- 今年(금년) 올해.
- 今月(금월) · 今回(금회) · 古今(고금) · 方今(방금)
- 昨今(작금) · 只今(지금) · 今時初聞(금시초문) · 東西古今(동서고금)

풀이 지붕을 뜻하는 ㅅ과 물건을 뜻하는 一을 합쳐 지붕 밑에 물건이 감추어져 있음을 나타냄. 그러나 지금은 널리 지금의 뜻으로 쓰임.

참고

❋ 부가의미 · 가정을 나타내는 조사의 뜻도 있음.
◎ 모양이 비슷한 한자 · 今(이제 금) 今年(금년)
　　　　　　　　　　· 令(명령 령) 命令(명령)

金

金의 0 총 8획

★ ★ ★

쇠 금
성씨 김

筆順: ノ 人 今 全 金 金

- 黃金(황금) 금(金). 금전. 돈.
- 金言(금언) 교훈이 될 만한 귀중한 말.
- 金賞(금상) · 金星(금성) · 金貨(금화) · 公金(공금)
- 基金(기금) · 年金(연금) · 代金(대금) · 料金(요금)
- 白金(백금) · 福金(복금) · 賞金(상금) · 先金(선금)
- 稅金(세금) · 入金(입금) · 現金(현금)

풀이 흙[土]과 그 속에서 빛나는 물건[丷]과 음을 나타내는 今(금)의 생략체인 亼를 합하여 흙 속에서 나오는 번쩍번쩍 빛나는 물건의 뜻. 부수로서는 광물·금속·낱붙이 등에 관한 뜻을 나타냄.

참고

❋ 부가의미 · ①오행의 하나. 방위로는 서쪽. 계절로는 가을, 오음으로는 상(商)에 해당됨. ②나라이름 등의 뜻도 있음.

禽

内의 8 총 13획

날짐승 금
사로잡을 금

筆順: ノ 人 亼 全 禽 禽

- 禽獸(금수) 날짐승과 길짐승의 총칭.
- 家禽(가금) 집에서 기르는 새·닭 따위.
- 禽浮(금부) · 禽囚(금수) · 禽語(금어) · 禽鳥(금조)
- 禽獲(금획) · 猛禽(맹금) · 水禽(수금) · 野禽(야금)

풀이 짐승의 꼬리[内]와 머리[凶]와 음을 나타내는 今(금)을 합하여 짐승을 잡다의 뜻. 후에 짐승의 뜻으로 쓰이다가 변하여 짐승과 구별하여 새를 뜻함.

참고

❋ 부가의미 · 조수의 총칭의 뜻도 있음.
▨ 반대되는 한자 · 禽(날짐승 금)↔獸(길짐승 수)

琴

玉의 8 총 12획

거문고 금
현악기 금

筆順: 丅 王 玨 琴 琴

- 琴瑟(금슬) 거문고와 비파. [금실] 다정한 부부의 사이.
- 手風琴(수풍금) 손풍금. 아코오디언.
- 琴曲(금곡) · 琴棊(금기) · 琴書(금서) · 琴線(금선)
- 琴瑟相和(금슬상화) · 琴瑟之樂(금실지락) · 琴柱(금주) · 彈琴(탄금)

풀이 현(絃)을 감는 주감이를 뜻하는 珏(각)과 거문고의 몸통을 나타내는 인(人)으로써 거문고의 모양을 본뜸. 후에 人(인)을 음을 나타내는 今(금)으로 고쳐 형성 문자가 됨.

참고

◈ 부수풀이 · 玉(구슬 옥): 구슬 세 개(三)를 끈으로 꿴(｜) 모양을 본뜬 자. 후에 王(임금 왕)과 혼동을 피하기 위해 ﾠ를 덧붙여 옥의 뜻으로만 쓰이게 됨.

禁

★ ★

示의 8
총 13획

금함 금
감옥 금

풀이 示[신]와 음을 나타내는 林(림)[금은 변음]을 합하여 신(神)이 싫어하다의 뜻. 널리 '금하다, 금지하다'의 뜻으로 쓰임.

· 禁止(금지) 말려서 못하게 함.
· 監禁(감금) 몸을 가두어 자유를 구속, 감시함.
· 禁錮(금고) · 禁句(금구) · 禁忌(금기) · 禁男(금남)
· 禁斷(금단) · 禁獵(금렵) · 禁令(금령) · 禁裏(금리)
· 禁門(금문) · 禁物(금물) · 禁山(금산) · 禁色(금색)
· 禁書(금서) · 禁食(금식) · 禁煙(금연) · 禁酒(금주)

참고

❖ **부가의미** ·①금령(禁令). ②대궐. ③술잔. ④옥, 감옥. ⑤꺼림 등의 뜻도 있음.

木
林
禁
禁
禁

錦

金의 8
총 16획

비단 금

풀이 비단을 뜻하는 帛(금)과 음을 나타내는 金(금)을 합하여 오색이 빛나는 비단의 뜻.

· 錦繡(금수) 비단과 수를 놓은 직물.
· 錦地(금지) 남을 높이는 곳에서 그 사람이 사는 곳을 이르는 말.
· 錦旗(금기) · 錦囊(금낭) · 錦鱗(금린) · 錦繡江山(금수강산) · 錦衣(금의) · 錦衣還鄉(금의환향) · 文錦(문금) · 紫錦(자금) · 紅錦(홍금)

참고

❖ **부가의미** ·비단옷의 뜻도 있음.

金
釒
鈤
錦
錦

及

又의 2
총 4획

미칠 급

풀이 及(급)은 人(인)과 手(수)로 이루어진 글자로서 사람의 손이 뒤까지 닿음을 나타냄. 처음에는 남을 쫓아 따라 붙다의 뜻으로 쓰였으나 지금은 도달하다의 뜻으로 씀.

· 及第(급제) 시험에 합격됨.
· 言及(언급) 하는 말이 그 곳까지 미침.
· 及其也(급기야) · 及落(급락) · 過不及(과불급) · 企及(기급) · 普及(보급) · 追及(추급) · 波及(파급)

참고

❖ **부가의미** ·및, 더불어의 뜻도 있음.

丿
丂
乃
及

急

★ ★

心의 5
총 9획

급할 급

풀이 心[마음]과 음을 나타내는 及(급)을 합쳐서 따라 붙으려고 하는 마음을 뜻함. 널리 서두르다의 뜻으로 씀. 急은 及의 변형임.

· 急流(급류) 물이 급하게 흐름.
· 特急(특급) 특별한 계급.
· 急冷(급랭) · 急賣(급매) · 急變(급변) · 急報(급보)
· 急死(급사) · 急所(급소) · 急行(급행) · 不急(불급)
· 性急(성급) · 危急(위급) · 至急(지급)

참고

❖ **비슷한 의미를 가진 한자** · 바쁘다의 뜻을 가진 글자 →忙(망)

丿
勹
刍
刍
急

糸의 4
총 10획

등급 급
층계 급

· 級友(급우) 같은 반에서 배우는 벗.
· 等級(등급) 위아래를 구별한 등수.
· 級數(급수) · 級長(급장) · 階級(계급) · 高級(고급)
· 上級(상급) · 一級(일급) · 進級(진급) · 特級(특급)
· 學級(학급)

[풀이] 糸[실]와 음을 나타내는 及(급)을 합하여 베[布]를 짤 때 실을 차례로 잇는다는 뜻. 널리 위치나 지위의 순서를 뜻함.

[참고]
❊ 부가의미 · 목(진나라 때에 원수의 목을 밴 자에게 계급을 올려준 사실에서 나온 말)의 뜻도 있음.
▣ 모양이 비슷한 한자 · 絡(이을 락) 連絡(연락)
· 給(줄 급) 給付(급부)

ノ 幺 糸 紒 級

糸의 6
총 12획

給

공급할 급
줄 급

· 給料(급료) 사용자가 노동자에게 사용료를 주는 것.
· 有給(유급) 급료가 있음.
· 給仕(급사) · 給水(급수) · 給食(급식) · 給與(급여)
· 給油(급유) · 女給(여급) · 無給(무급) · 發給(발급)
· 先給(선급) · 受給(수급) · 月給(월급) · 有給(유급)
· 恩給(은급) · 支給日(지급일) · 基本給(기본급)

[풀이] 糸[실]과 음을 나타내는 合(합)[급은 변음]을 합하여 '끊어진 실을 재빨리 잇는다'는 뜻. 널리 없어져 가는 것을 '보급하다, 서하다, 추하다'의 뜻으로 쓰임.

[참고]
❊ 부가의미 · 구변 좋음. 능변임의 뜻도 있음.

幺 糸 紒 給 給

己의 0
총 3획

몸 기
자기자신 기

· 自己(자기) 저. 제 몸. 자신.
· 知己(지기) 자기를 알아주는 친구.
· 利己(이기) · 己未運動(기미운동) · 利己主義(이기주의) · 十年知己(십년지기)

[풀이] 실끝이 휘어져 있는 모양을 본뜸. 실 끝이라는 뜻. 후에 처음, 나의 뜻으로 쓰임.

[참고]
❊ 부가의미 · ①아련함. ②여섯째 천간(天干) 등의 뜻도 있음.
▣ 모양이 비슷한 한자 · 己(몸 기) 克己(극기)
· 已(이미 이) 已往(이왕)
· 巳(뱀 사) 巳時(사시)

コ コ 己

人의 4
총 6획

企

도모할 기

· 企劃(기획) 일을 계획함.
· 企圖(기도) 일을 꾸며 내려고 꾀함.
· 企及(기급) · 企待(기대) · 企望(기망) · 企業(기업)
· 企畫(기획) · 鵠企(곡기) · 隓企(기기) · 發企(발기)
· 延企(연기)

[풀이] 人과 발[다리]을 뜻하는 止를 합쳐 발뒤꿈치를 들고 멀리 본다는 뜻을 나타냄. 널리 바람, 획책함의 뜻으로 쓰임.

[참고]
❊ 부가의미 · ①꾀함 ②발돋움함 ③절실히 생각함 등의 뜻도 있음.

人 个 企 企 企

才의 4 총7획	★ ★ ★ **技**　재주 기 　　　재능 기	· 技術(기술) 이론을 실제로 응용하는 재주. · 機能(기능) 기술상의 재능(才能). · 技法(기법) · 技士(기사) · 技藝(기예) · 競技(경기) · 國技(국기) · 神技(신기) · 實技(실기) · 長技(장기) · 特技(특기) · 技能工(기능공) · 個人技(개인기) · 　土木技師(토목기사)	扌 扌 扩 抟 技

풀이 손을 뜻하는 扌(手)와 음을 나타내는 支(지)[기는 변음]을 합쳐 손으로 일을 하다에서 솜씨라는 뜻으로 쓰임.

참고

❖ **부가의미** · ①공고함. 능함. ②술법 등의 뜻도 있음.
🔷 **모양이 비슷한 한자** · 技(재주 기) 技術(기술)
　　　　　　　　　　　 · 枝(가지 지) 枝葉(지엽)

氵의 4 총7획	★ ★ ★ **汽**　김 기	· 汽車(기차) 기차. · 汽笛(기적) 증기의 힘으로 울리게 하는 고동.	氵 氵 汇 汽 汽

풀이 氵(水) 물과 음을 나타내는 气(기)를 합쳐서 수증기의 뜻.

참고

❖ **부가의미** · 수증기의 뜻도 있음.

大의 5 총8획	**奇**　기이할 기 　　　기수 기	· 奇異(기이) 기괴(奇怪)하고 이상(異常)함. · 奇數(기수) 둘로 제하여 나머지가 생기는 수. · 奇傑(기걸) · 奇警(기경) · 奇計(기계) · 奇骨(기골) · 奇觀(기관) · 奇怪(기괴) · 奇談(기담) · 奇略(기략) · 奇麗(기려) · 奇謨(기모) · 奇妙(기묘) · 奇問(기문) · 奇拔(기발) · 奇癖(기벽) · 奇變(기변) · 奇兵(기병)	一 ナ 大 杏 奇

풀이 사람을 뜻하는 大(대)와 음을 나타내는 可(가)[기는 변음]을 합쳐서 사람이 한 발로 서다의 뜻. 신기하다의 뜻으로 쓰이게 됨.

참고

八의 6 총8획	**其**　그 기 　　　그것 기	· 其外(기외) 그 밖. · 其他(기타) 그 밖. 그것 외에 또 다른 것. · 其間(기간) · 其時(기시) · 其餘(기여) · 其前(기전) · 其中(기중) · 其後(기후) · 何其(하기)	一 十 廿 其 其

풀이 키를 받침대 위에 올려 놓고 키가 그 쪽 방향에 있음을 뜻한 글자로 그 것 등의 뜻으로 씀.

참고

❖ **부가의미** · 그것. 말에 힘을 넣거나 어조를 정돈하는 조사(助辭)의 뜻도 있음.

64

示의
4
총9획

祈　　빌　기

· 祈禱(기도) 신명(神明)에게 빎.
· 祈願(기원) 바라는 일이 이루어지기를 빎.
· 祈求(기구) · 祈年祭(기년제) · 祈念(기념) · 祈誓
(기서) · 祈雨(기우)

二　亍　示　礻　祈　祈

[풀이] 示(신)와 음을 나타내는 斤
(근)[기는 변음]을 합하여 신에게
기도함을 뜻함.

[참고]
❈ **부가의미** · ①기도. ②고(告)함. ③갚음[報] 등의 뜻도
있음.

★
糸의
3
총9획

紀　벼리　기
　법　기
　적음　기

· 紀綱(기강) 기율과 법강(法綱).
· 紀行(기행) 여행하는 동안에 보고 듣고 느낀 것을
적음.
· 紀記(기기) · 紀年(기년) · 記念(기념) · 紀事(기사)
· 紀要(기요) · 紀元(기원) · 紀律(기율) · 綱紀(강기)
· 軍紀(군기) · 世紀(세기) · 風紀(풍기)

幺　糸　糸　紀　紀　紀

[풀이] 糸[실]과 음을 나타내는 己
(기)를 합쳐서 실마리라는 뜻. 널
리 시작의 뜻으로 쓰임.

[참고]
❈ **부가의미** · ①세월. 십이 지지에 따라 열 두 해를 일
기. ②다스림 등의 뜻도 있음.

★
气의
6
총10획

氣　기운 기
　기후 기
　숨 기

· 氣象(기상) 날씨 · 일기의 변화 현상.
· 氣化(기화) 액체(液體)가 기체(氣體)로 변함.
· 氣道(기도) · 氣力(기력) · 氣溫(기온) · 氣運(기운)
· 氣質(기질) · 氣品(기품) · 氣血(기혈) · 感氣(감기)
· 景氣(경기) · 驚氣(경기) · 空氣(공기) · 軍氣(군기)
· 大氣(대기)

一　气　气　氣　氣

[풀이] 米[쌀]과 떠오르는 증가를
뜻하는 기를 합쳐서 '쌀을 끓일 때
떠오르는 증기'를 뜻함. 널리 '수증
기'의 뜻으로 씀.

[참고]
❈ **부가의미** · ①눈에 안보이는 작용이나 상태. 마음이나
정신의 작용. ②기질. 천성. ③냄새 등의 뜻도 있음.

★
走의
3
총10획

起　일어설 기
　일어날 기

· 起因(기인) 일이 일어나는 원인(原因).
· 早起(조기) 이른 시기.
· 起家(기가) · 起居(기거) · 起稿(기고) · 起工(기공)
· 起句(기구) · 起動(기동) · 起立(기립) · 起兵(기병)
· 起伏(기복) · 起用(기용) · 起因(기인) · 起草(기초)
· 發起(발기) · 想起(상기) · 起工式(기공식)

土　キ　走　起　起

[풀이] 走[달리다]와 음을 나타내는
己(기)를 합하여 걷기 시작하다의
뜻. 후에 일어나다, 서다, 시작하다
의 뜻으로 쓰임.

[참고]
▣ **모양이 비슷한 한자** · 起(일어날 기) 起床(기상)
　　　　　　　　· 赴(다다를 부) 赴任(부임)
▨ **반대되는 한자** · 起(일어날 기)↔臥(누울 와)

言의 3
총 10획

★ ★ ★

記

적을　기
표기할 기

풀이 言[말]과 음을 나타내는 己(기)를 합쳐서 말을 정리한다는 뜻.

· 記錄(기록) 적음. 또 그 서류.
· 日記(일기) 날마다 겪은 일이나 생각·느낌 등을 적은 기록.
· 記念(기념)·記念碑(기념비)·記念像(기념상)·記錄(기록)·記錄映畫(기록영화)·記名(기명)·記問(기문)·記事(기사)

참고
❖ **비슷한 의미를 가진 한자** · 記는 정리하여 적음. 志(지)·誌(지)·識(식)은 잊지 않기 위하여 적어 둠. 署(서)는 글자나 성명을 적음.

ㄴ 言 言 記 記

土의 8
총 11획

★ ★ ★

基

터　기
터전 기

풀이 土[흙]와 음을 나타내는 其(기)를 합쳐서 토대의 뜻.

· 基盤(기반) 기초가 될 만한 지반.
· 基礎(기초) 사물의 밑바탕.
· 基金(기금)·基數(기수)·基因(기인)·基地(기지)
· 國基(국기)·基本權(기본권)·基地村(기지촌)·軍事基地(군사기지)·宇宙基地(우주기지)·海軍基地(해군기지)

참고
❖ **부가의미** · ①베풂. ②호미. ③업. ④웅거함 등의 뜻도 있음.

一 甘 其 其 基

宀의 8
총 11획

寄

붙어있을 기
부칠　기

풀이 집을 뜻하는 宀과 음을 나타내는 奇(기)를 합쳐서 사람이 집을 의지하다의 뜻.

· 寄生(기생) 남의 힘을 빌어 생활하는 일.
· 寄宿(기숙) 남의 집에 몸을 붙여 기거함.
· 寄稿(기고)·寄留(기류)·寄附(기부)·寄生木(기생목)·寄生蟲(기생충)·寄書(기서)·寄宿舍(기숙사)·寄食(기식)·寄與(기여)·寄寓(기우)·寄贈(기증)·寄進(기진)·寄託(기탁)·寄港(기항)

참고
❖ **부가의미** · ①때를 만나지 못함. ②성의 하나 등의 뜻도 있음.

宀 宇 宔 寄 寄

月의 8
총 12획

★ ★ ★

期

때 기

풀이 月과 음을 나타내는 其(기)를 합쳐서 달이 한 바퀴 도는 것을 뜻함. 널리 기일, 기간의 뜻으로 쓰임.

· 期間(기간) 일정한 시기(時期)의 사이.
· 期待(기대) 예기하여 바람.
· 期約(기약)·期日(기일)·乾期(건기)·農期(농기)
· 短期(단기)·同期(동기)·滿期(만기)·末期(말기)
· 分期(분기)·時期(시기)·雨期(우기)·初期(초기)
· 春期(춘기)·學期(학기)·後期(후기)

참고
❖ **부가의미** · ①굳게 약속함. ②반드시. 굳게 결심함. ③기다림. 목표를 정함. ④해·달·날의 일주 등의 뜻도 있음.

十 廿 其 期 期

方의 10 총 14획	★ ★ ★ 旗	기　기 표　기	ㅓ 方 㫃 旗 旗

[풀이] 기[㫃]와 음을 나타내는 其(기)를 합쳐서 사람들을 지휘하는 기 라는 뜻.

· 旗手(기수) 기를 받드는 사람.
· 校旗(교기) 학교를 대표하는 기.
· 旗鼓(기고) · 旗頭(기두) · 旗章(기장) · 旗亭(기정)
· 旗幟(기치) · 旗幟鮮明(기치선명) · 旗幅(기폭) ·
旗下(기하) · 旗艦(기함) · 國旗(국기) · 軍旗(군기)
· 反旗(반기) · 三色旗(삼색기) · 星條旗(성조기)

[참고]

❖ 부가의미 · 표적. 표지의 뜻도 있음.

田의 10 총 15획	畿	경기 기	ㅅ 幺 幺幺 畿 畿

[풀이] 田[밭]과 음을 나타내는 畿(기)를 합쳐서 서울에 가까운 전지(田地)라는 뜻. 널리 경기(京畿)의 뜻으로 씀.

· 京畿(경기) 왕도. 주위 500리 이내의 땅. 천자 직할의 지역.
· 畿湖(기호) 경기도와 충청도.

[참고]

❖ 부가의미 · ①서울 주위의 500리 이내의 땅. ②서울. ③문안[門內]. ④지경. 경계 등의 뜻도 있음.

口의 13 총 16획	★ ★ 器	그릇 기 기구 기	口 吅 哭 器 器

[풀이] 많은 입이라는 뜻인 㗊(즙)과 울부짖다의 뜻인 犬(견)을 합쳐서 그릇이라는 뜻을 나타냄.

· 器具(기구) 세간 · 그릇 · 연장 등의 총칭.
· 食器(식기) 음식을 담는 그릇.
· 器械(기계) · 器官(기관) · 器量(기량) · 器皿(기명)
· 器物(기물) · 器樂(기악) · 器材(기재) · 大器(대기)
· 德器(덕기) · 陶器(도기) · 鈍器(둔기) · 凡器(범기)
· 寶器(보기) · 容器(용기) · 利器(이기) · 磁器(자기)

[참고]

❖ 부가의미 · 도구의 뜻도 있음.

木의 12 총 16획	★ 機	베틀 기 기계 기	木 杉 機 機 機

[풀이] 木[나무]과 음을 나타내는 幾(기)를 합쳐서, 베틀의 발판을 뜻함. 널리 기계 의 뜻으로 씀.

· 機智(기지) 재치있게 움직이는 슬기.
· 時機(시기) 적당한 때.
· 機械(기계) · 機關(기관) · 機巧(기교) · 機具(기구)
· 機構(기구) · 機能(기능) · 機動(기동) · 機略(기략)
· 機雷(기뢰) · 機務(기무) · 機微(기미) · 機敏(기민)
· 機密(기밀) · 機帆船(기범선)

[참고]

❖ 부가의미 · ①징조. 일어나는 계기. ②사물의 중요한 부분. ③작용. 사물과 마음의 작용. ④만물과 자연의 변화 등의 뜻도 있음.

緊

糸의 8
총 14획

급할 긴
팽팽할 긴

· 緊密(긴밀) 매우 밀접함.
· 要緊(요긴) 중요하고도 긴함.
· 緊急(긴급) · 緊急動議(긴급동의) · 緊急命令(긴급명령) · 緊縛(긴박) · 緊迫(긴박) · 緊要(긴요) · 緊張(긴장)

[풀이] 糸(사)와 음을 나타내는 臤(견)[긴은 변음]을 합하여 실을 팽팽하게 매다의 뜻. 후에 엄격하다 · 심하다의 뜻으로 쓰임.

[참고]
❖ 부가의미 · ①단단함. 굳음. 견고함. ②급함. 빠름. 또 일이 급함. 시급함. ③팽팽함. 늘어지지 않고 켕김. ④줄임. 축소함. 움츠림. ⑤요긴함 등의 뜻도 있음.
❖ 반대되는 한자 · 緊(긴요할 긴)↔疏(섬길 소)

ㅈ / ㅋ / 臣 / 臤 / 緊

吉
★ ★ ★

口의 3
총 6획

길할 길
상서로울 길

· 吉凶(길흉) 좋은 일과 언짢은 일.
· 大吉(대길) 썩 좋음.
· 吉慶(길경) · 吉年(길년) · 吉例(길례) · 吉夢(길몽)
· 吉報(길보) · 吉事(길사) · 吉祥(길상) · 吉瑞(길서)
· 吉辰(길신) · 吉運(길운) · 吉日(길일) · 吉兆(길조)
· 吉鳥(길조) · 吉凶(길흉) · 大吉(대길) · 不吉(불길)

[풀이] 선비를 뜻하는 士와 입을 뜻하는 口(구)를 합쳐, 선비의 말이란 뜻. 선비의 말은 훌륭하므로 좋다의 뜻으로 쓰임.

[참고]
❖ 부가의미 · 제사의 뜻도 있음.
❖ 반대되는 한자 · 吉(길할 길)↔凶(흉년할 흉)

十 / 士 / 吉 / 吉 / 吉

諾

言의 9
총 16획

승낙할 낙
대답할 낙

· 諾否(낙부) 승낙하느냐 승낙하지 않느냐 하는 일.
· 承諾(승낙) 청하는 바를 들어 줌.
· 諾諾(낙낙) · 諾否(낙부) · 承諾(승낙) · 應諾(응낙)
· 許諾(허락)

[풀이] 言(말)과 음을 나타내는 若(약)[낙은 변음]을 합쳐서 대답하여 허락한다는 뜻.

[참고]
❖ 부가의미 · ①가(可)하다고 인정함. ②'네'하고 따름 등의 뜻도 있음.

言 / 言 / 訃 / 諾 / 諾

暖
★ ★

日의 9
총 13획

따뜻할 난

· 暖風(난풍) 따뜻한 바람.
· 暖流(난류) 온도가 높은 해류.
· 暖國(난국) · 暖氣(난기) · 暖帶(난대) · 暖冬(난동)
· 暖爐(난로) · 暖流(난류) · 暖房(난방) · 暖色(난색)
· 暖衣(난의) · 暖地(난지) · 暖飽(난포) · 溫暖(온난)
· 春暖(춘난) · 寒暖(한란) · 寒暖計(한란계)

[풀이] 日(일)과 음을 나타내는 爰(원)[난은 변음]을 합쳐서 햇빛이 닿아 따뜻하다의 뜻.

[참고]
❖ 비슷한 의미를 가진 한자 · 暖은 햇빛이 닿아 따뜻함. 溫은 물이 따뜻하다는 뜻에서 온화하다, 부드러워지다의 뜻임.

日 / 旷 / 旴 / 晧 / 暖 / 暖

難 ★ ★

隹의 11
총 19획

어려울 난
난지 나

萈
莫
鄞
難
難

· 難關(난관) 통과하기 어려운 관문(關門).
· 難堪(난감) 견디어 내기 어려움.
· 難民(난민) · 難處(난처) · 難破(난파) · 苦難(고난)
· 國難(국난) · 論難(논란) · 兵難(병란) · 非難(비난)
· 受難(수난) · 水難(수난) · 危難(위난) · 難易度(난이도) · 求人難(구인난)

[풀이] 隹(추)와 음을 나타내는 萈(난)을 합하여 새의 이름. 황금색 날개의 새라고 여겨짐. 후에 곤란의 뜻으로 쓰임.

[참고]

❖ **부가의미** ·①막음. 물리침. 거절함. ②원수. 적. ③역귀를 몰아내는 행사. ④우거짐. 무성함의 뜻도 있음.

❖ **반대되는 한자** · 難(어려울 난)↔易(쉬울 이)

男 ★ ★ ★

田의 2
총 7획

사내 남
아들 남

丨
冂
田
罗
男

· 得男(득남) 아들을 얻음.
· 男妹(남매) 오빠와 누이.
· 男根(남근) · 男性(남성) · 男子(남자) · 男便(남편)
· 美男(미남) · 長男(장남) · 次男(차남) · 親男妹(친남매) · 男女有別(남녀유별) · 男女老少(남녀노소)

[풀이] 밭(田)을 가는 데에는 힘(力)이 센 사내(男)가 필요하다는 데서 '남자'를 뜻함.

[참고]

❖ **부가의미** · 남근(男根)의 뜻도 있음.

南 ★ ★ ★

十의 7
총 9획

남녘 남
남쪽 남

一
宀
冉
南
南

· 南海(남해) 남쪽에 있는 바다.
· 江南(강남) 강의 남쪽.
· 南國(남국) · 南端(남단) · 南美(남미) · 南方(남방)
· 南山(남산) · 南村(남촌) · 南風(남풍) · 南下(남하)
· 南行(남행) · 南向(남향) · 對南(대남) · 以南(이남)
· 南男北女(남남북녀)

[풀이] 처음에는 천막을 뜻하는 宀과 음을 나타내는 丹(단)[남은 변음]을 합쳐 따뜻한 천막 속이라는 뜻. 후에 남방 사람이 타악기를 매단 모양을 본 떠 만든 글자라는 것이 알려짐. 따뜻한 지방인 남녘의 뜻.

[참고]

❖ **부가의미** · 적도 이남 부분의 뜻도 있음.

納 ★

糸의 4
총 10획

들일 납
바칠 납

幺
糸
紉
納
納

· 納入(납입) 세금이나 공과금 등을 바침.
· 納品(납품) 물품을 바침.
· 納骨(납골) · 納棺(납관) · 納期(납기) · 納得(납득)
· 納凉(납량) · 納本(납본) · 納付(납부) · 納稅(납세)
· 納言(납언) · 納采(납채) · 奉納(봉납) · 受納(수납)
· 出納(출납)

[풀이] 糸[실]과 음을 나타내는 內(내)[납은 변음]를 합하여 젖은 실을 뜻함. 후에 '넣다'의 뜻으로 쓰임.

[참고]

❖ **부가의미** ·①수장함. 거두어 들여 간직함. ②너그러움 등의 뜻도 있음.

❖ **모양이 비슷한 한자** · 納(들일 납) 納稅(납세)
　　　　　　· 訥(말더듬을 눌) 訥辯(눌변)

女의7 총10획	娘	소녀 낭 처녀 낭

· 娘子(낭자) 처녀, 소녀, 아가씨.
· 娘子軍(낭자군) 여자로 편성된 군대.
· 娘家(낭가) · 娘娘(낭낭) · 娘子(낭자) · 娘子軍(낭자군) · 嬌娘(교랑) · 老娘(노랑) · 雪衣娘(설의랑)
· 纖腰娘(섬요랑) · 掃睛娘(소청랑) · 愛娘(애랑)

풀이 女(여자)와 음을 나타내는 良(량, 양)을 합쳐서 아가씨라는 뜻.

참고

❖ **부가의미** · 계집의 뜻도 있음.

/의1 총2획	乃	이에 내 곧 내

· 乃女(내녀) 그이의 딸.
· 乃至(내지) 순서나 정도를 나타낼 때 그 사이를 줄이기 위해 쓰는 말.
· 乃東(내동) · 乃者(내자)

풀이 말이 입에서 술술 나오지 않고 막히는 상태를 나타냄. 후에 위의 글을 받아 밑의 글을 일으키는 조사로 씀.

참고

❖ **부가의미** · ①어조사. ②너. ③즉. ④배 젓는 소리 등의 뜻과 음도 지니고 있음.

而의3 총9획	耐	견딜 내 참을 내

· 耐久(내구) 오래 견딤, 오래 지속함.
· 忍耐(인내) 참고 견딤.
· 耐性(내성) · 耐濕(내습) · 耐水(내수) · 耐熱(내열)
· 耐忍(내인) · 耐震(내진) · 耐爆(내폭) · 耐乏(내핍)
· 耐寒(내한) · 耐火(내화) · 堪耐(감내)

풀이 손을 뜻하는 寸(촌)과 음을 나타내는 而(이)[(내는 변음]를 합쳐서 참고 견디다의 뜻.

참고

⊕ **부수풀이** · 而(말이을 이) : 윗수염모양을 본뜬 자. 수염사이로 말이 연이어 나온다하여 문장을 머뭇거리다가 이을 때의 어조사로 널리 쓰임.

入의2 총4획	★ ★ ★ 内	안 내 몰래 나

· 内心(내심) 속마음.
· 内陸(내륙) 바다에서 멀리 떨어진 육지.
· 内殼(내각) · 内閣(내각) · 内剛(내강) · 内界(내계)
· 内顧(내고) · 内攻(내공) · 内科(내과) · 内果皮(내과피) · 内官(내관) · 内交涉(내교섭) · 内宮(내궁)
· 内規(내규) · 内勤(내근) · 内陸(내륙) · 内部(내부)

풀이 지붕 모양을 본 뜬 冂와 속으로 들어간다는 뜻인 入(입)을 합쳐 집의 입구라는 뜻을 나타냄. 보통 안이라는 뜻으로 쓰임.

참고

❖ **부가의미** · ①朝廷(조정). ②처, 아내. ③비밀. ④가까이 지냄. 소중히 함. ⑤ 위 등과 나의 음을 가질 때는 여관(女官) 등의 뜻도 있음.

女 (계집 녀 / 여자 녀)

女의 0 총3획 ★★★

계집 녀
여자 녀

- 女性(여성) 여자. 여자의 성질.
- 父女(부녀) 아버지와 딸.
- 女軍(여군) · 女權(여권) · 女給(여급) · 女史(여사)
- 女商(여상) · 女性(여성) · 女王(여왕) · 女人(여인)
- 女子(여자) · 美女(미녀) · 父女(부녀) · 仙女(선녀)
- 聖女(성녀) · 少女(소녀) · 淑女(숙녀) · 養女(양녀)

[풀이] 꿇어 앉아 팔을 낀 여자의 모습을 본뜸. 부수로서의 女는 여성적인 것. 핏줄에 관한 것을 뜻하게 됨.

[참고]
※ 부가의미 · ①품위있고 정숙한 여자는 淑女(숙녀). ②아름다운 여자는 美女(미녀). ③조행이 바른 여자는 貞女(정녀). ④나쁜 짓을 하는 여자는 毒女(독녀). ⑤남자 등의 뜻도 있음.

ㄥ 女 女

年 (해 년 / 나이 년)

干의 3 총6획 ★★★

年

해 년
나이 년

- 年年(연년) 해마다. 매년(每年).
- 年少(연소) 나이가 어림.
- 年金(연금) · 年代(연대) · 年度(연도) · 年末(연말)
- 年初(연초) · 甲年(갑년) · 今年(금년) · 同年(동년)
- 來年(내년) · 每年(매년) · 昨年(작년) · 靑年(청년)
- 豊年(풍년) · 學年(학년) · 凶年(흉년)

[풀이] 곡식을 뜻하는 禾와 음을 나타내는 千(천)[년은 변음]을 합친 꼴이 바뀌어 벼가 익다의 뜻. 중국 북쪽에서는 곡식이 일년에 한 번 익으므로 일년이라는 뜻으로 쓰임.

[참고]
※ 부가의미 · ①때. 시대. ②익음. ③나아감 등의 뜻도 있음.

ノ ㅏ ㄴ 乍 年

念 (생각할 념 / 암송할 념)

心의 4 총8획 ★★★

念

생각할 념
암송할 념

- 念慮(염려) 마음을 놓지 못함. 걱정함.
- 信念(신념) 굳게 믿는 마음.
- 念頭(염두) · 念佛(염불) · 念願(염원) · 觀念(관념)
- 留念(유념) · 理念(이념) · 想念(상념) · 餘念(여념)
- 一念(일념) · 執念(집념) · 通念(통념) · 記念式(기념식) · 天然記念物(천연기념물)

[풀이] 心[마음]과 음을 나타내는 今(금)[념은 변음]을 합쳐서 잊지 아니하다의 뜻.

[참고]
※ 부가의미 · ①기억하고 있음. ②읊음. 읽음. ③앞장서서 부르짖음. ④20의 대용자(代用字). ⑤매우 짧은 시간 등의 뜻도 있음.

ノ 人 今 念 念

寧 (편안할 녕 / 차라리 녕)

宀의 11 총14획

寧

편안할 녕
차라리 녕

- 寧靜(영정) 평안하고 고요함.
- 康寧(강녕) 몸이 건강하고 마음이 편함.
- 寧樂(영락) · 寧日(영일) · 安寧(안녕) · 丁寧(정녕)

[풀이] 소원을 뜻하는 丁과 음을 나타내는 盍(녕)을 합쳐서 바라다의 뜻. 후에 편안하다 뜻으로 쓰임.

[참고]
※ 부가의미 · ①어찌…랴[반어]. ②문안함 등의 뜻도 있음.

宀 宀 宓 宓 寧

奴

女의 2
총 5획

종 노
놈 노

· 奴婢(노비) 남자 종과 여자 종.
· 賣國奴(매국노) 나라를 팔아먹은 놈.
· 奴輩(노배) · 奴僕(노복) · 奴隷(노예) · 官奴(관노)
· 農奴(농노)

[풀이] 女와 又를 합쳐서 여자 하인이라는 뜻을 나타냄.

[참고]
❋ 부가의미 · ①남을 천하게 일컫는 말. ②포로 등의 뜻도 있음.

努

力의 5
총 7획

★ ★

힘쓸 노

· 努力(노력) 애를 쓰고 힘을 들임.
· 努目(노목) 성을 내어 눈을 부라림.
· 努務(노무) · 努肉(노육)

[풀이] 힘을 뜻하는 力(력)과 노예라는 뜻인 奴를 합쳐 노예처럼 힘드는 일을 하다의 뜻. 열심히 하다의 뜻으로 씀.

[참고]
❋ 부가의미 · 힘씀. 힘써 함 등의 뜻도 있음.
❋ 비슷한 의미를 가진 한자 · 努는 정신적으로 참아 가며 하다. 勤(근)은 맡은 일을 하다.

怒

心의 5
총 9획

★ ★

성낼 노
세찰 노

· 怒氣(노기) 성난 기색. 성이 난 얼굴빛.
· 憤怒(분노) 분하여 몹시 성냄.
· 怒濤(노도) · 怒罵(노매) · 怒目(노목) · 怒髮(노발)
· 怒聲(노성) · 怒號(노호) · 激怒(격노) · 大怒(대로)

[참고]
❋ 비슷한 의미를 가진 한자 · 怒는 안색을 바꾸고 노하다. 忿(분)은 분격하다. 憤(분)은 속에 찬 노여움을 폭발시키다. 嚇(혁)은 버럭 성을 내며 고함을 지르다의 뜻.
▣ 모양이 비슷한 한자 · 怒(성낼 노)
　　　　　　　　　　· 恕(용서할 서)

[풀이] 心[마음]과 음을 나타내는 奴(노)를 합쳐서 안색을 바꾸고 화를 내는 마음이라는 뜻. 널리 성내다의 뜻으로 씀.

農

辰의 6
총 13획

★ ★ ★

농사 농

· 農事(농사) 논밭을 갈아 유익한 식물을 재배하거나 동물을 사육하는 일.
· 農民(농민) 농사 짓는 백성.
· 農家(농가) · 農歌(농가) · 農監(농감) · 農耕(농경)
· 農工(농공) · 農功(농공) · 農科(농과) · 農具(농구)
· 農期(농기) · 農機具(농기구) · 農軍(농군)

[풀이] 풀을 베는 연장을 뜻하는 辰(진)과 음을 나타내는 㬰(전)[농은 변음]을 합하여 풀을 깎고 흙을 부드럽게 하다의 뜻. 널리 농업을 뜻함.

[참고]
❋ 부가의미 · 농부, 힘 씀의 뜻도 있음.

月의 9 총 13 획	**腦** 머리골 뇌 머리 뇌	· 腦裏(뇌리) 머리 속. · 頭腦(두뇌) ①머리골 ②슬기, 지혜, 머리. · 腦膜(뇌막) · 腦貧血(뇌빈혈) · 腦髓(뇌수) · 腦軟 化症(뇌연화증) · 腦炎(뇌염) · 腦溢血(뇌일혈) · 腦震盪(뇌진탕)	月 肜 肜 胳 腦

[풀이] 살을 뜻하는 月과 음을 나타내는 腦(노)[뇌의 변음]를 합쳐서 머리골의 뜻.

月의 6 총 10 획	★ ★ ★ **能** 능할 능 작용 능	· 能通(능통) 사물에 환히 통달함. · 能力(능력) 잘 감당(堪當)할 힘. · 能動(능동) · 可能(가능) · 官能(관능) · 權能(권능) · 萬能(만능) · 本能(본능) · 不能(불능) · 藝能(예능) · 有能(유능) · 才能(재능) · 全能(전능) · 效能(효능) · 放射能(방사능) · 藝體能(예체능)	ㄥ ㅿ 肖 能 能

[풀이] 熊(웅)의 본디 글자로서 짐승의 모양을 본뜬 㠯과 음을 나타내는 肖(연)[능은 변음]을 합쳐서 검은 짐승 즉, 곰을 뜻함. 후에 잘 할 수 있다의 뜻으로 씀.

[참고]
❖ **부가의미** · ①잘 함. ②작용. ③들음. ④곰. ⑤세발자라 등의 뜻도 있음.
◎ **모양이 비슷한 한자** · 能(능할 능) 能力(능력)
· 態(모양 태) 態度(태도)

夕의 3 총 6 획	★ ★ ★ **多** 많을 다	· 多能(다능) 여러 가지로 능함. · 多少(다소) 많음과 적음. 얼마쯤. · 多感(다감) · 多讀(다독) · 多量(다량) · 多發(다발) · 多福(다복) · 多産(다산) · 多少(다소) · 多作(다작) · 過多(과다) · 最多(최다) · 多極化(다극화) · 多目 的(다목적) · 多血質(다혈질) · 大多數(대다수)	㇏ ㄅ 夕 多 多

[풀이] 夕(석)을 두 개 합쳐서 날이 겹치다의 뜻을 나타냄. 널리 많다는 뜻으로 쓰임.

[참고]
❖ **비슷한 의미를 가진 한자** · 많다의 뜻을 가진 글자 多(다)는 물건의 수가 많음.↔少(소). 衆(중)은 사람 수가 많음.↔寡(과). 庶(서)는 諸(제)와 같으며 무엇이든지 널리 흔함.

++의 6 총 10 획	**茶** 차 다	· 茶菓(다과) 차와 과자. · 茶禮(차례) 음력으로 매달 초하룻날. 보름, 그리고 명절, 조상의 생일 등에 지내는 간단한 아침 제사. · 茶褐色(다갈색) · 茶具(다구) · 茶器(다기) · 茶道 (다도) · 茶飯(다반) · 茶飯事(다반사) · 茶房(다방) · 茶色(다색) · 茶食(다식) · 綠茶(녹차) · 新茶(신차)	㇀ 艹 艹 苶 茶

[풀이] ++(풀)와 음을 나타내는 余(도)[다는 변음]를 합쳐서 씀바귀를 뜻하는 茶(도)가 본래의 정자임. 후에 씀바귀의 뜻에는 茶를 쓰고 차의 뜻으로는 茶를 씀.

[참고]
❖ **부가의미** · 다색의 뜻도 있음.
✿ **잘못읽기 쉬운 한자** · 茶菓 다과 (차과로 읽지 말것)

丶의 3
총 4획

丹

붉을 단
주사 단

· 丹心(단심) 정성스러운 마음.
· 丹靑(단청) 목조 건물에 채색으로 무늬를 그림. 붉은 빛과 푸른 빛.
· 丹念(단념)·丹毒(단독)·丹碧(단벽)·丹砂(단사)
· 丹誠(단성)·丹脣(단순)·丹心(단심)·丹藥(단약)
· 丹粧(단장)·丹田(단전)·丹頂(단정)·丹精(단정)

풀이 땅속의 돌을 파내는 우물인 丼정과 돌을 표시하는 丶를 합쳐 붉은 빛의 돌이라는 뜻을 나타냄. 후에 변치 않는 마음을 뜻하게 됨.

참고
❖ **부가의미** · ①꽃 이름. ②봉우리 이름 등의 뜻도 있음.
❖ **비슷한 의미를 가진 한자** · 붉다의 뜻을 가진 글자
　→赤(적)

丿 刀 刀 丹

日의 1
총 5획

旦

아침 단
밝을 단

· 旦明(단명) 새벽. 해뜰녘.
· 元旦(원단) 설날 아침.
· 旦夕(단석)·旦日(단일)·吉旦(길단)·昧旦(매단)
· 明旦(명단)·拂旦(불단)·朔旦(삭단)·月旦(월단)
· 一旦(일단)·日旦(일단)·淸旦(청단)

풀이 해(日)가 지평선[一] 위에 나타난 것을 뜻함.

참고
❖ **부가의미** · 분명함의 뜻도 있음.
🔲 **모양이 비슷한 한자** 旦(아침 단) 元旦(원단)
　　　· 且(또 차) 且置(차치)
　　　· 旧(오랠 구) 旧來(구래)

丨 冂 日 日 旦

亻의 5
총 7획

但

다만 단
단지 단

· 但只(단지) 다만, 겨우. (예)~두 명이다.
· 非但(비단) 다만의 뜻. 부정의 경우에 씀.
· 但書(단서)

풀이 사람을 뜻하는 亻과 음을 가르키는 旦(단)을 합쳐 사람이 웃도리를 벗는다는 뜻을 나타냄. 후에 다만이라는 뜻으로 쓰이게 되었음.

참고
❖ **부가의미** · ①그렇다 하더라도. ②웃도리를 벗어 웃통이나 속옷의 어깨 부분이 드러남 등의 뜻도 있음.

丿 亻 仴 仴 但 但

殳의 5
총 9획

段

수단 단

· 段階(단계) 일이 나아가는 과정.
· 階段(계단) 층층대(層層臺).
· 段丘(단구)·段落(단락)·段玉裁(단옥재)·段位(단위)·段違(단위)·別段(별단)·分段(분단)·算段(산단)·上段(상단)·石段(석단)·手段(수단)·昇段(승단)·一段(일단)·中段(중단)

풀이 때리다의 뜻인 殳과 음을 나타내는 耑(단)의 생략형인 𠂤을 합쳐서 물건의 치다의 뜻. 후에 斷과 같이 구분하다의 뜻으로 씀.

참고
❖ **부가의미** · ①단. 계단. 계단형으로 되어 있는 것. ②품(品). 등급. ③수단. 방법. ④반 필[포목 한 필의 반]. 조각 등의 뜻도 있음.

丿 𠂤 𠂤 𠂤 段 段

單

口의 9
총 12획

홀 단
단지 단

[풀이] 음을 나타내는 동시에 크게 부르짖다의 뜻인 吅(현)[단은 변음]과 單(필)을 합쳐서 큰소리의 뜻. 또는 사냥을 할 때 짐승을 모는 도구라고도 하나 지금은 하나라는 뜻으로 씀.

· 單身(단신) 홀몸.
· 單獨(단독) 단 하나.
· 單價(단가) · 單卷(단권) · 單科大學(단과대학) · 單숲(단금) · 單記(단기) · 單機(단기) · 單騎(단기)
· 單刀直入(단도직입) · 單獨(단독) · 單線(단선) · 單手(단수) · 單純(단순) · 單式(단식) · 單身(단신)

[참고]
❖ 부가의미 · ①하나. 혼자. ②복잡하지 않은. ③다함. ④다만. ⑤오랑캐 임금. ⑥고을 이름. ⑦성(姓)의 하나 등의 뜻도 있음.

口
吅
吅
單
單

★ ★ ★

短

矢의 7
총 12획

짧을 단
흉할 단
허물 단

[풀이] 矢[화살]와 음을 나타내는 豆(두)[단은 변음]을 합하여 작은 화살을 뜻함. 널리 짧다의 뜻으로 씀.

· 短髮(단발) 짧은 머리털.
· 短點(단점) 낮고 모자라는 점.
· 短歌(단가) · 短見(단견) · 短期(단기) · 短刀(단도)
· 短命(단명) · 短簫(단소) · 短信(단신) · 短打(단타)
· 短波(단파) · 短篇(단편) · 長短(장단) · 最短期(최단기) · 一長一短(일장일단)

[참고]
❖ 부가의미 · ①흉봄. 남을 헐뜯어서 말함. ②잘못. 결점. ③젊어서 죽음. ④짧게 함 등의 뜻도 있음.

ㅗ
矢
矢
短
短

★ ★ ★

團

口의 11
총 14획

모일 단
둥글 단

[풀이] 둥글다는 뜻인 口와 음을 나타내는 專(전)[단은 변음]을 합쳐 뭉치다의 뜻. 널리 한 덩어리의 뜻으로 씀.

· 團欒(단란) 매우 원만함. 친밀하게 한곳에서 즐김.
· 團合(단합) 단결.
· 團結(단결) · 團團(단단) · 團欒(단란) · 團扇(단선)
· 團束(단속) · 團員(단원) · 團圓(단원) · 團子(단자)
· 團地(단지) · 團體(단체) · 軍團(군단) · 劇團(극단)
· 兵團(병단) · 師團(사단) · 樂團(악단) · 旅團(여단)

[참고]
❖ 부가의미 · ①모음. 덩이짐. 모임. 단합함. ②군대의 집단체의 이름 등의 뜻도 있음.
❖ 잘못읽기 쉬운 한자 · 團欒 단란 (단락으로 읽지 말 것)

囗
冋
圊
團
團

★

端

立의 9
총 14획

끝 단
바를 단

[풀이] 立[서다]과 음을 나타내는 耑(단)을 합하여 직립(直立)을 뜻함. 직립의 뜻에서 올바르다를 뜻함. 후에 잘라진 끝이라는 뜻으로 쓰임.

· 端緒(단서) 일의 처음.
· 發端(발단) 일의 첫 머리가 처음으로 일어남.
· 端境期(단경기) · 端溪(단계) · 端端(단단) · 端麗(단려) · 端緒(단서) · 端數(단수) · 端雅(단아)

[참고]
❖ 부가의미 · ①품행이 바름. ②바로잡음. 바르게 함. ③실마리. 시초. 비롯됨. ④끝. 물건의 맨 끝. 말단. ⑤종말. ⑥싹. ⑦살핌. ⑧근본[本源]. ⑨오로지. ⑩살핌. 명찰하는 모양. ⑪피륙의 길이의 단위. 18척 또는 12척. ⑫단오. ⑬성(姓)의 하나 등의 뜻도 있음.
◻ 모양이 비슷한 한자 · 端(바를 단) 端正(단정) · 瑞(상서 서) 瑞雪(서설)

丶
立
屵
端
端

壇

土의 13 총 16획

★★★

제단 단
단 단

- 壇所(단소) 제단(祭壇)이 있는 장소(場所).
- 講壇(강단) 강의·설교때 올라서게 만든 단.
- 壇家(단가)·壇上(단상)·壇場(단장)·歌壇(가단)
- 敎壇(교단)·論壇(논단)·文壇(문단)·佛壇(불단)
- 演壇(연단)·祭壇(제단)·花壇(화단)·畵壇(화단)

[풀이] 土[흙]와 음을 나타내는 亶(단)을 합쳐서 흙을 쌓아 지면보다 한층 높게 한 곳이라는 뜻.

[참고]
❋ 부가의미 · ①단, 한층 높게 한 곳. ②특수한 사람들의 모임. ③선경(仙境) 등의 뜻도 있음.
❂ 모양이 비슷한 한자 壇(제단 단) 祭壇(제단)
· 檀(박달나무 단) 檀君(단군)

土 坮 坮 壇 壇

檀

木의 13 총 17획

★

박달나무 단
단향목 단

- 檀君(단군) 우리 민족의 시조(始祖).
- 檀弓(단궁) 박달나무로 메운 활.
- 檀家(단가)·檀君(단군)·檀紀(단기)·檀那(단나)
- 檀林(단림)·檀越(단월)·白檀(백단)·紫檀(자단)
- 栴檀(전단)·黑檀(흑단)

[풀이] 木[나무]과 음을 나타내는 亶(단)을 합쳐서 박달나무를 뜻함.

[참고]
❋ 부가의미 · ①백단·자단 등의 향나무의 총칭. ②범어(梵語)를 음역(音譯)한 글자로 불교에서의 시주(施主)를 일컬음 등의 뜻도 있음.
❂ 모양이 비슷한 한자 壇(제단 단) 祭壇(제단)
· 檀(박달나무 단) 檀君(단군)

杬 杬 柿 檀 檀

斷

斤의 14 총 18획

★★

끊을 단
끊어질 단

- 斷絶(단절) 관계를 끊음.
- 斷念(단념) 생각을 끊어 버림.
- 斷簡(단간)·斷交(단교)·斷交(단교)·斷機(단기)
- 斷機之戒(단기지계)·斷頭臺(단두대)·斷末魔(단말마)·斷面(단면)

[풀이] 실을 끊다의 뜻인 㡭과 斤[날붙이]를 합쳐서 날붙이로 잘라 끊다의 뜻.

[참고]
❋ 부가의미 · ①정함. 정해짐. ②확실히 정함. ③옳고 그름을 가림. ④단연코 등의 뜻도 있음.
▨ 반대되는 한자 · 斷(끊을 단)↔繼(이을 계)

幺 幺 㡭 斷 斷

達

辶의 9 총 13획

이를 달
통할 달

- 達成(달성) 목적한 바를 이룸.
- 到達(도달) 목적한 데에 미침.
- 達觀(달관)·達成(달성)·達人(달인)·達筆(달필)
- 到達(도달)·未達(미달)·上達(상달)·送達(송달)
- 示達(시달)·榮達(영달)·傳達(전달)·下達(하달)

[풀이] 보행의 뜻인 辶과 음을 나타내는 幸(달)을 합쳐서 날렵하게 뚫고 나가다의 뜻. 후에 닿다의 뜻으로 씀.

[참고]
❋ 부가의미 · ①이름[到]. ②이룸. ③보냄. ④결단함. ⑤나타남. ⑥천거함. ⑦방자함. ⑧낳음. ⑨결방. 작은 방 등의 뜻도 있음.

一 十 去 幸 達

氵의 8 총 11획	**淡** 싱거울 담 엷을 담	氵 氵 氵 氵 淡 淡

淡泊(담박) 욕심이 없고 마음이 깨끗함.
濃淡(농담) ①짙음과 엷음. 표현의 강약의 정도.
②되직함과 묽음.
淡交(담교)·**淡淡**(담담)·**淡綠**(담록)·**淡味**(담미)
淡水(담수)·**淡水魚**(담수어)·**淡湖**(담호)·**枯淡**
(고담)·**冷淡**(냉담)·**平淡**(평담)

[풀이] 氵[물]과 음을 나타내는 炎
(염)[담은 변음]이 합쳐서 맛이 적
고 싱거움을 뜻함. 널리 엷음·담담
함의 뜻임.

[참고]
❖ **부가의미** · ①담박하고 깨끗함. ②단물 등의 뜻도 있

☒ **반대되는 한자** · 淡(묽을 담) ↔ 濃(짙을 농)

言의 8 총 15획	★★★ **談** 이야기 담 농담 담	言 言 言 談 談

談話(담화) 이야기.
相談(상담) 말로 상의함.
談論(담론)·**談判**(담판)·**談合**(담합)·**談話**(담화)
客談(객담)·**對談**(대담)·**德談**(덕담)·**面談**(면담)
美談(미담)·**密談**(밀담)·**私談**(사담)·**商談**(상담)
相談(상담)·**俗談**(속담)·**野談**(야담)·**餘談**(여담)

[풀이] 言[말]과 음을 나타내는 炎
(담)을 합쳐서 조용히 이야기하다의
뜻.

[참고]
❖ **부가의미** · 이야기. 이야기 함. 바둑돌의 뜻도 있음.

扌의 13 총 16획	★★ **擔** 멜 담	扌 扌 扩 擔 擔

擔當(담당) 어떤 일을 넘겨 맡음.
加擔(가담) 거들어 도와 줌.
擔架(담가)·**擔保**(담보)·**擔負**(담부)·**擔任**(담임)

[풀이] 손을 뜻하는 扌와 음을 나
타내는 詹(담)을 합쳐서 짐을 지다
의 뜻.

[참고]
❖ **부가의미** · 맡음의 뜻도 있음.
▣ **모양이 비슷한 한자** · 膽(쓸개 담) 膽力(담력)
· 擔(멜 담) 負擔(부담)

竹의 6 총 12획	★★★ **答** 대답할 답 갚을 답	⺮ ⺮ ⺮ 笁 答

答狀(답장) 회답하는 편지.
報答(보답) 남의 호의·은혜를 갚음.
答禮(답례)·**答訪**(답방)·**答信**(답신)·**對答**(대답)
名答(명답)·**問答**(문답)·**誤答**(오답)·**應答**(응답)
正答(정답)·**解答**(해답)·**和答**(화답)·**回答**(회답)
東問西答(동문서답)·**一問一答**(일문일답)

[풀이] 음을 나타내는 합(合)은 대
답의 뜻으로 쓰였으나 후에 畣(답)
[작은 콩]이란 글자를 빌어 대답한
다는 뜻으로 씀. 후에 ⺣와 竹(죽)
이 혼동(混同)되어 答(답)이란 속체
(俗體)가 됨. 대나무와는 관계가 없
음.

[참고]
☒ **반대되는 한자** · 答(답할 답) ↔ 問(물을 문)

足의 8 총 15획	**踏** 밟을 답 걸을 답	· 踏査(답사) 그곳에 실지로 가서 조사함. · 未踏(미답) 아직 아무도 밟지 아니함. 발길이 미치지 아니함. · 踏橋(답교) · 踏舞(답무) · 踏步(답보) · 踏襲(답습) · 踏靑(답청) · 踏破(답파) · 高踏(고답) · 舞踏(무답)	口 묘 趵 踏 踏

[풀이] 足[다리]과 음을 나타내는 沓(답)을 합하여 발로 거듭 밟다의 뜻. 널리 밟다의 뜻으로 쓰임.

[참고]
❀ **부가의미** · ①발로 땅을 디딤. ②보행함. 걸음 등의 뜻도 있음.

口의 7 총 10획	**唐** 황당할 당	· 唐慌(당황) 놀라서 어찌할 줄 모름. · 荒唐(황당) 종잡을 수 없이 마음이 슬퍼서 헛되고 미덥지 못함. · 唐錦(당금) · 唐箕(당기) · 唐突(당돌) · 唐物(당물) · 唐宋(당송) · 唐手(당수) · 唐詩(당시) · 唐紙(당지) · 晚唐(만당) · 盛唐(성당) · 初唐(초당)	亠 广 庐 唐 唐

[풀이] 입을 뜻하는 口와 음을 나타내는 唐(경)[당은 변음]을 합쳐서 만든 글자. 唐은 唐의 변형으로 넓다의 뜻을 洪(홍)에서 빌어 가짐. 흰소리를 하다가 본디의 뜻.

[참고]
❀ **부가의미** · ①큼. 넓음. ②중국의 나라 이름 등의 뜻도 있음.

★ ★ ★ 土의 8 총 11획	**堂** 집 당 당당할 당	· 明堂(명당) 좋은 자리. 좋은 장소. · 書堂(서당) 글방. · 堂內(당내) · 堂堂(당당) · 堂房(당방) · 堂舍(당사) · 堂山(당산) · 堂上(당상) · 堂叔(당숙) · 堂奥(당오) · 堂宇(당우) · 堂姪(당질) · 堂塔(당탑) · 堂下(당하) · 講堂(강당) · 明堂(명당) · 法堂(법당) · 佛堂(불당)	⺍ ⺌ 屵 堂 堂

[풀이] 土[흙]와 음을 나타내는 尙(상)을 합쳐서 흙을 쌓아 높게 된 곳이라는 뜻. 큰 건물의 뜻으로 씀.

[참고]
❖ **모양이 비슷한 한자** · 堂(집 당) 堂號(당호)
· 當(마땅할 당) 當否(당부)

★ ★ ★ 田의 8 총 13획	**當** 마땅할 당 다할 당	· 當時(당시) 일이 생긴 그 때. · 至當(지당) 이치에 꼭 맞음. · 當家(당가) · 當局(당국) · 當今(당금) · 當代(당대) · 當落(당락) · 當面(당면) · 當百錢(당백전) · 當番 (당번) · 當否(당부) · 當分間(당분간) · 當社(당사) · 當事者(당사자) · 當選(당선) · 當世(당세)	丶 ⺌ 屵 當 當

[풀이] 田[밭]과 음을 나타내는 尙(상)[당은 변음]을 합쳐서 밭에 알맞는 가치가 있는 것이라는 뜻.

[참고]
❀ **부가의미** · ①맞섬. 대적(對敵)함. ②옳음. ③순응함.
④방비함. 막음. ⑤법. ⑥번을 듦. ⑦일을 도맡아 함.
⑧이음[承]. ⑩주장함. ⑪전당함. ⑫다닥침. ⑬그[其]
⑭지금 등의 뜻도 있음.

黨

黑의
8
총20획

무리 당
향리 당

[풀이] 黨과 음을 나타내는 尚(상)[당은 변음]을 합쳐서 어둑어둑하다의 뜻. 후에 무리의 뜻으로 쓰임.

· 徒黨(도당) 떼를 지은 무리.
· 政黨(정당) 정치권력의 참여를 목적으로 하는 정치 결사.
· 黨規(당규) · 黨紀(당기) · 黨同伐異(당동벌이) · 黨略(당략) · 黨類(당류) · 黨利(당리) · 黨閥(당벌) ·
· 黨勢(당세) · 黨首(당수) · 黨員(당원) · 黨議(당의)

[참고]
❖ 부가의미 · ①정치적 단체. ②마을. 동리. ③고향. ④편벽됨. ⑤견줌. ⑥앎[知]. ⑦자주. ⑧곳 등의 뜻도 있음.

세로: 黨 黨 黨 黨

大

大의
0
총3획

큰 대
넓을 대

[풀이] 두 손과 두 발을 벌리고 서 있는 사람의 모습을 본 떠서 만든 글자로서 크다의 뜻. 부수로서는 큼 · 사람에 관한 뜻을 나타냄.

· 大家(대가) 학문이나 기술에 조예가 깊은 사람.
· 至大(지대) 더없이 큼.
· 大擧(대거) · 大國(대국) · 大君(대군) · 大權(대권) ·
· 大道(대도) · 大量(대량) · 大陸(대륙) · 大事(대사)

[참고]
❖ 비슷한 의미를 가진 한자 · 크다의 뜻을 가진 글자 大(대)는 사물의 부피가 큼.↔小(소). 巨(거)는 모양이 크거나 힘이 셈.↔細(세). 廣(광)은 집 같은 것이 넓고 큼. 洪(홍)은 세력이 한창임. 浩는 넓고 큼. 鴻(홍)은 洪(홍)과 통함. 偉(위)는 크고 훌륭함. 碩(석)은 묵직하고 큼. 또는 유달리 큼.

세로: 一 ナ 大

代

イ의
3
총5획

대신할 대
시내 대

[풀이] イ과 음을 나타내는 弋(대)를 합쳐 대신한 사람이라는 뜻. 일반적으로 바꿔치기를 함 · 값의 뜻으로 쓰임.

· 代金(대금) 물건의 값.
· 代理(대리) 남을 대신하여 일을 처리함.
· 代金(대금) · 代父(대부) · 代身(대신) · 代用(대용) ·
· 代筆(대필) · 交代(교대) · 年代(연대) · 歷代(역대) ·
· 時代(시대) · 初代(초대) · 後代(후대)

[참고]
❖ 부가의미 · ①교대교대로. 석바꿔. ②세상. ③시세(時世) ④왕조(王朝). ⑤사람의 일생. ⑥계승의 순위. ⑦값 등의 뜻도 있음.
◻ 모양이 비슷한 한자 · 代(세대 대) 代身(대신)
· 伐(칠 벌) 征伐(벌)

세로: ノ イ 亻 代 代

待

イ의
6
총9획

기다릴 대
대접할 대

[풀이] 길을 뜻하는 彳과 음을 나타내는 寺(사)[대는 변음]을 합쳐서 길에 멈추어 서서 기다리다의 뜻.

· 待機(대기) 기회를 기다림. 명령을 기다림.
· 待遇(대우) 예의를 갖추어 대함.

[참고]
❖ 비슷한 의미를 가진 한자 · 기다리다의 뜻을 가진 글자 待는 상대가 오는 것을 기다림. 오면 대접함. 俟는 사태가 거기에 이르기까지 잠자코 기다림. 候(후)는 이제나 저제나 하고 형편을 살피면서 기다림. 須(수)는 서로가 필요로 하여 기다림. 需(수)는 필요한 것을 구하면서 기다림.
◻ 모양이 비슷한 한자 · 待(기다릴 대) 待期(대기)
· 侍(모실 시) 侍者(시자)

세로: 彳 彳 彳 彳 待 待

★ ★

巾의 8
총 11획

帶

때 대
거느릴 대

(풀이) 천을 뜻하는 巾(건)과 허리 띠를 매고 장식물을 단 모양인 卅를 합쳐서 여러 가지 장식물을 달고 허리에 동여매는 끈의 뜻.

· 帶劍(대검) 칼을 참. 소총 끝에 꽂는 칼.
· 帶同(대동) 함께 데리고 감.
· 帶刀(대도) · 帶狀(대상) · 帶紙(대지) · 帶妻(대처)
· 冠帶(관대) · 束帶(속대) · 眼帶(안대) · 連帶(연대)
· 熱帶(열대) · 溫帶(온대) · 一帶(일대) · 包帶(포대)
· 寒帶(한대) · 携帶(휴대)

(참고)

❖ 부가의미 · ①데리고 감. 가짐. ②둘레. ③쪽 등의 뜻도 있음.

一 卅 卅 帶 帶

★

阝의 8
총 12획

隊

떼 대
군대 대

(풀이) 阝[작은 산과 음을 나타내는 㒸(수)[대는 변음]를 합쳐서 산에서 떨어지다의 뜻. 후에 군대의 뜻으로 쓰게 됨.

· 隊伍(대오) 군대의 행렬.
· 軍隊(군대) 일정한 질서를 갖고 조직 편제된 장정의 집단.
· 隊商(대상) · 隊列(대열) · 隊員(대원) · 隊長(대장)
· 大隊(대대) · 兵隊(병대) · 本隊(본대) · 小隊(소대)
· 樂隊(악대) · 聯隊(연대) · 一隊(일대)

(참고)

❖ 부가의미 · 떼. 무리 많은 사람이 정돈하여 줄지어 선 것의 뜻도 있음.

阝 阝' 阝' 隊 隊

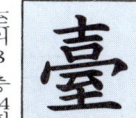

至의 8
총 14획

돈대 대
기초 대

(풀이) 높은 건물을 뜻하는 臺와 사람이 와서 멈추다의 뜻인 至(지)를 합쳐서 망루 등 높은 건물을 뜻함. 후에 인공으로 높이 돋운 평평한 땅의 뜻으로 쓰다가 지금은 물건을 얹는 받침대의 뜻으로 씀.

· 臺本(대본) 연극 · 영화의 각본(脚本).
· 燈臺(등대) 밤중의 연안 뱃길을 안전하게 안내하는 표지가 되도록 해안에 세우고 등불을 켜 놓은 탑 모양의 건물.
· 臺灣(대만) · 臺木(대목) · 臺門(대문) · 臺詞(대사)
· 臺上(대상) · 鏡臺(경대) · 樓臺(누대) · 盤臺(반대)

(참고)

❖ 부가의미 · ①집. ②종. 하인 ③코를 곪. ④잔디. ⑤마을. 관청. ⑥어른. 남을 높여서 부를 때 붙이는 말 등의 뜻도 있음.

一 士 㐁 㐭 臺

★ ★ ★

寸의 11
총 14획

對

마주볼 대
짝 대

(풀이) 종(鐘)을 매다는 횡목을 걸치는 기둥을 뜻하는 丵과 음을 나타내는 手(수)[대는 변음]가 변한 寸을 합쳐서 만든 글자이며, 그와 같은 기둥은 두 개를 맞세우므로 마주 보다의 뜻임.

· 對策(대책) 어떤 일에 대한 방책(方策).
· 反對(반대) 사물이 아주 맞서서 다름.
· 對決(대결) · 對校(대교) · 對句(대구) · 對局(대국)
· 對內(대내) · 對談(대담) · 對答(대답) · 對等(대등)
· 對流(대류) · 對流圈(대류권) · 對立(대립) · 對面(대면) · 對面交通(대면교통) · 對備(대비) · 對應(대응) · 對敵(대적) · 對坐(대좌) · 對處(대처)

(참고)

❖ 부가의미 · ①상대. ②짝. 쌍. ③대답함 등의 뜻도 있음.

♦ 잘못읽기 쉬운 한자 · 對峙 대치 (대시로 읽지 말것)

⊪ 业 丵 對 對

| 彳
의12
총15
획 |  | 덕 덕
도덕 덕 | · 德化(덕화) 덕행으로써 교화시킴.
· 恩德(은덕) 은혜와 덕.
· 德教(덕교) · 德器(덕기) · 德談(덕담) · 德望(덕망)
· 德目(덕목) · 德分(덕분) · 德性(덕성) · 德用(덕용)
· 德育(덕육) · 德義(덕의) · 德人(덕인) · 德政(덕정)
· 德操(덕조) · 德澤(덕택) · 德行(덕행) · 功德(공덕) | 彳
行
徳
德
德 |

[풀이] 가다의 뜻인 彳과 음을 나타내는 悳(직)[덕은 변음]을 합쳐서 올라가다의 뜻. 본디 글자는 悳(덕)으로 도덕이라는 뜻으로 씀.

[참고]

❖ **부가의미** · ①군자. ②품행. ③좋은 가르침. ④은혜. ⑤남[生]. 이익(利益) 등의 뜻도 있음.

| 刀
의0
총2
획 | 刀 | 칼 도 | · 刀鉅(도거) 칼과 톱. 옛 형구(形具)의 한 가지로 형벌(刑罰)의 뜻.
· 刀工(도공) 칼을 만드는 것을 업으로 하는 사람.
· 刀圭(도규) · 刀山(도산) · 刀身(도신) · 刀匠(도장)
· 刀俎(도조) · 刀創(도창) · 刀槍(도창) · 刀尖(도첨)
· 刀幣(도폐) · 刀筆(도필) · 刀痕(도흔) · 帶刀(대도)
· 鈍刀(둔도) · 名刀(명도) · 寶刀(보도) · 牛刀(우도)
· 利刀(이도) · 竹刀(죽도) · 快刀(쾌도) | 刀
刀 |

[풀이] 칼 모양을 본떠서 만든 글자임. 부수로서는 칼·베다라는 뜻을 나타냄.

| 刂
의6
총8
획 |  | 이를 도
도착할 도 | · 到達(도달) 목적한 데에 미침.
· 到着(도착) 목적지에 다다름.
· 到來(도래) · 到山行下(도산행하) · 到底(도저) ·
到處狼狽(도처낭패) · 殺到(쇄도) · 兩到(양도) ·
一到(일도) · 精到(정도) · 精神一到(정신일도) ·
周到(주도) · 至到(지도) · 筆到(필도) | 一
厶
至
到
到 |

[풀이] 이른다는 뜻인 到(지)[도는 변음]와 음을 나타내는 刂를 합쳐 이르다·닿다의 뜻을 가진 글자가 됨.

[참고]

❖ **부가의미** · 미침. 구석구석까지 미침의 뜻도 있음.

| 广
의6
총9
획 | 度 | 자 도
법 도 | · 度量(도량) 길이와 들이. 너그러운 마음.
· 尺度(척도) 자로 잰 길이.
· 度量衡(도량형) · 度數(도수) · 度外(도외) · 度外視(도외시) · 度航(도항) · 過度(과도) · 速度(속도)
· 緯度(위도) · 程度(정도) · 濟度(제도) · 進度(진도)
· 態度(태도) · 限度(한도) |  |

[풀이] 손을 뜻하는 又와 음을 나타내는 庶(서)[도는 변음]를 합쳐서 손을 벌려 물건의 길이를 재다의 뜻.

[참고]

❖ **부가의미** · ①자. 잼. ②도. 눈금. ③마다. 번. 회수를 나타내는 말. ④알맞은 정도. ⑤구제함. ⑥사람의 됨됨이. ⑦꾀함. ⑧헤아림. ⑨벼슬 이름 등의 뜻도 있음.

★ 辶의 6 총 10획 逃 달아날 도 피할 도	· 逃避(도피) 도망하여 피함. · 逃脫(도탈) 도망하여 벗어남. · 逃匿(도닉) · 逃亡(도망) · 逃名(도명) · 逃散(도산) · 逃世(도세) · 逃走(도주) · 逃避(도피)

[풀이] 보행을 뜻하는 辶과 음을 나타내는 兆(조)[도는 변음]을 합쳐서 떨어져 가다의 뜻. 후에 달아나다의 뜻으로 씀.

[참고]
❖ **비슷한 의미를 가진 한자** · 달아나다의 뜻을 가진 글자 逃(도)는 그 자리를 뜨다 · 도망함. 亡(망)은 달아나 자취를 감춤. 遁(둔)은 달아나 숨음. 北(배)는 저서 뒤를 보이며 달아남.

) 丬 兆 逃 逃

★★ 山의 7 총 10획 島 섬 도	· 島嶼(도서) 크고 작은 섬들. · 半島(반도) 삼면이 바다로 둘러싸인 땅. · 島國(도국) · 島國根性(도국근성) · 島流(도류) · 島民(도민) · 島影(도영) · 島人(도인) · 孤島(고도) · 群島(군도) · 大島(대도) · 無人島(무인도)

[풀이] 본디는 嶋로 씀. 山(산)과 음을 나타내는 鳥(조)[도는 변음]를 합쳐서 바다의 조수(潮水)에 둘러싸인 산이라는 뜻.

[참고]
❖ **부가의미** · 섬. 바다나 호수 가운데 육지의 뜻도 있음.
☑ **모양이 비슷한 한자** · 島(섬 도) 島民(도민)
  · 烏(까마귀 오) 烏口(오구)
  · 鳥(새 조) 鳥獸(조수)

' 亻 冇 皀 鳥 島

★ 彳의 7 총 10획 徒 무리 도 걸어다닐 도	· 徒黨(도당) 떼를 지은 무리. · 徒步(도보) 타지 않고 걸어감. · 徒勞(도로) · 徒輩(도배) · 徒費(도비) · 徒死(도사) · 徒事(도사) · 徒涉(도섭) · 徒手(도수) · 徒食(도식) · 徒役(도역) · 徒然(도연) · 徒爲(도위) · 徒爾(도이)

[풀이] 길을 가다의 뜻인 徒와 음을 나타내는 土(토)[도는 변음]를 합쳐서 발로 길을 디디며 가다, 즉 걸어서 가다의 뜻.

[참고]
❖ **부가의미** · ①맨손. 빈손. ②무리. ③제자. ④종. 노비 등의 뜻도 있음.
☑ **모양이 비슷한 한자** · 徒(무리 도) 徒輩(도배)
  · 徙(옮길 사) 移徙(이사)
  · 從(좇을 종) 從事(종사)

彳 彳 彳 往 徙 徒

辶의 7 총 11획 途 길 도	· 途上(도상) 길 위, 중도, 도중. · 壯途(장도) 사명을 띠고 떠나는 길. · 途中(도중) · 途次(도차) · 歸途(귀도) · 同途(동도) · 半途(반도) · 別途(별도) · 前途(전도) · 中途(중도) · 坦途(탄도)

[풀이] 辶[길]과 음을 나타내는 余(여)[도는 변음]를 합쳐서 가는 길을 막다의 뜻. 후에 길의 뜻으로 씀.

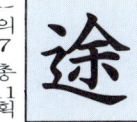

入 余 余 余 途

陶

阝의8
총11획

질그릇 도
즐길 도

· 陶冶(도야) 심신을 닦아 기름.
· 薰陶(훈도) 덕(德)으로써 사람을 교화함.
· 陶工(도공)·陶器(도기)·陶然(도연)·陶淵明
(도연명)·陶藝(도예)·陶瓷器(도자기)·陶醉(도
취)·陶土(도토)·鬱陶(울도)·製陶(제도)

[풀이] 阝[언덕]과 음을 나타내는 匋(도)를 합쳐 질그릇을 뜻함.

[참고]

❈ 부가의미 · ①도자기를 만듦. ②사람을 가르쳐 이끎.
③태평스럽고 한가함. 기뻐함. ④화목하고 즐김.
⑤사람의 이름 등의 뜻도 있음.

阝 阝 阝 陶 陶 陶

盜

★
皿의7
총12획

훔칠 도

· 盜難(도난) 도둑을 맞은 재난.
· 强盜(강도) 강제로 남의 물건을 빼앗는 도둑.
· 盜掘(도굴)·盜難(도난)·盜壘(도루)·盜伐(도벌)
· 盜癖(도벽)·盜殺(도살)·盜心(도심)·盜用(도용)
· 盜人(도인)·盜作(도작)·盜賊(도적)·盜電(도전)
· 盜跖(도척)·盜聽(도청)·盜品(도품)

[풀이] 그릇[皿]과 음을 나타내는 㳄(연)[도는 변음]을 합하여 그릇에 담긴 것을 먹고 싶어 군침을 흘리다의 뜻. 후에 훔치다의 뜻으로 씀.

[참고]

❈ 부가의미 · ①도둑질. ②도둑 등의 뜻도 있음.

氵 沪 次 盜 盜

道

★★★
辶의9
총13획

길 도
구획 도

· 道路(도로) 사람이 통행하는 길.
· 道理(도리) 사람이 마땅히 행하여야 할 바른 길.
· 道家(도가)·道界(도계)·道教(도교)·道念(도념)
· 道德(도덕)·道德教育(도덕교육)·道德性(도덕성)
· 道德的理性(도덕적이성)·道塗(도도)·道樂(도락)
· 各道(각도)·國道(국도)·弓道(궁도)·氣道(기도)

[풀이] 길을 뜻하는 辶과 음을 나타내는 首(수)[도는 변음]를 합쳐서 길게 뻗은 길의 뜻.

[참고]

❈ 부가의미 · ①이치. 도. ②물건이 지나가는 곳. ③학술. 기예. ④방법. ⑤말함. ⑥따름. 순종함. ⑦다스림. ⑧인도함[尊]. ⑨행정 구역의 하나. ⑩성(姓)의 하나 등의 뜻도 있음.

丷 丷 首 道 道

都

★★★
阝의9
총12획

도읍 도
모두 도

· 都心(도심) 도시의 중심.
· 都賣(도매) 물건을 도거리로 파는 일.
· 都家(도가)·都給(도급)·都督(도독)·都賣(도매)
· 都城(도성)·都市(도시)·都市計劃(도시계획)·
都市國家(도시국가)·都心(도심)·都元帥(도원수)

[풀이] 사람이 사는 곳을 뜻하는 阝과 음을 나타내는 者(자)[도는 변음]를 합쳐서 사람이 많이 모여 사는 곳을 뜻함. 후에 수도(首都)의 뜻으로 쓰게 됨.

[참고]

❈ 부가의미 · ①다스림. 통활함. ②모두. 전부 등의 뜻도 있음.
❖ 비슷한 의미를 가진 한자 · 모두의 뜻을 가지는 글자
→總(총)

土 耂 者 者 都

口의
11
총
14
획

圖

그림 도
지도 도

· 圖說(도설) 그림을 넣어 설명함.
· 意圖(의도) 생각, 장차 하려는 계획.
· 圖鑑(도감) · 圖工(도공) · 圖南(도남) · 圖面(도면)
· 圖謀(도모) · 圖上(도상) · 圖書(도서) · 圖說(도설)
· 圖式(도식) · 圖案(도안) · 圖樣(도양) · 圖章鋪(도장포) · 圖表(도표) · 圖解(도해) · 圖形(도형)

[풀이] 울타리를 뜻하는 □와 음을 나타내는 啚(비)[도는 변음]를 합쳐서 땅을 가르다의 뜻. 널리 그림 · 계획의 뜻으로 씀.

[참고]

❖ **비슷한 의미를 가진 한자** · 圖(도)는 사물에 눈대중을 함. 대체적인 구상. 計(계)는 물건을 셈. 연구 계획함. 量(량)은 되로 분량을 잼. 測(측)은 물 속을 잼. 깊이를 헤아림. 재다의 뜻을 가진 글자→計(계).

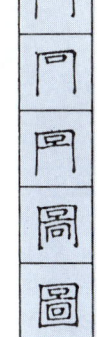

寸의
13
총
16
획

導

이끌 도
인도할 도

· 導入(도입) 끌어들임.
· 引導(인도) 가르쳐 이끎. 길을 안내함.
· 導管(도관) · 導師(도사) · 導線(도선) · 導引(도인)
· 導體(도체) · 導火線(도화선) · 教導(교도) · 補導(보도) · 先導(선도) · 誘導(유도)

[풀이] 손을 뜻하는 寸과 걸어 다니는 길을 뜻하는 道(도)를 합쳐서 손으로 이끌어 길을 가다의 뜻.

[참고]

❖ **부가의미** · ①가르침. ②전함. 열어줌. 터줌. ③다스림 등의 뜻도 있음.

母의
4
총
8
획

毒

독 독

· 毒蛇(독사) 독액(毒液)을 내보내는 뱀.
· 毒藥(독약) 독이 있는 약.
· 毒感(독감) · 毒氣(독기) · 毒物(독물) · 毒婦(독부)
· 毒死(독사) · 毒蛇(독사) · 毒殺(독살) · 毒舌(독설)
· 毒素(독소) · 毒手(독수) · 毒矢(독시) · 毒牙(독아)
· 毒液(독액) · 毒藥(독약) · 毒刃(독인) · 毒刺(독자)

[풀이] 풀[十]과 음을 나타내는 毒(기)[독은 변음]를 합쳐서 사람에게 해를 끼치는 풀을 뜻함.

[참고]

❖ **부가의미** · ①해침. 재앙. 화. ②나쁨. 독함 등의 뜻도 있음.

目의
8
총
13
획

督

감독할 독
재촉할 독

· 督促(독촉) 독려하여 재촉함.
· 提督(제독) 해군의 장관.
· 督軍(독군) · 督勵(독려) · 督戰(독전) · 督促(독촉)
· 督學(독학) · 家督(가독) · 監督(감독) · 提督(제독)
· 總督(총독)

[풀이] 目[눈]과 음을 나타내는 叔(숙)[독은 변음]을 합하여 잘 살펴봄을 뜻함.

[참고]

❖ **부가의미** · ①거느림. 통솔함. ②살핌. 세밀히 봄. ③권함. ④재촉함. ⑤꾸짖음. ⑥가운데. 중앙. ⑦맏아들. 우두머리 등의 뜻도 있음.

★★★

犭의 13 총 16획

獨 홀로 독

• 獨立(독립) 남에게 의지하지 않고 따로 섬.
• 單獨(단독) 단 하나. 단 한 사람.
• 獨居(독거) · 獨鈷(독고) · 獨轎(독교) · 獨斷(독단)
• 獨得(독득) · 獨樂(독락) · 獨力(독력) · 獨立獨步
  (독립독보) · 獨立獨行(독립독행) · 獨白(독백) ·
  獨善(독선) · 獨身(독신) · 獨走(독주) · 獨唱(독창)

풀이 犭[개]과 음을 나타내는 蜀(촉)[독은 변음]을 합쳐서 개가 서로 물어 뜯다의 뜻임. 한 마리씩 떼어 놓다의 뜻이 되었다가 후에 홀로 혼자의 뜻으로 쓰임.

참고

※ 부가의미 · ①독신자. ②독일(獨逸)의 약어 등의 뜻도 있음.

犭 犯 狎 獨 獨

★★★

言의 15 총 22획

讀 읽을 독 구두 독

• 讀經(독경) 경문(經文)을 소리 내어 읽음.
• 多讀(다독) 책을 많이 읽음.
• 讀癖(독벽) · 讀本(독본) · 讀書(독서) · 讀書堂(독서당) · 讀書三到(독서삼도) · 讀書室(독서실) · 讀書慾(독서욕) · 代讀(대독) · 習讀(습독) · 音讀(음독) · 精讀(정독) · 判讀(판독) · 必讀(필독)

풀이 言[말]과 음을 나타내는 賣(육)[독은 변음]을 합쳐서 소리를 내어 읽는다는 뜻.

참고

※ 부가의미 · ①풍류 이름. ②글의 구절 등의 뜻도 있음.
❖ 비슷한 의미를 가진 한자 · 읽다의 뜻을 가진 글자 讀은 책등을 읽음. 誦(송)은 책이나 대본 없이 욈. 念(념)은 조용히 욈.

言 言 讀 讀 讀 讀

穴의 4 총 9획

突 부딪칠 돌

• 突發(돌발) 일이 뜻밖에 일어남. 별안간 발생함.
• 衝突(충돌) ① 서로 맞부딪침. ② 서로 맞서서 싸움.
• 突擊(돌격) · 突起(돌기) · 突端(돌단) · 突變(돌변)
• 突飛(돌비) · 突如(돌여) · 突然(돌연) · 突入(돌입)
• 突進(돌진) · 突出(돌출) · 突破(돌파) · 突風(돌풍)
• 唐突(당돌)

풀이 구멍[穴]과 개[犬]를 합하여 개가 구멍에서 뛰어 나옴을 뜻함. 널리 힘차게 내밀다, 뜻밖에 · 갑자기 내밀다, 맞부딪치다의 뜻으로 쓰임.

참고

※ 부가의미 · ①별안간. ②구멍을 파서 뚫음. ③굴뚝[煙突]. ④사나움. ⑤속임. ⑥우뚝함 등의 뜻도 있음.
❖ 비슷한 의미를 가진 한자 · 부딪다의 뜻을 가진 글자 →衝(충)

宀 穴 空 突 突

★★★

冫의 3 총 5획

冬 겨울 동

• 冬期(동기) 겨울의 시기. 동계(冬季).
• 越冬(월동) 겨울을 넘김. 겨울을 남.
• 冬季(동계) · 冬眠(동면) · 冬節(동절) · 冬至(동지)
• 冬扇夏爐(동선하로) · 暖冬(난동) · 立冬(입동) ·
  嚴冬雪寒(엄동설한)

풀이 얼음을 뜻하는 冫과 음을 나타내는 夂(종)[동은 변음]을 합쳐 얼음이 어는 겨울이라는 뜻을 나타냄.

참고

※ 부가의미 · 입동(立冬)에서 입춘(立春)까지의 뜻도 있음.
❀ 잘못읽기 쉬운 한자 · 冬眠 동면(동민으로 읽지 말것)

丿 ク 夂 冬 冬

85

口의 3 총6획	同	한가지 동 같이할 동

· 同年(동년) 같은 해. 같은 나이.
· 同行(동행) 길을 같이 감.
· 同感(동감) · 同甲(동갑) · 同居(동거) · 同等(동등)
· 同數(동수) · 同時(동시) · 同業(동업) · 同意(동의)
· 同議(동의) · 同一(동일) · 同情(동정) · 同調(동조)
· 同種(동종) · 同行(동행) · 同鄉(동향) · 同化(동화)

풀이 口[입]와, 片[=冂]이 변하여 모든의 뜻을 가진 凡(범)을 합쳐서 모든 일을 합치다의 뜻. 같다는 뜻으로 씀.

참고

❖ 부가의미 · ①모음. ②무리. ③화(和)함. ④같이함. ⑤사방 백리의 땅 등의 뜻도 있음.

丨 冂 冂 同 同 同

木의 4 총8획	東	동녘 동 동방 동

· 東國(동국) 동쪽에 있는 나라.
· 東山(동산) 동쪽에 있는 산.
· 東郊(동교) · 東歐(동구) · 東國正韻(동국정운) · 東國通寶(동국통보) · 東宮(동궁) · 東經(동경) · 東南間(동남간) · 東南風(동남풍) · 東都(동도) · 東洋(동양) · 東向(동향) · 極東(극동) · 近東(근동)

풀이 밑이 없는 통 같은 자루에 물건을 넣고 양 끝을 끈으로 잡아맨 모양을 본뜸. 자루의 뜻. 후에 글자를 빌려서 동쪽의 뜻으로 쓰임.

참고

❖ 부가의미 · ①동쪽으로 감. ②봄[오행에서 봄에 해당함] 등의 뜻도 있음.

一 一 一 一 亘 車 東

氵의 6 총9획	洞	동네 동 관통할 통

· 洞窟(동굴) 깊고 넓은 굴.
· 洞察(통찰) 온통 밝혀서 살핌.
· 洞口(동구) · 洞門(동문) · 洞長(동장) · 洞庭湖(동정호) · 洞中(동중) · 洞穴(동혈) · 洞見(통견) · 空洞(공동) · 空洞化(공동화) · 分洞(분동) · 鐘乳洞(종유동) · 洞達(통달) · 洞燭(통촉)

풀이 同은 음을 나타내는 동시에 속이 비었다는 筒(통)과 통하며 氵[물]과 합쳐서 물로 패어진 동굴을 뜻함.

참고

❖ 부가의미 · ① 부락. ②꿰뚫음 등의 뜻도 있음.

氵 氵 氵 汀 洞 洞

力의 9 총11획	動	움직일 동

· 動力(동력) 물체를 움직이게 하는 힘.
· 言動(언동) 말과 행동.
· 動物(동물) · 動産(동산) · 動作(동작) · 動向(동향)
· 感動(감동) · 擧動(거동) · 起動(기동) · 能動(능동)
· 流動(유동) · 反動(반동) · 變動(변동) · 不動(부동)
· 浮動(부동) · 始動(시동) · 言動(언동)

풀이 힘을 뜻하는 力과 음을 나타내는 重(중)[동은 변음]을 합쳐서 힘을 들여 흔들다 · 움직이다의 뜻을 나타냄.

참고

❖ 부가의미 · ①살아 있는 것. 동물. ②자칫하면 등의 뜻도 있음.

🗙 반대되는 한자 · 動(움직일 동)↔靜(고요할 정)

一 二 亘 車 重 動

童

立의 7
총 12획

★ ★ ★

童 __ 아이 동

[풀이] 문신할 때 사용하는 바늘[辛]과 눈[目]과 음을 나타내는 重(중)[동은 변음임]을 합하여 눈 위에 문신을 한 노예라는 뜻. 후에 僮(동) 대신에 쓰여 아동·아이를 뜻함.

- 童心(동심) 아이의 마음.
- 兒童(아동) 어린 아이.
- 童歌(동가) · 童妓(동기) · 童男(동남) · 童女(동녀)
- 童蒙(동몽) · 童僕(동복) · 童心(동심) · 童顔(동안)
- 童謠(동요) · 童子(동자) · 神童(신동) · 兒童(아동)
- 惡童(악동) · 童貞女(동정녀) · 貴童子(귀동자)

[참고]

❈ 부가의미 · ①하인. 종. ②아직 뿔이 생기지 않은 소나 양. ③우뚝우뚝함. ④민둥산. ⑤대머리의 뜻도 있음.

立 立 音 音 童 童

銅

金의 6
총 14획

★

銅 __ 구리 동

[풀이] 金과 음을 나타내는 同(동)을 합하여 붉은 쇠붙이의 뜻.

- 銅像(동상) 구리로 만든 사람 등의 형상
- 銅錢(동전) 구리로 만든 돈. 동화(銅貨).
- 銅鏡(동경) · 銅鑛(동광) · 銅器(동기) · 銅盤(동반)
- 銅山(동산) · 銅線(동선) · 銅製(동제) · 銅製品(동제품) · 銅版(동판) · 銅貨(동화) · 白銅(백동) · 分銅(분동) · 赤銅(적동) · 靑銅(청동)

[참고]

❈ 부가의미 · ①동기(銅器). ②구리돈[銅貨]. ③산골 등의 뜻도 있음.

스 수 金 釦 銅

斗

斗의 0
총 4획

★ ★

斗 __ 말 두

[풀이] 물건의 양을 되는, 손잡이가 달린 됫박의 모양을 본뜸. 됫박·말의 뜻.

- 一斗(일두) 한 말. 10승. 18ℓ의 용량.
- 斗量(두량) 말로 곡식을 됨.
- 斗膽(두담) · 斗落(두락) · 斗然(두연) · 斗屋(두옥)
- 斗牛(두우) · 斗酒(두주) · 斗出(두출) · 斗護(두호)
- 北斗(북두) · 泰斗(태두)

[참고]

❈ 부가의미 · ①말들이 말. ②말. 양을 되는 기구. ③국자. 국자 모양을 한 것. ④하늘의 남북에 있는 성좌 이름 등의 뜻도 있음.

丶 ㆍㆍ 氵 斗

豆

豆의 0
총 7획

★ ★

豆 __ 콩 두
제기이름 두

[풀이] 뚜껑[一]이 있고 발이 달린 그릇[豆]의 모양을 본뜸. 후에 콩을 뜻함. 부수로서는 식기에 관한 뜻을 나타냄.

- 豆乳(두유) 진하게 만든 콩국.
- 大豆(대두) 콩
- 豆滿江(두만강) · 豆粕(두박) · 豆腐(두부) · 豆芽(두아) · 豆油(두유) · 豆乳(두유) · 豆人(두인) · 綠豆(녹두) · 大豆(대두) · 小豆(소두) · 豌豆(완두)

[참고]

❈ 부가의미 · ①나무 제기(祭器). ②말[斗] 등의 뜻도 있음.

一 ㅜ 曰 豆 豆

頭

頁의 7
총 16획

머리 두

一 口 豆 郭 頭

풀이 머리[頁]와 음을 나타내는 豆(두)를 합하여 머리·일의 시작을 뜻함.

- 頭痛(두통) 머리가 아픈 병.
- 年頭(연두) 해의 첫머리.
- 頭角(두각)·頭蓋骨(두개골)·頭巾(두건)·頭骨(두골)·頭口(두구)·頭腦(두뇌)·頭領(두령)·頭目(두목)·頭髮(두발)·頭部(두부)·頭音(두음)·街頭(가두)·巨頭(거두)·念頭(염두)·序頭(서두)

참고

❖ **부가의미** · ①우두머리. 장(長). ②첫째. ③첫머리. 사물의 시작. ④꼭대기. ⑤끝. 선단(先端). ⑥가. 옆. 근처. 곁. ⑦마리. 마소를 세는 수사(數詞). ⑧사람의 수효 등의 뜻도 있음.

得

彳의 8
총 11획

얻을 득

ﾉ 彳 彳日 得 得

풀이 길을 뜻하는 彳과 돈이라는 뜻인 旦(단)과 손을 뜻하는 寸(촌)을 합쳐서 길에서 돈을 줍다의 뜻. 널리 손에 넣다·이익의 뜻으로 씀.

- 得意(득의) 뜻대로 되어 뽐냄.
- 拾得(습득) 주워서 얻음.
- 得計(득계)·得男(득남)·得度(득도)·得道(득도)·得得(득득)·得名(득명)·得病(득병)·得分(득분)·得喪(득상)·得勢(득세)·得手(득수)·得失(득실)·得心(득심)·得業(득업)·得意(득의)·得點(득점)

참고

❖ **부가의미** · ①탐냄. ②만족함. ③잘함. ④깨달음 등의 뜻도 있음.

❇ **반대되는 한자** · 得(얻을 득)↔失(잃을 실)

登

癶의 7
총 12획

오를 등

丁 癶 癶 癶 登

풀이 양발에 힘을 주어 걷는 癶과 음을 나타내는 豆[癶(등)]를 합하여 높은 데 오름을 뜻함.

- 登山(등산) 산에 오름. 오르기.
- 登用(등용) 인재를 골라 씀.
- 登高(등고)·登科(등과)·登校(등교)·登極(등극)·登記(등기)·登壇(등단)·登錄(등록)

참고

❖ **부가의미** · ①올림. 사람을 끌어 올려 씀. ②장부에 적음. ③위로 올림. ④물건을 바침. ⑤보탬. ⑥익음. 성숙함. ⑦이룸. 성취함. ⑧높음. ⑨높임. 존중함. ⑩탐. 탈 것에 오름. ⑪정함. 일정하게 함. ⑫많음. 무리.

❖ **비슷한 의미를 가진 한자** · 오르다의 뜻을 가진 글자 →上

等

竹의 6
총 12획

같을 등
등급 등
따위 등

ﾉ 竹 竹 等 等

풀이 죽간(竹簡)을 뜻하는 竹(죽)과 음을 나타내는 寺(사)[등은 변음]를 합하여 죽간(竹簡)[서류]을 가지런히 한다는 뜻. 널리 등급·순서의 뜻으로 쓰임.

- 等邊(등변) 길이가 같은 변.
- 同等(동등) 같음.
- 等角(등각)·等高線(등고선)·等級(등급)·等待(등대)·等等(등등)·等量(등량)·等分(등분)·等比(등비)·等屬(등속)·降等(강등)·均等(균등)·對等(대등)·同等(동등)·特等(특등)·平等(평등)

참고

❖ **부가의미** · ①등급. 구별한 등수. ②무리. 같은 또래. ③기다림. ④층계. 계단. ⑤견줌. 비교함. ⑥무엇. 何(하)의 속어. ⑦등. 다수 또는 나머지를 통틀어 포함하는 말 등의 뜻도 있음.

火의 12 총 16획	★ ★ 燈 등 등 등잔 등 등불 등	· 燈油(등유) 등불을 켜는 데 쓰는 기름. · 燈火(등화) 등불. 등잔불. · 燈臺(등대) · 燈臺守(등대수) · 燈籠(등롱) · 燈明(등명) · 燈心(등심) · 燈油(등유) · 燈盞(등잔) · 燈燭(등촉) · 燈下(등하) · 燈下不明(등하불명) · 燈火可親(등화가친) · 街燈(가등) · 電燈(전등)

(풀이) 火[불]와 음을 나타내는 登(등)을 합쳐서 촛대에 있는 불을 뜻함.

(참고)

❖ 부가의미 · 불법(佛法)의 뜻도 있음.

火
灯
炌
燈
燈

罒의 14 총 19획	★ ★ 羅 그물 라	· 羅列(나열) 죽 벌여 놓음. · 綾羅(능라) 두꺼운 비단과 얇은 비단. · 羅馬(나마) · 羅紗(나사) · 羅列(나열) · 羅刹(나찰) · 羅漢(나한) · 伽羅(가라) · 輕羅(경라) · 綺羅(기라) · 綾羅(능라) · 網羅(망라) · 紗羅(사라) · 森羅(삼라) · 阿修羅(아수라) · 雀羅(작라) · 耽羅(탐라)

(풀이) 그물을 뜻하는 羅과 음을 나타내는 維(유)[라는 변음]를 합쳐서 새[鳥]그물의 뜻.

(참고)

❖ 부가의미 · ①벌임. 늘어 놓음. ②빠뜨림 없이 모두 휘몰아 들임. ③길. 비단 등의 뜻도 있음.

❖ 비슷한 의미를 가진 한자 · 늘어놓다의 뜻을 가진 글자→連(련)

罒
罒
罘
罥
羅

++의 9 총 13획	★ ★ ★ 落 떨어질 락 마을 락	· 落下(낙하) 높은 데서 떨어짐. · 村落(촌락) 촌에 이루어진 부락. · 落島(낙도) · 落馬(낙마) · 落望(낙망) · 落書(낙서) · 落選(낙선) · 落水(낙수) · 落第(낙제) · 落鄕(낙향) · 科落(과락) · 急落(급락) · 當落(당락) · 反落(반락) · 部落(부락)

(풀이) ++[풀]와 음을 나타내는 洛을 합쳐서 잎이 떨어지다의 뜻. 널리 물건이 떨어지다의 뜻으로 씀.

(참고)

❖ 비슷한 의미를 가진 한자 · 떨어지다의 뜻을 가진 글자 落은 위에서 아래로 떨어지다의 뜻으로 널리 씀. 墜(추)는 허물어져 떨어짐. 墮(타)는 거꾸로 땅에 떨어짐. 零(령)은 새어 나와 떨어짐.

++
艹
茖
茨
落

糸의 6 총 12획	絡 이을 락 줄 락	· 絡繹(낙역) 왕래가 끊기지 않는 모양. · 脈絡(맥락) 혈맥의 연락. 얼기설기한 내용. 몰래 기맥을 서로 통하는 일. · 結絡(결락) · 籠絡(농락) · 連絡(연락)

(풀이) 糸[실]과 음을 나타내는 各(각)[락은 변음]을 합하여 실이 감겨 얽힌다는 뜻. 후에 계속되다의 뜻으로 쓰임.

(참고)

❖ 부가의미 · ①포괄(包括)함. ②묶음. 속박함. ③이음. 연함. ④줄. 고삐. ⑤솜. 실. ⑥담쟁이. ⑦근(筋). 인체의 맥락(脈絡). ⑧띠. 대(帶). ⑨그물. 망(網) 등의 뜻도 있음.

◙ 모양이 비슷한 한자 · 絡(이을 락) 連絡(연락)
· 給(줄 급) 給付(급부)

幺
糸
紗
終
絡

★★★ 木의11 총15획	樂	풍류 악 즐길 락 좋아할 요

· 樂曲(악곡) 음악의 곡조.
· 苦樂(고락) 괴로움과 즐거움.
· 樂觀(낙관) · 樂樂(낙락) · 樂事(낙사) · 樂歲(낙세)
· 樂勝(낙승) · 樂園(낙원) · 樂地(낙지) · 樂天(낙천)
· 樂土(낙토) · 道樂(도락) · 三樂(삼락) · 快樂(쾌락)
· 行樂(행락) · 喜怒哀樂(희노애락)

풀이 白(북 통)에 幺幺(줄을 뜻함)와 木(나무)을 합한 글자로 나무 위에 북을 올려 놓은 것으로 악기를 나타내기 때문에 음악을 뜻함.

참고
◈ **부수풀이** · 木(나무 목): 땅에 뿌리(八)를 내리고 뻗어 자라나는 (屮=싹날 철) 나무 모양을 본뜬 자.

イ
白
幼
幺幺
樂

ß의5 총7획	卵	알 란

· 産卵(산란) 알을 낳음.
· 卵黃(난황) 계란의 노른자위.
· 卵殼(난각) · 卵管(난관) · 卵囊(난낭) · 卵白(난백)
· 卵生(난생) · 卵巢(난소) · 卵子(난자) · 卵塔(난탑)
· 卵黃(난황) · 鷄卵(계란) · 産卵(산란) · 生卵(생란)

풀이 개구리알의 모양을 본떠서 만든 글자.

참고
❖ **부가의미** · 새나 물고기의 알의 뜻도 있음.

ㄴ
ㄴ
的
的
卵

★ 乙의12 총13획	亂	어지러울 란

· 亂動(난동) 문란하게 행동함.
· 叛亂(반란) 반역하여 난리를 꾸밈.
· 亂擊(난격) · 亂君(난군) · 亂軍(난군) · 亂黨(난당)
· 亂讀(난독) · 亂倫(난륜) · 亂立(난립) · 亂麻(난마)
· 亂脈(난맥) · 亂舞(난무) · 亂民(난민)

풀이 다스린다는 뜻인 司의 변형인 亂과 음을 나타내는 𤔔(란)을 합쳐 어지로움을 다스린다는 뜻. 후에 어지러워지다의 뜻으로 쓰임. 𤔔이 본디 글자이며, 헝클어진 실을 두 손으로 풀고 있는 모양을 본뜬 것임.

참고
❖ **비슷한 의미를 가진 한자** · 어지러워지다의 뜻을 가진 글자 亂은 법칙이나 질서가 무너짐. 紛(분)은 실이 헝클어짐. 일이 풀리지 않음. 紊(문)은 紛과 같음. 擾(요)는 뒤죽박죽. 攪(교)는 휘저음.

一
ㄷ
禹
禹
亂

艹의17 총21획	蘭	난초 란

· 蘭交(난교) 뜻이 맞는 친구간의 사귐.
· 木蘭(목란) 목련과의 작은 낙엽 교목.
· 蘭燈(난등) · 蘭陵(난릉) · 蘭梅(난매) · 蘭殿(난전)
· 蘭草(난초) · 蘭塔(난탑) · 金蘭(금란) · 洋蘭(양란)
· 龍舌蘭(용설란) · 芝蘭(지란)

풀이 艹[풀]와 음을 나타내는 闌(란)을 합쳐서 향기 나는 풀의 뜻임.

참고
❖ **부가의미** · ①목란(木蘭). ②난간 등의 뜻도 있음.

广
艹
門
蘭
蘭

木의 17 총 21획	欄 난간 란 테두리 란	·欄干(난간) 층계나 다리 등의 가장자리에 나무·쇠 따위로 종횡으로 막아놓은 것. ·空欄(공란) 지면의 빈 난. ·欄內(난내)·欄外(난외)·欄間(난간)·欄門(난문) ·文藝欄(문예란)·社會欄(사회란)·上欄(상란)

(풀이) 木[나무]과 음을 나타내는 闌(란)을 합쳐서 외부와의 경계를 구분하는 나무를 뜻함. 널리 난간 또는 우리의 뜻으로 씀.

(참고)
❖ 부가의미 ·①우리. 가축을 가두는 우리. ②둘레. 윤곽. 글로 쓴 것을 선으로 두르고 구분한 것의 뜻이 있음.

札 枂 柙 欄 欄 欄

見의 14 총 21획	★ 覽 볼 람 생각하여볼 람	·觀覽(관람) 연극·영화·경기 따위를 구경함. ·遊覽(유람) 놀면서 봄. 구경하고 다님. ·上覽(상람)·閱覽(열람)·一覽(일람)·展覽(전람) ·照覽(조람)·縱覽(종람)·天覽(천람)·台覽(태람) ·回覽(회람)

(풀이) 보다의 뜻인 見과 음을 나타내며 물그림자를 보다의 뜻을 가진 監(감)[람은 변음]을 합쳐서 보다의 뜻임.

(참고)
❖ 부가의미 ·두루봄의 뜻도 있음.

𠂤 𦥔 𦥙 𦥔 覽

氵의 7 총 10획	浪 물결 랑	·浪漫(낭만) 주정적 또는 이상적으로 사물을 파악하는 일, 또는 그렇게 하여 파악된 세계. ·風浪(풍랑) 바람과 물결. ·浪浪(낭랑)·浪漫主義(낭만주의)·浪費(낭비) ·浪說(낭설)·浪遊(낭유)·浪人(낭인)·浪志(낭지) ·巨浪(거랑)·激浪(격랑)·放浪(방랑)·流浪(유랑)

(풀이) 氵[물]과 음을 나타내는 良(량)[랑은 변음]을 합쳐서 물이 구비치며 솟구치는 것을 뜻함.

(참고)
❖ 부가의미 ·①헤맴. 유랑함. ②단정하지 못함. 여물지 못함 등의 뜻도 있음.
❖ 비슷한 의미를 가진 한자 ·물결의 뜻을 가진 글자
→波(파)

氵 氵 氵 泊 浪

阝의 7 총 10획	郎 밝을 랑 환하고 밝음 랑	·郎君(낭군) ①남의 아들의 높임말. ②아내가 남편을 높여 부르는 말. ③귀공자(貴公子). ·郎當(낭당) ①고달픈 모양. 피곤한 모양. ② 옷이 커서 몸에 맞지 아니함. ③ 큰 쇠사슬. 난당(難當). 낭당(埌璫). ·新郎(신랑)·夜郎(야랑)·女郎(여랑)·令郎(영랑)

(풀이) 阝[마을]과 음을 나타내는 良(량·랑)으로 이루어지며 본래 고장 이름. 후에 남자의 뜻으로 쓰이게 됨.

丶 ㄱ 㠯 良 郎

月의7 총11획	朗 밝을 랑 환하고 밝을 랑	· 朗讀(낭독) 소리내어 읽음. · 明朗(명랑) 밝고 쾌활(快活)함. · 朗朗(낭랑) · 朗報(낭보) · 朗誦(낭송) · 朗詠(낭영) · 朗月(낭월) · 淸朗(청랑) · 晴朗(청랑)

(풀이) 月(월)과 음을 나타내는 良(량)[랑은 변음]을 합쳐서 달빛이 밝다의 뜻. 널리 밝다 · 명랑하다의 뜻으로 씀.

(참고) ※ 부가의미 · ①경치 등이 밝은 모양. ②분명. ③명백한 모양. ④깨끗한 모양. ⑤소리 높이 등의 뜻도 있음.

ㄱ ㅋ 良 朗 朗

广의10 총13획	廊 곁채 랑 행랑 랑	· 廊下(낭하) 행랑, 골마루. · 畵廊(화랑) 그림을 전시해 놓은 방. · 廊屬(낭속) · 回廊(회랑)

(풀이) 집을 뜻하는 广과 음을 나타내는 郞(랑)을 합쳐서 멀리까지 툭 튀어 나온 건물, 즉 행랑이라는 뜻.

(참고) ※ 부가의미 · 묘당(廟堂)의 뜻도 있음.

亠 广 庐 庐 廊

亻의6 총8획	★★★ 來 올 래 미래 래	· 來客(내객) 찾아온 손님. · 來侵(내침) 침범해 옴. · 來年(내년) · 來歷(내력) · 來韓(내한) · 近來(근래) · 到來(도래) · 往來(왕래) · 元來(원래) · 由來(유래) · 傳來(전래) · 從來(종래)

(풀이) 이삭이 드리워진 보리 모양을 본떠 보리를 뜻함. 후에 오다의 뜻으로 쓰임.

(참고) ※ 부가의미 · ①돌아옴. ②그로부터. ③보리. ④오대손(五代孫). ⑤위로함. ⑥이름[至]. 미침 등의 뜻도 있음.

一 灭 巫 枣 來

冫의5 총7획	★★★ 冷 찰 랭 쓸쓸할 랭	· 冷凍(냉동) 음식물 등을 차게 식혀서 얼림. · 冷氣(냉기) 찬 공기. 또는 찬 기운. · 冷却(냉각) · 冷暖(냉난) · 冷淡(냉담) · 冷待(냉대) · 冷冷(냉랭)

(풀이) 얼음을 뜻하는 冫과 음을 나타내는 令(령)[랭은 변음]을 합쳐 얼음이 차다는 뜻. 식다 · 차다의 뜻으로 쓰임.

(참고) ※ 부가의미 · ①참. 차가움. ②신선함. ③비웃음. ④애정이 엷음. ⑤영락해서 쓸쓸함 등의 뜻도 있음.
※ 반대되는 한자 · 冷(찰 랭)↔炎(뜨거울 염)

丶 冫 冫 冷 冷

田의 6
총 11회

꾀 략

・略圖(약도) 간략히 대충 그린 도면(圖面).
・計略(계략) 계책(計策)과 모략(謀略).
・略記(약기) ・略歷(약력) ・略法(약법) ・略服(약복)
・略史(약사) ・略說(약설) ・略述(약술) ・略式(약식)
・略語(약어) ・略言(약언) ・略字(약자) ・略傳(약전)
・略取(약취)

풀이 田[밭]과 음을 나타내는 各 (각)[략은 변음]을 합쳐서 땅을 구 분하여 경영하다의 뜻. 후에 대략의 뜻으로도 씀.

참고

❖ 부가의미 ・①꾀함. 모사. ②대강. 대략. ③간략함. ④날카로움. ⑤경계(境界). ⑥노략질함. 범함 등의 뜻도 있음.

口 田 町 畍 略

良의 1
총 7회

어질 량
좋은 량

・良民(양민) 선량한 백성. 일반 백성.
・良友(양우) 좋은 친구.
・良書(양서) ・良識(양식) ・良心(양심) ・良藥(양약)
・良質(양질) ・良好(양호) ・改良(개량) ・不良(불량)
・善良(선량) ・善良(선량) ・閑良(한량)

풀이 곡식을 체에 넣고 쳐서 고 른다는 뜻을 나타낸 글자로서 보다 우수한 것・좋음의 뜻으로 씀.

참고

❖ 부가의미 ・①경사스러움. ②깊음. ③천성적인 바름. ④장인(匠人). ⑤남편. ⑥머리. ⑦자못. 퍽 등의 뜻도 있음.

㇏ ㇉ ㇕ 艮 良

入의 6
총 8회

둘 량
짝 량

・兩極(양극) 남극과 북극. 음극과 양극.
・兩立(양립) 둘이 함께 섬.
・兩家(양가) ・兩脚(양각) ・兩國(양국) ・兩極(양극)
・兩端(양단) ・兩斷(양단) ・兩刀(양도) ・兩得(양득)
・兩輪(양륜) ・兩立(양립) ・兩面(양면) ・兩棲(양서)
・兩舌(양설) ・兩性(양성) ・兩稅(양세)

풀이 천칭에 가로 댄 나무에 좌 우로 거는 추 모양을 본뜬 것임. 무 게의 단위. 나중에 둘이라는 뜻으로 쓰이게 됨.

참고

❖ 부가의미 ・①겹침. ②양쪽 다. ③무게의 단위 등의 뜻 도 있음.
◻ 모양이 비슷한 한자 ・兩(두 량) 兩立(양립)
・雨(비 우) 風雨(풍우)

一 冂 帀 兩

氵의 8
총 11회

서늘할 량
슬퍼할 량

・涼風(양풍) 서늘한 바람. 시원한 바람.
・凄涼(처량) 초라하고 구슬픔.
・涼氣(양기) ・涼味(양미) ・涼雨(양우) ・涼陰(양음)
・涼秋(양추) ・納涼(납량) ・新涼(신량) ・早涼(조량)
・荒涼(황량)

풀이 氵[물]과 음을 나타내는 京 (경)[량은 변음]을 합쳐서 찬물의 뜻임. 널리 서늘하다의 뜻으로 쓰 임.

참고

❖ 부가의미 ・아무 것도 없이 쓸쓸함의 뜻도 있음.

氵 氵 泸 浔 涼

★ ★ ★

里의
5
총
12
획

量

용량　량
분량　량

· 器量(기량) 사람의 덕량(德量)과 재능.
· 度量衡(도량형) 길이 · 양 · 무게.
· 量器(양기) · 量度(양도) · 量産(양산) · 量知(양지)
· 輕量(경량) · 計量(계량) · 多量(다량) · 大量(대량)
· 分量(분량) · 小量(소량) · 數量(수량) · 力量(역량)
· 重量(중량) · 質量(질량) · 測量(측량)

풀이 자루 주둥이에 물건을 넣는 모양을 본뜬 日과 음을 나타내는 重(중)[량은 변음]을 합하여 곡식을 되다의 뜻. 널리 되다 · 달다의 뜻으로 쓰임.

참고
❀ 부가의미 · ①되. 분량을 되는 용기. 되로 된 용적(容積). ②기량. 사물을 받아들여 담당하는 성격 · 재능. ③생각함. 생각하여 분별함. 사려 분별(思慮分別). ④채움. 하나 가득됨 등의 뜻도 있음.

★

米의
12
총
18
획

糧

양식　량
급여　량

· 糧穀(양곡) 양식으로 쓰는 곡식.
· 糧米(양미) 양식으로 쓰이는 쌀.
· 糧道(양도) · 糧秣(양말) · 糧米(양미) · 糧食(양식)
· 兵糧(병량) · 食糧(식량)

풀이 米[쌀]와 음을 나타내는 量(량)을 합하여 그릇으로 된 쌀의 뜻. 널리 식물(食物)의 뜻으로 쓰임.

참고
❀ 부가의미 · ①심신(心身)의 유익한 자료(資料). ②세미(稅米). ③급여(給與) 등의 뜻도 있음.

★ ★ ★

方의
6
총
10
획

旅

나그네　려
군사　려

· 旅費(여비) 여행의 비용. 노자.
· 旅愁(여수) 나그네의 수심(愁心).
· 旅客(여객) · 旅苦(여고) · 旅館(여관) · 旅券(여권)
· 旅團(여단) · 旅路(여로) · 旅費(여비) · 旅商(여상)
· 旅愁(여수) · 旅宿(여숙) · 旅心(여심) · 旅人(여인)
· 旅裝(여장) · 旅情(여정) · 旅程(여정) · 旅窓(여창)

풀이 𣃪[깃발]과 从[많은 사람]를 합쳐서 깃발 아래 모인 많은 사람 · 군대를 뜻함. 후에 여행의 뜻으로 쓰임.

참고
❀ 부가의미 · ①나그네. ②여러사람. 중인(衆人). ③옛날 군대 제도로서 병력 500명의 부대. ④군대. 전쟁. ⑤줄지어 섬. 줄지어 서게함. ⑥산신제(山神祭) 등의 뜻도 있음.

★

心의
11
총
15
획

慮

생각할　려
걱정할　려

· 考慮(고려) 생각하여 봄.
· 念慮(염려) 마음을 놓지 못함. 걱정함.
· 短慮(단려) · 配慮(배려) · 不慮(불려) · 思慮(사려)
· 熟慮(숙려) · 深慮(심려) · 遠慮(원려) · 淺慮(천려)

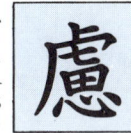

풀이 心[마음]과 음을 나타내는 盧(로)[려는 변음]의 생략형인 虍를 합쳐서 마음을 쓰고 생각하다의 뜻. 널리 사려(思慮)하다의 뜻으로 쓰임.

참고
❀ 부가의미 · ①모의(謀議)를 함. ②걱정함. ③모두. 대개. 대략 등의 뜻도 있음.
◈ 모양이 비슷한 한자 · 盧(목로 로) 木盧(목로)
　　　　　　　　　　· 慮(생각할 려) 思慮(사려)

力의 15 총 17획	**勵** 힘쓸 려 권면할 려	· 勵行(여행) 힘써 행함. 행하기를 독려함. · 奬勵(장려) 권하여 북돋아 줌. · 勵聲(여성) · 勵精(여정) · 激勵(격려) · 督勵(독려) · 勉勵(면려) · 奮勵(분려)

一
厂
厃
厲
勵

(풀이) 힘을 뜻하는 力(력)과 음을 나타내는 厲(려)를 합쳐 열심히 하다의 뜻.

(참고)

❀ **부가의미** · 힘을 내어 함. 힘을 내어 하게 함의 뜻도 있음.

✛ **부수풀이** · 力(힘 력): 힘쓸 때 팔이나 어깻죽지에 나타나는 힘살 모양을 본뜬 자.

鹿의 8 총 19획	★ ★ **麗** 고울 려 아름다울 려	· 麗句(여구) 아름답게 표현된 문구. · 華麗(화려) 번화(繁華)하고 고움. · 麗代(여대) · 麗辭(여사) · 麗色(여색) · 麗艶(여염) · 麗容(여용) · 麗人(여인) · 麗日(여일) · 綺麗(기려) · 端麗(단려) · 美麗(미려) · 秀麗(수려) · 艶麗(염려) · 壯麗(장려) · 豐麗(풍려) · 華麗(화려)

丽
丽丽

严
麗
麗

(풀이) 鹿(록)과 음을 나타내는 (려)를 합쳐서 사슴이 잇달아 가다의 뜻. 음을 빌어 아름답다의 뜻으로 씀.

(참고)

❀ **부가의미** · ①베풂. ②붙음. 잡아 맴. ③짝지음. 짝. ④문루(門樓). ⑤나라이름. ⑥부딪침. ⑦진(陣) 이름 등의 뜻도 있음.

力의 0 총 2획	★ ★ ★ **力** 힘 력 힘쓸 력	· 力量(역량) 어떤 일을 해 낼 수 있는 힘. · 國力(국력) 나라의 힘. · 力道(역도) · 力作(역작) · 力走(역주) · 强力(강력) · 金力(금력) · 能力(능력) · 武力(무력) · 勢力(세력) · 速力(속력) · 實力(실력) · 威力(위력)

フ
力

(풀이) 농기구인 가래를 본뜬 것. 힘살이 솟은 모양을 본뜬것이라고도 함. 일하다 · 힘의 뜻으로 씀.

(참고)

❀ **부가의미** · ①힘을 쓰는 일. 인부. ②근무함. 힘씀 등의 뜻도 있음.

❖ **비슷한 의미를 가진 한자** · 근무하다의 뜻을 가진 글자→勤(근)

止의 12 총 16획	★ ★ ★ **歷** 지낼 력 격을 력	· 歷任(역임) 차례로 여러 벼슬을 지냄. · 經歷(경력) 격어서 지내온 일들. · 歷代(역대) · 歷歷(역력) · 歷史(역사) · 來歷(내력) · 前歷(전력) · 學歷(학력)

一
厂
厤
歷
歷

(풀이) 걷다의 뜻인 止와 음을 나타내는 厤(력)을 합쳐서 일정한 순서가 있는 걸음이라는 뜻. 널리 경과하다의 뜻으로 씀.

(참고)

❀ **부가의미** · ①돎. 세월이 감. 넘음. ②지나간 일. ③차례차례로. ④분명하게. ⑤달력 등의 뜻도 있음.

95

曆

日의 12
총 16획

책력 **력**

· 曆書(역서) 책력. 역학(曆學)에 관한 서적(書籍).
· 月曆(월력) 달력. 캘린더.
· 曆官(역관) · 曆年(역년) · 曆法(역법) · 曆本(역본)
· 曆數(역수) · 曆術(역술) · 曆學(역학) · 陽曆(양력)
· 律曆(율력) · 陰曆(음력) · 冊曆(책력) · 太陽曆(태양력)

[풀이] 日과 음을 나타내는 厤(력)을 합쳐서 날을 세는 것. 즉 책력·달력의 뜻임.

[참고]
❖ **부가의미** · ①해 · 달 · 별의 운행을 계산하여 계절을 정하는 방법. ②운명. 자연히 돌아오는 기수 등의 뜻도 있음.

厂 厤 厤 厤 曆

連

辶의 7
총 11획

★

이을 **련**
연속할 **련**

· 連勝(연승) 잇달아 이김.
· 連續(연속) 연달아 계속됨.
· 連結(연결) · 連繫(연계) · 連曲(연곡) · 連貫(연관)
· 連關(연관) · 連句(연구) · 連記(연기) · 連年(연년)
· 連帶(연대) · 連絡(연락) · 連累(연루) · 連類(연류)
· 連理(연리) · 連盟(연맹) · 連綿(연면) · 連名(연명)

[풀이] 車와 辶[길]을 합쳐서 차가 연이어서 길을 가다의 뜻. 널리 연잇다의 뜻으로 씀.

[참고]
❖ **비슷한 의미를 가진 한자** · 연잇다의 뜻을 가진 글자 連은 하나씩 차례로 잇닿음. 聯(련)은 連에 통함. 羅(라)는 그물눈같이 정연하게 연이음. 列은 순서 있게 연이어 늘어섬. 綿(면)은 실같이 가늘고 길게 연이음.

一 厂 亘 車 連

練

糸의 9
총 15획

★ ★ ★

익힐 **련**
누일 **련**

· 練習 · 鍊習(연습) 학문 · 기예 등을 익힘.
· 訓練(훈련) 실무를 배워 익힘.
· 練達(연달) · 練磨(연마) · 未練(미련) · 洗練(세련)
· 修練(수련) · 調練師(조련사) · 訓練兵(훈련병)
· 熟練(숙련) · 試練(시련)

[풀이] 糸와 음을 나타내는 柬(련)을 합하여 삶아서 마무른 연사 · 누인실의 뜻. 후에 실이나 비단에 관계 없이 일에 숙련되다 · 익숙하다의 뜻으로 쓰임.

[참고]
❖ **부가의미** · ①익힘. 익숙하게 함. 연습함. ②가림. 선택함. 정선(精選)함. ③겪음. ④연복. 소상(小祥)때 입는 상복. ⑤마전. 피륙을 표백함 등의 뜻도 있음.

糸 糸 紀 練 練

聯

耳의 11
총 17획

이을 **련**

· 聯合 · 連合(연합) 둘 이상의 것이 합동함.
· 關聯(관련) 어떤 사물과 다른 사물이 내용적으로 이어져 있음.
· 聯關(연관) · 聯隊(연대) · 聯絡(연락) · 聯立(연립)
· 聯盟(연맹) · 聯邦(연방) · 聯想(연상) · 起聯(기련)
· 對聯(대련) · 首聯(수련)

[풀이] 귀를 뜻하는 耳와 음을 나타내는 동시에 잇닿다의 뜻인 聯(관)[련은 변음]을 합쳐서 귀가 뺨에 잇닿아 있다는 뜻. 널리 잇닿다의 뜻으로 씀.

[참고]
❖ **부가의미** · 관계함의 뜻도 있음.
❖ **비슷한 의미를 가진 한자** · 연잇다의 뜻을 가진 글자 →連(련)

耳 耶 聯 聯 聯

金의
9
총
17획

鍊 불릴 련

·鍊金術(연금술) 옛날 이집트에서 시작된 원시적인 화학 기술. 그 주안점은 비금속(卑金屬)을 귀금속으로 변화시키며 또 불로 불사(不老不死)의 장수약(長壽藥)과 만능약(萬能藥)을 만들려는 데 있었음.
·鍊磨(연마) ① 단련하고 닦음. ② 학문이나 기술을 연구하여 닦음. ③ 고체의 표면을 다른 고체의 표면으로 갈아서 편편하게 함.
·鍊成(연성) ·鍛鍊 (단련) ·百鍊(백련) ·修鍊(수련)
·精鍊(정련)

金
金
鈩
鈩
鍊

[풀이] 金과 음을 나타내는 鍊(련)을 합하여 쇠붙이를 열로 녹여 단련하다의 뜻. 바뀌어 사람을 단련하다의 뜻으로 쓰임.

心의
19
총
23획

戀 그리워할 련
그리움 련

·戀愛(연애) 남녀간 그리워 사모하는 애정.
·悲戀(비련) 이루어지지 못하고 비극으로 끝나는 사랑.
·戀歌(연가) ·戀慕(연모) ·戀文(연문) ·戀戀(연연)
·戀人(연인) ·戀敵(연적) ·戀情(연정) ·戀着(연착)
·狂戀(광련) ·失戀(실연) ·愛戀(애련) ·初戀(초련)

言
信
結
縊
戀

[풀이] 心(마음)과 음을 나타내는 緣(련)을 합쳐서 마음이 끌리다의 뜻. 널리 사모하여 따르다의 뜻으로 쓰임.

[참고]
❖ **부가의미** ·①남녀간에 상대를 자기 것으로 만들려고 생각함. 남녀의 애정. 연애. ②그리워함. 마음을 둠. 사모함 등의 뜻도 있음.

リ의
4
총
6획
★

列 줄지을 렬
반열 렬

·列擧(열거) 하나씩 들어 말함.
·前列(전열) 앞 줄.
·列强(열강) ·列國(열국) ·列島(열도) ·列傳(열전)
·列車(열차) ·分列(분열) ·序列(서열) ·戰列(전열)
·行列(항렬)

一
ア
歹
列
列

[풀이] 칼을 뜻하는 リ와 음을 나타내는 歹(렬)을 합쳐 짐승을 칼로 베어 가른다는 뜻을 나타냄. 나중에 분할의 순서·차례라는 뜻에서 이어 벌리다라는 뜻이 됨.

[참고]
❖ **모양이 비슷한 한자** ·列(벌릴 렬) 羅列(나열)
·裂(갈라질 렬) 分裂(분열)
·烈(세찰 렬) 猛烈(맹렬)

灬의
6
총
10획
★

烈 세찰 렬
빛날 렬

·烈士(열사) 절개가 굳은 사람.
·熱烈·烈烈(열렬) 주의·주장·애정·실행이 매우 맹렬함.
·强烈(강렬) ·極烈(극렬) ·壯烈(장렬)

ア
歹
歹
列
烈

[풀이] 벌일 列(렬) 밑에 불화 발(灬=火)을 받친 자로, 불꽃이 많이 퍼져(列) 불길이 세다는 데서 맹렬, 도의심이 두텁다의 뜻.

[참고]
❖ **부수풀이** ·火(灬)(불 화): 타오르는 불꽃의 모양을 본뜬 자.

令 하여금 령
시킬 령

1의 3 총 5획

[풀이] 모은다는 뜻의 ㅅ와 무릎을 꿇은 사람 모양을 본뜬 卩을 합쳐 사람들을 모아 명령·포고하다라는 뜻을 나타냄.

- 令愛(영애) 남의 딸의 높임말.
- 令狀(영장) 법원·관청이 발부하는 명령서.
- 假令(가령) · 口令(구령) · 待令(대령) · 命令(명령)
- 發令(발령) · 法令(법령) · 部令(부령) · 使令(사령)
- 設令(설령) · 守令(수령) · 月令(월령) · 傳令(전령)

[참고]
❈ 부가의미 · ①시킴. ②가령. ③법률. ④벼슬 이름. ⑤명령. ⑥착함. ⑦철. 시절. ⑧성(姓)의 하나 등의 뜻도 있음.
◈ 모양이 비슷한 한자 · 今(이제 금) 今年(금년) · 令(명령 령) 命令(명령)

丿 人 人 今 令

領 거느릴 령
다스릴 령
옷깃 령

頁의 5 총 14획

[풀이] 머리[頁]와 음을 나타내는 領(령)을 합하여 목·목덜미·옷깃을 뜻함.

- 領收(영수) 받아들임.
- 首領(수령) 한 당파나 무리의 우두머리.
- 領空(영공) · 領內(영내) · 領事(영사) · 領有(영유)
- 領主(영주) · 領地(영지) · 領土(영토) · 領海(영해)
- 頭領(두령) · 少領(소령) · 受領(수령) · 大統領(대통령)

[참고]
❈ 부가의미 · ①중요한 부분. 요긴한 점. ②고개. ③거느림. ④받음. ⑤차지함. ⑥깨달음. ⑦재. 높은 산의 고개 등의 뜻도 있음.

人 人 今 領 領

嶺 산정의 고개 령
산봉우리 령

山의 14 총 17획

[풀이] 山(산)과 음을 나타내는 동시에 산등성이를 따라 봉우리들을 이은 줄이라는 뜻인 領(령)을 합쳐서 이어진 산의 능선(稜線)을 뜻함.

- 山嶺(산령) 산봉(山峰). 산봉우리.
- 雪嶺(설령) 눈이 쌓인 산봉우리.
- 嶺南(영남) · 嶺上(영상) · 嶺樹(영수) · 嶺雲(영운)
- 峻嶺(준령) · 重嶺(중령)

[참고]
❈ 부가의미 · 산길의 뜻도 있음.

山 屵 峇 嶺 嶺

靈 신령 령
영혼 령

雨의 16 총 24획

[풀이] 巫와 음을 나타내는 霝(령)을 합하여 신이 내린 무당의 뜻. 후에 신비하다의 뜻으로 쓰임.

- 靈長(영장) 만물 중에서 가장 뛰어난 영묘한 능력을 지닌 것.
- 神靈(신령) 풍습으로 섬기는 모든 신.
- 靈感(영감) · 靈界(영계) · 靈光(영광) · 靈柩(영구)

[참고]
❈ 부가의미 · ①신령함. 신기하여 인지(人智)로써 알 수 없음. 또 그러한 사물. 신통(神通). ②영. 영혼. 만유(萬有)의 정기(精氣). 인체의 정기. 죽은 사람의 혼백. 천(天)·지(地)·인(人) 삼재(三才)의 일컬음. 일(日)·월(月)·성(星)의 일컬음. 생명. 명수(命數). ③정성. 진심. ④존엄(尊嚴). 존귀(尊貴)하여 범할 수 없음.

雨 雺 靈 霝 靈

98

亻의 6 총 8획	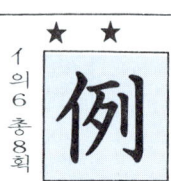例 본보기 예	ノ 亻 亻 仍 伢 例

· 例示(예시) 예로서 보임.
· 類例(유례) 같거나 비슷한 예.
· 例年(예년) · 例示(예시) · 例外(예외) · 凡例(범례)
· 比例(비례) · 先例(선례) · 實例(실례) · 用例(용례)
· 前例(전례) · 定例(정례) · 次例(차례) · 判例(판례)

[풀이] 사람을 뜻하는 亻과 음을 가리키는 列(렬)[례는 변음]을 합쳐 남들처럼이라는 뜻을 나타냄. 후에 같은 종류, 관례라는 뜻으로 쓰이고 있음.

[참고]

❈ 부가의미 · ①모범. 법식. ②대개. ③규칙. ④많음 등의 뜻도 있음.

示의 13 총 18획	禮 예 례	示 礼 祀 禮 禮

· 禮節(예절) 예의(禮儀)와 범절(凡節).
· 答禮(답례) 남에게 받은 예(禮)에 대해서 이편에서 도로 갚은 일.
· 禮物(예물) · 禮訪(예방) · 禮法(예법) · 禮節(예절)
· 家禮(가례) · 答禮(답례) · 謝禮(사례) · 洗禮(세례)
· 失禮(실례) · 祭禮(제례) · 參禮(참례) · 賀禮(하례)

[풀이] 示[신]와 음을 나타내는 豊(례)를 합하여 신을 모시는 동작을 뜻함. 널리 의례(儀禮)의 뜻으로 쓰임.

[참고]

❈ 부가의미 · ①의식. 예식. ②절. 인사. ③예물(禮物). ④예우(禮遇)함. ⑤책 이름 등의 뜻도 있음.

老의 0 총 6획	老 늙을 로	一 十 土 耂 老

· 老少(노소) 늙은이와 젊은이.
· 元老(원로) 연령 · 덕망 · 관직이 높은 분
· 年老(연로) · 敬老(경로) · 初老(초로) · 老客(노객)
· 老境(노경) · 老軀(노구) · 老妓(노기) · 老女(노녀)
· 老年(노년) · 老大家(노대가)

[풀이] 머리칼이 길고 허리가 굽은 사람이 지팡이를 짚은 모양을 본뜸. 노인을 뜻함.

[참고]

❈ 부가의미 · ①연장자. 선배. 어르신네. 70세 이상의 노인. ②익숙함. ③노자(老子) 등의 뜻도 있음.

力의 10 총 12획	勞 수고할 로	⻀ 火 炊 燃 勞

· 勞動(노동) 마음과 몸을 써서 일을 함.
· 勞心(노심) 마음으로 애를 씀.
· 勞苦(노고) · 勞農(노농) · 勞動階級(노동계급) · 勞動力(노동력) · 勞動運動(노동운동) · 勞動者(노동자) · 勞動爭議(노동쟁의) · 勞動條件(노동조건)

[풀이] 힘을 뜻하는 力(력)과 반딧불을 뜻하는 熒를 합쳐 호롱불 아래에서 밤일을 하다의 뜻을 나타냄. 힘드는 일을 하다의 뜻으로 씀.

[참고]

❈ 부가의미 · ①일함. ②고생. 고생을 함. ③지침. 피로. ④근심함. ⑤위로함. ⑥부지런함 등의 뜻도 있음.

99

足의
6
총
13획

路
길 로

풀이 足[다리]과 음을 나타내는 各(각)[로는 변음]을 합하여 사람이 지나는 곳이라는 뜻. 널리 길의 뜻으로 쓰임.

· 路費(노비) 노자(路資). 여행에 드는 돈.
· 道路(도로) 통행하는 길.
· 路毒(노독) · 路頭(노두) · 路面(노면) · 路邊(노변)
· 路上(노상) · 路線(노선) · 路資(노자) · 路程(노정)
· 路中(노중) · 歸路(귀로) · 道路(도로) · 旅路(여로)
· 水路(수로) · 進路(진로) · 鐵路(철로) · 活路(활로)

참고

❀ **부가의미** · ①큼. 주로 군주(君主)에 관한 사물에 쓰임. ②왕자(王者)의 수레. ③고달픔. ④성(姓)의 하나 등의 뜻도 있음.

口
卫
足
趵
路

雨의
12
총
20획

露
이슬 로
드러날 로

풀이 수증기[雨]와 음을 나타내는 路(로)를 합하여 수증기가 물방울이 되어 잇닿아 있는 것, 이슬을 뜻함.

· 露宿(노숙) 한데서 잠. 한뎃잠.
· 草露(초로) 풀 위의 이슬.
· 露骨(노골) · 露臺(노대) · 露頭(노두) · 露命(노명)
· 露營(노영) · 露積(노적) · 露店(노점) · 露呈(노정)
· 露地(노지) · 露天(노천) · 露草(노초) · 露出(노출)

참고

❀ **부가의미** · ①적심. 젖음. ②은혜를 베풂. 은혜를 입음. ③드러남. 나타남. 숨긴 것이 알려짐. 밖으로 드러나거나 드러냄. ④고달픔. ⑤나라 이름. 노국(露國). 러시아 등의 뜻도 있음.

❌ **반대되는 한자** · 露(이슬 로)↔霜(서리 상)

霝
霝
雫
霞
露

火의
16
총
20획

爐
화로 로

풀이 火(불)과 음을 나타내는 盧(려)[로는 변음]를 합쳐서 불을 모아 두는 곳을 뜻함.

· 爐邊(노변) 화롯가. 난롯가.
· 香爐(향로) 향을 피우는 화로(火爐).
· 爐邊談話(노변담화) · 爐火(노화) · 煖爐(난로) · 鎔爐(용로) · 懷爐(회로)

참고

❀ **부가의미** · 뙤약볕의 뜻도 있음.
✛ **부수풀이** · 火(불 화): 타오르는 불꽃의 모양을 본뜬 자.

火
炉
炉
爐
爐

糸의
8
총
14획

綠
푸를 록
초록빛 록

풀이 糸[실]와 음을 나타내는 彔(록)을 합하여 연두빛 실을 뜻함.

· 綠葉(녹엽) 무성한 푸른 잎.
· 草綠(초록) 초록빛.
· 綠茶(녹다) · 綠豆(녹두) · 綠林(녹림) · 綠門(녹문)
· 綠色(녹색) · 綠樹(녹수) · 綠野(녹야) · 綠玉(녹옥)
· 新綠(신록) · 綠十字(녹십자) · 常綠樹(상록수)

참고

❀ **부가의미** · ①조개풀. 포아풀과에 속하는 억새 비슷한 풀. 물감으로 씀. ②옥 이름 등의 뜻도 있음.

幺
糸
糹
綷
綠

金의
8
총
16획

錄 적을 록
기재할 록

・錄音(녹음) 음향・음악 등을 레코드 등에 기록하여 넣는 일.
・登錄(등록) 문서에 적어 올림.
・錄錄(녹록)・錄名(녹명)・錄畵(녹화)・記錄(기록)
・目錄(목록)・附錄(부록)・備忘錄(비망록)・收錄(수록)・實錄(실록)・言行錄(언행록)

（풀이） 金(금)과 음을 나타내는 彔(록)을 합하여 쇠붙이에 새기다의 뜻. 널리 기록하다의 뜻으로 쓰임.

（참고）

❖ **부가의미** ・①표명(表明)함. ②취함. ③맡음. 다룸. 관할함. ④단속함. ⑤변변치 못함. ⑥정상을 살핌. ⑦조사함 등의 뜻도 있음.

숙
金
釒
釕
錄

言의
8
총
15획

論 말할 론

・論議(논의) 논란(論難)하여 토의(討議)함.
・論文(논문) 논술하는 글월.
・論客(논객)・論難(논란)・論說(논설)・論語(논어)
・論爭(논쟁)・各論(각론)・講論(강론)・結論(결론)
・公論(공론)・國論(국론)・談論(담론)・理論(이론)
・反論(반론)・本論(본론)・序論(서론)・世論(세론)

（풀이） 言[말]과 음을 나타내는 侖(륜)을 합쳐서 조리 있게 말하다의 뜻.

（참고）

❖ **부가의미** ・①비평함. 가림. ②의논함. ③생각함. 견해. ④말이 조리가 있음. ⑤차례 등의 뜻도 있음.

言
言
言
論
論

艹의
4
총
7획

弄 희롱할 롱
놀 롱

・弄談(농담) 실없이 하는 웃음의 말.
・戲弄(희롱) 말・행동으로 실없이 남을 놀리는 짓.
・弄奸(농간)・弄口(농구)・弄瓦(농와)・弄璋(농장)
・翻弄(번롱)・玩弄(완롱)・愚弄(우롱)・嘲弄(조롱)

（풀이） 구슬(王←玉)을 꿰어서 두 손(廾)으로 가지고 노니 즐기다 또는 남을 업신여겨 희롱하다는 뜻임.

（참고）

❖ **부가의미** ・①구경함. ②곡조(曲調). ③골목 등의 뜻도 있음.

丁
王
玉
弄
弄

貝의
9
총
16획

賴 힘입을 뢰

・賴庇(뇌비) 믿고 의지함.
・賴德(뇌덕) 남의 덕을 입음.
・依賴(의뢰)

（풀이） 貝[돈]와 음을 나타내는 剌(랄)[뢰는 변음]의 변형인 頼을 합쳐서 돈을 번다는 뜻. 후에 남에게 의지하다의 뜻으로 쓰임.

（참고）

❖ **부가의미** ・①의뢰. 의뢰함. 의지. 의지함. 기댐. 믿음. 도움. ②얻음. 이익을 봄. ③때마침 등의 뜻도 있음.

口
申
束
束頁
賴

料

★ ★ ★

斗의 6
총 10획

헤아릴 료
기리 료
감 료

풀이 斗[말]와 米[쌀]을 합쳐서 말로 쌀을 되다의 뜻.

· 料金(요금) 이익의 대가로 지불하는 돈.
· 料理(요리) 음식을 조리함. 다루어 처리함.
· 科料(과료)·給料(급료)·無料(무료)·肥料(비료)
· 手數料(수수료)·授業料(수업료)·燃料(연료)·
  染料(염료)·原料(원료)·慰藉料(위자료)·有料
  (유료)·飲料(음료)·資料(자료)·材料(재료)

참고

❖ **부가의미** ·①저울. 되로 된 양. ②꾀함. ③씨. 근본이 되는 것. ④수당. 급여(給與). ⑤양식(糧食). 먹이. ⑥요금. 대금 등의 뜻도 있음.

䒑 半 米 粐 料

龍

★

龍의 0
총 16획

용 룡

풀이 용의 모양을 본뜸. 용을 뜻함.

· 龍宮(용궁) 바다 속에 있다는 용왕의 궁전.
· 靑龍(청룡) 푸른빛을 띤 용
· 龍駕(용가)·龍骨(용골)·龍宮(용궁)·龍卷(용권)
· 龍旗(용기)·龍女(용녀)·龍膽(용담)·龍頭(용두)
· 龍頭蛇尾(용두사미)·龍燈(용등)·龍馬(용마)·
  龍夢(용몽)·龍門(용문)·龍尾(용미)

참고

❖ **부가의미** ·①천자를 일컫는 말. 천자에 관계가 있는 것에 붙이는 말. ②영웅·호걸을 일컫는 말. ③키가 8척 이상인 말. ④별 이름. ⑤두덕 밭의 높은 곳. ⑥잿빛 등의 뜻도 있음.

立 音 音 龍 龍

樓

木의 11
총 15획

다락 루

풀이 木[나무]과 음을 나타내는 婁(루)를 합쳐서 나무로 만들어 세운 망루라는 뜻.

· 樓閣(누각) 높이 지은 다락집.
· 望樓(망루) 망대(望臺).
· 樓臺(누대)·樓蘭(누란)·樓門(누문)·樓上(누상)
· 樓船(누선)·樓下(누하)·高樓(고루)·登樓(등루)
· 望樓(망루)·城樓(성루)·玉樓(옥루)·紅樓(홍루)

참고

❖ **부가의미** ·망루. 망대의 뜻도 있음.

木 杙 杙 樓 樓

柳

木의 5
총 9획

버들 류

풀이 木(목)과 음을 나타내는 ㅛ(류)를 합쳐서 가지가 바람에 날려 움직이는 나무란 뜻. 버드나무를 뜻함.

· 柳綠花紅(유록화홍) 버들은 푸르고 꽃은 분홍빛임.
· 柳腰(유요) 버드나무 가지의 가늘고 부드러움의 비유. 미인의 가는 허리.
· 柳絲(유사)·柳色(유색)·柳絮(유서)·柳暗花明(유암화명)·柳營(유영)·花柳界(화류계)

참고

❖ **부가의미** ·수양버드나무의 뜻도 있음.

十 木 木 枷 柳

田의 5
총 10획

★ ★

留　머물 류

풀이 田(밭)과 음을 나타내는 ⿱(류)를 합쳐서 밭에 머무르다의 뜻. 널리 머무르다의 뜻으로 씀.

- 留宿(유숙) 남의 집에 머물러 묵음.
- 停留所(정류소) 머무르는 곳.
- 留客(유객)·留京(유경)·留念(유념)·留別(유별)·
- 留保(유보)·留守(유수)·留心(유심)·留意(유의)·
- 留任(유임)

참고

❀ **부가의미** ·①멎음. ②그대로 머물러 있음. ③뒤에 남음. ④지체함. ⑤오램. 더딤. ⑥횡사함. ⑦막힘. ⑧꾀꼬리. ⑨기다림 등의 뜻도 있음.

⟨필순⟩ 丶 乚 厶 ⿱ 留

氵의 7
총 10획

★ ★ ★

流　흐를 류
퍼질 류

풀이 氵[물]과 음을 나타내는 㐬(류)를 합하여 물이 흐르다는 뜻.

- 流布(유포) 멀리 퍼짐. 멀리 퍼뜨림.
- 交流(교류) 문화나 사상 따위가 서로 오가며 섞임.
- 流動(유동)·流民(유민)·流産(유산)·流星(유성)·
- 流水(유수)·流失(유실)·流用(유용)·流出(유출)·
- 流通(유통)·流行(유행)·流會(유회)·急流(급류)·
- 氣流(기류)·暖流(난류)·女流(여류)·對流(대류)

참고

❀ **부가의미** ·①흐르게 함. ②물을 흘려 보냄. ③먼 곳으로 쫓아 보냄. ④물흐름. ⑤강이나 물의 흐름. ⑥학문이나 기예(技藝)의 계통. ⑦혈통 등의 뜻도 있음.

⟨필순⟩ 氵 氵 汏 流 流

頁의 10
총 19획

★ ★ ★

類　무리 류
종류 류

풀이 개[犬]와 음을 나타내는 類(래·뢰)를 합하여 너구리를 닮은 동물이라는 뜻. 널리 닮은 것. 같은 종류의 뜻으로 쓰임.

- 類例(유례) 같거나 비슷한 사례.
- 分類(분류) 종류(種類)를 따라서 분리함.
- 類萬不同(유만부동)·類伴(유반)·類別(유별)·
- 類本(유본)·類比(유비)·類似(유사)·類書(유서)·
- 類義語(유의어)·類人猿(유인원)

참고

❀ **부가의미** ·①같음. 비슷함. 닮음. ②나눔. 사물을 비슷한 종별(種別)에 따라 나눔. 유별(類別)함. ③착함. 착한 일. ④대개. 대략. ⑤견줌. 비교함. ⑥법. 법도 등의 뜻도 있음.

⟨필순⟩ 丷 半 米 粪 類

八의 2
총 4획

★ ★ ★

六　여섯　륙
여섯 개 륙

풀이 五이상의 수를 나타내는 한자의 기원은 확실치 아니하여, 入과 八의 합자라고 하는 六도 분명한 고증은 못됨. 四·六·八과 五·七·九는 각각 비슷한 자형임을 알 수 있을 뿐임.

- 六角(육각) 악기의 북·장구·해금·피리 및 대평소 한 쌍의 총칭.
- 四六判(사륙판)·六甲(육갑)·六經(육경)·六國(육국)·六根(육근)·六根淸淨(육근청정)·六法(육법)

참고

❀ **부가의미** ·①여섯 번. ②역(易)에서의 음효(陰爻) 등의 뜻도 있음.

⟨필순⟩ 丶 亠 六 六

陸

阝의 8
총 11획

뭍 륙
언덕 륙

· 陸運(육운) 육로(陸路)에 의한 운반(運搬).
· 大陸(대륙) 크고 넓은 땅.
· 陸橋(육교)·陸軍(육군)·陸路(육로)·陸士(육사)
· 陸地(육지)·內陸(내륙)·上陸(상륙)·揚陸(양륙)
· 着陸(착륙)·新大陸(신대륙)

[풀이] 阝[언덕]과 음을 나타내는 坴(륙)을 합쳐서 언덕이 연이어 있다는 뜻. 해상에서 육지를 보면 먼저 연이어 있는 산이 보이기 때문에 육지의 뜻으로 쓰게 됨.

[참고]
❖ 부가의미 ·①연이은 모양. ②수자(數字)의 六과 같음 등의 뜻도 있음.

阝 阝 陆 陆 陸

倫

阝의 8
총 10획

인륜 륜

· 倫理(윤리) 도덕 규범이 되는 원리(原理).
· 人倫(인륜) 사람으로서의 떳떳한 도리.
· 倫紀(윤기)·五倫(오륜)·絶倫(절륜)·天倫(천륜)

[풀이] 사람을 뜻하는 亻과 음을 가리키는 侖(륜)을 합쳐서 사람과 사람의 관계라는 뜻.

[참고]
❖ 부가의미 ·①갖춤. 견줌. ②질서. 순서. ③길. 이치. ④보편적인 길. 규정 등의 뜻도 있음.

丿 亻 伧 伧 倫 倫

輪

車의 8
총 15획

바퀴 륜
수레 륜
둘레 륜

· 輪廓(윤곽) 주위의 선. 테두리.
· 車輪(차륜) 수레바퀴.
· 輪讀(윤독)·輪舞(윤무)·輪番(윤번)·輪番制(윤번제)·輪伐(윤벌)·輪狀(윤상)·輪作(윤작)·輪轉(윤전)·輪轉機(윤전기)

[풀이] 車[수레]와 음을 나타내는 侖(륜)을 합하여 바퀴살이 가지런히 하나로 되어 있는 둘레의 테를 뜻함. 널리 수레의 바퀴·바퀴 비슷한 것·돌다의 뜻으로 쓰임.

[참고]
❖ 부가의미 ·①수레. ②바퀴를 장치한 차량 ③수레를 세는 수사(數詞). ④둘레. 외곽(外廓). ⑤남북의 길이. ⑥높고 큰 모양. ⑦돎. 회전함. ⑧우렁참. ⑨윤번(輪番). 돌려 가며 차례로 등의 뜻도 있음.

戸 車 軨 輪 輪

律

彳의 6
총 9획

법 률

· 律動(율동) 규칙적인 운동
· 法律(법률) 국가가 제정한 법의 규율.
· 音律(음률)·自律(자율)·調律(조율)·他律(타율)
· 律令(율령)·律文(율문)·律法(율법)·律師(율사)
· 律詩(율시)

[풀이] 길을 뜻하는 彳과 음을 나타내는 聿(율)[률은 변음]을 합쳐서 하나의 길이라는 뜻. 널리 정해진 길·규칙의 뜻으로 쓰임.

[참고]
❖ 부가의미 ·①법칙에 따라 바로 잡음. ②음악의 가락. 한시(漢詩)의 한 형식. ③계율 등의 뜻도 있음.

丿 彳 彳 往 律 律

木의 6 총 10획	栗	밤나무 률 밤 률

· 栗園(율원) 밤나무 동산.
· 黃栗(황율) 황밤.
· 栗房(율방)·栗鼠(율서)·栗色(율색)·股栗(고율)
· 茅栗(모율)·橡栗(상률)·柴栗(시율)·戰栗(전율)
· 棗栗(조율)

[풀이] 木[나무]과 음을 나타내는 西(서)[률은 변음]를 합쳐서 밤나무라는 뜻.

[참고]
❊ 부가의미 · ①두려워 함. ②엄함. 위엄이 있음 등의 뜻도 있음.
◙ 모양이 비슷한 한자 · 栗(밤나무 률) 栗木(율목)
· 粟(조 속) 米粟(미속)

一 襾 襾 栗 栗

玄의 6 총 11획	率	비율 률 거느릴 솔 경솔할 솔

· 比率(비율) 둘 이상의 수를 비교하여 나타낼 때, 그 중에 한 개의 수를 기준으로 하여 나타낸 다른 수의 비교값.
· 率先(솔선) 남보다 앞서 함.
· 率去(솔거)·率眷(솔권)·率兵(솔병)·率直(솔직)
· 百分率(백분율)·利率(이율)·因果率(인과율)

[풀이] 가는 삼 끈과 꼬다 남은 것의 보풀과 꼬는 도구를 본뜬자. 삼끈을 꼬다의 뜻. 후에 거느리다, 비율의 뜻으로 씀.

[참고]
❊ 부가의미 · ①모두. 다. ②행(行) 함. ③소탈함. ④가벼움. ⑤씀[用] 등의 뜻도 있음.

亠 玄 泫 泫 率

阝의 9 총 12획	隆	높을 륭 성할 륭

· 隆崇(융숭) 매우 존중함.
· 興隆(흥륭) 매우 융성하여짐.
· 隆起(융기)·隆隆(융륭)·隆盛(융성)·隆然(융연)
· 隆運(융운)·隆昌(융창)·隆替(융체)·隆興(융흥)
· 豊隆(풍륭)

[풀이] 阝(작은 산)과 음을 나타내는 夆(륭)을 합쳐서 산이 혹 같이 솟아오르다의 뜻.

[참고]
❊ 부가의미 · 성함. 왕성하게 함. 왕성하게 됨의 뜻도 있음.
❖ 비슷한 의미를 가진 한자 · 성하다의 뜻을 가진 글자 →盛(성)

阝 阝 阝 降 隆

里의 0 총 7획	★★★ 里	마을 리 노정의 단위 리

· 里長(이장) 이의 사무를 맡아 보는 사람.
· 洞里(동리) 마을. 동(洞)과 리(里).
· 里程(이정)·里程標(이정표)·里俗(이속)·里數(이수)·十里(십리)·海里(해리)·鄕里(향리)·千里馬(천리마)

[풀이] 田은 경작지·밭갈이 길[道]이 가로 세로로 통하여 있는 모양을 나타냄. 土는 토지. 田과 土를 합한 里는 사람이 살고 있는 마을의 뜻. 또 거리(距離)의 단위로도 씀.

[참고]
❊ 부가의미 · ①이수. 노정(路程)의 단위. 360보(步)의 거리. ②헤아림. ③근심함 등의 뜻도 있음.

丶 口 甲 甲 里

玉의 7 총 11획  다스릴 리 이치 리	· 理念(이념) ① 이데아. 이성(理性)의 판단으로 얻어지는 최고의 개념. ② 생각. 관념(觀念). 의식 내용. · 管理(관리) 사무를 관할 처리(處理)함. · 理工(이공) · 理論(이론) · 理事(이사) · 理想(이상) · 理性(이성) · 理由(이유) · 理解(이해) · 經理(경리) · 敎理(교리) · 道理(도리) · 論理(논리) · 料理(요리)

【풀이】 王(구슬)과 음을 나타내는 里(리)를 합쳐서 옥을 닦아서 챙기다의 뜻.

【참고】
❖ 부가의미 · ①이치. 도리. ②무늬. 결. ③성품. ④알아냄 등의 뜻도 있음.
❖ 비슷한 의미를 가진 한자 · 다스리다의 뜻을 가진 글자→ 修(수)

一 干 王 珇 理 理

刂의 5 총 7획  이로울 리 이익 리	· 利器(이기) ① 날카로운 연모 ② 편리한 기구(器具). · 便利(편리) 편하고 쉬움. · 利權(이권) · 利得(이득) · 利益(이익) · 利子(이자) · 公利(공리) · 權利(권리) · 福利(복리) · 不利(불리) · 勝利(승리) · 實利(실리) · 有利(유리)

【풀이】 쟁기와, 벼의 이삭이 드리워진 모양을 합쳐서 곡식을 가꾸기 위하여 땅을 간다는 뜻을 나타냄. 쟁기의 끝이 날카로우므로 날카롭다는 뜻과 이익이라는 뜻으로 쓰임.

【참고】
❖ 부가의미 · ①빠름. 재빠름. ②좋음. 기회가 좋음. ③물건의 용도, 공용(功用). ④이김. ⑤벌이. ⑥이자 등의 뜻도 있음.

丿 二 千 禾 利

隹의 11 총 19획 離 떠날 리 흩어질 리	· 離別(이별) 서로 갈려 떨어짐. 헤어짐. · 隔離(격리) 서로 통하지 못하게 사이를 막거나 떼어 놓음. · 離間(이간) · 離隔(이격) · 離京(이경) · 離宮(이궁) · 離陸(이륙) · 離反(이반) · 離別(이별) · 離散(이산)

【풀이】 隹와 음을 나타내는 离(리)를 합하여 꾀꼬리의 뜻. 후에 떨어짐·벌어짐·멀어짐의 뜻으로 쓰임.

【참고】
❖ 부가의미 · ①떨어짐. 갈라짐. 배반함. ②흩어짐. 분산함. ③나눔. 분할(分割)함. ④만남. 조우(遭遇)함. ⑤붙음. 부착(附着)함. ⑥늘어 놓음. 벌여 놓음. ⑦팔괘(八卦)의 하나. 육십사괘(六十四卦)의 하나. ⑧지남. 통행함. 통과함. ⑨아름다움. ⑩반벙어리 등의 뜻도 있음.

亠  离 离 離

衣의 7 총 13획 裏 안 리 속 리	· 裏書(이서) 종이 뒤에 적은 글. · 表裏(표리) 겉과 속. 안과 밖. · 裏急後重(이급후중) · 裏面(이면) · 裏面境界(이면경계) · 裏門(이문) · 裏作(이작) · 腦裏(뇌리) · 表裏(표리)

【풀이】 옷을 뜻하는 衣와 음을 나타내는 里(리)를 합쳐서 옷 안이라는 뜻. 널리 안의 뜻으로 씀.

【참고】
❖ 부가의미 · 안. 물건의 안쪽의 뜻도 있음.

亠 宀 亩 重 裏

尸의 12 총 15 획	**履** 신 리	ㄱ 尸 尸 屋 履

- 履歷(이력) 지금까지의 학업이나 직업 따위의 경력 (經歷).
- 草履(초리) 짚신.
- 履歷書(이력서)・履霜之戒(이상지계)・履修(이수)
- 履行(이행)・弊履(폐리)

풀이 尸[사람]와 彳[길]과 夊[다리기]와 나막신을 잘못 나타낸 모양인 履(=舟)를 합쳐서 신을 신고 길을 가다의 뜻. 널리 밟다의 뜻으로 쓰임.

참고
❊ **부가의미** ・①신을 신음. ②밟음. ③녹(祿). ④행함. ⑤겪음 등의 뜻도 있음.

木의 3 총 7 획	★ ★ ★ **李** 오 얏 리 오얏나무 리	一 十 木 本 李

- 李花(이화) 오얏꽃.
- 桃李(도리) 복숭아와 오얏.

풀이 木(목)과 음을 나타내는 子(자)[리는 변음]을 합쳐서 오얏나무의 뜻.

참고
❊ **부가의미** ・①다스림. ②성의 하나 등의 뜻도 있음.

口의 3 총 6 획	**吏** 벼슬아치 리 아전 리	一 ㄱ 百 吏 吏

- 吏道(이도) 관리로서 지켜야 할 도리.
- 官吏(관리) 관직에 있는 사람.
- 吏讀(이두)・吏民(이민)・吏員(이원)・公吏(공리)
- 能吏(능리)・俗吏(속리)・良吏(양리)・汚吏(오리)
- 獄吏(옥리)・執達吏(집달리)

풀이 본디는 事(사)와 같은 자. 나중에 事(사)는 일이라는 뜻으로, 吏(리)는 일을 하는 官員(관원)이라는 뜻으로 씀.

참고
❊ **부가의미** ・아전. 하급 관리의 뜻도 있음.
◘ **모양이 비슷한 한자** ・史(사기 사) 歷史(역사)
　　　　　　　・吏(벼슬아치 리) 官吏(관리)

木의 4 총 8 획	★ ★ ★ **林** 수풀 림 숲 림	十 才 木 朴 林

- 林業(임업) 산림을 경영하는 사업.
- 竹林(죽림) 대나무 숲.
- 林間(임간)・林木(임목)・林産(임산)・林地(임지)
- 防風林(방풍림)・山林(산림)・森林(삼림)・書林 (서림)・植林(식림)・原始林(원시림)・自然林(자연림)・酒池肉林(주지육림)・處女林(처녀림)

풀이 木을 둘 합쳐서 나무가 많이 자라나 있다의 뜻. 수풀을 뜻함.

참고
❊ **부가의미** ・①사물이 많이 모인 곳. ②많음 등의 뜻도 있음.

臣의 11 총 17획

臨

임할 림
다다를 림

[풀이] 내려다보다의 뜻인 臣(신)과 음을 나타내는 品(품)[림은 변음]을 합쳐서 높은 곳에서 아래쪽을 내려다보다의 뜻.

· 臨迫(임박) 어떤 시기가 가까이 닥쳐 옴.
· 君臨(군림) 어떤 분야에서 절대적인 세력을 가지고 남을 압도하는 일.
· 臨檢(임검) · 臨界(임계) · 臨機應變(임기응변) · 臨床(임상) · 臨床醫學(임상의학) · 臨時(임시) · 臨戰(임전) · 臨終(임종) · 臨地(임지) · 臨海(임해)

[참고]

❖ **부가의미** · ①지켜 봄. ②다스림. ③눈 앞에 있음. ④닥침. ⑤큼(大) 등의 뜻도 있음.

ㄱ
ㄱ
臣
臨
臨

立의 0 총 5획

★ ★ ★

立

설 립
세울 립

[풀이] 사람이 정면을 향하고 땅 위에 서 있는 모습을 본뜸. 사람이 있다는 뜻. 후에 사람에 한하지 않고 널리 서다 · 세우다의 뜻으로 쓰임.

· 立身(입신) 사회에서 지위를 얻어 출세함.
· 設立(설립) 새로 세움.
· 立冬(입동) · 立法(입법) · 立場(입장) · 立證(입증) · 立地(입지) · 建立(건립) · 國立(국립) · 起立(기립)

[참고]

❖ **부가의미** · ①정함. 이루어짐. ②자리에 앉힘. 즉위(卽位)함. ③생존함. 존속함. 설치함. ④설정함. 확립함. ⑤밝힘. 나타냄. ⑥임(臨)함. ⑦곧. 즉시 등의 뜻도 있음.

❖ **비슷한 의미를 가진 한자** · 서다, 세우다의 뜻을 가진 글자→建 (건)

丶
亠
六
立
立

馬의 0 총 10획

★ ★ ★

馬

말 마

[풀이] 말의 모양을 본 뜸. 부수로서는 말에 관계된 것을 나타냄.

· 馬具(마구) 말을 부리는 데 쓰는 기구.
· 競馬(경마) 말을 타고 하는 경주.
· 馬脚(마각) · 馬車(마차) · 馬匹(마필) · 軍馬(군마) · 落馬(낙마) · 名馬(명마) · 木馬(목마) · 兵馬(병마) · 乘馬(승마) · 愛馬(애마) · 出馬(출마) · 行馬(행마)

[참고]

❖ **부가의미** · ①산가지. 투호(投壺)를 할 때 점수를 세는 물건. ②아지랭이 ③추녀 끝. ④벼슬 이름. ⑤나라 이름. ⑥마르크. 도이치의 화폐 단위 등의 뜻도 있음.

厂
厂
馬
馬
馬

++의 7 총 11획

莫

없을 막
저물 모

[풀이] 초원에 해가지는 모양을 나타내며, 해질녘의 뜻. 후에 음을 빌어 없다 · 말다의 뜻으로만 쓰이고, 해질녘의 뜻으로는 暮(모)를 씀.

· 莫逆(막역) 허물 없이 아주 친함.
· 莫非(막비) 아닌게 아니라.
· 莫强(막강) · 莫强之國(막강지국) · 莫大(막대) · 莫論(막론) · 莫不得已(막부득이) · 莫非(막비) · 莫上莫下(막상막하) · 莫逆(막역) · 莫逆之友(막역지우) · 莫重(막중) · 莫重大事(막중대사)

[참고]

❖ **부가의미** · ①아득함. ②어두움. ③안정됨. 조용함 등의 뜻도 있음.

十
艹
莳
苗
莫

幕 장막 막

巾의
11
총
14
획

풀이 천을 뜻하는 巾(건)과 음을 나타내는 莫(막)을 합쳐서 덮어 가리는 천이라는 뜻. 널리 장막의 뜻으로 씀.

· 幕僚(막료) 감사(監司)·유수(留守)들을 따라다니던 관원의 하나.
· 帳幕(장막) 안을 보지 못하게 둘러치는 막, 또는 그러한 조처.
· 幕間(막간)·幕吏(막리)·幕幕(막막)·幕府(막부)
· 幕舍(막사)·幕營(막영)·幕友(막우)

참고

❀ **부가의미** ·장군(將軍)의 뜻도 있음.

`丶　艹　莒　莫　幕`

漠 사막 막 / 넓을 막

氵의
11
총
14
획

풀이 물(氵)이 없는 (莫) 곳, 다시 말해 아득히 모래만이 있고 물이 없는 곳이니 사막을 뜻함.

· 漠然(막연) 아득한 모양. 똑똑하지 못하고 어렴풋함.
· 沙漠·砂漠(사막) 넓은 모래 벌판이 이루어지고 암석이 노출하여 있는 不毛(불모)의 지역.
· 漠漠(막막)·空漠(공막)·索漠(삭막)·寂漠(적막)

참고

❀ **부가의미** ·①끝없이 넓은 모양. ②명확하지 못한 모양. ③쓸쓸한 모양 등의 뜻도 있음.
✕ **반대되는 한자** ·漠(아득할 막)↔確(확실할 확)

`氵　氵　氵　漠　漠`

萬 일만 만

★ ★ ★

艹의
9
총
13
획

풀이 전갈의 모양을 본뜸. 전갈의 뜻. 후에 수사(數詞)인 만의 뜻으로 씀.

· 萬感(만감) ① 여러 가지의 감정. 온갖 감회. ② 복잡한 감정.
· 萬劫(만겁) 한없이 긴 세월. 만세(萬世). 영겁(永劫).
· 萬頃(만경)·萬古(만고)·萬口(만구)·萬國(만국)
· 萬卷(만권)·萬鈞(만균)·萬金(만금)·萬機(만기)
· 萬難(만난)·萬年(만년)·萬能(만능)·萬無(만무)

참고

❀ **부가의미** ·①벌 이름. ②춤 이름. ③결단코. ④만약. 만일 등의 뜻도 있음.

`艹　艹　莒　萬　萬`

滿 가득 찰 만

★ ★

氵의
11
총
14
획

풀이 氵[물]과 음을 나타내는 萬(만)을 합쳐서 물이 차서 넘침을 뜻함.

· 滿發(만발) 많은 꽃이 활짝 다 핌.
· 肥滿(비만) 살쪄 뚱뚱함.
· 滿開(만개)·滿期(만기)·滿面(만면)·滿腹(만복)
· 滿朔(만삭)·滿産(만산)·滿船(만선)·滿水(만수)
· 滿身(만신)·滿心(만심)·滿悅(만열)·滿員(만원)
· 滿月(만월)·滿足(만족)·未滿(미만)·不滿(불만)

참고

❀ **부가의미** ·①가득 채움. ②전체. ③생일을 지내고 나이를 세는 것 등의 뜻도 있음.

`氵　氵　氵　滿　滿`

末

木의 1
총 5획

★ ★ ★

끝 말
가루 말

[풀이] 木의 위에 선을 하나 그어서 나무의 끝을 나타냄. 나뭇가지의 끝이란 뜻이며 널리 끝의 뜻으로 쓰임.

- 末日(말일) (그 달의)마지막 날.
- 年末(연말) 세말(歲末). 세모
- 末期(말기)·末技(말기)·末年(말년)·末端(말단)
- 末代(말대)·末路(말로)·末流(말류)·末伏(말복)
- 末席(말석)·末世(말세)·結末(결말)·期末(기말)
- 始末(시말)·韓末(한말)

[참고]

❖ **부가의미** ·가루의 뜻도 있음.
▣ **모양이 비슷한 한자** ·末(끝 말) 末期(말기)
  ·未(아닐 미) 未明(미명)

一 二 丰 末 末

亡

一의 1
총 3획

★ ★ ★

잃을 망
도망갈 망

[풀이] 사람을 뜻하는 亠과 그늘을 뜻하는 乚을 합쳐 그늘에 숨다의 뜻. 널리 없어짐·망하다의 뜻으로 씀.

- 亡國(망국) 망하여 없어진 나라.
- 興亡(흥망) 흥기와 멸망. 흥함과 망함.
- 亡命(망명)·亡身(망신)·亡室(망실)·亡羊之歎 (망양지탄)·亡友(망우)·亡者(망자)·亡兆(망조)
- 亡魂(망혼)·逃亡(도망)·滅亡(멸망)·死亡(사망)
- 存亡(존망)·敗亡(패망)·未亡人(미망인)

[참고]

❖ **부가의미** ·①잃음. ②죽음. ③달아남. ④없음 등의 뜻도 있음.

❖ **비슷한 의미를 가진 한자** ·잃다의 뜻을 가진 글자 →失(실). 달아나다의 뜻을 가진 글자→逃(도).

丶 亠 亡

妄

女의 3
총 6획

망령될 망

[풀이] 亡(잃을 망)에 女(계집 녀)를 합한 글자로 여자가 정신없이 행동함을 나타냄. 즉 도리와 예법을 잃은 망령된 여자라는 뜻에서 망령됨을 뜻하는 글자로 쓰임.

- 妄執(망집) ① 망령된 생각을 버리지 못하고 그것에 집착(執着)하는 일. ② 망령된 고집.
- 妄評(망평) ① 함부로 비평함. 그릇되게 비평함. 또는 그 비평. ② 자기의 비평을 낮추어 일컫는 말.
- 妄覺(망각)·妄念(망념)·妄斷(망단)·妄動(망동)
- 妄靈(망령)·妄發(망발)·妄想(망상)·妄信(망신)

丶 亠 亡 妄 妄

望

月의 7
총 11획

★ ★ ★

바랄 망
보름 망

[풀이] 月(월)과 음을 나타내는 壬(망)을 합쳐서 만월의 뜻. 옛 글자는 사람이 눈을 크게 뜨고 발돋움하는 모양을 본뜬 것으로서 멀리 바라보다의 뜻.

- 望鄕(망향) 고향을 바라 봄. 고향을 그리워함.
- 希望(희망) 어떤 일을 이루기를 바람.
- 可望(가망)·渴望(갈망)·觀望(관망)·難望(난망)
- 大望(대망)·待望(대망)·德望(덕망)·所望(소망)
- 信望(신망)·失望(실망)·望臺(망대)·望樓(망루)
- 望夫石(망부석)·望洋(망양)·望洋之歎(망양지탄)

[참고]

❖ **비슷한 의미를 가진 한자** ·바라보다의 뜻을 가진 글자. 望(망)은 높은 곳이나 먼 곳을 바라봄. 臨(림)은 높은 곳에서 내려다 봄. 또는 신분이 높은 사람이 아랫사람이 있는 곳으로 감.

亠 亡 切 胡 望

每 매양 매 / 늘 매
母의 3 / 총7획

· 每回(매회) 번번이. 매차(每次).
· 每朔(매삭) 달마다. 다달이.
· 每期(매기)·每年(매년)·每每(매매)·每番(매번)
· 每事(매사)·每時間(매시간)·每月(매월)·每日(매일)·每朝(매조)·每週(매주)·每次(매차)

[풀이] 母[어머니]가 머리에 장식을 한 것을 본뜸. 후에 글자를 빌어서 항상, …할 때마다의 뜻으로 씀.

[참고]
❈ 부가의미 · ①마다. 그 때마다. …할 때 마다. ②무성한 모양. ③탐(貪)함. ④비록. 아무리 그렇다 하나 등의 뜻도 있음.
❖ 비슷한 의미를 가진 한자 · 항상의 뜻을 가진 글자 →常(상).

ノ 仁 乞 勽 每

妹 누이 매 / 손아래 누이 매
女의 5 / 총8획

· 妹弟(매제) 손아래 누이의 남편.
· 男妹(남매) 오라비와 누이. 오누이.
· 妹夫(매부)·妹婿(매서)·妹氏(매씨)·妹兄(매형)
· 愚妹(우매)·義妹(의매)·姉妹(자매)·弟妹(제매)

[풀이] 女[여자]와 음을 나타내는 未(미)[매는 변음]를 합쳐서 뒤에 생겨난 여자, 즉 여동생이라는 뜻.

[참고]
❈ 부가의미 · 괘(卦) 이름의 뜻도 있음.
❌ 반대되는 한자 · 姉(누이 자)↔妹(아랫누이 매)

く 女 妒 妹 妹

買 살 매
貝의 5 / 총12획

· 賣買(매매) 사는 일과 파는 일.
· 買受(매수) 물건을 사서 넘겨 받음.
· 買價(매가)·買氣(매기)·買得(매득)·買收(매수)
· 買食(매식)·買占(매점)·競買(경매)·購買(구매)

[풀이] 貝[화폐]와 음을 나타내는 网(망)[매는 변음]의 변형인 罒을 합쳐서 사다의 뜻.

[참고]
❈ 부가의미 · 자기 편에서 바람의 뜻도 있음.

冖 罒 罒 買 買

梅 매화나무 매
木의 7 / 총11획

· 梅信(매신) 매화꽃이 피기 시작하였다는 소식.
· 梅蘭菊竹(매란국죽) 매화·난초·국화·대. 곧, 四君子(사군자).
· 梅毒(매독)·梅室(매실)·梅園(매원)·梅竹(매죽)·落梅(낙매)·白梅(백매)·梅花(매화)·月梅(월매)
· 紅梅(홍매)

[풀이] 木(나무)과 음을 나타내는 每(매)를 합쳐서 매화나무를 뜻함.

[참고]
❈ 부가의미 · 매실이 여물 때 내리는 장마의 뜻도 있음.

十 木 杙 梅 梅

111

★ ★ ★

貝의 8
총 15획

賣　팔 매

풀이 土(사＝出)에 買(살 매)를 합한 글자로 물건을 내 놓는다는 데서, 판다는 뜻으로 쓰임.

· 賣渡(매도) 팔아 넘김.
· 販賣(판매) 상품을 팖.
· 賣國(매국) · 賣買(매매) · 賣物(매물) · 賣上(매상)
· 賣藥(매약) · 賣店(매점) · 賣盡(매진) · 賣春(매춘)
· 賣出(매출) · 强賣(강매) · 競賣(경매) · 公賣(공매)
· 急賣(급매) · 密賣(밀매) · 發賣(발매) · 不賣(불매)

참고

❖ 부가의미 · ①속임. 해침. ②널리 퍼뜨림 등의 뜻도 있음.
❖ 반대되는 한자 · 賣(팔 매)↔買(살 매)

士 声 赤 睿 賣

★ ★

月의 6
총 10획

脈　맥 맥
　　혈관 맥

풀이 살을 뜻하는 月과 음을 나타내며 흐르다의 뜻인 厎(파)[맥은 변음]를 합쳐서 몸 속을 두루 흐르는 것이라는 뜻.

· 脈絡(맥락) 혈맥(血脈)의 연락(連絡).
· 診脈(진맥) 맥박(脈搏)을 진찰(診察)함.
· 脈管(맥관) · 脈動(맥동) · 脈絡(맥락) · 脈脈(맥맥)
· 脈搏(맥박) · 脈所(맥소) · 鑛脈(광맥) · 亂脈(난맥)
· 動脈(동맥) · 文脈(문맥) · 山脈(산맥) · 水脈(수맥)
· 靜脈(정맥) · 支脈(지맥) · 地脈(지맥) · 血脈(혈맥)

참고

❖ 부가의미 · 연달음의 뜻도 있음.

丿 刀 肌 脈 脈

目의 3
총 8획

盲　소경 맹

풀이 눈[目]과 음을 나타내는 亡(망)[잃다의 뜻. 맹은 변음]을 합하여 시력(視力)을 잃음을 뜻함

· 盲目的(맹목적) 이성(理性)이 없는 모양. 일을 감정만으로 처리하는 모양.
· 盲點(맹점) 주의가 미치지 못하여 모순되어 있는 점.
· 盲管(맹관) · 盲聾(맹롱) · 盲目(맹목) · 盲信(맹신)
· 盲啞(맹아) · 盲人(맹인) · 盲者(맹자) · 盲腸(맹장)
· 盲腸炎(맹장염)

참고

亠 亡 亡 盲 盲

子의 5
총 8획

孟　맏 맹
　　우두머리 맹

풀이 子[아들]와 음을 나타내는 皿(명)[맹은 변음]을 합쳐서 맏아들을 뜻한 데서 비롯, 우두머리라는 뜻

· 孟冬(맹동) 초겨울. 음력 10월.
· 孟月(맹월) 음력 1 · 4 · 7 · 10월.
· 孟浪(맹랑) · 孟母斷機(맹모단기) · 孟母三遷(맹모삼천) · 孟嘗君(맹상군) · 孟子(맹자) · 孟秋(맹추)
· 孟春(맹춘) · 孟夏(맹하) · 孟浩然(맹호연)

참고

❖ 부가의미 · ①사물의 처음. ②힘씀. 큼. ③성(姓)의 하나. ④맹랑함 등의 뜻도 있음.
❖ 반대되는 한자 · 孟(맏 맹)↔季(끝 계)

了 子 子 孟 孟

猛

犭의 8
총 11획

사나울 맹
날랠 맹

[풀이] 犭[개]과 음을 나타내는 孟 (맹)을 합쳐서 힘 센 개의 뜻을 나타내며 후에 사납다의 뜻으로 쓰이게 됨.

· 猛獸(맹수) 사나운 짐승.
· 勇猛(용맹) 용감하고 사나움.
· 猛擊(맹격)·猛犬(맹견)·猛攻(맹공)·猛禽(맹금)
· 猛毒(맹독)·猛襲(맹습)·猛練習(맹연습)·猛威 (맹위)·猛將(맹장)·猛打(맹타)·猛暴(맹포)·猛 爆(맹폭)·猛虎(맹호)·猛火(맹화)·剛猛(강맹)

[참고]
❖ **부가의미** ·①강함. 용감함. ②거칢. 용맹스럼. ③엄함. 과격함 등의 뜻도 있음.

ノ
犭
犭
狞
猛

盟

皿의 8
총 13획

맹세 맹

[풀이] 皿(또는 血)과 음을 나타내는 明(명)[맹은 변음]을 합하여 희생된 짐승의 피를 서로 빨고 약속을 군힌다는 뜻. 널리 맹세의 뜻으로 씀.

· 盟誓(맹서) 맹세, 신불 앞에서 약속함.
· 同盟(동맹) 같은 목적이나 이익을 위하여 같이 행동하기로 약속하는 일.
· 盟邦(맹방)·盟約(맹약)·盟友(맹우)·盟主(맹주)
· 盟休(맹휴)·聯盟(연맹)

[참고]
❖ **부가의미** ·①믿음. 미쁨. ②고을 이름 등의 뜻도 있음.

冂
日
明
明
盟

面

★ ★ ★

面의 0
총 9획

낯 면

[풀이] 直[얼굴]에 [ ](윤곽)을 더한 글자. 얼굴의 뜻. 물건의 거죽·향하다의 뜻으로도 씀.

· 面積(면적) 한정된 바닥의 넓이.
· 平面(평면) 평평한 표면.
· 面鏡(면경)·面內(면내)·面談(면담)·面對(면대)
· 面刀(면도)·面罵(면매)·面面(면면)·面貌(면모)
· 面目(면목)·面縛(면박)·面駁(면박)·面壁(면벽)
· 面謝(면사)·面上(면상)·面相(면상)·面識(면식)

[참고]
❖ **부가의미** ·①탈. 얼굴 모양으로 만든 것. ②겉. 거죽. ③앞. ④향(向)함. ⑤만남. ⑥뵘. 어른을 뵘. ⑦방위. 방향. ⑧등짐. 반대로 향함. ⑨면. ⑩평면. ⑪행정구역 등의 뜻도 있음.

一
厂
石
面
面

眠

目의 5
총 10획

잘 면

[풀이] 눈[目]과 음을 나타내는 民 (민·면)을 합하여 눈을 감고 졸음을 뜻함.

· 眠食(면식) 자고 먹는 일. 침식(寢食).
· 熟眠(숙면) 잠이 깊이 듦. 또는 그 잠.
· 冬眠(동면)·不眠(불면)·安眠(안면)·永眠(영면)
· 催眠術(최면술)·春眠(춘면)

[참고]
❖ **부가의미** ·①잠. ②쉼. 휴식함. ③어지러움. 혼란함 등의 뜻도 있음.
◘ **모양이 비슷한 한자** ·眠(잠잘 면) 安眠(안면)
·眼(눈 안) 眼鏡(안경)

｜
目
目′
眠
眠

力의
7
총9획

勉

힘쓸 면
권면할 면

· 勉學(면학) 학문에 힘씀.
· 勤勉(근면) 부지런하게 힘씀.
· 勉强(면강) · 勉勵(면려) · 勤勉(근면) · 力勉(역면)

[풀이] 힘을 뜻하는 力(력)과 음을 나타내는 免(면)을 합쳐 힘써 일하다의 뜻.

[참고]

❖ 부가의미 · 힘을 내게 북돋움의 뜻도 있음.
❖ 비슷한 의미를 가진 한자 · 열심히 하다의 뜻을 가진 글자→勤(근)

〃
罒
夕
免
勉

糸의
8
총14획

綿

솜 면
자세할 면

· 綿布(면포) 무명. 솜과 피륙.
· 連綿(연면) 잇달아 끊어지지 않음.
· 綿綿(면면) · 綿毛(면모) · 綿密(면밀) · 綿紡(면방)
· 綿糸(면사) · 綿羊(면양) · 綿衣(면의) · 綿織(면직)
· 綿織物(면직물) · 綿花(면화) · 木綿(목면) · 純綿(순면)

[풀이] 옛 글자는 緜(면). 糸(실을 이음)와 帛(비단)을 합하여 비단을 짜기 위해 실을 잇다의 뜻. 후에 綿이라 쓰고 솜의 뜻으로 쓰임.

[참고]

❖ 부가의미 · ①솜옷. ②연이어 끊이지 아니함. 연속함. 뻗침. 길게 연속함. ③얽힘. 감김. ④멂. 요원(遼遠)함. ⑤잠닮. ⑥새 우는 소리 등의 뜻도 있음.

幺
糸
糸|
給
綿
綿

氵의
10
총13획

滅

멸망할 멸

· 滅裂(멸렬) 찢기고 흩어져 없어짐.
· 擊滅(격멸) 상대편을 쳐서 멸망시킴.
· 滅菌(멸균) · 滅亡(멸망) · 滅沒(멸몰) · 滅門(멸문)
· 滅族(멸족) · 滅種(멸종) · 壞滅(괴멸) · 消滅(소멸)
· 自滅(자멸) · 全滅(전멸) · 破滅(파멸)

[풀이] 氵(물)과 음을 나타내는 威(멸)을 합쳐서 물을 끼얹어 불을 끄다의 뜻. 후에 멸망하다의 뜻으로 씀.

[참고]

❖ 부가의미 · ①불이 꺼짐. ②없어짐. ③죽음 등의 뜻도 있음.
❖ 비슷한 의미를 가진 한자 · 꺼지다의 뜻을 가진 글자 → 消(소)

氵
氵
沪
滅
滅

口의
3
총6획

★ ★ ★

名

이름 명

· 名目(명목) 사물의 이름. 이유. 구실
· 改名(개명) 이름을 고침. 또는 그 고친 이름.
· 名曲(명곡) · 名句(명구) · 名弓(명궁) · 名馬(명마)

[참고]

❖ 비슷한 의미를 가진 한자 · 다른 이의 이름→尊名 · 芳名 · 貴名(존명 · 방명 · 귀명). 가짜 이름→假名 · 僞名(가명 · 위명). 다른 이름→別名 · 異名(별명 · 이명). 일반적으로 통하는 이름→通名(통명). 뛰어난 이름→高名(고명). 나쁜 이름→惡名 · 汚名(악명 · 오명). 본디 이름→舊名(구명). 죽은 사람에게 붙이는 이름→戒名(계명).

[풀이] 입을 뜻하는 口(구)와 저녁을 뜻하는 夕(석)을 합쳐서 어두운 저녁에 자기 이름을 대다의 뜻. 이름이라는 뜻으로 쓰임.

丿
夕
夕
夕
名

口의
5
총8
획

命 목숨 명
분부 명

★ ★ ★

· 命令(명령) 웃사람이 시키는 분부.
· 生命(생명) 목숨. 사물을 유지하는 기한.
· 命脈(명맥)·命名(명명)·命婦(명부)·命數(명수)
· 命題(명제)·命中(명중)·短命(단명)·亡命(망명)
· 非命(비명)·使命(사명)·運命(운명)·絶命(절명)

풀이 입을 뜻하는 口와 음을 나타내는 슈(령)[명은 변음]을 합쳐 분부하다의 뜻. 후에 하늘이 명하는 바에 따라 정해진 사람의 목숨이라는 뜻으로 바뀜.

ノ
人
스
合
命

日의
4
총8
획

明 밝을 명

★ ★ ★

· 明白(명백) 아주 분명(分明)함.
· 文明(문명) 인지(人智)가 발달하여 인간생활이 풍부하고 편리해진 상태.
· 明年(명년)·明堂(명당)·明示(명시)·明暗(명암)
· 明快(명쾌)·公明(공명)·光明(광명)·發明(발명)
· 分明(분명)·鮮明(선명)·說明(설명)·神明(신명)

풀이 日[해]과 月[달]을 합쳐서 달이 밝다의 뜻. 널리 분명하다의 뜻으로 쓰임.

참고

❖ 비슷한 의미를 가진 한자·明(명)은 어둡다의 반대로서 밝고 명백함.↔暗(암)·昏(혼)·瞑(명). 昭(소)는 비쳐서 밝다의 뜻으로 흔히 도덕적인 것.

冂
日
旫
明
明

鳥의
3
총14
획

鳴 울 명

· 鳴鐘(명종) 종을 쳐서 울림.
· 鷄鳴(계명) 닭의 울음.
· 共鳴(공명)·悲鳴(비명)·鳴管(명관)·鳴琴(명금)
· 鳴禽(명금)·鳴動(명동)·鳴笛(명적)·鹿鳴(녹명)
· 雷鳴(뇌명)·蛙鳴(와명)

풀이 수탉의 모양과 口[입]를 합쳐서 수탉이 때를 알리려고 울다의 뜻. 새가 울다의 뜻으로 쓰임.

참고

❖ 부가의미·①울림. ②울음 소리. 새·짐승·벌레의 울음 소리 등의 뜻도 있음.

口
口
叩
鳴
鳴

金의
6
총14
획

銘 새길 명
기록할 명

· 銘刻(명각) 금석(金石)에 문자를 새김.
· 座右銘(좌우명) 늘 가까이 적어 두고, 일상의 경계로 삼는 말이나 글.
· 銘菓(명과)·銘記(명기)·銘旗(명기)·銘茶(명다)
· 銘木(명목)·銘心(명심)·銘酒(명주)·刻銘(각명)

풀이 金과 음을 나타내는 名(명)을 함하여 쇠붙이에 새긴 글자의 뜻.

참고

❖ 부가의미·①명. ②쇠붙이나 돌에 새긴 글. ③한문(漢文)의 문체(文體)의 하나. 스스로를 경계하는 글. 묘비 등에 새겨 그 사람의 공덕을 기리는 글. ④장례 때 조기(弔旗)에 적은 죽은 사람의 관직·성명 등의 뜻도 있음.

스
今
金
釤
銘

毛의 0
총 4획

★★

毛
털 모
수염 모

· 毛皮(모피) 털이 많은 가죽.
· 羊毛(양모) 양의 털. 모질물의 원료가 됨.
· 毛骨(모골) · 毛根(모근) · 毛織(모직) · 毛髮(모발)
· 毛絲(모사) · 毛細管(모세관) · 毛布(모포) · 純毛
(순모) · 原毛(원모) · 體毛(체모) · 不毛地(불모지)
· 二毛作(이모작)

[풀이] 머리카락의 모양을 본뜸. 털을 뜻하며 부수로서는 털에 관한 뜻을 나타냄.

[참고]

❖ 부가의미 · ①털가죽. ②짐승. ③초목이 자람. ④아주 작은 것. ⑤아주 적음. ⑥분량의 단위. 1의 1000분의 1. 전(錢)의 100분의 1 등의 뜻도 있음.

一
二
三
毛

母의 1
총 5획

★★★

母
어미 모
어머니 모

· 母校(모교) 자기가 졸업한 학교.
· 父母(부모) 아버지와 어머니.
· 母系(모계) · 母系制度(모계제도) · 母國(모국) ·
母女(모녀) · 母堂(모당) · 母船(모선) · 母性(모성)
· 母性愛(모성애) · 母子(모자) · 母情(모정) · 母親
(모친) · 産母(산모) · 生母(생모) · 聖母(성모)

[풀이] 아기를 낳은 경험이 있는, 젖꼭지가 발달한 여성을 본뜸. 어머니를 뜻함.

[참고]

❖ 부가의미 · ①같은 물건 중에 크거나 무거운 것. ②출신지. ③무엇을 만들어 내는 근원이 되는 것 등의 뜻도 있음.

ㄴ
ㄅ
毋
母

心의 11
총 15획

慕
사모할 모
우러러받들 모

· 慕華(모화) 중국의 문물 · 사상을 숭모함.
· 思慕(사모) 정을 들여 애틋하게 그리워함.
· 慕心(모심) · 慕情(모정) · 敬慕(경모) · 思慕(사모)
· 哀慕(애모) · 戀慕(연모) · 追慕(추모)

[풀이] 心[마음]의 변형인 ↑과 음을 나타내는 莫(막 · 모)를 합쳐서 상대편의 모습을 마음에 그리다의 뜻.

[참고]

❖ 부가의미 · ①마음에 그림. ②사랑함. 사모함. ③뒤를 따름. ④남의 덕을 받들어 배우려고 함 등의 뜻도 있음.

艹
莒
莫
慕

木의 11
총 15획

★

模
본뜰 모
법 모
법식 모

· 模型(모형) 같은 형상의 물건을 만들기 위한 틀. 모형(母型). 실물을 줄여서 만든 본.
· 規模(규모) 사물의 구조나 구상의 크기.
· 模倣(모방) · 模範生(모범생) · 模本(모본) · 模寫(모사) · 模樣(모양) · 模擬(모의) · 模造(모조) · 模造紙(모조지)

[풀이] 木(나무)과 음을 나타내는 莫(모)를 합쳐서 같은 모양의 것을 만드는 목형(木型)을 뜻함. 널리 본으로 삼다 · 흉내 내다의 뜻.

[참고]

❖ 부가의미 · ①방법. ②흉내냄 등의 뜻도 있음.

朮
枏
枏
模
模

豸의7 총14획	貌	모양 모 자태 모

- 貌樣(모양) 꼴. 모습. 상태.
- 容貌(용모) 얼굴 모습.
- 貌狀(모상) · 貌形(모형) · 面貌(면모) · 美貌(미모)
- 外貌(외모) · 才貌(재모) · 風貌(풍모) · 形貌(형모)

[풀이] 짐승을 뜻하는 豸와 음을 나타내는 皃(모·막)를 합쳐서 짐승의 이름을 뜻함. 후에 모양이라는 뜻으로 씀.

[참고]
❖ 부가의미 · ①결. ②짓. ③모뜸. ④멀 등의 뜻도 있음.

ノ 豸 豸' 豹 貌

言의9 총16획	謀	꾀할 모 도모할 모

- 謀議(모의) 어떤 일을 꾀하고 의논함.
- 陰謀(음모) 일을 비밀로 꾸밈.
- 謀計(모계) · 謀略(모략) · 謀慮(모려) · 謀利(모리)
- 謀免(모면) · 謀反(모반) · 謀士(모사) · 謀殺(모살)
- 謀臣(모신) · 權謀(권모) · 無謀(무모) · 善謀(선모)
- 陰謀(음모) · 智謀(지모) · 參謀(참모) · 策謀(책모)

[풀이] 言(말)과 음을 나타내는 某(모)를 합쳐서 의논하다의 뜻.

[참고]
❖ 부가의미 · ①계획. ②의논함 등의 뜻도 있음.
❖ 비슷한 의미를 가진 한자 · 꾀하다의 뜻을 가진 글자
→計(계)

言 言 計 計 諄 謀

木의0 총4획	★ ★ ★ 木	나무 목

- 木工(목공) 나무로 물건을 만드는 기능공.
- 角木(각목) 각재(角材)로 된 나무.
- 木馬(목마) · 木石(목석) · 木手(목수) · 木材(목재)
- 木造(목조) · 木草(목초) · 木花(목화) · 巨木(거목)
- 老木(노목) · 伐木(벌목) · 樹木(수목) · 植木(식목)
- 原木(원목)

[풀이] 서 있는 나무의 모양을 본뜸. 부수로서는 나무에 관한 뜻을 나타냄.

[참고]
❖ 부가의미 · ①오행(五行)[木·火·土·金·水]의 하나. ②별 이름. ③칠요(七曜)의 하나. ④있는 대로의. 꾸미지 않은 등의 뜻도 있음.

一 十 才 木

目의0 총5획	★ ★ ★ 目	눈 목 눈동자 목

- 目次(목차) 항목·제목의 차례.
- 品目(품목) 물품의 명목(名目).
- 目擊(목격) · 目耕(목경) · 目今(목금) · 目斷(목단)
- 目睹(목도) · 目禮(목례) · 目錄(목록) · 目不忍見(목불인견) · 目算(목산) · 目的(목적) · 目前(목전)
- 科目(과목) · 德目(덕목) · 面目(면목) · 細目(세목)

[풀이] 사람의 눈의 모양을 본뜸. 세로로 하여 目으로 썼음. 부수 目은 눈이나 눈으로 보는 것에 관한 뜻을 나타냄.

[참고]
❖ 부가의미 · ①눈동자. ②눈짓. ③눈짓함. ④눈여겨 봄. ⑤요목. 요점. ⑥조목. 조건. ⑦이름. ⑧당장. 지금. ⑨우두머리. 괴수 등의 뜻도 있음.

丨 冂 冃 目 目

| 牛의
4
총8획 | 牧 | 목장 목
칠 목 | ・牧畜(목축) 소・말・양・돼지 따위의 가축을 길러 번식시키는 일.
・放牧(방목) 소나 말・양 따위의 가축을 놓아 기름.
・牧歌(목가)・牧童(목동)・牧民(목민)・牧師(목사)
・牧野(목야)・牧羊(목양)・牧養(목양)・牧牛(목우)
・牧人(목인) | ノ
ゲ
牛
牜
牧 |

풀이 牛와 음을 나타내는 攵(복)을 합쳐서 회초리나 몽둥이로 소를 때려 몰다의 뜻. 후에 목장의 뜻으로 씀.

참고

❖ **부가의미**・①놓아 기름. 기름침[畜養]. ②다스림. 맡음. 살핌. ③교외. ④임(臨)함. ⑤옛 벼슬 이름. ⑥모란 등의 뜻도 있음.

| 目의
8
총13획 | 睦 | 화목할 목 | ・親睦(친목) 서로 친해 화목함.
・和睦(화목) 뜻이 맞고 정다움.
・睦月(목월)・睦族(목족)・睦親(목친)・友睦(우목) | ⊓
目
盰
眹
睦 |

풀이 目[눈]과 음을 나타내는 坴(륙)[목은 변음]을 합하여 눈매가 온화함을 뜻함. 후에 화목하다의 뜻으로 씀.

참고

❖ **부가의미**・① 친목(親睦). ②눈매가 고움. ③성(姓)의 하나 등의 뜻도 있음.

▣ **모양이 비슷한 한자**・睦(화목할 목) 和睦(화목)
・陸(뭍 육) 陸地(육지)

| 氵의
4
총7획 | 沒 | 빠질 몰
숨을 몰 | ・沒頭(몰두) 어떤 일에 정신을 다 기울임.
・日沒(일몰) 해가 지는 일, 또는 해넘이.
・沒覺(몰각)・沒交涉(몰교섭)・沒年(몰년)・沒落
(몰락)・沒死(몰사)・沒常識(몰상식)・沒收(몰수)
・沒入(몰입)・沒趣味(몰취미)・埋沒(매몰)・滅沒
(멸몰)・生沒(생몰)・出沒(출몰)・沈沒(침몰) | 氵
氵
氵
汐
沒 |

풀이 氵[물]과 음을 나타내는 殳(몰)을 합쳐서 물 속에 잠겨 없어지다의 뜻.

참고

❖ **부가의미**・①파묻힘. ②끝남. 죽음. ③없어짐. 없앰. ④없음. ⑤거두어 넣음 등의 뜻도 있음.

❖ **비슷한 의미를 가진 한자**・물 속에 잠기다의 뜻을 가진 글자→沈 (침)

| 夕의
11
총14획 | 夢 | 꿈 몽 | ・夢想(몽상) 꿈 속의 생각. 헛된 생각.
・吉夢(길몽) 좋은 일이 생길 징조가 되는 꿈.
・夢裏(몽리)・夢寐(몽매)・夢夢(몽몽)・夢死(몽사)
・夢遊(몽유)・夢遊病(몽유병)・夢占(몽점)・吉夢
(길몽)・瑞夢(서몽)・惡夢(악몽)・春夢(춘몽)・醉
夢(취몽)・凶夢(흉몽) | ⺾
芇
莔
夣
夢 |

풀이 밤을 뜻하는 夕과 음을 나타내는 瞢(몽)을 합쳐서 밤이 어둡다의 뜻. 후에 꿈이라는 뜻으로 쓰이게 됨.

참고

❖ **부가의미**・①혼미(混迷)함. ②성(姓)의 하나 등의 뜻도 있음.

▣ **모양이 비슷한 한자**・夢(꿈 몽) 夢想(몽상)
・蒙(어두울 몽) 蒙昧(몽매)

++의
10
총
14획

입을 몽
덮을 몽

- 蒙塵(몽진) 먼지를 뒤집어 씀. 임금의 피난.
- 啓蒙(계몽) 무식한 이를 깨우쳐 줌.
- 蒙古(몽고) · 蒙卦(몽괘) · 蒙利(몽리) · 蒙昧(몽매)
- 蒙喪(몽상) · 蒙恩(몽은) · 蒙學(몽학) · 童蒙(동몽)

참고

❖ 부가의미 · ①어두움. 사리에 어두움. ②어림. 어린이.
③입음. 받음. ④덮음. 가림. ⑤속임. ⑥무릅씀. ⑦날림.
❖ 비슷한 의미를 가진 한자 · 어둡다의 뜻을 가진 글자
→暗(암)
❖ 잘못읽기 쉬운 한자 · 蒙昧 몽매 (몽미로 읽지 말것)

풀이 ++[풀]와 음을 나타내는 豕
(몽)을 합쳐서 덩굴풀의 뜻. 음을
빌어서 덮다 · 어둡다의 뜻으로 씀.

++
艹
学
孛
蒙

女의
4
총
7획

묘할 묘
예쁜 묘

- 妙味(묘미) 미묘한 취미. 묘한 맛.
- 巧妙(교묘) 솜씨나 꾀가 재치있고 약삭바름.
- 妙境(묘경) · 妙計(묘계) · 妙曲(묘곡) · 妙技(묘기)
- 妙齡(묘령) · 妙法(묘법) · 妙手(묘수) · 妙案(묘안)
- 妙藥(묘약) · 妙用(묘용) · 妙音(묘음) · 奇妙(기묘)
- 神妙(신묘) · 珍妙(진묘)

참고

❖ 부가의미 · ①아름다움. 능숙함. ②이상야릇함. ③젊음
등의 뜻도 있음.

풀이 女[여자]와 음을 나타내는
少(소)[묘는 변음]를 합쳐서 젊은
여자라는 뜻. 널리 아름다움 · 가냘
픔 · 이상함의 뜻으로 쓰임.

ㅅ
ㅅ
女
妙
妙

土의
11
총
14획

무덤 묘
뫼 묘

- 墓碑(묘비) 무덤 앞에 세우는 비석. 묘석.
- 省墓(성묘) 조상의 산소를 살펴봄.
- 墓奴(묘노) · 墓幕(묘막) · 墓石(묘석) · 墓所(묘소)
- 墓前(묘전) · 墓地(묘지) · 墓地銘(묘지명) · 墓表
(묘표) · 墓穴(묘혈) · 陵墓(능묘) · 墳墓(분묘)

참고

❖ 부가의미 · 무덤. 산소의 뜻도 있음.
❖ 부수풀이 · 土(흙 토): 싹(十)이 돋아나는 흙(一), 또는
싹이 나올 때의 지층을 본떠 땅을 뜻한 자.

풀이 土[흙]와 음을 나타내는 莫
(막 · 모)을 합쳐서 죽은 사람을 흙
으로 덮은 곳이라는 뜻.

丶
艹
茸
莫
墓

++의
5
총
9획

우거질 무
무성할 무

- 茂才(무재) 재주가 뛰어남. 수재(秀才).
- 茂林(무림) 나무가 무성한 수풀.
- 茂生(무생) · 茂盛(무성) · 繁茂(번무) · 碩茂(석무)

참고

❖ 부가의미 · ①초목이 무성한 곳. ②왕성함. ③많음.
④힘씀[勉]. ⑤아름다움 등의 뜻도 있음.

풀이 ++[풀]와 음을 나타내는 戊
(무)를 합쳐서 풀이 무성하다의 뜻.

十
++
艹
茂
茂

武

止의
4 총8획
★ ★

무사 무
굳셀 무

一
二
ニ
手
正
武

[풀이] 걷다의 뜻인 止와 음을 나타내는 戈(과)[무는 변음]의 변형인 𢧢를 합쳐서 한 번 걸탐(跨)의 뜻. 후에 글자를 빌려서 용감하다의 뜻으로 씀.

- 武力(무력) 군사상의 힘. 병력(兵力)
- 文武(문무) 문식과 무략. 문화적인 방면과 군사적인 방면.
- 武功(무공)·武官(무관)·武力(무력)·武藝(무예)
- 武勇(무용)·武運(무운)·武人(무인)·光武(광무)
- 文武(문무)·尚武(상무)·武道場(무도장)

[참고]
❖ 부가의미 ·①과시(誇示)함. 위력. ②무술. 전술. 병법. ③강자. 군인. 무사. ④병기. ⑤반걸음.[半步] 등의 뜻도 있음.

務

力의
9 총11획
★ ★

힘쓸 무
일 무

フ
マ
矛
教
務

[풀이] 힘을 뜻하는 力과 창을 뜻하는 矛와 음을 나타내는 攵(복)을 합쳐 부수다. 무리를 무릅쓰고 하다·근무하다의 뜻을 나타냄.

- 務望(무망) 힘써서 바람.
- 業務(업무) 맡아서 하는 일.
- 勤務(근무)·勞務(노무)·服務(복무)·常務(상무)
- 稅務(세무)·實務(실무)·用務(용무)·財務(재무)
- 政務(정무)·執務(집무)·責務(책무)

[참고]
❖ 비슷한 의미를 가진 한자 ·務(무)는 직분·임무·의무라는 뜻을 품고 있음. 勤(근)은 근무라는 뜻이 강함. 힘써 하다의 뜻을 가진 글자→勤(근)

無

灬의
8 총12획
★ ★ ★

없을 무
공허할 무

ノ
ニ
乍
無
無

[풀이] 사람이 소맷자락에 장식을 붙이고 춤추는 모양을 본뜸. 舞의 원자. 음을 빌어 없다의 뜻으로 씀.

- 無窮(무궁) 끝 없이 영원히 계속됨.
- 全無(전무) 전혀 없음.
- 無能(무능)·無力(무력)·無禮(무례)·無料(무료)
- 無理(무리)·無色(무색)·無順(무순)·無視(무시)
- 無識(무식)·無心(무심)·無言(무언)·無敵(무적)
- 無情(무정)·無題(무제)·無罪(무죄)

[참고]
❖ 부가의미 ·①말라. 금지하는 말. ②아님[不]. ③깔봄. 업수이 여김 등의 뜻도 있음.

貿

貝의
5 총12획

장사할 무

ノ
レ
幻
留
貿

[풀이] 貝[화폐]와 음을 나타내는 卯(무)를 합쳐서 돈과 물건을 바꾼다는 뜻.

- 貿易(무역) 물품을 서로 교환·거래하는 일. 외국과 장사 거래를 함.
- 貿穀(무곡) 장사하려고 많은 곡식을 사들임. 또, 그 곡식. 무미(貿米).
- 貿易收支(무역수지)·貿易風(무역풍)·貿易金融(무역금융)·貿易逆調(무역역조)

[참고]
❖ 부가의미 ·①바꿈. ②장사를 함. ③번갈아 나옴. ④어릿어릿한 모양 등의 뜻도 있음.

★

舛의 8
총 14획

춤출 무

· 舞踊(무용) 무도. 춤. 댄스.
· 歌舞(가무) 노래와 춤. 노래하고 춤춤.
· 舞曲(무곡)·舞妓(무기)·舞臺(무대)·舞臺監督
  (무대감독)·舞臺裝置(무대장치)·舞蹈(무도)·
  舞童(무동)·圓舞(원무)·處容舞(처용무)

풀이 無가 본디 글자로서 사람이 긴 소랫자락을 한 옷을 입고 춤을 추는 모습을 본뜸. 후에 두 발을 뜻하는 舛을 덧붙여서 춤의 뜻으로 씀.

❖

참고

❖ 부가의미 · ①좋아서 펄펄 뜀. ②뜻대로 놀림 등의 의미도 있음.

| 一 |
| 亠 |
| 無 |
| 舞 |
| 舞 |

黑의 4
총 16획

잠잠할 묵
입다물 묵

· 默讀(묵독) 소리를 내지 않고 읽음.
· 沈默(침묵) 아무 말 없이 잠잠히 있음.
· 默契(묵계)·默過(묵과)·默念(묵념)·默禱(묵도)·
· 默禮(묵례)·默默(묵묵)·默秘(묵비)·默殺(묵살)·
· 默想(묵상)·默示(묵시)·默視(묵시)·默然(묵연)·
· 默認(묵인)·默坐(묵좌)·默許(묵허)

풀이 犬(견)과 음을 나타내는 黑(흑)[묵은 변음]을 합쳐서 개가 입을 다물고 있다의 뜻. 널리 잠잠하다의 뜻으로 쓰임.

❖

참고

❖ 부가의미 · 어두움의 뜻도 있음.

| 甲 |
| 里 |
| 黑 |
| 默 |
| 默 |

文의 0
총 4획

★★★

글월 문
글자 문

· 文身(문신) 피부에 바늘로 찔러서 먹물을 들임. 또 그 글씨·그림·무늬.
· 名文(명문) 매우 잘 지은 글. 이름난 글.
· 文名(문명)·文民(문민)·文法(문법)·文書(문서)·
· 文案(문안)·文字(문자)·文章(문장)·文集(문집)·
· 文彩(문채)·文體(문체)·文治(문치)·文筆(문필)

풀이 가슴팍에서 옷깃이 엇갈리는 모양을 본뜸. 목 언저리가 예쁘다의 뜻. 널리 무늬·모양의 뜻으로 쓰이며 후에 글자나 문장의 뜻으로 사용하게 됨.

❖

참고

❖ 부가의미 · ①표현. 현상. ②사리. ③글자. ④말. 어구. ⑤문장. 글. ⑥쓴 것. 기록. 책. ⑦학문. 예술. ⑧사람의 지혜에 의하여 생겨 난 것. ⑨법률. 문치(文治) 등의 뜻도 있음.

| 丶 |
| 亠 |
| ナ |
| 文 |

門의 0
총 8획

★★★

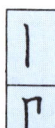

문 문
지체 문

· 門前(문전) 대문 앞.
· 大門(대문) 큰 문. 집의 정문(正門).
· 門客(문객)·門望(문망)·門閥(문벌)·門外(문외)·
· 門外漢(문외한)·門人(문인)·門跡(문적)·門前
  成市(문전성시)·校門(교문)·部門(부문)·城門
  (성문)·水門(수문)·窓門(창문)·鐵門(철문)

풀이 좌우로 여닫는 문이 닫혀 있는 모양을 본뜸.

❖

참고

❖ 부가의미 · ①집. 가정. 집안. 문중. ②지체. 벌열. ③문을 침. 문을 공격함. ④길 등의 뜻도 있음.

| 丨 |
| 冂 |
| 尸 |
| 門 |
| 門 |

問

口의 8
총 11획

물을 문
찾을 문

풀이 입을 뜻하는 口와 음을 나타내는 門(문)을 합쳐서 말이 나는 곳이라는 뜻. 안부를 묻거나 죄인에게 따져 묻다·물어서 바로잡다의 뜻.

- 問議(문의) 물어 보고 의논함.
- 質問(질문) 모르는 것이나 알고 싶은 것 따위를 물음.
- 問答(문답)·問病(문병)·問安(문안)·問題(문제)
- 問罪(문죄)·問責(문책)·問招(문초)·顧問(고문)
- 難問(난문)·訪問(방문)·訊問(신문)·慰問(위문)

참고

❖ **비슷한 의미를 가진 한자**·묻다의 뜻을 가진 글자 問은 물어서 알아봄. 訊(신)은 다그쳐 물음. 諮(자)는 일일이 헤아려 물음. 詢(순)은 차근차근 물음. 訪(방)은 이쪽에서 찾아 가서 물어 봄.

一 冂 冂 冂 門 門 問

聞

耳의 8
총 14획

들을 문
알려질 문

풀이 귀를 뜻하는 耳와 음을 나타내는 門을 합쳐서 알아 듣다의 뜻.

- 所聞(소문) 전하여 들리는 말.
- 風聞(풍문) 바람결에 들리는 소문.
- 聞見(문견)·聞記(문기)·聞達(문달)·聞道(문도)
- 聞望(문망)·聞問(문문)·聞法(문법)·聞訃(문부)
- 聞善(문선)·聞人(문인)·聞奏(문주)·聞知(문지)
- 聞風(문풍)·聞香(문향)

참고

❖ **부가의미**·①소문. ②이름남 등의 뜻도 있음.
❖ **비슷한 의미를 가진 한자**·듣다의 뜻을 가진 글자
　→聽(청)

一 冂 冂 門 門 門 聞

紋

糸의 4
총 10획

무늬 문

풀이 糸[실]와 음을 나타내는 文(문)을 합하여 실로 짜서 나타낸 무늬라는 뜻.

- 紋織(문직) 무늬를 넣어 돋아나게 짠 옷감.
- 波紋(파문) 물결의 무늬. 곧, 수면에 이르는 잔물결. 어떤 일로 말미암아 다른데에 문제를 일으키는 영향.
- 紋縠(문곡)·指紋(지문)·錦紋(금문)·綺紋(기문)
- 羅紋(나문)·手紋(수문)·花紋(화문)

참고

❖ **부가의미**·문채(文彩)의 뜻도 있음.
❖ **부수풀이**·糸(실 사): 가는 실을 감아 놓은 실타래 모양을 본뜬 자.

乄 乄 糸 糸 紋 紋

勿

勹의 2
총 4획

말을 물
없을 물
기의 이름 물

풀이 장대에 매단 기가 펄럭이는 모양을 본떠서 만든 글자. 음을 빌어 부정·금지의 어조사로 쓰고 있음.

- 勿論(물론) 말할 것도 없음.
- 勿驚(물경) 놀라지 말라는 뜻.
- 勿禁(물금)·勿忘草 (물망초)·勿弗山(물불산)·勿入(물입)·勿侵(물침)·密勿(밀물)·

참고

❖ **부가의미**·①그만둠. 맒. ②깃발. ③바쁨. ④[먼지를]떪. ⑤먼지떨이 등의 뜻도 있음.

丿 勹 勺 勿

物

牛의 4
총 8획

만물 물
물건 물

★ ★ ★

（풀이） 牛[소]와 음을 나타내는 勿 (물)을 합쳐서 여러 가지 빛깔의 소 를 뜻함. 후에 물건의 뜻으로 씀.

· 物望(물망) 사람들이 우러러보는 명망.
· 生物(생물) 스스로 영양을 섭취하며, 생장, 번식, 운 동을 기본으로 하는 생활 현상을 가진 유기체.
· 物價(물가) · 物價指數(물가지수) · 物件(물건) · 物權(물권) · 物納(물납) · 物量(물량) · 物論(물론) · 建物(건물) · 動物(동물) · 禮物(예물) · 名物(명물)

（참고）

❖ 부가의미 · ①일. 사항. 사물. ②무리[類]. ③보고 헤아 림. ④견줌. ⑤만남 등의 뜻도 있음.

`'` `牛` `牛` `牜` `物` `物`

未

木의 1
총 5획

아닐 미
여덟째 지지 미

★

（풀이） 나무가 무성한 모양을 본뜸. 나무가 무성하다의 뜻. 후에 아직의 뜻으로 쓰임.

· 未開(미개) 꽃 등이 아직 피지 못함. 민도가 낮고 문 명이 발달하지 못한 상태.
· 未定(미정) 아직 정하지 못함.
· 未刊(미간) · 未開拓(미개척) · 未決(미결) · 未久 (미구) · 未及(미급) · 未納(미납) · 未達(미달) · 未 踏(미답) · 未來(미래)

（참고）

❖ 부가의미 · ①아직도 …인가[의문사]. ②양(羊). ③십이 지(十二支)의 여덟 번째. ④오후 2시 또는 오후 1시부 터 3시까지. ⑤남(南)에서 30도 서(西)의 방향. ⑥오행 (五行)의 토(土) 등의 뜻도 있음.

`一` `二` `牛` `牛` `未` `未`

米

米의 0
총 6획

쌀 미
미터 미

★ ★ ★

（풀이） 곡식의 낟알을 뜻함. 후에 겉껍질을 벗긴 곡식을 널리 쌀이라 고 하다가 다시 보리 · 수수 · 조 등 에 대하여 쌀을 米자로 나타냄.

· 米年(미년) 88세.
· 玄米(현미) 벼의 껍질만 벗기고 쓿지 않은 쌀.
· 米價(미가) · 米穀(미곡) · 米穀年度(미곡연도) · 米櫃(미궤) · 米豆(미두) · 米粒(미립) · 米麥(미맥) · 米飯(미반) · 米産(미산) · 米壽(미수) · 米食(미식) · 米鹽(미염) · 米飮(미음) · 米作(미작) · 米廛(미전)

（참고）

❖ 부가의미 · 미터. 미터법의 길이의 단위. 킬로미터의 천분(千分)의 일의 뜻도 있음.

`丶` `丷` `ソ` `ソ` `半` `米`

味

口의 5
총 8획

맛 미
맛볼 미

★ ★

（풀이） 口[입]와 음을 나타내는 未 (미)를 합쳐서 입맛을 당기다의 뜻. 맛의 뜻으로 씀.

· 味覺(미각)　맛을 느껴 아는 감각(感覺).
· 甘味(감미)　단맛, 맛이 담.
· 味感(미감) · 味讀(미독) · 味淋(미림) · 味塵(미진)
· 加味(가미) · 口味(구미) · 妙味(묘미) · 別味(별미)
· 性味(성미) · 六味(육미) · 吟味(음미) · 正味(정미)
· 風味(풍미) · 興味(흥미)

（참고）

❖ 부가의미 · ①재미. ②이치(理致). 뜻의 의미도 있음.

`丨` `口` `口` `叮` `吽` `味`

羊의
3
총9획

아름다울 미

★ ★ ★

· 美貌(미모) 아름답고 고운 얼굴.
· 甘美(감미) 달콤하여 맛이 좋음.
· 美感(미감) · 美擧(미거) · 美果(미과) · 美觀(미관)
· 美軍(미군) · 美技(미기) · 美男子(미남자) · 美女(미녀) · 美談(미담) · 美德(미덕) · 美童(미동) · 美麗(미려) · 美名(미명) · 美貌(미모) · 美妙(미묘)

풀이 양을 뜻하는 羊과 크다의 뜻인 大를 합쳐서 살이 찐 큰 양의 뜻. 후에 아름답다의 뜻으로 씀.

참고

❈ 부가의미 · ①좋음. ②맛이 있음 등의 뜻도 있음.

` 丷 羊 美

彳의
10
총13획
微
작을   미
천할   미

· 微物(미물) 변변하지 못하고 작은 물건. 썩 자질구레한 벌레.
· 輕微(경미) 가볍고도 아주 작음.
· 微功(미공) · 微官(미관) · 微光(미광) · 微動(미동)
· 微量(미량) · 微力(미력) · 微粒(미립) · 微妙(미묘)
· 微分(미분) · 微生物(미생물) · 微細(미세)

풀이 가다의 뜻인 彳과 음을 나타내는 微(미)를 합쳐서 눈에 띄지 않게 하다, 즉 남몰래 살짝 가다의 뜻.

참고

❈ 부가의미 · ①희미함. ②자음. 가늚. ③쇠약함. ④아님. ⑤없음. ⑥숨김. ⑦엿보며 살핌. ⑧천함 등의 뜻도 있음.

彳 彳 彺 從 微

氏의
1
총5획
民
백성 민
평민 민

★ ★ ★

· 民家(민가) 일반 국민의 집. 民戶(민호).
· 農民(농민) 농업에 종사하는 사람.
· 民間(민간) · 民國(민국) · 民權(민권) · 民團(민단)
· 民度(민도) · 民亂(민란) · 民力(민력) · 民望(민망)
· 民放(민방) · 民法(민법) · 民兵(민병) · 民本主義(민본주의) · 民事(민사) · 民生(민생)

풀이 손잡이가 달린 송곳의 모양을 본뜸. 후에 글자를 빌려서 백성의 뜻으로 씀.

참고

❈ 부가의미 · ①관작이나 지위가 없이 다스림을 받는 사람. ②널리 일반 사람 등의 뜻도 있음.

フ フ ア 尸 民

宀의
8
총11획
密
빽빽할 밀
은밀할 밀

★ ★

· 密談(밀담) 은밀히 이야기함, 또는 그 이야기.
· 隱密(은밀) 숨어서 형적이 나타나지 않음.
· 密計(밀계) · 密告(밀고) · 密敎(밀교) · 密度(밀도)
· 密獵(밀렵) · 密入國(밀입국) · 細密(세밀) · 嚴密(엄밀) · 親密(친밀)

풀이 山(산)과 같은 음을 나타내는 宓을 합쳐서 산 속이 고요하다는 뜻. 널리 남몰래의 뜻으로 쓰임.

참고

❈ 부가의미 · ①고요함. 가만히 함. 은근함. 차근차근함. ②짙음. 두꺼움. ③매우 가까움. 달라붙음. ④닫음 등의 뜻도 있음.

宀 少 宓 宓 密

木의 2
총 6획

★ ★ ★

朴 순박할 박
나무껍질 박

一
十
才
木
朴

· 朴茂(박무) 순박하고 뛰어남.
· 素朴(소박) 꾸밈이 없이 생긴 그대로임.
· 朴素(박소) · 朴實(박실) · 朴直(박직) · 醇朴(순박)
· 質朴(질박) · 忠朴(충박)

[풀이] 木과 음을 나타내는 卜(복) [박은 변음]을 합쳐서 나무 껍질의 뜻.

[참고]

❖ **부가의미** · ①팽나무[목력과의 낙엽수]. ②순박함. 진실함. ③성(姓)의 하나 등의 뜻도 있음.

扌의 5
총 8획

★

拍 칠 박
박자 박

一
扌
扌
扣
拍

· 拍手(박수) 손뼉을 침.
· 拍子(박자) 곡조의 진행하는 시간을 헤아리는 단위. 박(拍).
· 拍手喝采(박수갈채) · 拍掌(박장) · 拍車(박차) · 歌拍(가박) · 撫拍(무박) · 節拍(절박) · 彈拍(탄박)
· 揮拍(휘박)

[풀이] 손을 뜻하는 扌와 음을 나타내는 白(백)[박은 변음]을 합쳐서 손뼉을 치다의 뜻.

[참고]

❖ **부가의미** · 악곡에서 리듬의 기초가 되는 주기적인 작은 구분의 뜻도 있음.

辶의 5
총 9획

迫 핍박할 박

丶
亻
白
泊
迫

· 迫擊(박격) 바짝 들이 덤벼 마구 몰아침. 적에 접근하여 공격함.
· 迫力(박력) 일을 추진(推進)해 나아가는 힘. 육박하는 힘.
· 迫急(박급) · 迫頭(박두) · 迫切(박절) · 迫眞(박진)
· 迫害(박해) · 强迫(강박) · 擊迫(격박) · 急迫(급박)
· 壓迫(압박) · 肉迫(육박) · 切迫(절박) · 逼迫(핍박)
· 脅迫(협박)

[풀이] 보행을 뜻하는 辶과 음을 나타내는 白(백)[박은 변음]을 합쳐서 걸어서 다가가다의 뜻. 널리 가까이 가다의 뜻으로 씀.

十의 10
총 12획

★ ★

博 넓을 박
노름 박

十
忄
忄
恒
博
博

· 博覽(박람) 사물을 널리 봄.
· 該博(해박) 학문이 넓음. 사물에 관하여 널리 앎.
· 博徒(박도) · 博覽會(박람회) · 博勞(박로) · 博聞(박문) · 博聞强記(박문강기) · 博文局(박문국) · 博物(박물) · 博物館(박물관) · 博物學(박물학) · 博識(박식)

[풀이] 많다는 뜻인 十과 음을 나타내는 尃(부)[박은 변음]를 합쳐서 퍼뜨리다의 뜻.

[참고]

❖ **부가의미** · ①큼. ②많음. 학식 · 견문이 많음. ③노름 등의 뜻도 있음.

❖ **비슷한 의미를 가진 한자** · 넓다의 뜻을 가진 글자 →廣(광)

⁺⁺ 의 13 총 17 획	**薄** 엷을 박 얇을 박	· 薄氷(박빙) 엷게 언 얼음. · 淺薄(천박) 지식이나 생각이 얕음. · 薄給(박급) · 薄德(박덕) · 薄祿(박록) · 薄利(박리) · 薄明(박명) · 薄福(박복) · 薄俸(박봉) · 薄謝(박사) · 薄色(박색) · 薄弱(박약) · 薄運(박운) · 薄依(박의) · 薄才(박재) · 薄情(박정)	艹 薄 蒲 薄 薄

[풀이] 艹[풀]와 음을 나타내는 專(박)을 합쳐서 풀이 서로 붙어 자라다의 뜻. 후에 얇다의 뜻으로 씀.

[참고]
❀ **부가의미** · ①묽게 함. 엷게 함. ②업신여김. ③다닥침.
④힘입음. ⑤모음[集]. ⑥입힘. ⑦풀숲. ⑧혐의.
🔷 **모양이 비슷한 한자** · 薄(얇을 박) 薄福(박복)
· 簿(장부 부) 簿記(부기)

又 의 2 총 4 획	★★★ **反** 돌이킬 반 거스를 반	· 反對(반대) 사물이 아주 상반됨. 남의 말이나 의견을 찬성 않고 뒤집어 거스름. · 相反(상반) 서로 반대되거나 어긋남. · 反間(반간) · 反感(반감) · 反擊(반격) · 反古(반고) · 反骨(반골) · 反共(반공) · 反攻(반공)	一 厂 反 反

[풀이] 벼랑을 뜻하며 '한'이던 음이 '반'으로 변한 厂과 손을 뜻하는 又(우)로 이루어진 글자. 손을 뒤집다의 뜻. 지금은 배반하다, 돌아오다, 돌아 보다의 뜻으로 쓰임.

[참고]
❀ **부가의미** · ①도리어. ②배반함. 맞지 않음. 거스름.
③돌이켜 봄. ④득직함. 진중함 등의 뜻도 있음.
❀ **비슷한 의미를 가진 한자** · 배반하다의 뜻을 가진 글
자→叛(반)

十 의 3 총 5 획	★★★ **半** 반 반 가운데 반	· 半半(반반) 똑같이 가른 반과 반. 반씩. · 夜半(야반) 한밤중. · 半價(반가) · 半間(반간) · 半減(반감) · 半開(반개) · 半徑(반경) · 半官半民(반관반민) · 半壞(반괴) · 半島(반도) · 半白(반백) · 半月(반월) · 前半(전반) · 太半(태반)	` ˇˇ 丷 兰 半

[풀이] 소를 뜻하는 牛와 음을 나타내는 八(팔)[반은 변음]을 합쳐 소를 두 동강이 낸다는 뜻을 나타냄. 보통 물건을 둘로 가르다, 둘로 가른 것 중의 하나의 뜻으로 쓰임.

[참고]
❀ **부가의미** · ①덜됨. ②조각 등의 뜻도 있음.

玉 의 6 총 10 획	★★★ **班** 나눌 반 반 반	· 班常(반상) 양반과 상사람. · 兩班(양반) 지체나 신분이 높은 상류 계급 사람을 이르던 말. · 班白(반백) · 班別(반별) · 班員(반원) · 班位(반위) · 班長(반장) · 班點(반점) · 班指(반지) · 班次(반차) · 班村(반촌) · 班布(반포) · 硏究班(연구반)	丁 王 玡 玨 班

[풀이] 두 개의 王[구슬]과 음을 나타내는 分(분)[반은 변음]의 변형인 刂을 합쳐서 구슬을 나누다의 뜻, 널리 나누다의 뜻으로 씀.

[참고]
❀ **부가의미** · ①반차. 석차. 순서. ②섞임. 얼룩짐. ③헤
어짐. 이별함. ④돌아감 등의 뜻도 있음.
❀ **비슷한 의미를 가진 한자** · 나누다의 뜻을 가진 글자
→分(분)

126

般 舟의 4 총 10획	일반 반 옮길 반	・般師(반사) 군사를 돌이킴. 군사를 거느리고 돌아옴. ・諸般(제반) 여러 가지 모든 것. ・般若(반야)・般若湯(반야탕)・今般(금반)・萬般 (만반)・百般(백반)・一般(일반)・全般(전반)	丿 刀 𦨝 舟 般

풀이 흙담 등을 쌓을 때 양쪽에 대는 널빤지 모양인 겨를 잘못 쓴 舟(주)와 몽둥이로 쳐서 다지다의 뜻인 殳(수)를 합쳐서 흙담을 쌓다의 뜻. 후에 나르다・돌아다니다의 뜻으로 씀.

참고

❋ 부가의미 ・①되돌아옴. ②돌아다님. ③옮김. 나름. ④즐김. ⑤종류. 가지. ⑥일반. 대체로. 모두. ⑦많음. ⑧사물을 세는 수사. ⑨펌[布]. ⑩큰 배 등의 뜻도 있음.

飯 食의 4 총 13획	밥 반	・飯器(반기) 밥을 담는 그릇. ・朝飯(조반) 아침밥. ・飯粒(반립)・飯米(반미)・飯食(반사)・飯床器(반 상기)・飯店(반점)・飯酒(반주)・飯饌(반찬)・飯 盒(반합)・强飯(강반)・乾飯(건반)・冷飯(냉반)・ 麥飯(맥반)	𠂊 今 食 飠 飯

풀이 음식(食)과 음을 나타내는 反(반)을 합하여 입에 머금고 잘 씹어서 넘긴다는 뜻. 후에 주식(主食)인 밥의 뜻으로 쓰임.

참고

❋ 부가의미 ・①먹음. 먹임. ②기름. 침. 마소를 사육함 등의 뜻도 있음.

★ ★ ★ 發 癶의 7 총 12획	쏠 발 떠날 발	・發射(발사) 총포・활 등을 씀. ・開發(개발) 새로운 것을 생각해 내어 실용화하는 일. ・發覺(발각)・發刊(발간)・發見(발견)・發光(발광) ・發狂(발광)・發光體(발광체)・發句(발구)・發掘 (발굴)・發券(발권)・發禁(발금)・發給(발급)・發 起(발기)	癶 癶 發 發 發

풀이 활[弓]과 음을 나타내는 癶(발)을 합하여 활을 쏨을 뜻함. 널림 드러나다・시작하다의 뜻으로 쓰임.

참고

❋ 부가의미 ・①일어남. 생김. 일어섬. ②일으킴. 돋우어 일으킴. 일을 벌임. ③펌. 엶. ④떠남. ⑤핌. 꽃이핌. ⑥들춤. ⑦찾아냄. ⑧드러냄. 공표함. 파냄. ⑨나타남. 드러남. ⑩밝힘. ⑪쏨음 등의 뜻도 있음.

★ 髮 髟의 5 총 15획	머리털 발	・髮膚(발부) 머리털과 피부. ・頭髮(두발) 머리털. ・髮鼓(발고)・結髮(결발)・金髮(금발)・落髮(낙발) ・亂髮(난발)・怒髮(노발)・斷髮(단발)・頭髮(두발) ・白髮(백발)・辮髮(변발)・蓬髮(봉발)・鬢髮(빈발) ・散髮(산발)・危機一髮(위기일발)・理髮(이발)	日 镸 髟 髮 髮

풀이 [머리카락]과 음을 나타내는 犮(발)을 합쳐서 빗질하여 잘 손질한 머리카락이라는 뜻.

참고

❋ 부가의미 ・①초목(草木). ②메마른 땅. 모래땅 등의 뜻도 있음.

方의 0 총4획	★★★ 方	모 방 모질 방

풀이 쟁기 날 부분의 모양을 본뜸. 후에 한쪽·방향 등의 뜻으로 쓰임. 그리고 方을 부수로 하는 글자에는 於 또는 方로 되는 경우가 많음.

· 方向(방향) 향하는 쪽. 방위(方位).
· 사방(四方) 네 방위. 곧, 동·서·남·북.
· 方角(방각) · 方今(방금) · 方途(방도) · 方略(방략)
· 方里(방리) · 方笠(방립) · 方面(방면) · 方物(방물)
· 方法(방법) · 方案(방안) · 方言(방언) · 方位(방위)
· 方針(방침) · 地方(지방) · 處方(처방) · 漢方(한방)

참고

❉ **부가의미** · ①향하여 가는 장소. ②곳. 장소. ③나라. ④하는 법. ⑤솜씨. 기술. 신선의 도술. 의술. ⑥약의 조제. ⑦모. 각. ⑧정방형의 한 변의 길이. ⑨글을 쓸 수 있는 4각의 판자나 조각 등의 뜻도 있음.

`丶 亠 方 丶`

女의 4 총7획	★ 妨	방해할 방

풀이 女[여자]와 음을 나타내는 方(방)을 합쳐서 여자가 일을 방해하다의 뜻.

· 妨止(방지) 훼살놓아 못하게 함.
· 無妨(무방) 거리낄 것이 없음. 지장이 없음.
· 妨遏(방알) · 妨沮(방저) · 妨害(방해) · 病妨(병방)
· 三妨(삼방) · 俗物妨(속물방) · 女妨(여방) · 意妨(의방)

참고

❉ **부가의미** · 거리낌의 뜻도 있음.

`く 女 女 妨`

阝의 4 총7획	★★ 防	막을 방 둑 방 제방 방

풀이 阝[북돋운 흙]과 음을 나타내는 方(방)을 합쳐서 강의 양 쪽에 쌓아 올린 흙을 뜻함. 널리 막다의 뜻으로 씀.

· 防止(방지) 막아서 그치게 함.
· 堤防(제방) 홍수의 예방이나 저수를 위해 둘레를 돌, 흙 따위로 높이 막아 쌓은 언덕.
· 防共(방공) · 防備(방비) · 防水(방수) · 防音(방음)
· 防除(방제) · 防火(방화) · 善防(선방) · 水防(수방)
· 公害防止(공해방지)

참고

🔄 **모양이 비슷한 한자** · 彷(배회할 방) 彷徨(방황)
· 防(막을 방) 防衛(방위)

`ˊ 阝 阝 阹 防`

戶의 4 총8획	★★ 房	방 방 곁방 방

풀이 戶[방]와 음을 나타내는 方(방)을 합쳐서 곁방·정실(正室) 옆에 있는 방이라는 뜻.

· 房子(방자) 조선 시대, 지방 관아에서 부리던 남자하인.
· 廚房(주방) 음식을 만드는 방.
· 房門(방문) · 房舍(방사) · 房室(방실) · 房外(방외)
· 房帳(방장) · 房中(방중) · 空房(공방) · 閨房(규방)
· 煖房(난방) · 冷房(냉방) · 茶房(다방) · 獨房(독방)

참고

 ❉ **부가의미** · ①집. 주거. ②둥지. ③송이. 자루 모양으로 늘어진 것. ④별 이름. 이십팔수(二十八宿)의 하나 등의 뜻도 있음.

`一 二 戶 戾 房`

放

攵의 4
총 8획

★★★

놓아줄 방
내칠 방

풀이 매를 든 모양인 攵과 人[사람]을 합쳐서 매로 사람을 쫓다의 뜻. 내치다의 뜻으로 쓰다가 후에 人 대신 方으로 쓰게 됨.

· 放置(방치) 그대로 놓아둠.
· 釋放(석방) 잡혀있는 사람을 용서하여 놓아줌.
· 放歌(방가)· 放課(방과)· 放校(방교)· 放棄(방기)
· 放念(방념)· 放尿(방뇨)· 放談(방담)· 放浪(방랑)
· 放流(방류)· 放賣(방매)· 放免(방면)· 放牧(방목)
· 放伐(방벌)· 放射(방사)· 放射線(방사선)

참고

❈ **부가의미** ·①버림. 쫓음. ②냄[發]. ③방자한 모양. 단정하지 못함. ④이름[至]. ⑤연유함. 따라감. ⑥흉내 냄 등의 뜻도 있음.

▨ **반대되는 한자** · 放(놓을 방)↔防(막을 방)

`丶 亠 方 扒 放`

訪

言의 4
총 11획

★★

찾을 방
물을 방

풀이 言[말]과 음을 나타내는 方(방)을 합쳐서 의논한다는 뜻.

· 訪問(방문) 남을 찾아봄.
· 來訪(내방) 남이 찾아와 봄.
· 訪客(방객)· 訪花(방화)· 訪韓(방한)· 答訪(답방)
· 往訪(왕방)· 禮訪(예방)· 歷訪(역방)· 探訪(탐방)

참고

❈ **부가의미** ·①사람을 찾아감. 뵈옴. ②찾아서 구함 등의 뜻도 있음.

`丶 亠 言 言 訪`

拜

手의 5
총 9획

★

절 배

풀이 手[손]와 음을 나타내는 𦬊의 변형인 菲(비)[배는 변음]를 합쳐서 두손을 가지런히 합쳐서 앞으로 내밀다의 뜻.

· 拜伏(배복) 절하여 엎드림.
· 崇拜(숭배) 높이 우러러 공경함.
· 拜見(배견)· 拜啓(배계)· 拜具(배구)· 拜金(배금)
· 拜讀(배독)· 拜領(배령)· 拜禮(배례)· 拜命(배명)
· 拜上(배상)· 敬拜(경배)· 單拜(단배)· 歲拜(세배)
· 禮拜(예배)· 再拜(재배)· 參拜(참배)

참고

❈ **부가의미** ·①고맙게 받음. ②관직을 받음. ③말 앞에 붙여서 겸손의 뜻을 나타냄 등의 뜻도 있음.

◈ **잘못읽기 쉬운 한자** · 拜謁 배알 (배갈로 읽지 말 것)

`丿 三 手 𥫕 拜`

背

月의 5
총 9획

★

등 배
뒤 배
등질 배

풀이 살을 뜻하는 月과 음을 나타내는 北(북)을 합쳐서 몸의 뒤쪽이라는 뜻.

· 背叛(배반) 신의를 저버리고 돌아섬. 등지고 나섬.
· 腹背(복배) 배와 등.
· 背景(배경)· 背光(배광)· 背敎(배교)· 背筋(배근)
· 背囊(배낭)· 背德(배덕)· 背戾(배려)· 背理(배리)
· 背面(배면)· 背部(배부)· 背水陣(배수진)· 背信(배신)· 背恩(배은)· 背馳(배치)· 背後(배후)

참고

❈ **부가의미** ·①뒤. ②등짐. ③배반함. ④남향으로 된 집의 북쪽. ⑤죽음. 세상을 버림. ⑥해무리 등의 뜻도 있음.

`丬 匕 北 背 背`

倍

★★★

亻의 8 총 10획

갑절 배
더할 배

풀이 사람을 뜻하는 亻과 음을 나타내는 咅(부)[배·패는 변음]를 합쳐 사람과 사람이 서로 등진다는 뜻. 나중에 물건이 나눠지다·둘로 되다의 뜻에서 곱으로 는다의 뜻이 됨.

- 倍數(배수) 갑절이 되는 수.
- 倍加(배가) 어떤 수량의 배가 되게 더함.
- 倍舊(배구)·倍達族(배달족)·倍大(배대)·倍量(배량)·倍反(배반)·倍額(배액)·倍率(배율)·倍音(배음)·排日(배일)·倍入(배입)·倍前(배전)·萬倍(만배)·百倍(백배)·十倍(십배)·增倍(증배)

참고

❖ **부가의미** ·①어김. 등짐. 배반함. ②천하고 속됨 등의 뜻도 있음.

配

★★

酉의 3 총 10획

짝지을 배
나눌 배

풀이 酉[술항아리]와 음을 나타내는 巳(파)[배는 변음]의 변형인 己를 합하여 술잔을 잡고 마주 앉다의 뜻. 후에 서로 대하다, 두 개의 물건을 가지런히 놓다의 뜻으로 씀.

- 配偶者(배우자) 부부의 한쪽.
- 流配(유배) (죄인을) 귀양보냄.
- 配給(배급)·配達(배달)·配當(배당)·配慮(배려)·配流(배류)·配兵(배병)·配本(배본)·配付(배부)·配分(배분)·配色(배색)·配置(배치)·配布(배포)·配匹(배필)·配合(배합)

참고

❖ **부가의미** ·①부제(祔祭)함. 삼년상을 마친 신주(神主)를 그의 조상 곁에 모실 때 지내는 제사. ②나눔. 분배함. ③귀양 보냄. ④딸림. 예속함. ⑤도움 등의 뜻도 있음.

培

土의 8 총 11획

북돋울 배
가꿀 배

풀이 土[흙]와 음을 나타내는 咅(부)를 합쳐서 초목을 자라게 하다의 뜻.

- 培養(배양) 식물을 북돋아 기름.
- 栽培(재배) 식물을 심어서 가꿈.
- 培養基(배양기)·培養細胞(배양세포)·培養土(배양토)

참고

❖ **부가의미** ·①더함. ②작은 언덕 등의 뜻도 있음.

排

扌의 8 총 11획

물리칠 배

풀이 扌[손]과 음을 나타내는 非(비)[배는 변음]를 합쳐서 손으로 밀어 젖히다의 뜻. 널리 물리치다의 뜻으로 쓰임.

- 排除(배제) 물리쳐서 치워 냄.
- 按排(안배) 제 차례, 제 자리에 알맞게 벌여 놓음.
- 排擊(배격)·排球(배구)·排氣(배기)·排尿(배뇨)·排卵(배란)·排立(배립)·排佛(배불)·排泄(배설)·排設(배설)·排水(배수)·排列(배열)·排律(배율)·排除(배제)·排斥(배척)·排置(배치)·排他(배타)

참고

❖ **부가의미** ·①떠밂. 밀침. ②내밂. ③벌여 놓음. ④늘어선 줄 등의 뜻도 있음.

車의 8 총 15획	**輩** 무리 배 순서 배	·輩出(배출) 인재(人才)가 계속하여 나옴. ·年輩(연배) 서로 비슷한 나이. ·輩流(배류)·同輩(동배)·先輩(선배)·弱輩(약배) ·後輩(후배)

[풀이] 車[수레]와 음을 나타내는 非(비)[배는 변음]를 합하여 수레가 많이 줄지어 있다는 뜻. 후에 동지·한패·무리를 뜻하게 됨.

[참고]
❋ **부가의미** ·①짝. 상대자. ②견줌. ③수레의 행렬 등의 뜻도 있음.

```
丿
非
非
非
輩
```

白의 0 총 5획	★★★ **白** 흰 빛 백 흰 백	·白日(백일) 쨍쨍하게 비치는 해. 대낮. ·明白(명백) 아주 분명함. ·白江(백강)·白居易(백거이)·白馬(백마)·白米(백미)·白飯(백반)·白書(백서)·白雪(백설)·白夜(백야)·白羊(백양)·白衣(백의)·潔白(결백)·告白(고백)·空白(공백)

[풀이] 엄지손가락과 그 손톱이 길게 자란 모양을 본떠 엄지손가락을 뜻함. 후에 엄지손가락의 뜻으로는 擘(벽)이 만들어 지고 白은 오로지 희다. 말하다의 뜻으로 씀. 부수 白은 흰것에 관한 뜻을 나타냄.

[참고]
❋ **부가의미** ·①흰빛. 하얀 빛깔. 오색(五色)의 하나. ②분명함. 뚜렷함. ③밝음. ④환함. ⑤날이 밝음. ⑥깨끗함. ⑦희어짐. 희게 함. ⑧맑은 술. 청주. ⑨잔. 술잔. ⑩아룀. ⑪빔 등의 뜻도 있음.

```
丿
亻
白
白
白
```

白의 1 총 6획	★★★ **百** 일백 백 열의 백	·百萬言(백만언) 많은 말. 또는 모든 말. ·百拜(백배) 여러번 절을 하는 것. ·百劫(백겁)·百計(백계)·百家(백가)·百科(백과)·百官(백관)·百鬼夜行(백귀야행)·百年河淸(백년하청)·百代(백대)·百度(백도)·百鍊(백련)·百萬言(백만언)·百拜(백배)

[풀이] 一[일]과 음을 나타내는 白(백)을 합하여 일백을 뜻함.

[참고]
❋ **부가의미** ·①백 번. 백회. 여러 번. ②힘씀 등의 뜻도 있음.

```
一
丆
万
百
百
```

亻의 5 총 7획	**伯** 맏 백 맏형 백	·伯氏(백씨) 남의 맏형의 존대말. ·畵伯(화백) 화가의 우두머리라는 뜻으로, 화가의 높임말. ·伯樂(백낙)·伯母(백모)·伯父(백부)·伯叔(백숙)·伯氏(백씨)·伯夷(백이)·伯爵(백작)·伯仲(백중)·方伯(방백)·詩伯(시백)·風伯(풍백)·河伯(하백)

[풀이] 亻과, 음을 가리키는 白(백)을 합쳐 사람들의 우두머리라는 뜻을 나타냄.

[참고]
❋ **부가의미** ·①다섯 작위[公候伯子男] 중 세째. ②한 가지 예술에 뛰어난 사람을 일컫는 말. ③제후의 맹주 등의 뜻도 있음.

```
丿
亻
亻
伯
伯
```

番

田의
7
총
12획

차례 번
순번 번

- 番號(번호) 차례를 나타내는 호수.
- 順番(순번) 차례로 돌아오는 번. 또는 그 순서.
- 番犬(번견) · 番頭(번두) · 番兵(번병) · 番手(번수)
- 番外(번외) · 番地(번지) · 交番(교번) · 軍番(군번)
- 單番(단번) · 當番(당번) · 每番(매번) · 非番(비번)
- 輪番(윤번) · 地番(지번)

[풀이] 田[밭]과 손바닥에 씨를 가지고 있다는 뜻인 釆을 합쳐서 밭에 씨를 뿌리다의 뜻. 후에 순번의 뜻으로 씀.

[참고]

❖ 부가의미 · ①중국 광동성(廣東省). ②갈림. ③차례. ④날램. ⑤하얗게 센 모양. ⑥중국 하북성(河北省), 평산현(平山縣)에 있는 고장의 옛 이름 등의 뜻도 있음.

繁

糸의
11
총
17획

번성할 번

- 繁雜(번잡) 번거롭고 뒤섞여 어수선함.
- 頻繁(빈번) 돗수가 잦음. 잦고 복잡함.
- 繁多(번다) · 繁禮(번례) · 繁忙(번망) · 繁茂(번무)
- 繁複(번복) · 繁盛(번성) · 繁殖(번식) · 繁榮(번영)
- 繁用(번용) · 繁昌(번창) · 繁華(번화)

[풀이] 실을 뜻하는 糸(사)와 음을 나타내는 敏(민)[번은 변음]을 합쳐서 말의 갈기에 실로 된 장식을 많이 단다는 뜻. 널리 많음 · 한창의 뜻으로 씀.

[참고]

❖ 부가의미 · ①한창. ②번잡함. ③잦음. ④무성함. ⑤뱃대끈. 마소의 배에 걸쳐서 조르는 끈 등의 뜻도 있음.

伐

亻의
4
총
6획

칠 벌
벨 벌

- 伐木(벌목) 나무를 벰.
- 征伐(정벌) 죄있는 무리를 군대로써 침.
- 伐採(벌채) · 伐草(벌초) · 間伐(간벌) · 南伐(남벌)

[참고]

❖ 비슷한 의미를 가진 한자 · 치다의 뜻을 가진 글자 伐은 군대로 침. 征(정)은 군주가 신하의 죄를 다스리기 위하여 군대로 침. 討(토)는 죄를 내세우고 공격함. 擊(격)은 손이나 물건 또는 병력으로 침. 打(타)는 擊(격)과 거의 같음. 撲(박)은 가볍게 침. 또는 때림. 搏(박)은 손에 힘을 넣어 침. 撻(달)은 매로 침. 베다의 뜻을 가진 글자→斬(참).

[풀이] 사람을 뜻하는 人과 창을 뜻하는 종류인 무기 戈를 합쳐서 사람의 목을 잘라 죽이는 모양을 나타냄. 죄인을 벤다는 뜻. 널리 치다 공격하다의 뜻으로 쓰임.

罰

罒의
9
총
14획

벌줄 벌
형벌 벌

- 罰責(벌책) 꾸짖어 벌함.
- 賞罰(상벌) 잘한 것에는 포상하고 잘못한 것에는 벌을 주는 일.
- 罰金(벌금) · 罰俸(벌봉) · 罰酒(벌주) · 罰則(벌칙)
- 佛罰(불벌) · 神罰(신벌) · 信賞必罰(신상필벌) · 罪罰(죄벌) · 懲罰(징벌) · 處罰(처벌) · 天罰(천벌)

[풀이] 큰소리로 꾸짖다의 뜻인 詈(리)와 칼을 뜻하는 刂(도)를 합쳐서 잡아서 말로 꾸짖고 칼로베다의 뜻.

[참고]

❖ 부가의미 · 꾸짖음의 뜻도 있음.
▨ 반대되는 한자 · 罰(벌줄 벌)↔賞(상줄 상)

凡

几의
1
총3획

대강 범
보통 범

・凡常(범상) 대수롭지 않고 평범(平凡)함.
・非凡(비범) 보통이 아니고 아주 뛰어남.
・凡計(범계)・凡骨(범골)・凡器(범기)・凡例(범례)
・凡流(범류)・凡民(범민)・凡百(범백)・凡夫(범부)
・凡俗(범속)・凡事(범사)・凡人(범인)・凡衆(범중)

[풀이] 흙담을 쌓을 때 무너지지 않도록 대는 널판지 모양을 본뜸. 후에 몰밀어서・보통의 뜻으로 쓰임.

[참고]
❖ 비슷한 의미를 가진 한자・전체의 뜻을 가진 글자
→總(총)
◪ 모양이 비슷한 한자 几(안석 궤) 几席(궤석)
・凡(무릇 범) 凡例(범례)

丿 几 凡

犯

犭의
2
총5획
★

범할 범

・犯法(범법) 법을 범함. 법에 어그러지는 짓을 함. 범과(犯科).
・犯意(범의) 범죄 행위란 것을 인식하면서도 이를 행하는 의사(意思). 고의(故意).
・犯戒(범계)・犯人(범인)・犯入(범입)・犯跡(범적)
・犯接(범접)・犯罪(범죄)・犯觸(범촉)・犯則(범칙)
・犯行(범행)・輕犯(경범)・共犯(공범)・防犯(방범)
・再犯(재범)・戰犯(전범)・主犯(주범)・初犯(초범)
・侵犯(침범)・凶惡犯(흉악범)

[풀이] 犭[개]과 음을 나타내는 㔾(범)을 합쳐서 개가 사람을 해치다의 뜻. 널리 해치고 범하다의 뜻으로 씀.

丿 犭 犭 犯 犯

範

竹의
9
총15획
★

법 범
본보기 범

・範例(범례) 본보기
・模範(모범) 본받아 배울 만함.
・範圍(범위)・範疇(범주)・規範(규범)・師範(사범)
・垂範(수범)・示範(시범)・典範(전범)

[풀이] 車[수레]와 음을 나타내는 范(범)의 생략형인 㔾을 합하여 먼 여행길에 오를 때 개를 수레로 깔아 바퀴에 피를 묻혀 액막이를 한다는 뜻. 후에 주조물의 거푸집의 뜻으로 쓰다가 널리 규칙, 모범의 뜻으로 바뀜.

[참고]
❖ 부가의미・①한계. 일정한 구획. ②골. 틀 등의 뜻도 있음.

⺮ 竻 筲 節 範

法

氵의
5
총8획
★★★

법 법
본받을 법

・法規(법규) 법률의 규정. 규칙. 규범.
・方法(방법) 어떤 목적을 달성하기 위하여 취하는 수단.
・法官(법관)・法堂(법당)・法道(법도)・法例(법례)
・法律(법률)・法案(법안)・法語(법어)・法的(법적)
・法典(법전)・法治(법치)・法則(법칙)・法統(법통)

[풀이] 氵[물]과 선악(善惡)을 구별하는 동물이라고 일컫는 鳥과 음을 나타내는 去(거)[법은 변음]를 합쳐서 물이 평탄하게 흐르듯이 선악을 공평하게 가리다의 뜻. 후에 생략하여 法으로 쓰고 법 또는 법률의 뜻으로 쓰임.

[참고]
❖ 부가의미・①수단. ②부처님의 가르침 등의 뜻도 있음.

氵 汁 法 法 法

133

石의9 총14획	碧	푸를 벽 득돌 벽	· 碧玉(벽옥) 푸른 빛의 고운 옥. · 碧溪(벽계) 물빛이 푸른 시내. · 碧空(벽공) · 碧落(벽락) · 碧綠(벽록) · 碧山(벽산) · 碧水(벽수) · 碧眼(벽안) · 碧梧(벽오) · 碧宇(벽우) · 碧昌牛(벽창우) · 碧波(벽파) · 紺碧(감벽) · 丹碧 (단벽) · 靑碧(청벽)	一 T 王 珀 碧
	풀이 玉[구슬]과 石[돌]과 음을 나타내는 白(백)[벽은 변음]을 합하여 옥돌의 푸른빛·녹색의 뜻으로 씀.		**참고** ❖ **부가의미** · ①청강석(靑剛石). 단단하고 푸른 옥돌 등의 뜻도 있음.	

土의13 총16획	★★ 壁	벽 벽 바람벽 벽	· 壁畫(벽화) 벽에 그린 그림. · 城壁(성벽) 성곽의 벽. · 壁光(벽광) · 壁立(벽립) · 壁面(벽면) · 壁報(벽보) · 壁書(벽서) · 壁新聞(벽신문) · 壁紙(벽지) · 四壁 (사벽) · 岸壁(안벽) · 絶壁(절벽) · 土壁(토벽)	ㄱ 尸 启 辟 壁
	풀이 土[흙]와 음을 나타내는 辟(벽)을 합쳐서 흙을 쌓아올려 안팎이 가려지게 막은 것이라는 뜻.		**참고** ❖ **부가의미** · 깎아 세운 듯한 낭떠러지. 벼랑의 뜻도 있음.	

辶의15 총19획	★★ 邊	가 변 변두리 변	· 邊境(변경) 나라의 경계가 되는 변두리의 땅. · 江邊(강변) 강가. 물가. · 邊國(변국) · 邊民(변민) · 邊防(변방) · 邊塞(변새) · 邊成(변성) · 邊隅(변우) · 邊錢(변전) · 邊際(변제) · 近邊(근변) · 無邊(무변) · 四邊(사변) · 身邊(신변) · 一邊(일변) · 底邊(저변) · 周邊(주변) · 天邊(천변)	冂 白 臱 邊
	풀이 걷다의 뜻인 辶과 음을 나타내는 臱(면)[변은 변음]을 합쳐서 경계면을 가다의 뜻. 널리 가 가장자리의 뜻으로 씀.		**참고** ❖ **부가의미** · ①끝. ②변방. 국경. 모퉁이. ③변. ④곁함. 곁. ⑤성(姓)의 하나 등의 뜻도 있음.	

辛의14 총21획	辯	다툴 변 말을 잘할 변	· 辯護(변호) 남의 이익을 위하여 변명하거나 비호함. · 雄辯(웅변) 조리있고 힘차게 하는 거침없는 변설(辯舌). · 辯難(변난) · 辯論(변론) · 辯明(변명) · 辯士(변사) · 辯舌(변설) · 辯才(변재) · 辯足以飾非(변족이식비) · 辯知(변지) · 能辯(능변)	亠 立 辛 辯
	풀이 두 죄인(辡)이 서로 자기에게 유리하게 말한다(言)는 데서 말다툼하다 또는 말 잘하다(辯)의 뜻임.		**참고** 🔷 **모양이 비슷한 한자** · 辯(말잘할 변) 雄辯(웅·변) · 辨(분별할 변) 辨理(변리)	

變 변할 변 / 재앙 변

言의 16 / 총 23획

★ ★

풀이 몽둥이로 치다의 뜻을 가진 攴과 음을 나타내는 䜌(련)[변은 변음]을 합하여 쳐서 뒤엎다의 뜻. 널리 바꾸다, 바뀌다의 뜻으로 씀.

- 變更(변경) 바꾸어 고침. 변개(變改).
- 事變(사변) 사람의 힘으로는 피할수 없는 천재나 그 밖의 큰 변고.
- 變改(변개)·變格(변격)·變故(변고)·變局(변국)
- 變動(변동)·變亂(변란)·變名(변명)·變貌(변모)

참고

❖ **비슷한 의미를 가진 한자** · 바뀌다의 뜻을 가진 글자 變(변)은 달라지다 또는 갑자기 바뀜. 易(역)은 어떤 것이 딴 것으로 바뀌다 또는 바뀜. 替(체)는 어떤 것이 딴 것 대신 바뀜. 代(대)는 어떤 것이 딴것에 대신함. 更(경)은 고침. 換(환)은 사물을 바꿈.

言 績 績 變 變

別 다를 별 / 나눌 별

刂의 5 / 총 7획

★ ★ ★

풀이 두개골을 뜻하는 丹와 칼을 뜻하는 刂를 합쳐서 칼로 머리뼈를 잘라 가른다는 뜻을 나타냄. 지금은 가른다의 뜻으로 쓰임.

- 別居(별거) 따로 떨어져 삶.
- 區別(구별) 종류에 따라 갈라 놓음.
- 別個(별개)·別堂(별당)·別名(별명)·別味(별미)
- 別紙(별지)·別冊(별책)·別表(별표)·別號(별호)
- 各別(각별)·告別(고별)·年別(연별)·分別(분별)

참고

❖ **부가의미** · ①가름. 구분함. 분별함. 떼어 놓음. 갈래. ②구별. 경계. 격차. ③헤어짐. ④다름. ⑤특히. 더욱이 등의 뜻도 있음.

❖ **비슷한 의미를 가진 한자** · 가르다의 뜻을 가진 글자 →分(분)

丶 口 号 另 別

丙 셋째천간 병 / 남녘 병

一의 4 / 총 5획

풀이  제물을 놓는 큰 제상(祭床)을 본뜸. 十天干(십천간)의 셋째 글자로 씀.

- 丙寅(병인) 六十甲子(육십갑자)의 셋째.
- 丙種(병종) 등급으로 셋째 가는 종류.
- 丙科(병과)·丙戈(병과)·丙部(병부)·丙舍(병사)
- 丙時(병시)·丙夜(병야)·丙午(병오)·丙日(병일)
- 丙子(병자)·丙丁(병정)·丙坐(병좌)·丙辰(병진)

참고

❖ **부가의미** · ①오행(五行)에서의 불. ②방위로는 남. ③사물에 있어서 세 번째. ④불 등의 뜻도 있음.

一 一 冂 丙 丙

兵 군사 병 / 군인 병

八의 5 / 총 7획

★ ★ ★

풀이 도끼를 뜻하는 斤과 두손을 뜻하는 六을 합쳐 손에 도끼를 쥐고 친다는 뜻을 나타냄. 보통 무기 병사라는 뜻으로 쓰임.

- 兵役(병역) 병적에 편입되어 군무에 봉사하는 일.
- 將兵(장병) 장교와 사병을 아울러 이르는 말.
- 兵力(병력)·兵馬(병마)·兵法(병법)·兵士(병사)
- 兵丁(병정)·兵卒(병졸)·老兵(노병)·步兵(보병)
- 伏兵(복병)·士兵(사병)·水兵(수병)·新兵(신병)
- 養兵(양병)·敵兵(적병)

참고

❖ **부가의미** · ①날이 있는 연장. 무기. ②싸움. 전쟁. ③무력. ④때려 죽임 등의 뜻도 있음.

丶 丿 丘 丘 兵

疒의 5 총 10획 ★★★	病 병 병 앓을 병	亠 广 广 疒 病

· 病苦(병고) 병으로 인한 고통.
· 看病(간병) 환자를 보살핌. 병구완.
· 病暇(병가) · 病間(병간) · 病缺(병결) · 病菌(병균)
· 病根(병근) · 病氣(병기) · 病毒(병독) · 病棟(병동)
· 病歷(병력) · 病理(병리) · 病魔(병마) · 相思病(상사병) · 熱射病(열사병) · 日射病(일사병)

풀이 병[疒]과 음을 나타내는 丙(병)을 합하여 병이 중해짐을 뜻함.

참고

❖ 부가의미 · ①앓음. 병을 앓음. ②근심. 걱정. ③더침. 병이 중하여짐. ④근심함. 걱정함. ⑤괴로와함. ⑥피곤함. ⑦괴롭힘. ⑧욕보임. 부끄러움을 당하게 함. ⑨헐뜯음 등의 뜻도 있음.

止의 3 총 7획 ★	步 걸음 보 걸을 보	丶 止 止 歩

· 步道(보도) 사람이 걸어 다니는 길. 인도
· 徒步(도보) 타지 않고 걸어감.
· 步武(보무) · 步兵(보병) · 步步(보보) · 步數(보수)
· 步調(보조) · 步卒(보졸) · 步哨(보초) · 步測(보측)
· 步幅(보폭) · 步合(보합) · 步行(보행) · 速步(속보)
· 讓步(양보) · 進步(진보) · 初步(초보) · 退步(퇴보)

풀이 止[왼발]과 少[오른발]을 합쳐서 사람이 걷다의 뜻.

참고

❖ 부가의미 · ①지위. 입장. ②길이의 단위. 한 발의 길이. 한 번 내딛는 거리 등의 뜻도 있음.

人의 7 총 9획 ★	保 보호할 보 보전할 보	丿 亻 亻 俗 保

· 保全(보전) 보호하여 안전하게 함.
· 留保(유보) (뒷날로) 미룸.
· 保健(보건) · 保健所(보건소) · 保管(보관) · 保菌者(보균자) · 保留(보류) · 保姆(보모) · 留保(유보)
· 生保(생보) · 自保(자보) · 酒保(주보) · 保安法(보안법) · 保持者(보지자) · 保合勢(보합세)

풀이 사람을 뜻하는 亻과 끈을 두른 어린이라는 呆를 합쳐 아기를 등에 업다는 뜻. 일반적으로 지킴, 평히 함의 뜻으로 쓰임.

참고

❖ 부가의미 · ①편히 함. 기름. 두둔함. 도움. 정함. ②떠맡음. ③힘이 되어 줄 것을 믿음. ④수행인. ⑤성채 등의 뜻도 있음.

日의 8 총 12획 ★	普 넓을 보 두루 보	丷 丬 丗 並 普

· 普及(보급) 세상에 널리 퍼지게 함.
· 普通(보통) 널리 일반에게 통함.
· 普天之下(보천지하) · 普請(보청) · 普通名詞(보통명사) · 普通選擧(보통선거) · 普遍(보편) · 普遍性(보편성) · 普遍妥當性(보편타당성) · 流普(유보) · 弘普(홍보)

풀이 普가 본디 글자로서 日[해]과 음을 나타내는 竝(병)[보는 변음]을 합쳐서 햇빛이 엷어지다의 뜻. 후에 널리의 뜻으로 쓰임.

참고

❖ 부가의미 · ①넓음. 큼. ②보통. 예사 등의 뜻도 있음.
❖ 비슷한 의미를 가진 한자 · 두루 미치다의 뜻을 가진 글자→周(주)

衣의7
총12획

補

깁다 보
도울 보

[풀이] 衣 [옷]와 음을 나타내는 甫 (보)를 합하여 솔진 옷을 깁다의 뜻. 널리 모자라는 것을 보충하다의 뜻으로 쓰임.

· 補修(보수) 낡은 것을 보충하여 수선함.
· 補佐(보좌) 지위가 높은 사람을 도움.
· 補角(보각) · 補強(보강) · 補講(보강) · 補缺(보결)
· 補闕(보궐) · 補給(보급) · 補記(보기) · 補色(보색)
· 補身(보신) · 補藥(보약) · 補語(보어) · 補完(보완)
· 補充(보충) · 補則(보칙) · 補弼(보필) · 補筆(보필)

[참고]
❋ **부가의미** · ①고침. 수선함. 수리함. ②도움. 보조함. ③보탬. ④보충함. ⑤유익하게 함. ⑥맡김. 관직에 임명함. ⑦수 이름[數名] 등의 뜻도 있음.
❋ **잘못읽기 쉬운 한자** · 補塡 보전 (포진으로 읽지 말것)

衤 衤 衤 袹 補

土의9
총12획

★ ★

報

알릴 보
갚을 보

[풀이] 㚔[죄인]과 음을 나타내는 㲊(복)[보, 부는 변음]을 합쳐서 죄인을 꿇게 하다의 뜻.

· 報償(보상) 남에게 진 것을 갚아줌.
· 急報(급보) 급히 알림, 또는 급한 기별.
· 報告(보고) · 報仇(보구) · 報國(보국) · 報德(보덕)
· 報道(보도) · 報道機關(보도기관) · 報道陣(보도진)
· 業報(업보) · 誤報(오보) · 月報(월보) · 日報(일보)
· 電報(전보) · 通報(통보) · 特報(특보) · 會報(회보)

[참고]
❋ **비슷한 의미를 가진 한자** · 보답하다의 뜻을 가진 글자. 報(보)는 원한 · 은덕에 대한 갚음. 酬(보)는 술잔을 돌려 주다에서 받은 물건을 되돌림. 또 보답.
❋ **잘못읽기 쉬운 한자** · 報酬 보수 (보주로 읽지 말 것)

一 土 幸 剕 報

宀의17
총20획

★ ★

寶

보물 보
옥새 보

[풀이] 집을 뜻하는 宀과 재보를 뜻하는 王 . 貝와 음을 나타내는 缶 (부)[보는 변음]를 합쳐서 소중히 간수하는 가보(家寶)라는 뜻.

· 寶鑑(보감) 모범이 될만한 사물.
· 寶齡(보령) 임금의 나이.
· 寶劍(보검) · 寶庫(보고) · 寶冠(보관) · 寶器(보기)
· 寶刀(보도) · 寶物(보물) · 寶石(보석) · 寶玉(보옥)
· 寶位(보위) · 寶典(보전) · 寶祚(보조) · 寶座(보좌)
· 寶珠(보주) · 寶塔(보탑) · 家寶(가보) · 國寶(국보)

[참고]
❋ **부가의미** · ①귀함. 편리함. ②옥새(玉璽). 천자 등의 뜻도 있음.

宀 宀 宀 窜 寶

人의4
총6획

★

伏

엎드릴 복
숨을 복

[풀이] 亻과 犬을 합쳐서 사람곁에 개가 엎드리다의 뜻으로 쓰임.

· 伏拜(복배) 엎드려 절함.
· 降伏(항복) 자신이 진 것을 인정하고 상대방에게 굴복함.
· 伏兵(복병) · 伏射(복사) · 伏線(복선) · 伏中(복중)
· 伏流(복류) · 伏望(복망) · 伏慕(복모) · 伏兵(복병)
· 伏暑(복서) · 伏線(복선) · 伏屍(복시) · 伏願(복원)

[참고]
❋ **비슷한 의미를 가진 한자** · 엎드리다의 뜻인 글자 伏 (복)은 땅에 엎드림. 俯(부)는 고개를 떨어뜨려 아래를 봄. 臥(와)는 누워 잠.

丿 亻 仁 仆 伏 伏

服

月의 4 총 8획

옷　복
복종할 복

- 服裝(복장) 신분, 직업에 좇아서 입는 옷.
- 征服(정복) (어떤 나라나 민족 따위의 집단을) 정벌하여 복종시킴.
- 服務(복무)·服用(복용)·服從(복종)·服地(복지)
- 官服(관복)·敎服(교복)·軍服(군복)·內服(내복)
- 冬服(동복)·法服(법복)·私服(사복)·喪服(상복)

풀이 舟의 변형인 月[배]과 음을 나타내는 「(복)을 합쳐서 뱃전에 붙이는 널판의 뜻. 꼭 붙다의 뜻에서 널리 몸에 입는 옷, 일에 종사하다의 뜻으로 쓰임.

참고

❖ **부가의미** ·①겹옷. 안을 댄 옷. ②복(復). 둘 이상의 것. 포개어진 것 등의 뜻도 있음.

`丿 刀 月 肝 服`

復

彳의 9 총 12획

되풀이할 복
다시　부

- 復活(부활) 죽었다가 다시 되살아남.
- 復舊(복구) 그 전의 상태로 회복(回復)함.
- 復古(복고)·復權(복권)·復習(복습)·復位(복위)
- 復興(부흥)·克復(극복)·反復(반복)·報復(보복)
- 往復(왕복)

풀이 衣[옷]와 겹치다의 뜻을 가진 复을 합하여 의복을 겹쳐 입다의 뜻. 널리 사물(事物)이 겹치다의 뜻으로 쓰임.

참고

❖ **부가의미** ·① 거듭함. ②아룀. 대답함 등의 뜻이 있음.

`彳 行 衧 復 復`

腹

月의 9 총 13획

배 복

- 腹案(복안) 마음 속에 품고 있는 생각.
- 異腹兄弟(이복형제) 배 다른 형제.
- 腹腔(복강)·腹筋(복근)·腹帶(복대)·腹膜(복막)
- 腹鳴(복명)·腹背(복배)·腹壁(복벽)·腹部(복부)
- 腹式呼吸(복식호흡)·腹心(복심)·腹中(복중)·
  腹痛(복통)·腹話術(복화술)·空腹(공복)

풀이 살을 뜻하는 月과 음을 나타내는 复(복)을 합쳐서 장기(臟器)를 가리어 싸는 곳, 즉, 배의 뜻.

참고

❖ **부가의미** ·①마음. ②안음[抱]. ③두터움. ④사물의 중앙부 등의 뜻도 있음.

`月 月 肝 腹 腹`

福

示의 9 총 14획

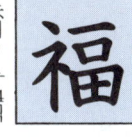

복　복
행복 복

- 福利(복리) 행복(幸福)과 이익(利益).
- 祝福(축복) 행복하기를 빌다. 또는 비는 일.
- 福金(복금)·福利(복리)·福音(복음)·降福(강복)
- 慶福(경복)·多福(다복)·萬福(만복)·發福(발복)
- 食福(식복)·五福(오복)·飮福(음복)·人福(인복)
- 妻福(처복)·祝福(축복)·幸福(행복)

풀이 示[신]와 음을 나타내는 畐(복)을 합하여 신이 내리는 술을 뜻함. 널리 복, 행복의 뜻으로 쓰임.

참고

❖ **부가의미** ·①상서(祥瑞). ②착함. ③음복(飮福) 등의 뜻도 있음.

✖ **반대되는 한자** ·禍(재앙 화)↔福(복 복)

`一 亍 示 示 祠 福 福`

★ 衣의 9 총 14 획 **複** 겹칠 복 겹옷 복	· 複雜(복잡) 사물의 갈피가 뒤섞이어 어수선함. · 重複(중복) 거듭함, 겹침. · 複權(복권)·複道(복도)·複利(복리)·複母音(복 모음)·複文(복문)·複方(복방)·複壁(복벽)·複 複線(복복선)·複本(복본)·複本位(복본위)·複 垣(복원)·複製(복제)·複合(복합)·諄複(순복)· 洋複(양복)·持複(지복)·廻複(회복)	衤 衤 衤 裄 複

풀이 衣[옷]와 겹치다의 뜻을 가진 复을 합하여 의복을 겹쳐 입다의 뜻. 널리 사물(事物)이 겹치다의 뜻으로 쓰임.

★ ★ ★ 木의 1 총 5 획 **本** 근원 본 책 본	· 本意(본의) 본래의 마음. 진정한 마음. · 根本(근본) 초목의 뿌리. 기초. 근원. · 本家(본가)·本據(본거)·本件(본건)·本絹(본견) · 本科(본과)·本官(본관)·本校(본교)·本國(본국) · 本紀(본기)·本能(본능)·本堂(본당)·本隊(본대) · 本質(본질)·原本(원본)·資本(자본)·眞本(진본)	一 十 才 木 本

풀이 나무의 줄기에 줄을 하나 그어서 나무 뿌리를 나타냄. 널리 근본의 뜻으로 씀.

참고

❖ **비슷한 의미를 가진 한자** · 근본의 뜻을 가진 글자 本은 같은 사물의 전후 관계. 原(원)은 수원의 뜻에서 근본으로 되돌아가서 규명함. 固(고)는 원래·본래부터.

★ ★ ★ 大의 5 총 8 획 **奉** 받들 봉 바칠 봉	· 奉養(봉양) 부모, 조부모를 받들어 모심. · 奉仕(봉사) 남의 뜻을 받들어 섬김. · 奉見(봉견)·奉公(봉공)·奉納(봉납)·奉答(봉답) · 奉戴(봉대)·奉讀(봉독)·奉命(봉명)·奉事(봉사) · 奉仕(봉사)·奉安(봉안)·奉祝(봉축)·奉行(봉행) · 信奉(신봉)·參奉(참봉)	一 三 夫 夫 奉

풀이 두손을 본뜬 夫 와 음을 나타내는 丰(봉)이 변한 ㄱ 을 합쳐서 사람에게 물건을 두손으로 바치다의 뜻.

참고

❖ **부가의미** · ①받아 들임. 삼가 들음. ②섬김. ③성(姓)의 하나 등의 뜻도 있음.

寸의 6 총 9 획 **封** 제후로 봉할 봉 흙을 쌓을 봉	· 封鎖(봉쇄) 봉하여 잠금. · 開封(개봉) ① 봉한 것을 떼어 엶. ② 영화를 처음으로 상영함. · 封建(봉건)·封建時代(봉건시대)·封建的(봉건적) · 封祿(봉록)·封事(봉사)·封書(봉서)·封印(봉인) · 封入(봉입)·封合(봉합)	一 土 圭 圭 封

풀이 경계를 표시하기 위하여 심은 나무를 뜻하는 圭(규)와 손을 뜻하는 寸(촌)을 합쳐서 나무를 심어 경계를 삼다의 뜻. 후에 영지(領地)·막다의 뜻으로 쓰이게 됨.

참고

❖ **부가의미** · ①지경. ②땅을 떼어 줌. 벼슬을 봉함. ③부자. ④봉함封緘. 막음. ⑤봉선제(封禪祭). ⑥나라 이름 등의 뜻도 있음.

山의 7 총 10획	**峯** 산봉우리 봉 산 봉	· 峯頭(봉두) 산봉우리의 맨 꼭대기. · 峻峯(준봉) 높고 험한 산봉우리. · 峰巒(봉만)·高峰(고봉)·孤峰(고봉)·奇峰(기봉) · 山峰(산봉)·秀峰(수봉)·靈峰(영봉)·雲峰(운봉)

[풀이] 山(산)과 음을 나타내는 夆(봉)을 합쳐서 뾰족한 산꼭대기라는 뜻. 널리 산의 뜻으로 쓰임.

[참고]

❖ **부가의미** · 산꼭대기의 뜻도 있음. 峯과 峰은 같은 자임.

필순: 山 屵 岦 峯

辶의 7 총 11획	**逢** 만날 봉 맞이할 봉	· 逢着(봉착) 서로 닥뜨려 만남. · 相逢(상봉) 서로 만남. · 逢變(봉변)·逢別(봉별)·逢時(봉시)·逢迎(봉영) · 逢辱(봉욕)·逢遇(봉우)·逢二進一十(봉이진일십) · 逢人(봉인)·逢着(봉착)·遭逢(조봉)

[풀이] 길을 가다의 뜻인 辶과 음을 나타내는 夆(봉)을 합쳐서 길에서 만나다의 뜻. 널리 만나다의 뜻으로 씀.

[참고]

❖ **부가의미** ·①맞음. ②북소리 등의 뜻도 있음.
❖ **비슷한 의미를 가진 한자** · 만나다의 뜻을 가진 글자
→遇(우)
❌ **반대되는 한자** · 逢(만날 봉)↔別(헤어질 별)

필순: 丿 勹 夂 夆 逢

大의 1 총 4획 ★★★	**夫** 지아비 부 남편 부	· 夫人(부인) 남의 아내의 높임말. · 農夫(농부) 농업에 종사하는 사람. 농사꾼. · 夫君(부군)·夫婦(부부)·夫婦有別(부부유별) 夫役(부역)·夫子(부자)·夫子之道(부자지도)· 夫唱婦隨(부창부수)·夫妻(부처)·坑夫(갱부)· 工夫(공부)·凡夫(범부)·壯夫(장부)·匹夫(필부)

[풀이] 大[사람]와 一(비녀)을 합쳐서 관을 쓴, 제 구실을 하는 사나이라는 뜻을 나타냄.

[참고]

🔲 **모양이 비슷한 한자** · 夫(아비 부) 夫君(부군)
· 矢(화살 시) 弓矢(궁시)
· 失(잃을 실) 失物(실물)

필순: 一 二 夫 夫

父의 0 총 4획 ★★★	**父** 아비 부 아버지 부	· 父系(부계) 아버지쪽의 혈연계통. · 嚴父(엄부) 엄격한 아버지. · 父君(부군)·父權(부권)·父道(부도)·父老(부로) · 父命(부명)·父母(부모)·父子(부자)·父子有親 (부자유친)·父傳子傳(부전자전)·父祖(부조)· 父親(부친)·代父(대부)·師父(사부)·生父(생부)

[풀이] 손에 도끼를 든 모양을 본뜸. 본디 도끼의 뜻이나 후에 아버지의 뜻으로 씀.

[참고]

❖ **부가의미** ·①늙으신네. 늙은 남자. ②남자에 대한 미칭(美稱) 등의 뜻도 있음.

필순: 丿 八 父 父

イ의 3 총5획 付	줄 부 부탁 부	・付送(부송) 물건을 부쳐서 보냄. ・交付(교부) 내어 줌. ・付度(부도)・付魔者(부마자)・付書(부서)・付與 (부여)・付託(부탁)・寄付(기부)・分付(분부)・還 付(환부)

[풀이] イ과 음을 나타내는 父(부)의 변형인 寸(촌)을 합쳐 사람에게 주다. 붙이다의 뜻.

[참고]

❖ **부가의미** ・①넘겨 줌. ②건 넴. ③부탁 등의 뜻도 있음.

★ 口의 4 총7획 否	아닐 부 악할 비	・否決(부결) 의안의 불립성을 의결함. ・可否(가부) 옳고 그름의 여부(與否). ・否認(부인)・否定(부정)・否票(부표)・否臧(비장) ・否運(비운)・安否(안부)

[풀이] 입을 뜻하는 口와 부정(否定)의 뜻 不을 합쳐 분명히 말하다의 뜻.

[참고]

❖ **부가의미** ・①거부(拒否)함. ②만무함. ③막힘. ④더러움. ⑤악함. ⑥비괘[64괘 중의 하나] 등의 뜻도 있음.

☒ **반대되는 한자** ・否(아닐 부)↔肯(수긍할 긍)

扌의 4 총7획 扶	도울 부 붙들 부	・扶助(부조) 남을 붙들어 도와줌. ・扶養(부양) 생활을 돌봄. ・扶老(부로)・扶桑(부상)・扶植(부식)・扶腋(부액) ・扶養義務(부양의무)・扶育(부육)・扶翼(부익)・ 扶持(부지)・家扶(가부)・給扶(급부)・推扶(추부) ・協扶(협부)

[풀이] 손을 뜻하는 扌와 음을 나타내는 夫(부)를 합쳐서 곁부축하다의 뜻.

[참고]

❖ **부가의미** ・①어리광을 부림. ②땅 이름 등의 뜻도 있음.

★ 广의 5 총8획 府	관청 부 고을 부	・政府(정부) 국가의 통치권을 행사하는 국가기관. 행정부(行政府). ・冥府(명부) 염라대왕이 있는 저승. ・府君(부군)・府使(부사)・府中(부중)・府廳(부청) ・국부(國府)・막부(幕府)・정부(政府)・학부(學府)

[풀이] 집을 뜻하는 广과 음을 나타내는 付(부)를 합쳐서 물건을 모아 넣어 두는 집이라는 뜻. 널리 관청, 창고의 뜻으로 쓰임.

[참고]

❖ **부가의미** ・①마을. 관청. 고을. 지난날의 중국의 행정 구역으로 주(州) 보다는 큼. ②죽은 조상 등의 뜻도 있음.

阝의 5 총 8획

附 붙을 부
붙일 부

[쓰기] ´ ㉠ 阝 阸 附 附

· 附着(부착) 들러붙어 떨어지지 않음.
· 寄附(기부) 어떤 일에 부조의 목적으로 자기 재산을 내어 줌.
· 附加(부가) · 附記(부기) · 附帶(부대) · 附錄(부록)
· 附屬(부속) · 附隨(부수) · 附言(부언) · 附與(부여)
· 附議(부의) · 附則(부칙) · 附表(부표)

[풀이] 阝[언덕]과 음을 나타내는 付(부)를 합쳐서 흙이 두드러진 곳을 뜻함. 후에 붙다의 뜻으로 쓰임.

[참고]
❈ **부가의미** · 나눠 줌의 뜻도 있음.

貝의 2 총 9획 ★

負 등에 질 부
질 부

[쓰기] ´ ㉠ 个 户 负 負

· 負債(부채) 남에게 빚을 짐. 또 그 진 빚.
· 抱負(포부) 마음속에 지닌 앞날에 대한 생각, 계획이나 희망.
· 負氣(부기) · 負擔(부담) · 負傷(부상) · 負數(부수)
· 負荷(부하) · 負號(부호) · 勝負(승부) · 自負(자부)

[풀이] 人[사람]의 변형인 ⺈와 음을 나타내는 貝(패)[부는 변음]를 합쳐 등에 사람을 업다의 뜻. 후에 지대[敗]의 뜻으로도 씀.

[참고]
❈ **부가의미** · ①빚을 짐. ②당함. 짐. 입음. ③저버림. 배반함. 약속을 어김. ④믿음. 의지함. ⑤짐. 패배. ⑥부끄러움. ⑦근심함. ⑧영(零)보다는 적음 등의 뜻도 있음.

氵의 7 총 10획

浮 뜰 부
띄울 부

[쓰기] 氵 氵 泛 浮 浮 浮

· 浮標(부표) 물 위에 띄워 두는 표적.
· 浮生(부생) 덧 없는 인생.
· 浮客(부객) · 浮輕(부경) · 浮橋(부교) · 浮氣(부기)
· 浮袋(부대) · 浮屠(부도) · 浮動(부동) · 浮浪(부랑)
· 浮力(부력) · 浮木(부목) · 浮生(부생) · 浮石(부석)
· 浮說(부설) · 浮世(부세) · 浮揚(부양) · 浮言(부언)

[풀이] 氵[물]과 음을 나타내는 孚(부)를 합쳐서 물에 뜨다의 뜻임.

[참고]
❈ **부가의미** · ①덧없음. ②들뜸 등의 뜻도 있음.
✖ **반대되는 한자** · 浮(뜰 부)↔沈(잠길 침)

竹의 5 총 11획

符 부신 부
증거 부

[쓰기] ´ ⺮ ⺮ 符 符

· 符信(부신) 대쪽 · 종이에 글씨를 쓰고 두 조각으로 갈라서, 후일에 맞추어 보는 증거물.
· 符合(부합) 꼭 들어맞음.
· 符契(부계) · 符同(부동) · 符籍(부적) · 符節(부절)
· 符牌(부패) · 符號(부호)

[풀이] 竹[대]과 음을 나타내는 付(부)를 합하여 맞대어 증거를 확인하는 부절을 뜻함.

[참고]
❈ **부가의미** · ①증거. 징험(徵驗). ②도장. 인장. ③상서. 길조. ④부적. 신불(神佛)이 가호(加護)한다는 나뭇조각. ⑤예언서. ⑥맞음. 부신(符信)의 조각을 서로 맞춘 것처럼 꼭 맞음 등의 뜻도 있음.

婦

★★
女의 8
총 11획

지어미 부
며느리 부

풀이 女[여자]와 음을 나타내는 帚(추, 부)를 합쳐서 성장(盛裝)한 신부라는 뜻. 일설에는 帚를 빗자루로 쳐서 회의자로 보고 집안을 청소하는 여자, 주부의 뜻이라고도 함.

- 婦道(부도) 부녀(婦女)가 지켜야 할 도리.
- 主婦(주부) (한 가정의) 가장의 아내. 또는 주인의 부인.
- 婦女(부녀) · 婦女子(부녀자) · 婦德(부덕) · 婦容(부용) · 婦人(부인) · 婦人病(부인병) · 婦人會(부인회) · 婦職(부직) · 貴婦(귀부) · 美婦(미부)

참고

❖ **부가의미** · ①예쁨. ②여자. 암컷 등의 뜻도 있음.

女 女 奵 婦 婦

部

★★★
阝의 8
총 11획

마을 부
부분 부

풀이 阝[마을]과 음을 나타내는 咅(부)로 이루어지며, 본래 고장 이름임. 후에 구획한 것의 뜻으로 씀.

- 部署(부서) 근무상 나누어진 부분.
- 外部(외부) 일정한 범위의 밖.
- 部隊(부대) · 部落(부락) · 部類(부류) · 部門(부문)
- 部分(부분) · 部分蝕(부분식) · 部分品(부분품) · 部屬(부속) · 部首(부수) · 部員(부원) · 部位(부위)
- 部長(부장) · 部將(부장) · 部族(부족)

참고

❖ **부가의미** · ①분류. ②부. 신문·잡지·책 등을 세는 말 등의 뜻도 있음.

亠 立 咅 咅阝 部

副

★★
刂의 9
총 11획

다음 부
둘째 부

풀이 칼을 뜻하는 刂와 음을 나타내는 畐(복)[부는 변음]을 합쳐서 제물이 될 짐승의 배를 갈라 바치다의 뜻. 후에 쪼개다,버금이 되다의 뜻으로 바뀌었음.

- 副將(부장) 주장을 보좌하는 버금 장수.
- 副業(부업) 본업 외에 갖는 직업.
- 副車(부거) · 副笄(부계) · 副睾丸(부고환) · 副官(부관) · 副讀本(부독본) · 副本(부본) · 副使(부사)
- 副詞(부사) · 副産物(부산물) · 副署(부서) · 副食(부식) · 軍副(군부) · 厭副(염부) · 正副(정부)

참고

❖ **부가의미** · ①곁들임. ②도움. ③알맞음. ④쪼갬 등의 뜻도 있음.

一 口 畐 畐 副

富

★★
宀의 9
총 12획

부자 부
넉넉할 부

풀이 집을 뜻하는 宀과 음을 나타내는 畐(부)를 합쳐서 집안의 살림살이가 넉넉하게 되다의 뜻.

- 富貴(부귀) 재산이 많고 지위가 높음.
- 甲富(갑부) 첫째가는 부자.
- 富家(부가) · 富強(부강) · 富國(부국) · 富國強兵(부국강병) · 富力(부력) · 富民(부민) · 富商(부상)
- 富源(부원) · 富裕(부유) · 富者(부자) · 富豪(부호)
- 巨富(거부) · 國富(국부)

참고

❖ **부가의미** · ①넉넉하게 됨. ②어림[幼] 등의 뜻도 있음.

宀 宀 宀 富 富

簿

竹의
13
총
19획

장부　부
치부책 부

풀이 竹[대]과 음을 나타내는 溥(부)를 합하여 내용에 따라 구분하여 묶은 대쪽의 뜻. 널리 장부의 뜻으로 씀.

- 簿記(부기) 돈의 출납이나 재산의 증감 등을 일정한 방식으로 정리하여 장부에 적는 방법.
- 置簿(치부) 금전·물품의 출납(出納)을 기록함. 마음 속에 새겨둠.
- 家計簿(가계부)·名簿(명부)·原簿(원부)·帳簿(장부)·出勤簿(출근부)·出席簿(출석부)

참고
☑ 모양이 비슷한 한자 · 簿(장부 부) 簿記(부기)
　　　　　　　　 · 薄(얇을 박) 薄福(박복)

氵氵氵汸簿簿簿

北

★★★

匕의
3
총
5획

북쪽　북
저버릴 배
달아날 배

풀이 사람이 서로 등을 대고 앉은 모양을 본떠 만듦. 따라서 배반하다가 본디의 뜻. 사람은 대체로 남쪽을 향해 살므로 등은 북쪽이 된다고 봄. 그리고 전투에서 패주하면 적에게 등을 보이게 되는데 이 경우의 음은 '배'.

- 北上(북상) 북쪽으로 올라감.
- 敗北(패배) 싸움에 짐.
- 北歐(북구)·北闕(북궐)·北極(북극)·北端(북단)
- 北堂(북당)·北道(북도)·北斗(북두)·北斗七星(북두칠성)·北方(북망)·北邙山(북망산)·北伐(북벌)·北上(북상)·北進(북진)·北韓(북한)

참고
❖ 비슷한 의미를 가진 한자 · 음이 배일 때. 달아나다의 뜻을 가진 글자→逃(도)

丨丬步北

分

★★★

刀의
2
총
4획

나눌　분
분명할 분

풀이 칼을 뜻하는 刀와 음을 나타내는 八(팔)[분은 변음]을 합쳐서 가른다는 뜻을 나타냄.

- 分明(분명) 흐리지 않고 또렷함.
- 分配(분배) 몫몫이 고르게 나누어줌.
- 分家(분가)·分校(분교)·分量(분량)·分列(분열)
- 分別(분별)·分散(분산)·分野(분야)·分讓(분양)
- 分業(분업)·分子(분자)·分店(분점)·分布(분포)
- 分解(분해)·過分(과분)·交分(교분)·氣分(기분)

참고
☑ 모양이 비슷한 한자 · 分(나눌 분) 分數(분수)
　　　　　　　　 · 兮(어조사 혜) 耶兮(야혜)

丶八今分

奔

大의
5
총
9획

달아날 분
달릴　분

풀이 본래 두 손을 흔들고 달리다의 뜻인 大와 많은 발을 뜻하는 止를 합쳐서 거침없이 달리다의 회의자(會意子)이었던 것이 卉(위)[분은 변음]의 음을 따서 형성자(形聲子)로 바뀌게 됨.

- 奔放(분방) 힘차게 달림. 제멋대로임.
- 奔走(분주) 몹시 바쁨.
- 奔告(분고)·奔女(분녀)·奔流(분류)·奔馬(분마)
- 奔忙(분망)·奔赴(분부)·狂奔(광분)·跳奔(도분)
- 淫奔(음분)·出奔(출분)

참고
❖ 부가의미 · 사랑의 도피의 뜻도 있음.
❖ 비슷한 의미를 가진 한자 · 달리다의 뜻을 가진 글자
　　→走(주)

一ナ大本奔

粉

米의
4
총
10획

가루 분
분 분

· 粉碎(분쇄) 가루처럼 잘게 부수어뜨림.
· 花粉(화분) 꽃가루.
· 粉骨碎身(분골쇄신) · 粉黛(분대) · 粉末(분말) ·
  粉面(분면) · 粉本(분본) · 粉雪(분설) · 粉食(분식) ·
· 粉飾(분식) · 粉乳(분유) · 粉炭(분탄) · 小麥粉(소
  맥분) · 製粉(제분) · 胡粉(호분)

[풀이] 米[쌀]와 음을 나타내는 分
(분)을 합하여 쌀가루를 뜻함. 후에
널리 가루의 뜻으로 쓰임.

[참고]

◎ 모양이 비슷한 한자 · 粉(가루 분) 粉末(분말)
　　　　　　　　　 · 紛(어지러울 분) 紛爭(분쟁)

紛

糸의
4
총
10획

어지러울 분

· 紛糾(분규) 일이 뒤얽혀서 말썽이 많고 시끄러움.
· 紛紛(분분) 사물이 흩어져 어수선한 모양.
· 紛亂(분란) · 紛失(분실) · 紛然(분연) · 紛擾(분요)
· 紛爭(분쟁) · 交紛(교분) · 糾紛(규분)

[참고]

❖ 부가의미 · ①엉클어짐. 얽히어서 덩이가 됨. ②번잡
함. ③많음. 많거나 성(盛)한 모양. ④패건(佩巾). 차는
수건. ⑤깃발. 기류(旗旒) 등의 뜻도 있음.

◎ 모양이 비슷한 한자 · 粉(가루 분) 粉末(분말)
　　　　　　　　　 · 紛(어지러울 분) 紛爭(분쟁)

[풀이] 糸[실]와 음을 나타내는 分
(분)을 합하여 실이 흩어져 엉클어
지다의 뜻. 널리 얽히다의 뜻으로
쓰임.

憤

忄의
12
총
15획

분노할 분

· 憤慨(분개) 격분하여 개탄.
· 鬱憤(울분) 분한 마음이 가슴에 가득함. 또는 그 마
  음.
· 憤激(분격) · 憤怒(분노) · 憤懣(분만) · 憤死(분사)
· 憤然(분연) · 憤痛(분통)

[참고]

❖ 비슷한 의미를 가진 한자 · 화를 내다의 뜻을 가진 글
자→怒(노)

◎ 모양이 비슷한 한자 · 憤(분할 분) 憤怒(분노)
　　　　　　　　　 · 噴(뿜을 분) 噴水(분수)
　　　　　　　　　 · 墳(무덤 분) 墳墓(분묘)

[풀이] 마음을 뜻하는 忄과 음을
나타내는 賁(분)을 합쳐서 마음 속
에 쌓인 감정이 폭발적으로 솟아
오르다의 뜻.

奮

大의
13
총
16획

떨칠 분
휘두를 분

· 奮起(분기) 분발해 일어남.
· 激奮(격분) 몹시 흥분함.
· 奮激(분격) · 奮怒(분노) · 奮勵(분려) · 奮發(분발)
· 奮迅(분신) · 奮然(분연) · 奮戰(분전) · 奮進(분진)
· 奮鬪(분투) · 感奮(감분) · 發奮(발분) · 勇奮(용분)
· 興奮(흥분)

[참고]

❖ 부가의미 · ①기운차게 낢. 날림. 날개. ②성을 냄.
③뽐냄 등의 뜻도 있음.

◎ 모양이 비슷한 한자 · 奮(떨칠 분) 奮發(분발)
　　　　　　　　　 · 奪(빼앗을 탈) 奪取(탈취)

[풀이] 밭 위를 나는 새의 뜻인 隹
와 음을 나타내는 衣(의)[분은 변
음][=大]를 합쳐서 새가 날기 시작
하다의 뜻. 널리 떨쳐 일어서다의
뜻으로 쓰임.

★★★

一의3 총4획

不 아니 불
아닌가 부

풀이 꽃잎이 붙어있는 꽃받침의 모양을 본뜸. 후에 부정의 뜻으로 쓰임.

・ 不可(불가) 옳지 않음.
・ 不正(부정) 바르지 못함.
・ 不潔(불결)・不過(불과)・不吉(불길)・不良(불량)
・ 不倫(불륜)・不利(불리)・不滿(불만)・不買(불매)
・ 不賣(불매)・不發(불발)・不法(불법)・不備(불비)
・ 不純(불순)・不失(불실)・不實(불실)

참고

❖ 부가의미 ・①아님. ②못함. ③아닌가. ④새 이름.
⑤성(姓)의 하나. ⑥그름 등의 뜻도 있음.
❖ 잘못읽기 쉬운 한자 ・不朽 불후 (불휴로 읽지 말 것)

一 丁 不 不

★★

亻의5 총7획

佛 부처 불
석가모니 불

풀이 亻과 음을 가리키는 弗을 합쳐 사람과 닮아서 뚜렷이 구별이 되지 않는다는 뜻을 나타냄. 후에 부처라는 뜻으로 쓰임.

・ 佛道(불도) 부처의 가르침.
・ 念佛(염불) 부처의 모습이나 그 공덕을 생각하면서 부처의 이름을 외는일.
・ 佛經(불경)・佛敎(불교)・佛堂(불당)・佛徒(불도)
・ 佛門(불문)・佛法(불법)・佛事(불사)・佛身(불신)
・ 佛心(불심)・佛典(불전)・念佛(염불)・大佛(대불)

참고

❖ 부가의미 ・①희미함. 많이 닮았음. ②프랑. 프랑스의 화폐 단위. ③큼. ④도움. ⑤용맹함 등의 뜻도 있음.

丿 亻 亻 佀 佛

★★★

比의0 총4획

比 견줄 비
무리 비

풀이 사람둘이 나란히 선 모양을 본떠 나란히 서다의 뜻. 널리 나란히 서다, 　　다, 친하다의 뜻으로 씀.

・ 比等(비등) 비교해 보건대 서로 비슷함.
・ 櫛比(즐비) 빗살처럼 빽빽하고 가지런히 늘어섬.
・ 比肩(비견)・比較(비교)・比丘(비구)・比丘尼(비구니)・比年(비년)・比例(비례)・比類(비류)・比倫(비륜)・比鄰(비린)・比比(비비)・比熱(비열)・比喩(비유)

참고

❖ 부가의미 ・①나란히 섬. 가지런하게 함. ②유(類). 나란히 있는 것. 무리. ③비율. ④가까이 함. 친함. ⑤요사이 작금 등의 뜻도 있음.

一 ヒ 比 比

女의3 총6획

妃 왕비 비

풀이 女[여자]와 음을 나타내는 己(기)[비・배는 변음]를 합쳐서 동반의 여인이라는 뜻.

・ 王妃(왕비) 임금의 아내.
・ 大妃(대비) 임금의 어머니.
・ 妃嬪(비빈)・妃氏(비씨)・妃殿下(비전하)・貴妃(귀비)・皇太子妃(황태자비)

참고

❖ 부가의미 ・① 태자비의 뜻도 있음. ②配와 같은 자임.

く 乡 女 妃 妃 妃

批 칠 비 / 비평할 비
才의 4 총7획 ★

- 批評(비평) 사물의 선악, 시비, 우열을 평가(評價)하여 논하는 일.
- 批判(비판) 비평하여 판단(判斷)함.
- 批難(비난) · 批點(비점) · 批准(비준) · 批評家(비평가) · 批評眼(비평안)

[풀이] 손을 뜻하는 才와 음을 나타내는 比(비)를 합쳐서 손으로 치다의 뜻. 후에 비교해 보다 · 시비를 가리다의 뜻으로 쓰임.

[참고]
❋ 부가의미 · ①손으로 침. ②밀침. ③깎음. ④보여줌 등의 뜻도 있음.

一 十 才 扎 批 批

非 아닐 비
非의 0 총8획 ★ ★

- 非行(비행) 그릇된 행위. 나쁜 짓.
- 非難(비난) 남의 잘못이나 흠을 책잡음.
- 非公開(비공개) · 非公式(비공식) · 非國民(비국민)
- 非金屬(비금속) · 非器(비기) · 非理(비리) · 非賣品(비매품) · 非命(비명) · 非夢似夢(비몽사몽) · 非番(비번) · 非凡(비범) · 非常(비상) · 非常口(비상구)

[풀이] 새가 날개를 벌린 모양을 본뜸. 좌우로 벌려 등지고 있으므로 비(背)[배의 변음]라고 하며, 배반하다의 뜻에서 부정(否定)의 뜻을 나타냄.

[참고]
❋ 부가의미 · ①그름. 옳지 아니함. ②헐뜯음. ③어김. ④없음. ⑤몹 쓸. ⑥허물. 결점 등의 뜻도 있음.

丿 コ 三 丰 非 非

肥 살찔 비
月의 4 총8획

- 肥沃(비옥) 땅이 걸고 기름짐.
- 堆肥(퇴비) 풀 · 짚을 썩혀서 만든 거름.
- 肥大(비대) · 肥鈍(비둔) · 肥料(비료) · 肥滿(비만)
- 肥肉(비육) · 肥土(비토) · 肥厚(비후) · 基肥(기비)
- 綠肥(녹비) · 施肥(시비) · 追肥(추비)

[풀이] 肥가 본디 글자이며 고기를 뜻하는 月과 음을 나타내는 己(기)[비는 변음]를 합쳐서 살에 기름이 오름 · 살이 찜의 뜻.

[참고]
❋ 부가의미 · 거름의 뜻도 있음.

丿 刀 月 刖 肥

卑 낮을 비 / 천할 비
十의 6 총8획

- 卑賤(비천) 지위 · 신분이 낮고 천함.
- 自卑(자비) 스스로를 낮춤.
- 卑怯(비겁) · 卑屈(비굴) · 卑見(비견) · 卑金屬(비금속) · 卑近(비근) · 卑陋(비루) · 卑小(비소) · 卑俗(비속) · 卑語(비어) · 卑下(비하) · 男尊女卑(남존여비)

[풀이] 왼손을 뜻하는 十과 기물(器物)을 뜻하는 甶를 합쳐서 왼손에 물건을 든다는 뜻. 중국에서는 좌(左)는 우(右)에 비해서 낮으므로 낮다 · 천하다의 뜻으로 쓰고 있음.

[참고]
❋ 부가의미 · ①낮음. ②낮춤. 겸손. ③자기 말을 낮출 때에 붙이는 말. ④가까움 등의 뜻도 있음.
❖ 비슷한 의미를 가진 한자 · 낮다의 뜻을 가진 글자 →低(저)

宀 白 甶 卑 卑

飛의 0 총9획

飛 날 비

[풀이] 새가 날개를 펼쳐 나는 모양을 본뜸. 날다, 빠르다의 뜻. 부수로서의 명칭은 '날비몸'이라 함.

- 飛散(비산) 날아서 흩어짐.
- 飛報(비보) 썩 급한 통지.
- 飛車(비거)·飛檄(비격)·飛球(비구)·飛來(비래)·
- 飛流(비류)·飛沫(비말)·飛白(비백)·飛上(비상)·
- 飛仙(비선)·飛行船(비행선)·雄飛(웅비)

[참고]

❖ **부가의미** · ①넘음. ②여섯 말[六馬]. ③높음. ④빠름. ⑤흩음 등의 뜻도 있음.

ㄴ ㄟ ㄼ 飛 飛

★

示의 5 총10획

秘 숨길 비

[풀이] 신[神]의 뜻인 示와 음을 나타내는 必(필)[비는 변음]을 합쳐 보이지 않는 숨은 신이란 뜻, 널리 속이 깊어 알 수 없는 것이라는 뜻으로 쓰임.

- 秘訣(비결) 숨겨 두고 혼자만 쓰는 좋은 방법.
- 神秘(신비) 영묘, 불가사의한 비밀.
- 秘境(비경)·秘密結社(비밀결사)·秘方(비방)·
- 秘法(비법)·秘寶(비보)·秘本(비본)·秘史(비사)·
- 秘書(비서)·秘術(비술)·秘苑(비원)·秘藏(비장)·
- 秘傳(비전)·秘策(비책)·秘話(비화)·極秘(극비)

[참고]

❖ **부가의미** · ①신비함. ②오의(奧義). 알기 어려운 매우 깊은 뜻. ③귀신 등의 뜻도 있음.

二 亓 亓 祕 祕

★ ★

心의 8 총12획

悲 슬퍼할 비
슬픔 비

[풀이] 心[마음]과, 음을 나타내는 非(비)를 합쳐서 살을 에는 듯한 참을 수 없는 슬픔이라는 뜻.

- 悲哀(비애) 슬픔과 설움.
- 喜悲(희비) 기쁨과 슬픔.
- 悲歌(비가)·悲歌慷慨(비가강개)·悲感(비감)·
- 悲境(비경)·悲曲(비곡)·悲觀(비관)·悲鳴(비명)·
- 悲報(비보)·悲哀(비애)·悲運(비운)·悲壯(비장)·
- 慈悲(자비)·喜悲(희비)·無慈悲(무자비)

[참고]

❖ **부가의미** · 불쌍하게 여김. 자비의 뜻도 있음.
✖ **반대되는 한자** · 悲(슬플 비)↔喜(기쁠 희)

丿 ㅓ 非 非 悲

★ ★

貝의 5 총12획

費 쓸 비
소모할 비

[풀이] 貝[화폐]와 음을 나타내는 弗(불)[비는 변음]을 합쳐서 돈을 쓰다의 뜻.

- 費用(비용) 무엇을 사거나 어떤 일을 하는데 드는 돈.
- 浪費(낭비) 헛되이 함부로 씀.
- 費途(비도)·費目(비목)·經費(경비)·公費(공비)·
- 官費(관비)·國費(국비)·給費(급비)·私費(사비)·
- 歲費(세비)·消費(소비)·旅費(여비)

[참고]

❖ **부가의미** · 비용의 뜻도 있음.

一 二 弗 弗 費

★ ★ 亻의 10 총 12 획 **備** 갖출 비 방비할 비	· 備品(비품) 비치하여 두는 물품(物品). · 防備(방비) 미리 막아서 지킴. · 備考(비고) · 備禮(비례) · 備忘(비망) · 備忘錄(비 망록) · 備藏(비장) · 備薦(비천) · 備置(비치) · 警 備(경비) · 具備(구비) · 軍備(군비) · 不備(불비) · 設備(설비) · 守備(수비) · 豫備(예비) · 完備(완비)

(풀이) 사람을 뜻하는 亻과 음을 가리키는 葡(비)를 합쳐 사람이 마련해 둔다는 뜻.

(참고)

❖ **비슷한 의미를 가진 한자** · 갖추다의 뜻을 가진 글자 備(비)는 넉넉히 준비되어 있음. 그전부터 준비되어 있음. 具(구)는 물건이 완전히 갖추어져 있음. 供(공)은 쓸모를 지니고 있음.

女의 8 총 11 획 **婢** 여자종 비	· 婢僕(비복) 여자 종과 남자 종. · 婢妾(비첩) 종으로서 첩이 된 계집. · 奴婢(노비) · 僕婢(복비) · 侍婢(시비) · 下婢(하비)

(풀이) 신분이 낮은 (卑:비) 여자(女)이니 계집종을 뜻함.

(참고)

❖ **부가의미** · ①시녀. ②여자가 자기를 낮추어 일컫는 말 등의 뜻도 있음.

★ ★ ★ 鼻의 0 총 14 획 **鼻** 코 비 시초 비	· 鼻音(비음) 콧소리. · 鼻祖(비조) 시조(始祖). 창시자(創始者). · 鼻腔(비강) · 鼻骨(비골) · 鼻孔(비공) · 鼻粱(비량) · 鼻毛(비모) · 鼻門(비문) · 鼻聲(비성) · 鼻息(비식) · 鼻藥(비약) · 鼻炎(비염) · 鼻柱(비주) · 鼻紙(비지) · 鼻血(비혈) · 酸鼻(산비) · 阿鼻(아비) · 隆鼻(융비)

(풀이) 사람의 코 모양인 自와 음을 나타내는 畀(비)를 합쳐서 코를 뜻함. 부수로는 코에 관한 뜻을 나타냄.

(참고)

❖ **부가의미** · ①짐승의 코에 밧줄따위를 뀀. ②비롯함. 시초 등의 뜻도 있음.

★ 石의 8 총 13 획 **碑** 비석 비 석주 비	· 碑石(비석) 빗돌. 석조로 된 비. · 記念碑(기념비) 어떤 일을 기념하기 위하여 세운 비. · 碑閣(비각) · 碑銘(비명) · 碑文(비문) · 碑誌(비지) · 碑帖(비첩) · 口碑(구비) · 石碑(석비)

(풀이) 石[돌]과 음을 나타내는 卑(비)를 합하여 땅위에 튀어 나와 서있는 돌을 뜻함.

(참고)

❖ **부가의미** · 비문. 한문체(體)의 한 가지의 뜻도 있음.

			획순

貧

貝의 4
총11획

가난할 빈
모자랄 빈

★ ★

[풀이] 화폐를 뜻하는 貝와 나누다의 뜻을 가진 分을 합쳐 재산이 분산되어 가난하다의 뜻.

· 貧困(빈곤) 가난해서 살림이 궁색함.
· 淸貧(청빈) 성정이 청렴하여 살림이 구차함.
· 貧苦(빈고)·貧窮(빈궁)·貧農(빈농)·貧道(빈도)
· 貧民(빈민)·貧富(빈부)·貧相(빈상)·貧生(빈생)
· 貧僧(빈승)·貧弱(빈약)·貧者(빈자)·貧者一燈
　(빈자일등)·貧妻(빈처)·貧賤(빈천)·貧村(빈촌)

[참고]

※ 부가의미 ·①구차함. ②재산이 적음. ③재능이 적음.
　④가난한 사람 등의 뜻도 있음.

⊠ 반대되는 한자 · 貧(가난할 빈)↔富(부자 부)

（획순: ノ 分 分 貧 貧）

氷

水의 1
총5획

얼음 빙
얼 빙

★ ★ ★

[풀이] 水[물]와 물이 언 모양을 나타내는 冫를 합쳐 언 물을 뜻함.

· 氷山(빙산) 바다에 산처럼 떠있는 얼음덩이.
· 氷菓(빙과) 얼음과자. 아이스크림 등.
· 氷結(빙결)·氷庫(빙고)·氷塊(빙괴)·氷囊(빙낭)
· 氷袋(빙대)·氷霧(빙무)·氷砂糖(빙사탕)·氷釋
　(빙석)·氷雪(빙설)·氷水(빙수)·氷室(빙실)·結
　氷(결빙)·流氷(유빙)·製氷(제빙)·解氷(해빙)

[참고]

※ 부가의미 · 얼음. 물이 얾의 뜻도 있음.

⊡ 모양이 비슷한 한자 · 氷(얼음 빙) 氷雪(빙설)
　　　　　　　　　· 水(물 수) 食水(식수)
　　　　　　　　　· 永(길 영) 永久(영구)

（획순:]] 冫 氷 氷）

士

士의 0
총3획

선비 사
무사 사

★ ★

[풀이] 땅위에 나무막대를 박아 세운 모양을 만듦. 제구실을 하는 남자라는 뜻. 부수로는 사나이에 관한 뜻을 나타냄.

· 士氣(사기) 싸움에 대한 병사의 기세.
· 力士(역사) 뛰어나게 힘이 센 사람.
· 士官(사관)·士君子(사군자)·士農工商(사농공상)
· 士兵(사병)·講士(강사)·技士(기사)·道士(도사)
· 力士(역사)·武士(무사)·兵士(병사)·樂士(악사)
· 勇士(용사)·義士(의사)·壯士(장사)·志士(지사)

[참고]

⊡ 모양이 비슷한 한자 · 士(선비 사) 名士(명사)
　　　　　　　　　· 土(흙 토) 土地(토지)

（획순: 一 十 士）

四

口의 2
총5획

넉 사

★ ★ ★

[풀이] 네 개의 금을 그은 것이 시초였음. 三 같은 글자와 혼동을 피하기 위해 지금의 모양으로 됨.

· 四角(사각) 네 모퉁이에 각이 있는 모양. 네모.
· 四角柱(사각주) 사각 기둥.
　四傑(사걸)·四更(사경)·四季(사계)·死色(사색)
· 四聖(사성)·四海(사해)·四苦八苦(사고팔고)·
　四大聖人(사대성인)·四大六身(사대육신)·四大
　祝日(사대축일)·四方八方(사방팔방)

[참고]

※ 부가의미 · 사방의 뜻도 있음.

（획순: 1 冂 四 四 四）

口의 2 총5획 ★★★

역사　사
사기　사

풀이 천문을 조사할 때 쓰는 계산용 막대기를 뜻하는 中과, 손을 뜻하는 又를 합쳐서 만든 글자. 천체의 운행을 계산하여 달력을 만드는 사람의 뜻. 후에 기록을 맡아 보는 사람, 또는 기록된것의 뜻으로 씀.

· 史官(사관) 역사를 편수하는 관리(官吏).
· 歷史(역사) 어떤 사물이 오늘날에 이르기까지 변화의 자취.
· 史家(사가)·史觀(사관)·史記(사기)·史料(사료)
· 史上(사상)·史實(사실)·史草(사초)·先史(선사)
· 野史(야사)·戰史(전사)·正史(정사)

참고

❖ **부가의미** ·①역사. 사기. ②빛남. 화사함. ③성(姓)의 하나 등의 뜻도 있음.

丶 一 口 口 史 史

口의 2 총5획

司

맡을　사
벼슬　사

풀이 입을 뜻하는 口와 음을 나타내는 키(사)를 합쳐 하느님을 섬기면서 뜻을 사람에게 전하여 다스리다의 뜻. 후에 맡아 보다의 뜻으로 쓰임.

· 司諫院(사간원) 이조 때 삼사(三司)의 하나. 임금에게 간(諫)하는 일을 맡아 본 관청. 간원(諫院).
· 司教(사교) 천주교의 교직(敎職). 대사교(大司敎)의 다음이고 사제(司祭)의 위임.
· 司空(사공)·司寇(사구)·司徒(사도)

참고

❖ **부가의미** ·①마을. 관아. ②엿봄 등의 뜻도 있음.
❖ **비슷한 의미를 가진 한자** ·맡다의 뜻을 가진 글자 司(사)는 주동이 되어 일함. 掌(장)은 도맡아서 일함.

ㄱ 키 司 司 司

亻의 3 총5획 ★★★

仕

벼슬　사
섬길　사

풀이 亻과 음을 나타내는 士(사)를 합쳐 부림을 받는 사람, 섬기다의 뜻.

· 仕官(사관) 관리(官吏)가 되어 종사함.
· 奉仕(봉사) 남의 뜻을 받들어 섬김. 남을 위해 노력함.
· 仕途(사도)·給仕(급사)

참고

❖ **비슷한 의미를 가진 한자** ·섬기다의 뜻을 가진 글자 仕(사)는 관직에 앉음. 주인을 섬김. 事(사)는 사람을 따라 일을 함. 손윗 사람을 우러러 보고 섬김.

丿 亻 仁 什 仕

寸의 3 총6획 ★★

寺

절　　사
관청　사

풀이 손을 뜻하는寸과 음을 나타내는 止(지)[사, 시는 변음]의 변형인 土를 합쳐서 일을 하다의 뜻. 또 일하는 장소 관청의 뜻으로도 씀. 불교가 전해지자 중이 사는 곳을 절이라고 하게됨.

· 寺塔(사탑) 절의 탑.
· 山寺(산사) 산 속에 있는 절.
· 寺門(사문)·寺僧(사승)·寺院(사원)·末寺(말사)
· 本寺(본사)·佛寺(불사)

참고

❖ **부가의미** ·①마을. ②천하게 노는 계집. ③내시. 환관 등의 뜻도 있음.

一 十 土 土 寺 寺

★ ★ ★

歹의 2 총6획

死　죽을 사

풀이 사람[匕]과 남은 뼈라는 뜻인 歹을 합쳐서 사람이 죽어 뼈만 남다의 뜻. 널리 죽다의 뜻.

· 死別(사별) 죽어서 서로 이별함.
· 橫死(횡사) 뜻밖의 재앙으로 죽음.
· 死角(사각)·死境(사경)·死苦(사고)·死球(사구)

참고

❖ **비슷한 의미를 가진 한자** · 황제가 죽다는 崩御(붕어). 젊어서 죽다는 早世(조세) 또는 夭折(요절). 재난으로 죽다는 變死(변사) 또는 橫死(횡사). 전쟁에서 죽다는 戰死(전사) 또는 戰沒(전몰). 물에 빠져 죽다는 溺死(익사) 또는 水死(수사). 갑자기 죽다는 急死(급사)· 急逝(급서)·頓死(돈사).

☒ **반대되는 한자** · 死(죽을 사)↔活(살 활)

一 歹 歹 歹 死

氵의 4 총7획

沙　모래 사
　　물가 사

풀이 氵[시내]과 음을 나타내며 동시에 작다의 뜻을 가진 少(소)[사는 변음]가 합쳐서 넓은 강가에 흩어진 작은 돌, 즉 모래를 뜻함.

· 沙工(사공) 뱃사공.
· 白沙(백사) 흰 모래.
· 沙礫(사력)·沙漠(사막)·沙門(사문)·沙彌(사미)
· 沙鉢(사발)·沙石(사석)·沙洲(사주)·沙汰(사태)
· 金沙(금사)·白沙(백사)·細沙(세사)·銀沙(은사)
· 汰沙(태사)·土沙(토사)

참고

❖ **부가의미** · ①분간함. ②물로 씻어 나쁜 것을 가려냄 등의 뜻도 있음.

氵 氵 氵 沙 沙

阝의 4 총7획

邪　간사할 사

풀이 阝[부락]과 음을 나타내는 牙(아)[사는 변음]로 이루어지며 본디 고장 이름. 후에 바르지 못하다의 뜻으로 쓰임.

· 邪計(사계) 바르지 못한 계책(計策).
· 奸邪(간사) 간교하고 행실이 바르지 못함.
· 邪見(사견)·邪曲(사곡)·邪敎(사교)·邪鬼(사귀)
· 邪氣(사기)·邪念(사념)·邪道(사도)·邪戀(사련)
· 邪路(사로)·邪論(사론)·邪惡(사악)·邪慾(사욕)
· 邪淫(사음)·邪宗(사종)·邪知(사지)·邪推(사추)

참고

❖ **부가의미** · ①나쁜 것. ②그런가. ③나머지 등의 뜻도 있음.

一 匚 牙 牙 邪 邪

禾의 2 총7획

私　사　사

풀이 禾[곡식]와 음을 나타내는 厶(사)를 합하여 자기 몫으로 하고 싶다의 뜻. 후에 나의 뜻으로 쓰임.

· 私學(사학) 개인의 학설. 사설교육기관.
· 無私(무사) 사사로움이 없음.
· 私見(사견)·私考(사고)·私曲(사곡)·私交(사교)
· 私權(사권)·私企業(사기업)·私談(사담)·私黨(사당)·私道(사도)·私論(사론)·私利(사리)·私立(사립)

참고

❖ **부가의미** · ①사사. 사사 일. 개인의 사물. 개인의 비밀. ②사사로이 함. 자기 소유로 함. 자기 마음대로 함. 자기 이익을 꾀함. 치우치게 사랑함. ③사사로이. 비밀히. 남 몰래 등의 뜻도 있음.

一 二 千 禾 私

舌의 2
총 8획

집 사

★ ★

- 舍廊(사랑) 바깥주인이 거처하는 곳.
- 宿舍(숙사) 사람들이 숙박(宿泊)하는 집.
- 舍監(사감)·舍利(사리)·舍伯(사백)·舍人(사인)
- 舍弟(사제)·舍宅(사택)·舍兄(사형)·客舍(객사)
- 校舍(교사)·寄宿舍(기숙사)

풀이 지붕모양을 본뜬 𠆢와 장소를 뜻하는 口를 합쳐서 사람이 쉬는 집의 뜻. 널리 쉬다,묵다의 뜻으로 씀.

참고

❖ 부가의미 ·①쉼. ②놓아 줌. 풀어 놓음. 용서함. ③베풂. ④그만둠. 버림. 없앰. ⑤자기 쪽을 낮출 때 붙이는 말 등의 뜻도 있음.

❖ 비슷한 의미를 가진 한자 ·집의 뜻을 가진 글자→家(가)

丿 人 𠆢 𠆢 全 舍

亅의 7
총 8획

일 사

★ ★ ★

- 奉事(봉사) ① 웃어른을 받들어 섬기는 것. ② 소경.
- 成事(성사) 일이 이루어짐.
- 事故(사고)·事端(사단)·事例(사례)·事理(사리)
- 事物(사물)·事變(사변)·事案(사안)·事業(사업)
- 事由(사유)·事典(사전)·事前(사전)·事情(사정)
- 事後(사후)·家事(가사)·去事(거사)

풀이 가지가 뻗은 나무에 작은 깃발을 달아 놓은 모양인 㞢과 손을 뜻하는 手로 만들어진 글자. 관청에서 일, 장사의 뜻을 나타냄. 일의 뜻으로 쓰임.

참고

❖ 부가의미 ·①일로 삼음. ②섬김. ③다스림 등의 뜻도 있음.

一 一 𠂉 盲 写 事

亻의 6
총 8획

부릴 사
하여금 사

★ ★ ★

- 使嗾(사주) 남을 부추겨 나쁜 일을 시킴.
- 大使(대사) 특영전권대사(特命全權大使)를 흔히 일컫는 말.
- 使徒(사도)·使徒行傳(사도행전)·使令(사령)·使命(사명)·使臣(사신)·使役(사역)·使用(사용)
- 大使(대사)·勞使(노사)·密使(밀사)·天使(천사)

풀이 사람을 뜻하는 亻과 음을 가리키는 吏(리)[사, 시는 변음]를 합쳐 남을 위해 일하는 사람을 가리킴. 쓰다라는 뜻.

참고

❖ 부가의미 ·①심부름군. 사신으로 감. ②만약. 그렇다면 등의 뜻도 있음.

丿 亻 仁 伊 使

示의 3
총 8획

社

땅귀신 사
단체 사

★ ★ ★

- 社稷(사직) 토신(土神)과 곡신(穀神). 한 왕조의 기초. 태사(太社)와 태직(太稷).
- 會社(회사) 상행위 또는 영리를 목적으로 상법에 따라 설립된 사단 법인.
- 社交(사교)·社團法人(사단법인)·社名(사명)·社命(사명)·社務(사무)·社線(사선)·社說(사설)

풀이 示[신]와 땅을 뜻하는 土를 합하여 땅귀신의 뜻. 널리 그것을 모시는 집으로, 나아가 그것을 중심으로 동지적 단체의 뜻으로 쓰임.

참고

❖ 부가의미 ·①사일(社日). ②둘레. 모임. ③단체. ④세상 등의 뜻도 있음.

◙ 모양이 비슷한 한자 ·社(단체 사) 社會(사회)
·祀(제사 사) 祭祀(제사)

二 テ 示 示 社

祀

示의 3
총 8획

제사 사

풀이 신을 뜻하는 示(시)와 음을 나타내며 모시다의 뜻을 가진 巳(사)를 합하여 신을 모시다의 뜻.

- 祀天(사천) 하늘에 제사를 지냄.
- 祭祀(제사) 신령에게 음식을 바쳐 정성을 표하는 예절.
- 祀事(사사)·祀孫(사손)·祀天(사천)·忌祭祀(기제사)·祠祀(사사)·先祀(선사)·時祀(시사)·宗祀(종사)·享祀(향사)

참고

❖ **부가의미** ·①제사 지냄. ②해[年] 등의 뜻도 있음.
☯ **모양이 비슷한 한자** · 社(단체 사) 社會(사회)
·祀(제사 사) 祭祀(제사)

一 二 丁 示 祀

查

★★★

木의 5
총 9획

조사할 사
사돈 사

풀이 木과 음을 나타내는 且(차)[사는 변음]를 합쳐서 비스듬하게 자른 나무의 뜻. 후에 조사하다의 뜻으로 씀.

- 査實(사실) 사실을 조사함.
- 調査(조사) 사물의 내용을 자세히 살펴봄.
- 査問(사문)·査收(사수)·査閱(사열)·査定(사정)
- 査證(사증)·査察(사찰)·檢査(검사)·考査(고사)
- 踏査(답사)·搜査(수사)·巡査(순사)·審査(심사)

참고

❖ **부가의미** ·①잘 보고 분명히 함. ②떼. 뗏목 등의 뜻도 있음.

一 十 木 杳 查

思

★★★

心의 5
총 9획

생각할 사

풀이 心[마음]과 음을 나타내는 田〔=囟〕(일)을 합쳐서 마음의 작용을 뜻함. 널리 생각하다의 뜻으로 쓰임. 囟은 惱(뇌)의 옛글자 라고도 함.

- 思考(사고) 생각하고 궁리함. 사유(思惟).
- 思想(사상) 생각. 통일된 판단 체계.
- 思考力(사고력)·思念(사념)·思量(사량)·思慮(사려)·思料(사료)·思慕(사모)·思辨(사변)

참고

❖ **비슷한 의미를 가진 한자** · 思(사)는 사고하다, 그리워하다. 念(념)은 항상 생각하고 잊지 않다. 憶(억)은 언제까지나 기억하고 있다. 想(상)은 모습을 마음 속에 그리고 생각하다. 意(의)는 추량(推量)하고 의심하다. 惟(유)는 여러 가지로 깊이 생각하고 재다. 懷(회)는 그리워서 생각하다.

ノ 冂 冊 田 思

師

★★

巾의 7
총 10획

스승 사

풀이 언덕을 뜻하는 𠂤[퇴]와 음을 나타내는 帀(시)[사는 변음]를 합쳐서 자그마한 언덕이라는 뜻. 옛날에는 언덕에 사람이 살고 군대도 있었으므로 군대, 전쟁의 뜻이 됨. 이끌다. 스승의 뜻으로 쓰임.

- 師道(사도) 남의 스승이 되는 길.
- 教師(교사) 학술이나 기예를 가르치는 사람.
- 師君(사군)·師團(사단)·師母(사모)·師範(사범)
- 師父(사부)·師傅(사부)·師事(사사)·師承(사승)
- 師友(사우)

참고

❖ **부가의미** ·①우두머리 어른. ②군사. 군인의 집단. ③서울. 뭇사람. ④괘 이름 등의 뜻도 있음.

ノ 亻 𠂤 自 師

寸의7총10획 ★	 射	쏠 사 벼슬이름 야

풀이 손을 뜻하는 寸과 활에 화살을 먹인 꼴을 잘못 표시한 身을 합하여 화살을 쏘다의 뜻.

· 射程(사정) 총포의 탄환이 가 닿는 거리.
· 發射(발사) 총포나 로켓 따위를 쏨.
· 射角(사각) · 射擊(사격) · 射殺(사살) · 射手(사수)
· 射出(사출) · 射倖(사행) · 射倖心(사행심) · 亂射(난사) · 反射(반사) · 放射(방사) · 日射(일사) · 照射(조사) · 注射(주사) · 投射(투사)

참고

❖ 부가의미 · ①맞히다. ②싫음. ③율(律) 이름. ④산 이름 등의 뜻도 있음.

ㅓ ㄲ 身 射 射

糸의6총12획 ★	絲	실 사 명주실 사

풀이 糸[실]는 누에고치에서 나온 가는 실의 뜻. 絲는 糸를 꼬아서 만든 명주실이라는 뜻.

· 絲雨(사우) 실같이 가늘게 내리는 비. 보슬비. 가랑비.
· 生絲(생사) 삶아서 익히지 않은 명주실.
· 絲瓜(사과) · 絲管(사관) · 絲圈花(사권화) · 絲繭(사견) · 絲禽(사금) · 絲桐(사동) · 絲路(사로) · 絲柳(사류) · 絲履(사리) · 絲絲(사사) · 絲狀(사상)

참고

❖ 부가의미 · ①견직물(絹織物). ②실을 뽑아 냄. ③악기 이름. 거문고 등의 현악기. 팔음(八音)의 하나. ④십홀(十忽). 소수(小數)의 한 단위. 1의 만분지 1. 홀의 10배를 絲라고 하며 絲의 10배를 毫(호)라함.

纟 糸 糸 絲 絲

言의5총12획	詞	말씀 사 글 사

풀이 言[말]과 음을 나타내는 司(사)를 합쳐서 접속사라는 뜻. 후에 말을 뜻함.

· 詞客(사객) 시문(詩文)을 잘 짓는 사람.
· 歌詞(가사) 노래의 내용이 되는 문구.
· 詞林(사림) · 詞伯(사백) · 詞章(사장) · 詞藻(사조) · 詞兄(사형) · 詞華(사화) · 詞華集(사화집) · 動詞(동사) · 名詞(명사) · 副詞(부사) · 祝詞(축사) · 形容詞(형용사)

참고

❖ 부가의미 · ①시(詩)와는 다른 송대(宋代)의 운문의 하나. ②글 등의 뜻도 있음.

ㅓ ㅌ 言 詞 詞

宀의12총15획 ★★★	寫	베낄 사 그릴 사

풀이 집을 뜻하는 宀과 음을 나타내는 舃(사)를 합쳐서 물건을 집에 날라 부리다의 뜻. 후에 베껴 쓰다의 뜻으로 쓰이게 됨.

· 寫生(사생) 실물이나 실경을 그대로 그림.
· 描寫(묘사) 눈으로 보거나 마음으로 느낀 것을 개관적으로 표현함.
· 寫經(사경) · 寫本(사본) · 寫生文(사생문)

참고

❖ 부가의미 · 부어 만듦의 뜻도 있음.
❖ 비슷한 의미를 가진 한자 · 寫(사)는 그대로 베껴 씀. 映(영)은 빛에 물체가 비치어짐. 찍힘. 模(모)는 손으로 닮게 하다의 뜻에서 흉내 내어 베낌. 蒲(포)는 베껴서 그림. 謄(등)은 원본을 그대로 베낌.

宀 宀 宀 宭 寫

謝

言의 10
총 17획

사례할 사

풀이 言[말]과 음을 나타내는 射(사)를 합쳐서 사퇴하는 말이라는 뜻. 널리 사례하다의 뜻으로 씀.

★ ★

· 謝絶(사절) 사양하고 받지 아니함. 거절함.
· 感謝(감사) 고마움. 고맙게 여김.
· 謝禮(사례) · 謝枋得(사방득) · 謝肉祭(사육제) · 謝意(사의) · 謝儀(사의) · 謝恩(사은) · 謝狀(사장) · 謝罪(사죄) · 謝表(사표) · 多謝(다사) · 代謝(대사) · 薄謝(박사) · 報謝(보사) · 辭謝(사사) · 深謝(심사)

참고

❖ 부가의미 · ①고(告)함. 말씀. ②사례함. ③물러감. 물리침. ④꽃이 떨어짐. ⑤사과함. ⑥약해짐. ⑦성(姓)의 하나 등의 뜻도 있음.

言 訁 訓 謝 謝

辭

辛의 12
총 19획

辭

말 사
글 사

풀이 죄를 뜻하는 辛과 음을 나타내는 𤔔(란)[사는 변음]을 합하여 죄를 다스리다의 뜻. 후에 말을 뜻하게 됨.

★

· 辭退(사퇴) 사절하여 물리침.
· 祝辭(축사) 축하(祝賀)하는 뜻의 글, 말.
· 辭令(사령) · 辭令狀(사령장) · 辭林(사림) · 辭柄(사병) · 辭色(사색) · 辭書(사서) · 辭世(사세) · 辭讓(사양) · 辭意(사의) · 辭任(사임) · 辭典(사전) · 辭職(사직) · 辭表(사표) · 告辭(고사) · 固辭(고사)

참고

❖ 부가의미 · ①핑계. 구실. ②알림. 고함. ③타이름. ④청함. ⑤사양함. 사퇴함 등의 뜻도 있음.

𤔔 𤔔 𤔔 𤔔 辭

山

山의 0
총 3획

山

뫼 산

풀이 높이 솟은 산을 본뜸. 높은 산이라는 뜻.

★ ★ ★

· 山家(산가) · 山脚(산각) · 山景(산경) · 山林(산림) · 山門(산문) · 山寺(산사) · 山城(산성) · 山勢(산세) · 山所(산소) · 山水(산수) · 山神(산신) · 山野(산야) · 山羊(산양) · 山頂(산정) · 山主(산주) · 山中(산중) · 山地(산지) · 山菜(산채) · 山村(산촌) · 山河(산하)

참고

❖ 비슷한 의미를 가진 한자 · 높은 산→高山(고산) · 高峰(고봉) · 高嶺(고령). 작은산→小山(소산) · 小丘(소구) · 低山(저산) · 丘(구). 이어진 산→連山(연산) · 連峰(연봉) · 山脈(산맥). 험한 산→嶮山(험산) · 峻峰(준봉) · 峻岳(준악)

丨 山 山

產

生의 6
총 11획

낳을 산
산물 산

풀이 생겨나다의 뜻인 生과 음을 나타내는 彦(언)[산은 변음]의 생략형인 产을 합쳐서 생겨나다의 뜻.

★ ★ ★

· 産業(산업) 생산(生産)을 하는 사업.
· 畜産(축산) 가축을 기르고 쳐서 인간 생활에 유용한 물질을 생산하고 이용하는 농업의 한부분.
· 産科(산과) · 産氣(산기) · 産期(산기) · 産卵(산란) · 産母(산모) · 産物(산물) · 産米(산미) · 産婦(산부) · 産室(산실) · 産兒(산아) · 産兒制限(산아제한) · 産業革命(산업혁명)

참고

❖ 부가의미 · 생겨난 곳. 생겨난 것의 뜻도 있음.

亠 立 产 产 產

攵의 8 총 12 획	★ 散 흩어질 산 헤칠 산	艹 艹 昔 散 散

· 散髮(산발) 머리를 풀어헤침, 또 그 머리.
· 解散(해산) 모인 사람이 헤어져 흩어짐.
· 散開(산개) · 散見(산견) · 散官(산관) · 散光(산광)
· 散亂(산란) · 散漫(산만) · 散亡(산망) · 散賣(산매)
· 散文(산문) · 散兵(산병) · 散步(산보) · 散史(산사)

[풀이] 竹艹[대나무]와 음을 나타내는 散´[석][산은 변음]을 합쳐서 대나무를 쪼개다의 뜻. 널리 흩어지다의 뜻으로 쓰임.

[참고]
※ 부가의미 · ①발함. ②없어짐. ③뒤섞여 혼란함. ④여가. ⑤쓸모가 없음. ⑥단정하지 못함. ⑦가루약 등의 뜻도 있음.

竹의 8 총 14 획	★ ★ 算 산가지 산 셈할 산	⺮ 竹 竹 筲 算

· 算數(산수) 국민학교 교과의 한가지.
· 推算(추산) 짐작으로 미루어서 셈함.
· 算曆(산력) · 算木(산목) · 算盤(산반) · 算法(산법)
· 算術(산술) · 算式(산식) · 算用(산용) · 算用數字(산용수자) · 算入(산입) · 算定(산정) · 算出(산출)
· 加算(가산) · 檢算(검산) · 計算(계산) · 公算(공산)

[풀이] 竹[대]와 具[갖춤]를 합하여 대나무 막대기를 정돈하여 세다의 뜻.

[참고]
※ 부가의미 · ①수. 수효. ②산가지. 주판. 계산하는 도구. ③계산의 방법. ④꾀함. ⑤모계(謀計). ⑥슬기. 지혜 등의 뜻도 있음.

殳의 7 총 11 획	★ ★ 殺 죽일 살 덜을 쇄	ノ 乂 杀 郑 殺

· 殺菌(살균) 병균(病菌)을 죽임.
· 殺到(쇄도) 세차게 몰려듦.
· 殺氣(살기) · 殺母蛇(살모사) · 殺伐(살벌) · 殺父之讐(살부지수) · 殺傷(살상) · 殺生(살생) · 殺身成仁(살신성인) · 殺戮(살육) · 殺意(살의) · 殺人(살인) · 殺蟲劑(살충제) · 殺風景(살풍경)

[풀이] 몽둥이로 때리다의 뜻인 殳과 큰 멧돼지라는 뜻인 杀을 합쳐서 멧돼지를 때려잡다의 뜻. 널리 죽이다의 뜻.

[참고]
※ 부가의미 · ①상처를 입힘. ②거칠음. 사나움. ③동사 다음에 붙여서 어세(語勢)를 강하게 하는 말. 떼어 버림. ④줄임. 깎음. 덞. ⑤빠름 등의 뜻도 있음.

一의 2 총 3 획	★ ★ ★ 三 석 삼	一 二 三

· 三更(삼경) · 三南(삼남) · 三冬(삼동) · 三樂(삼락)
· 三流(삼류) · 三忘(삼망) · 三面(삼면) · 三伏(삼복)
· 三省(삼성) · 三養(삼양) · 三怨(삼원) · 三族(삼족)
· 三韓(삼한) · 三和(삼화) · 三角形(삼각형) · 三多島(삼다도) · 三分法(삼분법) · 三原色(삼원색) · 三一節(삼일절) · 三次元(삼차원) · 三千里(삼천리)

[풀이] 셋이라는 수를, 一을 세 개 겹친 꼴로 나타냄.

[참고]
※ 부가의미 · ①여럿. ②자주 등의 뜻도 있음.

森

木의 8
총 12획

나무 빽빽할 삼

풀이 木[나무]을 셋 합쳐서 나무가 많이 자라고 있는 모양을 뜻함.

· 森林(삼림) 나무가 많이 우거진 수풀.
· 森嚴(삼엄) 무서우리 만큼 엄숙함.
· 森羅萬象(삼라만상) · 森列(삼렬) · 森森(삼삼) · 森然(삼연) · 森閑(삼한) · 疎森(소삼) · 蕭森(소삼) · 林森(임삼) · 淸森(청삼)

참고

❊ 부가의미 · ①물건이 많은 모양. ②엄숙함. 위엄이 있음. ③늘어섬 등의 뜻도 있음.

一 十 木 森 森

上

★ ★ ★

위 상

풀이 어떤 위치(-)보다도 위에 있다는 것을 丶로 나타냄.

· 上部(상부) · 上士(상사) · 上書(상서) · 上席(상석)
· 上手(상수) · 上申(상신) · 上午(상오) · 上位(상위)
· 上衣(상의) · 上場(상장) · 上典(상전) · 上體(상체)

참고

❖ 비슷한 의미를 가진 한자 · 오름. 올림의 뜻을 가진 글자→擧(거). 떠받들다의 뜻을 가진 글자→尊(존). 올라가다의 뜻을 가진 글자 上(상)은 아래 것이 위로 향함. 登(등)은 비스듬한 곳이나 층계 등을 점점 나아가 오름. 昇(승)는 해가 뜬다는 뜻으로 해·달·용 등이 하늘에 오르듯 힘차게 위로 오름. 또 벼슬이 오름 ↔降(강). 騰(등)은 뛰어 오름. 또 물가가 많이 오름.

丨 卜 上

床

★

广의 4
총 7획

평상 상
마루 상
지반 상

풀이 집[广]에서 쓰는 나무[木]로 만든 평상이나 책상, 밥상 또는 마루바닥 등을 뜻함.

· 平床(평상) 나무로 만든 침상의 하나.
· 起床(기상) 잠자리에서 일어남.
· 冊床(책상) · 寢床(침상) · 病床(병상) · 溫床(온상)
· 河床(하상) · 鑛床(광상)

참고

✦ 부수풀이 · 广(바윗집 엄): ①언덕이나 바위를 지붕삼아 지은 바위집의 모양을 본뜬 자. ②굴바위(厂)에 마룻대(丶=표할 주)를 걸쳐 지은 집을 뜻한 자.

亠 广 庁 床 床

尚

小의 5
총 8획

높일 상
오히려 상

풀이 더한다는 뜻인 八과 음을 나타낸 向(향)[상은 변음]을 합쳐서 물건을 더하다의 뜻.

· 尚存(상존) 아직도 존재함.
· 崇尙(숭상) 높여 소중히 여김.
· 尙古(상고) · 尙古主義(상고주의) · 尙武(상무) · 尙書(상서) · 尙早(상조) · 高尙(고상) · 和尙(화상)

참고

❊ 부가의미 · ①더함. 겹침. ②꾸밈. 짝을 지음. ③기특하여 칭찬함. 자랑함. ④주관함. ⑤오히려. ⑥성(姓)의 하나 등의 뜻도 있음.

小 小 尙 尙 尙

狀

犬의
4
총
8획

모양 상

풀이 犬[개]과 음을 나타내는 爿(장)을 합쳐서 개의 모양을 뜻함. 널리 모양의 뜻으로 씀.

· 狀況(상황) 일이 되어 가는 형편이나 모양.
· 狀元(장원) 과거(科擧)에 수석으로 합격함. 또 그 사람.
· 狀貌(상모) · 狀態(상태) · 窮狀(궁상) · 書狀(서장)
· 案內狀(안내장) · 連判狀(연판장) · 異狀(이상) · 情狀(정상) · 罪狀(죄상) · 招待狀(초대장)

참고
❖ **부가의미** · ①양상. 상태. ②모양을 꾸밈[形容]. 항상하다. ③문서. 편지 등의 뜻도 있음.

```
丨
爿
爿
狀
狀
```

相

目의
4
총
9획

서로 상
용모 상

풀이 目[눈]과 음을 나타내는 桑의 변형인 木[나무의 뜻의 木이 아님.]을 합하여 눈으로 물건의 속까지 꿰뚫어 봄을 뜻함. 후에 서로 돕다의 뜻으로 씀.

· 相反(상반) 서로 어긋남.
· 眞相(진상) 사물의 참된 모습.
· 相姦(상간) · 相隔(상격) · 相見(상견) · 相公(상공)
· 相關(상관) · 相關性(상관성) · 相國(상국) · 相剋(상극) · 相器(상기) · 相談(상담) · 相談所(상담소)

참고
❖ **비슷한 의미를 가진 한자** · 돕다의 뜻을 가진 글자 →助(조)

```
十
才
木
机
相
```

商

口의
8
총
11획

헤아릴 상

풀이 사타구니 사이를 뜻하는 冏과 음을 나타내는 立(신)[立의 변형]으로 이루어진 글자. 자식을 낳는 구멍이라는 뜻. 후에 외치며 팔다의 뜻으로 쓰이게 됨.

· 商量(상량) 헤아려 생각함.
· 商品(상품) 사고 파는 물품.
· 商家(상가) · 商街(상가) · 商工(상공) · 商館(상관)
· 商慣習(상관습) · 商圈(상권) · 商權(상권) · 商機(상기) · 商談(상담) · 商略(상략) · 商利(상리) · 商賣(상매) ·

참고
❖ **부가의미** · ①장사. 장수. ②쾌함. 의논함. ③고대 중국의 나라 이름. ④몫 등의 뜻도 있음.

```
丶
亠
产
产
商
商
```

常

巾의
8
총
11획

항상 상
보통 상

풀이 천을 뜻하는 巾과 음을 나타내는 尙(상)을 합쳐서 긴 천의 뜻. 널리 오랫동안 변치 않는다는 뜻으로 쓰임

· 恒常(항상) 언제나 늘.
· 常備(상비) 늘 준비하여 둠, 평상시에 갖추어 둠.
· 常客(상객) · 常軌(상궤) · 常規(상규) · 常勤(상근)
· 常道(상도) · 常例(상례) · 常綠樹(상록수) · 常務(상무) · 常務取締役(상무취체역) · 常民(상민) · 常磐木(상반목)

참고
❖ **비슷한 의미를 가진 한자** · 항상의 뜻을 가진 글자 常(상)은 언제나 변함이 없음. 또는 보통 · 평소. 每(매)는 그 때마다. 언제나. 典(전)은 규정. 따라야 할 길. 恒(항)은 언제나 일정하여 변함이 없음.

```
丶
⺌
尚
尚
常
```

喪

口의 9
총 12획

복을 입을 상
잃을 상

[풀이] 사람이 숨는다는 뜻인 亡(망)과, 음을 나타내며 나뭇잎이 떨어져 없어진다는 뜻의 噩(악)[상은 변음]을 합쳐 이루어진 글자가 변형된 것임. 사람이 죽어서 사라지다의 뜻.

· 喪家(상가) 초상난 집. 상제(喪制)의 집.
· 問喪(문상) 남의 죽음에 대하여 애도의 뜻을 표함.
· 喪禮(상례) · 喪亡(상망) · 喪服(상복) · 喪事(상사)
· 喪失(상실) · 喪心(상심) · 喪輿(상여) · 喪章(상장)
· 喪制(상제) · 喪主(상주) · 喪中(상중) · 喪妻(상처)
· 服喪(복상) · 除喪(제상)

[참고]

❊ 부가의미 · ①망함. ②잃음. ③관(棺) 등의 뜻도 있음.
🔅 모양이 비슷한 한자 · 喪(상사 상) 喪服(상복)
· 衷(마음 충) 衷情(충정)

品
吅
坕
哭
喪

象

豕의 5
총 12획

★

코끼리 상

[풀이] 코끼리의 모양을 본뜸. 코끼리를 뜻함. 빌어서 형상(形狀)의 뜻으로도 씀.

· 象徵(상징) 어떤 개념을 구체적인 것에 의하여 나타냄. 또 그 대상들.
· 現象(현상) 관찰할 수 있는 사물의 현상.
· 象嵌(상감) · 象牙(상아) · 象牙塔(상아탑) · 象徵詩(상징시) · 象徵主義(상징주의) · 象限(상한) · 象形(상형) · 象形文字(상형문자)

[참고]

❊ 부가의미 · ①형상. 모양. 모습. 형상이 나타남. ②본뜸. ③법칙. 도리. ④상춤. ⑤역관. 통역관. 번역관. ⑥물귀신 등의 뜻도 있음.

勹
凸
㐅
争
象

想

心의 9
총 13획

★★

생각할 상
생각 상

[풀이] 心[마음]과 음을 나타내는 相(상)을 합쳐서 마음속에 형태나 모습을 생각해 내다의 뜻.

· 想念(상념) 마음에 떠오르는 생각.
· 感想(감상) 마음에 느끼어 일어나는 생각.
· 想見(상견) · 想起(상기) · 想望(상망) · 想像(상상)
· 想定(상정) · 空想(공상) · 冥想(명상) · 夢想(몽상)
· 無想(무상) · 思想(사상) · 豫想(예상) · 理想(이상)
· 着想(착상) · 追想(추상) · 幻想(환상) · 回想(회상)

[참고]

❊ 부가의미 · ①간절히 생각함. ②헤아림. 생각해 줌. ③예기함. ④깊이 생각함. 사고 등의 뜻도 있음.
❊ 비슷한 의미를 가진 한자 · 생각하다의 뜻을 가진 글자→思(사)

一
十
木
相
想

傷

亻의 11
총 13획

★

다칠 상
근심할 상

[풀이] 사람을 뜻하는 亻과 음을 나타내는 昜(상)을 합쳐 사람이 상처를 입다의 뜻.

· 傷處(상처) 부상을 입은 자리.
· 負傷(부상) 몸에 상처를 입음.
· 傷心(상심) · 傷處(상처) · 傷害(상해) · 輕傷(경상)
· 公傷(공상) · 落傷(낙상) · 殺傷(살상) · 食傷(식상)
· 外傷(외상) · 自傷(자상) · 重傷(중상) · 火傷(화상)

[참고]

❊ 비슷한 의미를 가진 한자 · 상처의 뜻을 가진 글자 傷(상)은 본디 화살을 맞아 입은 상처라는 뜻이었음. 지금은 몸에 입은 흠이라는 뜻으로 쓰임. 痍(이)는 베인 상처. 創(창)은 痍(이)와 같음. 疵(자)는 베이고 또 맞은 상처. 아프다의 뜻을 가진 글자→悼(도)

仁
俋
傸
傷
傷

詳

言의 6
총 13획

자세할 상
상세할 상

[풀이] 言 [말]과 음을 나타내는 羊(양)[상은 변음]을 합쳐서 자세하게 말한다는 뜻. 자세하다의 뜻으로 널리 씀.

· 詳細(상세) 속속들이 자세(子細·仔細)함.
· 昭詳(소상) 분명하고 자세함.
· 詳考(상고) · 詳記(상기) · 詳錄(상록) · 詳論(상론)
· 詳明(상명) · 詳密(상밀) · 詳報(상보) · 詳述(상술)
· 詳悉(상실) · 詳言(상언) · 詳傳(상전) · 詳註(상주)

[참고]

❖ 비슷한 의미를 가진 한자 · 자세하다의 뜻을 가진 글자 詳(상)은 단 하나라도 소홀하지 않고 분명히 함. 委(위)는 자잘한 것에 까지 미침. 精(정)은 사소한 것까지 완전함.↔粗(조)

✖ 반대되는 한자 · 詳(자세할 상)↔略(생략할 략)

裳

衣의 8
총 14획

치마 상

[풀이] 옷을 뜻하는 衣(의)와 음을 나타내는 동시에 가로막다의 뜻인 尙(상)을 합쳐서 아랫도리를 가리는 옷 즉 치마라는 뜻.

· 衣裳(의상) 겉에 입는 저고리와 치마. 옷.
· 綠衣紅裳(녹의홍상) 초록색 저고리와 붉은색 치마. 젊은 여자의 곱게 차린 옷.
· 裘裳(구상) · 羅裳(나상) · 素裳(소상) · 繡裳(수상)
· 羽裳(우상)

[참고]

❖ 부가의미 · ①하의(반대는 상의:衣). ②성함 등의 뜻도 있음.

像

亻의 12
총 14획

꼴 상
상 상

[풀이] 사람을 뜻하는 亻과 음을 나타내는 象(상)을 합쳐 사람을 닮은 모양이라는 뜻.

· 像形(상형) 모양을 본뜸.
· 銅像(동상) 구리로 그 사람의 형체와 같이 만든 형상.
· 상교(像敎) · 像法(상법) · 像擬(상의) · 佛像(불상)
· 想像(상상) · 石像(석상) · 聖像(성상) · 立像(입상)

[참고]

❖ 부가의미 · ①닮은 모습. ②본뜸. 같도록 만듦. ③닮음. 닮게 함 등의 뜻도 있음.

★★★ 賞

貝의 8
총 15획

상줄 상
칭찬할 상

[풀이] 재화[財貨]의 뜻인 貝와 음을 나타내는 尙(상)을 합쳐서 공적(功績)에 대하여 내리는 금품을 뜻함. 널리 칭찬하다의 뜻으로 쓰임.

· 賞金(상금) 상으로 주는 돈.
· 嘉賞(가상) 칭찬하여 기림.
· 賞給(상급) · 賞味(상미) · 賞美(상미) · 賞杯(상배)
· 賞罰(상벌) · 賞詞(상사) · 賞賜(상사) · 賞與(상여)
· 賞與金(상여금) · 賞狀(상장) · 賞讚(상찬) · 象牌(상패) · 賞品(상품) · 賞勳(상훈)

[참고]

❖ 부가의미 · ①즐김. 보고 즐김. ②아름다움 등의 뜻도 있음.

❖ 비슷한 의미를 가진 한자 · 칭찬하다의 뜻을 가진 글자→襃(포)

雨의 9 총17획	霜	서리 상 엄할 상

· 霜雪(상설) 서리와 눈.
· 星霜(성상) 일 년 동안의 세월.
· 霜降(상강) · 霜菊(상국) · 霜夜(상야) · 霜葉(상엽)
· 霜月(상월) · 霜災(상재) · 霜天(상천) · 霜害(상해)
· 降霜(강상) · 初霜(초상) · 秋霜(추상)

풀이 수증기(雨)와 음을 나타내는 相(상)을 합하여 수증기가 지상에서 언 것, 서리의 뜻.

참고
❊ **부가의미** · ①흰 털. 수염이 나 머리가 세어서 희어짐. ②지나온 세월. 햇수. ③엄함 등의 뜻도 있음.
❎ **반대되는 한자** · 霜(서리 상)↔露(이슬 로)

雨 雨 雨 霜 霜

隹의 10 총18획	雙	쌍 쌍

· 雙肩(쌍견) 양쪽 어깨. 두 어깨.
· 無雙(무쌍) 서로 견줄 만한 짝이 없음.
· 雙脚(쌍각) · 雙曲線(쌍곡선) · 雙童(쌍동)(쌍두) · 雙眸(쌍모) · 雙務契約(쌍무계약) · 雙方(쌍방) · 雙罰主義(쌍벌주의) · 雙璧(쌍벽) · 雙生(쌍생) · 雙生兒(쌍생아) · 雙棲(쌍서) · 雙手(쌍수)

풀이 손바닥(又=手)위에 두 마리 새(隹隹)가 나란히 앉아 있으니 널리 한 쌍을 뜻함.

참고
❊ **부가의미** · ①견줌. 비견(比肩)함. 필적(匹敵)함. ②짐승 이름 등의 뜻도 있음.

亻 亻 隹 雙 雙

色의 0 총6획	★★★ 色	빛 색 색 색

· 色彩(색채) 빛깔.
· 顔色(안색) 얼굴에 나타나는 색. 얼굴빛.
· 色覺(색각) · 色感(색감) · 色界(색계) · 色骨(색골)
· 色德(색덕) · 色論(색론) · 色料(색료) · 色魔(색마)
· 色盲(색맹) · 色目人(색목인) · 色事(색사) · 色相(색상) · 色色(색색) · 色素(색소)

풀이 사람을 뜻하는 勹과 음을 나타내는 巴(파)[색은 변음]를 합쳐서 사람의 성욕(性慾)이라는 뜻. 널리 여성, 색칠의 뜻으로 씀.

참고
❊ **부가의미** · ①낯. 얼굴. ②예쁜 여자. ③모양. ④놀람. ⑤핏대를 올림. ⑥남녀간의 애정 등의 뜻도 있음.

丿 刀 勹 多 色

糸의 4 총10획	索	찾을 색 동아줄 삭

· 索出(색출) 뒤지어 찾아 냄.
· 索莫(삭막) 황폐하여 쓸쓸함.
· 索然(삭연) · 索具(색구) · 索引(색인) · 索敵(색적)
· 模索(모색) · 思索(사색) · 搜索(수색) · 探索(탐색)

풀이 糸[실]와 束[초목이 무성함]을 합하여 무성한 초목의 잎과 줄기로 꼰 새끼를 뜻함.

참고
❊ **부가의미** · ①꼼. 노 · 새끼 등을 꼼. ②다함. ③다 없어짐. ④힘이 다하여 멸망함. ⑤흩어짐. 헤어짐. ⑥두려움. ⑦쓸쓸함. ⑧찾음. ⑨뒤지어 살핌. ⑩법 등의 뜻도 있음.

一 十 士 索 索

生의 0
총 5획

날 생
낳을 생

[풀이] 초목의 싹이나온 모양을 본뜸. 부수로서는 태어나다에 관한 뜻을 나타냄.

- 生氣(생기) 싱싱하고 활발한 기운.
- 學生(학생) 학교에서 공부하는 학생.
- 生家(생가)·生薑(생강)·生硬(생경)·生計(생계)
- 生計費(생계비)·生苦(생고)·生男(생남)·生女(생녀)·生年(생년)·生年月日(생년월일)

[참고]
❖ 부가의미 ·①삶. 생명. 생활. ②익지 않음. 갓 잡음. 생생함. 싱싱함. 날것. ③익숙하지 못함. ④자라남. ⑤학문을 배우는 사람. 끊임 없음. ⑥접때. ⑦저절로. ⑧자기를 겸양해서 일컫는 말. 존경함. ⑨남을 존경하여 일컫는 말 등의 뜻도 있음.

丿 ㇒ 牛 牛 生

西의 0
총 6획

서녘 서

[풀이] 술을 거르기 위하여 전국을 짜는 바구니의 모양을 본뜸. 후에 서녘이라는 방향을 뜻하게 됨.

- 西海(서해) 서쪽에 있는 바다.
- 西洋(서양) 유럽과 아메리카 주의 여러 나라.
- 西經(서경)·西瀆(서독)·關西(관서)·西洋畵(서양화)·大西洋(대서양)·東西洋(동서양)·西高東底(서고동저)·西方淨土(서방정토)·西山大師(서산대사)·東西古今(동서고금)

[참고]
◎ 모양이 비슷한 한자 ·西(서녘 서) 西風(서풍)
·酉(닭 유) 酉初(유초)

一 ㄇ 丙 丙 西 西

广의 4
총 7획

차례 서
순서 서

[풀이] 집을 뜻하는 广과 음을 나타내는 予(여)[서는 변음]를 합쳐서 사방이 벽뿐이고 달리 칸막이가 없는 집이라는 뜻. 叙(서)의 음과 통하므로 순서의 뜻으로 쓰임.

- 序列(서열) 순서를 좇아 늘어섬. 순서.
- 順序(순서) 정해놓은 차례.
- 序曲(서곡)·序頭(서두)·序列(서열)·序論(서론)
- 序文(서문)·序說(서설)·序詩(서시)·序言(서언)
- 順序(순서)·長幼有序(장유유서)

[참고]
❖ 부가의미 ·①울타리. 벽. ②옛날의 학교. 진술함. 아침. ③책머리에 쓰는 글 등의 뜻도 있음.

丶 广 广 庐 序

曰의 6
총 10획

글 서
쓸 서

[풀이] 붓을 손에 잡은 모양인 聿과 음을 나타내는 者(자)[서는 변음]를 합쳐서 붓으로 예쁘게 쓰다의 뜻.

- 書架(서가) 책을 얹어두는 시렁.
- 圖書(도서) 서적, 글씨. 그림 따위를 통틀어 이르는 말.
- 書經(서경)·書記(서기)·書堂(서당)·書道(서도)
- 書面(서면)·書房(서방)·書法(서법)·書生(서생)
- 書式(서식)·書信(서신)·書藝(서예)·書店(서점)

[참고]
❖ 부가의미 ·①글자. ②글. 책. 편지. ③기록. 씌어진 것. ④중국 고대의 사서(史書). 서경(書經)의 약어(略語) 등의 뜻도 있음.

フ ㅋ 킐 聿 書 書

心의 6
총 10획

恕
용서할 서
어질 서

풀이 心[마음]과 음 및 늦추어 푼다는 뜻인 如(여)[서는 변음]를 합쳐서 너그럽게 보아 주다의 뜻.

· 恕諒(서량) 용서하고 양해(諒解)함.
· 忠恕(충서) 충실하고 인정이 많음.
· 恕宥(서유) · 恕直(서직) · 寬恕(관서) · 矜恕(긍서)
· 容恕(용서) · 宥恕(유서) · 仁恕(인서)

참고
❖ 부가의미 · 불쌍히 여김의 뜻도 있음.
❖ 비슷한 의미를 가진 한자 · 용서하다의 뜻을 가진 글자→赦(사)
◻ 모양이 비슷한 한자 : 怒(성낼 노) 憤怒(분노)
· 恕(용서할 서) 容恕(용서)

ㄴ ㄠ ㄠ 如 恕

彳의 7
총 10획

徐
천천히 서
느리게 서

풀이 가다의 뜻인 彳과 음을 나타내는 余(여)[서는 변음]를 합쳐서 천천히 가다의 뜻.

· 徐行(서행) 천천히 감.
· 徐徐(서서) 거동이 찬찬한 모양.
· 徐看(서간) · 徐步(서보) · 緩徐(완서) · 徐龍輔(서룡보)

참고
❖ 부가의미 · ①찬찬함. ②한가함 등의 뜻도 있음.

彳 彳 彳 彳 徐

罒의 9
총 14획

署
관청 서
부서 서

풀이 그물을 뜻하는 罒과 음을 나타내는 者(자)[서는 변음]를 합쳐서 그물을 치기 위하여 사람을 배치하다의 뜻. 널리 담당, 맡은 몫의 뜻으로 쓰임.

· 署名(서명) 성명(姓名)을 기입(記入)함.
· 部署(부서) 일의 성격에 따라 여럿으로 나누어진 구실, 또는 장소.
· 署記(서기) · 署理(서리) · 署押(서압) · 署長(서장)
· 公署(공서) · 官署(관서) · 本署(본서) · 部署(부서)
· 府署(부서) · 稅務署(세무서) · 消防署(소방서)

참고
❖ 비슷한 의미를 가진 한자 · 적다의 뜻을 가진 글자→記(기)
◻ 모양이 비슷한 한자 · 署(맡을 서) 部署(부서)
· 暑(더울 서) 避暑(피서)

ㅁ ㅁ ㅁ 罒 署

糸의 9
총 15획

緖
실마리 서
찾을 서

풀이 실을 뜻하는 糸(사)와 음을 나타내는 者(자)[서는 변음]를 합쳐서 실의 끄트머리라는 뜻. 널리 처음의 뜻으로 씀.

· 緒論(서론) 본론에 들어가기 전에 첫머리에 서술하는 논설.
· 由緒(유서) 사물이 유래한 단서.
· 緒言(서언) · 緒戰(서전) · 端緒(단서) · 遺緒(유서)
· 情緒(정서)

참고
❖ 부가의미 · ①시초. ②기업. 사업. ③나머지 등의 뜻도 있음.

糸 紓 紓 緒 緒

夕의 0 총3획	夕 저녁 석	・夕陽(석양) 저녁나절의 해. ・朝夕(조석) 아침과 저녁. ・夕刻(석각)・夕刊(석간)・夕飯(석반)・夕映(석영) ・夕月(석월)・夕日(석일)・夕照(석조)・夕潮(석조)	ノ ク 夕

[풀이] 반달 모양을 본떠서 밤이라는 뜻을 나타냄. 초저녁이라는 뜻으로 바뀌어 쓰임. 부수로는 밤에 관한 뜻이됨.

[참고]
❖ **부가의미**・①저묾. ②한 웅큼 등의 뜻도 있음.
❖ **반대되는 한자**・夕(저녁 석)↔朝(아침 조)

石의 0 총5획	石 돌 석	・石工(석공) 돌을 다루는 사람. ・萬石(만석) 일만섬, 한섬은 열말. ・石間水(석간수)・石劍(석검)・石決明(석결명)・ 石經(석경)・石鏡(석경)・石工(석공)・石弓(석궁) ・石女(석녀)・石頭(석두)・石燈(석등)・石物(석물) ・石佛(석불)・石山(석산)・石手(석수)・石油(석유)	一 厂 ァ 石 石

[풀이] 언덕을 뜻하는 厂과 바위의 모양인 口를 합하여 벼랑 근방에 바위가 뒹굴고 있는 모양이라고 일컬어져 왔음. 부수 石은 돌 또는 광물(鑛物)에 관한 뜻을 나타냄.

[참고]
❖ **부가의미**・①돌을 던짐. 또 그 돌. 투석(投石). ②경쇠. 돌악기. ③돌바늘. ④저울. ⑤돌비석. ⑥단단함. 견고함. ⑦섬. 용량의 단위로 열 말. 무게의 단위로 120근. ⑧성(姓)의 하나 등의 뜻도 있음.

巾의 7 총10획	席 자리 석	・席卷(석권) 자리를 말 듯 쉽게 공략함. ・座席(좌석) 앉는 자리. ・席末(석말)・席上(석상)・席順(석순)・席地(석지) ・席次(석차)・席畵(석화)	丶 广 广 庐 席

[풀이] 천을 뜻하는 庐과 음을 나타내는 ㅛ(서)[석은 변음]를 합쳐서 깔개라는 뜻. 널리 자리의뜻으로 쓰임.

[참고]
❖ **부가의미**・①자뢰함. 밑천으로 삼음. ②베풂 등의 뜻도 있음.

忄의 8 총11획	惜 아낄 석 아까워할 석	・惜敗(석패) 경기 등에서 약간의 점수차로 아깝게 짐. ・賣惜(매석) 팔기를 꺼리는 일. ・惜別(석별)・惜陰(석음)・惜春(석춘)・哀惜(애석) ・愛惜(애석)・哀惜(애석)・痛惜(통석)	忄 忄 忄 忄 惜

[풀이] 마음을 뜻하는 忄과 음을 나타내는 昔(석)을 합쳐서 마음을 찌르는 아픔이라는 뜻. 널리 아끼다의 뜻으로 씀.

[참고]
❖ **부가의미**・①가엾음. ②중하게 여김. 사랑함. ③불쌍히 여김 등의 뜻도 있음.
❖ **비슷한 의미를 가진 한자**・아끼다의 뜻을 가진 글자 →吝(린)

采희13 총20획	**釋** 풀 석 석가 석	· 釋明(석명) 똑똑히 풀어 밝힘. · 解釋(해석) 이해한 것을 설명함. · 釋迦(석가) · 釋敎(석교) · 釋文(석문) · 釋門(석문) · 釋放(석방) · 釋然(석연) · 釋義(석의) · 釋典(석전) · 釋奠(석전) · 釋尊(석존) · 保釋(보석) · 註釋(주석)

[풀이] 자잘하다의 뜻인 采와 음을 나타내는 睪(역)[석은 변음]을 합하여 뒤섞인 사물을 풀어 내다의 뜻.

❖ 참고
❖ **부가의미** · ①풀림. ②의심이나 오해가 사라짐. ③녹음. ④해이해짐. ⑤벗음. 옷을 벗음. ⑥내놓음. 석방(釋放). ⑦용서함. ⑧놓음. 손을 뗌. ⑨일정한 거리에 둠. ⑩버림. 그만둠. 폐함. ⑪상관하지 아니함. 떠남. ⑫쏨. 발사함. ⑬젖음. 추김 등의 뜻도 있음.

采
釋
釋
釋
釋

★★★ 亻의3 총5획	**仙** 신선 선	· 仙女(선녀) 선경(仙境)에 사는 여자신선. · 神仙(신선) 선도(仙道)를 닦아 도에 통한 사람. · 仙駕(선가) · 仙閣(선각) · 仙客(선객) · 仙境(선경) · 仙界(선계) · 仙骨(선골) · 仙果(선과) · 仙丹(선단) · 仙洞(선동) · 仙童(선동) · 仙術(선술) · 仙藥(선약) · 仙遊(선유) · 仙人(선인) · 仙人掌(선인장)

[풀이] 사람이 산에서 도를 닦으면 산신이 된다고 하는 뜻을 이룸. 즉 사람(亻)+산(山)=신선(仙).

❖ 참고
❖ **부가의미** · ①선교(仙敎). ②센트. 미국 화폐의 단위 등의 뜻도 있음.

丿
亻
仁
仙
仙

★★★ 儿의4 총6획	**先** 먼저 선	· 先行(선행) 앞서감, 딴 일에 앞서 행함. · 先見(선견) 일이 일어나기 전에 미리 앞을 내다봄. · 先覺(선각) · 先客(선객) · 先見(선견) · 先決(선결) · 先考(선고) · 先攻(선공) · 先驅(선구) · 先君(선군) · 先金(선금) · 先給(선급) · 先納(선납) · 先年(선년) · 先端(선단) · 先達(선달)

[풀이] 간다의 뜻인 之의 변형인 屮과 음을 나타내는 儿(인)[선은 변음]을 합쳐 다른 사람보다 앞서 간다는 뜻을 나타냄.

❖ 참고
❖ **부가의미** · ①우선. 당장. ②나아감. ③앞섬. 남보다 먼저 행동함. 앞장 섬. 먼저 주장함. ④이끎. ⑤앞장 서서 적진에 뛰어 듦 등의 뜻도 있음.

丿
丷
屮
牛
先

宀의6 총9획	**宣** 펼 선 베풀 선	· 宣布(선포) 세상에 널리 알림. · 宣言(선언) 널리 퍼서 말함. · 宣告(선고) · 宣敎(선교) · 宣敎師(선교사) · 宣明(선명) · 宣撫(선무) · 宣誓(선서) · 宣揚(선양) · 宣傳(선전) · 宣旨(선지) · 宣託(선탁) · 宣下(선하) · 口宣(구선) · 明宣(명선) · 託宣(탁선)

[풀이] 집을 뜻하는 宀과 음을 나타내는 亘(선)을 합쳐서 흙담을 둘러 싼 집. 옥사(獄舍)라는 뜻. 후에 널리 알리다의 뜻으로 쓰임.

❖ 참고
❖ **부가의미** · ①말함. 생각을 나타냄. 널리 알림. 분명히 함. ②분부함. 조칙 등의 뜻도 있음.
◘ **모양이 비슷한 한자** · 宜(마땅할 의) 便宜(편의)
· 宣(베풀 선) 宣傳(선전)

丶
宀
宀
宣
宣

方의7 총11획	旋	돌 선

• 旋盤(선반) 쇠를 깎거나 구멍을 뚫는 기계의 하나.
• 凱旋(개선) 싸움에 이기고 돌아옴.
• 旋璣(선기) • 旋毛(선모) • 旋渦(선와) • 旋律(선율)
• 旋轉(선전) • 旋風(선풍) • 旋回(선회) • 螺旋(나선)
• 斡旋(알선) • 周旋(주선)

풀이 疋[발]와 음을 나타내는 ⻊(언)[선은 변음]을 합쳐서 돌아 오다의 뜻.

참고
❖ 부가의미 · ①돌아옴. ②돌림. ③방향을 바꿈. ④되돌 아오게 함. ⑤약간. 적게 등의 뜻도 있음.

ㅗ ㅗ ㅗ 方 疒 旅 旋

★ ★

舟의5 총11획	船	배 선

• 船積(선적) 배에 물건을 싣는 일.
• 破船(파선) 배가 풍파나 암초로 말미암아 부서짐, 또 는 부서진 그배.
• 船價(선가) • 船客(선객) • 船橋(선교) • 船具(선구)
• 船團(선단) • 船隊(선대) • 船頭(선두) • 船路(선로)
• 船尾(선미) • 船舶(선박)

풀이 배를 뜻하는 舟와 음을 나 타내는 㕣(언)[선은 변음]을 합쳐 나무를 파서 만든 통나무배란 뜻.

참고
❖ 부가의미 · 옷깃의 뜻도 있음.

丿 刀 舟 舟 船

★ ★ ★

口의9 총12획	善	착할 선 좋을 선

• 善行(선행) 착하고 어진 행실.
• 親善(친선) 서로 친하고 사이가 좋음.
• 善感(선감) • 善果(선과) • 善根(선근) • 善男善女 (선남선녀) • 善導(선도) • 善良(선량) • 善鄰(선린)

참고
❖ 비슷한 의미를 가진 한자 · 좋다의 뜻을 가진 글자 善 (선)은 모든 좋은 일. 好(호)는 모양이 좋음. 美(미)는 모양이 아름답고 깨끗함. 嘉(가)는 경사스러움. 良(량) 은 알맞게 정돈되어 있음. 令(령)은 良(량)과 비슷함. 吉(길)은 경사스럽고 좋음.↔凶(흉). 能(능)은 일을 훌 륭히 해냄.

풀이 善은 문답을 뜻하는 誩[경] 과 음을 나타내는 羊(양)을 합친글 자가 변형된 것으로서 훌륭한 문답 이라는 뜻. 좋다의 뜻으로 쓰임.

ㅛ ㅛ 羊 羊 盖 善

★ ★ ★

辶의12 총16획	選	가릴 선 선택할 선

• 選擇(선택) 골라 가림.
• 豫選(예선) 많은 것 중에서 다음 선별의 대상으로 하기 위하여 미리 뽑음.
• 選歌(선가) • 選擧(선거) • 選考(선고) • 選曲(선곡)
• 選科(선과) • 選鑛(선광) • 選良(선량) • 選拔(선발)

풀이 보행을 뜻인 辶과 음을 나 타내는 巽(손)[선은 변음]을 합쳐서 전송하다의 뜻. 후에 가려 뽑다의 뜻으로 씀.

참고
❖ 부가의미 · ①셈을 함. ②재물. ③도래춤. ④조금 있다 가 등의 뜻도 있음.

コ ㄹ ㄹㄹ 巽 選

糸의 9
총 15획

線

실 선

幺
糸
紵
綽
線

- 視線(시선) 눈이 가는 길.
- 回線(회선) 전화가 통할 수 있도록 가설된 선.
- 線路(선로) · 線描(선묘) · 線狀(선상) · 線畵(선화)
- 經線(경선) · 光線(광선) · 單線(단선) · 動線(동선)
- 路線(노선) · 無線(무선) · 伏線(복선) · 死線(사선)
- 一線(일선) · 全線(전선) · 前線(전선) · 戰線(전선)

풀이 실을 뜻하는 糸와 음을 나타내는 泉(천)[선은 변음]을 합쳐서 가는 실이라는 뜻. 널리 줄의 뜻으로 씀.

참고

❉ 부가의미 · ①줄. 줄을 침. ②발. 길. ③길. ④위치와 길이는 있으나 나비가 없는 것 등의 뜻도 있음.

魚의 6
총 17획

鮮

고울 선
생선 선

⺆
⺈
亠
魚
鮖
鮮

- 鮮少(선소) 얼마 되지 않음. 적음.
- 生鮮(생선) 말리거나 절이지 아니한 물고기.
- 鮮度(선도) · 鮮明(선명) · 鮮美(선미) · 鮮色(선색)
- 鮮魚(선어) · 鮮肉(선육) · 鮮血(선혈) · 鮮紅(선홍)
- 芳鮮(방선) · 肥鮮(비선) · 新鮮(신선)

풀이 魚[물고기]와 羴 의 약자로서 음을 나타내는 羊(전)[선은 변음]을 합쳐서 싱싱한 물고기라는 뜻. 음을 빌어 산뜻하다의 뜻으로 씀.

참고

❉ 부가의미 · ①새로운 것. ②고움. 빛남. ③조촐함. ④좋음. ⑤적음 등의 뜻도 있음.

舌의 0
총 6획

舌

혀 설
말 설

一
二
千
千
舌

- 舌戰(설전) 말다툼.
- 口舌(구설) 시비하는 말.
- 舌根(설근) · 舌端(설단) · 舌頭(설두) · 舌鋒(설봉)
- 舌聲(설성) · 舌音(설음) · 舌側音(설측음) · 舌苔(설태) · 舌禍(설화) · 毒舌(독설) · 辯舌(변설) · 饒舌(요설) · 筆舌(필설) ·

풀이 입을 뜻하는 口와 음을 나타내는 干(간)[설은 변음]을 합쳐서 입속의 혀를 뜻함.

참고

❉ 부가의미 · 말의 뜻도 있음.

雨의 3
총 11획

雪

눈 설
씻을 설

⼀
⺕
雨
雪
雪

- 雪花(설화) 눈송이, 나뭇가지에 붙은 눈발.
- 白雪(백설) 흰 눈.
- 雪景(설경) · 雪溪(설계) · 雪肌(설기) · 雪盲(설맹)
- 雪白(설백) · 雪膚(설부) · 雪山(설산) · 雪上加霜(설상가상) · 雪線(설선)

풀이 雨와 음을 나타내는 彗(혜)[설은 변은]의 변형인 ⺕를 합하여 하늘에서 내리는 깨끗한 것, 눈의 뜻.

참고

❉ 부가의미 · ①힘. 빛이 힘. ②씻음. 부끄러움을 씻음. 원통함을 풂 등의 뜻도 있음.

⬙ 모양이 비슷한 한자 · 雪(눈 설) 白雪(백설) · 雲(구름 운) 雲集(운집)

設

言의
4
총11획

세울 설
설령 설

★ ★ ★

풀이 손을 뜻하는 又 와 망치를 뜻하는 几 와 쇄기를 뜻하는 言을 합쳐서 땅에 쇄기를 박아 일을 한다는 뜻.

· 設立(설립) 만들어 세움.
· 建設(건설) 건물이나 그 밖의 시설물을 만들어 세움.
· 設計(설계) · 設頭(설두) · 設令(설령) · 設問(설문)
· 設備(설비) · 設營(설영) · 設定(설정) · 設題(설제)
· 公設(공설) · 敷設(부설) · 私設(사설) · 常設(상설)
· 施設(시설)

참고
❖ **부가의미** · ①만듦. ②둠. 갖춤. ③가령. 설령 등의 뜻도 있음.

ㄱ
ㄹ
言
訁
設

説

言의
7
총14획

말씀 설
달랠 세

★ ★ ★

풀이 言[말]과 사물을 가려 나누다의 뜻을 가진 兌을 합쳐서 알기 쉽게 풀어 이야기한다는 뜻.

· 說敎(설교) 종교의 교리를 설명하는 일.
· 遊說(유세) 각처로 돌아 다니면서 자기의 의견이나 소속 정당의 주장 따위를 설명하고 선전함.
· 說敎(설교) · 說得(설득) · 說明(설명) · 說法(설법)
· 說服(설복) · 說破(설파) · 說話(설화) · 假說(가설)
· 浪說(낭설) · 論說(논설) · 發說(발설) · 序說(서설)

참고
❖ **비슷한 의미를 가진 한자** · 기뻐하다의 뜻을 가진 글자→喜(희)
◪ **모양이 비슷한 한자** · 說(말씀 설) 說敎(설교)
· 設(베풀 설) 建設(건설)

ㄹ
言
訁
訪
説

成

戈의
3
총7획

이룰　성
이루어질 성

★ ★ ★

풀이 성戊[무기]와 음을 나타내는 丁(정)[성은 변음]을 합쳐서 무기로 치다의 뜻. 널리 평정(平定)하다, 수행(遂行)하다의 뜻으로 쓰임.

· 成果(성과) 이루어진 결과(結果).
· 生成(생성) 사물이 생겨남.
· 成立(성립) · 成分(성분) · 成佛(성불) · 成事(성사)
· 成案(성안) · 成語(성어) · 成人(성인) · 成長(성장)
· 成蟲(성충) · 成就(성취) · 成敗(성패) · 成形(성형)
· 成婚(성혼) · 結成(결성) · 達成(달성) · 大成(대성)

참고
❖ **부가의미** · ①평정. 평정함. 다스림. 정돈함. ②화해 등의 뜻도 있음.

丿
厂
厈
成
成
成

性

忄의
5
총8획

성품 성
성질 성

★ ★ ★

풀이 마음을 뜻하는 忄과 음을 나타내는 生(생)[성은 변음]을 합쳐서 타고난 마음이라는 뜻. 또 타고난 기질이라는 뜻으로 씀.

· 性品(성품) 성질과 됨됨이. 성질과 품격.
· 異性(이성) 생리적으로 본 다른 성.
· 性感(성감) · 性格(성격) · 性根(성근) · 性急(성급)
· 性能(성능) · 性來(성래) · 性理(성리) · 性命(성명)
· 性味(성미) · 性癖(성벽) · 性別(성별) · 性分(성분)
· 性善說(성선설) · 性惡說(성악설)

참고
◪ **모양이 비슷한 한자** · 性(성품 성) 性格(성격)
· 牲(희생 생) 犧牲(희생)

丷
忄
忭
忴
性

姓

女의 5 총 8획 ★★★

성씨 성
겨레 성

- 姓名(성명) 성과 이름.
- 百姓(백성) 일반국민의 예스러운 말.
- 姓系(성계) · 姓銜(성함)

풀이 女[여자]와 음을 나타내는 生[성은 변음]을 합쳐서 태어난 핏줄을 붙인 이름. 후에 가문(家門)의 이름으로 쓰임.

참고

❖ **부가의미** · ①자손. 일가. ②백성. ③낳음 등의 뜻도 있음.

女 女 女 妕 姓

省

目의 4 총 9획 ★★★

살필 성
덜을 생

- 省察(성찰) 반성하여 살핌.
- 省略(생략) 덜어서 줄임.
- 省文(생문) · 省墓(성묘) · 省試(성시) · 省審(성심)
- 省悟(성오) · 歸省(귀성) · 內省(내성) · 反省(반성)
- 人事不省(인사불성)

풀이 眚(생)이 변하여 少와 目을 합한 것으로 되었음. 眚은 한참 동안 자세히 살핌을 뜻함. 省은 상대편을 자세히 본다는 데서 스스로를 살핀다는 뜻이되고 또 少가 붙으므로 덜다. 생략하다의 뜻으로 쓰임.

참고

❖ **부가의미** · ①깨달음. ②마을. 관아의 이름. ③대궐. 궁전. ④명심(明審)함. 분명함. 자세함. ⑤성. 중국의 행정 구획 이름. ⑥덞. 덜어 냄. 간략하게 함. ⑦아낌. 인색함. ⑧재앙 등의 뜻도 있음.

❖ **잘못읽기 쉬운 한자** · 省略 생략 (성략으로 읽지 말 것)

丿 ⺌ 小 省 省

星

目의 5 총 9획 ★★

별 성

- 星光(성광) 별의 빛.
- 明星(명성) 밝은 별.
- 星群(성군) · 星團(성단) · 星圖(성도) · 星斗(성두)
- 星散(성산) · 星象(성상) · 星霜(성상) · 星術(성술)
- 星辰(성신) · 星夜(성야) · 星影(성영) · 星雲(성운)
- 星月夜(성월야) · 星條旗(성조기)

풀이 별을 나타내는 日과 음을 나타내는 生(생)[성은 변음]을 합쳐서 별을 뜻함.

참고

❖ **부가의미** · ①별같이 널려 있는 것. 작은 점. ②세월. ③중요한 지위에 있는 사람 등의 뜻도 있음.

❖ **잘못읽기 쉬운 한자** · 星宿 성수 (성숙으로 읽지 말 것)

丿 口 日 早 星

城

土의 7 총 10획 ★★

재 성
성 성

- 城砦(성채) 성과 진터. 요새.
- 山城(산성) 산에 쌓은 성.
- 城郭(성곽) · 城內(성내) · 城樓(성루) · 城門(성문)
- 城壁(성벽) · 城府(성부) · 城塞(성새) · 城市(성시)
- 城外(성외) · 城主(성주) · 城地(성지) · 城池(성지)
- 城下(성하) · 城下之盟(성하지맹) · 堅城(견성)

풀이 土[흙]와 음을 나타내는 成(성)을 합쳐서 흙을 쌓아 둘러 싼것이라는 뜻.

참고

❖ **부가의미** · 도읍의 뜻도 있음.

圠 圠 圠 城 城

盛 (皿의 7, 총 12획) ★★

성할 성
번성할 성

풀이 그릇[皿]과 음을 나타내는 成(성)[城의 생략형]을 합하여 그릇에 음식을 담다. 쌓아올리다의 뜻. 널리 성하다의 뜻으로 쓰임.

- 盛德(성덕) 크고 훌륭한 덕.
- 全盛(전성) 한창 왕성함.
- 盛擧(성거) · 盛觀(성관) · 盛年(성년) · 盛大(성대)
- 盛望(성망) · 盛名(성명) · 盛事(성사) · 盛暑(성서)

참고

❖ **비슷한 의미를 가진 한자** · 성하다의 뜻을 가진 글자 盛(성)은 한창 때.↔衰(쇠). 隆(륭)은 기세가 솟구침.↔替(체). 壯(장)은 기력이 넘침.↔老(로). 昌(창)은 해가 떠오르듯이 세력이 성해짐. 旺(왕)은 해가 아름답게 성하다의 뜻에서 힘이 한창 성함.

❖ **반대되는 한자** · 盛(성할 성)↔衰(쇠할 쇠)

오른쪽 필순: ノ 厂 厉 成 成 盛

聖 (耳의 7, 총 13획) ★

성인 성
성스러울 성

풀이 귀를 뜻하는 耳와 음을 나타내는 呈(정)[성은 변음]을 합쳐서 귀가 밝아 하나님의 소리를 들을 수 있는 사람이라는 뜻. 후에 지덕(知德)이 뛰어난 성인의 뜻으로 씀.

- 聖上(성상) 현 황제를 높여 이르는 말.
- 神聖(신성) 신과 같이 성스러움.
- 聖歌(성가) · 聖潔敎會(성결교회) · 聖經(성경) · 聖公會(성공회) · 聖敎(성교) · 聖君(성군) · 聖斷(성단) · 聖壇(성단) · 聖譚曲(성담곡)

참고

❖ **부가의미** · ①거룩함. 착함. ②어떤 분야에 도통한 사람. ③지극함. ④잘함. ⑤천자의 존칭. 천자에 관한 말 머리에 붙이는 말. ⑥약주 이름 등의 뜻도 있음.

오른쪽 필순: 厂 耳 耵 聖 聖

誠 (言의 7, 총 14획)

정성 성
참 성

풀이 言[말]과 음을 나타내는 成(성)을 합쳐서 말과 마음이 일치한다는 뜻. 널리 정성을 뜻함.

- 誠金(성금) 정성으로 내는 돈.
- 精誠(정성) 참되고 성실한 마음.
- 誠懇(성간) · 誠恐(성공) · 誠米(성미) · 誠信(성신)
- 誠實(성실) · 誠心(성심) · 誠意(성의) · 誠正(성정)
- 誠忠(성충) · 丹誠(단성) · 純誠(순성) · 至誠(지성)
- 忠誠(충성)

참고

❖ **부가의미** · ①성실함. 성실. ②믿음. ③공경함. ④살핌 등의 뜻도 있음.

오른쪽 필순: 言 訁 訂 誠 誠

聲 (耳의 11, 총 17획) ★★

소리 성
말할 성

풀이 귀를 뜻하는 耳와 음을 나타내는 殸(경)[성은 변음]을 합쳐 殸(경)[악기이름]소리를 듣다의 뜻. 후에 소리의 뜻으로 씀.

- 聲援(성원) 옆에서 소리쳐 사기를 북돋워 줌.
- 名聲(명성) 세상에 떨친 이름.
- 聲價(성가) · 聲帶(성대) · 聲帶模寫(성대모사) · 聲量(성량) · 聲漏(성루) · 聲利(성리) · 聲望(성망) · 聲名(성명) · 聲明(성명) · 聲聞(성문) · 聲色(성색) · 聲勢(성세) · 聲樂(성악) · 聲言(성언) · 聲域(성역)

참고

❖ **부가의미** · ①풍류. 음악. ②명예. 기림 등의 뜻도 있음.

오른쪽 필순: 士 声 声 殸 聲

世

一의 4
총 5획

인간 세
세상 세

★ ★ ★

· 世界(세계) 온 세상. 우주. 인류 사회.
· 亂世(난세) 어지럽게 된 세상.
· 世俗(세속) · 世孫(세손) · 世運(세운) · 世銀(세은)
· 世人(세인) · 世子(세자) · 世情(세정) · 世波(세파)
· 近世(근세) · 來世(내세) · 萬世(만세)

풀이 수사 十을 셋 이어서 삼십을 뜻함. 한 생애의 한창때인 삼십년에 해당하므로 세대(世代)의 뜻으로 쓰임.

참고
❖ 비슷한 의미를 가진 한자 · 이 세상→現世(현세). 今生(금생). 저 세상→來生(내생). 지금 세상→現代(현대). 當世(당세). 當代(당대). 뒷 세상→後世(후세). 末代(미대). 대평 세상→治世(치세). 어지러운 세상→亂世(난세). 더러운 세상→俗世(속세).

일 十 卅 卅 世

洗

氵의 6
총 9획

씻을 세
깨끗하게 할 세

★ ★ ★

· 洗手(세수) 낯을 씻음. 세면(洗面).
· 洗淨(세정) 깨끗하게 씻음.
· 洗肝(세간) · 洗腦(세뇌) · 洗凍(세련) · 洗禮(세례)
· 洗面(세면) · 洗髮(세발) · 洗心(세심) · 洗眼(세안)
· 洗顔(세안)

풀이 氵[물]과 음을 나타내는 先(선)으로 이루어지며 물로 깨끗하게 하다의 뜻임.

참고
❖ 부가의미 · ①조촐함. ②을 이름[律名] 등의 뜻도 있음.
❖ 잘못읽기 쉬운 한자 · 洗滌 세척 (세조로 읽지 말 것)

氵 氵 泮 沙 洗

細

糸의 5
총 11획

가늘 세

★ ★

· 細密(세밀) 정세(精細)하고 치밀(緻密)함.
· 仔細(자세) 아주 작고 사소한 부분까지 구체적이고 분명함.
· 細見(세견) · 細工(세공) · 細菌(세균) · 細瑾(세근)
· 細農(세농) · 細大(세대) · 細論(세론) · 細柳(세류)
· 細流(세류) · 細末(세말) · 細目(세목) · 細務(세무)

풀이 糸[실]와 음을 나타내는 田(신)[세는 변음]을 합하여 가느다란 실을 뜻함. 널리 가느다랗다,잘다랗다의 뜻으로 쓰임.

참고
❖ 부가의미 · ①작음. ②적음. 근소함. ③자세함. 세밀함. ④잗닮. 너무 잘아 번거로움. ⑤간사함. ⑥천함 등의 뜻도 있음.

幺 幺 糸 紅 細

稅

禾의 7
총 12획

세금 세
구실 세

★ ★

· 稅金(세금) 조세(租稅)로 바치는 돈.
· 課稅(과세) 세금을 매김. 또는 그 세금.
· 稅關(세관) · 稅吏(세리) · 稅目(세목) · 稅務(세무)
· 稅法(세법) · 稅額(세액) · 稅源(세원) · 稅率(세율)
· 稅入(세입) · 稅政(세정) · 稅制(세제) · 稅則(세칙)
· 間接稅(간접세) · 減稅(감세) · 關稅(관세)

풀이 禾[곡식]와 음식을 나타내는 兌(태)를 합하여 농민이 수확한 벼에서 자기 몫을 떼어내고 나머지를 관청에 바치다의 뜻. 널리 세금의 뜻으로 쓰임.

참고
❖ 부가의미 · ①거둠.[斂]. ②놓음. 석방함. ③쉼[息]. ④추복(追服) 입음. ⑤풂. 끄름[解] 등의 뜻도 있음.

二 千 禾 稍 稅

止의
9
총13획

歲 해 세

★ ★ ★

[풀이] 돌아가의 뜻인步와 음을 나타내는 戌(술)[세는 변음]을 합쳐서 해가 한번 돌아오는 것을 뜻함.

- 歲月(세월) 흘러가는 시간. 광음(光陰).
- 萬歲(만세) 오랜 세월.
- 歲功(세공)·歲旦(세단)·歲末(세말)·歲暮(세모)
- 歲米(세미)·歲費(세비)·歲歲(세세)·歲歲年年(세세연년)·歲首(세수)·歲時(세시)·歲時記(세시기)

[참고]

❖ **부가의미** ·①연령. ②일생. ③시대. ④풍년 등의 뜻도 있음.

止 止 止 止 歲 歲

力의
11
총13획

勢 기세 세 / 세력 세

★

[풀이] 力과 埶[예가 세로 변함. 나무를 심다. 나무가 자라다의 뜻]를 합쳐 나무가 자라듯이 기운차다의 뜻.

- 勢力(세력) 현재 진행되는 힘이나 기세.
- 權勢(권세) 권력(勸力)과 세력(勢力).
- 勢家(세가)·勢交(세교)·勢道(세도)·去勢(거세)
- 敎勢(교세)·氣勢(기세)·大勢(대세)·守勢(수세)
- 勝勢(승세)·時勢(시세)·實勢(실세)·弱勢(약세)
- 餘勢(여세)·外勢(외세)·威勢(위세)·有勢(유세)

[참고]

❖ **부가의미** ·①형세. ②기세. ③기회. ④불알 등의 뜻도 있음.

夫 坴 埶 埶 勢勢力

小의
0
총3획

小 작을 소 / 적을 소

★ ★ ★

[풀이] 물건이 작고 자잘함을 작은 점 세계로 나타내던 것이 지금과 같은 모양으로 달라짐. 부수로는 작은 것에 관한 뜻을 나타냄.

- 小兒(소아) 어린아이.
- 大小(대소) 크고 작음.
- 小康(소강)·小憩(소게)·小徑(소경)·小景(소경)
- 小計(소계)·小姑(소고)·小鼓(소고)·小曲(소곡)
- 小過(소과)·小官(소관)·小舅(소구)·小國(소국)

[참고]

❖ **반대되는 한자** ·大(큰 대)↔小(작을 소)

亅 小 小

小의
1
총4획

少 적을 소 / 젊을 소

★ ★ ★

[풀이] 물건이 작고 자잘함을 가리키는 小를 丿(별)로 나타냈음. 처음에는 小와 少를 구별없이 썼음.

- 少年(소년) 아주 어리지도 않고 또 완전히 성숙하지도 않은 사내아이.
- 老少(노소) 늙은이와 젊은이.
- 少間(소간)·少憩(소게)·少女(소녀)·少年法(소년법)·少量(소량)·少數(소수)·少時(소시)·少額(소액)·少壯(소장)·少長(소장)

[참고]

❖ **부가의미** ·①줌. 줄게함. ②잠깐. ③젊음. 젊은이 등의 뜻도 있음.

亅 小 小 少

所 (곳 소 / 장소 소)

戶의 4 총 8획

★★★

곳　　소
장소　소

[풀이] 斤[도끼]과 음을 나타내는 戶(호)[소는 변음]를 합쳐서 나무를 자르다의 뜻. 후에 장소의 뜻으로 쓰임.

· 所爲(소위) 이른바.
· 急所(급소) 사물의 가장 중요한 곳.
· 所感(소감)·所見(소견)·所期(소기)·所得(소득)
· 所論(소론)·所望(소망)·所産(소산)·所生(소생)
· 所以(소이)·所長(소장)·所定(소정)·所重(소중)
· 所持(소지)·所出(소출)·所致(소치)·所行(소행)

[참고]
❈ 부가의미 · 배[방법 또는 일이라는 뜻을 나타내는 어조사]의 뜻도 있음.

一　コ　戶　所　所　所

素 (흴 소 / 바탕 소)

糸의 4 총 10획

★★

흴　　소
바탕　소

[풀이] 糸[실]와 음을 나타내는 垂(수)[소는 변음]를 합하여 흰실을 말함. 아직 물들이지 않은 것. 희다, 또는 바탕이라는 뜻으로 씀.

· 素質(소질) 타고난 성질, 본바탕.
· 儉素(검소) 검박하고 질소함.
· 素絹(소견)·素粒子(소립자)·素面(소면)·素服(소복)·素養(소양)·素月(소월)·素子(소자)·素材(소재)·素地(소지)·素質(소질)·素行(소행)·色素(색소)·水素(수소)·要素(요소)·元素(원소)

[참고]
❈ 부가의미 · ①생명주. 생사로 짠 흰 명주. ②수수함. ③바탕. 본바탕. ④정성. ⑤평상시. ⑥원래. ⑦빔. 헛됨. ⑧원소(元素) 등의 뜻도 있음.

一　十　生　主　表　素

笑 (웃을 소 / 웃음 소)

竹의 4 총 10획

★★

웃을　소
웃음　소

[풀이] 竹[대]은 ++[풀숲]의 잘못 쓰인 것. 음을 나타내는 夭(요)[몸을 나긋거리는 모양]를 합쳐서 웃다의 뜻으로 씀.

· 微笑(미소) 소리를 내지 않고 빙긋이 웃음.
· 嘲笑(조소) 비웃는 웃음.
· 笑劇(소극)·笑納(소납)·笑覽(소람)·笑門(소문)·笑聲(소성)·笑殺(소쇄)·笑顏(소안)·笑話(소화)·嬌笑(교소)·冷笑(냉소)·談笑(담소)·目笑(목소)·失笑(실소)·一笑(일소)

[참고]
❈ 부가의미 · 꽃이 핌의 뜻도 있음.

ノ　ト　竹　竺　竿　笑

消 (사라질 소 / 없어질 소)

氵의 7 총 10획

★★★

사라질　소
없어질　소

[풀이] 氵[물]과 음을 나타내는 肖(소)를 합쳐서 물이 적어지다의 뜻에서 후에 없어지다의 뜻이 됨. 또 불이 꺼지다의 뜻으로도 됨.

· 消費(소비) 써서 없어짐.
· 抹消(말소) 지워 없앰.
· 消却(소각)·消光(소광)·消極(소극)·消痰(소담)·消毒(소독)·消燈(소등)·消磨(소마)·消滅(소멸)·消耗(소모)·消耗品(소모품)·消防(소방)·消費稅(소비세)·消費財(소비재)

[참고]
❑ 모양이 비슷한 한자 · 消(써없앨 소) 消費(소비)
· 削(깎을 삭) 削除(삭제)

❌ 반대되는 한자 · 消(써없앨 소)↔積(쌓을 적)

氵　氵　氵　消　消

掃

才의 8
총 11획

★★

쓸　　소
쓸 듯 소

一 十 打 扫 掃 掃 掃

· 掃除(소제) 떨고 쓸고 닦아 깨끗이 함.
· 淸掃(청소) 깨끗이 쓸고 딱음. 또는 더러운 것을 없애어 깨끗이 함.
· 掃滅(소멸) · 掃射(소사) · 掃地(소지) · 掃滌(소척)
· 掃海(소해) · 一掃(일소)

풀이 才[손]와 음을 나타내는 帚(추)[소는 변음]를 합쳐서 손으로 깨끗이 하다의 뜻.

참고

❋ 부가의미 · ①쳐서 평정함. ②상투 등의 뜻도 있음.

疏

疋의 7
총 12획

트일 소
성길 소

疋 疋 疋 疏 疏

· 疏通(소통) 막히지 않고 서로 통함.
· 上疏(상소) 임금에게 글을 올림. 또 그 글.
· 疏略(소략) · 疏漏(소루) · 疏林(소림) · 疏慢(소만)
· 疏密(소밀) · 疏放(소방) · 疏食(소사) · 疏水(소수)
· 疏外(소외) · 疏遠(소원) · 疏音(소음) · 疏脫(소탈)

풀이 발(疋=足)로 밟아 누르고 야무지게 묶지만(束) 엉성하여 성기다는 뜻임.

참고

❋ 부가의미 · ①나눔. 나누임. ②멂. ③친하지 않음. ④잘 모름. ⑤멀리함. 가까이하지 않음. ⑥멀어짐. ⑦거칢. 조잡함. ⑧드묾. 성김. ⑨주(註)를 냄. ⑩상소함 등의 뜻도 있음.

❎ 반대되는 한자 · 疏(성길 소)↔緊(긴요할 긴)

訴

言의 5
총 12획

하소연할 소
송사할　 소

丶 言 訁 訴 訴

· 訴訟(소송) 재판을 걺. 송사(訟事).
· 呼訴(호소) 제 사정을 남에게 하소연함.
· 訴權(소권) · 訴寃(소원) · 訴願(소원) · 訴狀(소장)
· 訴請(소청) · 訴追(소추) · 告訴(고소) · 公訴(공소)
· 控訴(공소) · 上訴(상소) · 哀訴(애소) · 直訴(직소)

풀이 言(말)과 음을 나타내는 斥(척)[소는 변음]을 합쳐서 아랫사람이 웃사람에게 하소연하다의 뜻.

참고

❋ 부가의미 · 흑백을 가림의 뜻도 있음.

蘇

艹의 16
총 20획

깨어날 소
차조기 소

艹 艹 苫 蔴 蘇

· 蘇生(소생) 다시 살아남.
· 蘇子(소자) 차조기의 씨.
· 蘇枋(소방) · 蘇復(소복) · 蘇醒(소성) · 蘇軾(소식)
· 蘇州(소주) · 蘇秦(소진) · 屠蘇(도소)

풀이 艹(풀)와 음을 나타내는 穌(소)를 합쳐서 차조기의 뜻. 음을 빌어 소생하다의 뜻으로 씀.

참고

❋ 부가의미 · ①부소나무. ②들깨. ③나무를 함. ④까무러친 모양. ⑤회생함. 깨어남. 되살아남. ⑥술. 장식으로 드리운 실. ⑦성(姓)의 하나 등의 뜻도 있음.

175

★★★ 木의 3 총 7획 束 단속할 속	・束縛(속박) 손발을 묶어 자유를 구속함. ・約束(약속) 장래의 일에 관해 상대방과 서로 언약하여 정함. ・束髮(속발)・束手(속수)・束修(속수)・束手無策(속수무책)・檢束(검속)・結束(결속)・拘束(구속)	一 一 戸 申 束

풀이 木과 둥글게 잡아맨 모양을 나타내는 ㅁ을 합쳐서 나무를 여러 개 묶다의 뜻.

참고

❋ 부가의미・①묶음. 잡아맴. ②다발로 만든 것을 세는 말. ③잡아 묶음 등의 뜻도 있음.

★★ 人의 7 총 9획 俗 풍속 속 속될 속	・俗談(속담) 옛부터 내려오는 민간의 격언. ・風俗(풍속) 예로부터 지켜 내려오는 생활에 관한 사회적 습관. ・俗歌(속가)・俗間(속간)・俗界(속계)・俗曲(속곡) ・俗骨(속골)・俗氣(속기)・俗念(속념)	亻 亻 伀 俗 俗

풀이 亻과 음을 가리키는 谷(곡) [속은 변음]을 합쳐 사람이 전해 받아 익히는 것. 풍습을 뜻함.

참고

❋ 부가의미・①세상. 세상 사람. ②영구히 변치 않는 것. 본디부터 흔한 것. ③천한. 낮은. ④출가한 중에 대해 불문에 들지 않은 사람 등의 뜻도 있음.

★★★ 辶의 7 총 11획 速 빠른 속 빠르기 속	・速決(속결) 속히 처결(처결)함. ・早速(조속) 이르고도 빠름. ・速力(속력)・速報(속보)・速步(속보)・速射(속사) ・速成(속성)・加速(가속)・減速(감속)・過速(과속) ・光速(광속)・急速(급속)・變速(변속)・時速(시속) ・流速(유속)・音速(음속)・低速(저속)・風速(풍속)	一 戸 束 涑 速

풀이 보행을 뜻하는 辶과 음을 나타내는 束(속)을 합쳐서 조급하게 걷다의 뜻. 후에 빠르다의 뜻으로 씀.

참고

❋ 부가의미・①빨리 함. 서두름. ②부름.[召]. ③더러움. ④사슴의 발자리 등의 뜻도 있음.

❎ 반대되는 한자・遲(더딜 지)↔速(빠를 속)

★ 尸의 18 총 21획 屬 무리 속 붙을 속	・屬性(속성) 사물의 본질을 이루는 고유한 특징이나 성질. ・附屬(부속) 주되는 일에 딸려서 붙음. ・屬官(속관)・屬國(속국)・屬領(속령)・屬僚(속료) ・屬吏(속리)・屬地(속지)・屬望(촉망)・屬託(촉탁) ・軍屬(군속)・金屬(금속)・隷屬(예속)	一 尸 戽 屬 屬

풀이 꼬리[尾]와 음을 나타내는 蜀(촉)을 합쳐서 뒤를 따르다의 뜻. 널리 이어지다의 뜻으로 쓰임.

참고

❋ 부가의미・①붙임. ②모임[會]. ③부탁함. 분부함. ④무리. ⑤좋음. ⑥붙이[親容]. ⑦거느림 등의 뜻도 있음.

176

糸의 15 총 21획	續	이을 속 계속 속

· 續編(속편) 잇달아서 편집한 책.
· 繼續(계속) 끊이지 않고 늘 잇대어 나아감.
· 續刊(속간)·續落(속락)·續美人曲(속미인곡)·
  續發(속발)·續報(속보)·續演(속연)·續映(속영)
· 續出(속출)·斷續(단속)·續行(속행)·續會(속회)
· 連續(연속)·陸續(육속)

풀이 糸와 음을 나타내는 賣(육)[속은 변음]을 합하여 끊어진 실을 잇다의 뜻. 널리 계속하다의 뜻으로 쓰임.

참고
※ 부가의미 · 공(功), 공적(功績)의 뜻도 있음.
※ 반대되는 한자 · 絶(끊을 절)↔續(이을 속)

糸 紗 紡 績 續

子의 7 총 10획	孫	손자 손 자손 손

· 孫子(손자) 아들의 아들
· 曾孫(증손) 손자의 아들.
· 孫女(손녀)·孫婦(손부)·孫弟子(손제자)·王孫(왕손)·子孫(자손)·天孫(천손)·孫子(손자)·世孫(세손)·王孫(왕손)·宗孫(종손)·孫悟空(손오공)·外孫子(외손자)·曾孫子(증손자)

풀이 아들인 子와 잇다인 糸를 합쳐서 아들 뒤를 잇는 다는 것을 뜻함.

참고
※ 부가의미 · ①움이 돋음. ②겸손함. ③빠져 나감. ④성(姓)의 하나 등의 뜻도 있음.

ㄱ 了 孑 孫 孫

扌의 10 총 13획	損	덜을 손

· 損失(손실) 덜리어 잃어짐. 축나 없어짐.
· 毁損(훼손) 체면을 손상함.
· 損壞(손괴)·損得(손득)·損料(손료)·損亡(손망)
· 損耗(손모)·損傷(손상)·損友(손우)·損益(손익)
· 損害(손해)·缺損(결손)·汚損(오손)·破損(파손)

풀이 扌[손]와 음을 나타내는 員(원)[손은 변음]을 합쳐서 손으로 떼어 덜다의 뜻.

참고
※ 부가의미 · ①잃어버림. ②못쓰게 됨. 상함. 깨어짐. ③피로함. ④삼감. ⑤괘(卦) 이름 등의 뜻도 있음.
※ 반대되는 한자 · 損(잃을 손)↔益(더할 익)

一 丁 扌 捐 損

木의 4 총 8획	松	소나무 송 솔 송

· 松竹(송죽) 소나무와 대나무.
· 松林(송림) 소나무 숲
· 松露(송로)·松籟(송뢰)·松明(송명)·松柏(송백)
· 松魚(송어)·松油(송유)·松茸(송이)·松子(송자)
· 松竹梅(송죽매)

풀이 木과 음을 나타내는 公(공)[송은 변음]을 합쳐서 상록수인 소나무의 뜻.

참고
◈ 부수풀이 · 木(나무 목): 땅에 뿌리(八)를 내리고 뻗어 자라나는 (屮=싹날 철) 나무 모양을 본뜬 자.

十 才 木 松 松

177

辶의6 총10획	**送** 보낼 송 전송 송	

· 送別(송별) 멀리 떠나는 이를 이별하여 보냄.
· 發送(발송) 물건, 편지 따위를 부침.
· 送客(송객) · 送金(송금) · 送達(송달) · 送料(송료)
· 送別(송별) · 送付(송부) · 送迎(송영) · 送狀(송장)
· 送電(송전) · 送風機(송풍기) · 送還(송환) · 返送
(반송) · 輸送(수송) · 郵送(우송) · 運送(운송)

`、`
`ソ`
`ᄂᆞ`
`关`
`送`

풀이 길을 가다의 뜻인 辶과 음을 나타내는 㑔[잉][송은 변음의 생획인 㒸을 합쳐서 길에서 전송하다의 뜻. 널리 보내다의 뜻.

참고
❖ 부가의미 · ①거느림. ②활을 잘 쏨 등의 뜻도 있음.
⊠ 반대되는 한자 · 送(보낼 송)↔迎(맞을 영)

頁의4 총13획	**頌** 기릴 송 칭송할 송	

· 頌祝(송축) 경사를 기리고 축하함.
· 讚頌(찬송) 찬성하여 기림.
· 頌歌(송가) · 頌德碑(송덕비) · 頌辭(송사) · 頌詞
(송사) · 頌詩(송시) · 歌頌(가송) · 時頌(시송) · 吟
頌(음송) · 賀頌(하송)

`八`
`公`
`公丶`
`頌`
`頌`

풀이 公(공: 모습을 뜻함)에 頁(머리 혈)을 합한 글자. 얼굴의 모습이 대체로 비슷하다. 즉 원만한 사람이라는 데서 기다리다의 뜻이 됨.

참고
✿ 모양이 비슷한 한자 · 頌(기릴 송) 頌歌(송가)
· 頒(나눌 반) 頒布(반포)

刂의6 총8획	**刷** 씻을 쇄 인쇄할 쇄	

· 刷新(쇄신) 나쁜 폐단을 없애고 새롭게 함.
· 印刷(인쇄) 글이나 그림을 종이·천 따위에 박아내는 일.
· 刷馬契(쇄마계) · 刷掃(쇄소) · 刷子(쇄자) · 掃刷
(소쇄) · 振刷(진쇄) · 縮刷(축쇄)

`ᄀ`
`尸`
`吊`
`刷`
`刷`

풀이 칼을 뜻하는 刂(도)와 음을 나타내는 㕞(쇄)를 합쳐 깎다의 뜻. 지금은 문지르다의 뜻으로 쓰임.

참고
❖ 부가의미 · ①닦음. 떨어 깨끗이 함. ②솔. 귀얄 등의 뜻도 있음.

衣의4 총10획	**衰** 쇠할 쇠 약하여질 쇠	

· 衰弱(쇠약) 쇠하여 약하여짐.
· 衰殘(쇠잔) 쇠하여 잔약(殘弱)해짐.
· 衰老(쇠로) · 衰亡(쇠망) · 衰滅(쇠멸) · 衰耗(쇠모)
· 衰微(쇠미) · 衰世(쇠세) · 衰勢(쇠세) · 衰運(쇠운)
· 衰態(쇠태) · 衰退(쇠퇴) · 老衰(노쇠) · 盛衰(성쇠)
· 盛者必衰(성자필쇠)

`亠`
`吂`
`吏`
`衷`
`衰`

풀이 도롱이 모양을 본뜸. 도롱이라는 뜻. 후에 쇠하다의 뜻으로 씀.

참고
❖ 부가의미 · ①닳아 없어짐. ②약해짐. ③같음. ④상복 등의 뜻도 있음.
✿ 모양이 비슷한 한자 · 衰(쇠할 쇠) 盛衰(성쇠)
· 哀(슬플 애) 哀歡(애환)

178

水의 0 총4획

물 수

풀이 물을 뜻하는 丨와 흐름을 뜻하는 八를 합쳐서 물의 흐름을 뜻함. 부수로서는 물. 강. 바다에 관한 뜻을 나타냄.

· 水力(수력) 물의 힘.
· 治水(치수) 수리 시설을 잘하여 물길을 바로 내고 홍수나 가뭄의 피해를 막는 일.
· 水耕(수경)·水鏡(수경)·水系(수계)·水鷄(수계)
· 水攻(수공)·水瓜(수과)·水管(수관)·水口(수구)
· 水球(수구)·水軍(수군)

참고

❖ 부가의미·①강. ②오행(五行)의 하나 등의 뜻도 있음.
⬧ 모양이 비슷한 한자·水(물 수) 食水(식수)
· 氷(얼음 빙) 氷雪(빙설)
· 永(길 영) 永久(영구)

丿 刁 水 水

手의 0 총4획

손　수
손수할 수

풀이 손을 편 모양을 본뜸. 부수로서는 손의 동작에 관계되는 뜻을 나타냄.

· 手工(수공) 손으로 모양을 본뜸.
· 擧手(거수) 손을 위로 듦.
· 手簡(수간)·手匣(수갑)·手巾(수건)·手決(수결)
· 手工業(수공업)·手巧(수교)·手交(수교)·手金(수금)·手技(수기)·手記(수기)·手段(수단)

참고

❖ 부가의미·①손에 넣음. 손에 가짐. ②손수. 스스로. ③어떤 일을 하는 사람을 일컫는 말. ④기예(技藝)에 뛰어난 사람을 일컫는 말 등의 뜻도 있음.

一 二 三 手

宀의 3 총6획

지킬 수

풀이 宀[집]과 음을 나타내는 寸(=手(수))을 합쳐서 집안에서 일하다의 뜻. 후에 다스리다. 지키다의 뜻으로 쓰임.

· 守舊(수구) 구습(舊習)을 지킴.
· 保守(보수) 새것을 반대하여 낡은 것을 유지하려는 것.
· 守舊黨(수구당)·守備(수비)·守勢(수세)·守衛(수위)·守戰(수전)·守錢奴(수전노)·守節(수절)
· 守株(수주)

참고

❖ 부가의미·고을의 수령의 뜻도 있음.

丶 宀 宀 宀 守 守

攵의 2 총6획

거둘 수

풀이 나뭇가지를 손에 잡은 모양인 攵과 음을 나타내는 丩(구)[수는 변음]를 합쳐서 죄인을 잡아 문초하다의 뜻. 널리 거두다의 뜻으로 쓰임.

· 收穫(수확) 농작물을 거둬들임.
· 秋收(추수) 가을에 익은 곡식을 거두어들임.
· 收監(수감)·收納(수납)·收得(수득)·收攬(수람)
· 收量(수량)·收錄(수록)·收復(수복)·收稅(수세)
· 收受(수수)·收拾(수습)·收用(수용)·收容(수용)
· 收益(수익)·收入(수입)

참고

❖ 부가의미·①농작물을 거두어 들임. ②모음. ③받음. ④잡음[捕] 등의 뜻도 있음.

丨 丩 丩 收 收 收

179

禾의2 총7획

빼어날 수
뛰어날 수

・秀才(수재) 뛰어난 재주, 또 그 사람.
・閨秀(규수) 처녀, 학예에 뛰어난 여자.
・秀句(수구) ・秀麗(수려) ・秀拔(수발) ・秀峰(수봉)
・秀吟(수음) ・秀逸(수일) ・秀絶(수절) ・優秀(우수)
・俊秀(준수)

[풀이] 禾와 乃로 이루어짐. 乃는 孕의 생략형으로 벼가 잘 영글었다는 뜻인 듯함.

[참고]
❊ 부가의미・① 벼이삭이 나옴. ②이삭. ③선비. ④무성함. ⑤아름다움 등의 뜻도 있음.

二千禾禾秀秀

又의6 총8획

받을 수

・受賞(수상) 상을 받음.
・領受(영수) 돈이나 물품을 받음.
・受講(수강) ・受戒(수계) ・受給(수급) ・受難(수난)
・受動(수동) ・受領(수령) ・受理(수리) ・受賞(수상)
・受洗(수세) ・受信(수신) ・受容(수용) ・受精(수정)
・受注(수주) ・受取(수취) ・甘受(감수) ・讓受(양수)

[풀이] 아래쪽을 향한 손을 뜻한 爪와 오른쪽을 향한 손을 뜻한 又와, 음을 나타내는 舟(주)[수는 변음]의 변형인 冖를 합쳐서 물건을 넘겨주다. 받다의 뜻으로 쓰임.

[참고]
❖ 비슷한 의미를 가진 한자・受(수)는 물건을 자기 쪽으로 거두어 들임. 承(승)은 아래 쪽에서 위쪽의 물건을 받음. 亭(정)은 웃사람이 받아 들임.

一爫㐅受受

首의0 총9획

머리   수
우두머리 수

・首席(수석) 맨 윗자리.
・元首(원수) 국민의 수장(首長). 군주. 대통령.
・首魁(수괴) ・首級(수급) ・首肯(수긍) ・首腦(수뇌)
・首途(수도) ・首都(수도) ・首領(수령) ・首尾(수미)
・首班(수반)

[풀이] 머리털이 나있는 머리를 본뜬 글자로서 머리를 뜻함. 후에 처음이라는 뜻으로 쓰임.

[참고]
❖ 비슷한 의미를 가진 한자・처음의 뜻을 가진 글자 →初(초)
❖ 반대되는 한자・首(머리 수)↔尾 (꼬리 미)

丷丷首首首

巾의6 총9획

장수   수
거느릴 솔

・統帥(통수) 통령(統領). 통할하여 거느림.
・將帥(장수) 군사를 거느리는 우두머리.
・帥先(솔선) ・元帥(원수) ・將帥(장수)

[풀이] 천을 뜻하는 巾(건)과 음을 나타내는 㠯(퇴)[수・솔은 변음]를 합쳐서 허리에 거는 수건이라는 뜻. 率(솔)의 음과 같으므로 거느리다의 뜻으로 쓰임.

[참고]
❊ 부가의미・①좇음. ②주장함. ③ 우두머리 등의 뜻도 있음.
▣ 모양이 비슷한 한자・帥(장수 수) 將帥(장수)
・師(스승 사) 師弟(사제)

丿丨自帥帥

イ의8 총10회

닦을 수
다스릴 수

풀이 장식물을 뜻하는 彡과 음을 가리키는 攸(유·수)를 합쳐 깨끗이 하려 꾸밈. 바로 잡음의 뜻.

· 修交(수교) 나라사이의 교재를 맺음.
· 修身(수신) 선을 북돋아 심신을 닦는 일.

참고

❖ **비슷한 의미를 가진 한자** · 다스리다의 뜻을 가진 글자 修(수)는 매만져 다스리다의 뜻에서 잘못된 곳을 바로 잡음. 治(치)는 어지러워진 것을 안정시키기 위하여 다스림.←亂理(난리)는 구슬을 간다는 뜻에서 이치에 따라 바로 잡음. 收(수)는 물건을 받아 들임. 藏(장)은 보이지 않게 광에 넣어 둠. 納(납)은 상대편이 물건을 받아 들이게 함. 御(어)는 말[馬]을 부린다는 뜻에서 아랫 사람을 휘둘러 다스린다는 뜻.

イ
イ
イ′
仃
俊
修

歹의6 총10회

다를 수
뛰어날 수

풀이 죽음을 뜻하는 歹과 음을 나타내는 朱(주)[수는 변음]를 합쳐서 베어 죽이다의 뜻.

· 殊常(수상) 보통과 달라 이상함.
· 特殊(특수) 특별히 다름.
· 殊功(수공) · 殊力(수력) · 殊勝(수승) · 殊遇(수우)
· 殊恩(수은) · 殊勳(수훈) · 文殊(문수)

참고

❖ **부가의미** · ①죽임. ②나눔. 나누어짐. 따로따로로 됨. 다름. ③특히. 더구나. 몹시. ④뛰어남 등의 뜻도 있음.

一
ア
歹
殅
殊

扌의8 총11회

줄 수

풀이 扌[손]와 음을 나타내는 受(수)를 합하여 손으로 건네 주다의 뜻.

· 授業(수업) 학문. 기술등을 가르쳐줌.
· 敎授(교수) 학술이나 기예를 가르침.
· 授戒(수계) · 授産(수산) · 授賞(수상) · 授受(수수)
· 授與(수여) · 授乳(수유) · 口授(구수) · 傳授(전수)

참고

❖ **부가의미** · 붙임의 뜻도 있음.
☒ **반대되는 한자** · 授(줄 수)↔受(받을 수)

一
十
扌
扌
拶
授

心의9 총13회

근심할 수
근심 수

풀이 心[마음]과 음을 나타내는 秋(추)[수는 변음]을 합쳐서 이마에 주름을 잡으며 근심하다의 뜻. 널리 근심이라는 뜻으로 씀.

· 愁心(수심) 근심하는 마음. 근심함.
· 旅愁(여수) 나그네의 수심. 객수(客愁).
· 愁眠(수면) · 愁眉(수미) · 愁悶(수민) · 愁傷(수상)
· 愁色(수색) · 愁雲(수운) · 愁人(수인) · 愁歎(수탄)
· 孤愁(고수) · 悲愁(비수) · 哀愁(애수) · 憂愁(우수)

참고

❖ **비슷한 의미를 가진 한자** · 愁(수)는 쓸쓸하게 생각에 잠기다. 憂(우)는 상심하고 근심하다. 患(환)은 병이나 재난을 당해 고민하다. 恤(휼)은 불쌍히 여겨 걱정하다. 憫(민)은 가엽게 여기고 걱정하다. 愍(민)은 憫(민)과 같고, 悄(초)는 근심 때문에 기운이 없음.

二
千
禾
秋
愁

雨의 6 총 14 획	 구할 수 쓸 수	·需要(수요) 필요해서 구하고자 함. ·必需(필수) 반드시. ·需給(수급)·需用(수용)·需弱(수약)·供需(공수) ·軍需(군수)·貴需(귀수)·民需(민수)·應需(응수) ·特需(특수)	

풀이 雨와 음을 나타내는 而(이)[수는 변음]를 합하여 비에 젖다의 뜻. 후에 구하다·기다리다의 뜻으로 쓰임.

참고
❖ **부가의미** ·①소용되는 물품. 소용됨. ②기다림. 주저함. ③육십사괘(六十四卦)의 하나. ④찾음. ⑤연함 등의 뜻도 있음.

| 士의
11
총
14
획 |  장수할 수 | ·壽命(수명) 타고난 목숨. 물품의 사용 기간.
·天壽(천수) 타고난 수명.
·老壽(노수)·米壽(미수)·福壽(복수)·長壽(장수)
·壽齡(수령)·壽福(수복)·壽詞(수사)·壽序(수서)
·壽宴(수연)·壽筵(수연)·壽酒(수주)·老壽(노수)
·米壽(미수)·福壽(복수)·長壽(장수)·賀壽(하수) |

풀이 老[늙음]와 음을 나타내는 壽(수)를 합쳐서 나이가 많아질 때까지 오래 산다는 뜻.

참고
❖ **부가의미** ·명이 깊. 오래 삶의 뜻도 있음.

| 阝의
13
총
16
획 |  따를 수 | ·隨意(수의) 자기 의사대로 좇아 함.
·追隨(추수) 뒤좇아 따름.
·隨感(수감)·隨命(수명)·隨伴(수반)·隨想(수상)
·隨順(수순)·隨時(수시)·隨身(수신)·隨員(수원)
·隨從(수종)·隨筆(수필)·隨行(수행)·隨喜(수희)
·伴隨(반수)·附隨(부수)·夫唱婦隨(부창부수) |

풀이 길을 가다의 뜻인 辶과 음을 나타내는 隋(수)를 합쳐서 뒤에서 따라 가다의 뜻.

참고
❖ **부가의미** ·따라서. …대로의 뜻도 있음.

| 攵의
11
총
15
획 | ★★★
 셈 수
수량 수 | ·數量(수량) 수효(數爻)와 분량(分量).
·算數(산수) 초등 학교 교과의 한 가지.
·數間(수간)·數理(수리)·數萬(수만)·數詞(수사)
·數三次(수삼차)·數式(수식)·數列(수열)·數人
(수인)·數日(수일)·數字(수자)·數次(수차) |

풀이 작은 나무를 손에 들다의 뜻인 攵과 음을 나타내는 婁(루)[수는 변음]를 합쳐서 산가지를 손에 들고 셈을 하다의 뜻.

참고
❖ **부가의미** ·①책망함. 죄를 들어 문책함. ②몇. ③솜씨. 기술. ④모사(謀事). 수단. 방법. ⑤운명. ⑥사리. ⑦역법(曆法). ⑧자주. 때때로. ⑨빠름. ⑩가늚[細]. 썩 잚. ⑪독촉함 등의 뜻도 있음.
❖ **잘못읽기 쉬운 한자** ·數爻 수효 (수차로 읽지 말 것)

樹

木의
12
총
16
획

나무 수
초목 수

・樹立(수립) 공(功)이나 사업을 세움.
・果樹(과수) 과실 나무.
・樹間(수간)・樹幹(수간)・樹冠(수관)・樹齡(수령)
・樹林(수림)・樹木(수목)・樹身(수신)・樹液(수액)
・樹影(수영)・樹藝(수예)・樹陰(수음)・樹枝(수지)
・樹脂(수지)・樹皮(수피)・樹下(수하)・樹海(수해)

[풀이] 목[나무]과 음을 나타내는 壴(수)[豎의 변형]를 합쳐서 바로 서있는 나무를 뜻함.

[참고]

❖ **부가의미** ・①심음. 나무를 심음. ②세움 등의 뜻도 있음.

輸

車의
9
총
16
획

보낼 수
짐 수

・輸送(수송) 사람. 물건을 실어 보냄.
・運輸(운수) 여객이나 화물을 옮기는 일.
・輸入(수입)・輸入品(수입품)・輸出(수출)・輸血
(수혈)・空輸(공수)・密輸(밀수)・陸輸(육수)

[풀이] 車 [수레]와 음을 나타내는 俞(유)[수는 변음]을 합하여 수레로 물건을 실어 보내다의 뜻. 널리 물건을 나르다의 뜻으로 쓰임.

[참고]

❖ **부가의미** ・①알림. ②다함. 정성을 다함. ③깸. 부숨. 파손함. ④짐[敗]. ⑤내기에 짐. ⑥화물. 짐바리. ⑦경혈(經穴). 침을 놓거나 뜸을 뜨는 자리 등의 뜻도 있음.

獸

犬의
15
총
19
획

짐승 수

・獸慾(수욕) 짐승과 같은 비열한 욕심.
・野獸(야수) 사람에게 사육되지 않고 산이나 들에서 자연 그대로 자란 짐승.
・獸類(수류)・獸性(수성)・獸心(수심)・獸醫(수의)
・獸畜(수축)・獸皮(수피)・怪獸(괴수)・寄獸(기수)
・猛獸(맹수)・百獸(백수)・鳥獸(조수)

[풀이] 犬[개]와 음을 나타내는 嘼(축)[수는 변음]을 합쳐서 狩(수)와 같은 뜻임. 후에 사냥해서 얻은 것・짐승 등의 뜻으로 씀.

[참고]

❖ **부가의미** ・포. 말린 고기의 뜻도 있음.

叔

又의
6
총
8
획

아재비   숙
숙부 형제 중
셋째 숙

・叔父(숙부) 아버지의 동생.
・外叔母(외숙모) 외삼촌의 아내.
・叔季(숙계)・叔妹(숙매)・叔世(숙세)・堂叔(당숙)
・伯叔(백숙)・外叔(외숙)

[풀이] 又[손]에 尗(숙)[땅속 줄기]을 더하여 고구마를 줍다의 뜻이 작다, 형제 중 작은 쪽이라는 뜻으로 변함.

[참고]

❖ **부가의미** ・①어림. 어린사람. ②시동생. ③세째동포. ④끝. ⑤주움. ⑥콩. ⑦성(姓)의 하나 등의 뜻도 있음.

上
才
未
叔
叔

183

★ ★ ★

宀
의 8
총 11
획

宿

묵을 숙

宀
宀
宿
宿

풀이 집을 뜻하는 宀과 거적이나 짚멍석을 잘못나타낸 百과 사람을 뜻하는 亻을 합쳐서 사람이 집속의 이부자리에 든다는 뜻. 후에 묵다의 뜻으로 쓰이게 됨.

· 宿泊(숙박) 여관등에서 자고 머무름.
· 寄宿舍(기숙사) 학교나 회사등에서 학생이나 사원을 위해 마련한 공동 숙사.
· 宿望(숙망) · 宿命(숙명) · 宿坊(숙방) · 宿舍(숙사)
· 宿世(숙세) · 宿所(숙소) · 宿夜(숙야) · 宿業(숙업)
· 宿緣(숙연) · 宿營(숙영)

참고

❖ 부가의미 · ①지킴. ②본디부터의. ③주막. ④삶. ⑤떼별[列星]. ⑥성좌(星座) 등의 뜻도 있음.

氵
의 8
총 11
획

淑

착할 숙

氵
氵
汁
沐
淑

풀이 氵[물]과 음을 나타내는 叔(숙)이 합하여 맑은 물을 뜻하며, 널리 착하다의 뜻으로 쓰임.

· 淑女(숙녀) 선량하고 교양과 예의를 갖춘 점잖은 여자.
· 淑德(숙덕) 숙녀의 착하고 아름다운 덕이나 너그러운 행실. 부덕(婦德).
· 숙예(淑譽) · 숙자(淑姿) · 사숙(私淑) · 정숙(貞淑)

참고

❖ 부가의미 · ①정숙함. 고상함. ②그리워 함 등의 뜻도 있음.

★

聿
의 7
총 13
획

肅

엄숙할 숙
삼가할 숙

肀
肀
肃
肅
肅

풀이 물이 돌다의 뜻인 淵과 음을 나타내는 聿(율)[숙은 변음]을 합쳐서 급류라는 뜻. 후에 두려워 삼가다의 뜻으로 쓰임.

· 肅然(숙연) 삼가고 두려워하는 모양.
· 嚴肅(엄숙) 장엄(莊嚴)하고 정숙(整肅)함.
· 肅啓(숙계) · 肅軍(숙군) · 肅肅(숙숙) · 肅正(숙정)
· 肅淸(숙청) · 自肅(자숙) · 靜肅(정숙)

참고

❖ 비슷한 의미를 가진 한자 · 공손하다의 뜻을 가진 글자→恭(공)

灬
의 11
총 15
획

熟

익을 숙
익힐 숙

亠
亠
享
孰
熟

풀이 灬[불]과 음을 나타내는 孰(숙)을 합쳐서 열을 가하여 고루 익혀 물러지다의 뜻.

· 熟達(숙달) 익숙하여 통달함.
· 圓熟(원숙) ①무르익음. ② 나무랄데 없이 익숙함. 아주 숙달함.
· 熟考(숙고) · 熟讀(숙독) · 熟卵(숙란) · 熟濾(숙려)
· 熟濾斷行(숙려단행) · 熟練(숙련) · 熟成(숙성) · 熟睡(숙수) · 熟柿(숙시)

참고

❖ 부가의미 · ①무르익음. ②충분함. ③자세함 등의 뜻도 있음.

旬

日의
2
총 6획

열흘 순
열번 순

[풀이] 日과 음을 나타내는 勹(순)을 합쳐서 십간(十干)이 한 바퀴 도는 것. 10일 등을 뜻함.

· 旬刊(순간) 열흘마다 한 번씩 간행(刊行)함. 또 그 간행물.
· 上旬(상순) 초하루부터 초열흘까지의 동안.
· 旬間(순간) · 旬報(순보) · 旬餘(순여) · 旬日(순일)
· 三旬(삼순) · 一旬(일순) · 中旬(중순) · 初旬(초순)
· 下旬(하순)

[참고]
❈ 부가의미 · 10년의 뜻도 있음.
◻ 모양이 비슷한 한자 · 旬(열흘 순) 下旬(하순)
　　　　　　　　　　· 句(글귀 구) 句節(구절)

丿 勹 勺 匀 旬

巡

巛의
4
총 7획

돌아다닐 순
순행할 　순

[풀이] 길을 걷다의 뜻인 辶(착)과 음을 나타내는 巛(천)[순은 변음]을 합쳐서 이리저리 돌아 다니다의 뜻.

· 巡察(순찰) 순행(巡行)하여 사정을 살핌.
· 巡廻(순회) 각처로 돌아다님.
· 巡檢(순검) · 巡警(순경) · 巡邏(순라) · 巡覽(순람)
· 巡歷(순력) · 巡禮(순례) · 巡杯(순배) · 巡視(순시)
· 순양함(巡洋艦) · 순유(巡遊) · 순항(巡港) · 순행(巡行)

[참고]
❈ 부가의미 · 굽신거림의 뜻도 있음.
◻ 부수풀이 · 巛(川)(내 천): 물이 흐르는 모양을 본떠 내를 뜻한 자.

〈 巜 巛 ⺤ 巡

純 ★

糸의
4
총 10획

순수할 순

[풀이] 糸[실]와 음을 나타내는 屯(둔)[순은 변음]을 합하여 불순물이 없는 깨끗한 생사라는 뜻. 널리 순수하다는 뜻으로 쓰임.

· 純粹(순수) 다른 것이 섞이지 않음.
· 淸純(청순) 깨끗하고 순박하거나 순수함.
· 純絹(순견) · 純潔(순결) · 純潔敎育(순결교육) ·
　純潔無垢(순결무구) · 純金(순금) · 純度(순도) ·
　純良(순량) · 純利(순리)

[참고]
❈ 부가의미 · ①온전함. ②천진(天眞)함. ③큼. ④좋음. 정호(精好). ⑤온화함. 온순함. 인자함. ⑥돈독(敦篤)함. ⑦오로지. 순전히. ⑧착함. 선량함 등의 뜻도 있음.

幺 糸 糾 糾 純

順 ★★★

頁의
3
총 12획

순할 순
차례 순

[풀이] 頁[얼굴]과 음을 나타내며 동시에 순하다[馴(순)]의 뜻을 나타내는 川(천)[순은 변음]을 합하여 순한 얼굴 생김새, 나아가 순하다. 좇다의 뜻으로 쓰임.

· 順從(순종) 순순(順順)히 복종(服從)함.
· 歸順(귀순) 반항 하거나 반역하려는 마음을 버리고 스스로 돌아서서 따라오거나 복종함.
· 順境(순경) · 順當(순당) · 順德(순덕) · 順良(순량)
· 順禮(순례) · 順路(순로) · 順流(순류) · 順理(순리)
· 順番(순번) · 順産(순산) · 順序(순서)

[참고]
❈ 부가의미 · ①좋음. 따름. ②화(和)함. ③즐김. 기뻐함. ④성(姓)의 하나 등의 뜻도 있음.
▨ 반대되는 한자 · 逆(거스를 역)↔順(좇을 순)

丿 川 順 順 順

目의 12 총 17획	 눈을 감짝할 순 잠깐 순	· 瞬間(순간) 잠깐 동안. 삽시간. · 一瞬(일순) 눈 감짝할 사이. 아주 짧은 시간 동안. · 瞬刻(순각)·瞬時(순시)·瞬息(순식)·瞬息間(순식간)·轉瞬(전순)	目 目 盺 瞬 瞬 瞬

풀이 目[눈]과 음을 나타내는 舜(순)을 합하여 눈을 깜박깜박 빨리 움직임을 뜻함.

참고
❖ 부가의미 아주 짧은 시간의 뜻도 있음.
⊠ 반대되는 한자 · 瞬(눈깜짝할 순)↔永(길 영)

辶의 5 총 9획	 짓다 술 말할 술	· 述懷(술회) 마음 속의 생각을 말함. · 論述(논술) 의견을 진술함. · 述部(술부)·述語(술어)·述作(술작)·口述(구술) · 記述(기술)·詳述(상술)·著述(저술)·前述(전술) · 傳述(전술)·陳述(진술)·後述(후술)	一 十 朮 沭 述

풀이 辶[길]과 음을 나타내는 朮(술)을 합쳐서 본래의 길을 따라서 가다의 뜻. 후에 말하다의 뜻으로 씀.

참고
❖ 부가의미 ·①좇음. ②이음[續] 등의 뜻도 있음.

行의 5 총 11획	★ ★ ★  재주 술 기술 술	· 術數(술수) 음양. 복서(卜筮)등의 이치. · 技術(기술) 어떤 일을 정확하고 능률적으로 해내는 솜씨. · 術客(술객)·術計(술계)·術士(술사)·術語(술어) · 術藝(술예)·術中(술중)	彳 彳 쉬 術 術 術

풀이 길이라는 뜻인 行과 음을 나타내는 朮(술)을 합쳐서 마음을 따라 나 있는 길을 뜻함. 후에 수단·방법의 뜻으로 쓰임.

참고
❖ 부가의미 ·①학문. ②계략. 계획. ③방법. ④술법 등의 뜻도 있음.

山의 8 총 11획	★  높을 숭 높일 숭	· 崇尙(숭상) 높여 소중히 여김. · 崇拜(숭배) 우러러 공경함. · 崇敬(숭경)·崇高(숭고)·崇德(숭덕)·崇佛(숭불) · 崇嚴(숭엄)·崇重(숭중)·信崇(신숭)·尊崇(존숭)	山 屮 농 꿈 崇

풀이 山[산]과 음을 나타내는 宗을 합쳐서 높고 큰 산이라는 뜻. 우러러 받들다의 뜻으로 널리 쓰임.

참고
❖ 부가의미 ·모음[聚]. 채움[充]의 뜻도 있음.
❖ 비슷한 의미를 가진 한자 · 우러러 받들다의 뜻을 가진 글자→尊(존)
⊠ 반대되는 한자 · 崇(높일 숭)↔凌(업신여길 릉)

扌의 6 총 9획	**拾** 주을 습 열 십	· 拾得(습득) 주워서 얻음. · 收拾(수습) 흩어진 물건을 주워 거둠. · 拾收(습수) · 拾遺(습유) · 拾集(습집) · 採拾(채습)

풀이 손을 뜻하는 扌와 음을 나타내는 合(합)[습·십 등은 변음]을 합쳐서 떨어진 물건을 손으로 줍다의 뜻.

참고
❀ **부가의미** · ①집음. ②거둠. ③팔찌. ④벼슬 이름. ⑤열 [十]. ⑥다시. ⑦건넘. ⑧번갈아서 함 등의 뜻도 있음.

扌 扌 扚 拎 拾

羽의 5 총 11획 ★★★	**習** 익힐 습 버릇 습	· 習字(습자) 글씨쓰기를 익힘. · 學習(학습) 배워서 익힘. · 習慣(습관) · 習讀(습독) · 習得(습득) · 習癖(습벽) · 習性(습성) · 習俗(습속) · 習熟(습숙) · 習習(습습) · 習作(습작) · 習學(습학) · 習合(습합) · 講習(강습) · 慣習(관습) · 敎習(교습) · 復習(복습) · 演習(연습)

풀이 깃을 뜻하는 羽와 음을 나타내는 自의 생략형인 白(자)[습은 변음]를 합쳐서 새끼새가 몇번이고 날개를 움직이며 나는 연습을 하다의 뜻. 널리 배우다의 뜻으로 씀.

참고
❀ **부가의미** · ①본받음. ②거듭함. ③익음. 버릇. ④가까이함. ⑤슬 슬 붊 등의 뜻도 있음.
❖ **비슷한 의미를 가진 한자** · 본받다의 뜻을 가진 글자 →倣(방)

フ ㅋ 㓪 習 習

衣의 16 총 22획	**襲** 엄습할 습 물려받을 습	· 襲擊(습격) 갑자기 적을 덮쳐 공격(攻擊)함. · 來襲(내습) 습격하여 옴. · 襲來(습래) · 襲用(습용) · 襲爵(습작) · 强襲(강습) · 空襲(공습) · 急襲(급습) · 奇襲(기습) · 踏襲(답습) · 世襲(세습) · 夜襲(야습) · 逆襲(역습) · 因襲(인습) · 敵襲(적습)

풀이 옷을 뜻하는 衣(의)와 음을 나타내는 龍(룡)[습은 변음]을 합쳐서 옷을 두 겹으로 입는다는 뜻. 널리 겹치다의 뜻. 후에 이어받다의 뜻으로 씀.

참고
❀ **부가의미** · ①겹침. 되풀이 함. ②엄습함. 덮침. ③그대로 따름. ④남의 뒤를 물려받음. 뒤를 이음. ⑤좇음 등의 뜻도 있음.

亠 充 育 龍 襲

手의 4 총 8획 ★★	**承** 받들 승 이을 승	· 承統(승통) 종가(宗家)의 계통을 이음. · 奉承(봉승) 웃어른의 뜻을 이어받음. · 承繼(승계) · 承句(승구) · 承諾(승낙) · 承命(승명) · 承服(승복) · 承受(승수) · 承恩(승은) · 承認(승인) · 承前(승전) · 承平(승평) · 承歡(승환) · 繼承(계승)

풀이 手[손]와 음을 나타내는 丞(승)을 합쳐서 물건을 손위에 놓다의 뜻. 널리 받다의 뜻으로 쓰임.

참고
❖ **비슷한 의미를 가진 한자** · 타다의 뜻인 글자 乘(승)은 수레에 탐. 騎(기)는 말에 탐. 駕(가)는 마차를 탐.

フ 了 手 承 承

日의
4
총8획

昇 오를 승

[단어]
· 昇降(승강) · 昇格(승격)
· 昇段(승단) · 昇叙(승서) · 昇任(승임) · 昇進(승진)
· 昇天(승천) · 昇天日(승천일) · 昇平(승평) · 昇遐(승하) · 昇汞水(승홍수) · 昇華(승화) · 上昇(상승)

[풀이] 日[해]과 음을 나타내는 升을 합쳐서 해가 떠오르다의 뜻. 널리 오르다의 뜻으로 쓰임.

[참고]
❖ **부가의미** · ①해가 떠오름. 위로 오름. 계급이 오름. ②올림. 위계(位階)를 올림. 등의 뜻도 있음.

口日旦昇昇

丿의
9
총10획

乘 탈 승
곱할 승

· 乘客(승객) 배나 차 따위를 타는 손님.
· 史乘(사승) 역사를 기록한 책. 사기.
· 乘降(승강) · 乘馬(승마) · 乘算(승산) · 乘船(승선)
· 乘勢(승세) · 乘勝(승승) · 乘車(승차) · 乘合(승합)
· 騎乘(기승) · 大乘(대승) · 上乘(상승) · 小乘(소승)
· 搭乘(탑승) · 便乘(편승)

[풀이] 人과 木을 합쳐 사람이 나무 위에 올라 탄다는 뜻을 나타냄. 일반적으로 물건 위에 탄다는 뜻으로 쓰임.

[참고]
❖ **비슷한 의미를 가진 한자** · 乘(승)은 수레에 탐. 騎(기)는 가는 말에 탐. 駕(가)는 마차를 탐.

一二千乖乘

力의
10
총12획

★★★

勝 이길 승
나을 승

· 勝利(승리) 겨루어 이김.
· 連勝(연승) 잇달아 이김.
· 勝共(승공) · 勝算(승산) · 勝勢(승세) · 勝運(승운)
· 勝因(승인) · 勝者(승자) · 勝敗(승패) · 決勝(결승)
· 樂勝(낙승) · 大勝(대승) · 名勝(명승) · 辛勝(신승)

[풀이] 힘을 뜻하는 力과 음을 나타내는 朕(양)을 합쳐 힘을 넣어 물건을 들어 올리다의 뜻. 널리 힘이 나옴, 이기다의 뜻으로 씀.

[참고]
❖ **비슷한 의미를 가진 한자** · 勝(승)은 세력이 나아서 상대를 누름. 克(극)은 이기기 힘든 것에 이김. 捷(첩)은 싸움에 이김. 낫다의 뜻을 가진 글자→優(우). 참다의 뜻을 가진 글자→耐(내)

❌ **반대되는 한자** · 勝(이길 승)↔敗(패할 패)

丨月胖胖勝

亻의
12
총14획

僧 중 승

· 僧服(승복) 스님들의 옷.
· 道僧(도승) 도를 깨달은 중. 도통한 중.
· 僧尼(승니) · 僧堂(승당) · 僧徒(승도) · 僧都(승도)
· 僧侶(승려) · 僧舞(승무) · 僧門(승문) · 僧坊(승방)
· 僧舍(승사) · 僧俗(승속) · 僧院(승원) · 僧正(승정)
· 僧職(승직) · 高僧(고승) · 老僧(노승) · 小僧(소승)

[풀이] 사람을 뜻하는 亻과 음을 나타내는 曾(증)[승은 변음]을 합쳐 범어의 僧伽(승가)를 나타냄. 따라서 중이라는 뜻으로 쓰임.

[참고]
❖ **부가의미** · 중. 불문에 들어간 사람의 뜻도 있음.
🔷 **모양이 비슷한 한자** · 僧(중 승) 僧侶(승려)
· 增(늘 증) 增加(증가)
· 贈(줄 증) 贈呈(증정)

亻亻伶俖僧

188

巾의 2 총5획	市 저자 시 장 시	★★★

· 市長(시장) 상품을 매매하는 장소.
· 市街(시가) 도시의 큰 길거리.
· 市價(시가) · 市區(시구) · 市立(시립) · 市民(시민)
· 市民權(시민권) · 市部(시부) · 市營(시영) · 市外
(시외) · 市有(시유) · 市邑(시읍) · 市人(시인)

[풀이] 평평하다는 뜻의 ㅗ와 음을 나타내는 之(지)[시는 변음]를 합쳐서 공평한 값이 정해지는 곳, 즉 시장이라는 뜻.

[참고]
※ 부가의미 저자. 번화한 곳. 도시. 팔고 삼. 매매의 뜻도 있음.

亠 亠 亣 市 市

· 示範(시범) 모범을 보여줌.
· 表示(표시) 겉으로 드러내 보임.
· 示敎(시교) · 示達(시달) · 示唆(시사) · 示威(시위)
· 示現(시현) · 揭示(게시) · 告示(고시) · 誇示(과시)
· 敎示(교시) · 明示(명시) · 暗示(암시) · 展示(전시)
· 指示(지시) · 訓示(훈시)

示 보일 시
보게할 시

[풀이] 탁자 (丅)와 떨어지는 피(〃)와 희생(犧牲) (一)을 합하여 신(神)에게 바침을 뜻함. 후에 나타내 보이다의 뜻으로 쓰임.부수 示는 신과 신의 일에 관한 뜻을 나타냄.

[참고]
※ 부가의미 ·①알림. ②가르침. ③가리킴. ④바침. ⑤땅귀신 등의 뜻도 있음.
◈ 잘못읽기 쉬운 한자 ·示唆 시사 (시준으로 읽지 말 것)

一 二 亍 示 示

· 侍臣(시신) 임금을 가까이 모시는 신하.
· 近侍(근시) 웃어른을 가까이 모심.
· 侍女(시녀) · 侍郞(시랑) · 侍立(시립) · 侍婢(시비)
· 侍史(시사) · 侍生(시생) · 侍率(시솔)

侍 모실 시
시중 들 시

[풀이] 사람을 뜻하는 亻과 음을 가리키는 寺(사)[시는 변음]를 합쳐 귀인을 모신다는 뜻을 나타냄.

[참고]
※ 부가의미 ·①근시(近侍). 모시는 사람. ②좋음. ③봉양함 등의 뜻도 있음.
◎ 모양이 비슷한 한자 ·侍(모실 시) 侍者(시자)
·待(기다릴 대) 待期(대기)

亻 亻 仕 侍 侍

· 始祖(시조) 한 겨레의 맨 처음이 되는 조상.
· 原始(원시) 자연 그대로 있어 아직 진보나 변화가 없는 것.
· 始工式(시공식) · 始球式(시구식) · 始動(시동) · 始末(시말) · 始末書(시말서) · 始發(시발) · 始業(시업) · 始業式(시업식) · 始原(시원)

始 처음 시
비롯할 시 ★★★

[풀이] 女[여자]와 음을 나타내는 台(태. 시)를 합쳐서 최초의 여자. 맏딸이라는 뜻. 후에 처음의 뜻으로 쓰임.

[참고]
※ 부가의미 ·①풍류이름. ②바야흐로 등의 뜻도 있음.
◈ 반대되는 한자 ·始(처음 시)↔終(끝 종)

ㄑ 女 女 姈 始 始

是

日의 5
총 9획

이것 시
이곳 시

★

풀이 숟가락총에 거는 장식을 한 숟가락의 모양을 본뜸. 匙의 본디 글자. 후에 이. 이것의 뜻으로 쓰임.

- 是非(시비) 옳고 그름. 잘잘못.
- 國是(국시) 국정의 근본 방침.
- 是非曲直(시비곡직)·是非調(시비조)·是是非非 (시시비비)·是認(시인)·是正(시정)·校是(교시)
- 本是(본시)·如是(여시)·亦是(역시)·必是(필시)
- 或是(혹시)

참고

🔷 **반대되는 한자** · 是(옳을 시)↔非(그를 비)

丨 丨 旦 旱 昰 是

施

方의 5
총 9획

베풀 시

★

풀이 㫃[깃발]과 음을 나타내는 也(야)[시는 변음]를 합쳐서 깃발이 휘날리다의 뜻. 후에 베풀어 주다의 뜻으로 쓰임.

- 施賞(시상) 상장이나 상품 또는 상금을 줌.
- 布施(보시, 포시) 재물을 절이나 사람에게 베풂.
- 施工(시공)·施設(시설)·施政(시정)·施主(시주)
- 施惠(시혜)·實施(실시)

참고

❈ **부가의미** · ①시체를 함부로 드러내 보임. ②베풀어 줌. 줌. 보태 줌. 은혜. ③느슨해짐. ④옮김. ⑤미침 [至]. ⑦기욺 등의 뜻도 있음.

㇐ 亠 方 㫃 施

時

日의 6
총 10획

때 시
세월 시

★★★

풀이 日[해]과 음을 나타내는 寺(시)를 합쳐서 춘, 하, 추, 동의 네 계절을 뜻하며 때의 뜻으로 씀.

- 時刻(시각) 시간의 한 점. 짧은 시간.
- 時速(시속) 한 시간에 닫는 속도.
- 時價(시가)·時間(시간)·時艱(시간)·時計(시계)
- 時局(시국)·時期(시기)·時機(시기)·時代(시대)
- 時代感覺(시대감각)·時代劇(시대극)

참고

❈ **부가의미** · ①엿봄. ⑤이것. 이. 여기 등의 뜻도 있음.

丨 日 旪 時 時

視

見의 5
총 12획

볼 시

★★

풀이 보다의 뜻인 見과 음을 나타내는 示(시)를 합쳐서 한곳을 눈여겨 본다는 뜻.

- 視察(시찰) 돌아다니며 실지 사정을 살핌.
- 凝視(응시) 한곳을 눈여겨 봄.
- 視覺(시각)·視角(시각)·視距儀(시거의)·視界 (시계)·視空間(시공간)·視力(시력)·視死如歸 (시사여귀)·視線(시선)·視神經(시신경)·視野 (시야)·視而不見(시이불견)·視點(시점)

참고

❈ **부가의미** · ①견줌. ②본받음. ③대접 등의 뜻도 있음.

🔷 **반대되는 한자** · 視(볼 시)↔聽(들을 청)

二 亍 示 祠 視

190

言의 6
총 13획

詩 시 시

풀이 言[말]과 음을 나타내는 寺(사)[시는 변음]를 합쳐서 느낌을 말로 나타낸 것이라는 뜻.

- 詩句(시구) 시의 구절(句節).
- 抒情詩(서정시) 시인의 사상, 감정을 서정적, 주관적으로 읊은 시.
- 詩歌(시가)·詩客(시객)·詩格(시격)·詩經(시경)
- 詩境(시경)·詩稿(시고)·詩劇(시극)·詩壇(시단)
- 詩論(시론)·詩文(시문)

참고

❖ **부가의미**·①중국에서 가장 오래 된 시집인 시경(詩經)을 일컫는 말. ②풍류 가락. ③받듦 등의 뜻도 있음.

ㅗ 言 註 詩 詩

言의 6
총 13획

試 시험할 시 / 시험 시

풀이 음식물을 입에 넣은 모양을 言과 음을 나타내는 式(식)[시는 변음]을 합쳐서 음식물을 입에 넣고 맛을 본다는 뜻. 널리 해보다의 뜻.

- 試驗(시험) 재능, 실력을 증험하여 봄.
- 考試(고시) 지원자의 학력이나 자격을 검사하여 그 합격 여부를 판정하는 일.
- 試掘(시굴)·試金石(시금석)·試圖(시도)·試鍊(시련)·試論(시론)·試問(시문)·試補(시보)·試寫(시사)·試乘(시승)·試植(시식)·試案(시안)

참고

❖ **부가의미**·①더듬음. ②비교함 등의 뜻도 있음.

言 言 言 訂 試

氏의 0
총 4획

氏 씨 씨

풀이 숟가락 모양을 본뜸. 후에 성씨의 뜻으로 씀.

- 氏族(씨족) 원시사회에서 공동의 조상을 가진 혈족 단체.
- 姓氏(성씨) 성의 경칭.
- 氏名(씨명)·氏族制度(씨족제도)·季氏(계씨)·弟氏(제씨)·諸氏(제씨)·宗氏(종씨)·兄氏(형씨)
- 無名氏(무명씨)

참고

❖ **부가의미**·①같은 혈족의 집단. ②왕조나 나라 이름 밑에 붙이는 말 등의 뜻도 있음.

ノ 厂 氏 氏

弋의 3
총 6획

式 법 식 / 규칙 식

풀이 공작(工作)이라는 工과 음을 나타내는 弋(익)[식은 변음]을 합쳐서 일의 규칙을 뜻함. 일정한 도리라는 뜻으로 널리 쓰임.

- 式順(식순) 의식의 진행 순서.
- 乾式(건식) 액체나 용제를 쓰지 않는 방식.
- 式順(식순)·式場(식장)·式典(식전)·格式(격식)
- 古式(고식)·公式(공식)·金婚式(금혼식)·年式(연식)·單式(단식)·圖式(도식)·方式(방식)·法式(법식)·佛式(불식)·算式(산식)·書式(서식)

참고

❖ **부가의미**·①본보기로 삼고 따름. 경의를 표하여 몸을 구부림. ②수레 앞의 가로막대. ③계산의 순서나 방법을 숫자나 부호로 나타낸 것 등의 뜻도 있음.

一 二 工 式 式

191

食의 0 총9획

食 먹을 식 / 밥 사

★★★

ノ 人 今 今 食

[풀이] 밥을 그릇에 수북히 담은 모양을 본뜬 스과 뚜껑[皀]을 합하여 수북히 담긴 것을 뜻함. 널리 먹다의 뜻으로 쓰임. 부수(部首)로서는 먹는 것과 관계있는 것을 나타냄.

- 食用(식용) 먹을 것에 씀.
- 肉食(육식) 동물의 고기를 먹음.
- 食客(식객)·食口(식구)·食單(식단)·食母(식모)
- 食事(식사)·食水(식수)·食言(식언)·食前(식전)
- 食品(식품)·食後(식후)·間食(간식)·過食(과식)
- 禁食(금식)·給食(급식)·別食(별식)·生食(생식)

[참고]

❋ **부가의미** · ①먹이. 먹을 거리. ②제사. 제향(祭香). ③녹봉(祿俸). ④벌이. 생활. 생계. ⑤현혹케함. ⑥지움. 없앰. ⑦개먹음. 서로 닿아서 끊어지게 됨. ⑧헛말함 등의 뜻도 있음.

心의 6 총10획

息 숨 식 / 호흡 식

★★

、 ノ ワ 自 息

[풀이] 自[코]와 음을 나타내는 心(심)[식은 변음]을 합쳐서 코에서 드나드는 것. 즉 숨을 뜻함.

- 安息(안식) 평안(平安)히 쉼.
- 歎息(탄식) 한숨을 쉬며 한탄함.
- 息婦(식부)·息子(식자)·息災延命(식재연명)· 息喘(식천)·姑息(고식)·生息(생식)·消息(소식)
- 安息(안식)·愚息(우식)·利息(이식)·子息(자식)
- 喘息(천식)·休息(휴식)

[참고]

❋ **부가의미** · 그만둠. 끝남 등의 뜻도 있음.
❖ **비슷한 의미를 가진 한자** · 그만두다의 뜻을 가진 글자→止(지). 쉬다의 뜻을 가진 글자→休(휴).

木의 8 총12획

植 심을 식

★★★

扌 木 杧 植 植 植

[풀이] 木[나무]과 똑바로의 뜻인 植을 합쳐서 똑바로 서 있는 나무라는 뜻임. 널리 심다의 뜻으로 씀.

- 植木(식목) 나무를 심음. 또는 그 나무.
- 密植(밀식) 배게 심음. 남몰래 심음.
- 植物(식물)·植物性(식물성)·植物園(식물원)· 植物學(식물학)·植民(식민)·植民地(식민지)· 植樹(식수)·植字(식자)·動植物(동식물)·誤植 (오식)·移植(이식)·定植(정식)·種植(종식)

[참고]

❋ **부가의미** · ①식물. 풀과 나물. ②세움. ③놓음. ④감독하는 사람 등의 뜻도 있음.

食의 5 총14획

飾 꾸밀 식 / 꾸밈 식

[풀이] 亻[사람]과 巾[헝겊]과 음을 나타내는 食(식)을 합하여 사람이 헝겊으로 닦아서 깨끗이 하다의 뜻. 바뀌어 꾸미다의 뜻으로 쓰임.

- 飾言(식언) 거짓으로 꾸며서 하는 말.
- 裝飾(장식) 치장하여 꾸밈. 또 그 꾸밈새.
- 飾辯(식변)·飾緖(식서)·假飾(가식)·服飾(복식)
- 扮飾(분식)·修飾(수식)·容飾(용식)

[참고]

❋ **부가의미** · ①가선. 의복의 가장자리를 딴 감으로 가늘게 두른 선. ②분을 바름. ③문채(文彩). 무늬 등의 뜻도 있음.

言의12
총19획

識
알 식
적을 지

풀이 言[말]과 음을 나타내는 戠(적. 지)을 합쳐서 말의 선악을 가려낸다는 뜻. 널리 알다의 뜻으로 씀.

· 識者(식자) 학식, 상식이 있는 사람.
· 知識(지식) 사물을 아는 마음의 작용.
· 識見(식견) · 識別(식별) · 見識(견식) · 舊識(구식)
· 面識(면식) · 博識(박식) · 常識(상식) · 眼識(안식)
· 良識(양식) · 有識(유식) · 意識(의식) · 認識(인식)
· 標識(표지) · 學識(학식)

참고
❈ **부가의미** · ①생각. ②지식. ③아는 사람. 지인. ④마음이 대상을 인식하는 작용. ⑤적음. 기록함. ⑥표함. 표. 표지. ⑦깃발 등의 뜻도 있음.

言 言 言 語 識

田의0
총5획

申
아뢸 신

풀이 등뼈와 갈비의 모양을 본뜬 것으로 등이 똑바르게 펴진 것을 나타냄. 널리 펴다, 말하다의 뜻으로 쓰임.

· 申告(신고) 관청 · 상사 따위에 보고함.
· 內申(내신) 남이 모르게 비밀히 상신하거나 보고함.
· 申達(신달) · 申立(신립) · 申方(신방) · 申込(신입)
· 申請(신청) · 庚申(경신) · 具申(구신) · 上申(상신)

참고
❈ **부가의미** · ①말함. ②원숭이. 십이지지(十二地支)의 아홉째. 방위로는 서남서. 시간으로는 오전 4시의 전후 2시간. ③기지개를 함. ④거듭함. ⑤성(姓)의 하나 등의 뜻도 있음.

丨 冂 冂 曰 申

臣의0
총6획

臣
신하 신

풀이 눈을 크게 떴을 때의 눈알 모양을 본뜬 글자. 눈알의 뜻. 후에 부리다, 신하의 뜻으로 쓰임.

· 臣下(신하) 임금을 섬기어 벼슬하는 사람.
· 忠臣(충신) 충성을 다하는 신하(臣下).
· 臣道(신도) · 臣民(신민) · 臣服(신복) · 臣事(신사)
· 臣子(신자) · 家臣(가신) · 功臣(공신) · 舊臣(구신)
· 君臣(군신) · 近臣(근신) · 大臣(대신) · 重臣(중신)
· 賢臣(현신)

참고
❈ **부가의미** · ①백성. ②신하가 군주에게 자기를 낮추어 일컫는 말 등의 뜻도 있음.
❂ **모양이 비슷한 한자** · 臣(신하 신) 臣下(신하)
· 巨(클 거) 巨大(거대)

一 丆 エ 五 臣

身의0
총7획

身
몸 신

풀이 뱃속에 아기가 생긴 모양을 본떠 임신(姙娠)을 뜻함. 후에 사람의 몸을 뜻하게 됨.

· 身分(신분) 개인의 사회적 지위.
· 心身(심신) 마음과 몸.
· 身代(신대) · 身命(신명) · 身邊(신변) · 身病(신병)
· 身分證明書(신분증명서) · 身上(신상) · 身世(신세)
· 身數(신수) · 身心(심신) · 身熱(신열) · 身元(신원)
· 身長(신장) · 身體(신체) · 一身上(일신상)

참고
❈ **부가의미** · ①몸소. 친히. ②줄기. 나무의 줄기. ③아기를 뱀. 임신함. ④연세(年歲). 중년(中年). ⑤나라 이름. 천축(天竺). 지금의 인도(印度) 등의 뜻도 있음.

丿 冖 冇 肀 身 身

イ의7 총9획 **信** 믿음 신 믿을 신	· 信念(신념) 굳게 믿는 마음. · 交信(교신) 통신을 주고 받음. · 信徒(신도) · 信望(신망) · 信仰(신앙) · 信用(신용)	

풀이 イ과 言을 합쳐서 말과 마음이 일치하다의 뜻을 나타냄.

참고

❖ **비슷한 의미를 가진 한자** · 성실의 뜻을 가진 글자 信(신)은 틀림이 없음. 언행이 일치함. 眞(진)은 조금도 꾸밈이 없음.↔僞(위). 固(고)는 과연 · 당연이라는 뜻. 實(실)은 물건이 꽉 차 있다는 뜻에서 틀림 없이, 성실하여 쓸모가 있음.↔虛(허). 良(량)은 참으로, 諒(량)은 거짓이 없이 상대와 마음이 통함. 允(윤)은 과연 그대로. 誠(성)은 솔직하고 바름.↔僞(위).

示의5 총10획 **神** 귀신 신	· 神聖(신성) 존엄하여 더럽힐수 없음. · 天神(천신) 하늘의 신령. · 神劍(신검) · 神格(신격) · 神經(신경) · 神經衰弱 (신경쇠약) · 神經質(신경질) · 神經痛(신경통) · 神童(신동) · 神父(신부) · 神仙(신선) · 神聖(신성) · 神主(신주) · 降神(강신) · 地神(지신)	

풀이 示[신]와 음을 나타내는 申(신)을 합하여 번개로 하늘을 진동시키는 하늘의 신을 뜻함. 널리 하나님의 뜻으로 씀.

참고

❖ **부가의미** · ①영묘(靈妙)함. ②혼. 마음 등의 뜻도 있음.

忄의10 총13획 **愼** 삼가할 신 삼가 신	· 愼重(신중) 매우 조심(操心)스러움. · 謹愼(근신) 언행을 삼가고 조심함. · 愼慮(신려) · 愼思(신사) · 愼言(신언) · 戒愼(계신) · 勤愼(근신)	八 忄 忄 愼 愼

풀이 마음을 뜻하는 忄과 음을 나타내는 眞(진)[신은 변음]을 합쳐서 알뜰한 마음이라는 뜻. 모든 일을 밖으로 새지 않게 조심하다의 뜻.

참고

❖ **부가의미** · ①정성스러움. ②생각함. ③고요함 등의 뜻도 있음.

❖ **비슷한 의미를 가진 한자** · 삼가다의 뜻을 가진 글자 →謹(근)

斤의9 총13획 **新** 새것 신 새로울 신	· 新綠(신록) 새잎의 푸른 빛. · 最新(최신) 가장 새로움. · 新刊(신간) · 新刊評(신간평) · 新開(신개) · 新曲 (신곡) · 新館(신관) · 新敎(신교) · 新舊(신구) · 新 規(신규) · 新劇(신극)	立 亲 亲 新 新

풀이 斤[도끼]과 木[나무]과 음을 나타내는 辛(신)을 합쳐서 도끼로 나무를 잘라 가지런히 하다의 뜻. 후에 새롭다의 뜻으로 쓰임.

참고

⊠ **반대되는 한자** · 新(새 신)↔舊(옛 구)

失

★ ★ ★

大의 2
총 5획

잃을 실
허물 실

[풀이] 손을 뜻하는 手와 음을 나타내는 乙(을)[실은 변음]을 합쳐서 손의 물건을 떨어뜨리다의 뜻. 후에 잃다의 뜻으로 쓰게 됨.

· 失手(실수) 잘못해 그르침. 또 그 짓.
· 喪失(상실) 잃어버림.

[참고]
❖ 비슷한 의미를 가진 한자 · 잃다의 뜻을 가진 글자 失(실)은 손에서 떨어뜨려 잃음.↔得(득). 亡(망)은 유지할 수가 없어서 없어짐.↔興(흥). 喪(상)은 사람이 죽어서 두 번 다시 돌아 오지 않음.
◨ 모양이 비슷한 한자 · 失(잃을 실) 失物(실물)
· 夫(아비 부) 夫君(부군)
· 矢(화살 시) 弓矢(궁시)
⊠ 반대되는 한자 · 失(잃을 실)↔得(얻을 득)

丿 ㅏ 失 失 失

室

★ ★ ★

宀의 6
총 9획

집 실
방 실

[풀이] 집을 뜻하는 宀과 음을 나타내는 至(지)[실은 변음]를 합쳐서 사람이 머무는 곳이라는 뜻.

· 室長(실장) 방의 우두머리.
· 正室(정실) 본처(本妻). 몸채.
· 室內(실내) · 室內樂(실내악) · 室外(실외) · 教室(교실) · 內室(내실) · 別室(별실) · 私室(사실) · 溫室(온실) · 王室(왕실) · 入室(입실) · 在室(재실)

[참고]
❖ 비슷한 의미를 가진 한자 · 집의 뜻을 가진 글자→家.

丶 宀 宀 宀 室

實

★ ★ ★

宀의 11
총 14획

열매 실
속 실

[풀이] 집을 뜻하는 宀과 재보를 뜻하는 貝와 음을 나타내는 毋(모)[실은 변음]를 합쳐서 집안에 재보가 그득하다의 뜻. 널리 꽉 차다의 뜻으로 쓰임.

· 實際(실제) 실지(實地)의 경우나 형편.
· 果實(과실) 과수(果樹)에 생기는 열매.
· 實果(실과) · 實科(실과) · 實權(실권) · 實力(실력) · 實例(실례) · 實利(실리) · 實務(실무) · 實物(실물) · 實相(실상) · 實勢(실세) · 實習(실습) · 實施(실시) · 實益(실익) · 實戰(실전) · 實存(실존) · 實證(실증)

[참고]
❖ 비슷한 의미를 가진 한자 · 꽉 차다의 뜻을 가진 글자 →滿(만). 성실하다의 뜻을 가진 글자→信(신).

宀 宀 宀 實 實

心

★ ★ ★

心의 0
총 4획

마음 심
가슴 심

[풀이] 심장의 모양을 본뜸. 부수의 心[대개 忄]은 정신 작용, 사고(思考)에 관한 뜻을 나타냄.

· 心性(심성) 본디부터 타고난 마음씨.
· 決心(결심) 마음을 굳게 작정함, 또는 그 작정한 마음.
· 心理(심리) · 心算(심산) · 心弱(심약) · 心情(심정) · 心中(심중) · 心血(심혈) · 決心(결심) · 苦心(고심) · 關心(관심) · 女心(여심) · 童心(동심) · 良心(양심)

[참고]
❖ 부가의미 · ①심장. ②가슴. ③한가운데. ④중요한 부분 등의 뜻도 있음.

丿 心 心 心

甘의 4 총9획	甚 심할 심 대단히 심	· 甚惡(심악) 성정이 매우 악함. · 尤甚(우심) 더욱 심해짐. · 甚難(심난) · 甚大(심대) · 甚深(심심) · 甚至於(심지어) · 劇甚(극심) · 深甚(심심) · 幸甚(행심)

풀이 匹[부부]과 음을 나타내는 甘(감)[심은 변음]을 합쳐서 부부간의 즐거움을 뜻함. 널리 심하다의 뜻으로 씀.

참고

❖ 부가의미 · ①몹시. 더욱. ②무엇 등의 뜻도 있음.

一 廿 其 甚 甚

氵의 8 총11획	★★ 深 깊을 심	· 深刻(심각) 깊이 새김. 아주 깊고 절실함. · 水深(수심) 물의 깊이. · 深坑(심갱) · 深更(심경) · 深耕(심경) · 深谷(심곡) · 深交(심교) · 深究(심구) · 深宮(심궁) · 深閨(심규) · 深度(심도) · 甚深(심심) · 深夜(심야) · 深海(심해) · 深化(심화) · 夜深(야심) · 日久月深(일구월심)

풀이 氵[물]과 음을 나타내는 㸦(심)[㮊은 변형]이 합쳐서 물이 깊음을 뜻함.

참고

❖ 부가의미 · 깊이의 뜻도 있음.
❖ 반대되는 한자 · 深(깊을 심)↔淺(얕을 천)

氵 氵 浮 浮 深

宀의 12 총15획	審 살필 심	· 審理(심리) 사실이나 사건의 줄거리를 상세히 조사해서 처리함. · 審問(심문) 속속들이 자세히 따져서 물음. · 審美(심미) · 審美眼(심미안) · 審美的(심미적) · 審査(심사) · 審議(심의) · 審判(심판) · 結審(결심) · 不審(불심) · 豫審(예심) · 初審(초심)

풀이 씌우개를 뜻하는 宀(면)과 물건을 잘게 나누다의 뜻인 番(번)을 합쳐서 덮여 있는 것을 살펴서 밝히다의 뜻.

참고

❖ 부가의미 · ①자세한 모양. 분명함. ②상세하게 조사함. ③묶음. ④참으로. 과연 등의 뜻도 있음.

宀 宀 宋 審 審

十의 0 총2획	★★★ 十 열 십	· 十方(시방) 동(東) · 서(西) · 남(南) · 북(北)의 사방과 건(乾) · 곤(坤) · 간(艮) · 손(巽)의 사우(四隅)와 상하(上下)의 총칭. 천하(天下). 세계(世界). 우주(宇宙)의 뜻으로 쓰임. · 十風五雨(십풍오우) 열흘에 한번씩 바람이 불고, 닷새에 한 번씩 비가 온다는 뜻으로, 바람과 비가 때와 양을 맞추어 알맞게 옴. 우순풍조(雨順風調).

풀이 실을 꿸 구멍이 있는 바늘 모양을 본떠서 만든 글자. 나중에 수사로 빌어 쓰게 됨.

참고

❖ 부가의미 · ①열 번. ②모자람이 없음. 완전함. ③네거리 등의 뜻도 있음.

一 十

戈의 3 총 7획 **我** 나 아 / 나의 아	·我田引水(아전인수) 자기의 논에 물을 댄다. 곧 세계만 이롭게 함. ·自我(자아) 나. 자기. ·我見(아견)·我利(아리)·我慢(아만)·我慾(아욕)	一 千 手 我 我

풀이 戈(과)[무기]와 꽂히는 모양을 본뜬 扌를 합쳐서 무기로 찔러 죽이다의 뜻. 후에 나라는 뜻으로 쓰임.

참고
❖ **부가의미** ·①고집. 옹고집. ②자신에게 집착하는 것 등의 뜻도 있음.
❖ **비슷한 의미를 가진 한자** ·我(아)는 상대편을 의식하고 자기 자신을 뜻할 때, 吾(오)는 자기를 중심으로 할 때, 予(여)는 자기 혼자를 뜻할 때 씀.
▣ **반대되는 한자** ·我(나 아)↔汝(너 여)

二의 6 총 8획 **亞** 버금 아 / 무리 아	·亞流(아류) 무리. 둘째. 어떤 학설이나 주위의 뒤를 따르는 사람. ·亞熱帶(아열대) 열대와 온대의 중간 지대. ·亞喬木(아교목)·亞麻(아마)·亞父(아부)·亞聖(아성)·亞細亞(아세아)·亞鉛(아연)·歐亞(구아) ·南亞(남아)·東亞(동아)	一 丁 亞 亞 亞

풀이 亞꼴로 땅을 파내려 간 혈거 주택 모양을 본뜸. 후에 잇다의 뜻으로 쓰임.

참고
❖ **부가의미** ·아시아(亞細亞)의 약칭의 뜻도 있음.

★ ★ ★ 儿의 6 총 8획 **兒** 아이 아 / 젊은이 아	·兒童(아동) 아이, 어린이. ·寵兒(총아) 인기가 좋은 사람. ·兒女(아녀)·兒女子(아녀자)·兒童(아동)·兒童劇(아동극)·兒童服(아동복)·兒孫(아손)·産兒(산아)·小兒(소아)·幼兒(유아)·育兒(육아)·風雲兒(풍운아)·幸運兒(행운아)	「 丩 臼 臼 兒

풀이 사람을 뜻하는 儿과 어려서 채 굳어지지 않은 두개골을 뜻하는 臼을 합쳐 어린이라는 뜻을 나타냄.

참고
❖ **부가의미** ·①자식의 부모에게 대한 자칭. ②부녀(婦女)의 자칭 등의 뜻도 있음.

阝의 5 총 8획 **阿** 언덕 아 / 아첨할 아	·阿膠(아교) 동물의 가죽·뼈 등을 고아 그 액체를 굳힌 황갈색의 접착제 ·阿附(아부) 남의 비위를 맞추고 알랑거림. ·阿羅漢(아라한)·阿母(아모)·阿彌陀(아미타)·阿房宮(아방궁)·阿世(아세)·阿修羅(아수라)·阿諛(아유)·阿從(아종)·阿諂(아첨)	了 阝 阝 阿 阿

풀이 阝[언덕]과 음을 나타내는 동시에 구부리다의 뜻을 가진 可(가)[아는 변음]를 합쳐서 산모퉁이, 즉 구비의 뜻. 아첨하다의 뜻으로도 씀.

참고
❖ **부가의미** ·①물가. ②동[건물을 세는 단위]. ③남을 부를 때 친근감을 나타내기 위하여 성이나 이름 위에 붙이는 말 등의 뜻도 있음.

197

雅 (隹의4 총12획) 우아할 아 / 바른 아	·雅趣(아취) 고아한 정취. 또 그런 취미. ·優雅(우아) 고상하고 기품이 있음. ·雅歌(아가)·雅客(아객)·雅量(아량)·雅文(아문) ·雅部樂(아부악)·雅俗(아속)·雅樂(아악)·雅言(아언)·雅遊(아유)·雅意(아의)·雅號(아호)	一 チ チ 邪 邪 雅

풀이 隹(추)와 음을 나타내는 牙(아)를 합하여 띠까마귀의 뜻. 후에 우아하다의 뜻으로 쓰임.

참고 ❖ 부가의미 ·①떳떳함. ②악기 이름. 칠통(漆桶) 모양의 길쭉한 옛 악기. ③아. 시(詩)의 육의(六義)의 하나. 정악(正樂)의 노래. ④평소. 항상. ⑤우아(優雅)함. ⑥고상(高尙)함. ⑦남의 시문(時文) 또는 언행에 대한 경칭(敬稱) 등의 뜻도 있음.

★★★
惡 (心의8 총12획) 모질 악 / 미워할 오

·惡德(악덕) 못된 마음씨, 나쁜짓.
·憎惡(증오) 몹시 미워함.
·惡感(악감)·惡計(악계)·惡果(악과)·惡口(악구)
·惡鬼(악귀)·惡氣(악기)·惡女(악녀)·惡黨(악당)
·惡童(악동)·惡名(악명)·惡法(악법)·惡手(악수)

一 丆 亞 亞 惡

풀이 心[마음]과 음을 나타내는 亞(아)[악은 변음]를 합쳐서 마음 속으로 밉게 생각하다의 뜻. 널리 나쁘다, 미워하다의 뜻으로 씀.

참고 ❖ 비슷한 의미를 가진 한자 ·①惡(악)은 나쁘다의 뜻으로 물(物)·심(心) 어느 쪽에도 씀.↔善(선). 凶(흉)은 불길하다, 징조가 나쁘다.↔吉(길). 兇(흉)은 해독을 끼칠 정도로 몹시 나쁘다. ②미워하다의 뜻을 가진 글자→憎(증).

★★★
安 (宀의3 총6획) 편안할 안

·安全(안전) 평안(平安)하여 위험이 없음.
·慰安(위안) 위로하여 안심시킴.
·安家(안가)·安康(안강)·安倨(안거)·安國(안국)
·安寧(안녕)·安祿山(안녹산)·安堵(안도)·安樂(안락)·安樂椅子(안락의자)

丶 宀 宀 安 安

풀이 宀[집]과 女[여자]를 합쳐서 여자가 집안에 조용히 앉아 있다의 뜻. 편안함의 뜻으로 널리 쓰임.

참고 ❖ 부가의미 ·①즐김. ②고요함. 안존함. ③자리 잡음. ④무엇. 어느. ⑤성(姓)의 하나 등의 뜻도 있음.

岸 (山의5 총8획) 언덕 안 / 낭떠러지 안

·岸壁(안벽) 물가의 낭떠러지.
·海岸(해안) 바닷가의 언덕. 바닷가.
·岸頭(안두)·岸壁(안벽)·岸畔(안반)·岸邊(안변)
·岸上(안상)·斷岸(단안)·對岸(대안)·涯岸(애안)
·兩岸(양안)·沿岸(연안)·接岸(접안)·彼岸(피안)

丶 山 屵 岸 岸

풀이 山(산)과 厂(벼랑)과 음을 나타내는 干(간)[안은 변음]을 합쳐서 깎아지른 듯한 벼랑이라는 뜻. 널리 물가·벼랑의 뜻으로 쓰임.

참고 ❖ 부가의미 ·①섬돌. ②기운참 등의 뜻도 있음.

案

木의 6
총 10획

★ ★ ★

책상 안

풀이 木[나무]과 음을 나타내는 安(안)을 합쳐서 나무로 만든 책상이라는 뜻.

· 案件(안건) 토의하거나 조사해야 할 사실.
· 書案(서안) 책을 얹는 책상. 문서의 초안.
· 案席(안석) · 考案(고안) · 敎案(교안) · 起案(기안)
· 代案(대안) · 圖案(도안) · 立案(입안) · 妙案(묘안)
· 文案(문안) · 方案(방안) · 法案(법안) · 事案(사안)
· 成案(성안) · 試案(시안) · 新案(신안) · 原案(원안)

참고

❀ **부가의미** · ①생각함. 찾음. 생각. ②초안(草案). ③안석. 앉을 때 몸을 기대는 물건 등의 뜻도 있음.

宀 宀 安 宰 案

眼

目의 6
총 11획

★ ★

눈 안

풀이 눈[目]과 음을 나타내는 艮(간)[안은 변음]을 합하여 둥근 눈알의 뜻으로 씀.

· 眼光(안광) 눈의 정기.안채(眼彩).
· 主眼(주안) 중요한 점.
· 眼瞼(안검) · 眼鏡(안경) · 眼界(안계) · 眼孔(안공)
· 眼科(안과) · 眼球(안구) · 眼帶(안대) · 眼力(안력)
· 眼目(안목) · 眼識(안식)

참고

❀ **부가의미** · ①봄. 눈으로 봄. ②고동. 가장 중요한 데 등의 뜻도 있음.

✦ **모양이 비슷한 한자** · 眼(눈 안) 眼鏡(안경)
· 眠(잠잘 면) 安眠(안면)

冂 目 目 眲 眼

顔

頁의 9
총 18획

얼굴 안

풀이 얼굴[頁]과 음을 나타내는 彦(언)[안은 변음]을 합하여 이마가 아름다운 얼굴을 뜻함. 널리 얼굴의 뜻으로 씀.

· 顔面(안면) 얼굴이나 익힐 만한 친분.
· 紅顔(홍안) 혈색이 좋은 얼굴.
· 顔料(안료) · 顔色(안색) · 顔眞卿(안진경) · 顔回(안회) · 顔厚(안후) · 童顔(동안) · 洗顔(세안) · 笑顔(소안) · 玉顔(옥안) · 溫顔(온안) · 破顔(파안) · 花顔(화안)

참고

❀ **부가의미** · ①이마. 얼굴의 눈썹 위의 부분. ②편액. 현판(懸板). 현판의 제자(題字). ③산이 우뚝함. ④성(姓)의 하나.

亠 立 产 彦 顔

岩

山의 5
총 8획

바위 암

풀이 산(山)에 있는 큰 돌(石)이란 데서 바위(岩)의 뜻임.

· 岩窟(암굴) 바위에 뚫린 굴(窟). 石窟(석굴).
· 岩鹽(암염) 바윗돌 모양으로 나오는 염소(鹽素)와 소다의 화합물로서 식염의 원료.
· 岩根(암근) · 岩頭(암두) · 岩盤(암반) · 岩壁(암벽)
· 岩山(암산) · 岩石(암석) · 岩礁(암초) · 岩層(암층)
· 巨岩(거암) · 奇岩(기암) · 變成岩(변성암)

참고

✦ **부수풀이** · 山(메 산): 우뚝우뚝 솟은 산봉우리를 본떠 산을 뜻한 자.

山 屵 屵 岩 岩

日의 9
총 13획

暗

어두울 암
몰래 암

풀이 日과 음을 나타내는 音(음)[암은 변음]을 합쳐서 해가 가리워져 어둡다의 뜻.

· 暗誦(암송) 책을 보지 않고 욈.
· 暗室(암실) 광선이 들어가지 않는 방.

참고
❖ 비슷한 의미를 가진 한자 · 어둡다의 뜻을 가진 글자 暗(암)은 해·달·불빛이 어둡다의 뜻에서 바뀌어 사리나 지식에 어두움.↔明(명). 昏(혼)은 해질녘이란 뜻에서 어두움. 昧(매)는 새벽이 아직 어둡다의 뜻에서 바뀌어 사리에 어두움. 冥(명)은 멀리 떨어져 있어 알 수 없음, 또는 어둡고 희미함. 瞑(명)은 冥(명)과 같음. 幽(유)는 깊이 숨겨져 똑똑치 못함.
🔲 반대되는 한자 · 暗(어두울 암)↔明(밝을 명)

冂
旷
旷
暗
暗
暗

土의 14
총 17획

壓

누를 압

풀이 土[흙]와, 음을 나타내며 누르다의 뜻을 가진 厭(염)[압은 변음]을 합쳐서 흙으로 눌러 마다의 뜻. 널리 누르다의 뜻으로 씀.

· 壓迫(압박) 내리누름.
· 抑壓(억압) 남의 자유를 힘으로 억누름.
· 壓倒(압도)·壓力(압력)·壓力團體(압력단체)·壓麥(압맥)·壓死(압사)·壓殺(압살)·壓勝(압승)·壓延(압연)·壓政(압정)·壓制(압제)·壓搾(압착)
· 壓縮(압축)·高氣壓(고기압)·高壓(고압)

참고
❖ 부가의미 · 가해지는 힘의 뜻도 있음.

厂
厈
肩
厭
壓

大의 2
총 5획

央

가운데 앙

풀이 사람을 뜻하는 大와 음을 나타내는 冂(경)[앙은 변음]을 합쳐서 목덜미의 뜻. 한가운데라는 뜻으로 널리 쓰고 있음.

· 中央(중앙) 사방의 중심이 되는 곳.
· 央央(앙앙) ①넓은 모양. ② 선명한 모양. ③ 소리가 화(和)한 모양.

참고
❖ 부가의미 · ①다함. 없어짐. ②넓은. ③소리가 부드러워지는 모양. ④또렷함 등의 뜻도 있음.

丶
冂
冂
史
央

亻의 4
총 6획

仰

우러러볼 앙
의뢰할 앙

풀이 亻과 음을 나타내는 卬을 합쳐 사람을 우러러 보다의 뜻임.

· 仰願(앙원) 우러러 원함.
· 崇仰(숭앙) 높이어 우러러 봄.
· 仰角(앙각)·仰望(앙망)·仰慕(앙모)·仰視(앙시)
· 仰天(앙천)·仰請(앙청)·景仰(경앙)·俯仰(부앙)
· 信仰(신앙)·欽仰(흠앙)

참고
❖ 부가의미 · 분부. 명령의 뜻도 있음.
🔲 반대되는 한자 · 仰(우러를 앙)↔俯(구부릴 부)

丿
亻
仁
仰
仰

哀

口의 6
총 9획

서러울 애
슬플 애

· 哀樂(애락) 슬픔과 즐거움.
· 悲哀(비애) 슬픔과 서러움.
· 哀乞(애걸) · 哀悼(애도) · 哀戀(애련) · 哀慕(애모)
· 哀詞(애사) · 哀傷(애상) · 哀惜(애석) · 哀訴(애소)
· 哀愁(애수) · 哀怨(애원) · 哀願(애원) · 哀切(애절)

[풀이] 입을 뜻하는 口와 음을 나타내는 衣(의)[애는 변음]를 합쳐서 슬픈 소리를 내다의 뜻.

[참고]
❖ 비슷한 의미를 가진 한자 · 불쌍히 여기다의 뜻을 가진 글자→ 憐(린)
◎ 모양이 비슷한 한자 · 哀(슬플 애) 哀歡(애환)
　　　　　　　　· 衰(쇠할 쇠) 盛衰(성쇠)
☒ 반대되는 한자 · 哀(슬플 애)↔歡(기쁠 환)

⠿ 一 古 戸 享 享 哀

愛

★ ★ ★

心의 9
총 13획

사랑할 애
사모할 애

· 愛國(애국) 나라를 사랑함.
· 戀愛(연애) 특정의 이성에 특별한 애정을 느끼어 그리워하는 일. 또는 그런 상태.
· 愛犬(애견) · 愛敬(애경) · 愛國者(애국자) · 愛機(애기) · 愛讀(애독) · 愛憐(애련) · 愛林(애림) · 愛馬(애마) · 愛慕(애모) · 愛撫(애무) · 愛惜(애석)

[풀이] 발[足]을 뜻하는 夊과 음을 나타내는 悉(애)를 합쳐서 몰래가다의 뜻. 사랑이라는 뜻의 본래 글자는 悉로서, 心[마음]과 음을 나타내는 旡(애)를 합쳐 사람에게 물건을 주다의 뜻임. 음이 같기 때문에 愛를 빌어 쓰게 됨.

[참고]
☒ 반대되는 한자 · 愛(사랑 애)↔憎(미워할 증)

⠿ 一 ⺊ 爫 惡 惡 愛

液

★ ★

氵의 8
총 11획

즙 액
진 액

· 液體(액체) 부피는 있으나 유동(流動)하는 물체(物體).
· 血液(혈액) 동물의 혈관속을 순환하는 체액.
· 液量(액량) · 液肥(액비) · 液狀(액상) · 액즙(액즙)
· 液體空氣(액체공기) · 液體燃料(액체연료) · 液體化(액체화) · 液化(액화) · 胃液(위액) · 粘液(점액)
· 唾液(타액)

[풀이] 氵[물]과 음을 나타내는 夜(야)[액은 변음]를 합하여 스며 나오는 물, 즙의 뜻임. 널리 액체의 뜻으로 쓰임.

[참고]
❖ 부가의미 · 액체. 물 모양의 것의 뜻도 있음.
◈ 부수풀이 · 水(氵)(물 수): 물의 흐름을 본뜬 자.

⠿ 氵 氵 氵 沍 沊 液

額

★

頁의 9
총 18획

이마 액

· 額面(액면) 표면에 내세운 사물의 가치.
· 總額(총액) 모두를 합한 액수.
· 額數(액수) · 額字(액자) · 價額(가액) · 巨額(거액)
· 金額(금액) · 多額(다액) · 同額(동액) · 産額(산액)
· 稅額(세액) · 少額(소액) · 殘額(잔액) · 全額(전액)
· 定額(정액) · 差額(차액)

[풀이] 얼굴[頁]과 음을 나타내는 客(객)[액은 변음]을 합하여 얼굴에서 넓은 곳, 이마를 뜻함.

[참고]
❖ 부가의미 · ①머릿수. 일정한 분량. ②편액. 문 위 또는 방안에 걸어 놓는 현관(懸板) 등의 뜻도 있음.

 ⠿ 宀 客 頟 額 額

夜

夕의 5
총 8획

밤 야

풀이 달을 뜻하는 月과 음을 나타내는 亦(역)[야·액은 변음]을 합쳐서 달이 밝은 때. 밤의 뜻으로 씀.

획순: 亠 广 疒 疒 夜

- 夜學(야학) 밤에 글을 배움.
- 月夜(월야) 달밤.
- 夜間(야간)·夜景(야경)·夜警(야경)·夜曲(야곡)
- 夜攻(야공)·夜光(야광)·夜光珠(야광주)·夜具(야구)·夜勤(야근)·夜氣(야기)·夜盜(야도)·夜讀(야독)·夜來(야래)·夜盲症(야맹증)

참고

❉ **부가의미** ·①한밤중[夜半]. ②고을 이름 등의 뜻도 있음.

✕ **반대되는 한자** 夜(밤 야)↔晝(낮 주)

野

里의 4
총 11획

들 야

풀이 里와 음을 나타내는 予(여)[야는 변음]를 합하여 마을에서 떨어진 넓디 넓은 곳의 뜻. 널리 들·벌판의 뜻으로 쓰임.

획순: 甲 里 野 野 野

- 野營(야영) 천막따위를 치고 들어서 잠.
- 平野(평야) 넓게 펼쳐진 들.
- 野犬(야견)·野景(야경)·野球(야구)·野禽(야금)
- 野談(야담)·野黨(야당)·野路(야로)·野蠻(야만)

참고

❉ **부가의미** ·①민간. ②성밖. 문밖. 교외. 왕성(王城)의 이백 리 밖에서 삼백리까지의 사이. ③곳. 장소. ④별자리. 성수(星宿). ⑤질박함. 겉치레를 하지 아니함. 촌스러워 예의·범절 등에 익지 아니함. ⑥상스럽고 천함. ⑦미개함. ⑧길들지 아니함. ⑨야심. 야망(野望). ⑩범위 등의 뜻도 있음.

若

艹의 5
총 9획

같을 약

풀이 뽕나무의 새싹 모양을 본뜸. 보드랍다·어리다의 뜻. 후에 순종하다·젊다의 뜻으로 씀.

획순: 十 艹 芢 若 若

- 若何(약하) 어떠함. 여하(如何).
- 般若(반야) 모든 사물의 본질을 이해하고 불법의 참다운 이치를 깨닫는 지혜.
- 若干(약간)·若年(약년)·若木(약목)·若輩(약배)
- 若何(약하)·老若(노약)

참고

❉ **부가의미** ·①순함. 순종함. ② 및[豫及辭]. ③향풀. 두약초(杜若草). ④더북함. ⑤젊음. ⑥만약. ⑦너. ⑧반야(般若). ⑨절. ⑩인끈 술이 늘어진 모양 등의 뜻도 있음.

約

糸의 3
총 9획

묶을 약
간추릴 약

풀이 糸[실]와 음을 나타내는 勺(작)[약은 변음]을 합하여 실제로 잡아매다의 뜻. 널리 묶다, 간략하게 하다의 뜻으로 쓰임.

획순: 幺 幺 糸 約 約

- 約束(약속) 모아서 묶음. 장래일에 관해 서로 언약하여 정함.
- 節約(절약) 아끼어 씀. 아낌.
- 約款(약관)·約諾(약낙)·約分(약분)·約束手形(약속수형)·約數(약수)·約音(약음)·約定(약정)
- 約條(약조)·約婚(약혼)

참고

❉ **부가의미** ·①맺음. 약속. ②고생함. ③검소함. ④간략. 생략함. 대략. ⑤암전함. ⑥부절(符節). 부신(符信). ⑦새끼[繩] 등의 뜻도 있음.

弓의7
총10획

弱

약할 약
어릴 약

★ ★ ★

· 弱小(약소) 약하고 작음.
· 貧弱(빈약) 가난하고 약함, 보잘 것 없음.
· 弱骨(약골) · 弱冠(약관) · 弱國(약국) · 弱氣(약기)
· 弱年(약년)

ㄱ
弓
弓
弱
弱

[풀이] 곱게 치장하다의 뜻인 彡과 활을 바로 잡는 틀로 바루다의 뜻인 弱을 합쳐서 활을 바로 잡는다는 뜻. 부드럽다·약하다의 뜻으로 널리 쓰임.

[참고]

❖ **부가의미** · ①스무 살. ②기준보다 조금 적은 수일 때 쓰는 말 등의 뜻도 있음.
⊠ **반대되는 한자** · 弱(약할 약)↔强(강할 강)

++의15
총19획

藥

약 약
약초 약

★ ★ ★

· 藥物(약물) 약제(藥劑)가 되는 물질.
· 毒藥(독약) 사람이 나 동물이 적은 양을 마시거나 먹거나 피부로 주입했을 때 강한 독성을 나타내는 의약품.
· 藥菓(약과) · 藥局(약국) · 藥代(약대) · 藥籠(약롱)

艹
苩
茹
蕐
藥

[풀이] 艹[풀]와 음을 나타내는 樂(악)[약은 변음]을 합쳐서 병을 고치는 풀을 뜻. 약의 뜻으로 씀.

[참고]

❖ **비슷한 의미를 가진 한자** · 잘 듣는 약은 妙藥(묘약) · 良藥(양약) · 靈藥(영약). 먹는 약은 服用藥(복용약) · 內服藥(내복약) · 內用藥(내용약). 바르는 약은 外用藥(외용약). 가루약은 散藥(산약) · 散劑(산제). 달인 약은 湯藥(탕약).

羊의0
총6획

羊

양 양

· 羊腸(양장) 꼬불꼬불한 험한 살길.
· 山羊(산양) 염소.
· 羊角(양각) · 羊頭狗肉(양두구육) · 羊毛(양모) · 羊水(양수) · 羊乳(양유) · 羊肉(양육) · 羊皮(양피) · 羊皮紙(양피지) · 群羊(군양) · 亡羊(망양) · 綿羊(면양) · 牧羊(목양)

丷
丷
兰
兰
羊

[풀이] 양의 머리를 본뜸. 부수로는 양 또는 좋은 일에 관한 뜻을 나타냄.

[참고]

❖ **부가의미** · ①노님. ②상양새. 다리가 하나뿐인 새 이름임 등의 뜻도 있음.

氵의6
총9획

洋

큰 바다 양

★ ★ ★

· 洋洋(양양) 바다가 한없이 넓은 모양.
· 遠洋(원양) 뭍에서 멀리 떨어진 바다.
· 洋館(양관) · 洋襪(양말) · 洋服(양복) · 洋本(양본)
· 洋傘(양산) · 洋上(양상) · 洋書(양서) · 洋式(양식)
· 洋食(양식) · 洋樂(양악) · 洋銀(양은) · 洋醫(양의)
· 洋夷(양이) · 洋裝(양장) · 洋裁(양재) · 洋酒(양주)

氵
氵
洋
洋
洋

[풀이] 氵[시내]과 음을 나타내는 羊(양)으로 이루어지며 본래의 강이름이었는데 후에 큰바다의 뜻으로 쓰임.

[참고]

❖ **부가의미** · ①넓고 넓은 모양. ②서양 등의 뜻도 있음.

揚

才의 9
총 12획

오를 양
나타낼 양

· 揚水(양수) 물을 끌어 올림.
· 揭揚(게양) 높이 걺.
· 揚陸(양륙) · 揚名(양명) · 揚揚(양양) · 揚言(양언)
· 揚子江(양자강) · 高揚(고양) · 發揚(발양) · 抑揚
  (억양) · 意氣揚揚(의기양양)

풀이 손[才=手]으로 깃발을 돌리니 햇빛[易]을 받아 드높이 나부끼니 날리다의 뜻임.

참고
❖ 비슷한 의미를 가진 한자 · 오르다, 올리다의 뜻을 가진 글자→擧(거)
✪ 모양이 비슷한 한자 · 揚(날릴 양) 讚揚(찬양)
                · 楊(버들 양) 楊柳(양류)

扌
扣
担
捍
揚

陽

阝의 9
총 12획
★ ★ ★

해 양
양지 양

· 陽性(양성) 적극적으로 나아가는 성질.
· 夕陽(석양) 저녁해, 저녁나절.
· 陽驚(양경) · 陽關(양관) · 陽光(양광) · 陽極(양극)
· 陽氣(양기) · 陽曆(양력) · 陽明學(양명학) · 陽傘
  (양산)

풀이 阝[산]과 음 및 해가 떠오르다의 뜻을 나타내는 昜(양)을 합쳐서 햇빛이 비치는 산의 측면이라는 뜻.

참고
❖ 비슷한 의미를 가진 한자 · 거짓말하다의 뜻을 가진 글자→僞(위).
✖ 반대되는 한자 · 陽(볕 양)↔陰(그늘 음)

阝
阝
阼
陽
陽

養

食의 6
총 15획
★ ★ ★

기를 양
다스릴 양

· 養育(양육) 길러서 자라게함.
· 療養(요양) 병을 조섭하여 치료함.
· 養家(양가) · 養鷄(양계) · 養女(양녀) · 養豚(양돈)
· 養老(양로) · 養母(양모) · 養兵(양병) · 養父(양부)
· 養分(양분) · 養嗣(양사) · 養生(양생) · 養成(양성)
· 養殖(양식) · 養魚(양어) · 養子(양자)

풀이 食[음식물]과 음을 나타내는 羊(양)을 합쳐서 음식물을 권한다는 뜻. 널리 기르다의 뜻으로 쓰임.

참고
❖ 부가의미 · ①자람. ②섭생. 몸을 위함. ③좋은 음식물. ④가르침 등의 뜻도 있음.

羊
美
養
養

樣

木의 11
총 15획

모양 양

· 樣式(양식) 일정한 모양.
· 模樣(모양) 사람이나 물건의 겉에 나타난꼴, 됨됨이. 생김새.
· 樣相(양상) · 樣子(양자) · 樣制(양제) · 樣態(양태)
· 同樣(동양) · 一樣(일양) · 左樣(좌양)

풀이 木[나무]과 음을 나타내는 羕(양)을 합쳐서 나무 이름을 뜻함. 후에 양상 · 형태의 뜻으로 씀.

참고
❖ 부가의미 · ①법 · 론. ②무늬. 도안(圖案). ③상수리나무 등의 뜻도 있음.

柞
柞
柞
様
樣

土의 17 총 20 획	壤	고운 흙 양 땅　　양

- 壤土(양토) 흙, 토지.
- 天壤(천양) 하늘과 땅.
- 壤地(양지) · 擊壤(격양) · 沃壤(옥양) · 荒壤(황양)

풀이 土 [흙]와 음을 나타내는 襄(양)을 합쳐서 부드럽고 기름진 흙이라는 뜻.

참고
❖ 부가의미 · 땅덩이. 대지(大地)의 뜻도 있음.

扩 圹 圹 圹 壞

言의 17 총 24 획	讓	사양할 양

- 讓步(양보) 사양하여 남에게 미루어 줌.
- 互讓(호양) 서로 사양하고 양보함.
- 讓渡(양도) · 讓畔(양반) · 讓與(양여) · 讓位(양위)
- 謙讓(겸양)

풀이 言 [말]과 음을 나타내는 襄(양)을 합쳐서 말다툼하다의 뜻. 후에 사양하다의 뜻으로 씀.

참고
❖ 부가의미 · ①겸손함. ②넘겨 줌. ③꾸짖음. 책망함 등의 뜻도 있음.

言 言 語 譲 讓

★ ★ ★

魚의 0 총 11 획	魚	고기　　어 물고기 어

- 魚卵(어란) 생선의 알.
- 大漁(대어) 큰 물고기.
- 魚介(어개) · 魚群(어군) · 魚袋(어대) · 魚頭肉尾(어두육미) · 魚籃(어람) · 魚雷(어뢰) · 魚類(어류)
- 魚鱗(어린)

풀이 물고기 모양을 본뜬 글자. 부수로는 물고기에 관한 뜻을 나타냄.

참고
❖ 부가의미 · 좀의 뜻도 있음.

彳의 8 총 11 획	御	모실　　어 드릴　　어

- 御命(어명) 임금의 명령.
- 制御(제어) 통제하여 상대를 눌러 자기 의사대로 움직이게 함.
- 御駕(어가) · 御覽(어람) · 御物(어물) · 御寶(어보)
- 御使(어사) · 御所(어소) · 御用(어용) · 御前(어전)
- 御題(어제) · 御座(어좌) · 御幸(어행) · 供御(공어)

풀이 길을 가다의 뜻인 徒와 무릎을 꿇는 모습을 본뜬 글자인 卩와 음을 나타내는 午(오)[아 · 어는 변음]을 합쳐서 길에서 무릎을 꿇고 귀인을 맞이하다의 뜻. 공손히 맞이하는 데서 경어로 씀.

참고
❖ 부가의미 · ①모심. ②마부. ③거느림. ④나아감. ⑤주장함. ⑥막음. ⑦맞음. ⑧아내. ⑨황후. ⑩천자에 관한 경어로 쓰는 말 등의 뜻도 있음.

★ ★ ★
氵의 11
총 14획

漁 고기잡을 어

・漁夫(어부) 물고기잡이를 업으로 하는 사람.
・漁獲(어획) 수산물을 잡거나 뜯음.
・漁家(어가)・漁具(어구)・漁區(어구)・漁期(어기)
・漁獵(어렵)・漁撈(어로)・漁利(어리)・漁網(어망)
・漁民(어민)・漁夫(어부)・漁父之利(어부지리)・
漁師(어사)・漁色(어색)・漁船(어선)・漁業(어업)

[풀이] 氵[물]과 음을 나타내는 魚 (어)를 합쳐서 물속 또는 바다 속에서 물고기를 잡다의 뜻임.

[참고]

❀ **부가의미** ・탐하여 구함의 뜻도 있음.

氵氵氵漁漁漁漁漁

★ ★ ★
言의 7
총 14획

語 말할 어

・語原(어원) 단어가 성립된 근원.
・國語(국어) 자기나라의 말. 나랏말.
・語幹(어간)・語感(어감)・語格(어격)・語句(어구)
・語根(어근)・語氣(어기)・語訥(어눌)・語鈍(어둔)
・語錄(어록)・語文(어문)・語尾(어미)

[풀이] 言[말]과 음을 나타내는 吾 (오)[어는 변음]를 합쳐서 서로 말을 주고 받다를 뜻함. 널리이야기 하다의 뜻으로 씀.

[참고]

❀ **부가의미** ・①말. 언어. 성구(成句). ②새나 벌레의 울음 소리. ③논어의 약칭. ④잔말 등의 뜻도 있음.

言言言語語語

扌의 4
총 7획

抑 누를 억
굽힐 억

・抑鬱(억울) 억제를 당하여 답답함. 잘못이 없이 누명을 쓰는 일.
・抑制(억제) 억눌러서 제어함.
・抑强扶弱(억강부약)・抑留(억류)・抑留者(억류자)
・抑壓(억압)・抑揚(억양)・抑情(억정)・抑止(억지)

[풀이] 손을 뜻하는 扌과 印의 생략형으로서 음을 나타내는 印(인)[억은 변음]을 합쳐 눌러 붙이다의 뜻.

[참고]

❀ **부가의미** ・①핍박함. ②덜림. ③억울함. ④막음. ⑤삼감. ⑥물러 감. ⑦그침. ⑧또한. ⑨문득 등의 뜻도 있음.

扌扌扌抑抑抑

★ ★ ★
亻의 13
총 15획

億 억 억
헤아릴 억

・億萬(억만) 억(億). 아주 많은 수.
・億劫(억겁) 무한히 긴 오랜 시간.
・億兆(억조)・億測(억측)・巨億(거억)・一億(일억)

[풀이] 사람을 뜻하는 亻과 음을 나타내는 意(의)[억은 변음]를 합쳐 사람이 눌러 앉아 안정된다는 뜻을 나타냄. 나중에 수사(數詞)로 쓰이게 됨.

[참고]

❀ **부가의미** ・①수가 많음. ②추측함 등의 뜻도 있음.
✿ **모양이 비슷한 한자** 億(억 억) 億萬(억만)
・憶(생각할 억) 記憶(기억)

亻億億億億億

忄의13 총16 획	憶	기억할 억 생각할 억

- 憶念(억념) 단단히 기억하여 잊지 않음. 또 그 기억.
- 追憶(추억) 지난 일이나 가버린 사람을 돌이켜 생각함. 또는 그 생각.
- 憶斷(억단)·憶設(억설)·憶測(억측)·記憶(기억)

풀이 마음을 뜻하는 忄과 음을 나타내는 意(의)[억은 변음]를 합쳐서 마음에 꼭 잡아 두어 분명히 외다의 뜻.

참고
❖ 부가의미 · 언제까지나 외고 있음의 뜻도 있음.
◘ 모양이 비슷한 한자 · 億(억 억) 億萬(억만)
· 憶(생각할 억) 記憶(기억)

忄 忄 忄 忄 憶

言의0 총7 획	★★★ 言	말 언

- 言動(언동) 언어와 행동.
- 甘言(감언) 남의 마음에 들도록 듣기 좋게 하는 말.
- 言及(언급)·言渡(언도)·言論(언론)·言明(언명)
- 言文(언문)·言文一致(언문일치)·言辭(언사)·
  言說(언설)·言聲(언성)·言笑(언소)·言習(언습)
- 言語(언어)·言語道斷(언어도단)·言約(언약)

풀이 입을 뜻하는 口와 음을 나타내는 킂(신)[언·은은 변음]를 합쳐서 마음에 생각한 것을 입 밖에 낸다는 뜻. 부수로는 말에 관한 뜻을 나타냄.

참고
❖ 부가의미 ·①말씀. 한 마디. ②한 귀절. 한 글자. ③별 뜻이 없는 어조사. ④우뚝함. ⑤내[吾]. ⑥마음이 화평함 등의 뜻도 있음.

亠 亠 言 言 言

口의17 총20 획	★ 嚴	엄할 엄 굳셀 엄

- 嚴罰(엄벌) 언하게 벌을 내림.
- 戒嚴(계엄) 전쟁이나 비상사태가 발생하였을 때, 그 지역의 사법권과 행정권을 계엄 사령관이 관할하는 일.
- 嚴格(엄격)·嚴戒(엄계)·嚴科(엄과)·嚴君(엄군)·
  嚴禁(엄금)·嚴達(엄달)·嚴談(엄담)·嚴冬(엄동)

풀이 벼랑을 뜻하는 厰(업)과 음을 나타내는 吅(현)을 합쳐서 험한 벼랑이라는 뜻.

참고
✖ 반대되는 한자 · 嚴(엄할 엄)↔慈(인자할 자)

口 吅 尸 屵 嚴

木의9 총13 획	★★★ 業	일 업 업 업

- 業報(업보) 전세의 악업(惡業)의 앙갚음.
- 職業(직업) 생계를 위하여 일상적으로 하는 일.
- 業界(업계)·業苦(업고)·業果(업과)·業力(업력)·
  業務(업무)·業病(업병)·業緣(업연)·業寃(업원)·
  業因(업인)·業者(업자)·業績(업적)·業主(업주)·
  業體(업체)

풀이 종(鐘)을 거는 나무 받침대의 모양을 본뜸. 후에 그 받침대에 붙이는 장식용 판자의 뜻에서 글씨를 쓸 판자. 더 나아가서 글자를 배우다를 뜻함. 널리 작업, 직업의 뜻으로 씀.

참고
❖ 부가의미 ·①학문이나 예술 등 ②공훈. 성과. ③생업. ④업. 전세(前世)에서 한 짓 때문에 현세(現世)에서 받는 보답 등의 뜻도 있음.

丷 业 业 業 業

如 (같을 여)

女의 3 총6획

같을 여

★ ★

풀이 口[말]와 음을 나타내는 女(여)를 합쳐서 여자가 남의 말에 잘 따르다의 뜻. 지금은 같다의 뜻으로나 어조사로 쓰임.

· 如意(여의) 뜻과 같음. 뜻대로 됨.
· 缺如(결여) 응당 있어야 할것이 부족하거나 없음.
· 如今(여금) · 如來(여래) · 如反掌(여반장) · 如法(여법) · 如上(여상) · 如實(여실) · 如月(여월) · 如前(여전) · 如此(여차) · 如何(여하) · 缺如(결여) · 躍如(약여) · 一如(일여) · 眞如(진여) · 何如(하여)

참고

❖ 부가의미 · ①갈行. ②미침[及]. ③만약. ④이월(二月) 등의 뜻도 있음.

< 女 女 如 如

與 (줄 여 / 더불어 여)

臼의 7 총14획

줄   여
더불어 여

★

풀이 두 사람이 내민 네손과 그것을 맞붙잡은 모양[片]을 합쳐서 여러사람이 합세하다의 뜻. 후에 서로가 주다의 뜻으로 쓰임.

· 與奪(여탈) 주었다 빼앗다 하는 일.
· 附與(부여) 주는일.
· 與件(여건) · 與國(여국) · 與黨(여당) · 與否(여부)
· 與受(여수) · 與信(여신) · 與野(여야)

참고

❖ 부가의미 · ①어울림. 짝이 됨. 참여함. ②와. 및. ③보다. 비교를 나타냄. ④허락함. ⑤줌. ⑥웃사람에게서 받음. ⑦좋아함. ⑧무리[衆]. ⑨너울너울함. ⑩헌칠함 등의 뜻도 있음.

🔷 모양이 비슷한 한자 · 與(더불 여) 輿論(여론)
· 興(일 흥) 興亡(흥망)

ㅣ ㅌ 臾 與 與

餘 (남을 여 / 나머지 여)

食의 7 총16획

남을   여
나머지 여

★ ★

풀이 食[먹다]과 음을 나타내는 余(여)를 합쳐서 먹다 남은 것이라는 뜻. 널리 남다의 뜻으로 쓰임.

· 餘裕(여유) 넉넉허고 남음이 있음.
· 剩餘(잉여) 다 쓰고 난 나머지.
· 餘暇(여가) · 餘角(여각) · 餘皆倣此(여개방차) · 餘件(여건) · 餘慶(여경) · 餘光(여광) · 餘技(여기) · 餘念(여념) · 餘談(여담) · 餘德(여덕) · 餘毒(여독) · 餘瀝(여력) · 餘齡(여령) · 餘錄(여록)

참고

❖ 부가의미 · 끝의 뜻도 있음.

今 今 飠 飵 飴 餘

亦 (또한 역 / 역시 역)

一의 4 총6획

또한 역
역시 역

풀이 사람이 양팔을 들어 땀을 식히며 또 한번의 출발을 위해 의기 양양히 서 있으니, 널리 또한의 뜻으로 씀.

· 亦然(역연) 이 또한 그러함.
· 亦是(역시) 또한. 전에나 다름없이.

참고

❖ 부가의미 · 큰의 뜻도 있음.
🔷 모양이 비슷한 한자 · 亦(또 역) 亦是(역시)
· 赤(붉을 적) 赤色(적색)

亠 亣 亣 亦 亦

彳의
4
총7획

役 싸울 역
일 부릴 역

[풀이] 걷다의 뜻인 彳과 지팡이를 손에 들다의 뜻인 殳(殳)을 합쳐서 무기를 가지고 다니면서 경계하다 의 뜻.

- 役事(역사) 토목·건축 등의 공사(工事).
- 兵役(병역) 국민의 의무로서 일정한 기간 군에 복무하는 일.
- 役軍(역군)·役所(역소)·役僧(역승)·役員(역원)
- 役人(역인)·監査役(감사역)·苦役(고역)·課役(과역)·軍役(군역)·大役(대역)·免役(면역)·服役(복역)·賦役(부역)·使役(사역)·相談役(상담역)

❖ ↑ ↑ ↑ ↑ (役役役役)

★
日의
4
총8획

易 바꿀 역
쉬울 이

[풀이] 껍질이 빛나는 도마뱀의 모양을 본뜸. 도마뱀의 껍질 빛깔이 달라지기 때문에 변하다·바꾸다의 뜻. 후에 쉽다의 뜻으로도 쓰임.

- 容易(용이) 아주 쉬움.
- 貿易(무역) 외국과의 상품의 유통 매매에 관한 경제적 활동.
- 易經(역경)·易姓革命(역성혁명)·易數(역수)·易者(역자)·易學(역학)·簡易(간이)·改易(개역)
- 輕易(경이)·交易(교역)·難易(난이)

[참고]

❖ **비슷한 의미를 가진 한자**·달라지다의 뜻을 가진 글자→變(변). 쉽다의 뜻을 가진 글자→安(안).

口 日 易 易 易 (易易易)

★ ★
辶의
6
총10획

逆 거스를 역
거꾸로될 역

[풀이] 길을 뜻하는 辶과 음을 나타내는 屰(역)을 합쳐서 길에서 사람을 맞다의 뜻. 널리 거스르다·거꾸로의 뜻으로 씀.

- 逆流(역류) 물을 거슬러 올라감.
- 拒逆(거역) 윗사람의 뜻이나 명령에 항거하여 거스름.
- 逆光線(역광선)·逆境(역경)·逆徒(역도)·逆浪(역랑)·逆旅(역려)·逆倫(역륜)·逆鱗(역린)·逆謀(역모)·逆夢(역몽)·逆比例(역비례)

[참고]

❖ **부가의미**·①어지럽힘. ②거꾸로임. ③맞음[迎] 등의 뜻도 있음.

❖ **반대되는 한자**·逆(거스를 역)↔順(좇을 순)

丷 丷 屰 逆 逆 (逆逆)

★
土의
8
총11획

域 구역 역
지경 역

[풀이] 土[흙]와 음을 나타내는 或(혹)[역은 변음]을 합쳐서 구획된 토지라는 뜻.

- 域外(역외) 일정한 구역이나 범위의 밖.
- 區域(구역) 갈라놓은 지역.
- 域內(역내)·境域(경역)·邊域(변역)·西域(서역)
- 聖域(성역)·神域(신역)·領域(영역)·藝域(예역)
- 流域(유역)·異域(이역)·地域(지역)·職域(직역)

[참고]

❖ **부가의미**·①갈피. ②나라 등의 뜻도 있음.

一 圤 垣 域 域 (域域)

言의 13 총 20획	譯	번역할 역 풀이할 역

· 譯解(역해) 번역하여 풀이함.
· 飜譯(번역) 문장의 내용을 다른 나라 말로 옮김.
· 譯文(역문) · 譯本(역본) · 譯書(역서) · 譯述(역술)
· 譯詩(역시) · 譯者(역자) · 譯註(역주) · 譯出(역출)
· 對譯(대역) · 名譯(명역) · 英譯(영역) · 誤譯(오역)
· 意譯(의역) · 全譯(전역) · 直譯(직역) · 抄譯(초역)

[풀이] 言[말]과 음을 나타내는 睪(역)을 합쳐서 다른 말로 옮긴다는 뜻.

[참고]
❖ 부가의미 쉬운 말로 옮겨 씀 등의 뜻도 있음.

言 言 譯 譯 譯

馬의 13 총 23획	驛	정거장 역 역마 역

· 驛舍(역사) 역으로 쓰는 건물.
· 終着驛(종착역) 철도의 종점이 되는 역.
· 驛路(역로) · 驛馬(역마) · 驛夫(역부) · 驛員(역원)
· 驛長(역장) · 驛前(역전) · 驛傳(역전) · 驛亭(역정)
· 驛程(역정) · 始發驛(시발역) · 停車驛(정차역) ·
  貨物驛(화물역)

[풀이] 馬[말]와 음을 나타내는 睪(역)을 합쳐서 말을 갈아 타는 곳을 뜻함. 널리 역말이 있는 곳을 뜻하며 현재는 잇닿다 · 정거장 등의 뜻으로 씀.

[참고]
❖ 부가의미 · ①역참(驛站), 역말집. ②잇닿음. 잇댐. ③싹이 뾰죽뾰죽 자라는 모양 등의 뜻도 있음.

丌 馬 馬 驛 驛

廴의 4 총 7획	 延	끌 연 늘릴 연

· 延着(연착) 정한 일시보다 늦게 도착함.
· 遲延(지연) 끌어서 늦춤.
· 延建坪(연건평) · 延見(연견) · 延期(연기) · 延納
  (연납) · 延年(연년) · 延攬(연람) · 延命(연명)

[풀이] 길을 걷다의 뜻인 廴과 음을 나타내는 丿(예)[연은변음]을 합쳐서 먼 곳에 가다의 뜻. 늘어나다, 연장이라는 뜻으로 쓰임.

[참고]
❖ 비슷한 의미를 가진 한자 · 延(연)과 伸(신)의 구별→ 延(연)은 길게 함 · 당겨서 늘임 · 범위가 넓어짐의 뜻. 伸(신)은 屈(굴)의 반대로서 구부러진 것을 펴다 · 오므라든 것을 당겨 늘이다의 뜻.
◪ 모양이 비슷한 한자 延(끌 연) 延期(연기)
         · 廷(조정 정) 朝廷(조정)

丿 丆 正 延 延

氵의 5 총 8획	沿	물길 따라 내려갈 연

· 沿道(연도) 큰 길을 낀 곳. 한길 가.
· 沿海(연해) 연해변. 육지 가까이 있는 얕은 바다. 바닷가 근처 일대의 땅.
· 沿路(연로) · 沿邊(연변) · 沿線(연선) · 沿岸(연안)
· 沿岸漁業(연안어업) · 沿革(연혁) · 泝沿(소연) ·
  襲沿(습연)

[풀이] 氵[시내]과 음을 나타내는 㕣(연)을 합하여 강가를 따라 가다의 뜻. 널리 따라서 가다의 뜻으로 쓰임.

[참고]
❖ 부가의미 · ①가를 따라서 감. ②습관이나 전례에 따름 등의 뜻도 있음.

氵 氿 沿 沿 沿

宀의
7
총
10획

 宴

잔치 연
편안할 연

· 宴席(연석) 잔치하는 자리.
· 披露宴(피로연) 결혼이나 출생 따위를 널리 알리는 뜻으로 베푸는 잔치.
· 宴樂(연락) · 宴會(연회) · 小宴(소연) · 酒宴(주연)
· 招宴(초연) · 祝宴(축연) · 賀宴(하연)

[풀이] 집의 뜻인 宀과 음인 宴(안)을 합쳐 집에서 편안히 즐기다의 뜻.

[참고]

❖ 부가의미 ·두 다리를 쭉 뻗고 쉼 등의 뜻도 있음.
❖ 부수풀이 ·宀(집 면): 움집의 위를 덮어씌운 모양을 본뜬 자.

宀
宀
宜
宴
宴

車의
4
총
11획

 軟

부드러울 연
약할 연

· 軟弱(연약) 연하고 약함.
· 柔軟(유연) 부드럽고 연함.
· 軟膏(연고) · 軟骨(연골) · 軟球(연구) · 軟口蓋(연구개) · 軟禁(연금) · 軟豆色(연두색) · 軟味(연미)
· 軟性(연성) · 軟水(연수) · 軟式(연식) · 軟弱(연약)
· 軟質(연질) · 軟打(연타) · 軟風(연풍) · 軟化(연화)

[풀이] 본디 글자는 輭·車[수레]와 음을 나타내는 奭(연)을 합하여 수레 바퀴가 느슨해져서 헐겁다의 뜻. 널리 연하다·부드럽다의 뜻으로 쓰임.

[참고]

❖ 부가의미 ·①몸이 약함. ②누그러짐 등의 뜻도 있음.

一
百
車
軒
軟

石의
6
총
11획

★

 研

갈 연

· 硏磨(연마) 갈고 닦음.
· 硏修(연수) 학업을 연구하여 닦음.
· 硏究(연구) · 硏北(연북) · 硏修(연수) · 硏精(연정)
· 硏鑽(연찬) · 硏學(연학) · 精硏(정연) · 鑽硏(찬연)

[풀이] 石[돌]과 음을 나타내는 幵(견)[연은 변음]을 합하여 돌의 표면을 평평하게 하다, 갈다의 뜻으로 씀.

[참고]

❖ 부가의미 ·①궁구함. 연구함. ②벼루 등의 뜻도 있음.

石
石
硏
硏
硏

灬의
8
총
12획

★ ★ ★

 然

그러할 연

· 然而(연이) 그러나.
· 當然(당연) 이치로 보아 마땅히 그럴 것임.
· 然諾(연낙) · 然則(연즉) · 然後(연후) · 公然(공연)
· 漠然(막연) · 未然(미연) · 偶然(우연) · 悠然(유연)
· 依然(의연) · 自然(자연) · 天然(천연) · 超然(초연)
· 泰然(태연) · 必然(필연)

[풀이] 灬[불]과 음을 나타내는 肰(연)을 합쳐서 검은 연기를 내며 타다의 뜻. 燃의 원자임. 후에 그러하다의 뜻으로 씀.

[참고]

❖ 부가의미 ·①위의 말을 받아 잇는 말. 그리하여. 그럼에도. 그렇다면. ②형용사에 붙여서 상태를 나타냄. ③사름 등의 뜻도 있음.

ク
タ
タ
쑀
然

火의 9
총 13획

★ ★

煙

연기 연
안개 연

[풀이] 火[불]와 음 및 향을 태우다의 뜻인 堊(인)[연은 변음]을 합쳐서 불이 타서 일어나는 연기라는 뜻.

· 煙突(연돌) 굴뚝.
· 禁煙(금연) 담배를 못피게 함.
· 煙景(연경) · 煙毒(연독) · 煙幕(연막) · 煙霧(연무)
· 煙樹(연수) · 煙焰(연염) · 煙塵(연진) · 煙草(연초)
· 煙波(연파) · 煙霞(연하) · 煙火(연화) · 禁煙(금연)
· 喫煙(끽연) · 煤煙(매연) · 水煙(수연) · 野煙(야연)

[참고]

❖ **부가의미** · 담배의 뜻도 있음.

火 灯 炻 炬 煙

金의 5
총 13획

鉛

납 연

[풀이] 金과 음을 나타내는 㕣(연)을 합하여 검푸른 쇠붙이의 뜻.

· 鉛鑛(연광) 주로 납을 파내는 광산.
· 黑鉛(흑연) 순수한 탄소로만 이루어진 광물의 한 가지.
· 鉛管(연관) · 鉛毒(연독) · 鉛白(연백) · 鉛中毒(연중독) · 鉛直(연직) · 鉛直線(연직선) · 鉛錘(연추)
· 鉛版(연판) · 鉛筆(연필) · 鉛華(연화) · 亞鉛(아연)

[참고]

❖ **부가의미** · ①분. 산화(酸化)한 납으로 만든 화장품의 한 가지. ②따름 등의 뜻도 있음.

亼 幺 金 鉛 鉛

氵의 11
총 14획

★ ★

演

펼칠 연
행할 연

[풀이] 氵[시내]과 음을 나타내는 寅(인)[연은 변음]을 합쳐서 강이 길게 흐르다의 뜻. 널리 늘어나게 하다의 뜻으로 씀.

· 演奏(연주) 여러사람 앞에서 기악(器樂)을 들려줌.
· 講演(강연) 일정한 주제로 많은 청중 앞에서 연설을 함. 또는 그 연설.
· 演劇(연극) · 演技(연기) · 演壇(연단) · 演士(연사)
· 演算(연산) · 演說(연설) · 演習(연습) · 演繹(연역)
· 演繹法(연역법)

[참고]

❖ **부가의미** · ①출연함. ②연습을 함 등의 뜻도 있음.

氵 氵 洤 演 演

火의 12
총 16획

★

燃

불에탈 연

[풀이] 火[불]와 음을 나타내는 然(연)으로 이루어짐. 然이 본래 타다의 뜻을 가진 글자이나 다른 뜻으로 쓰이므로 火를 덧붙여 燃을 타다를 뜻하는 글자로 함.

· 燃料(연료) 불을 때는 재료(材料). 나무. 석유 따위의 땔감.
· 再燃(재연) 꺼졌던 불이 다시 탐.
· 燃燈節(연등절) · 燃燒(연소) · 燃燒熱(연소열) · 可燃(가연) · 不燃(불연)

[참고]

❖ **부가의미** · 탐. 불사름의 뜻도 있음.
◈ **부수풀이** · 火(灬)(불 화): 타오르는 불꽃의 모양을 본뜬 자.

火 灯 灯 燃 燃

糸의 9 총15획	**緣** 가장자리 연 인연 연	糸 糺 紆 綠 綠

★

・緣分(연분) 하늘에서 베푼 인연(因緣)
・因緣(인연) 서로의 연분. 어떤 사물에 관계되는 연줄.
・緣家(연가)・緣故(연고)・緣起(연기)・緣談(연담)
・緣木求魚(연목구어)・緣由(연유)・緣日(연일)・
緣坐(연좌)・緣海(연해)・奇緣(기연)・內緣(내연)

풀이 실을 뜻하응 糸와 음을 나타내는 彖(단)[연은변음]을 합처서 직물(織物)의 끝 부분이라는 뜻. 후에 물건의 끝 또는 연유함, 바탕이 됨의 뜻으로 씀.

참고
☆ 모양이 비슷한 한자 ・緣(인연 연) 因緣(인연)
・綠(초록빛 록) 綠色(녹색)

忄의 7 총10획	**悅** 기뻐할 열 기쁨 열	忄 忄 忄 忄 悅

・悅樂(열락) 기뻐하고 즐김. 큰 환희(歡喜).
・法悅(법열) 진리에 사무칠 때의 기쁨.
・悅口(열구)・悅服(열복)・悅色(열색)・悅愛(열애)
・悟悅(오열)・恐悅(공열)・大悅(대열)・愉悅(유열)
・親悅(친열)・和悅(화열)・喜悅(희열)

풀이 마음을 뜻하는 忄과 음을 나타내는 兌(태·탈)[열은 변음]를 합처서 개운치 않은 감정을 없애다의 뜻. 널리 즐거워하다의 뜻으로 쓰임.

참고
✤ 부가의미 ・①복종함. ②성(姓)의 하나 등의 뜻도 있음

❖ 비슷한 의미를 가진 한자 ・즐거워하다의 뜻을 가진 글자 →樂(락)

灬의 11 총15획	**熱** 열 열 몸달을 열	土 土 執 執 熱

★★★

・熱狂(열광) 미칠 만큼 열심(熱心)임.
・電熱器(전열기) 전열을 이용하게 만든 가구.
・熱氣(열기)・熱機關(열기관)・熱帶(열대)・熱度(열도)・熱量(열량)・熱烈(열렬)・熱望(열망)・熱辯(열변)・熱病(열병)・熱輻射(열복사)・熱砂(열사)・熱線(열선)・熱性(열성)・熱誠(열성)

풀이 灬[불]과 음을 나타내는 埶(예.열)를 합처서 불이 따뜻함을 뜻함.

참고
✤ 부가의미 ・①마음이 한 가지 일에 쏠림. 정성. 흥분함 등의 뜻도 있음.

木의 5 총9획	**染** 물들일 염 옮을 염	氵 氵 氿 泃 染

・染料(염료) 염색에 쓰이는 재료. 물감.
・感染(감염) ①병원체가 몸 안으로 들어옴. ② 옮아서 그대로 따라 하게 됨.
・染工(염공)・染粉(염분)・染色(염색)・染織(염직)
・染色體(염색체)・染筆(염필)・汚染(오염)・傳染(전염)

풀이 木과 물감[氵]과 수가 많음을 나타내는 九를 합하여 초목에서 채취한 물감에 천을 여러 번 담가 물을 들이다의 뜻.

참고
✤ 부가의미 ・①물듦. ②색깔이 듦. ③배어 듦. ④병에 걸림. ⑤글이나 그림을 그림 등의 뜻도 있음.

葉

★ ★ ★

++의 9
총 13획

초목의 잎 엽

[풀이] ++[풀]와 음을 나타내는 枼(엽)을 합쳐서 잎을 뜻함.

- 葉綠素(엽록소) 식물의 세포인 엽록체 속에 들어 있는 녹색의 색소.
- 枝葉(지엽) 가지와 잎, 중요하지 않은 부분.
- 葉卷煙(엽권련)·葉脈(엽맥)·葉書(엽서)·葉身(엽신)·葉煙草(엽연초)·葉肉(엽육)·葉茶(엽차)
- 葉菜類(엽채류)·葉草(엽초)·落葉(낙엽)

[참고]

❖ 부가의미 ·①세(世). 시대. ②갈래. 본 줄기에서 갈라진 것. ③후손. ④종이를 세는 말. ⑤미늘. 갑옷의 미늘. ⑥성(姓)의 하나. ⑦중국 하남성(河南省) 남양부(南陽府)의 현(縣) 이름 등의 뜻도 있음.

永

★ ★

水의 1
총 5획

길 영
멀 영

[풀이] 강의 본류(本流)에서 지류가 갈라져 나온 모양을 본뜸. 지류를 가진 긴강을 뜻함. 후에 길다의 뜻으로 씀.

- 永生(영생) 장수, 영원히 생존(生存)함.
- 永世(영세) 영원(永遠)한 세대(世代). 또는 세월.
- 永劫(영겁)·永訣(영결)·永久(영구)·永久磁石(영구자석)·永久政權(영구정권)·永久齒(영구치)

[참고]

❖ 비슷한 의미를 가진 한자 ·길다의 뜻을 가진 글자 →長(장).
◻ 모양이 비슷한 한자 ·永(길 영) 永久(영구)
　　　　　　　　　　·氷(얼음 빙) 氷雪(빙설)
　　　　　　　　　　·水(물 수) 食水(식수)
▨ 반대되는 한자 ·永(길 영)↔瞬(눈깜짝할 순)

迎

★

辶의 4
총 8획

맞이할 영

[풀이] 길의 뜻인 辶과 음을 나타내는 卬(앙)[영은 변음]을 합쳐서 저편에서 오는 사람을 길에서 맞이하다의 뜻.

- 迎接(영접) 손님을 맞아 응접(應接)함.
- 歡迎(환영) 즐거운 뜻을 표해 맞음.
- 迎擊(영격)·迎賓(영빈)·迎聘(영빙)·迎月(영월)
- 迎春(영춘)·迎合(영합)·來迎(내영)·送迎(송영)

[참고]

❖ 부가의미 ·①만남. ②장가를 들려고 옴 등의 뜻도 있음.
▨ 반대되는 한자 ·迎(맞을 영)↔送(보낼 송)

英

★ ★ ★

++의 5
총 9획

꽃부리 영

[풀이] ++[풀]와 음을 나타내는 央(앙)[영은 변음]을 합쳐서 풀의 꽃의 뜻. 후에 아름답다, 뛰어나다의 뜻으로 씀.

- 英雄(영웅) 재주와 용맹으로 대업을 이룬 사람.
- 石英(석영) 이산화규소로 된 육방정계의 광물.
- 英傑(영걸)·英氣(영기)·英斷(영단)·英靈(영령)
- 英邁(영매)·英明(영명)·英名(영명)·英武(영무)
- 英文(영문)·英物(영물)·英敏(영민)

[참고]

❖ 부가의미 ·①꽃받침. 술 모양으로 피는 꽃. ②빼어남. 뛰어남. ③아름다움. 꽃다움. ④구름이 뭉게뭉게 일어남. ⑤풍류 이름. ⑥영국을 일컫는 약자 등의 뜻도 있음.

映

日의 5
총 9획

비출 영
비칠 영

[풀이] 日[해]과 음을 나타내는 央(앙)[영은 변음]을 합쳐서 햇빛 반사를 뜻함. 널리 비치다·반사하다·빛나다의 뜻으로 쓰임.

· 映彩(영채) 환하게 빛나는 채색.
· 反映(반영) 반사(反射)하여 비침.
· 映空(영공)·映發(영발)·映射(영사)·映寫(영사)
· 映寫機(영사기)·映山紅(영산홍)·映像(영상)·映雪(영설)·映窓(영창)·映彩(영채)·映湖樓(영호루)·映畵(영화)·映畵界(영화계)

[참고]
❖ 부가의미 ·①반영. ②반사하여 빛남. 밝게 비침. 빛이 선명하게 보임. ③햇살. 햇빛 등의 뜻도 있음.

ㅣ 日 旷 映 映

榮

水의 10
총 14획

영화 영
번영할 영

[풀이] 木[나무]과 음을 나타내는 熒(형)[영은 변음]의 생획(省畵)인 炏을 합쳐서 본래는 가벼운 나무·오동나무를 뜻함. 후에 글자를 빌어서 번영하다의 뜻으로 씀.

· 榮光(영광) 빛나는 영예(榮譽)
· 繁榮(번영) 일이 성하게 잘 됨.
· 榮枯(영고)·榮冠(영관)·榮貴(영귀)·榮達(영달)
· 榮利(영리)·榮名(영명)·榮養(영양)·榮譽(영예)
· 榮耀(영요)·榮辱(영욕)·榮潤(영윤)·榮位(영위)

[참고]
❖ 부가의미 ·①꽃이 핌. 풀의 꽃. ②나타남. 이름이 나타남. 명예. ③빛. 광명. 윤택. 윤 등의 뜻도 있음.

ハ 炏 炏 荣 榮

影

彡의 12
총 15획

그림자 영
모습 영

[풀이] 아름답다의 뜻인 彡과 음을 나타내는 景(경)[영은 변음]을 합쳐서 아름다운 햇빛이라는 뜻. 후에 빛[光]은 양광(陽光), 그림자[影]는 음광(陰光)으로 구별해서 쓰임.

· 影幀(영정) 화상을 그린 족자.
· 撮影(촬영) 형상을 사진이나 영화로 찍음.
· 影本(영본)·影寫(영사)·影像(영상)·影印(영인)
· 影響(영향)·陰影(음영)·光影(광영)·倒影(도영)
· 射影(사영)

[참고]
❖ 부가의미 ·①형상. 모양. 모습의 뜻도 있음. ②景(빛 경:음부)과 彡의 합침. 햇살(景:p158)에 의해 아롱진(彡) 그림자를 뜻하여 된 자.

日 昙 昙 景 影

營

火의 13
총 17획

경영할 영

[풀이] 집이 나란히 있는 모양인 呂와 음을 나타내는 熒(영·형)의 생획인 炏을 합쳐서 사방을 둘러싼 집을 뜻함. 널리 집을 짓고 살다, 영위하다의 뜻으로 씀.

· 營業(영업) 이익을 얻을 목적으로 사업을 경영하는 일, 또는 그 사업.
· 經營(경영) 규모를 정하고 기초를 세워 일을 하여 나감.
· 營內(영내)·營農(영농)·營利(영리)·營林(영림)
· 營門(영문)·營舍(영사)·營所(영소)·

[참고]
❖ 부가의미 ·①주거. 병사들이 묵는 곳. ②변명함. ③별 이름 등의 뜻도 있음.

火 炏 炏 營 營

豫 (미리 예)

豕의 9 총 16획 ★

풀이 象[코끼리]과 음을 나타내는 予(예)를 합쳐서 큰 코끼리를 뜻함. 후에 미리, 먼저의 뜻으로 씀.

- 豫告(예고) 미리 알림.
- 猶豫(유예) 우물쭈물하고 결정하지 않음. 시일을 천연함.
- 豫感(예감)·豫見(예견)·豫科(예과)·豫期(예기)
- 豫納(예납)·豫賣(예매)·豫防(예방)·豫報(예보)
- 豫備(예비)·豫備役(예비역)·豫備知識(예비지식)

참고
❖ **부가의미** ·①기쁨. ②판단함. ③놓음. ④참여함. ⑤머뭇거림. 놂. ⑥괘 이름(卦名) 등의 뜻도 있음.

予 豫 豫 豫

藝 (재주 예)

艹의 15 총 19획 ★★

풀이 사람이 허리를 구부리고 나무를 심고 있는 것을 뜻하는 埶에다 艹와 云을 붙여서 농사를 짓는 기술의 뜻으로도 씀.

- 藝苑(예원) 예술(인)의 사회.
- 園藝(원예) 채소, 과수, 정원수, 화훼등을 집약적으로 재배하는 일.
- 藝妓(예기)·藝能(예능)·藝道(예도)·藝林(예림)
- 藝名(예명)·藝文(예문)·藝事(예사)·藝術(예술)
- 藝術至上主義(예술지상주의)·藝人(예인)

참고
❖ **부가의미** ·①기술. 학문. 글. ②심음. ③대중함. ④극진함. ⑤법(法). ⑥분별함 등의 뜻도 있음.

艹 艿 菣 蓺 藝 藝

譽 (명예 예 / 기릴 예)

言의 14 총 21획

풀이 言[말]과 음을 나타내는 與(여)를 합쳐서 칭찬한다는 뜻. '여'가 본음.

- 譽望(예망) 명예. 명예와 인망(人望).
- 名譽(명예) 세상에서 훌륭하다고 일컬어지는 이름.
- 譽言(예언)·聲譽(성예)·榮譽(영예)·稱譽(칭예)

참고
❖ **부가의미** ·①칭찬함. ②즐김 등의 뜻도 있음.

臼 皯 與 與 譽

午 (낮 오 / 일곱째지지 오)

十의 2 총 4획 ★★★

풀이 절굿공이 모양을 본떠서 만든 글자. 절굿공이 이쪽과 저쪽과의 경계의 뜻.

- 午睡(오수) 낮잠.
- 午刻(오각) 낮 12시.
- 午刻(오각)·午間(오간)·午時(오시)·午月(오월)
- 午前(오전)·午餐(오찬)·午下(오하)·午後(오후)
- 端午(단오)·上午(상오)·下午(하오)

참고
❖ **부가의미** ·①거역함. ②어수선함 등의 뜻도 있음.
◘ **모양이 비슷한 한자** ·午(낮 오) 午前(오전)
·牛(소 우) 牛馬(우마)

ノ 人 仁 午

五 다섯 오
★★★
一의 2 총 4획

〔풀이〕 물레 모양을 본뜸. 수사의 다섯으로 쓰이게 됨.

· 五角(오각) · 五感(오감) · 五經(오경) · 五苦(오고)
· 五氣(오기) · 五倫(오륜) · 五目(오목) · 五福(오복)
· 五常(오상) · 五性(오성) · 五惡(오악) · 五情(오정)
· 五行(오행) · 五加皮(오가피) · 五代祖(오대조) ·
五大洋(오대양) · 五萬相(오만상) · 五味子(오미자)
· 五線紙(오선지) · 五葉松(오엽송) · 十五夜(십오야)

❖〔참고〕

※ **부가의미** · 다섯 번의 뜻도 있음.

筆順: 一 丁 五 五

烏 까마귀 오 / 검을 오
灬의 6 총 10획

〔풀이〕 까마귀는 검어서 눈이 어디 있는지 알 수 없기 때문에 鳥(새)의 눈 부분의 한 획을 없앤 글자임. 까마귀라는 뜻.

· 烏合(오합) 까마귀가 모이는 것처럼 무질서하게 모임.
· 烏有(오유) 사물이 아무 것도 없이 됨.
· 烏銅(오동) · 烏飛梨落(오비이락) · 烏有反哺之孝 (오유반포지효) · 烏鵲(오작) · 烏呼(오호)

❖〔참고〕

※ **부가의미** · ①탄식하는 말. ②어찌. 어떻게. 의문·반어를 나타내는 등의 뜻도 있음.
🔄 **모양이 비슷한 한자** · 烏(까마귀 오) 烏口(오구)
· 島(섬 도) 島民(도민)
· 鳥(새 조) 鳥獸(조수)

筆順: 丿 丶 丫 户 烏 烏

悟 깨달을 오 / 깨달음 오
忄의 7 총 10획

〔풀이〕 마음을 뜻하는 忄과 음을 나타내는 吾(오)를 합쳐서 마음이 분명하게 되다의 뜻. 널리 깨닫다의 뜻으로 쓰임.

· 悟道(오도) 불도(佛道)의 묘리(妙理)를 깨침.
· 覺悟(각오) ①번뇌에서 벗어나 불교의 도리를 깨달음. ②마음의 준비를 함, 또는 그 준비.
· 悟得(오득) · 悟性(오성) · 悟入(오입) · 大悟(대오)
· 英悟(영오) · 悔悟(회오)

❖〔참고〕

※ **부가의미** · 깨우쳐 줌의 뜻도 있음.
❖ **비슷한 의미를 가진 한자** · 깨닫다의 뜻을 가진 글자 →覺(각)

筆順: 忄 忄 忤 悟 悟

誤 그르칠 오 / 잘못 오
★★
言의 7 총 14획

〔풀이〕 言[말]과 음을 나타내는 吳(오)를 합쳐서 사실과 말이 어긋난다는 뜻. 널리 그릇되다의 뜻으로 씀.

· 誤認(오인) 잘못 인정함.
· 過誤(과오) 잘못.
· 誤計(오계) · 誤記(오기) · 誤讀(오독) · 誤謬(오류)
· 誤聞(오문) · 誤發(오발) · 誤報(오보) · 誤寫(오사)
· 誤算(오산) · 誤植(오식) · 誤信(오신) · 誤審(오심)

❖〔참고〕

❖ **비슷한 의미를 가진 한자** · 그릇되다의 뜻을 가진 글자 誤(오)는 자기도 모르게 잘못함. 또는 실패함. 謬(류)는 사리가 맞지 않음. 錯(착)은 서로 엇갈려 잘못됨. 過(과)는 고의가 아닌 잘못.
🔷 **잘못읽기 쉬운 한자** · 誤謬 오류 (오요로 읽지 말 것)

筆順: 言 言 誤 誤 誤

玉의 0 총 5획	★ ★ **玉** 구슬 옥 옥 옥	· 玉稿(옥고) 남의 원고의 높임말. · 白玉(백옥) 흰 빛깔의 옥. 흰구슬. · 玉簡(옥간) · 玉骨仙風(옥골선풍) · 玉貫子(옥관자) · 玉器(옥기) · 玉帶(옥대) · 玉臺(옥대) · 玉童子(옥동자) · 玉斗(옥두) · 玉露(옥로) · 玉樓(옥루)

풀이 구슬세개를 끈으로 꿴 모양으로 본뜸. 본디 王으로 쓰던 것이 점을 붙여 王[임금]과 구별함. 부수로서는 왕으로 쓰며 구슬에 관한 뜻을 나타냄.

참고

❖ **부가의미** ·①구슬로 만든 것이나 아름다운 것에 붙이는 말. 임금에 관한 것에 붙이는 말. 중요한 것에 붙이는 말. ②사랑. ③이룸[成]. ④성(姓)의 하나 등의 뜻도 있음.

一 丁 干 王 玉

尸의 6 총 9획	★ ★ ★ **屋** 집 옥 주거 옥	· 屋上(옥상) 지붕위. · 洋屋(양옥) 서양식으로 지은 집. · 屋內(옥내) · 屋舍(옥사) · 屋上架屋(옥상가옥) · 屋外(옥외) · 屋下架屋(옥하가옥)

풀이 자고 있는 사람을 뜻하는 尸와 방을 뜻하는 至를 합쳐서 사람이 자는 방을 뜻함. 널리 집을 뜻하는 말로 씀.

참고

❖ **부가의미** ·지붕의 뜻도 있음.

그 尸 尸 屋 屋

犭의 10 총 14획	**獄** 감옥 옥	· 獄事(옥사) 반역 · 살인 등의 중대한 범죄를 다스리는 일. · 監獄(감옥) 교도소의 옛 이름. 옥(獄). · 獄門(옥문) · 獄吏(옥리) · 獄舍(옥사) · 獄訟(옥송) · 獄卒(옥졸) · 獄窓(옥창) · 獄則(옥칙) · 入獄(입옥) · 典獄(전옥) · 地獄(지옥) · 出獄(출옥) · 脫獄(탈옥)

풀이 犭과 犬[두 마리의 개]에다 言을 합쳐서 두 마리의 개가 서로 짖다의 뜻에서 원고와 피고가 언쟁하다의 뜻. 후에 감옥의 뜻으로 쓰임.

참고

❖ **부가의미** ·①소송. 송사. ②죄. 죄상 등의 뜻도 있음.

丶 犭 狃 獄 獄

氵의 10 총 13획	★ ★ ★ **溫** 따뜻할 온 부드러울 온	· 溫度(온도) 덥고 찬 정도. 온도계의 도수. · 體溫(체온) 사람이나 동물의 몸의 온도. · 溫故知新(온고지신) · 溫灸(온구) · 溫氣(온기) · 溫暖(온난) · 溫暖前線(온난전선) · 溫帶(온대) · 溫突(온돌) · 溫冷(온랭) · 溫良(온량) · 溫良恭儉讓(온량공검양)

풀이 氵[시내]와 음을 나타내는 𥂖(온)을 합쳐서 본래 강의 이름, 후에 따스하게 하다의 뜻으로 쓰임.

참고

❖ **비슷한 의미를 가진 한자** ·따뜻하다의 뜻을 가진 글자→暖(난).

❖ **반대되는 한자** ·溫(따뜻할 온)↔冷(찰 랭)

氵 氵 氵 溫 溫

完

宀의 4
총 7획

완전할 완

세로쓰기: 丶 宀 宀 宇 完

- 完全(완전) 부족함이 없음. 결점이 없음.
- 補完(보완) 모자라는 것을 보충하여 완전하게 함.
- 完結(완결)·完固(완고)·完工(완공)·完納(완납)
- 完了(완료)·完璧(완벽)·完本(완본)·完封(완봉)
- 完膚(완부)

풀이 집을 뜻하는 宀과 음을 나타내는 元(원)[완은 변음]을 합쳐서 집 둘레의 울타리라는 뜻. 걸친 것이 없다. 모든 일에 흠이 없다의 뜻으로 널리 쓰임.

참고

❖ **부가의미** ·①해냄. 끝남. ②지킴. 보전함. 튼튼함. ③몸에 상처를 입히지 않는 형벌 등의 뜻도 있음.

王

王의 0
총 4획

임금 왕
왕 왕

세로쓰기: 一 丁 千 王

- 王命(왕명) 임금의 명령.
- 帝王(제왕) 독립 군주국의 원수.
- 王家(왕가)·王考(왕고)·王公(왕공)·王冠(왕관)
- 王國(왕국)·王宮(왕궁)·王權(왕권)·王女(왕녀)
- 王道(왕도)·王都(왕도)·王陵(왕릉)

풀이 큰 도끼를 바로 세운 모양을 본뜸. 큰 위력이 있다는 뜻에서 군주, 임금의 뜻으로 씀.

참고

⬭ **모양이 비슷한 한자** ·王(임금 왕) 王家(왕가)
·玉(구슬 옥) 玉石(옥석)
·壬(아홉째천간 임) 壬午(임오)

往

彳의 5
총 8획

갈 왕
옛 왕

세로쓰기: 彡 彳 彳 往 往 往

- 往來(왕래) 가고 옴.
- 旣往(기왕) 이전. 이미. 벌써.
- 往古(왕고)·往年(왕년)·往路(왕로)·往反(왕반)
- 往復(왕복)

풀이 본디 𢓜에서 나온 글자로서 彳은 걸어가다의 뜻. 㞷(왕)은 음을 나타내면서 빨리빨리 생기다의 뜻. 재게 발을 움직여 앞으로 가다의 뜻을 나타냄.

참고

❖ **부가의미** ·①옛. 지나간 날. ②이따금 등의 뜻도 있음.

❖ **비슷한 의미를 가진 한자** ·가다의 뜻을 가진 글자 →行(행)

⬭ **모양이 비슷한 한자** ·往(갈 왕) 往來(왕래)
·住(머무를 주) 住居(주거)

⌧ **반대되는 한자** ·往(갈 왕)↔來(올 래)

外

夕의 2
총 5획

밖 외
거죽 외

세로쓰기: 丿 勹 夕 列 外

- 外交(외교) 외국과의 교제. 타인과의 교제.
- 外出(외출) 밖에 나감. 나들이 함.
- 外字新聞(외자신문)·外的(외적)·外敵(외적)·外典(외전)·外傳(외전)·外電(외전)·外接圓(외접원)·外征(외정)·外情(외정)·外題(외제)·外祖(외조)·外地(외지)

풀이 점을 뜻하는 점 卜과 음을 나타내는 夕(석)[외는 변음]을 합쳐서 거북 껍질의 금이 간 곳이라는 뜻.

참고

❖ **부가의미** ·①다름. ②벗김. 제거함. ③벗어나게 함. 멀리함 등의 뜻도 있음.

要

襾의 3
총 9획

★★★

중요할 요
요구할 요

풀이 腰의 본디 글자. 사람의 허리 모양을 본뜬 글자로 허리의 뜻. 허리는 끈으로 졸라매므로 사북이라는 뜻으로 쓰게 됨.

· 要求(요구) 강력히 청(請)하여 구함.
· 必要(필요) 꼭 소용이 됨.
· 要綱(요강) · 要件(요건) · 要擊(요격) · 要訣(요결)
· 要緊(요긴) · 要談(요담) · 要圖(요도) · 要覽(요람)
· 要略(요략) · 要領(요령) · 要路(요로) · 要望(요망)
· 要目(요목) · 要務(요무) · 要事(요사) · 要塞(요새)

참고
❖ **부가의미** · ①부름. ②언약함. ③반드시. 꼭. ④기다림. ⑤살핌. ⑥말의 핵심 등의 뜻도 있음.
❖ **비슷한 의미를 가진 한자** · 구하다의 뜻을 가진 글자 →求(구)

一 二 亜 要 要

謠

言의 10
총 17획

★★

노래할 요
노래 요

풀이 言[말]과 음을 나타내는 䍃(요)를 합쳐서 노래를 부른다는 뜻.

· 歌謠(가요) 악가(樂歌)와 속요(俗謠). 민요, 동요, 속요, 유행가등의 속칭.
· 民謠(민요) 민중사이에서 불리고 있는 전통적인 노래를 통틀어 이르는 말.
· 謠歌(요가) · 謠俗(요속) · 謠言(요언) · 童謠(동요)
· 俗謠(속요)

참고
❖ **부가의미** · 소문. 풍설의 뜻도 있음.

言 訁 訝 謠 謠

曜

日의 14
총 18획

★★★

빛날 요
요일 요

풀이 日과 음을 나타내는 翟(적) [요는 변음]을 합쳐서 해가 밝게 빛나다의 뜻.

· 曜靈(요령) 해. 태양의 별칭.
· 曜魄(요백) 北斗七星의 別稱.
· 曜曜(요요) · 曜日(요일) · 景曜(경요) · 九曜(구요)
· 靈曜(영요) · 日曜(일요) · 照曜(조요) · 顯曜(현요)
· 晃曜(황요)

丨 丿 日 日羽 曜

辱

辰의 3
총 10획

욕보일 욕

풀이 농사철을 뜻하는 辰과 법률을 뜻하는 寸을 합한 글자. 옛날 농기(農期)를 놓친 사람을 죽이거나 욕보인 사실에서 욕보임 · 부끄럼의 뜻으로 쓰임.

· 辱說(욕설) 남을 저주하고 명예를 더럽히는 말.
· 辱知(욕지) 자기와 알게 된 것이 상대자에게 욕이 된다는 뜻으로, 그 상대방에 대하여 자기를 낮추어 일컫는 말.
· 屈辱(굴욕) · 侮辱(모욕) · 雪辱(설욕) · 榮辱(영욕)
· 汚辱(오욕) · 忍辱(인욕) · 恥辱(치욕)

厂 斤 辰 辱 辱

氵의7 총10획	**浴** ★★★ 미역감을 욕 목욕할 욕	·浴室(욕실) 목욕하는 방. ·日光浴(일광욕) 몸을 햇빛에 쬐어 건강을 증진시키는 일. ·浴衣(욕의)·浴日(욕일)·浴場(욕장)·浴殿(욕전)· 浴槽(욕조)·浴湯(욕탕)·沐浴(목욕)·洗浴(세욕) ·水浴(수욕)·溫浴(온욕)·入浴(입욕)

풀이 氵[물]과 음을 나타내는 谷(곡)[욕은 변음]을 합쳐서 감다의 뜻.

참고

❖ **부가의미** ·입음. 몸에 받음의 뜻도 있음.

氵 氵 氵 氵 浴

宀의7 총11획	**欲** 하고자 할 욕 바랄 욕	·欲望(욕망) 누리고자 탐함. 또 그 마음. ·寡欲(과욕) 물욕이 적음. ·欲界(욕계)·欲求(욕구)·欲巧反拙(욕교반졸)· 欲念(욕념)·欲心(욕심)·欲情(욕정)·欲塵(욕진) ·無欲(무욕)·性欲(성욕)·食欲(식욕)

풀이 입을 벌린 모양인 欠과 음을 나타내는 谷(곡)[욕은 변음]을 합쳐서 식욕을 뜻함. 널리 욕망의 뜻으로 씀.

참고

❖ **부가의미** ·①욕망. ②물질을 가지고 싶어하는 마음. ③눈·귀·코·혀·몸·마음의 여섯가지 욕망 등의 뜻도 있음.

☑ **모양이 비슷한 한자** ·欲(바랄 욕) 欲望(욕망)
　　　　　　　　　　·慾(탐낼 욕) 慾心(욕심)

八 公 谷 谷 欲

心의11 총15획	**慾** 탐낼 욕 욕심 욕	·慾望(욕망) 누리고자 탐함. 또 그 마음. ·食慾(식욕) 음식을 먹고 싶어 하는 욕정. ·慾心(욕심)·寡慾(과욕)·多慾(다욕)·大慾(대욕) ·無慾(무욕)·色慾(색욕)·淫慾(음욕)·情慾(정욕) ·貪慾(탐욕)·閉慾(폐욕)

풀이 하려고 하다·하고 싶어하다의 뜻인 欲(욕)과 心(마음)을 합친 글자.

참고

❖ **부가의미** ·탐욕함. 욕심을 냄의 뜻도 있음.

八 谷 欲 慾 慾

用의0 총5획	**用** ★★★ 쓸 용 쓰일 용	·用水(용수) 음료,관개, 세탁 등에 쓰는 물. ·日用品(일용품) 날마다 쓰는 물건. ·用件(용건)·用具(용구)·用軍(용군)·用器畵(용기화)·用達(용달)·用談(용담)·用度(용도)·用途(용도)·用量(용량)·用例(용례)·用命(용명)·用務(용무)·用法(용법)·用便(용변)·用兵(용병)

풀이 가축이 달아나지 못하도록 목장에 둘러친 울타리 모양을 본뜸. 음을 빌어서 쓰다·전용하다의 뜻으로 씀. 부수로서는 사용하다에 관한 뜻을 나타냄.

참고

❖ **부가의미** ·①맡김. ②작용. 효용(效用). ③재물. 비용. ④…으로써[以]. ⑤그릇. 도구. ⑥통함 등의 뜻도 있음.

冂 月 月 用

★★★

力의 7
총 9획

勇　날랠 용
　　　용감할 용

[풀이] 힘을 뜻하는 力과 음을 나타내면서 무기의 뜻을 가진 甬(용)을 합쳐 힘이 솟아나다의 뜻. 적과 용감하게 싸우다의 뜻으로 씀.

· 勇敢(용감) 용기가 있어 사물에 임하여 과감함.
· 智仁勇(지인용) '슬기와 인자와 용기'를 아울러 이르는 말.
· 勇敢無雙(용감무쌍)·勇健(용건)·勇氣(용기)·勇斷(용단)·勇猛(용맹)·勇猛心(용맹심)·勇名(용명)·勇略(용략)·勇猛果敢(용맹과감)

[참고]

❖ 부가의미 · ①분발함. ②시원스럽고 깨끗한 태도. ③용사 등의 뜻도 있음.

一
甬
甬
勇
勇

★★

宀의 7
총 10획

容　얼굴 용
　　　담을 용

[풀이] 씌우개를 뜻하는 宀과 음을 나타내는 谷(욕, 곡)을 합쳐서 그릇에 물건을 담고 가리워싸다, 넣다의 뜻.

· 容量(용량) 용기안에 들어갈수 있는 양.
· 許容(허용) 허락하여 용납함.
· 容器(용기)·容貌(용모)·容赦(용사)·容色(용색)
· 容儀(용의)

[참고]

❖ 비슷한 의미를 가진 한자 · ①넣다의 뜻을 가진 글자 →入(입). ②모양의 뜻을 가진 글자→形(형).
❑ 모양이 비슷한 한자 · 容(쉬울 용) 容貌(용모)
　　　　　　　　　　　· 客(손 객) 主客(주객)
❖ 잘못읽기 쉬운 한자 · 容喙 용훼 (용탁으로 읽지 말 것)

宀
宀
容
容
容

★★★

又의 2
총 4획

友　벗　우
　　　친구 우

[풀이] 손을 모아 기도할 때 두손이 같은 쪽을 향한 모습을 본떠서 만든 글자. 서로 도와 일한다는 뜻.

· 友情(우정) 벗 사이의 정. 우의(友誼).
· 交友(교우) 벗을 사귐.
· 友軍(우군)·友黨(우당)·友邦(우방)·友愛(우애)
· 敎友(교우)·校友(교우)·同友(동우)·朋友(붕우)
· 良友(양우)·戰友(전우)·親友(친구)·學友(학우)
· 會友(회우)·鄕友會(향우회)·血友病(혈우병)

[참고]

❖ 비슷한 의미를 가진 한자 · 朋(붕)은 동족(同族)의 친구. 友(우)는 벼슬 친구.
❎ 반대되는 한자 · 友(벗 우)↔敵(원수 적)

一
ナ
方
友

★★★

牛의 0
총 4획

牛　소　우

[풀이] 소의 뿔과 머리를 뒤에서 본 모양을 본뜸. 소를 뜻함. 부수로서는 소에 관한 뜻을 나타냄.

· 牛毛(우모) 쇠털, 많은 수의 비유.
· 牛乳(우유) 암소의 젖, 밀크.
· 牛骨(우골)·牛公(우공)·牛女(우녀)·牛痘(우두)
· 牛頭馬頭(우두마두)·牛酪(우락)·牛馬(우마)·牛蒡(우방)·牛步(우보)·牛舍(우사)·牛溲馬勃(우수마발)·牛裂(우열)·牛往馬往(우왕마왕)

[참고]

❖ 부가의미 · 별 이름의 뜻도 있음.
❑ 모양이 비슷한 한자 · 牛(소 우) 牛馬(우마)
　　　　　　　　　　· 午(낮 오) 午前(오전)

ノ
ᅩ
二
牛

口의
2
총5획

오른쪽 우

★ ★ ★

· 右手(우수) 오른손.
· 右往左往(우왕좌왕) 바른쪽으로 갔다 왼쪽으로 갔다 하여 종잡지 못함.
· 右傾(우경) · 右顧左眄(우고좌면) · 右武(우무) · 右文(우문) · 右文左武(우문좌무) · 右邊(우변) · 右輔(우보) · 右心房(우심방) · 右心室(우심실)

❖

[풀이] 음을 가리키면서 오른손을 뜻하는 ㄱ(우)와 입을 뜻하는 口를 합쳐서 말로 권하다, 또는 오른쪽이라는 뜻을 나타냄.

[참고]

❀ 부가의미 · ①보수적인 사상. ②숭상함. 떠받듦. ③도움 등의 뜻도 있음.

✖ 반대되는 한자 · 右(오른쪽 우)↔左(왼쪽 좌)

```
丿
ナ
ナ
右
右
```

宀의
3
총6획

집   우
지붕   우

· 宇宙(우주) 천지 사방과 고금(古今). 질서있는 통일체로서의 세계.
· 堂宇(당우) 큰집과 작은 집.
· 宇內(우내) · 宇宙論(우주론) · 宇宙船(우주선) · 宇宙引力(우주인력) · 宇宙線(우주선) · 氣宇(기우) · 眉宇(미우) ·

❖

[풀이] 宀[집]과 음을 나타내는 于(우)를 합쳐서 집의 제 모퉁이 · 처마의 뜻. 후에 사방의 끝이라는 뜻으로 쓰임.

[참고]

❀ 부가의미 · ①하늘 · 세계. ②끝 등의 뜻도 있음.

```
丶
宀
宀
宇
```

雨의
0
총8획

비   우

★ ★ ★

· 雨天(우천) 비가오는 날.
· 雨期(우기) 1년중에 가장 비가 많이 내리는 시기.
· 雨季(우계) · 雨具(우구) · 雨量(우량) · 雨露(우로) · 雨傘(우산) · 雨雪(우설) · 雨水(우수) · 雨雲(우운) · 雨衣(우의) · 雨裝(우장) · 雨中(우중) · 雨天順延(우천순연) · 雨後竹筍(우후죽순)

❖

[풀이] 위로부터 덮고 있는 구름과 구름에서 내리는 물방울로 비를 본 뜻. 부수로는 비,구름, 그밖의 기상에 관한 뜻을 나타냄.

[참고]

❀ 부가의미 · 비가 내림의 뜻도 있음.

◈ 모양이 비슷한 한자 · 雨(비 우) 風雨(풍우)
· 兩(두 량) 兩立(양립)

```
一
一
一
雨
雨
雨
```

亻의
9
총11획

짝   우

· 偶感(우감) 우연히 머리에 떠오르는 생각. 감상(感想).
· 偶發(우발) 생각지 않게 갑자기 발생(發生)함. 뜻밖에 일어남.
· 偶像崇拜(우상숭배) · 偶像破壞(우상파괴) · 偶像化(우상화) · 偶性(우성) · 偶數(우수) · 偶語(우어) · 偶然(우연) · 偶然論(우연론) · 偶然性(우연성) · 偶吟(우음) · 偶人(우인) · 偶日(우일) · 偶作(우작) · 偶蹄類(우제류) · 偶坐(우좌) · 偶合(우합) · 奇偶(기우) · 對偶(대우) · 木偶(목우) · 配偶(배우) · 土偶(토우) · 匹偶(필우) · 好偶(호우)

❖

[풀이] 사람을 뜻하는 亻과 음을 나타내는 禺(우)를 합쳐 사람이 줄을 짓는다는 뜻을 나타냄. 일반적으로 동반자라는 뜻으로 쓰임.

```
伊
偶
偶
偶
偶
```


辶의9 총13획

遇 만날 우 대접할 우

· 遭遇(조우) 우연히 만남.
· 不遇(불우) 좋은 때를 못 만남.
· 遇待(우대) · 待遇(대우) · 禮遇(예우) · 遇虞(우우)
· 恩遇(은우) · 知遇(지우) · 千載一遇(천재일우) · 厚遇(후우) · 前官禮 (전관예우)

[풀이] 길을 뜻하는 辶과 음을 나타내는 禺(우)를 합쳐 길 양 편으로 와서 만나다의 뜻.

[참고]
❖ 비슷한 의미를 가진 한자 · 만나다의 뜻을 가진 글자 遇(우)는 우연히 만남. 逢(봉)은 저편에서 오는 사람을 만남. 遭(조)는 딱 마주침. 會(회)는 여럿이 가지런히 만남. 邂(해)는 돌고 돌아서 만남. 뜻밖에의 뜻을 가진 글자→偶(우).

口 日 咼 禺 遇

心의9 총13획

愚 어리석을 우

· 愚直(우직) 어리석고 고지식함.
· 愚鈍(우둔) 어리석고 둔함.
· 愚見(우견) · 愚計(우계) · 愚公移山(우공이산) · 愚老(우로) · 愚論(우론) · 愚弄(우롱) · 愚昧(우매) · 愚問(우문) · 愚物(우물) · 愚民(우민) · 愚生(우생) · 愚書(우서) · 愚說(우설) · 愚拙(우졸)

[풀이] 心[마음]과 음을 나타내는 禺(우)를 합쳐서 우원하고 번거로와 생각이 느리다의 뜻.

[참고]
❖ 부가의미 · ①업신여김. 깔봄. ②자기 것에 대하여 겸손의 뜻을 나타 낼 때 덧붙이는 말 등의 뜻도 있음.
❖ 반대되는 한자 · 愚(어리석을 우)↔賢(어질 현)

口 日 咼 禺 愚 愚

★
阝의8 총11획

郵 우편 우 역말 우

· 郵送(우송) 우편으로 보냄.
· 郵便(우편) 편지나 소포 등을 보내는 사업.
· 郵券(우권) · 郵稅(우세) · 郵遞局(우체국) · 郵遞筒(우체통) · 郵便局(우편국) · 郵便囊(우편낭) · 郵便物(우편물) · 郵便船(우편선) · 郵便貯金(우편저금) · 郵便切手(우편절수) · 郵便函(우편함) · 郵票(우표)

[풀이] 阝[마을]과 변경(邊境)의 뜻을 가지는 垂를 합쳐서 변경에 있는 마을이라는 뜻. 그런 곳에 역참(驛站)이나 역사(驛舍)를 두었기 때문에 역참의 뜻으로 쓰이게 됨.

二 垂 垂 垂 郵

心의11 총15획

憂 근심 우 걱정 우

· 憂慮(우려) 근심과 걱정.
· 杞憂(기우) 쓸데없는 걱정을 이르는 말.
· 憂國(우국) · 憂民(우민) · 憂悶(우민) · 憂憤(우분) · 憂色(우색) · 憂世(우세) · 憂愁(우수) · 憂心(우심) · 憂鬱(우울) · 憂患(우환) · 一喜一憂(일희일우) · 喜憂(희우)

[풀이] 발[足]을 뜻하는 夂과 음을 나타내는 憂(우)를 합쳐서 천천히 걷다의 뜻. 憂가 근심하다의 본디 글자이나 후에 憂로 쓰게 됨.

[참고]
❖ 부가의미 · ①병(病). 재앙. 상(喪). 상중. ②무서워함 등의 뜻도 있음.
❖ 비슷한 의미를 가진 한자 · 근심하다의 뜻을 가진 글자→ 愁(수)

一 直 惪 夐 憂

優

★
亻의 15
총 17획

뛰어날 우
도타울 우

[풀이] 사람을 뜻하는 亻과 음을 나타내는 憂(우)를 합쳐 탈을 쓰고 춤을 추는 사람, 광대라는 뜻을 나타냄. 널리 넉넉하다, 낫다라는 뜻으로 쓰임.

· 優等(우등) 높은 등급(等級). 성적이 우수함.
· 優越(우월) 뛰어남.
· 優曇華(우담화) · 優待(우대) · 優良(우량) · 優美(우미) · 優賞(우상) · 優生學(우생학) · 優勢(우세)

[참고]
❖ 비슷한 의미를 가진 한자·낫다의 뜻을 가진 글자 優(우)는 남보다 힘이 더 있어 나음. 勝(승)은 상대를 물리치고 올라섬. 愈(유)는 상대보다 정도를 넘어서 나음. 長(장)은 키가 큰데서 남보다 장점을 가짐.↔短(단). 賢(현)은 재주가 뛰어나다의 뜻이 강함.↔愚(우).
🗶 반대되는 한자·優(뛰어날 우)↔劣(못날 렬)

丿 亻 亻 伓 優 優

雲

★★
雨의 4
총 12획

구름 운

[풀이] 雨와 음을 나타내는 云(운)을 합하여 비구름의 뜻. 널리 구름의 뜻으로 씀.

· 雲集(운집) 구름처럼 많이 모임.
· 白雲(백운) 흰구름.
· 雲脚(운각) · 雲間(운간) · 雲客(운객) · 雲氣(운기) · 雲泥(운니) · 雲泥之差(운니지차) · 雲量(운량) · 雲路(운로) · 雲霧(운무) · 雲峰(운봉) · 雲散霧消(운산무소) · 雲上(운상) · 雲水(운수)

[참고]
❖ 부가의미·하늘. 상천(上天)의 뜻도 있음.
◎ 모양이 비슷한 한자·雲(구름 운) 雲集(운집)
　　　　　　　·雪(눈 설) 白雪(백설)
✿ 잘못읽기 쉬운 한자·雲刻 운각 (운핵으로 읽지 말 것)

一 二 示 雲 雲 雲

運

★★★
辶의 9
총 13획

운전할 운

[풀이] 보행의 뜻인 辶과 음을 나타내는 軍(군)[운은 변음]을 합쳐서 빙빙 돌다의 뜻. 후에 나르다의 뜻으로 씀.

· 運營(운영) 일을 경영하여 나아감.
· 幸運(행운) 좋은 운수. 행복한 운수.
· 運柩(운구) · 運氣(운기) · 運動(운동) · 運動家(운동가) · 運動量(운동량) · 運動神經(운동신경) · 運動員(운동원) · 運動中樞(운동중추) · 運糧(운량)
· 運命(운명) · 運命論(운명론) · 運搬(운반)

[참고]
❖ 부가의미·①돎. 돌림. 운전함. ②움직임. ③잘씀. ④운. ⑤과정. 상태. 힘 등의 뜻도 있음.

一 写 冒 軍 運

韻

音의 10
총 19획

울 운

[풀이] 音[소리]과 음을 나타내며 동시에 구른다는 뜻인 員(원)[운은 변음]을 합하여 목소리의 고른 울림을 뜻함.

· 韻文(운문) 시(詩)의 형식을 갖춘 글.
· 音韻(음운) ① 한자의 음과운. ② 말을 이루는 하나 하나의 소리.
· 韻脚(운각) · 韻事(운사) · 韻語(운어) · 韻律(운율) · 韻字(운자) · 脚韻(각운) · 頭韻(두운) · 神韻(신운) · 押韻(압운) · 哀韻(애운) · 餘韻(여운) · 音韻(음운)

[참고]
❖ 부가의미·①화(和)함. ②운치. ③운. 한자를 그 울림에 따라 유별(類別)한 명칭. ④시부(詩賦)·가곡(歌曲)에 관한 일 등의 뜻도 있음.

立 音 音 韻 韻

隹의 4
총 12획

雄　수컷 웅

풀이 隹와 음을 나타내는 厷(굉)[웅는 변음]을 향하여 용감한 새의 뜻. 널리 새의 수컷, 굳세다, 용감하다의 뜻으로 쓰임.

· 雄辯(웅변) 거침없이 잘하는 변설(辯舌)
· 雌雄(자웅) 암컷과 수컷. 승패. 우열
· 雄據(웅거) · 雄建(웅건) · 雄傑(웅걸) · 雄勁(웅경)
· 雄斷(웅단) · 雄大(웅대) · 雄圖(웅도) · 雄略(웅략)
· 雄麗(웅려) · 雄邁(웅매) · 雄辯(웅변) · 雄蜂(웅봉)
· 雄飛(웅비) · 雄視(웅시) ·

참고
❖ **부가의미** · ①굳셈. ②뛰어남. 걸출(傑出). ③웅장(雄壯)함. ④우두머리 등의 뜻도 있음.
✖ **반대되는 한자** · 雄(수컷 웅)↔雌(암컷 자)

一 ナ 犲 犲 雄

儿의 2
총 4획

元　으뜸 원
　　근본 원

풀이 사람을 뜻하는 儿과 쇠머리를 뜻하는 二를 합쳐서 사람의 머리라는 뜻을 나타냄. 일반적으로 우두머리[어른] · 바탕 · 비로소[처음]이라는 뜻으로 쓰임.

· 元氣(원기) 활동의 근본이 되는 기력.
· 元子(원자) 임금의 맏아들.
· 元價(원가) · 元功(원공) · 元舅(원구) · 元金(원금)
· 元年(원년) · 元旦(원단) · 元來(원래) · 元老(원로)

참고
❖ **비슷한 의미를 가진 한자** · 근본이라는 뜻의 글자→本(본). 처음이라는 뜻의 글자→初(초).

一 二 テ 元

心의 5
총 9획

怨　원망할 원
　　원한 원

풀이 心[마음]과 음을 나타내는 夗(원)을 합쳐서 불평을 품고 미워하다의 뜻.

· 怨望(원망) 분하게 여겨 미워함.
· 怨恨(원한) 원통(冤痛)하고 한(恨)되는 생각.
· 怨靈(원령) · 怨府(원부) · 怨婦(원부) · 怨讎(원수)
· 怨心(원심) · 怨敵(원적) · 怨罪(원죄) · 仇怨(구원)
· 私怨(사원) · 宿怨(숙원) · 嫌怨(혐원)

참고
❖ **부가의미** · 불만스럽게 생각함의 뜻도 있음.

 ク 夗 夗 怨

厂의 8
총 10획

原　근원 원
　　들 원

풀이 벼랑을 이루고 있는 바위틈에서 샘물이 흐르는 모양을 본뜸. 물의 근원이라는 뜻. 후에 사물의 근원이라는 뜻으로 쓰였으나, 수원이라는 뜻인 源자가 따로 만들어짐.

· 原料(원료) 제조,가공의 재료(材料).
· 草原(초원) 풀이난 들판.
· 原價(원가) · 原據(원거) · 原告(원고) · 原稿(원고)

참고
❖ **비슷한 의미를 가진 한자** · 근원의 뜻을 가진 글자 →本(본).

厂 厂 盾 厚 原

員

口의 7
총 10회
★

관　원
인　원

풀이 세발솥을 본뜬 具와 음을 나타내며 둥글다의 뜻을 가진 口(구)[원은 변음]를 합쳐서 둥근 세발솥이라는 뜻. 세발솥을 세는 데서 수(數)의 뜻으로 씀.

· 人員(인원) 사람의 수. 단체를 이룬 여러 사람.
· 社員(사원) 회사에 근무하는 사람. 사단법인을 구성하는 사람.
· 員外(원외) · 員數(원수) · 客員(객원) · 缺員(결원)
· 敎員(교원) · 役員(역원) · 冗員(용원) · 委員(위원)
· 議員(의원) · 全員(전원) · 定員(정원) · 職員(직원)

참고
❖ **부가의미** · ①사람. 관원. ②둥근. 동그라미. ③더함. ④이름[云] 등의 뜻도 있음.

口
尸
目
員
員

院

阝의 7
총 10회
★★★

집　원

풀이 阝[쌓아올린 흙]과 음을 나타내는 完(완)[원은 변음]을 합쳐서 흙담을 뜻함. 후에 흙담으로 둘러쌓인 곳으로 쓰임.

· 院長(원장) 병원,학원 등의 우두머리.
· 病院(병원) 병자나 부상자를 진찰하고 치료하는 곳.
· 院內(원내) · 院本(원본) · 院議(원의) · 孤兒院(고아원) · 本院(본원) · 分院(분원) · 寺院(사원) · 書院(서원) · 僧院(승원) · 醫院(의원) · 入院(입원) · 退院(퇴원) · 下院(하원) · 學院(학원)

참고
❖ **부가의미** · ①담장으로 둘러싸인 장소. 궁전. 관청. 절. 학교. 기녀(妓女)가 있는 곳. ②국회 등의 뜻도 있음.

阝
阝
阼
阽
院

援

扌의 9
총 12회
★

구원할 원

풀이 扌[손]와 음을 나타내는 爰(원)을 합쳐서 손으로 당기다, 돕다의 뜻.

· 援護(원호) 도와서 보호(保護)함.
· 後援(후원) 뒤에서 도와줌.
· 援軍(원군) · 援兵(원병) · 援用(원용) · 援引(원인)
· 援助(원조) · 救援(구원) · 聲援(성원) · 應援(응원)

참고
❖ **부가의미** · ①당김. 잡아당김. 끌어 잡음. ②뺌. ③사다리. ④접(接)함 등의 뜻도 있음.
❖ **비슷한 의미를 가진 한자** · 구원하다, 돕다의 뜻을 가진 글자→助(조).

扌
扩
捋
捋
援

圓

口의 10
총 13회
★★

둥글　원
원만할 원

풀이 테두리를 뜻하는 口[위]와 음을 나타내는 員(원)을 합쳐서 둥근 테두리의 뜻.

· 圓滿(원만) 충분히 가득참. 감정이 급하거나 거칠지 않음.
· 圓熟(원숙) 충분히 손에 익어 숙련됨.
· 圓覺(원각) · 圓光(원광) · 圓舞(원무) · 圓舞曲(원무곡) · 圓心(원심)

참고
❖ **비슷한 의미를 가진 한자** · 둥글다의 뜻을 가진 글자 圓(원)은 완전한 동그라미. 丸(환)은 총알이나 환약처럼 둥글면서도 구를 수 있는 것. 團(단)은 속이 찬 둥근 덩어리. 또는 둥글게 모임. 모여 뭉침.

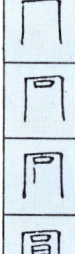
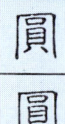

口
冂
冋
圎
圓

★★★ 囗 의 10 총 13 획 **園** 동산 원 구역 원	· 園頭幕(원두막) 참외 등을 심은 밭을 지키기 위해 지은 높직한 막. · 庭園(정원) 뜰. · 園兒(원아) · 園藝(원예) · 園長(원장) · 園丁(원정) · 園主(원주) · 園池(원지) · 公園(공원)	一 冂 周 園 園

풀이 囗[테두리]와 음을 나타내는 袁(원)을 합쳐서 울타리를 친 곳이라는 뜻. 밭, 뜰의 뜻으로 씀.

참고
❖ 비슷한 의미를 가진 한자 · 밭의 뜻을 가진 글자 園(원)은 과수 등을 심고 울을 친 곳. 또는 정원. 圃(포)는 채소 등을 심는 밭. 구획된 곳. 苑(원)은 새나 짐승을 치는 곳. 또는 물건을 모아 둔 구역. 囿(유)는 울타리를 친 원(苑).

★ 氵 의 10 총 13 획 **源** 수원 원 근원 원	· 源泉(원천) 물이 흘러나오는 근원. 사물의 근원. · 起源(기원) 사물이 생긴 근원. · 源流(원류) · 源泉課稅(원천과세) · 根源(근원) · 桃源(도원) · 本源(본원) · 水源(수원) · 淵源(연원) · · 財源(재원)	氵 氵 沪 源 源

풀이 본래 原이 바위 틈에서 물이 스며 나오는 모양을 나타내며 근원을 뜻하였는데, 그 原이 들판의 뜻으로 쓰이게 되자 氵을 붙인 源을 근원의 뜻으로 쓰게 됨. 原(원)은 음을 나타냄.

참고
❋ 부가의미 · 시초의 뜻도 있음.

★★★ 辶 의 10 총 14 획 **遠** 멀 원 먼 곳 원	· 遠洋(원양) 뭍에서 멀리 떨어진 대해(大海). · 疏遠(소원) 친분이 가깝지 못하고 멂. 소식이나 왕래가 오래 끊긴 상태에 있음. · 遠客(원객) · 遠隔(원격) · 遠隔地(원격지) · 遠景(원경) · 遠交近攻(원교근공) · 遠近(원근) · 遠近法(원근법) · 遠大(원대) · 遠慮(원려) · 遠路(원로)	十 告 袁 遠 遠

풀이 보행의 뜻인 辶과 음을 나타내는 袁(원)을 합쳐서 오랫동안 걷다의 뜻. 후에 멀다의 뜻이 됨.

참고
❋ 부가의미 · ①관계가 가깝지 않음. ②떨어짐. 멀어짐. ③멀리함. ④심오함. 깊음 등의 뜻도 있음.
❎ 반대되는 한자 · 遠(멀 원)↔近(가까울 근)

★★★ 頁 의 10 총 19 획 **願** 바랄 원 원할 원	· 願望(원망) 원하고 바람. 또는 원하고 바라는 바. · 請願(청원) 청하고 원함. · 願力(원력) · 願望(원망) · 願文(원문) · 願佛(원불) · 願書(원서) · 願意(원의) · 願人(원인) · 願情(원정) · 願主(원주) · 懇願(간원) · 祈願(기원) · 大願(대원) · 滿願(만원) · 發願(발원) · 本願(본원) · 悲願(비원)	一 厂 厂 原 原 願

풀이 머리[頁]와 음을 나타내는 原(원)을 합하여 큰 머리를 뜻함. 머리에 생각이 떠오르다, 생각하다에서 바라며 원하다의 뜻으로 씀.

참고
❋ 부가의미 · ①빎. ②부러워함. ③사모함. 선모(羨慕)함. ④소망. 소원. ⑤매양. 항상 등의 뜻도 있음.

月의 0
총4획

月

달 월
세월 월

· 月給(월급) 다달이 받는 정해진 봉급.
· 明月(명월) 밝은 달.
· 月刊(월간)·月間(월간)·月桂樹(월계수)·月光(월광)·月宮姮娥(월궁항아)·月內(월내)·月旦(월단)·月來(월래)

풀이 달의 모양을 본떠서 달의 뜻. 부수로서는 달, 세월 등에 관한 뜻을 나타냄.

참고
❖ **부가의미** ·①달빛. ②한 달. ③세월. 시일 등의 뜻도 있음.

ノ
刀
月
月

走의 5
총12획

越

넘을 월
건널 월

· 越江(월강) 강을 건넘.
· 優越感(우월감) 자기가 다른 사람보다 뛰어났다는 감정.
· 越境(월경)·越權(월권)·越年(월년)·越冬(월동)
· 越等(월등)·越房(월방)·越訴(월소)·越牆(월장)
· 越次(월차)·越川(월천)·優越(우월)·僭越(참월)

풀이 走[달리다]와 음을 나타내는 戉(월)을 합하여 물건을 뛰어 넘는다는 뜻.

참고
❖ **부가의미** ·①세월을 경과함. ②떨어짐. 잃음. ③흐트러짐. ④이에[발어사(發語辭)]. ⑤떨침. ⑥넓. ⑦월(越)나라. 춘추전국시대(春秋戰國時代)의 나라 이름 등의 뜻도 있음.

⼟
走
走
越
越

⼌의 4
총6획

危

위태함 위
위구할 위

· 危險(위험) 위태함. 안전하지 못함.
· 安危(안위) 안전과 위험.
· 危機(위기)·危機一髮(위기일발)·危懼(위구)·危局(위국)·危難(위난)·危道(위도)·危篤(위독)·危峰(위봉)·危如累卵(위여누란)·危坐(위좌)·危殆(위태)·危險(위험)

풀이 厃는 사람이 벼랑 가에 있는 모양. 㔾(절)은 卪로도 쓰며 사람이 무서워서 무릎을 꿇은 모습을 딴 것임. 아슬아슬하다는 뜻을 나타냄.

참고
❖ **비슷한 의미를 가진 한자** ·危(위)는 위태로와 안절부절 못함. 殆(태)는 일이 절박해서 위태로움.

⼎
⺈
厃
危
危

イ의 5
총7획

位

자리 위
분 위

· 位置(위치) 자리, 지위, 처소, 곳, 장소.
· 上位(상위) 높은 위치, 높은 지위.
· 位階(위계)·位官(위관)·位記(위기)·位妄(위망)
· 位爵(위작)·位次(위차)·位牌(위패)·位號(위호)
· 各位(각위)·方位(방위)·本位(본위)·爵位(작위)
· 在位(재위)·卽位(즉위)·退位(퇴위)·下 (하위)

풀이 사람을 뜻하는 イ과 立을 합쳐 사람이 정해진 곳에 선다는 뜻을 나타냄. 일반적으로 위치·신분이라 는 뜻으로 쓰고 있음.

참고
❖ **부가의미** ·사람을 세는 높임말의 뜻도 있음.

ノ
イ
佧
位
位

女의 5
총 8획

委

맡길 위
든든할 위

풀이 女[여자]와 음을 나타내는 禾(화) [위는 변음]를 합쳐서 여자가 몸을 뒤틀다의 뜻. 후에 맡기다의 뜻으로 쓰임.

· 委託(위탁) 맡기어 부탁함. 의뢰함.
· 委員(위원) 특정 사항의 처리를 맡은 사람.
· 委曲(위곡) · 委咎(위구) · 委禽(위금) · 委寄(위기)
· 委棄(위기) · 委命(위명) · 委分(위분) · 委席(위석)
· 委細(위세) · 委囑(위촉) · 委巷(위항) · 端委(단위)
· 撫委(무위) · 分委(분위) · 紛委(분위) · 信委(신위)

참고

❖ 비슷한 의미를 가진 한자 · 자세하다의 뜻을 가진 글자→詳(상).

一 千 禾 委 委

女의 6
총 9획

威

위엄 위

풀이 女(여자)와 음을 나타내는 戌(술)[위는 변음]을 합쳐서 한 집안의 권력을 쥔 여자라는 뜻. 후에 무서워하다 · 겁을 주다의 뜻으로 쓰임.

· 威脅(위협) 으르고 협박(脅迫)함.
· 國威(국위) 나라의 위엄.
· 威光(위광) · 威懼(위구) · 威權(위권) · 威德(위덕)
· 威力(위력) · 威令(위령) · 威望(위망) · 威信(위신)
· 威嚴(위엄) · 威容(위용) · 威風(위풍) · 權威(권위)
· 示威(시위)

참고

❖ 부가의미 · ①세력. ②거동 등의 뜻도 있음.

丿 厂 反 威 威 威

人의 9
총 11획

★ ★ ★

偉

클 위
뛰어날 위

풀이 사람을 뜻하는 亻과 음을 나타내는 韋(위)를 합쳐 남보다 뛰어난 큰사람이라는 뜻을 나타냄. 보통 훌륭한 인물이라는 뜻.

· 偉人(위인) 위대한 사람, 뛰어난 인물.
· 偉大(위대) 국량(局量)이 매우큼.
· 偉舉(위거) · 偉功(위공) · 偉觀(위관) · 偉器(위기)
· 偉大(위대) · 偉力(위력) · 偉業(위업) · 偉容(위용)
· 偉人傳(위인전) ·

참고

❖ 비슷한 의미를 가진 한자 · 크다의 뜻을 가진 글자→大(대).

亻 仴 俉 偉 偉 偉

爪의 8
총 12획

★ ★

爲

할 위

풀이 원숭이가 발톱으로 할퀴려는 모양을 본뜸. 바꾸어 하다 · 이루다 · 만들다 · 다스리다의 뜻으로 쓰고, 다시 바뀌어 남을 위하다 · 나라를 위하다의 뜻으로도 씀.

· 爲政(위정) 정치를 함. (예)者
· 行爲(행위) 행하는 것.
· 爲待(위대) · 爲先(위선) · 爲始(위시) · 爲我(위아)
· 爲業(위업) · 爲人(위인) · 爲替(위체) · 當爲 · (당위) · 無爲(무위) · 所爲(소위) · 營爲(영위) · 有爲(유위) 人爲(인위) · 作爲(작위)

참고

❖ 부가의미 · ①다스림. ②배움. ③…체함. 가장함. ④도와줌. 보좌함. ⑤위하여. 위하여 행함. ⑥…와 더불어 등의 뜻도 있음.

一 爫 爭 爲 爲

圍

口의 9
총 12회

둘레 위
에울 위

★ ★

· 圍繞(위요) 에워쌈. 싸고 돎.
· 周圍(주위) 어떤 곳의 바깥 둘레.
· 圍徑(위경) · 圍碁(위기) · 圍籬(위리) · 圍木(위목)
· 圍場(위장) · 範圍(범위) · 四圍(사위) · 守圍(수위)
· 外圍(외위) · 包圍(포위)

풀이 둘러 싸다의 뜻인 口와 음을 나타내는 韋(위)를 합쳐서 둘러 싸다의 뜻.

참고

❖ 부가의미 · ①아람. ②지킴 등의 뜻도 있음.

慰

心의 11
총 15회

위로할 위
위안할 위

· 慰安(위안) 위로하여 마음을 편안하게 함.
· 慰靈(위령) 죽은 혼령을 위로함.
· 慰勵(위려) · 慰勞(위로) · 慰留(위류) · 慰撫(위무)
· 慰問(위문) · 慰藉(위자) · 慰藉料(위자료) · 慰誨
(위회) · 訪慰(방위) · 安慰(안위) · 恩慰(은위) · 弔
慰(조위)

풀이 心[마음]과 음을 나타내는 尉(위)를 합쳐서 마음을 부드럽게 하고 진정시키다의 뜻.

참고

❖ 부가의미 · ①기분이 좋아짐. 기분 전환. ②상쾌해짐. ③즐기고 놂 등의 뜻도 있음.

謂

言의 9
총 16회

이를　위

· 所謂(소위) 이른 바.
· 可謂(가위) 가히 이르자면. 과연. 참.
· 稱謂(칭위)

풀이 言[말]과 음을 나타내는 胃(위)를 합쳐서 옮겨 바꾸어 말하다의 뜻임.

참고

❖ 부가의미 · ①까닭. ②일컬음. ③이르는 바. 소위 등의 뜻도 있음.

衛

行의 10
총 16회

막을　위
지킬　위

★ ★

· 衛生(위생) 건강을 보호, 증진하기 위해 질병의 치료를 게을리 하지 않는 일.
· 防衛(방위) 막아서 지킴.
· 衛兵(위병) · 衛星(위성) · 警衛(경위) · 近衛(근위)
· 備衛(비위) · 守衛(수위) · 侍衛(시위) · 自衛(자위)
· 親衛(친위) · 護衛(호위)

풀이 길을 뜻하는 行과 돌아 다님을 뜻하는 韋를 합쳐서 순회(巡回)하면서 지키다의 뜻.

참고

❖ 부가의미 · ①핏기[血氣]. ②중국 주대(周代)의 나라 이름 등의 뜻도 있음.
◨ 모양이 비슷한 한자 · 衛(모실 위) 護衛(호위)
· 衙(마을 아) 官衙(관아)

田의 0
총5획

★ ★ ★

由 말미암을 유
까닭 유

- 由來(유래) 사물이 연유하여 온 바. 내력.
- 自由(자유) 마음 대로인 상태.
- 由緒(유서)·由緣(유연)·經由(경유)·理由(이유)
- 事由(사유)·所由(소유)·緣由(연유)·職由(직유)
- 解由(해유)

풀이 나무 열매가 가지에 달려있는 모양. 식물이 싹·꽃·열매의 순서를 밟는 것에서, '되어지는 까닭'이란 뜻을 나타냄

참고
☯ 모양이 비슷한 한자·由(말미암을 유) 理由(이유)
·田(밭 전) 田畓(전답)

一 口 巾 由 由

幺의 2
총5획

幼 어릴 유

- 幼兒(유아) 어린 아이.
- 老幼(노유) 늙은이와 어린이.
- 幼君(유군)·幼根(유근)·幼女(유녀)·幼年(유년)
- 幼童(유동)·幼名(유명)·幼少(유소)·幼時(유시)
- 幼芽(유아)·幼弱(유약)·幼魚(유어)·幼子(유자)
- 幼蟲(유충)·幼稚(유치)·幼稚園(유치원)

풀이 幺(작을 요)에 力(힘 력)을 합한 글자. 힘이 약함을 나타낸 것으로 어린 아이를 뜻함.

참고
☯ 모양이 비슷한 한자·幼(어릴 유) 幼年(유년)
·幻(미혹할 환) 幻想(환상)

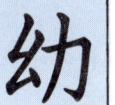

丶 幺 幺 幻 幼

月의 2
총6획

★ ★ ★

有 있을 유
가질 유

- 有名(유명) 세상에 이름이 알려져 있음.
- 保有(보유) 지니고 있음. 가지고 있음.
- 有價證券(유가증권)·有蓋(유개)·有功(유공)·
有孔蟲泥(유공충니)·有口無言(유구무언)·有能
(유능)·有料(유료)·有罪(유죄)·共有(공유)·私
有(사유)·所有(소유)

풀이 고기[月]와 손[ナ]을 합쳐서 고기를 들고 사람에게 권하다의 뜻. 널리 가지다·있다 등의 뜻으로 쓰임.

참고
❖ 비슷한 의미를 가진 한자·있다의 뜻을 가진 글자 有
(유)는 물건을 손에 가지고 있음.↔無(무). 在(재)는
어디어디에 있다는 뜻으로 물건의 소재를 나타냄.
⊠ 반대되는 한자·有(있을 유)↔無(없을 무)

ノ ナ 才 有 有 有

乙의 7
총8획

乳 젖 유
젖먹일 유

- 乳臭(유취) 젖에서 나는 냄새. 젖내.
- 母乳(모유) 자기 어머니의 젖.
- 乳糖(유당)·乳頭(유두)·乳酪(유락)·乳母(유모)
- 乳鉢(유발)·乳房(유방)·乳白色(유백색)·乳棒
(유봉)·乳酸(유산)·乳酸菌(유산균)·乳牀(유상)
- 乳腺(유선)·乳首(유수)·乳兒(유아)·乳癌(유암)

풀이 낳다의 뜻인 孚와 제비라는 뜻의 乚를 합쳐 낳다의 뜻. 널리 기르다·기르는 젖의 뜻으로 쓰임.

참고
❀ 부가의미·①젖처럼 흰 액체. ②기름. ③낳음. ④유방과 같이 생긴 것. ⑤어버이 등의 뜻도 있음.

一 爫 孚 孚 乳

232

氵의5 총8획 **油** 기름 유 ★★★	·油田(유전) 석유가 나는 곳. ·油紙(유지) 기름을 먹인 종이. ·油煙(유연)·油井(유정)·油畵(유화)·油壓器(유압기)·油槽船(유조선)·肝油(간유)·輕油(경유) ·燈油(등유)·石油(석유)·注油(주유)·香油(향유)

(풀이) 氵[시내]과 음을 나타내는 由(유)를 합쳐서 본래 강의 이름이었으나 기름의 뜻으로 쓰임.

(참고)
❖ 부가의미 · 왕성한 모양의 뜻도 있음.
❖ 비슷한 의미를 가진 한자 · 기름의 뜻을 가진 글자 油(유)는 액체 기름. 脂(지)는 동물의 체내에 있는 기름이 굳어진 것. 肪(방)은 살을 둘러 싼 기름.

木의5 총9획 **柔** 부드러울 유

·柔順(유순) 성질이 부드럽고 온순함.
·溫柔(온유) 온화하고 부드러움.
·柔道(유도)·柔毛(유모)·柔媚(유미)·柔術(유술)
·柔弱(유약)·柔軟(유연)·柔脆(유취)·柔和(유화)
·剛柔(강유)·優柔(우유)·懷柔(회유)

(풀이) 木과 음을 나타내는 矛(모)[유는 변음]를 합쳐서 잘 휘어지는 나무란 뜻. 널리 부드럽다의 뜻으로 쓰임.

(참고)
❖ 부가의미 · ①상냥함. 얌전함. 점잖음. ②약함. 부드럽게 함. 타일러 안심시킴. ③유도 등의 뜻도 있음.

纟의6 총9획 **幽** 어두울 유

·幽明(유명) 어둠과 밝음. 저승과 이승.
·幽玄(유현) 이치가 그윽하여 알기 어려움.
·幽居(유거)·幽境(유경)·幽界(유계)·幽谷(유곡)
·幽靈(유령)·幽門(유문)·幽冥(유명)·幽房(유방)
·幽棲(유서)·幽邃(유수)·幽勝(유승)·幽暗(유암)
·幽鬱(유울)·幽冤(유원)·幽悠(유유)·幽隱(유은)

(풀이) 불을 뜻하는 山[불의 변형]과 음을 나타내는 丝(유)를 합쳐서 불에 그을려 검게 되다의 뜻. 널리 어둡다·희미하다의 뜻으로 쓰임.

(참고)
❖ 부가의미 · ①그윽함. ②희미함. 가물거림. ③가둠. ④저세상. 저승. ⑤귀신 등의 뜻도 있음.

心의7 총11획 **悠** 멀 유 한가할 유

·悠悠自適(유유자적) 속세를 떠나 아무 속박 없이 자기 멋대로 마음 편히 삶.
·悠久(유구) 연대(年代)가 아득히 오래됨.
·悠然(유연)·悠遠(유원)·悠悠(유유)·悠悠閑閑(유유한한)·悠長(유장)·鬱悠(울유)·幽悠(유유)

(풀이) 心[마음]과 음을 나타내는 攸(유)를 합쳐서 멀다·아득하다의 뜻.

(참고)
❖ 부가의미 · ①끝이 없는 모양. ②침착하고 여유가 있음 등의 뜻도 있음.

猶

犭의 9
총 12획

망설일 유
오히려 유

· 猶不足(유부족) 오히려 모자람.
· 猶豫(유예) 망설여 결정하지 않음. 시일을 늦춤.
· 猶子(유자) · 猶太(유태) · 仇猶(구유) · 相猶(상유)
· 五猶(오유) · 夷猶(이유)

[풀이] 犭[짐승]과 음을 나타내는 酋(유)를 합쳐서 의심이 많은 원숭이의 일종을 뜻함. 널리 의심 · 머뭇거리다등의 뜻으로 씀.

[참고]
❊ 부가의미 · ①느릿하고 태연한 모양. ②역시. 아직. 도리어 등의 뜻도 있음.

丶 丁 犭 犷 猶 猶

裕

衤의 7
총 12획

넉넉할 유

· 裕福(유복) 살림이 넉넉함.
· 富裕(부유) 재물이 넉넉함.
· 裕寬(유관) · 裕裕(유유) · 餘裕(여유) · 溫裕(온유)
· 弘裕(홍유)

[풀이] 衤(옷)와 음을 나타내는 谷(곡)[유는 변음]을 합하여 의복(衣服)이 풍부하게 있음을 뜻함. 바뀌어 마음에 여유가 있다의 뜻으로 쓰임.

[참고]
❊ 부가의미 · ①너그러움. 관대함. ②늘어짐 등의 뜻도 있음.

衤 衤 衤 裕 裕

遊 ★

辶의 9
총 13획

놀 유

· 遊覽(유람) 놀면서 봄. 구경하고 다님.
· 外遊(외유) 외국에 여행함.
· 遊客(유객) · 遊擊(유격) · 遊擊手(유격수) · 遊廓(유곽)
· 遊軍(유군) · 遊金(유금) · 遊氣(유기)

[풀이] 길을 걷다의 뜻인 辶과 음을 나타내는 斿(유)를 합쳐서 흔들흔들 걷다의 뜻. 후에 놀다의 뜻으로 씀.

[참고]
❊ 부가의미 · ①공부 · 연구를 위하여 타국에 감. ②유세함. ③벗을 사귐. ④여행함. ⑤본체(本體)에서 떨어져 있음 등의 뜻도 있음. ⑥본래 游와 통용함.

丶 亠 方 遊 遊

維

糸의 8
총 14획

맬 유
굵은 줄 유

· 維持(유지) 지탱하여 감. 지니어 감.
· 纖維(섬유) 실 모양의 고분자(高分子) 물질. 올실.
· 維繫(유계) · 維管束(유관속) · 維歲次(유세차) ·
維新(유신)

[풀이] 糸[실]와 음을 나타내는 隹(추)[유는 변음]를 합하여 굵고 단단한 밧줄이라는 뜻.

[참고]
回 모양이 비슷한 한자 · 唯(오직 유) 唯一(유일)
· 惟(생각할 유) 思惟(사유)
· 維(지탱할 유) 維持(유지)

幺 糸 糹 紆 維

言의7
총14획

꾀어낼 유
달랠　유

[풀이] 言[말]과 음을 나타내는 秀(수)[유는 변음]를 합쳐서 사람에게 권하여 꾀어 내다의 뜻.

・誘導(유도) 꾀어서 이끎.
・誘拐(유괴) 사람을 속여 꾀어 내는 일.
・誘導彈(유도탄)・誘發(유발)・誘殺(유살)・誘蛾燈(유아등)・勸誘(권유)・導誘(도유)・招誘(초유)
・誨誘(회유)

[참고]
※ 부가의미 ・①당김. ②가르침. ③나아감 등의 뜻도 있음.

言
訂
誘
誘
誘

辶의12
총16획

★

잃을 유
남을 유

[풀이] 길을 뜻하는 辶과 음을 나타내는 貴(귀)[유는 변음]을 합쳐서 길에 물건을 떨어뜨리다의 뜻. 후에 남기다・잊다의 뜻으로 씀.

・遺失(유실) 잃어버림.
・遺産(유산) 사후에 남긴 재산.
・遺憾(유감)・遺戒(유계)・遺孤(유고)・遺稿(유고)
・遺骨(유골)・遺功(유공)・遺棄(유기)・遺命(유명)
・遺物(유물)・遺言(유언)・遺業(유업)・遺家族(유가족)

[참고]
※ 비슷한 의미를 가진 한자・남다의 뜻을 가진 글자 →殘(잔).

虫
肯
貴
遺
遺

亻의14
총16획

★

유교 유
선비 유

[풀이] 사람을 뜻하는 亻과 음을 나타내는 需(수)[유는 변음]를 합쳐 덕(德)으로 사람을 윤택하게 한다는 뜻을 나타냄. 나중에는 공자의 가르침을 받드는 사람을 뜻하게 되었음.

・儒敎(유교) 공자를 원조로 하는 교학(敎學).
・名儒(명유) 이름난 선비.
・儒家(유가)・儒道(유도)・儒林(유림)・儒士(유사)
・儒生(유생)・儒者(유자)・儒學(유학)・儒哲(유철)
・儒鴻(유홍)・焚書坑儒(분서갱유)

[참고]
※ 부가의미 ・①공자의 가르침을 받드는 학자. ②공자의 가르침 또는 그 학자. ③부드러움. 약함. ④짧음. 난장이 등의 뜻도 있음.

亻
仔
佴
儒
儒

肉의0
총6획

★ ★

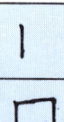
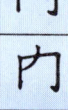
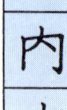

살　육
고기 육

[풀이] 썬 동물의 고기 조각을 본뜸. 동물의 고기라는 뜻. 부수로는 대개 月을 쓰고 고기・인체에 관한 뜻을 나타냄

・肉眼(육안) 안경이나 현미경 따위 없이 직접 눈으로 보는 것.
・骨肉(골육) 뼈와 살.
・肉間(육간)・肉感(육감)・肉味(육미)・肉食(육식)
・肉身(육신)・肉質(육질)・肉體(육체)・肉親(육친)
・筋肉(근육)・血肉(혈육)

[참고]
※ 부가의미 ・①몸. ②둘레. ③살찜. ④저울추. ⑤참[滿] 등의 뜻도 있음.

一
冂
内
内
肉

★★★

月의 4 총8획

育 기를 육

풀이 아기가 거꾸로 태어나는 모양을 본 뜬 𠫓와 음을 나타내는 月(육)을 합쳐서 아기가 태어나다의 뜻. 널리 기르다의 뜻으로 씀.

· 育兒(육아) 어린아이를 기름. 예~院(원)
· 教育(교육) 가르치어 지식을 주고 기름.
· 育苗(육묘) · 育成(육성) · 育英(육영) · 德育(덕육) · 發育(발육) · 保育(보육) · 飼育(사육) · 生育(생육) · 成育(성육) · 愛育(애육) · 養育(양육) · 體育(체육) · 訓育(훈육)

참고
❖ 부가의미 · ①자람. ②낳음 등의 뜻도 있음.

氵의 12 총15획

潤 적실 윤 / 윤택할 윤

풀이 氵[물]과 음을 나타내는 閏(윤)을 합쳐서 흠뻑 물에 젖다의 뜻.

· 潤澤(윤택) 윤기 있는 광택. 물건이 풍부함.
· 浸潤(침윤) ① 차차 젖어듦. ② 차차 번져 나감.
· 潤氣(윤기) · 潤美(윤미) · 潤色(윤색) · 潤濕(윤습) · 潤筆(윤필) · 潤滑(윤활) · 潤滑油(윤활유) · 濕潤(습윤) · 利潤(이윤) · 豊潤(풍윤)

참고
❖ 부가의미 · ①물기. 축축한 모양. 혜택. 이익. ②광택. 광내다 등의 뜻도 있음.

★★

心의 6 총10획

恩 은혜 은

풀이 心[마음]과 음을 나타내는 因(인)[은은 변음]을 합쳐서 애처롭게 여기고 동정하다의 뜻.

· 恩惠(은혜) 사랑으로 끼치는 신세.
· 報恩(보은) 은혜에 보답함.
· 恩顧(은고) · 恩功(은공) · 恩級(은급) · 恩德(은덕) · 恩賜(은사) · 恩人(은인) · 恩愛(은애) · 恩情(은정) · 恩澤(은택) · 忘恩(망은) · 師恩(사은) · 聖恩(성은)

참고
❖ 부가의미 · ①어여쁘게 생각함. 자애(慈愛). ②정(情) 등의 뜻도 있음.

★★★

金의 6 총14획

銀 은 은

풀이 金과 음을 나타내는 艮(간)[은은 변음]을 합하여 은의 뜻.

· 銀鑛(은광) 은을 캐내는 광산(鑛山).
· 洋銀(양은) 구리 · 아연 · 니켈을 합금한 쇠.
· 銀塊(은괴) · 銀器(은기) · 銀泥(은니) · 銀鈴(은령) · 銀嶺(은령) · 銀輪(은륜) · 銀鱗(은린) · 銀幕(은막) · 銀箔(은박) · 銀盤(은반) · 銀髮(은발) · 銀房(은방) · 銀杯(은배) · 銀白(은백) · 銀本位(은본위)

참고
❖ 부가의미 · ①은기(銀器). 은으로 만든 그릇. ②은빛. 은색. ③은전(銀錢). ④지경. ⑤날카로움. 서슬이 있음 등의 뜻도 있음.

★
阝의
14
총
17
획

隱 　숨을　은
　　가엾어할 은

[풀이] 阝[산]과 음을 나타내는 㥯(은)을 합쳐서 산에 가리어 안보이다의 뜻.

· 隱匿(은닉) 싸서 감춤. 비밀로 함.
· 惻隱(측은) 딱하고 가엾음.
· 隱居(은거) · 隱君子(은군자) · 隱德(은덕) · 隱遁(은둔) · 隱密(은밀) · 隱庇(은비) · 隱秘(은비) · 隱士(은사) · 隱捿(은처) · 隱身(은신) · 隱語(은어) · 隱逸(은일) · 深隱(심은) · 索隱(색은)

[참고]

❖ 비슷한 의미를 가진 한자 · 불쌍히 여기다의 뜻을 가진 글자→悼(도).

⊠ 반대되는 한자 · 隱(숨을 은)↔顯(나타날 현)

阝
阝
阝
隱
隱

乙의
0
총
1
획

乙　　새　을

[풀이] 쥐는 곳이 한가운데에 있고 양쪽에 굽고 뾰족한 날이 있는 작은 칼을 본뜸 후에 십간의 둘째로 씀.

· 甲男乙女(갑남을녀) 갑이란 남자와 을이란 여자의 뜻으로 평범한 사람.
· 乙種(을종) 둘째 종류. 갑종(甲種) 다음.
· 乙科(을과) · 乙方(을방) · 乙時(을시) · 乙夜(을야)
· 乙夜之覽(을야지람) · 乙第(을제)

[참고]

❖ 부가의미 · ①오행에서의 나무. ②사물의 둘째 번. ③표함. ④굽음 등의 뜻도 있음. ⑤幺와 통함.

乙

★ ★ ★
音의
0
총
9
획

音　　소리　음

[풀이] 言의 밑부분 口[입]속에 한 획을 더하여 입 속의 혀를 나타냄. 본디는 言과 같은 뜻이었으나 후에 꾸민 소리를 뜻하게 됨. 부수로서는 일반적인 음이나 음성 · 음악에 관한 뜻을 나타냄

· 音律(음률) 음악의 곡조 · 가락.
· 音聲(음성) 목소리 · 말소리.
· 音感(음감) · 音階(음계) · 音讀(음독) · 音量(음량)
· 音間(음문) · 音盤(음반) · 音譜(음보) · 音符(음부)
· 音色(음색) · 音素(음소) · 音樂(음악) · 音韻(음운)
· 音節(음절) · 音調(음조) · 音響(음향)

[참고]

❖ 부가의미 · ①말소리. ②편지. 소식. ③음. 한자의 발음. ④음악 등의 뜻도 있음.

亠
立
音
音
音

★ ★
阝의
8
총
11
획

陰 　그늘　음
　　음지　음

[풀이] 阝[산]과 음을 나타내는 侌(음)을 합쳐서 햇빛이 비치지 않는 산그늘의 뜻.

· 陰山(음산) 날씨가 흐리고 으스스함.
· 光陰(광음) 흘러가는 시간.
· 陰刻(음각) · 陰界(음계) · 陰極(음극) · 陰氣(음기)
· 陰德(음덕) · 陰冬(음동) · 陰冷(음랭) · 陰曆(음력)
· 陰謀(음모) · 陰文(음문) · 陰部(음부) · 陰事(음사)
· 陰聲(음성) · 陰影(음영) · 陰害(음해) · 綠陰(녹음)

[참고]

⊠ 반대되는 한자 · 陰(그늘 음)↔陽(볕 양)

阝
阝
陰
陰
陰

237

食의
4
총13획

飮

마실　　음
마시게할 음
★★★

飮料(음료) 물·술 등 마시는 것의 총칭.
過飮(과음) 술을 과하게 마심.
飮料水(음료수)·**飮福**(음복)·**飮膳**(음선)·**飮食**(음식)·**飮食物**(음식물)·**飮食店**(음식점)·**飮用**(음용)·**飮酒**(음주)·**鯨飮**(경음)·**簞食瓢飮**(단사표음)·**試飮**(시음)·**牛飮**(우음)·**痛飮**(통음)

[풀이] 본디 歙자를 썼음. 酒와 입을 크게 벌리는 모양인 欠과 음을 나타내는 수(금)을 합하여 술을 마시다의 뜻. 널리 마시다의 뜻으로 쓰임.

[참고]

❖ **부가의미** · ①마실 것. 물·술 등의 음료. ②머금음. 참음. 품음. ③숨김. 감춤. ④잔치. 주연 등의 뜻도 있음.

邑의
0
총7획

邑

고을 읍
★★★

邑誌(읍지) 고을의 연혁·지리·풍속 등을 기록한 책.
都邑(도읍) 서울.
邑內(읍내)·**邑閭**(읍려)·**邑里**(읍리)·**邑面**(읍면)·**邑民**(읍민)·**邑人**(읍인)·**邑長**(읍장)·**封邑**(봉읍)

[풀이] 울타리[囗]와 무릎을 꿇은 양인 巴를 합하여 사람이 거처하는 곳을 뜻함. 널리 동네·나라를 뜻함.

[참고]

❖ **부가의미** · ①영지(領地). 기내(畿內). ②근심함. ③흑흑 느낌. ④답답함. ⑤아첨함 등의 뜻도 있음.

心의
13
총17획

應

응당 응
★★

應當(응당) 꼭. 반드시. 으레.
呼應(호응) 서로 기맥이 통함.
應感(응감)·**應急**(응급)·**應諾**(응낙)·**應答**(응답)·**應對**(응대)·**應募**(응모)·**應辯**(응변)·**應報**(응보)·**應分**(응분)·**應聲**(응성)·**應召**(응소)·**應試**(응시)·**應用**(응용)·**應援**(응원)·**應接**(응접)

[풀이] 心[마음]과 음을 나타내는 雁(응)을 합쳐서 상대편이 말하는 것을 마음속에 받아 들이다의 뜻. 후에 상대편에게 반응을 보이다의 뜻으로 쓰임.

[참고]

❖ **부가의미** · ①따름[從]. ②마음을 나타내는 것. ③응함. 받음. ④바야흐로. ⑤응당 등의 뜻도 있음.

衣의
0
총6획

衣

옷　　의
의복 의
★★★

衣食(의식) ①옷과 밥. ②입는 일과 먹는 일. 곧, 생활.
白衣(백의) 흰 옷.
衣冠(의관)·**衣帶**(의대)·**衣類**(의류)·**衣服**(의복)·**衣食住**(의식주)·**法衣**(법의)·**羽衣**(우의)·**脫衣**(탈의)·**布衣**(포의)·**錦衣還鄕**(금의환향)

[풀이] 몸을 가리는 옷 모양을 본뜬 글자. 옛 중국에서는 윗옷을 衣, 아래 옷을 裳(상), 옷 전체를 衣裳(의상)이라 하였음.

[참고]

❖ **부가의미** · 입음의 뜻도 있음.

依

亻의
6
총8획

의지할 의
좇을 의

[풀이] 사람을 뜻하는 亻과 음을 가리키는 衣(의)를 합쳐 사람이 의지한다는 뜻을 나타냄.

· 依存(의존) 의지하고 있음.
· 依舊(의구) 옛 모양과 다름없음.
· 依據(의거) · 依賴(의뢰) · 依法(의법) · 依約(의약)
· 依然(의연) · 依願(의원) · 依違(의위) · 依遵(의준)
· 依支(의지) · 依囑(의촉) · 依託(의탁) · 歸依(귀의)
· 思依(사의)

[참고]

❖ 부가의미 · ①나무가 우거진 모양. ②평온함. ③병풍 등의 뜻도 있음.

ノ
亻
伫
依
依

意

心의
9
총13획

뜻 의
마음 의

[풀이] 心[마음]과 음을 나타내는 音(음)[의는 변음]을 합쳐서 마음속에 남겨 두다의 뜻. 意은 후에 음으로 쓰게 됨. 이는 憶의 본래 글자로서 널리 마음의 작용이라는 뜻으로 쓰이게 됨.

· 意味(의미) 말이나 글의 뜻.
· 意思(의사) 마음먹은 생각.
· 意見(의견) · 意氣(의기) · 意圖(의도) · 意慾(의욕)
· 意外(의외) · 意志(의지) · 意向(의향) · 介意(개의)
· 敬意(경의) · 固意(고의) · 含意(함의) · 誠意(성의)

[참고]

❖ 비슷한 의미를 가진 한자 · 생각하다의 뜻을 가진 글자→思(사).

亠
ㅗ
立
音
意

義

羊의
7
총13획

의로울 의
옳을 의

[풀이] 아름답다의 뜻인 羊과 음을 나타내는 我(아)[의는 변음]를 합쳐서 아름답게 춤추는 모습을 뜻함. 후에 예절에 맞는 거동 · 바른 길의 뜻으로 씀.

· 義務(의무) 맡은 직분. 법률로써 강제하는 작위(作爲) 또는 부작위.
· 廣義(광의) 범위를 넓게 잡은 뜻.
· 義擧(의거) · 義理(의리) · 義兵(의병) · 義士(의사)
· 義勇(의용) · 義賊(의적) · 義塚(의총) · 不義(불의)
· 信義(신의) · 意義(의의) · 節義(절의)

[참고]

❖ 부가의미 · ①사람으로서의 마땅한 길. 오상(五常)[仁 · 義 · 禮 · 智 · 信] 가운데의 하나. ②군신간에 지켜야 할 도리. 오륜(五倫)[親 · 義 · 別 · 序 · 信] 가운데의 하나 등의 뜻도 있음.

羊
羊
義
義
義

疑

疋의
9
총14획

의심할 의

[풀이] 어린아이가 멈추어 선다는 뜻인 疋와 음을 나타내는 㠯(의)를 합하여 어린아이가 비틀거리고 있음을 뜻함. 후에 의심하다의 뜻으로 씀.

· 疑心(의심) 믿지 못해 이상히 여기는 마음.
· 懷疑(회의) ①의심을 품음. ② 인식을 부정하며 진리를 믿지 않음.
· 疑懼(의구) · 疑忌(의기) · 疑問(의문) · 疑似(의사)
· 疑訝(의아) · 疑惑(의혹) · 容疑(용의) · 質疑(질의)
· 嫌疑(혐의) · 半信半疑(반신반의)

[참고]

❖ 부가의미 · ①머뭇거림. ⑤정(定)함 등의 뜻도 있음.

ヒ
矣
矣
疑
疑

亻의 13 총 15회	★ 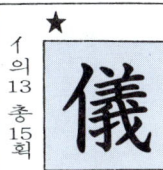 儀　거동 의	·儀容(의용) 몸을 가지는 태도. ·禮儀(예의) 사회의 질서를 유지하기 위하여 사람이 　지켜야 할 예절. ·儀觀(의관)·儀禮(의례)·儀例(의례)·儀服(의복) ·儀式(의식)·儀儀(의의)·儀節(의절)·儀表(의표) ·威儀(위의)·葬儀(장의)	亻 亻' 佯 儴 儀

풀이 사람을 뜻하는 亻과 음을 나타내는 義(의)를 합쳐 사람의 옳은 행실을 뜻함.

참고

❖ 부가의미 ·①옳은 방법의 행실. ②태도. ③예식(禮式). ④법칙. ⑤모범. 모범으로 살음. ⑥관례 등의 뜻도 있음.

酉의 11 총 18회	★★★ 醫　의원 의	·醫師(의사) 의술과 약으로 병을 고치는 일을 업으로 　삼는 사람. ·軍醫(군의) 군대에서 환자의 진찰·치료·위생에 관 　한 일 맡아보는 장교. ·醫科(의과)·醫官(의관)·醫療(의료)·醫方(의방) ·醫書(의서)·醫術(의술)·醫藥(의약)·醫員(의원)	医 医 殹 醫 醫 酉

풀이 酉[술항아리]와 음을 나타내는 殹(예)[의는 변음]를 합하여 상처를 고친다는 뜻. 널리 병이나 상처를 고치다 또는 고치는 사람을 뜻함.

참고

❖ 부가의미 ·①고침. 병을 고쳐 사람을 구함. ②의술. 병을 고치는 학문·기술 등의 뜻도 있음.

言의 13 총 20회	★★ 議　의논할 의 　　논할 의	·議論(의론) 각자가 의견을 내세우고 토론함. 상의함 　<의논>. ·提議(제의) 의론(議論)을 제출함. ·議件(의건)·議決(의결)·議了(의료)·議事(의사) ·議席(의석)·議案(의안)·議院(의원)·議員(의원) ·議長(의장)·議場(의장)·議定(의정)	言 訮 詳 詳 議

풀이 言[말]과 좋다의 뜻을 가진 義를 합쳐서 좋고 나쁨을 의논하다의 뜻.

참고

❖ 부가의미 ·①의견. ②꾀함. 모의(謀議)의 뜻도 있음.
❖ 비슷한 의미를 가진 한자 ·꾀하다의 뜻을 가진 글자 →計(계)

二의 0 총 2회	★★★  二　둘 이 　　두 번 이	·二等(이등) 둘째의 등급. ·二重(이중) 두 겹. ·二分(이분)·二次(이차)·二毛作(이모작)·二人 　三脚(이인삼각)·不事二君(불사이군)·身土不二 　(신토불이)·一口二言(일구이언)·一石二鳥(일석 　이조)·有一無二(유일무이)	一 二

풀이 둘이라는 수를 두 개의 가로줄로 나타냄.

참고

❖ 부가의미 ·①배반하고자 하는 마음. 두 마음. ④같음 등의 뜻도 있음.

己의0총3획	已 이미 이	· 已甚(이심) 지나치게 심하게 굴다. · 不得已(부득이) 마지 못해. 하는 수 없이. · 已往之事(이왕지사) · 已矣(이의) · 已今當(이금당)	ㄱ ㄱ 已
	풀이 본자는 呂임. 보습 모양을 본뜬 것. 밭갈이를 벌써 마쳤다는 데서 이미 끝났음을 뜻함.	**참고** ❋ **부가의미** · ①그침. ②말. ③버림. ④너무. ⑤뿐. 따름 등의 뜻도 있음.	

人의3총5획	★★★ 以 써 이 부터 이	· 以心傳心(이심전심) 마음으로 마음에 전함. · 所以(소이) 까닭. · 以降(이강) · 以南(이남) · 以內(이내) · 以來(이래) · 以北(이북) · 以上(이상) · 以往(이왕) · 以外(이외) · 以前(이전) · 以下(이하) · 以後(이후) · 以熱治熱 (이열치열)	﹨ ㅣ 以 以 以
	풀이 人과 물건을 뜻하는 ㅣ을 합쳐 가지다 · 거느리다의 뜻을 나타냄.	**참고** ❋ **부가의미** · ①까닭. ②함께. ③거느림. ④생각함 등의 뜻도 있음.	

耳의0총6획	★★★ 耳 귀 이 뿐 이	· 耳目口鼻(이목구비) 귀, 눈, 입, 코. 인물. · 馬耳東風(마이동풍) 남의 말을 귀담아 듣지 않음. · 耳殼(이각) · 耳垢(이구) · 耳聾(이롱) · 耳漏(이루) · 耳輪(이륜) · 耳鳴(이명) · 耳目(이목) · 耳順(이순) · 耳痛(이통) · 耳鼻咽喉科(이비인후과) · 傾耳(경이) · 洗耳(세이) · 外耳(외이) · 忠臣逆耳(충신역이)	一 厂 F E 耳
	풀이 귀 모양을 본뜸. 부수로는 귀에 관한 뜻을 나타냄.	**참고** ❋ **부가의미** · ①조자리. 지저분한 물건이 어지럽게 매달리거나 한데 묶여진 것. ②홀보드르함. ③성함. 한창. ④팔대(八代) 손자. ⑤말을 그침. ⑥뿐 등의 뜻도 있음.	

田의6총11획	★ 異 다를 이 괴이할 이	· 異蹟(이적) 불가사의한 일. 기적(奇蹟). · 怪異(괴이) 이상 야릇함. · 異見(이견) · 異境(이경) · 異觀(이관) · 異敎(이교) · 異口(이구) · 異口同聲(이구동성) · 異口同音(이구동음) · 異國(이국) · 異國情緖(이국정서) · 異端(이단) · 異論(이론) · 異物(이물) · 異變(이변)	口 田 田 田 異
	풀이 사람이 큰 가면을 쓴 모양을 본뜸. 가면을 써서 딴 사람이 되기 때문에 다르다의 뜻으로 씀.	**참고** ❋ **부가의미** · ①괴이함. 괴이하게 여김. 기이(奇異)함. ②재난. 재앙 등의 뜻도 있음.	

禾의 6 총 11획	★ ★ **移** 옮길 이 변할 이	·移動(이동) 옮겨 움직임. ·移徙(이사) 집을 다른 곳으로 옮김. ·移監(이감)·移居(이거)·移管(이관)·移民(이민) ·移封(이봉)·移送(이송)·移植(이식)·移秧(이앙) ·移越(이월)·移葬(이장)·移住(이주)·轉移(전이) ·推移(추이)
풀이 禾[벼]와 음을 나타내는 多 (다)[이는 변음]를 합하여 벼가 넘 실거림을 뜻함. 널리 옮기다·옮다 의 뜻으로 쓰임.		참고 ❖ **부가의미** ·①옮다. ②모[苗]를 냄. ③문서 등의 뜻도 있음.

二
千
禾
移
移

皿의 5 총 10획	★ ★ **益** 더할 익 이로울 익	·益鳥(익조) 사람에게 직접·간접적으로 유익한 새. ·損益(손익) 손해(損害)와 이익(利益). ·益金(익금)·益母草(익모초)·益友(익우)·益蟲 (익충)·無益(무익)·有益(유익)·利益(이익)
풀이 그릇[皿]과 물[水]을 합하여 물이 그릇에서 넘침을 뜻함. 널리 더하다의 뜻으로 쓰임.		참고 ❖ **반대되는 한자** ·益(더할 익)↔損(잃을 손)

八
八
兴
益
益

羽의 11 총 17획	**翼** 날개 익 도울 익	·鳥翼(조익) 새의 날개. ·翼善(익선)·翼贊(익찬)·尾翼(미익)·扶翼(부익) ·鵬翼(붕익)·比翼(비익)·雙翼(쌍익)·兩翼(양익) ·右翼(우익)·羽翼(우익)·銀翼(은익)·左翼(좌익) ·翼輔(익보)
풀이 깃을 뜻하는 羽와 음을 나 타내는 異(이)[익은 변음]를 합쳐서 날개를 뜻함. 후에 돕다의 뜻으로 씀.		참고 ❖ **부가의미** ·①좌우의 두 방면. ②공경함. 공손함. 　③도움. 붙듦. ④호위함. ⑤별 이름 등의 뜻도 있음. ❖ **비슷한 의미를 가진 한자** ·돕다의 뜻을 가진 글자 　→助(조)

一
羽
習
翼
翼

人의 0 총 2획	★ ★ ★ **人** 사람 인 성질 인	·人間(인간) 사람. ·成人(성인) 학문·덕행이 구비된 완벽한 사람. 어른. 　정년이 된 사람. ·人權(인권)·人道(인도)·人波(인파)·人和(인화) ·故人(고인)·敎人(교인)·貴人(귀인)·達人(달인) ·代人(대인)·聖人(성인)·偉人(위인)·恩人(은인)
풀이 사람이 몸을 굽히고 서 있 는 모양을 옆으로 본 것을 본뜸. 사 람이라는 뜻. 부수로서는 사람에 관 한 것을 나타냄.		참고 ❖ **모양이 비슷한 한자** ·人(사람 인) 人口(인구) 　　　　　　　　　　·入(들 입) 入口(입구) 　　　　　　　　　　·八(여덟 팔) 八道(팔도)

丿
人

仁 (어질 인)

イ의 2 총 4획

어질 인

· 仁善(인선) 어질고 착함.
· 仁慈(인자) 인후하고 자애스러움.
· 仁君(인군) · 仁德(인덕) · 仁術(인술) · 仁心(인심)
· 仁愛(인애) · 仁王(인왕) · 仁勇(인용) · 仁義禮智
 (인의예지) · 仁柔(인유) · 仁義(인의) · 仁者(인자)
· 仁者樂山(인자요산) · 仁厚(인후)

풀이 イ과 二를 합쳐 두 사람이 가까이 지냄을 나타냄. 널리 자애를 베풀다의 뜻으로 쓰임.

참고
※ 부가의미 · ①정. 생각해 줌. 어짊. ②불쌍히 여김. ③참음. 견딤. ④유교에서 사람으로서의 대본(大本)을 일컬음. ⑤덕이 많은 사람. ⑥과일의 씨 등의 뜻도 있음.

ノ
イ
仁
仁

引 (당길 인 / 끌 인)

弓의 1 총 4획

引

당길 인
끌 인

· 引上(인상) 물가 · 봉급 등을 끌어올림.
· 牽引(견인) 끌어당김.
· 引見(인견) · 引繼(인계) · 引渡(인도) · 引導(인도)
· 引力(인력) · 引例(인례) · 引受(인수) · 引揚(인양)
· 引用(인용) · 引出(인출) · 引下(인하) · 吸引力(흡인력) · 我田引水(아전인수)

풀이 弓[활]과 음을 나타내는 丨(곤)[인은 변음]을 합쳐서 활시위를 잡아 당기다의 뜻. 끌다의 뜻으로 널리 쓰임.

참고
※ 부가의미 · ①이끎. ②불러서 오게 함. ③물러남. ④떠 맡음. ⑤기운을 들여 마심 등의 뜻도 있음.

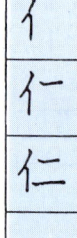

ㄱ
ㄱ
弓
引

因 (인할 인 / 인연 인)

口의 3 총 6획

인할 인
인연 인

· 因襲(인습) 이전부터 전하여 오는 몸에 젖은 풍습(風習).
· 病因(병인) 병의 원인이나 근원.
· 因果(인과) · 因數(인수) · 因緣(인연) · 因由(인유)
· 因果應報(인과응보) · 因數分解(인수분해) · 基因(기인) · 訴因(소인) · 原因(원인) · 敗因(패인)

풀이 벽에 둘러싸인 방의 뜻인 口와 人[사람]을 합쳐서 사람이 안심하고 몸을 기댐 · 의지할 곳의 뜻.

참고
◈ 모양이 비슷한 한자 · 因(까닭 인) 因習(인습)
 · 困(곤할 곤) 疲困(피곤)
 · 囚(가둘 수) 囚人(수인)

▨ 반대되는 한자 · 因(까닭 인)↔果(결과 과)

丨
冂
冃
因
因

印 (도장 인 / 인 인)

卩의 4 총 6획

印

도장 인
인 인

· 印章(인장) ① 도장. ② 찍어 놓은 도장의 효력.
· 捺印(날인) 도장을 찍음.
· 印可(인가) · 印刻(인각) · 印鑑(인감) · 印度(인도)
· 印籠(인롱) · 印象(인상) · 印象的(인상적) · 印象主義(인상주의) · 印璽(인새) · 印稅(인세) · 印刷(인쇄) · 印紙(인지) · 印版(인판) · 刻印(각인)

풀이 손을 뜻하는 爪과 사람이 무릎을 구부리고 있는 모양인 卩을 합쳐 사람을 짓누르다의 뜻. 도장의 뜻으로 씀. 또 卩(절)은 옛날 약속의 표시로서 증명서와 같다는 설도 있음.

참고
※ 부가의미 · ①표지. 표를 함. ②찍음. 인쇄함. ③인상(印相). 손가락으로 여러 가지 모양을 만들어 그 하나하나에 부처의 덕을 나타냄. ④인도(印度)의 약자 등의 뜻도 있음.

ノ
f
É
臼
印

| 心의
3
총7획 | 忍 | 참을 인
견딜 인 | · 忍耐(인내) 참고 견딤.
· 殘忍(잔인) 인정이 없고 모짊.
· 忍苦(인고) · 忍冬(인동) · 忍受(인수) · 忍辱(인욕)
· 忍從(인종) · 堪忍(감인) · 耐忍(내인) · 容忍(용인) | ㄱ
刀
刃
忍
忍 |

풀이 心과 음을 나타내는 刃(인)을 합쳐서 꾹 참다의 뜻.

참고

❖ 부가의미 · ①애씀. ②감정을 누름 등의 뜻도 있음.

| 言의
7
총14획 | ★ ★
認 | 인정할 인 | · 認可(인가) 인정하여 허락함.
· 否認(부인) 그렇지 않다고 보거나 주장함.
· 認識(인식) · 認諾(인낙) · 認識不足(인식부족) ·
認容(인용) · 認定(인정) · 認證(인증) · 認知(인지)
· 認許(인허) · 公認(공인) · 默認(묵인) · 是認(시인)
· 承認(승인) · 誤認(오인) · 自認(자인) | 言
言
認
認
認 |

풀이 言[말]과 음을 나타내는 忍(인)을 합쳐서 승낙하다의 뜻.

참고

❖ 부가의미 · 알아차림. 들어 줌. 승낙함의 뜻도 있음.

| 一의
0
총1획 | ★ ★ ★
一 | 하나 일
합칠 일 | · 一類(일류) 같은 종류. 한 종류.
· 均一(균일) 한결같이 고름.
· 一家(일가) · 一家團欒(일가단란) · 一家言(일가언)
· 一角(일각) · 一刻(일각) · 一角門(일각문) · 一刻如
三秋(일각여삼추) · 一刻千金(일각천금) · 一念(일
념) · 一端(일단) · 一同(일동) · 一列(일렬) | 一 |

풀이 하나라는 수를 가로로 그은 한 개의 줄로 나타냄. 하나·처음의 뜻.

참고

❖ 비슷한 의미를 가진 한자 · 처음의 뜻을 가진 글자
→初(초).

| 日의
0
총4획 | ★ ★ ★
日 | 날 일
해 일 | · 日氣(일기) 날씨.
· 日課(일과) 날마다 규칙적으로 하는 일.
· 日刊(일간) · 日間(일간) · 日計(일계) · 日雇(일고)
· 日光(일광) · 日光浴(일광욕) · 日給(일급) · 日記
(일기) · 日當(일당) · 日曆(일력) · 日輪(일륜) · 日
暮(일모) · 日暮途遠(일모도원) · 日沒(일몰) | ㅣ
冂
日
日 |

풀이 태양의 모양을 본뜸. 해·햇빛·하루의 뜻. 부수로서는 태양·햇빛·날에 관계되는 뜻을 나타냄.

참고

◙ 모양이 비슷한 한자 · 日(날 일) 日課(일과)
· 曰(가로 왈) 曰可(왈가)

辶의 8 총 12획	逸 뛰어날 일	· 逸話(일화) 세상에 알려지지 않은 이야기. · 安逸(안일) 편안하고 한가로움. · 逸樂(일락) · 逸名(일명) · 逸文(일문) · 逸聞(일문) · 逸物(일물) · 逸民(일민) · 逸事(일사) · 逸散(일산) · 逸書(일서)

[풀이] 통하다의 뜻인 辶과 일兎(토끼)를 합쳐서 토끼가 슬쩍 빠저 나가서 달아나다의 뜻.

참고

❖ **부가의미** · ①도망함. ②감춤. 숨음. ③편안함. 한가함. ④뛰어남. ⑤허물[過]. ⑥서두름 등의 뜻도 있음.

오른쪽 획순: 宀 名 免 逸 逸

士의 1 총 4획	壬 아홉째천간 임 북방 임	· 壬辰倭亂(임진왜란) 임진년에 왜군이 우리 나라를 침략해 온 난리(亂離). · 壬方(임방) 서쪽과 북쪽의 간방(間方). · 壬公(임공) · 壬夫(임부) · 壬日(임일) · 壬人(임인) · 憸壬(섬임) · 大六壬(대륙임)

[풀이] 베틀의 날실을 감는 축의 모양을 본뜬 글자.

오른쪽 획순: 一 二 壬 壬

亻의 4 총 6획	★★★ 任 맡길 임 일 임	· 任期(임기) 임무를 맡아 보는 일정한 기한. · 所任(소임) 맡은 바 직책. · 任官(임관) · 任命(임명) · 任務(임무) · 任員(임원) · 任用(임용) · 任意(임의) · 任地(임지) · 任俠(임협) · 兼任(겸임) · 大任(대임) · 放任(방임) · 辭任(사임)

[풀이] 亻과 음을 가리키는 壬을 합쳐 사람이 등에 짐을 지는 것을 뜻함. 후에 짐·참음·견딤이라는 뜻으로 쓰이게 됨.

참고

❖ **부가의미** · ①지탱함. ②짐. ③참음. 견딤. ④떠맡음. ⑤협기. ⑥맡김. ⑦마음대로 시킴. ⑧씀. ⑨근무. 일 등의 뜻도 있음.
❖ **비슷한 의미를 가진 한자** · 참다의 뜻을 가진 글자 →耐(내).

오른쪽 획순: 丿 亻 亻 任 任 任

入의 0 총 2획	★★★ 入 들어갈 입 들이다 입	· 入學(입학) 학교에 들어가 학생이 됨. · 沒入(몰입) 어떤 일에 온 정신이 빠짐. · 入閣(입각) · 入監(입감) · 入京(입경) · 入庫(입고) · 入貢(입공) · 入官(입관) · 入口(입구) · 入國(입국) · 入闕(입궐) · 入室(입실) · 入院(입원) · 入場(입장)

[풀이] 어떤 방향으로 들어 감을 두 개의 줄[線] 끝을 합쳐서 나타냄. 안에 들어 간다는 뜻.

참고

❖ **비슷한 의미를 가진 한자** · 넣다의 뜻을 가진 글자 入(입)은 바깥에서 안으로 들임.↔出(출). 納(납)은 물건을 거둠. 內(내)는 納(납)과 같고, 容(용)은 그릇 속에 물건을 담는다는 뜻.
❖ **반대되는 한자** · 入(들 입)↔出(나갈 출)

오른쪽 획순: 丿 入

子의 0 총3획

★ ★ ★

子

아들 자
자녀 자

풀이 어린이가 손을 흔들고 있는 모습을 본뜬 글자. 어린이라는 뜻. 부수로서는 작다에 관한 뜻이 됨.

- 子孫(자손) 아들과 손자. 후손.
- 箱子(상자) 나무나 대, 종이 따위로 만든 손그릇.
- 子癇(자간)·子宮(자궁)·子規(자규)·子女(자녀)
- 子路(자로)·子母錢(자모전)·子房(자방)·子婦(자부)·子細(자세)·子時(자시)·子息(자식)·君子(군자)·父子(부자)·樣子(양자)·養子(양자)

참고

❖ **부가의미** · ①당신. 어르신네. ②첫째 지지(地支). 자(子)시. 쥐띠. 북쪽. ③열매. 씨. 알. ④선생. ⑤네째 작위 이름 등의 뜻도 있음.

了 子

子의 3 총6획

★ ★ ★

字

글자 자
자 자

풀이 집을 뜻하는 宀과 음을 가리키는 子(자)를 합쳐 집에서 아기를 낳고 키우다의 뜻. 아이가 태어나듯이 글자가 차례로 만들어져 불어 나므로 후에 글자의 뜻으로 쓰이게 됨.

- 字解(자해) 글자 풀이. 문자의 해석.
- 文字(문자) ① 글자. ② 예전부터 전하여 내려오는 어려운 말귀.
- 字句(자구)·字幕(자막)·字母(자모)·字書(자서)
- 字音(자음)·字意(자의)·字體(자체)·字形(자형)
- 漢字(한자)

참고

❖ **부가의미** · ①시집을 보냄. 사랑함. 아기를 뱀. 젖을 먹임. ②암컷. ③장가든 뒤의 이름 등의 뜻도 있음.

丶 宀 宁 字

自의 0 총6획

★ ★ ★

自

몸 자
자기 자

풀이 鼻의 본디 글자로 바로 본 코 모양을 본뜬 것. 후에 자기·부터의 뜻으로 쓰임.

- 自力(자력) 자기(自己)의 힘. 제 힘.
- 自古(자고) 예로부터.
- 自家(자가)·自家撞著(자가당착)·自家用(자가용)
- 自家中毒(자가중독)·自覺(자각)·自覺症狀(자각증상)·自强(자강)·自決(자결)·自警(자경)·自戒(자계)·自供(자공)·自愧之心(자괴지심)

참고

❖ **부가의미** · ①저절로. ②부터. ③좇음 등의 뜻도 있음.

⊠ **반대되는 한자** · 自(스스로 자)↔他(남 타)

✧ **잘못읽기 쉬운 한자** · 自衿 자긍 (자금으로 읽지 말 것)

丶 丿 冂 白 自

女의 5 총8획

★

姉

손위 누이 자

풀이 女(계집 녀)에 市(성숙함을 뜻함)를 합한 글자. 여자 형제 중에서 먼저 태어난 맏누이를 뜻함.

- 姉妹(자매) 손위 누이와 손아래 누이.
- 姉兄(자형) 손위 누이의 남편.
- 姉婿(자서)·貴姉(귀자)·伯姉(백자)·小姉(소자)
- 令姉(영자)·弟姉(제자)

참고

◇ **상대되는 한자** · 姉(누이 자)↔妹(아랫누이 매)

✧ **부수풀이** · 女(계집 녀): 여자가 모로 꿇어 앉은 모습을 본뜬 자.

く 女 女 姉 姉

者

★ ★ ★

耂의 5
총 9획

놈 자
사람 자

· 筆者(필자) 글을 쓸 사람이나 쓴 사람.
· 何者(하자) 어떤 사람. 어떤 것.
· 强者(강자) · 記者(기자) · 當事者(당사자) · 亡者(망자) · 富者(부자) · 貧者(빈자) · 使者(사자) · 聖者(성자) · 勝者(승자) · 信者(신자) · 弱者(약자) · 緣者(연자) · 王者(왕자) · 勇者(용자) · 愚者(우자)

풀이 얽어 맨 땔나무가 불타고 있는 모양을 뜻하는 耂와 물건을 넣어두는 바구니의 모양인 日을 합쳐서 땔나무를 그릇에 챙겨 두다의 뜻. 후에 사람의 뜻으로 씀.

참고

❖ **부가의미** · ①이[比]. ②…은. …라는 것은. 어조사 등의 뜻도 있음.

一 十 土 耂 者 者

姿

★

女의 6
총 9획

맵시 자
자태를 꾸밀 자

· 姿勢(자세) 몸을 가지는 모양과 태도.
· 姿質(자질) 타고난 성품과 소질.
· 姿色(자색) · 姿容(자용) · 姿儀(자의) · 姿態(자태)
· 勇姿(용자) · 英姿(영자) · 雄姿(웅자)

풀이 女[여자]와 음을 나타내는 次(차)[자는 변음]를 합쳐서 다듬어진 여인의 모습을 뜻함.

참고

❖ **부가의미** · 바탕. 성품의 뜻도 있음.

☑ **모양이 비슷한 한자** · 姿(모양 자) 姿勢(자세)
· 恣(방자할 자) 恣意(자의)

冫 次 姿 姿 姿

慈

心의 10
총 14획

사랑할 자
사랑 자

· 慈善(자선) 선의(善意)를 베풂.
· 仁慈(인자) 마음이 어질고 무던하며 자애스러움.
· 慈堂(자당) · 慈母(자모) · 慈悲(자비) · 慈悲心(자비심) · 慈父(자부) · 慈侍下(자시하) · 慈心(자심)
· 慈眼(자안)

풀이 心[마음]과 음을 나타내는 茲(자)를 합쳐서 보호하고 기르는 마음씨를 뜻함. 널리 자애를 베풀다의 뜻.

참고

❖ **부가의미** · ①어머니. ②부처님이 중생에게 베푸는 광대 무변한 사랑 등의 뜻도 있음.

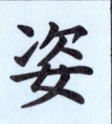 亠 广 芮 茲 慈

資

★

貝의 6
총 13획

재물 자
밑천 자
바탕 자

· 資本(자본) 영업의 기본이 되는 돈. 밑천.
· 資質(자질) 타고난 성품과 바탕.
· 資格(자격) · 資金(자금) · 資力(자력) · 資料(자료)
· 資本(자본) · 資産(자산) · 資源(자원) · 資材(자재)
· 資財(자재) · 軍資(군자) · 勞資(노자) · 路資(노자)

풀이 돈을 뜻하는 貝와 음을 나타내는 次(차)[자는 변음]를 합쳐서 자본금으로 모아 둔 돈을 뜻함.

참고

❖ **비슷한 의미를 가진 한자** · 취하다의 뜻을 가진 글자 →取(취). 돕다의 뜻을 가진 글자→助(조).

 冫 冫 次 資 資

作

亻의 5
총 7획

★ ★ ★

짓다 작
일할 작

- 作家(작가) 문예 작품을 짓는 사람.
- 傑作(걸작) 썩 훌륭하게 잘된 작품.
- 作歌(작가)·作故(작고)·作曲(작곡)·作曲家(작곡가)·作農(작농)·作黨(작당)·作圖(작도)

[풀이] 사람을 뜻하는 亻과 음을 가리키는 乍(작)을 합쳐 사람이 만든다는 뜻을 나타냄.

[참고]
❖ 비슷한 의미를 가진 한자 · 만들다의 뜻인 글자 作(작)은 사람의 힘으로 물건을 만듦. 創(창)은 처음으로 만들어 냄. 爲(위)는 作(작)과 거의 같으나 더욱 인공적일 때 씀. 製(제)는 본디 옷을 마름질한다는 뜻이며 규격에 맞추어 만듦. 造(조)는 물건을 만들어 매 조짐.

丿 亻 仁 仁 作

昨

日의 5
총 9획

★

어제 작

- 昨今(작금) 어제와 오늘. 요즘.
- 昨非(작비) 지금까지의 잘못.
- 昨年(작년)·昨夕(작석)·昨夜(작야)·昨日(작일)
- 昨月(작월)·昨朝(작조)·昨夏(작하)·日昨(일작)
- 再昨日(재작일)·疇昨(주작)

[풀이] 日[해]과 음을 나타내는 乍(작)을 합쳐서 전날·어제의 뜻.

[참고]
❖ 부가의미 · ①어제. 전날. ②그 이전. 옛날 등의 뜻도 있음.

丨 日 日 昨 昨 昨

殘

歹의 8
총 12획

남을 잔
해칠 잔

- 殘惡(잔악) 잔인(殘忍)하고 악덕(惡德)함.
- 相殘(상잔) 서로 다투고 싸움.
- 殘菊(잔국)·殘高(잔고)·殘金(잔금)·殘期(잔기)
- 殘年(잔년)·殘黨(잔당)·殘壘(잔루)·殘留(잔류)
- 殘命(잔명)·殘夢(잔몽)·殘務(잔무)·殘飯(잔반)
- 殘兵(잔병)·殘本(잔본)·殘餘(잔여)·殘英(잔영)
- 殘月(잔월)·殘忍(잔인)·殘虐(잔학)·衰殘(쇠잔)

[풀이] 죽음을 뜻하는 歹과 해치다의 뜻인 戔(잔)을 합쳐 상처를 입혀 죽이다. 따라서 잔인하다의뜻. 뒤에 나머지·남음의 뜻으로 쓰임.

一 歹 歼 殘 殘

暫

日의 11
총 15획

잠깐 잠
잠시 잠

- 暫時(잠시) 오래지 않은 동안. 잠깐.
- 暫定(잠정) 잠깐 임시로 정함.
- 暫間(잠간)·暫留(잠류)·暫別(잠별)·暫逢(잠봉)
- 暫住(잠주)

[풀이] 日[시간]과 음을 나타내는 斬(참)[잠은 변음]을 합쳐서 짧은 시간의 뜻.

[참고]
❖ 부가의미 · ①곧. ②갑자기 등의 뜻도 있음.

一 戸 車 斬 暫

潛

氵의12 총15획

무자맥질할 잠

풀이 氵[물]과 음을 나타내는 朁(참)[잠은 변음]을 합쳐서 물 속을 꿰뚫고 가다의 뜻임.

- 潛水(잠수) 물속에 잠김.
- 潛在(잠재) 속에 잠겨 숨어 있음.
- 潛匿(잠닉)·潛龍(잠룡)·潛伏(잠복)·潛思(잠사)
- 潛像(잠상)·潛勢力(잠세력)·潛水夫(잠수부)·
  潛水服(잠수복)·潛水艦(잠수함)·潛心(잠심)·
  潛魚(잠어)·潛熱(잠열)

참고

❖ **부가의미** · ①잠김. 가라앉음. ②모습을 감춤. 숨음. ③감춤. 안 보이게 함. ④몰래. ⑤자리를 잡음 등의 뜻도 있음.

氵·氵·氵·潛·潛·潛

雜

隹의10 총18획

섞일 잡

풀이 옛 자형(字形)은 襍. 衣와 음을 나타내는 集(집)[잡은 변음]을 합하여 여러 조각의 천[布]을 모아 만든 옷의 뜻. 널리 섞다의 뜻으로 쓰임.

- 雜談(잡담) 쓸데없이 지껄이는 말.
- 混雜(혼잡) 뒤섞여서 분잡함. 붐빔.
- 雜家(잡가)·雜感(잡감)·雜居(잡거)·雜件(잡건)
- 雜曲(잡곡)·雜穀(잡곡)·雜菌(잡균)·雜劇(잡극)
- 雜鬼(잡귀)·雜技(잡기)·雜記(잡기)·雜囊(잡낭)
- 雜念(잡념)·雜多(잡다)·雜音(잡음)·雜種(잡종)

참고

❖ **부가의미** · ①어수선함. 산란(散亂)함. ②번거로움. ③자디잚. ④함께. 모두 등의 뜻도 있음.

亠·亠·杂·雜·雜

丈

一의2 총3획

어른 장

풀이 十과 한 뼘을 뜻하는 又를 합쳐 열 자[十尺]를 뜻함. 후에 크다의 뜻으로 쓰임.

- 丈夫(장부) 장성한 남자.
- 春府丈(춘부장) 남의 아버지에 대한 존칭.
- 丈量(장량)·丈六(장륙)·丈母(장모)·丈室(장실)
- 丈人(장인)·丈丈(장장)·丈尺(장척)·老丈(노장)
- 方丈(방장)·三千丈(삼천장)

참고

❖ **부가의미** · ①높이 키. 길이. ②어른. ③지팡이 등의 뜻도 있음.

一·ナ·丈

壯

士의4 총7획

씩씩할 장
웅장할 장

풀이 士[사나이]와 음을 나타내는 爿(장)을 합쳐서 원기 왕성한 사나이라는 뜻. 널리 한창이라는 뜻으로 쓰임.

- 壯烈(장렬) 씩씩하고도 열렬함.
- 健壯(건장) 몸이 크고 굳셈.
- 壯擧(장거)·壯健(장건)·壯觀(장관)·壯年(장년)
- 壯大(장대)·壯途(장도)·壯圖(장도)·壯麗(장려)
- 壯齡(장령)·壯美(장미)·壯士(장사)·壯語(장어)
- 壯元(장원)·壯者(장자)·壯丁(장정)·悲壯(비장)

참고

❖ **부가의미** · 장정(壯丁)의 뜻도 있음.

❖ **비슷한 의미를 가진 한자** · 한창의 뜻을 가진 글자
  →盛(성).

丨·丬·뉘·壯·壯

長

長의 0 총8획

★ ★ ★

길　　　장
우수할　장

풀이 머리털이 긴 노인이 지팡이를 짚고 있는 모양을 본뜸. 연만(年滿)한 노인이란 뜻. 후에 길다의 뜻으로 쓰임. 부수(部首)로서는 머리털·긴 것 등에 관한 의미를 나타냄.

· 長成(장성) 자라서 어른이 됨.
· 校長(교장) 학교의 교육 및 사무에 대하여 관리 감독하고, 대외적으로는 학교를 대표하는 사람.
· 長歌(장가)·長劍(장검)·長技(장기)·長官(장관)
· 長久(장구)·長短(장단)·長生(장생)·長身(장신)
· 長距離(장거리)·家長(가장)·里長(이장)

참고

❈ **부가의미**·①큼. 거대함. 키가 큼. ②늘. ③나음. 남보다 우수함. ④처음. 시초. 근원. ⑤앞장. 선두. ⑥많이 등의 뜻도 있음.

▧ **반대되는 한자**·長(길 장)↔短(짧을 단)

ㄏ
ㅏ
ㅏ
長
長

莊

艹의 7 총11획

장엄할 장

풀이 艹[풀]와 음을 나타내는 壯(장)을 합쳐서 풀이 몹시 무성하다의 뜻. 널리 엄하다·단정하다의 뜻으로 씀.

· 莊言(장언) 바른 말. =正言(정언).
· 別莊(별장) 경치 좋은 곳이나 피서지·피한지 같은 데에 따로 마련한 집.
· 莊嚴(장엄)·莊園(장원)·莊子(장자)·莊田(장전)
· 莊周(장주)·莊重(장중)·端莊(단장)·美莊(미장)
· 山莊(산장)

참고

❈ **부가의미**·①단정함. ②꾸밈. 성장(盛壯)함. ③별장. 시골집. ④장전(莊田). ⑤가게. 점포. ⑥육거리. 여섯 갈래가 난 거리. ⑦장자(莊子)를 일컫는 약어 등의 뜻도 있음.

艹
艹
苹
莊
莊

章

立의 6 총11획

★ ★ ★

글　　　장
문장　　장

풀이 원래 문신(文身)에 사용되는 큰 바늘을 본뜸. 표·무늬·명확히 하다 등의 뜻으로 쓰임. 후에 음과 십(十)을 합하여 음악·시문(時文) 등의 한 단락(段落)의 뜻으로 쓰임.

· 章句(장구) 글의 장과 구. 문장(文章)의 단락.
· 勳章(훈장) 훈공이 있는 사람에게 국가에서 표창하기 위하여 내리는 휘장.
· 章魚(장어)·章節(장절)·章程(장정)·章下註(장하주)·國章(국장)·記章(기장)·文章(문장)·辭章(사장)·喪章(상장)·樂章(악장)·印章(인장)

참고

❈ **부가의미**·①법. 일정한 도리. 규칙. 법률. 가르침. 모범. 표준. 양식. ②문장·시가(詩歌)·음악의 한 단락. ③글. 문장. 상주문(上奏文). ④밝음. 명백함. 분명히 함. ⑤나타냄. 명백하게 함 등의 뜻도 있음.

丶
一
立
音
章

帳

巾의 8 총11획

휘장 장
장막 장

풀이 천을 뜻하는 巾과 음을 나타내는 長(장)을 합쳐서 침대를 가리기 위하여 드리우는 천·휘장의 뜻.

· 帳幕(장막) 볕 또는 비를 막고 사람이 들어가 있도록 둘러치는 막.
· 記帳(기장) 장부에 적음.
· 帳簿(장부)·帳中(장중)·帳幅(장폭)·通帳(통장)
· 揮帳(휘장)·出納帳(출납장)·筆記帳(필기장)·學習帳(학습장)

참고

✧ **부수풀이**·巾(수건 건,근): 수건을 몸에 걸친 모양을 본뜬 자. 수건의 쓰임새에 따라 건 또는 덮다 등의 뜻으로 두루 쓰임.

丨
巾
巾
帳
帳

張

弓의 8
총 11획

당길 장

풀이 弓[활]과 음을 나타내는 長(장)을 합쳐서 활시위를 당기니 활이 팽팽해지다의 뜻. 팽팽해지다·부풀다의 뜻으로 널리 쓰임.

· 張本(장본) 일의 발단이 되는 근원.
· 誇張(과장) 실지보다 지나치게 나타냄.
· 張大(장대)·張力(장력)·張本人(장본인)·誇張(과장)·緊張(긴장)·設張(설장)·主張(주장)·擴張(확장)·確張(확장)

참고

❖ 부가의미 ·①활시위를 얹음. 현(弦)을 얹. ②늘어드려 벌림. 부품. ③휘장. ④활·초롱·종이 등을 세는 단위 등의 뜻도 있음.

ㄱ
弓
引
张
張

★★

將

寸의 8
총 11획

장수 장

풀이 손에 고기를 쥐다의 뜻인 肉과 음을 표시하는 爿(장)을 합쳐서 하느님에게 고기를 권해 올리다의 뜻. 널리 거느리다의 뜻으로 쓰임.

· 將帥(장수) 군사를 거느리는 우두머리.
· 猛將(맹장) 날래고 용감한 장수. 군세고 사나운 장수.
· 將官(장관)·將校(장교)·將軍(장군)·將棋(장기)
· 將來(장래)·將兵(장병)·將次(장차)·老將(노장)
· 勇將(용장)

참고

❖ 부가의미 ·①거느림. ②장차. ③장성함. ④청컨대. ⑤문득. ⑥또. ⑦써. ⑧기름[育]. ⑨받듦. ⑩보냄. ⑪나아감. ⑫가짐 등의 뜻도 있음.

❖ 잘못읽기 쉬운 한자 ·將帥 장수 (장사로 읽지 말 것)

丨
丬
爿
爿
將

掌

手의 8
총 12획

손바닥 장
맡을 장

풀이 手[손]와 음을 나타내는 尙(상)[장은 변음]을 합쳐서 손을 위로 향하게 한 부분, 즉 손바닥이라는 뜻.

· 掌紋(장문) 손바닥의 무늬.
· 分掌(분장) 사무를 분담하여 처리함.
· 掌匣(장갑)·掌內(장내)·掌大(장대)·掌理(장리)
· 掌心(장심)·掌握(장악)·掌財(장재)·掌中(장중)
· 掌中珠(장중주)·掌篇小說(장편소설)·管掌(관장)
· 車掌(차장)·合掌(합장)

참고

❖ 비슷한 의미를 가진 한자 ·관장하다의 뜻을 가진 글자→司(사)

⺌
⺌
尙
堂
掌

葬

++의 9
총 13획

장사지낼 장

풀이 풀숲을 뜻하는 艸과 死를 합쳐서 시체를 풀숲 속에 장사지내다의 뜻.

· 葬禮(장례) 장사 지내는 예절.
· 埋葬(매장) 송장을 땅 속에 묻음.
· 葬具(장구)·葬列(장렬)·葬事(장사)·葬送(장송)
· 葬送曲(장송곡)·葬送行進曲(장송행진곡)·葬式(장식)·葬儀(장의)·葬祭(장제)·葬地(장지)·葬場(장장)·火葬(화장)

참고

❖ 부가의미 · 장사의 뜻도 있음.

⺿
艸
莽
葬
葬

★ ★ ★

土의 9
총 12획

場

마당 장
장소 장

一
十
土
圹
垌
場

· 場所(장소) 처소(處所). 자리.
· 市場(시장) 여러 가지 상품을 팔고 사는 장소.
· 場面(장면) · 場內(장내) · 場裏(장리) · 開場(개장)
· 廣場(광장) · 登場(등장) · 賣場(매장) · 市場(시장)
· 式場(식장) · 漁場(어장) · 戰場(전장) · 退場(퇴장)
· 會場(회장)

풀이 土[흙]와 음을 나타내는 易 (양)[장은 변음]을 합쳐서 군것을 걷어치워 버린 땅이라는 뜻. 장소의 뜻으로 씀.

참고
❖ 부가의미 · ①밭. ②때 등의 뜻도 있음.
✥ 부수풀이 · 土(흙 토): 싹(十)이 돋아나는 흙(一) 또는 싹이 나올 때의 지층을 본떠 땅을 뜻한 자.

米의 6
총 12획

粧

단장할 장

丷
米
米
粒
粧

· 粧飾(장식) 단장을 하여 꾸밈. 또는 그 꾸밈새.
· 美粧(미장) 얼굴 등을 아름답게 화장함.
· 粧刀(장도) · 濃粧(농장) · 淡粧(담장) · 盛粧(성장)
· 新粧(신장) · 化粧(화장)

풀이 米(=粉 · 분의 생략형)에 庄 (화장하다의 뜻)을 합한 글자. 분을 얼굴에 바름으로 해서 몸이 단정해지고 맵시가 뛰어난다는 데서 단장하다의 뜻.

참고
❖ 부가의미 · 치장함의 뜻도 있음.

★

衣의 7
총 13획

裝

꾸밀 장
차릴 장

丨
爿
壯
奘
裝

· 裝備(장비) 꾸미어 갖춤.
· 服裝(복장) ① 옷. ② 옷차림.
· 裝甲(장갑) · 裝具(장구) · 裝束(장속) · 裝飾(장식)
· 裝幀(장정) · 裝置(장치) · 裝身具(장신구) · 輕裝
  (경장) · 男裝(남장) · 淡裝(담장) · 武裝(무장) · 變
  裝(변장) · 盛裝(성장) · 新裝(신장) · 女裝(여장)

풀이 옷을 뜻하는 衣와 음을 나타내는 壯(장)을 합쳐서 옷을 몸에 걸치다의 뜻.

참고
❖ 부가의미 · ①헤아림. 잼. ②잘 처리함. ③가림. ④모양 등의 뜻도 있음.
✥ 잘못읽기 쉬운 한자 · 裝塡 장전 (장진으로 읽지 말 것)

★

月의 9
총 13획

腸

창자 장

月
肝
胆
腭
腸

· 斷腸(단장) 슬퍼서 창자가 끊어질 듯함.
· 小腸(소장) 위와 대장 사이에 있으며 먹을 것을 소화하고 영양을 흡수함.
· 腸擘(장벽) · 腸液(장액) · 强腸(강장) · 大腸(대장)
· 盲腸(맹장) · 石腸(석장) · 腎腸(신장) · 心腸(심장)
· 胃腸(위장) · 鐵腸(철장)

풀이 살을 뜻하는 月과 음을 나타내는 易(양)[장은 변음]을 합쳐서 길게 구불구불한 창자의 뜻.

참고
❖ 부가의미 · ①마음. ②나라 이름 등의 뜻도 있음.

★

大의
11
총
14
획

獎

권면할 장
도울　장

· 獎勵(장려) 권하여 북돋아 줌.
· 勸獎(권장) 친하고 장려함.
· 獎導(장도) · 獎拔(장발) · 獎率(장솔) · 獎進(장진)
· 獎學(장학) · 獎學金(장학금) · 提獎(제장) · 推獎
(추장) · 訓獎(훈장)

❖

풀이 犬[크다]와 음을 나타내는 將(장)을 합쳐서 열심히 권하다의 뜻. 大는 본디 犬[개]으로, 개를 충동질하다의 뜻임.

참고

❖ **부가의미** · ①권함. 힘을 내게 함. ②추천함. 칭찬 함. 기림 등의 뜻도 있음.

★★

阝의
11
총
14
획

障

가로막을 장
보루 장

· 障碍(장애) 거리껴서 거치적 거리는 것.
· 障蔽(장폐) 가림, 또는 가리는 물건.
· 障拒(장거) · 障惱(장뇌) · 障壁(장벽) · 障塞(장새)
· 障子(장자) · 障害(장해) · 故障(고장) · 萬障(만장)
· 保障(보장) · 支障(지장)

❖

풀이 阝(부)[산]과 음을 나타내는 章(장)을 합쳐서 산 때문에 담장처럼 막히다의 뜻.

참고

❖ **부가의미** · ①구획. 간격. ②메꿈. 막음. 요새. ③닿음. ④지장. 방해 등의 뜻도 있음.

艹의
14
총
18
획

藏

감출 장

· 藏中(장중) 곳집 속. 광 속.
· 所藏(소장) 값나가는 물건 따위를 자기의 것으로 간직함. 또는 그 물건.
· 藏經(장경) · 藏匿(장닉) · 藏書(장서) · 家藏(가장)
· 經藏(경장) · 內藏(내장) · 埋藏(매장) · 密藏(밀장)
· 秘藏(비장) · 收藏(수장) · 貯藏(저장)

❖

풀이 艹[풀]와 음을 나타내는 臧(장)을 합쳐서 낟알을 넣어 두다의 뜻. 널리 광의 뜻으로 씀.

참고

❖ **부가의미** · ①저장해 두는 물건. ②광. 곳간. ③장풀 등의 뜻도 있음.

月의
18
총
22
획

臟

오장 장

· 臟器(장기) 내장(內臟)의 여러 기관(器官). 위장(胃腸) · 간장(肝臟) 등.
· 臟腑(장부) 오장(五臟)과 육부.
· 肝臟(간장) · 內臟(내장) · 脾臟(비장) · 腎臟(신장)
· 心臟(심장) · 膵臟(췌장) · 肺臟(폐장)

❖

풀이 살을 뜻하는 月과 음을 나타내는 藏(장)을 합쳐서 몸 속에 들어 있는 것, 즉, 장기(臟器)라는 뜻.

참고

❖ **부가의미** · 몸 속의 장기(臟器)의 뜻도 있음.

253

才의0 총3획	才 재주 재	· 才女(재녀) 재주가 있는 여자. · 秀才(수재) 재주가 빼어난 사람. · 才覺(재각) · 才幹(재간) · 才格(재격) · 才骨(재골) · 才局(재국) · 才器(재기) · 才氣(재기) · 才女(재녀) · 才能(재능) · 才質(재질) · 才致(재치) · 手才(수재) · 俊才(준재) · 天才(천재)	一 十 才

풀이 흙이 채워져 내를 막고 있는 주(州)의 중심부의 모양을 본뜸. 막다의 뜻. 후에 재능이라는 뜻으로 쓰임.

참고
❖ 부가의미 · ①능함. 뛰어남. ②현인. ③타고남. 바탕. ④근근히. 겨우 등의 뜻도 있음.

土의3 총6획	在 있을 재	· 在學(재학) 학교에 학적을 둠. · 所在(소재) 있는 곳. · 在家(재가) · 在監(재감) · 在京(재경) · 在庫(재고) · 在庫品(재고품) · 在勤(재근) · 在野(재야) · 在中 (재중) · 在職(재직) · 不在(부재) · 散在(산재)	一 ナ 才 在 在

풀이 土[흙]와 음을 나타내는 才(재)[才는 변형]를 합쳐서 흙이 차서 막혀 있다의 뜻. 움직이지 않고 있다의 뜻으로 씀.

참고
❖ 부가의미 · ①찾음. 살핌. ②곳 등의 뜻도 있음.
❖ 비슷한 의미를 가진 한자 · 있다의 뜻을 가진 글자 →有(유).

冂의4 총6획	再 두 번 재	· 再建(재건) 무너진 것을 다시 일으켜 세움. · 再拜(재배) 두 번 절함. 또 그 절. · 再刊(재간) · 再改(재개) · 再檢討(재검토) · 再考 (재고) · 再校(재교) · 再起(재기) · 再度(재도) · 再 來(재래) · 再發(재발) · 再發見(재발견) · 再犯(재 범) · 再思(재사) · 再三(재삼) · 再湯(재탕)	一 冂 冂 帀 再

풀이 받침대의 부분과 담는 부분의 모양이 같은 바구니의 받침대를 본떠서 만든 글자. 같은 물건을 얹는다는 뜻. 널리 겹치다 · 거듭하다의 뜻으로 쓰임.

참고
❖ 부가의미 · 다시 함의 뜻도 있음.

火의3 총7획	災 재앙 재 재난 재	· 災害(재해) 재앙으로 인해 받은 피해. · 火災(화재) 불이 나는 재앙. · 災難(재난) · 災民(재민) · 災變(재변) · 災傷(재상) · 災殃(재앙) · 災厄(재액) · 災禍(재화) · 災患(재환) · 三災(삼재) · 水災(수재) · 息災(식재) · 人災(인재) · 天災(천재)	〈 〈〈 〈〈〈 灾 災

풀이 火[불]와 음을 나타내는 〈〈〈(재)를 합쳐서 화재를 뜻함. 널리 재앙의 뜻으로 씀.

참고
❖ 비슷한 의미를 가진 한자 · 재앙의 뜻을 가진 글자 →禍(화).

木의
3
총7획

★ ★ ★

材 재목 재

十 才 木 村 材

- 材料(재료) 물건을 만드는 감.
- 敎材(교재) 가르치는 데 쓰이는 재료.
- 材幹(재간)・材能(재능)・材木(재목)・材質(재질)
- 木材(목재)・素材(소재)・人材(인재)・逸材(일재)
- 資材(자재)・題材(제재)・俊材(준재)・鐵材(철재)

풀이 木과 음을 나타내는 才(재)를 합쳐서 목재의 뜻.

참고
❖ 부가의미 ・①근원. 원료. ②성격. 성질. ③작용. 능력 등의 뜻도 있음.

木의
6
총10획

栽 심을 재

土 圭 栽 栽 栽

- 栽植(재식) 초목이나 농작물을 심음.
- 盆栽(분재) 화초 등을 화분에 심어 가꿈. 또는 그일.
- 栽培(재배)・移栽(이재)

풀이 木[나무]과 음을 나타내는 𢧜(재)를 합쳐서 나무 밑에 흙을 북돋아 주다의 뜻. 널리 나무를 심고 가꾸다의 뜻으로 씀.

참고
🔲 모양이 비슷한 한자 ・裁(마를 재) 裁斷(재단)
・栽(심을 재) 栽培(재배)
❖ 비슷한 의미를 가진 한자 ・자르다의 뜻을 가진 글자
→斷(단)

貝의
3
총10획

★ ★ ★

財 재물 재
재산 재

丨 贝 貝 財 財

- 財物(재물) 돈이나 온갖 값나가는 물건.
- 蓄財(축재) 재물을 모음. 또는 모은 재산.
- 財界(재계)・財囊(재낭)・財團(재단)・財團法人 (재단법인)・財力(재력)・財利(재리)・財務(재무)
- 財物(재물)・財閥(재벌)・財寶(재보)・財産(재산)
- 財慾(재욕)・財用(재용)・財源(재원)・財政(재정)

풀이 貝[화폐]와 음을 나타내는 才(재)를 합쳐서 많이 쌓아 올린 화폐의 뜻. 널리 재화・재보의 뜻으로 쓰임.

참고
❖ 부가의미 ・①보배. ②뇌물. ③겨우 등의 뜻도 있음.

衣의
6
총12획

裁 마름질할 재
헤아릴 재

土 圭 圭 表 裁

- 裁斷(재단) 마름질.
- 裁判(재판) 옳고 그름을 살피어 판단함.
- 裁可(재가)・裁決(재결)・裁量(재량)・裁縫(재봉)
- 裁定(재정)・裁判官(재판관)・裁判所(재판소)・ 裁割(재할)・裁許(재허)・決裁(결재)・獨裁(독재)
- 洋裁(양재)・制裁(제재)・體裁(체재)・總裁(총재)
- 勅裁(칙재)

풀이 옷을 뜻하는 衣와 음을 나타내는 동시에 자르다의 뜻인 𢧜(재)를 합쳐서 천을 끊다의 뜻.

載
車의 6
총 13획
신다 재
적을 재

・載送(재송) 물건을 실어 보냄.
・積載(적재) 물건・짐을 쌓아 실음.
・載錄(재록)・載積(재적)・載籍(재적)・揭載(게재)
・記載(기재)・登載(등재)・船載(선재)・收載(수재)
・連載(연재)・轉載(전재)

풀이 車[수레]와 음을 나타내는 𢦏(재)를 합하여 수레 위에 올려 놓다의 뜻. 널리 싣다・올려 놓다의 뜻으로 쓰임.

참고
◈ 모양이 비슷한 한자・載(실을 재) 記載(기재)
・戴(받들 대) 推戴(추대)

土
青
車
載
載

★★★
爭
瓜의 4
총 8획
싸울 쟁
다툴 쟁

・爭議(쟁의) 서로 자기의 의견을 주장하여 다툼.
・論爭(논쟁) 말이나 글로써 다툼. 또는 그 논의.
・爭端(쟁단)・爭亂(쟁란)・爭論(쟁론)・爭訟(쟁송)
・爭友(쟁우)・爭點(쟁점)・爭取(쟁취)・爭奪(쟁탈)
・爭鬪(쟁투)・爭霸(쟁패)・競爭(경쟁)・黨爭(당쟁)
・紛爭(분쟁)・戰爭(전쟁)・鬪爭(투쟁)

풀이 양쪽에서 손이 나와 서로 끌어 당기는 모양을 본뜸. 널리 다투다의 뜻으로 씀.

참고
◈ 부가의미・①간(諫)함. ②다스림[理]. 분별함. ③어찌 하여[반어] 등의 뜻도 있음.

一
四
爫
爭
爭

★
低
亻의 5
총 7획
낮을 저
숙일 저

・低空(저공) 땅 위에서 가까운 하늘.
・高低(고저) 높낮이.
・低級(저급)・低氣壓(저기압)・低能(저능)・低頭
・低利(저리)・低迷(저미)・低聲(저성)・低俗(저속)
・低濕(저습)・低溫(저온)・低率(저율)・低音(저음)

풀이 사람을 뜻하는 亻과 음을 가리키는 氐(저)를 합쳐 키가 작은 사람이라는 뜻. 지금은 낮다는 뜻으로 쓰고 있음.

참고
◈ 비슷한 의미를 가진 한자・낮다의 뜻을 가진 글자 低(저)는 위치가 낮음.↔高(고). 卑(비)는 지위나 신분이 낮음.↔尊(존). 矮(왜)는 키가 작음.
◈ 모양이 비슷한 한자・低(낮을 저) 高低(고저)
・抵(닥뜨릴 저) 抵抗(저항)

丿
亻
仕
仼
低

★
底
广의 5
총 8획
밑 저
밑바닥 저

・底力(저력) 속에 간직한 끈기 있는 힘.
・海底(해저) 바다의 밑바닥.
・底流(저류)・底面(저면)・底邊(저변)・底本(저본)
・底部(저부)・底意(저의)・底止(저지)・底質(저질)
・底下(저하)・基底(기저)・到底(도저)・心底(심저)
・徹底(철저)・最底(최저)

풀이 广[집]과 음을 나타내는 氐가 언덕 밑이라는 뜻이므로 밑의 뜻으로 쓰임.

참고
◈ 부가의미・①그침. ②무슨. 어쩐. ③이룸. ④정함. ⑤이룸[至] 등의 뜻도 있음.

丶
𠄌
𠂤
氐
底

扌의5 총8획 **抵** 막을 저	·抵當(저당) 맞당겨서 능히 배겨남. ·大抵(대저) 대체로 보아서. 무릇 ·抵當物(저당물)·抵觸(저촉)·抵抗(저항)·抵抗器(저항기)

풀이 손을 뜻하는 扌와 음을 나타내는 氐(저)를 합쳐서 손으로 밀쳐 내다의 뜻.

참고
❀ **부가의미** ·①닿음. 당함. 맞먹음. ②막음. ③던짐. ④다다름. ⑤대저. 대체로 등의 뜻도 있음.

++의9 총13획 **著** 나타날 저 입을 착	·著名(저명) 이름이 세상에 두드러짐. ·顯著(현저) 드러난 것이 두드러져 분명함. ·著明(저명)·著聞(저문)·著書(저서)·著述(저술) ·著者(저자)·著作(저작)·著作權(저작권)·著工(착공)·著力(착력)·著陸(착륙)·著目(착목)·著服(착복)·著想(착상)·著色(착색)·

풀이 본래는 箸의 속자. 竹[대]과 음을 나타내는 者(자)[저는 변음]를 합쳐서 먹을 것을 집는 젓가락의 뜻. 후에 나타내다·도착하다의 뜻으로 씀.

참고
❀ **부가의미** ·①지음. 책을 써 냄. ②분명해짐 등의 뜻도 있음.

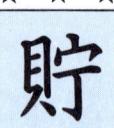

貝의5 총12획 ★★★ **貯** 쌓을 저 저장할 저	·貯金(저금) 금융기관에 돈을 맡겨 저축함. ·貯水(저수) 관개용 등으로 물을 모아 둠. ·貯藏(저장)·貯蓄(저축)·貯置(저치)·貯炭(저탄) ·積貯(적저)·滿貯(만저)·貯水槽(저수조)·貯水地(저수지)

풀이 재보(財寶)를 뜻하는 貝와 모아두다의 뜻인 宁를 합쳐서 재보나 돈을 모아 둔다는 뜻.

참고
❀ **부가의미** ·①감춤. ②둠. 집에 데리고 있음 등의 뜻도 있음.

赤의0 총7획 ★★★ **赤** 붉은 빛 적 진심 적	·赤手(적수) 맨손. 빈손. ·赤十字(적십자) 흰 바탕에 붉은 색으로 십자형을 나타낸 적십자사. ·赤狗(적구)·赤金(적금)·赤旗(적기)·赤裸裸(적나라)·赤道(적도)·赤道祭(적도제)·赤銅(적동) ·赤銅色(적동색)·赤豆(적두)·赤裸(적라)

풀이 大[크다]와 火[불]를 합하여 불이 크게 타다의 뜻에서 붉은 색을 뜻하게 됨.

참고
◙ **모양이 비슷한 한자** ·赤(붉을 적) 赤色(적색)
·亦(또 역) 亦是(역시)

的 과녁 적

白의 3 총 8획

★ ★ ★

筆順: 丶 亻 白 白 的 的

[풀이] 원래 日[해]과 음을 나타내는 勺(작)[灼작의 생략형. 적은 변음]을 합하여 햇빛의 밝음을 뜻함. 후에 日을 白으로 써서 과녁의 뜻으로 씀.

· 的實(적실) 틀림없이 확실(確實)함.
· 目的(목적) 이룩하거나 도달하려고 하는 목표나 방향.
· 的見(적견)·的當(적당)·的例(적례)·的中(적중)
· 的確(적확)·端的(단적)·動的(동적)·射的(사적)
· 靜的(정적)·標的(표적)

[참고]
❖ 부가의미 · ①목표. 표준. ②밝음. 환함. ③꼭 그러함. 적실함. 확실함. ④꼭. 틀림 없이. 확실히. ⑤참. 진실. ⑥의. 형용조사[助辭] 등의 뜻도 있음.

寂 고요할 적 / 열반에 들 적

宀의 8 총 11획

筆順: 宀 宀 宀 宋 寂

[풀이] 집을 뜻하는 宀과 음을 나타내는 叔(숙)[적은 변음]을 합쳐서 집안이 말소리가 없어 고요하다는 뜻. 널리 쓸쓸하다의 뜻으로 쓰임.

· 寂滅(적멸) 사라져 없어짐. 죽음.
· 入寂(입적) 출가(出家)하여 수도(修道)하는 사람의 죽음. 입멸(入滅).
· 寂寞(적막)·寂寥(적요)·寂寂(적적)·靜寂(정적)
· 閑寂(한적)

[참고]
❖ 부가의미 · ①쓸쓸함. ②죽음 등의 뜻도 있음.

笛 피리 적

竹의 5 총 11획

筆順: 𠂉 𣥂 𥫗 笁 笛

[풀이] 竹[대]과 음을 나타내는 由(유)[적은 변음]를 합하여 대에 구멍을 뚫어 만든 악기의 뜻.

· 笛聲(적성) 피리를 부는 소리.
· 牧笛(목적) 목자(牧者)나 목동이 부는 피리.
· 警笛(경적)·汽笛(기적)·霧笛(무적)·縱笛(종적)
· 號笛(호적)·橫笛(횡적)

[참고]
❖ 부가의미 · 널리 부는 기구를 일컬음의 뜻도 있음.
🔷 모양이 비슷한 한자 · 苗(싹 묘) 苗木(묘목)
· 笛(피리 적) 鼓笛(고적)

跡 발자취 적 / 흔적 적

足의 6 총 13획

筆順: 口 足 𧾷 趵 跡 跡

[풀이] 足[다리]과 음을 나타내는 亦(역)[적은 변음]을 합하여 발자국의 뜻. 널리 자취의 뜻으로 쓰임.

· 行跡(행적) 행위의 실적. 평생에 한일.
· 筆跡(필적) 글씨의 형적(形跡). 글씨 솜씨.
· 去跡(거적)·人跡(인적)·潛跡(잠적)·蹤跡(종적)
· 痕跡(흔적)

[참고]
❖ 부가의미 · ①뒤를 밟음. 추적(追跡)함. 미행(尾行)함 등의 뜻도 있음.

★

貝의
6
총
13획

賊
도둑 적
역적 적

풀이 창을 뜻하는 戈와 음을 나타내는 則(측)[적은 변음의 변형인 戎을 합쳐서 창으로 사람을 상하게 하다의 뜻. 널리 도둑의 뜻으로 쓰임.

· 賊反荷杖(적반하장) 굴복하여야 할 사람이 도리어 남에게 떳떳한 체하는 일.
· 國賊(국적) ①나라를 망치거나 어지럽힌 역적. ②국경을 침범하는 도둑.
· 賊軍(적군) · 賊徒(적도) · 賊首(적수) · 寇賊(구적)
· 盜賊(도적) · 山賊(산적) · 險賊(험적) · 火賊(화적)

참고
❖ **부가의미** · ①해침. 상처를 냄. ②악인. 사회 · 국가를 어지럽히는 자 등의 뜻도 있음.

貝
賊
賊
賊
賊

扌의
11
총
14획

摘
잡아 뗄 적
들추어낼 적

풀이 扌(손)와 음을 나타내는 商(적)을 합쳐서 손가락으로 집다의 뜻.

· 摘記(적기) 요점만 뽑아 기록함.
· 指摘(지적) 꼭 집어서 가리킴.
· 摘茶(적다) · 摘錄(적록) · 摘發(적발) · 摘心(적심)
· 摘要(적요) · 摘出(적출) · 採摘(채적)

참고
❖ **부가의미** · ①돋구어 냄. ②움직임 등의 뜻도 있음.

一
十
扩
摘
摘

★

辶의
11
총
15획

適
알맞은 적
마음에들 적

풀이 길의 뜻인 辶과 음을 나타내는 商(적)을 합쳐서 똑바로 가다의 뜻. 후에 알맞다의 뜻으로도 씀.

· 適應(적응) 걸맞아 서로 어울림.
· 自適(자적) 마음이 가는 대로 유유히 지냄.
· 適格(적격) · 適期(적기) · 適當(적당) · 適量(적량)
· 適齡(적령) · 適例(적례) · 適法(적법) · 適否(적부)
· 適不適(적부적) · 適性(적성) · 適所(적소) · 適時(적시) · 適業(적업) · 適譯(적역) · 適用(적용)

참고
❖ **비슷한 의미를 가진 한자** · 가다의 뜻을 가진 글자 →行(행). 마침의 뜻을 가진 글자→偶(우).

亠
产
商
商
適

★★

攵의
11
총
15획

敵
원수 적
대적할 적
상대 적

풀이 치다의 뜻인 攵과 음을 나타내는 商(적)을 합쳐서 서로 치는 상대방을 뜻함.

· 敵國(적국) 적대(敵對) 관계에 있는 나라.
· 匹敵(필적) 어깨를 견줌.
· 敵愾(적개) · 敵軍(적군) · 敵對(적대) · 敵對者(적대자) · 敵壘(적루) · 敵背(적배) · 敵兵(적병) · 敵性(적성) · 敵城(적성) · 敵勢(적세) · 敵手(적수) · 敵襲(적습) · 敵視(적시) · 敵營(적영) · 敵影(적영)

참고
❌ **반대되는 한자** · 敵(원수 적)↔友(벗 우)

亠
产
商
敵

積

禾의 11
총 16획

★

쌓을 적
넓이 적

풀이 禾[곡식]와 음을 나타내는 責[책][적은 변음]을 합하여 벼를 가로 세로로 엇갈리게 포개어 쌓아 올리다의 뜻. 널리 물건을 쌓다의 뜻으로 쓰임.

· 積立(적립) 모아서 쌓아 둠.
· 累積(누적) 포개져서 쌓임. 포개어 쌓음.
· 積功(적공) · 積極(적극) · 積金(적금) · 積年(적년)
· 積德(적덕) · 積亂雲(적란운) · 積量(적량) · 積木(적목) · 積善(적선) · 積雪(적설) · 積惡(적악) · 積惡餘殃(적악여앙) · 積怨(적원) · 積財(적재)

참고

◎ 반대되는 한자 · 積(쌓을 적)↔消(쓸 소)

績

糸의 11
총 17획

★

잣다 적
실을 뽑을 적

풀이 실을 뜻하는 糸와 음을 나타내는 責[책][적은 변음]을 합쳐서 실을 점점 더하여 굵게 되다의 뜻. 후에 공을 쌓다의 뜻으로 씀.

· 績女(적녀) 실을 잣는 여자.
· 紡績(방적) 섬유를 가공하여 실을 뽑는 일.
· 績門(적문) · 績方(적방) · 政績(정적) · 織績(직적)
· 勳績(훈적) · 功績(공적) · 成績(성적) · 實績(실적)
· 業績(업적) · 治績(치적)

참고

❖ 부가의미 · ①이음. ②공적. ③이룸 등의 뜻도 있음.
❖ 비슷한 의미를 가진 한자 · 공적의 뜻을 가진 글자
→功(공).

蹟

足의 11
총 18획

자취 적

풀이 足(발 족)에 責(맡을 책)을 합한 글자. 발이 지나간 자국을 그대로 보존한다는 데서 행적이란 뜻이 됨.

· 奇蹟(기적) 사람의 머리로는 생각할 수 없는 기이한 사실.
· 古蹟(고적) 남아 있는 옛적 물건.
· 祕蹟(비적) · 史蹟(사적) · 書蹟(서적) · 痕蹟(흔적)

참고

❖ 부가의미 · 좇음. 따름의 뜻도 있음.

籍

竹의 14
총 20획

★

문서 적

풀이 竹[대]과 음을 나타내는 耤(적·자)를 합하여 길이 한 자[尺]되는 대나무 패. 이것을 이어서 글을 썼으므로 서적의 뜻.

· 戶籍(호적) 호수와 식구별로 기록한 장부.
· 國籍(국적) 일정한 국가의 국민으로서의 신분.
· 籍甚(적심) · 籍籍(적적) · 記籍(기적) · 妓籍(기적)
· 軍籍(군적) · 本籍(본적) · 書籍(서적) · 遺籍(유적)
· 原籍(원적) · 移籍(이적) · 入籍(입적) · 除籍(제적)
· 學籍(학적)

참고

❖ 부가의미 · ①명부. 장부. ②글씨를 쓴 대나무의 조각. ③올림. 호적에 등록함. ④밟음. 발로 밟음. ⑤왁자함. 재재거림. ⑥압수함. ⑦온화함 등의 뜻도 있음.

禾 禾 秆 秸 積

糸 糸 綪 綪 績

𧾷 𧾷 𧾷 蹟 蹟

𥫗 𥫗 𥫗 籍 籍

田

田의 0
총5획

밭　　전
수레이름 전

(풀이) 구획된 밭 모양을 본뜸. 널리 밭의 뜻으로 씀. 부수로서는 밭에 관한 것을 나타냄.

・田畓(전답) 밭과 논. 전지(田地).
・田園(전원) 논밭과 동산. 시골. 교외.
・田夫(전부)・田野(전야)・田園(전원)・田園都市(전원도시)・田園生活(전원생활)・田園詩人(전원시인)・田作(전작)・田租(전조)・田地(전지)・田圃(전포)・耕田(경전)・公田(공전)・均田(균전)

(참고)
❂ 모양이 비슷한 한자 ・田(밭 전) 田畓(전답)
　　　　　　　　　　・由(말미암을 유) 理由(이유)

一 冂 冂 田 田

全

人의 4
총6획

온통　　전
전부　　전

(풀이) 구슬을 뜻하는 玉이 변한 王과 음을 나타내는 入(입)[전은 변음을 합쳐 티가 없는 순수한 흰빛의 구슬이라는 뜻을 나타냄. 보통 고르다・가지런하다의 뜻으로 쓰임.

・全能(전능) 모든 일을 해낼 수 있는 능력.
・完全(완전) 부족함이 없음.
・全家(전가)・全壞(전괴)・全驅(전구)・全軍(전군)
・全權大使(전권대사)・全期(전기)・全景(전경)・全校(전교)・全國(전국)・全局(전국)・全權(전권)
・全納(전납)・全文(전문)・全集(전집)・保全(보전)
・純全(순전)・安全(안전)

入 仝 仝 仝 全

典

八의 6
총8획

법　　전
경전 전

(풀이) 대나무 갈피로 된 책이 책상을 뜻하는 八 위에 놓여 있는 모양을 본뜸. 나중에 책・법칙이라는 뜻으로 쓰이게 됨.

・典質(전질) 물건을 전당잡히는 일.
・辭典(사전) 어떤 말의 단어를 모아서 일정한 순서로 배열하고, 주석을 해놓은 책.
・典當(전당)・典例(전례)・典禮(전례)・典範(전범)
・經典(경전)・古典(고전)・法典(법전)・原典(원전)
・字典(자전)・出典(출전)

(참고)
❈ 부가의미 ・①본보기. 규칙. 법률. ②의식(儀式). ③관습. 풍습. ④직무로서 행함. 맡아서 함 등의 뜻도 있음.

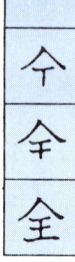

一 冂 曲 曲 典 典

前

刀의 7
총9획

앞　　전
앞설 전

(풀이) 칼을 뜻하는 刂에 발이란 뜻이 나아가다로 발전한 止와 배를 뜻하는 舟가 변한 月을 합쳐서 배를 타고 앞으로 나아간다는 뜻. 후에 앞이라는 뜻으로 쓰이게 됨.

・前途(전도) 앞으로 나아갈 길.
・食前(식전) ①밥을 먹기 전. ②아침밥을 먹기 전. 곧 아침 일찍.
・前期(전기)・前例(전례)・前線(전선)・前者(전자)
・前進(전진)・前後(전후)・面前(면전)・目前(목전)
・事前(사전)・日前(일전)

(참고)
❈ 부가의미 ・나아감의 뜻도 있음.
◙ 반대되는 한자 ・前(앞 전)↔後(뒤 후)

丷 丷 芐 亓 前 前

展

★★★

尸의 7
총 10획

펼 전
늘일 전

풀이 자고 있는 사람을 뜻하는 尸와 음을 나타내는 㞡(전)을 합쳐 자면서 몸을 뒤적여 굴리다의 뜻. 후에 펴다의 뜻으로 씀.

· 展覽(전람) 여럿을 벌이어 놓고 보임.
· 進展(진전) 진행되어 나아감.
· 展開(전개) · 展開圖(전개도) · 展觀(전관) · 展望(전망) · 展墓(전묘) · 展性(전성) · 展翅(전시) · 展示(전시) · 發展(발전) · 鮮展(선전) · 宣展(선전) · 申展(신전)

참고

❖ **부가의미** · ①퍼짐. ②줄을 지어 펴놓음. ③구름. ④굴러 감 등의 뜻도 있음.

一 尸 尸 屍 展

專

寸의 8
총 11획

오로지 전

풀이 손을 뜻하는 寸과 음을 표시 하면서 실패라는 뜻을 가진 叀(전)을 합쳐서 어린이가 실패를 돌리다 의 뜻. 그리고 돌리는 동안은 손에 서 놓지 않으므로 혼자 독차지하다 의 뜻으로 씀.

· 專決(전결) 제 마음대로 결정함.
· 專攻(전공) 한 가지만을 전문적으로 연구함.
· 專科(전과) · 專權(전권) · 專念(전념) · 專斷(전단) · 專賣(전매) · 專賣特許(전매특허) · 專務(전무) · 專門(전문) · 專屬(전속) · 專修(전수) · 專心(전심) · 專業(전업) · 專用(전용) · 專有(전유) · 專一(전일)

참고

❖ **부가의미** · 제 마음대로 함의 뜻도 있음.

一 宀 叀 叀 專

電

★★★

雨의 5
총 13획

번개 전

풀이 雨와 음을 나타내는 申(신)[전은 변음]을 합하여 번갯불의 뜻. 電은 본디 申으로 썼으나 申이 다른 뜻으로 쓰이게 되자 이와 구별 하기 위하여 雨를 더함.

· 電光(전광) 번개. 전기 등의 불빛.
· 電球(전구) 전기(電氣)를 통하여 밝게 하는 기구.
· 電擊(전격) · 電光石火(전광석화) · 電極(전극) · 電氣(전기) · 電燈(전등) · 電力(전력) · 電流(전류) · 電報(전보) · 電線(전선) · 電信(전신) · 感電(감전) · 漏電(누전) · 放電(방전) · 停電(정전) · 祝電(축전)

참고

❖ **부가의미** · ①번쩍임. ②전기 등의 뜻도 있음.

一 于 雨 雷 電

傳

★★★

亻의 11
총 13획

전할 전
전기 전

풀이 사람을 뜻하는 亻과 음을 나 타내는 專(전)을 합쳐 사람에게 옮 겨 전하다의 뜻.

· 傳記(전기) 개인의 사적을 적은 기록
· 遺傳 ① 끼쳐 내려옴. ② 양친의 형질이 자식에게 전 해지는 현상.
· 傳達(전달) · 傳來(전래) · 傳令(전령) · 傳說(전설) · 傳受(전수) · 傳承(전승) · 傳統(전통) · 口傳(구전) · 列傳(열전) · 自傳(자전)

참고

❖ **부가의미** · ①전갈. ②소문. ③숙소, 여인숙. ④역말. ⑤ 경서(經書)의 설명. ⑥사람의 일생을 적은 것 등의 뜻 도 있음.

◈ **잘못읽기 쉬운 한자** · 傳播 전파 (전번으로 읽지 말 것)

亻 伝 傳 傳 傳

錢

金의
8
총
16
획

돈 전
화폐 전

- 錢穀(전곡) 돈과 곡식(穀食). 재정(財政).
- 金錢(금전) 쇠붙이로 만든 돈. 화폐. 돈.
- 錢主(전주)·錢貨(전화)·古錢(고전)·急錢(급전)
- 銅錢(동전)·無錢(무전)·本錢(본전)·賽錢(새전)
- 小錢(소전)·惡錢(악전)·葉錢(엽전)·銀錢(은전)
- 紙錢(지전)·泡錢(포전)·換錢(환전)

[풀이] 金과 음을 나타내는 戔(전)을 합하여 쇠붙이의 끝을 얇게 깎아서 만든 농구, 곧 괭이. 괭이의 모양을 본뜬 화폐가 있어 돈의 뜻이 되었음.

[참고]
❉ 부가의미 ·①가래. ②전. 화폐의 단위로 원의 100분의 1 등의 뜻도 있음.

金 金 鈝 錢 錢

戰

戈의
12
총
16
획

싸움 전
겨룰 전

- 戰鬪(전투) 전쟁의 목적을 위해 취하는 직접수단.
- 戰爭(전쟁) 싸움.
- 戰功(전공)·戰果(전과)·戰局(전국)·戰國(전국)
- 戰國時代(전국시대)·戰死(전사)·戰勢(전세)·戰勝(전승)·戰友(전우)·戰爭(전쟁)·決戰(결전)
- 交戰(교전)·冷戰(냉전)·接戰(접전)·參戰(참전)

[풀이] 戈[무기]와 음을 나타내는 單(단)[전은 변음]을 합쳐서 무기를 맞대고 싸우다의 뜻.

[참고]
❉ 비슷한 의미를 가진 한자 ·戰(전)은 무력으로 승부를 가림. 鬪(투)는 서로 공격함. 또는 소규모의 전쟁. 格(격)은 힘내기로 맞부딪침.
❎ 반대되는 한자 ·戰(싸움 전)↔和(화목할 화)

咠 單 戰 戰 戰

轉

車의
11
총
18
획

구를 전
옮길 전

- 轉勤(전근) 근무(勤務)하는 곳을 옮김.
- 回轉(회전) 빙빙 돌아서 구름.
- 轉嫁(전가)·轉居(전거)·轉結(전결)·轉校(전교)
- 轉交(전교)·轉求(전구)·轉記(전기)·轉倒(전도)
- 轉落(전락)·轉覆(전복)·轉移(전이)·轉注(전주)
- 轉職(전직)·轉換(전환)·轉禍爲福(전화위복)

[풀이] 車[수레]와 음을 나타내는 專(전)을 합하여 수레 바퀴가 돌다의 뜻. 널리 구르다의 뜻으로 쓰임.

[참고]
❉ 부가의미 ·①돌아 누움. ②넘어짐. ③나부낌. 펄럭임. ④더욱. 한층 더 등의 뜻도 있음.

冖 車 軫 軺 轉

切

刀의
2
총
4
획

벨 절
온통 체

- 切感(절감) 절실히 느낌. 통감(痛感).
- 一切(일체) 모든 것. 온갖 사물.
- 切諫(절간)·切開(절개)·切急(절급)·切斷(절단)
- 切論(절론)·切望(절망)·切問近思(절문근사)·切迫(절박)·切手(절수)·切實(절실)·切言(절언)

[풀이] 칼을 뜻하는 刀와 음을 나타내는 七[절·체는 변음]을 합쳐 물건을 자르다는 뜻을 나타냄.

[참고]
❉ 비슷한 의미를 가진 한자 ·베다의 뜻을 가진 글자→斬(참).
▣ 모양이 비슷한 한자 ·切(끊을 절) 切斷(절단)
·功(공로 공) 功勞(공로)
·巧(공교로울 교) 巧妙(교묘)

一 七 切 切

263

才의 4
총 7획

折 꺾을 절

[풀이] 도끼를 뜻하는 斤과 절단된 나무를 뜻하는 扌를 합쳐서 도끼로 나무를 찍다의 뜻. 후에 꺾다의 뜻으로 쓰임.

- 折半(절반) 하나를 둘로 똑같이 가름. 또, 그 반.
- 骨折(골절) 뼈가 부러짐. 절골(折骨).
- 折價(절가) · 折角(절각) · 折骨(절골) · 折柳(절류)
- 折伏(절복) · 折傷(절상) · 折節(절절) · 折枝(절지)
- 折衝(절충) · 折衷(절충) · 曲折(곡절) · 屈折(굴절)
- 夭折(요절) · 挫折(좌절)

[참고]
✪ 모양이 비슷한 한자 · 折(꺾을 절) 骨折(골절)
· 析(쪼갤 석) 分析(분석)

┐ 才 扌 扩 折 折

糸의 6
총 12획

絶 끊을 절
뛰어날 절

[풀이] 糸[실]와 刀[칼]와 음을 나타내는 절(卪)[巴는 변형]을 합하여 칼로 실을 자른다는 뜻. 널리 자르다 · 끊다의뜻으로 쓰임.

- 絶對(절대) 상대하여 비교될 만한 것이 없음.
- 斷絶(단절) 관계를 끊음.
- 絶景(절경) · 絶交(절교) · 絶句(절구) · 絶叫(절규)
- 絶技(절기) · 絶斷(절단) · 絶色(절색) · 絶唱(절창)
- 絶海(절해) · 絶絃(절현) · 絶好(절호) · 絶後(절후)
- 拒絶(거절) · 隔絶(격절) · 謝絶(사절) · 中絶(중절)

[참고]
✤ 부가의미 · ①차단함. 횡단함. ②통과함. ③뛰어남. 남보다 월등히 나음. (시 · 서 · 화에) 뛰어난 일. ④떨어짐. 양도(糧道)가 떨어짐 등의 뜻도 있음.
✖ 반대되는 한자 · 絶(끊을 절)↔續(이을 속)

幺 糸 紹 紹 絶

竹의 9
총 15획

節 마디 절

[풀이] 竹[대]과 음을 나타내는 卽(즉)[절은 변음]을 합하여 대나무의 자른 면, 마디라는 뜻.

- 節度(절도) 일이나 행동을 끊어 맺는 마디.
- 關節(관절) 뼈와 뼈가 서로 움직일 수 있도록 결합되어 있는 부분.
- 節減(절감) · 節槪(절개) · 節氣(절기) · 節約(절약)
- 節制(절제) · 節次(절차) · 季節(계절) · 使節(사절)
- 禮節(예절) · 光復節(광복절)

[참고]
✤ 부가의미 · ①절개. 굳은 지조. ②사신(使臣) 또는 대장(大將)이 가진 신표(信標). ③때. 절기. ④경절. 임금의 생신을 비롯한 국경일 등의 뜻도 있음.

⺮ 竹 筲 節 節

卜의 3
총 5획

占 점칠 점
차지할 점

[풀이] 점을 친다는 뜻인 卜과 묻다의 뜻인 口를 합쳐 점친 결과 길흉을 묻다의 뜻.

- 占領(점령) 일정한 땅을 차지하여 제 것으로 함.
- 獨占(독점) 혼자서 독차지함.
- 占據(점거) · 占卦(점괘) · 占卜(점복) · 占筮(점서)
- 占星(점성) · 占術(점술) · 占用(점용) · 占有(점유)
- 占有權(점유권) · 口占(구점) · 卜占(복점) · 先占(선점) · 星占(성점) ·

[참고]
✤ 부가의미 · ①차지함. ②상고함. 생각함. ③봄. 자세히 살핌. ④물음. ⑤입으로 부름[口授] 등의 뜻도 있음.

丨 卜 卜 占 占

广의5 총8획	 ★★★ 가게 점 점방 점	·店鋪(점포) ① 가게를 벌인 집. ② 고객을 상대로 하는 지점·출장소 따위를 이르는 말. ·本店(본점) 영업의 본거지가 되는 점포. ·店房(점방)·店員(점원)·店主(점주)·飮食店(음식점)·百貨店(백화점)·開店(개점)·露店(노점) ·賣店(매점)·商店(상점)·閉店(폐점)	亠 广 广 店 店

[풀이] 집을 뜻하는 广과 음을 나타내는 占(점)을 합쳐서 물건을 늘어 놓는 집이라는 뜻.

[참고]

❊ 부가의미 ·주막의 뜻도 있음.
❖ 부수풀이 ·广(바위집 엄): ①언덕이나 바위를 지붕 삼아 지은 바위집의 모양을 본뜬 자. ②큰 바위(厂)에 마룻대(ㆍ=표할 주)를 걸쳐 지은 집을 뜻한 자.

氵의11 총14획	 漸 차차 점 나아갈 점	·漸漸(점점) 조금씩 더하거나 덜해지는 꼴. ·漸減(점감) 차차 줄어듦. ·漸近(점근)·漸及(점급)·漸移(점이)·漸入佳境(점입가경)·漸增(점증)·漸進(점진)·漸進主義(점진주의)·漸次(점차)·東漸(동점)·西漸(서점)	氵 氵 淳 漸 漸

[풀이] 氵[시내]과 음을 나타내는 斬(참)[점은 변음]으로 이루어지며 본래 강의 이름. 후에 조금씩 앞으로 나아가다·조금씩·겨우의 뜻으로 쓰이게 됨.

[참고]

❊ 부가의미 ·조금씩 앞으로 나아감의 뜻도 있음.

黑의5 총17획	 ★ 點 점 점 시간 점	·點燈(점등) 등에 불을 켬. ·終點(종점) ① 맨 끝이 되는 곳. ② 마지막이 되는 때. ·點檢(점검)·點數(점수)·點火(점화)·點劃(점획) ·缺點(결점)·觀點(관점)·基點(기점)·得點(득점) ·氷點(빙점)·標點(표점)·紅一點(홍일점)	甲 里 黑 點 點

[풀이] 黑과 음을 나타내는 占(점)을 합쳐서 작은 까만 점을 뜻함.

[참고]

❖ 잘못읽기 쉬운 한자 ·點睛 점정 (점청으로 읽지 말 것)

扌의8 총11획	接 대접할 접	·接見(접견) 신분이 높은 사람이 공식적으로 손님을 만남. ·隣接(인접) 이웃하여 닿아 있음. ·接近(접근)·接待(접대)·接線(접선)·接續(접속) ·接受(접수)·接語(접어)·接觸(접촉)·間接(간접) ·面接(면접)·密接(밀접)·迎接(영접)	一 十 扌 接 接

[풀이] 扌[손]과 음을 나타내는 妾(첩)[접은 변음]을 합쳐서 손을 잡다의 뜻. 널리 사귀다·잇다의 뜻으로 씀.

[참고]

❊ 부가의미 ·①이음. 계속함. 이어 받음 연함. 잇닿음. ②합함. 모음. ③받음. ④가짐 등의 뜻도 있음.

★

一의1 총2획

넷째 천간 정

·丁男(정남) 나이가 젊고 기운이 좋은 남자.
·兵丁(병정) 병역에 복무하는 장정.
·丁彊(정강)·丁口(정구)·丁幾(정기)·丁年(정년)
·丁寧(정녕)·丁寧語(정녕어)·丁力(정력)·丁夫
 (정부)·丁賦(정부)·丁時(정시)·丁銀(정은)·丁
 子(정자)·丁字路(정자로)·白丁(백정)

[풀이] 못 모양을 본뜸. 못이라는 뜻. 후에 넷째 지지(地支)·한창 일할 나이의 사나이라는 뜻으로 쓰임.

[참고]

❖ 부가의미 ·①장정(壯丁). ②백정. ③성(姓)의 하나 등의 뜻도 있음.

一 丁

二의2 총4획

우물 정

·井間紙(정간지) 모눈 종이.
·市井(시정) 시가(市街).
·井稅(정세)·井魚(정어)·井然(정연)·井蛙(정와)
·井邑(정읍)·井底蛙(정저와)·井田(정전)·井井
 (정정)·井泉(정천)·井筒(정통)·油井(유정)·天
 井(천정)·湯井(탕정)

[풀이] 우물난간 모양을 본뜸. 우물이라는 뜻을 나타냄.

[참고]

❖ 부가의미 ·①땅속의 물건을 파내는 구멍. ②우물의 틀. ③정돈된 모양. ④거리[區畫]. ⑤별 이름. ⑥천정 등의 뜻도 있음.

一 二 井 井

止의1 총5획

正

★★★

바를 정
바로잡을 정

·正直(정직) 마음이 바르고 곧음.
·正常(정상) 바르고 떳떳함.
·正價(정가)·正覺(정각)·正刻(정각)·正氣(정기)

[참고]

❖ 비슷한 의미를 가진 한자 ·바르게 하다의 뜻을 가진 글자 正(정)은 구부러진 것을 똑바르게 함. 規(규)는 법으로 사람을 바르게 함. 匡(광)은 사각(四角) 사면(四面)이 되도록 틀에 끼워 고치다, 또는 구제하여 바르게 함. 訂(정)은 글자나 문장을 고침. 質(질)은 시비를 따져 바르게 함. 糾(규)는 잘못을 들어 호되게 따져 바르게 함.

[풀이] 걷다의 뜻인 止와 음을 나타내는 丁(정)[一은 丁의 고형]을 합쳐서 똑바로 걷다의 뜻임. 널리 옳다의 뜻으로 씀.

一 丁 下 正 正

廴의4 총7획

조정 정

·廷吏(정리) 법정에서 잡무를 처리하는 법원의 직원.
·廷辯(정변) 조정(朝廷)에서 변론함.
·정신(廷臣)·정의(廷議)

[풀이] 걷다의 뜻인 廴과 음을 나타내는 壬(정)을 합쳐서 사람이 똑바로 서는 장소라는 뜻. 옛날 정치를 할 때 신하가 뜰에서 천자를 향하여 서던 곳을 廷이라 함.

[참고]

❖ 부가의미 ·①천자가 정사를 보는 곳. ②관청. ③법원. ④바름. 곧음 등의 뜻도 있음.

一 二 壬 廷 廷

定

宀의5
총8획

정할 정
바로잡을 정

· 定婚(정혼) 혼인(婚姻)을 정함.
· 假定(가정) 임시로 정함.
· 定價(정가) · 定刻(정각) · 定見(정견) · 定款(정관)
· 定規(정규) · 定期(정기) · 定期刊行物(정기간행물)
· 定期預金(정기예금) · 定量(정량) · 定例(정례) · 定論(정론) · 定律(정률) · 定理(정리) · 定石(정석)

[풀이] 집을 뜻하는 宀과 음을 나타내는 正(정)을 합쳐서 집을 다스려 바로 잡다의 뜻. 널리 정하다의 뜻으로 쓰임.

[참고]

❖ 부가의미 · 고요함. 그침. 달라지지 않음의 뜻도 있음.

宀 宀 宀 宇 定

征

彳의5
총8획

칠 정
갈 정

· 征伐(정벌) 죄 있는 무리를 무력으로 침.
· 遠征(원정) ① 멀리 적을 치러 감. ② 먼데로 경기나 조사 · 답사 · 탐험 따위를 하러 감.
· 征途(정도) · 征馬(정마) · 征服(정복) · 征夫(정부)
· 征戍(정수) · 征人(정인) · 征衣(정의) · 征戰(정전)
· 征討(정토) · 征覇(정패) · 征行(정행)

[풀이] 길을 뜻하는 彳과 음을 나타내는 正(정)을 합쳐서 길을 걸어 가다의 뜻.

[참고]

❖ 비슷한 의미를 가진 한자 · 가다의 뜻을 가진 글자→ 行(행). 치다의 뜻을 가진 글자→伐(벌).

彳 彳 行 征 征

亭

亠의7
총9획

주막집 정
역말 정

· 亭子(정자) 경치 좋은 곳에 놀기 위하여 지은 집. 정각(亭閣).
· 驛亭(역정) 역참. 역참에 있는 정자.
· 亭閣(정각) · 亭居(정거) · 亭午(정오) · 亭長(정장)
· 亭亭(정정) · 主(정주)

[풀이] 건물을 뜻하는 고亭과 음을 나타내는 丁(정)을 합쳐서 머물러 쉬는 집이라는 뜻.

[참고]

❖ 부가의미 · ①망대. ②정자. ③멎음. ④높이 솟아 있는 모양 등의 뜻도 있음.

亠 古 亭 亭 亭

貞

貝의2
총9획

곧을 정

· 貞潔(정결) 절개가 굳고 행실이 결백함.
· 童貞(동정) 한 번도 성교하지 아니한 순결성. 흔히 남자를 일컬음.
· 貞女(정녀) · 貞烈(정렬) · 貞婦(정부) · 貞淑(정숙)
· 貞順(정순) · 貞臣(정신) · 貞心(정심) · 貞節(정절)
· 貞操(정조) · 貞直(정직) · 不貞(부정) · 忠貞(충정)

[풀이] 점치다를 뜻하는 卜과 음을 나타내는 貝(패)를 합쳐서 점치다를 뜻함. 음을 빌어 바르다 · 곧다의 뜻으로 씀. 貝는 세발솥의 뜻인 鼎(정)의 생략형을 잘못 쓴 것.

[참고]

❖ 부가의미 · ①정성. 진심. ②절개를 지킴. 정조를 지킴. ③정(定)함. ④점침. ⑤괘 이름 등의 뜻도 있음.

卜 卜 古 貞 貞

政

攵의 4
총 8획

정사 정
정치 정

풀이 치다의 뜻인 攵과 음을 나타내는 正(정)을 합쳐서 쳐서 똑바로 하다의 뜻. 널리 다스리다·정치(政治) 등의 뜻으로 쓰임.

· 政事(정사) 정치 상의 일. 정치 상의 업무.
· 軍政(군정) 전쟁이나 사변 때, 또는 점령지에서 군대에 의하여 행해지는 임시 행정.
· 政經(정경)·政界(정계)·政局(정국)·政權(정권)
· 政黨(정당)·政府(정부)·政策(정책)·政治(정치)
· 政況(정황)·執政(집정)·虐政(학정)·憲政(헌정)

참고

❋ **부가의미** ·①일을 처리하는 것. ②바로 잡음. 바르게 함. ③공물(貢物). 조세(租稅) 등의 뜻도 있음.

一 ㄧ 下 正 正 政

庭

广의 7
총 10획

뜰 정

풀이 广[집]과 사람이 반듯하게 서다의 뜻인 廷을 합쳐서 신하들이 천자 앞에 나란히 서서 정무(政務)를 듣는 장소라는 뜻.

· 庭園(정원) 집 안의 뜰.
· 家庭(가정) 가족이 함께 생활하는. 사회의 가장 작은 집단.
· 庭柯(정가)·庭球(정구)·庭樹(정수)·庭前(정전)
· 庭訓(정훈)·校庭(교정)·鯉庭(리정)·中庭(중정)
· 後庭(후정)

참고

❋ **부가의미** ·①조정(朝廷). 관청. ②집. 집 안 등의 뜻도 있음.

丶 广 庐 庐 庭 庭

頂

頁의 2
총 11획

꼭대기 정
정수리 정

풀이 頁[머리]과 음을 나타내는 동시에 꼭대기를 뜻하는 丁(정)을 합하여 머리의 꼭대기라는 뜻. 나아가 물건의 가장 높은 곳을 뜻함.

· 頂點(정점) 맨꼭대기의 점. 각을 이루는 두 직선이 만나는 점.
· 絶頂(절정) 산의 맨 꼭대기. 사물의 진행이나 상태 따위가 최고에 이를 때, 또는 그러한 경지.
· 頂角(정각)·頂戴(정대)·頂門(정문)·頂門一針(정문일침)·頂上(정상)·骨頂(골정)·登頂(등정)

참고

❋ **부가의미** · 임. 머리 위에 놓음 등의 뜻도 있음.

丁 丌 頂 頂 頂

停

亻의 9
총 11획

머물 정
멈출 정

풀이 사람을 뜻하는 亻과 음을 나타내는 亭(정)을 합쳐 사람이 멈춘다는 뜻을 나타냄.

· 停留(정류) 멎어 섬. 머무름.
· 停止(정지) 일을 중도에서 그만 둠. 또는 그만 두게 함.
· 停刊(정간)·停車(정거)·停車場(정거장)·停年(정년)·停頓(정돈)·停留場(정류장)·停電(정전)
· 停滯(정체)·停學(정학) · 休停(휴정)

참고

❋ **부가의미** ·①그만둠. ②머무름 등의 뜻도 있음.
❖ **비슷한 의미를 가진 한자** · 멈추다의 뜻을 가진 글자 →止(지).

亻 亻 佇 停 停 停

情

忄의 8
총 11획

뜻 정
정성 정

★ ★ ★

[풀이] 마음을 뜻하는 忄과 음을 나타내는 靑(청)[정은 변음]을 합쳐서 그렇게 되었으면 하고 바라는 마음이라는 뜻. 후에 사람의 욕구하는 마음이나 자연스러운 감정의 뜻으로 쓰임.

- 情緒(정서) 사물에 부딪쳐 일어나는 감정.
- 人情(인정) 사람이 본디 지니고 있는 온갖 감정.
- 情感(정감) · 情景(정경) · 情交(정교) · 情念(정념)
- 情談(정담) · 情理(정리) · 情熱(정열) · 情熱(정열)
- 情趣(정취) · 多情(다정) · 同情(동정) · 無情(무정)
- 事情(사정) · 性情(성정) · 常情(상정) · 眞情(진정)

[참고]
※ 부가의미 · ①기분. 감정. 인정. ②남녀간의 사랑. 욕망. ③성실. 진심. ④편애(偏愛). 개인적인 관계. ⑤취미. ⑥모양. 형편 등의 뜻도 있음.

〔서법〕 忄 忄 情 情 情

淨

氵의 8
총 11획

깨끗할 정
깨끗이 할 정

[풀이] 氵[물]과 음을 나타내는 爭(쟁)[정은 변음]을 합하여 물이 깨끗하고 맑음을 뜻하며 널리 깨끗하다의 뜻으로 쓰임.

- 淨化(정화) 깨끗하게 함.
- 淸淨(청정) 맑고 깨끗함.
- 淨潔(정결) · 淨界(정계) · 淨机(정궤) · 淨寫(정사)
- 淨書(정서) · 淨洗(정세) · 淨水(정수) · 淨域(정역)
- 淨財(정재) · 淨罪(정죄) · 淨土(정토)

[참고]
⊠ 반대되는 한자 · 淨(깨끗할 정)↔汚(더러울 오)

〔서법〕 氵 氵 氵 淨 淨 淨

程

禾의 7
총 12획

헤아릴 정
법 정

★ ★

[풀이] 禾[곡식]와 음을 나타내는 呈(정)을 합하여 벼가 고루 자람을 뜻함. 널리 법칙 · 순서의 뜻으로 쓰임.

- 程度(정도) 얼마의 분량. 어떠한 한도.
- 里程(이정) 길의 이수(里數).
- 程式(정식) · 工程(공정) · 課程(과정) · 規程(규정)
- 道程(도정) · 方程(방정) · 旅程(여정) · 音程(음정)
- 日程(일정) · 行程(행정)

[참고]
※ 부가의미 · ①한정(限定). ②과정(課程). ③도수. ④길. ⑤품수(品數). ⑥헤아림. ⑦준(準)함 등의 뜻도 있음.

〔서법〕 二 禾 程 秆 程

精

米의 8
총 14획

찧을 정

★ ★

[풀이] 米[쌀]와 음을 나타내는 靑(청)[정은 변음]을 합하여 도정(搗精)한 쌀을 뜻함. 널리 순수함 · 마음 · 영혼의 뜻으로 쓰임.

- 精誠(정성) 거짓 없는 참된 마음.
- 妖精(요정) 전설이나 이야기에 많으며. 여성의 여러 가지 불가사의함을 나타냄.
- 精墾(정간) · 精潔(정결) · 精巧(정교) · 精氣(정기)
- 精讀(정독) · 精靈(정령) · 精密(정밀) · 精神(정신)
- 精銳(정예)

[참고]
※ 부가의미 · ①자세함. 세밀함. ②묘함. 오묘(奧妙)함. 미묘함. ③아름다움. ④순결함. 순수함. ⑤깨끗함. 결백함. ⑥밝음. 청명(淸明)함. ⑦정성스러움. 성의가 있음 등의 뜻도 있음.

〔서법〕 ⺤ 米 精 精 精

冬의12
총16획

整 가지런히 할 정

풀이 훈계하다의 뜻을 가진 勅(칙)과 음을 나타내는 正(정)을 합쳐서 가지런하다의 뜻.

· 整理(정리) 가지런히 바로잡음.
· 調整(조정) 고르지 못한 것이나 과부족이 있는 것 따위를 알맞게 조절하여 정상 상태가 되게 함.
· 整骨(정골)·整頓(정돈)·整列(정렬)·整流(정류)·整備(정비)·整數(정수)·整肅(정숙)·整然(정연)·整調(정조)·整齊(정제)·整地(정지)·整枝(정지)

참고
❖ 비슷한 의미를 가진 한자 · 가지런히 하다의 뜻을 가진 글자→調(조).

一
申
敕
敕
整

靑의8
총16획

靜 고요할 정

풀이 다투다의 뜻을 가진 爭과 음을 나타내는 동시에 멎게 함을 뜻하는 靑(청·정)을 합하여 싸움을 제지(制止)하다의 뜻. 나아가 조용하게 하다·조용하다의 뜻.

· 靜肅(정숙) 고용하고 엄숙(嚴肅)함.
· 安靜(안정) 편안하고 고요함.
· 靜觀(정관)·靜慮(정려)·靜脈(정맥)·靜物(정물)·靜物畵(정물화)·靜謐(정밀)·靜舍(정사)·靜思(정사)·靜査(정사)·靜肅(정숙)·靜淑(정숙)·靜夜(정야)·靜止(정지)·靜閑(정한)

참고
❖ 부가의미 · ①조용히. ②조용하게 함. ③꾀함. ④깨끗함. ⑤편안함. ⑥쉼 등의 뜻도 있음.
❎ 반대되는 한자 · 靜(고요할 정)↔騷(시끄러울 소)

十
靑
靑
靜
靜

弓의4
총7획

★★★

弟 아우 제 / 순할 제

풀이 창의 한 가지인 戈에 무두질한 가죽을 감은 모양을 본뜸. 차례라는 뜻이나 후에 아우의 뜻으로 쓰임.

· 弟子(제자) 스승의 가르침을 받는 자.
· 兄弟(형제) 형과 아우.
· 弟妹(제매)·弟嫂(제수)·弟氏(제씨)·高弟(고제)·難兄難弟(난형난제)·徒弟(도제)·門弟(문제)·師弟(사제)·小弟(소제)·首弟子(수제자)·愛弟(애제)·女弟(여제)·義弟(의제)·義兄弟(의형제)

참고
❖ 부가의미 · ①능력이 못한 사람. 자기를 낮추어 하는 말. ②문하생(門下生). 제자. ③연장자에 대한 순종 등의 뜻도 있음.

丷
꼭
弟
弟
弟

刂의6
총8획

★

制 억제할 제

풀이 칼을 뜻하는 刂와 가지가 붙은 나무를 뜻하는 㞋를 합쳐 나뭇가지를 잘라 가지런히 하다의 뜻을 나타냄. 후에 누르다의 뜻으로 쓰이게 됨.

· 制定(제정) 제도 따위를 만들어서 정함.
· 抑制(억제) 내리눌러서 제어함.
· 制空權(제공권)·制度(제도)·制動(제동)·制令(제령)·制帽(제모)·制服(제복)·制詞(제사)·制壓(제압)·制約(제약)·制御(제어)·制慾(제욕)·法制(법제)·制憲(제헌)·學制(학제)

참고
❖ 부가의미 · ①만듦. ②정함. ③규정. ④모양. ⑤누름. 적당히 함. 지배하에 둠. ⑥극복함. ⑦조칙. 임금의 명령 등의 뜻도 있음.

丿
牛
制
制
制

270

巾의 6 총9획	帝 임금 제

· 帝國(제국) 황제가 통치하는 나라.
· 上帝(상제) 하늘을 맡아 다스리는 신.
· 帝京(제경)·帝德(제덕)·帝都(제도)·帝命(제명)
· 帝釋天(제석천)·帝宸(제신)·帝室(제실)·帝王
(제왕)·帝位(제위)·帝政(제정)·帝號(제호)·先
帝(선제)·五帝(오제)·天帝(천제)·皇帝(황제)

풀이 하늘에 제사를 지낼 때 제수를 올려 놓은 큰 상 모양을 본뜸. 天帝(천제)·황제의 뜻으로 빌어 쓰임.

참고
※ 부가의미 · 하느님의 뜻도 있음.

`, 亠 亠 产 帝`

阝의 7 총10획	除 덜을 제 버릴 제

· 除名(제명) 명부에서 성명을 빼어 버림.
· 掃除(소제) 먼지나 더러운 것 따위를 떨고 쓸고 닦아서 깨끗이함.
· 除去(제거)·除隊(제대)·除法(제법)·除夕(제석)
· 除雪(제설)·除夜(제야)·除籍(제적)·控除(공제)
· 免除(면제)·排除(배제)·削除(삭제)·解除(해제)

풀이 阝[계단]과 음을 나타내는 余(여)[제는 변음]를 합쳐서 집의 계단이라는 뜻. 후에 뜻을 빌어 없애다의 뜻으로 씀.

참고
※ 부가의미 · ①없앰. 없애 버림. 털어 버림. ②새로 관직에 임명함. ③나눔 등의 뜻도 있음.

`阝 阝 阩 阩 除 除`

竹의 5 총11획	第 차례 제

· 第一(제일) ① 첫째. ② 가장.
· 及第(급제) 과거에 합격함. 시험에 합격됨.
· 第三國(제삼국)·第三黨(제삼당)·第三者(제삼자)
· 第三階級(제삼계급)·甲第(갑제)·科第(과제)·落第(낙제)

풀이 竹[대]과 음을 나타내는 弓(제)를 합하여 순서·차례를 나타냄. ++[초두밑]은 식물임을 뜻하지만 옛날엔 竹[대죽머리]도 같이 썼으므로 弟를 第로 쓰게 되었음.

참고
※ 부가의미 · ①순서를 나타내기 위한 숫자의 머리에 붙는 말. ②과거(科擧). 관리의 등용 시험. [일반적인] 시험. 급제. 시험에 합격함. ③집. 주택. ④다만. 단지. ⑤또 등의 뜻도 있음.

`⺀ ⺀ 竺 第 第`

示의 6 총11획	祭 제사 제 제사지낼 제

· 祭壇(제단) 제사(祭祀)를 지내는 단.
· 時祭(시제) 철마다 지내는 종묘의 제사.
· 祭器(제기)·祭禮(제례)·祭文(제문)·祭物(제물)
· 祭服(제복)·祭祀(제사)·祭司(제사)·祭需(제수)
· 祭神(제신)·祭日(제일)·祭典(제전)·祭政(제정)
· 祭政一致(제정일치)·祭酒(제주)·祭天(제천)·冠婚喪祭(관혼상제)·望祭(망제)·復活祭(부활제)
· 謝肉祭(사육제)·葬祭(장제)·前夜祭(전야제)·地鎭祭(지진제)·祝祭(축제)·享祭(향제)

풀이 신[示]과 고기[月]와 손[又]을 합하여 고기를 손에 들고 신에게 바치다의 뜻. 널리 제사의 뜻으로 쓰임.

`夕 夗 祭 祭 祭`

★★
扌의 9
총 12획

提 들 제
손으로 끌 제

· 提出(제출) 의견·물건 등을 내어 놓음.
· 提示(제시) 어떤 의사를 드러내어 보임.
· 提高(제고) · 提供(제공) · 提起(제기) · 提督(제독)
· 提案(제안) · 提議(제의) · 提唱(제창) · 提携(제휴)
· 前提(전제) · 奉提(봉제)

풀이 扌[손]와 음을 나타내는 是
(시)[제는 변음]를 합쳐서 손에 들
다의 뜻.

참고

◈ 모양이 비슷한 한자 · 提(끌 제) 提供(제공)
· 堤(막을 제) 堤防(제방)

一 丁 扞 捍 提

★
齊의 0
총 14획

齊 가지런할 제

· 齊均(제균) 한결같이 가지런함.
· 整齊(정제) 정돈하여 가지런히 함.
· 齊家(제가) · 齊戒(제계) · 齊民(제민) · 齊一(제일)
· 齊整(제정) · 齊唱(제창) · 均齊(균제) · 一齊(일제)

풀이 이삭이 가지런히 나온 모양
[齊]과 음을 나타내는 二(이)[제는
변음]를 합쳐서 가지런하다의 뜻임.

참고

❖ 비슷한 의미를 가진 한자 · 가지런하다의 뜻을 가진
글자→調(로)

一 亠 亦 齊 齊

★★
衣의 8
총 14획

製 만들 제

· 製作(제작) 재료를 가지고 물건을 만듦.
· 私製(사제) 가만히 사사로이 만듦.
· 製鋼(제강) · 製菓(제과) · 製糖(제당) · 製陶(제도)
· 製鍊(제련) · 製法(제법) · 製本(제본) · 製粉(제분)
· 製氷(제빙) · 製絲(제사) · 製産(제산) · 製藥(제약)
· 製鹽(제염) · 製油(제유) · 製造(제조) · 製鐵(제철)

풀이 옷을 뜻하는 衣와 음을 나
타내면서 가지런히 자르다의 뜻인
制(제)를 합쳐서 천을 잘라 옷을 만
들다의 뜻. 널리 물건을 만들다의
뜻으로 씀.

참고

❖ 부가의미 · ①지음. 만듦. ②본새. 법제[式]. ③비옷 등
의 뜻도 있음.

 二
 듬
 制
制
製

★★
阝의 11
총 14획

際 때 제

· 際會(제회) ① 당하여 만남. ② 임금과 신하 사이에
뜻이 잘 맞음.
· 際畔(제반) · 際涯(제애) · 際限(제한) · 交際(교제)
· 國際(국제) · 分際(분제) · 水際(수제) · 實際(실제)
· 涯際(애제) · 天際(천제) · 八際(팔제)

풀이 阝(읍)[산]과 음을 나타내는
祭(제)를 합쳐서 산과 산이 접하는
곳을 뜻함. 널리 경계·가장자리의
뜻으로 씀.

참고

❖ 부가의미 · ①사이. 짬. 물건과 물건의 이음새. 간격.
이음새. 접합점(接合點). ②기회. ③만남. 좋은 때를
만남. ④사귐. 친교(親敎) 등의 뜻도 있음.

阝 阝 阸 陜 陘 際

諸

言의 9
총 16획

모든 제
여러 제

(풀이) 言[말]과 음을 나타내는 者(자)[제는 변음]를 합쳐서 말이 많다의 뜻 널리 모든·많다의 뜻으로 씀.

· 諸國(제국) 여러 나라.
· 諸說(제설) 여러 사람이 주장하는 말이나 학설.
· 諸家(제가) · 諸葛亮(제갈양) · 諸葛菜(제갈채) · 諸客(제객) · 諸公(제공) · 諸具(제구) · 諸君(제군) · 諸島(제도) · 諸道(제도) · 諸般(제반) · 諸般事(제반사) · 諸方(제방)

(참고)
❖ **부가의미** · ①어조사(語助辭). ②말을 많이 함. 말을 잘함. ③옷 이름. ④김치. 장아찌 등의 뜻도 있음.

言 計 許 諸 諸

濟

氵의 14
총 17획

★ ★

건널 제

(풀이) 氵[시내]음을 나타내는 齊(제)로 이루어지며 본래 강의 이름.

· 濟世(제세) 세상을 잘 다스려서 백성을 구제(救濟)함.
· 共濟(공제) ① 힘을 같이하여 일함. ② 서로 힘을 합하여 도움.
· 濟度(제도) · 濟民(제민) · 濟生(제생) · 濟衆(제중) · 經濟(경제) · 救濟(구제) · 未濟(미제) · 辨濟(변제)

(참고)
❖ **부가의미** · ①도와 줌. ②행함. 수행함. ③끝남. ④많고 성(盛)한 모양 등의 뜻도 있음.

氵 氵 氵 濟 濟

題

頁의 9
총 18획

★ ★ ★

제목 제

(풀이) 얼굴[頁]과 음을 나타내는 是(시)[제는 변음]를 합하여 얼굴 가운데의 표를 하는 부분 즉 이마를 뜻함. 옛날 중국에서는 죄인의 이마에 표를 하였음.

· 題目(제목) 겉장에 쓴 책의 이름.
· 主題(주제) 주장이 되는 제목.
· 題名(제명) · 題跋(제발) · 題詞(제사) · 題辭(제사) · 題言(제언) · 題詠(제영) · 題意(제의) · 題字(제자) · 題材(제재) · 題號(제호) · 題畵(제화) · 課題(과제) · 難題(난제) · 命題(명제) · 無題(무제) · 問題(문제)

(참고)
❖ **부가의미** · ①끝. 선단(先端). ②제목(題目). 표제(表題). 표지(表紙). ③글. 시문(詩文)의 제목. ④물음. 시문(試問). ⑤품평(品評). 평정(評定) 등의 뜻도 있음.

日 是 題 題 題

早

日의 2
총 6획

★ ★

새벽 조
이른 조

(풀이) 日[해]과 甲의 본디 글자이며 음을 나타내는 十(갑)[조는 변음]을 합쳐서 햇빛이 빛나기 시작함·새벽 등의 뜻. 널리 이르다의 뜻으로 쓰임.

· 早朝(조조) 이른 아침.
· 早春(조춘) 이른 봄.
· 早計(조계) · 早急(조급) · 早期(조기) · 早起(조기)

(참고)
❖ **비슷한 의미를 가진 한자** · 早(조)는 해가 막 떠올라 이르다의 뜻으로 시각이나 시기에 관하여 쓰는 일이 많음.↔晚(만). 速(속)은 발의 움직임이 빠르다의 뜻으로 속도에 관하여 쓰는 일이 많음.↔遲(지). 迅(신)은 눈에도 띄지 않을 정도로 빠름. 또는 빨리 감. 疾(질)은 화살같이 빠름. 捷(첩)은 몸이 날램. 敏(민)은 머리의 움직임이 빠르고 총명함.

丶 冂 口 日 早

| 儿의
4
총6획 | 兆 점 조
조짐 조 | · 兆朕(조짐) 미리 드러나 뵈는 빌미.
· 徵兆(징조) 미리 보이는 조짐.
· 兆卦(조괘) · 兆物(조물) · 兆民(조민) · 兆祥(조상)
· 億兆(억조) | ﾉ
ﾊ
北
兆
兆 |

풀이 점(占)치는 데 사용하던 거북의 등껍질이나 짐승뼈에 나타난 금 모양을 본뜸. 징조·발로(發露)의 뜻으로 쓰임.

참고

❖ 부가의미 · ①처음. 기원. ②조. 수사(數詞). 1억의 열 배. 1억의 만 배. ③많은. ④점을 침. 점. ⑤흔적. 나타남 등의 뜻도 있음.

| 力의
5
총7획 | ★ ★
助 도울 조
도움 조 | · 助長(조장) 도와서 빨리 자라게 함. 속성하기를 바래 서두르다가 도리어 일을 해침. | ｜
冂
目
助
助 |

풀이 힘을 뜻하는 力과 음을 나타내는 且(차)[조는 변음]를 합쳐 힘을 보태다의 뜻. 돕다의 뜻으로 쓰임.

참고

❖ 비슷한 의미를 가진 한자 · 돕다의 뜻을 가진 글자 助(조)는 힘을 보탬. 介(개)는 사이에 들어가서 돕다. 佐(좌)는 좌우에서 몸에 붙어 힘이 되다. 佑(우)·祐(우)=佐(좌). 특히 祐(우)는 하늘이나 신의 도움. 扶(부)는 손으로 잡아주어 돕다. 弼(필)은 잘못이 없도록 돕다. 援(원)은 끌어 돌려 구하는 것을 돕다. 相(상)은 의논 상대가 되어 도와 이끌다. 翼(익)은 새의 날개처럼 품어서 돕다. 資(자)는 물질적으로 돕다.

| 辶의
7
총11획 | 造 지을 조
만들 조 | · 造作(조작) 지어서 만듦. 일부러 꾸밈.
· 石造(석조) 돌로 만드는 일. 또는 그 물건.
· 造景(조경) · 造林(조림) · 造物主(조물주) · 造船(조선) · 造成(조성) · 造語(조어) · 造言(조언) · 造營(조영) · 造詣(조예) · 造次顚沛(조차전패) · 造幣(조폐) · 造形(조형) · 造形美術(조형미술) | ﾉ
牛
告
造
造 |

풀이 보행의 뜻인 辶과 음을 나타내는 告(고)[조는 변음]를 합쳐서 가서 자리에 앉다의 뜻. 후에 만들다의 뜻으로 씀.

참고

❖ 비슷한 의미를 가진 한자 · 만들다의 뜻을 가진 글자 →作(작).

❖ 잘못읽기 쉬운 한자 · 造詣 조예 (조지로 읽지 말 것)

| 示의
5
총10획 | ★ ★ ★
祖 할아버지 조 | · 祖上(조상) 돌아간 어버이 위로 대대의 어른.
· 先祖(선조) ① 한 집안의 시조. ② 한 집안의 조상.
· 祖考(조고) · 祖靈(조령) · 祖廟(조묘) · 祖法(조법)
· 祖妣(조비) · 祖師(조사) · 祖先(조선) · 祖孫(조손)
· 祖述(조술) · 祖神(조신) · 祖業(조업) · 祖宴(조연)
· 祖宗(조종) · 祖行(조항) · 開祖(개조) · 始祖(시조) | 二
ｧ
示
祁
祖 |

풀이 示[신]와 음을 나타내는 且(차·조)를 합하여 첫째의 신·시조신(始祖神)을 뜻함. 널리 아버지보다 웃대인 사람의 뜻으로 쓰임.

참고

❖ 부가의미 · ①선조. 조상. ②근본. ③비롯함. ④길. 제사[週神祭] 등의 뜻도 있음.

鳥

鳥의 0 총 11획

새 조

풀이 새가 날고 있는 모양을 본 뜸. 새의 뜻임. 부수로서는 새에 관한 뜻을 나타냄.

- 鳥獸(조수) 새와 짐승.
- 海鳥(해조) 바다에서 물고기·조개 등을 잡아 먹고 사는 새.
- 鳥籠(조롱)·鳥類(조류)·鳥網(조망)·鳥迹(조적)
- 鳥集(조집)·猛鳥(맹조)·白鳥(백조)·飛鳥(비조)
- 鳴鳥(명조)·益鳥(익조)

참고

❀ **부가의미** ·꽁지가 긴 새의 뜻도 있음.

▣ **모양이 비슷한 한자** ·鳥(새 조) 鳥獸(조수)
   ·島(섬 도) 島民(도민)
   ·烏(까마귀 오) 烏口(오구)

`丿 户 白 鳥 鳥`

條

木의 7 총 11획

곁가지 조
조목 조

풀이 木[나무]과 음을 나타내는 攸(유)[조는 변음]을 합쳐서 나무의 작은 가지라는 뜻. 후에 여럿으로 나누어진 것의 뜻으로 씀.

- 條目(조목) 여러 가닥으로 나눈 항목.
- 箇條(개조) ① 낱낱의 조목. ② 낱낱의 조목을 셀 때의 단위.
- 條件(조건)·條規(조규)·條例(조례)·條理(조리)
- 條枚(조매)·條文(조문)·條約(조약)·條項(조항)
- 枯條(고조)·別條(별조)·信條(신조)·枝條(지조)

참고

❀ **부가의미** ·①조리(條理). ②각 조항으로 나누어 쓴 것. 규칙. 가르침. ③가늘고 긴 것을 세는 말. ④글. ⑤사무침. ⑥요란함. ⑦노끈 등의 뜻도 있음.

`亻 亻 伙 攸 條`

組

糸의 5 총 11획

짤 조
구성할 조

풀이 糸[실]와 음을 나타내는 且(차·조)를 합하여 실을 많아서 합치다의 뜻. 널리 짜맞추거나 한 무리로 삼다의 뜻으로 쓰임.

- 組合(조합) 꾸미어 합침.
- 勞組(노조) 근로자가 자주적으로 노동 조건의 유지·개선 및 경제적·사회적 지위 등의 향상을 목적으로 조직하는 단체.
- 組閣(조각)·組曲(조곡)·組成(조성)·組織(조직)
- 組版(조판)·結組(결조)·綺組(기조)·文組(문조)

참고

❀ **부가의미** ·①짬. ②길삼을 함. ③구성함 등의 뜻도 있음.

`幺 糸 糺 絀 組`

朝

月의 8 총 12획

아침 조

풀이 倝[해가 떠오르다]와 음을 나타내는 舟(주)[조는 변음]를 합쳐서 해가 떠오르다의 뜻. 널리 아침의 뜻으로 쓰임. 月은 舟의 변형임.

- 朝刊(조간) 日刊(일간) 신문의 아침 판.
- 王朝(왕조) ①왕이 직접 다스리는 나라. ②같은 왕가에 딸린 통치자의 계열이나 혈통.
- 朝來(조래)·朝令(조령)·朝令暮改(조령모개)·朝禮(조례)·朝露(조로)·朝晚(조만)·朝命(조명)
- 朝明(조명)·朝暮(조모)·朝霧(조무)

참고

❀ **부가의미** ·①어느 때. 한 때. ②천자(天子)가 정사(政事)를 보는 곳. ③정사. 정치. ④조정에 출사(出仕)함. ⑤한 왕조가 존속하는 기간 등의 뜻도 있음.

▨ **반대되는 한자** ·朝(아침 조)↔夕(저녁 석)

`十 古 卓 朝 朝`

灬의 9 총13획	**照** 비칠 조	· 照鑑(조감) 비추어 봄. 환히 봄. · 照明(조명) ①밝게 비춤. 환히 비춤. ②무대에 빛을 비추는 일. · 照校(조교) · 照度(조도) · 照覽(조람) · 照査(조사) · 照射(조사) · 照映(조영) · 照應(조응) · 照準(조준) · 照察(조찰) · 照合(조합) · 照會(조회) · 對照(대조)

풀이 灬[불]과 음을 나타내는 昭(소)[조는 변음]를 합쳐서 불빛이 밝음을 뜻함.

참고

❈ 부가의미 · ①불을 비춤. ②비추어 봄. 비교함. ③햇빛.
④비치는 그림자. 사진 등의 뜻도 있음.

氵의 12 총15획	**潮** 조수 조 밀물 조	· 潮水(조수) 해면의 수준이 올라갔다 내려갔다 하는 현상을 이루는 바닷물. · 干潮(간조) 썰물로 해면의 높이가 가장 낮아진 상태. · 潮流(조류) · 潮汐(조석) · 潮州(조주) · 落潮(낙조) · 滿潮(만조) · 晩潮(만조) · 思潮(사조) · 赤潮(적조) · 早潮(조조)

풀이 氵[조수]와 아침의 뜻을 나타내는 朝(조)를 합쳐서 아침 조수라는 뜻.

참고

❈ 부가의미 · 시세(時世)의 경향의 뜻도 있음.

言의 8 총15획	★ ★ ★ **調** 고를 조 잘어울릴 조	· 調和(조화) 대립이나 어긋남이 없이 서로 잘 어울림. · 協調(협조) 고르게 하여 알맞게 맞춤. · 調經(조경) · 調貢(조공) · 調教(조교) · 調達(조달) · 調度(조도) · 調練(조련) · 調理(조리) · 調馬(조마) · 調味(조미) · 調味料(조미료) · 調髮(조발) · 調發 (조발) · 調法(조법) · 格調(격조)

풀이 言[말]과 두루 미치다의 뜻인 周를 합쳐서 고르게 한다는 뜻.

참고

❈ 부가의미 · ①맞음. 적합함. ②부드러움. 잘 되어 감.
③길들임. ④살핌. 조사함. ⑤곡조. 가락. ⑥가림. ⑦공
물(貢物) 등의 뜻도 있음.

扌의 13 총16획	★ ★ ★ **操** 부릴 조 지조 조	· 操作(조작) 취급하여 처리함. · 志操(지조) 곧은 뜻과 절조. · 操觚(조고) · 操觚界(조고계) · 操觚者(조고자) · 操短(조단) · 操鍊(조련) · 操弄(조롱) · 操守(조수) · 操心(조심) · 操縱(조종) · 操車(조차) · 操行(조행) · 雅操(아조) · 節操(절조) · 貞操(정조) · 情操(정조)

풀이 손을 뜻하는 扌와 음을 나타내는 喿(소)를 합쳐서 물체를 잡은 손가락이 꽉 붙게 움켜쥐다의 뜻.

참고

❈ 비슷한 의미를 가진 한자 · 잡다의 뜻을 가진 글자
→取(취).

足
의 0
총 7획

발 족

·足跡(족적) 발자국. 옛 자취.
·滿足(만족) 마음이 흡족함.
·足枷(족가) ·足球(족구) ·足蹈(족도) ·足鎖(족쇄)
·足音(족음) ·足債(족채) ·足下(족하) ·不足(부족)
·補足(보족) ·手足(수족) ·長足(장족) ·洽足(흡족)

[풀이] 무릎을 뜻하는 口와 발 모양을 본뜻 止로 이루어짐. 무릎 아래를 뜻함. 후에 발목 아래를 가리키게 됨. 부수(部首)로는 발에 관한 뜻을 나타냄.

[참고]

❖ 부가의미 ·①산기슭. 산록(山麓). ②족함. 넉넉함. 만족함. ③감당함. ④정도에 지나침. ⑤더함. 북돋움 등의 뜻도 있음.

| ＼ |
| 口 |
| 卫 |
| 足 |
| 足 |

族
方 의 7
총 11획

겨레 족
일가 족

·族譜(족보) 한 족속(族屬)의 계보(系譜).
·民族(민족) 같은 지역에서 오랫동안 공동생활을 함으로써 언어나 풍습 따위 문화 내용을 함께 하는 인간 집단의 최고 단위. 또는 그 사람들.
·族屬(족속) ·族長(족장) ·家族(가족) ·擧族(거족)
·貴族(귀족) ·同族(동족) ·氏族(씨족) ·遺族(유족)

[풀이] 𭃤[기]와 矢[화살]를 합쳐서 기를 세우고 화살을 거기에 대고 겨냥하고 있다는 뜻. 모이다의 뜻으로 쓰이다가 후에 친척·같은 무리의 뜻으로 쓰임.

[참고]

❖ 부가의미 ·①한 사람이 죄를 범함으로써 그 가족이나 친척까지 받는 형벌. ②성. 성씨. ③화살촉. ④때 지음. 모임. ⑤풍류 가락 등의 뜻도 있음.

| 𭃤 |
| 方 |
| 𭃤 |
| 㫃 |
| 族 |

子 의 3
총 6획

있을 존
보존할 존

·存在(존재) 있음. 현실에 있음.
·殘存(잔존) 남아서 처져 있음.
·存立(존립) ·存亡(존망) ·存否(존부) ·存續(존속)
·存心(존심) ·存在論(존재론) ·存廢(존폐) ·保存(보존) ·生存(생존) ·所存(소존) ·嚴存(엄존) ·遺存(유존) ·一存(일존) ·適者生存(적자생존)

[풀이] 막다의 뜻인 才와 음을 나타낸 子(자)[존은 변음]를 합쳐서 막아 멈추게 하다의 뜻. 후에 있다의 뜻으로 쓰임.

[참고]

❖ 부가의미 ·①살아 남음. ②물음. 살핌. ③지킴 등의 뜻도 있음.

| 一 |
| ナ |
| 𠂇 |
| 存 |
| 存 |

尊
寸 의 9
총 12획

높을 존
공경할 존

·尊敬(존경) 높여 공경(恭敬)함.
·尊貴(존귀) 지위가 높고 귀함.

[참고]

❖ 비슷한 의미를 가진 한자 ·떠받들다의 뜻을 가진 글자 尊(존)은 우러러 받듦.↔卑(비). 上(상)은 상좌에 모시고 상전으로 모심. 右(우)는 옛적에 오른쪽을 상위로 쳤으므로 떠받들다의 뜻이 됨. 宗(종)은 본산으로 삼아 떠받듦. 尙(상)은 上(상)과 같음. 崇(숭)은 높은 산이라는 뜻에서 우럴 받듦. 貴(귀)는 신분이 높음에서 떠받듦.

[풀이] 술통을 뜻하는 酋와 두 손을 뜻하는 寸을 합쳐서 술통을 두 손에 받쳐 들고 하느님에게 올리다의 뜻. 널리 떠받들다의 뜻으로 씀.

🔲 반대되는 한자 ·尊(높을 존)↔卑(낮을 비)

| 八 |
| 丷 |
| 酋 |
| 酋 |

277

十의6 총8획 **卒** 군사 졸	· 卒倒(졸도) 갑자기 정신을 잃고 넘어짐. · 卒業(졸업) 규정된 과정을 마침. · 卒去(졸거)·卒哭(졸곡)·卒徒(졸도)·卒迫(졸박) · 卒歲(졸세)·卒業(졸업)·卒業論文(졸업논문)· 卒然(졸연)·卒爾(졸이)·卒卒(졸졸)·卒中(졸중) · 卒暴(졸폭)·騎卒(기졸)·兵卒(병졸)·士卒(사졸)

풀이 옷을 뜻하는 衣와 표지를 뜻한 ノ(별)을 합쳐 표지가 있는 옷이라는 뜻이 후에 표지가 있는 옷을 입은 병정이라는 뜻으로 쓰임.

참고
❖ **부가의미** · ①하인. ②갑자기. ③끝남. 끝마침. ④드디어. ⑤죽음. ⑥무리 등의 뜻도 있음.
❖ **비슷한 의미를 가진 한자** · 끝나다의 뜻을 가진 자 →終(종).

` 丶 亠 亠 卆 卒`

宀의5 총8획 **宗** 마루 종	· 宗家(종가) 맏파(派)의 집안. 큰집. · 儒宗(유종) 유교 선비들이 우러러 보는 큰 학자. · 宗教(종교)·宗規(종규)·宗徒(종도)·宗論(종론) · 宗廟(종묘)·宗門(종문)·宗室(종실)·宗氏(종씨) · 宗儀(종의)·宗匠(종장)·宗祖(종조)·宗派(종파) · 宗會(종회)·改宗(개종)·天台宗(천태종)

풀이 집을 뜻하는 宀과 神(신)[하느님]에서 딴 示를 합쳐서 하느님을 모시는 사당·조상·근본이라는 뜻.

참고
❖ **부가의미** · ①으뜸. ②높음. 떠받듦.=崇(숭) ③종묘(宗廟). ④일가. 겨레. ⑤갈래 등의 뜻도 있음.
❖ **비슷한 의미를 가진 한자** · 떠받들다의 뜻을 가진 글자→尊(존).

`宀 宀 宀 宗 宗`

彳의8 총11획 **從** 따를 종 좇을 종	· 從事(종사) 일에 마음과 힘을 다함. · 服從(복종) 남의 명령·요구·의지 등에 그대로 따름. · 從軍(종군)·從今(종금)·從來(종래)·從妹(종매) · 從犯(종범)·從兵(종병)·從僕(종복)·從事(종사) · 從屬(종속)·從順(종순)·從氏(종씨)·從業(종업)

풀이 길을 가다의 뜻인 彳와 남의 뒤를 따르는 것을 나타내는 从을 합쳐서 남을 따라 가다의 뜻.

참고
◎ **모양이 비슷한 한자** · 從(좇을 종) 從事(종사)
· 徒(무리 도) 徒輩(도배)
· 徙(옮길 사) 移徙(이사)

`彳 彳 从 从 從`

糸의5 총11획 **終** 마지막 종 마칠 종	· 終了(종료) 일을 끝마침. · 最終(최종) 맨 나중. 마지막. · 終講(종강)·終結(종결)·終局(종국)·終極(종극) · 終南山(종남산)·終乃(종내)·終幕(종막) ·終末 (종말)·終無消息(종무소식) ·終盤(종반) ·終熄 (종식)·終身(종신)·始終(시종)·有終(유종)

풀이 糸[실]와 음을 나타내는 冬(동)[종은 변음]을 합하여 감은 실의 끝을 뜻함. 널리 끝의 뜻으로 쓰임.

참고
❖ **부가의미** · ①죽음. ②마지막에. 필경. ③끝끝내. ④방백리(方白里). 사방(四方) 백리의 땅. ⑦12년의 일컬음 등의 뜻도 있음.
❖ **반대되는 한자** · 終(끝 종)↔始(처음 시)

`糸 糸 紋 終 終`

禾의 9 총 14획 **種** 씨 종 ★★★	· 種目(종목) 종류(種類)의 명목(名目). · 播種(파종) 논밭에 씨앗을 뿌려 심음. · 種犬(종견)·種痘(종두)·種落(종락)·種卵(종란) · 種牡牛(종모우)·種類(종류)·種馬(종마)·種苗 (종묘)·種別(종별)·種子(종자)·各種(각종)·雜 種(잡종)

풀이 禾[벼]와 음을 나타내는 重(중)[종은 변음]을 합하여 늦게 익는 벼·늦벼라는 뜻. 널리 씨·종류의 뜻으로 쓰임.

참고

❋ **부가의미** · ①종류. ②가지[物物]. ③심음. ④뿌림. 씨를 뿌림. ⑤폄. 널리 폄 등의 뜻도 있음.

糸의 11 총 17획 **縱** 세로 종	· 縱斷(종단) ①세로로 끊음. ②길이로 가름. · 縱橫(종횡) 가로와 세로. 여기와 저기. · 縱貫(종관)·縱觀(종관)·縱斷勾配(종단구배)· 縱隊(종대)·縱覽(종람)·縱列(종렬)·縱書(종서) · 縱橫家(종횡가)·縱橫無盡(종횡무진)·放縱(방종) · 操縱(조종)·橫縱(횡종)

풀이 실을 뜻하는 糸와 음을 나타내는 從(종)을 합쳐서 꽉 졸린 실을 느슨하게 하다의 뜻. 널리 느슨하게 함. 내키는 대로 함, 또는 세로의 뜻으로 씀.

참고

❋ **부가의미** · ①늘어짐. ②풀어 놓음. ③둠[置]. ④어지러움. ⑤비록. ⑥바쁨 등의 뜻도 있음.

✗ **반대되는 한자** · 縱(세로 종)↔橫(가로 횡)

金의 9 총 17획 **鍾** 술병 종 술잔 종 ★	· 鍾愛(종애) 매우 귀여워함. · 鍾乳洞(종유동) 石灰岩地가 빗물·地下水에 의해 용해되어 생성된 동굴. · 鍾官(종관)·鍾念(종념)·鍾憐(종련)·鍾鉢(종발) · 鍾乳石(종유석)·萬鍾(만종)·釜鍾(부종)·龍鍾 (용종)·千鍾(천종)·靑鍾(청종)

풀이 金(쇠 금)에 童(아이 동)을 합한 글자. 두드리면 아이의 울음소리와 같은 소리를 내는 쇠붙이라는 데서 종을 뜻함.

참고

❋ **부가의미** · ①되 이름. 용량의 단위로 육곡사두(六斛四斗). 일설에는 팔곡(八斛) 또는 십곡(十斛). ②모음. 한데 모이게 함. 모임. ③쇠북 종 등의 뜻도 있음.

工의 2 총 5획 **左** 왼편 좌 ★★★	· 左傾(좌경) ①왼편으로 기울어짐. ②공산주의 등의 과거간 사상에 급진적으로 기울어짐.↔우경(右傾). · 좌고우면(左顧右眄) 여기저기 돌아 보며 정신을 씀. 우고좌면(右顧左眄). · 左官(좌관)·左丘明(좌구명)·左袒(좌단)·左大臣 (좌대신)·左氏傳(좌씨전)·左右(좌우)

풀이 기술이라는 뜻인 工과 음을 나타내는 𠂇(좌)를 합쳐 돕다의 뜻. 돕다의 뜻으로 佐가 나오자 左는 왼쪽이라는 뜻으로 바뀜.

참고

❋ **부가의미** · ①그름. 어긋남. 물리침. ②급진파의 사상. 증거. ③도움 등의 뜻도 있음.

✗ **반대되는 한자** · 左(외쪽 좌)↔右(오른쪽 우)

우측 필순:
禾 利 稻 種 種
糸 糾 糾 糾 縱
金 金 鉅 鍾 鍾
一 ナ 左 左 左

土획
4 총7획

坐

앉을 좌

・坐高(좌고) 앉은 키.
・坐骨(좌골) 앉으면 바닥에 닿는 엉덩이의 양쪽 뼈. 무명골(無名骨).
・坐忘(좌망)・坐像(좌상)・坐禪(좌선)・坐睡(좌수)
・坐視(좌시)・坐業(좌업)・坐臥(좌와)・坐職(좌직)
・坐礁(좌초)

풀이 土(흙 토)와 人(사람 인) 두 개를 합한 글자. 땅 위에 두 사람이 마주 앉아 있는 모양을 나타냄.

참고

❋ 부가의미 ・①지킴. ②죄를 입음. ③손발을 움직이지 않음 등의 뜻도 있음.

人
丛
坐
坐
坐

广획
7 총10획

座

자리 좌

・座席(좌석) 앉는 자리.
・口座(구좌) 부기에서 재산・부채・자본의 증감 및 손익의 발생을 각 항목별로 기입・계산하는 곳.
・座談(좌담)・座上(좌상)・座右銘(좌우명)・座中(좌중)・講座(강좌)・鯨座(경좌)・寶座(보좌)・御座(어좌)

풀이 집을 뜻하는 广과 앉다의 뜻인 坐를 합쳐서 집 안의 사람들이 모여 앉는 곳이라는 뜻.

참고

❋ 부가의미 ・별자리의 뜻도 있음.

亠
广
庀
座
座

罒획
8 총13획

★ ★ ★

罪

허물 죄
죄 죄

・罪目(죄목) 범죄 행위의 명목(名目).
・犯罪(범죄) 죄를 범함. 또는 그 범한 죄.
・罪過(죄과)・罪名(죄명)・罪狀(죄상)・罪囚(죄수)
・罪惡(죄악)・罪人(죄인)・罪質(죄질)・輕犯罪(경범죄)・功罪(공죄)・斷罪(단죄)・無罪(무죄)・服罪(복죄)・詐欺罪(사기죄)・死罪(사죄)

풀이 그물을 뜻하는 罒과 음을 나타내는 非(비)[죄는 변음]를 합쳐서 대로 만든 어망(魚網)의 뜻. 후에 죄의 뜻으로 쓰임.

참고

❋ 부가의미 ・①벌(罰)을 줌. ②고기 그물 등의 뜻도 있음.

冖
罒
罒
罪
罪

丶획
4 총5획

★ ★ ★

主

주인 주

・主力(주력) 주가 되는 힘. 주장되는 힘.
・君主(군주) 임금.
・主家(주가)・主幹(주간)・主客(주객)・主客顚倒(주객전도)・主格(주격)・主計(주계)・主管(주관)
・主觀(주관)・主觀的(주관적)・主君(주군)・主權(주권)・主權者(주권자)・主權在民(주권재민)

풀이 촛대에 초가 타고 있는 모양을 본뜸. 한 집안의 중심이 되는 등불이라는 뜻을 나타냄. 후에 임자라는 뜻으로 쓰임.

참고

❋ 부가의미 ・①주군. ②우두머리. ③주로. ④손[客]을 치는 사람. ⑤자기. ⑥중심이 되는 것. ⑦맡아 함 등의 뜻도 있음.

▨ 반대되는 한자・主(주인 주)↔客(손님 객)

丶
丶
宀
主
主

朱

木의 2 총 6획

붉을 주

풀이 木의 한가운데서 표를 해서 나무줄기의 한가운데를 나타냄. 나무 줄기 속이 빨갛다의 뜻. 널리 붉다의 뜻으로 쓰임.

· 朱門(주문) ①붉은 칠을 한 문(門). ②지위(地位)가 높은 사람이나 부호(富豪)의 집.
· 印朱(인주) 도장에 묻히어 찍는 주홍(朱紅)빛이 나는 물건.
· 朱墨(주묵) · 朱脣(주순) · 朱顔(주안) · 朱肉(주육)
· 朱子學(주자학) · 朱雀(주작) · 朱筆(주필)

참고

❊ 부가의미 · 주묵. 붉은 먹. 난장이의 뜻도 있음.

〢 亠 ⺀ 牛 朱

州

巛의 3 총 6획

고을 주

· 州郡(주군) 주(州)와 군(郡). 전(轉)하여 지방(地方).
· 州里(주리) 향리(鄕里). 마을. 주(州)는 이천오백가(二千五百家)의 부락(部落). 이(里)는 이십오가(二十五家)의 부락(部落).
· 州境(주경) · 州俗(주속) · 州縣(주현) · 慶州(경주)
· 神州(신주) · 九州(구주) · 知州(지주) · 晉州(진주)

참고

❊ 부가의미 · 대륙. 뭍의 뜻도 있음.

풀이 둘레가 물로 둘러 싸인 육지를 본떠서 만든 글자. 사주(砂州)라는 뜻. 후에 행정구역의 뜻으로 쓰임.

丶 丿 丬 州 州

走

走의 0 총 7획

달릴 주

· 走馬燈(주마등) ①돌리는 대로 다른 그림이 나타나게 된 등. ②사물이 덧없이 빨리 지나가는 일의 비유.
· 競走(경주) 달음질로 승부(勝負)를 다툼.
· 走狗(주구) · 走力(주력) · 走馬(주마) · 走者(주자)
· 走破(주파) · 走筆(주필) · 逃走(도주) · 獨走(독주)
· 奔走(분주) · 疾走(질주) · 脫走(탈주) · 敗走(패주)

참고

❊ 부가의미 · ①달아남. 도망함. 패주함. 쫓음. ②짐승. 수류(獸類). ③종. 노비. 하인. 또는 자신의 겸칭(謙稱)으로 쓰임 등의 뜻도 있음.

풀이 가다의 뜻인 ⺐ 와 사람이 손을 흔드는 모양을 나타내는 大[변형]를 합하여 손을 크게 흔들며 가다의 뜻. 널리 달리다의 뜻으로 쓰임. 부수(部首)로는 달리다와 관계가 있음.

一 十 キ キ 丰 走 走

住

亻의 5 총 7획

머물러 살 주

· 住民(주민) 그 땅에 사는 백성.
· 移住(이주) 살던 곳을 떠나 다른 곳으로 옮겨 가서 삶.
· 住居(주거) · 住所(주소) · 住持(주지) · 居住(거주)

참고

❖ 비슷한 의미를 가진 한자 · 살다의 뜻을 가진 글자 住(주)는 거처를 정하여 눌러 삶. 栖(서)는 새의 둥우리에서 나온 말이므로 임시로 묵음. 또는 안식처. 棲(서)는 栖(서)와 같음.
◪ 모양이 비슷한 한자 · 住(머무를 주) 住居(주거)
· 往(갈 왕) 往來(왕래)

풀이 사람을 뜻하는 亻과 음을 가리키는 主(주)를 합쳐서 사람이 묵는다는 뜻을 나타냄. 일반적으로 묵다 · 살다의 뜻으로 쓰임.

亻 亻 仁 仨 住 住

口의5 총8획	**周** ★ 두루 주	·周年(주년) 돐이 돌아온 한 해. 일주년(一周年). ·周邊(주변) 주위(周圍)의 가장자리. ·周公(주공)·周忌(주기)·周期(주기)·周到(주도) ·周歷(주력)·周圍(주위)·周知(주지)·周行(주행)	

풀이 입을 뜻하는 口와 음을 나타내는 円(주)로 이루어져 말이 자상하다의 뜻.

참고·

❖ **부가의미**·①둘레. ②골고루. 공평(公平). ③모퉁이. ④군힘. ⑤찬찬함. 미쁨. ⑥고대 중국의 나라 이름. ⑦성(姓)의 하나 등의 뜻도 있음.

宀의5 총8획	**宙** 집 주	·碧宙(벽주) 푸른 하늘. ·宇宙(우주) ①천지와 고금·시간과 공간. ②천지. 세계.	

풀이 집을 뜻하는 宀과 음을 나타내는 由(유)[주는 변음]를 합쳐서 집을 덮는 지붕이라는 뜻. 널리 넓은 하늘·공간의 뜻으로 쓰임.

참고

❖ **부가의미**·①과거·현재·미래에 걸치는 무한의 시간 ②하늘. 공간 등의 뜻도 있음.

氵의5 총8획	**注** ★★★ 물을 끌어 댈 주 흐를 주	·注釋(주석) 서적 본문의 해설. ·注入(주입) 쏟아서 넣음. 속에 부어 들임. ·注脚(주각)·注記(주기)·注力(주력)·注連(주련) ·注目(주목)·注文(주문)·注射(주사)·注所(주소) ·注水(주수)·注視(주시)·脚注(각주)·灌注(관주) ·注意(주의)	·氵 ·氵 ·氵 ·氵 ·氵 ·注

풀이 氵[물]과 음을 나타내는 主(주)를 합쳐서 물을 흘려 붓다의 뜻.

참고

❖ **부가의미**·①본문에 덧붙여 상세하게 설명한 것. ②물이 흐름 등의 뜻도 있음.

氵의3 총6획	**洲** 섬 주	·洲島(주도) 섬. ·沙洲(사주) 해안에서 저절로 생기는 모래톱. ·洲嶼(주서)·洲崎(주기)·芳洲(방주)·白洲(백주) ·三角洲(삼각주)·大八洲(대팔주)	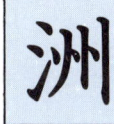

풀이 氵[강]과 음을 나타내며 사주(砂洲)의 모양을 본뜬 州(주)로 이루어짐.

참고

❖ **부가의미**·대륙. 뭍의 뜻도 있음.

柱 (기둥 주)

木의 5 총 9획

[풀이] 木과 음을 나타내는 主(주)를 합쳐서 똑바로 서 있는 나무를 뜻함. 널리 기둥의 뜻으로 쓰임.

- 柱梁(주량) 기둥과 대들보.
- 柱礎(주초) 기둥 아래에 받치어 놓는 돌. 주춧돌.
- 柱根(주근)·柱頭(주두)·柱石(주석)·柱時計(주시계)·石柱(석주)·圓柱(원주)·電柱(전주)·支柱(지주)

[참고]

❖ **부가의미**·①기러기발[현악기의 현을 받치는 도구]. ②받침. 굄[支]. 버팀. ③막음 등의 뜻도 있음.

一 十 木 杜 柱

酒 (술 주)

酉의 3 총 10획

[풀이] 액체(液體)를 뜻하는 氵와 酉를 합하여 술을 뜻함. 酉가 12지지(地支)의 열 번째로 사용되면서부터 대신 생긴 글자.

- 酒客(주객) 술을 잘 하는 사람.
- 禁酒(금주) ①술을 먹지 못하게 함. ②자기가 술을 끊음.
- 酒氣(주기)·酒量(주량)·酒母(주모)·酒席(주석)
- 酒稅(주세)·酒店(주점)·酒造(주조)·甘酒(감주)
- 勸酒(권주)·農酒(농주)·麥酒(맥주)·密酒(밀주)

[참고]

❖ **부가의미**·①잔치. 주연. ②냉수. ③벼슬 이름 등의 뜻도 있음.

氵 沪 沂 洒 酒

晝 (낮 주)

★ ★ ★

日의 7 총 11획

[풀이] 日[해]과 음을 나타내는 畫(획)[주는 변음]의 생략형(省略形)을 합쳐서 해가 밝다의 뜻. 널리 낮·주간의 뜻으로 쓰임.

- 晝間(주간) 낮 동안.
- 晝耕夜讀(주경야독) ①낮에는 농사짓고 밤에는 공부하는 한가하고 운치있는 생활. ②바쁜 틈을 타서 어렵게 공부함.
- 晝間(주간)·晝食(주식)·晝夜(주야)·晝日(주일)
- 晝寢(주침)·旦晝(단주)·白晝(백주)

[참고]

❖ **부가의미**·정오의 뜻도 있음.

◪ **반대되는 한자**·晝(낮 주)↔夜(밤 야)

ㄱ ㅋ 彐 書 晝

週 (두루 주, 둘레 주)

★ ★ ★

辶의 8 총 12획

[풀이] 보행의 뜻인 辶과 음을 나타내는 周(주)를 널리 합쳐 두루 걸어 다니다의 뜻. 널리 돌다의 뜻으로 씀.

- 週報(주보) 한 주일에 한번씩 발행하는 신문이나 잡지.
- 週日(주일) ①일요일부터 토요일까지의 이레 동안. ②한 주일중 일요일을 제외한 날.
- 週刊(주간)·週間(주간)·週刊新聞(주간신문)·週給(주급)·週期(주기)·週年(주년)·週末(주말)

[참고]

❖ **부가의미**·주일. 일요일부터 토요일까지의 7일의 뜻도 있음.

冂 刀 周 週 週

竹 (대 죽)

★ ★

竹의 0 총6획

대 죽

[풀이] 대나무의 잎의 모양을 본뜸. 부수로서는 대나무에 관한 뜻을 나타냄.

- 竹竿(죽간) 옛날에 종이가 발명되기 전인 한(漢)나라 이전에 문자를 기록하던 대의 조각. 또는 그것으로 만든 책.
- 竹筍(죽순) 대나무의 어리고 연한 싹. 식용으로 이용됨.
- 竹刀(죽도)·竹林(죽림)·竹林七賢(죽림칠현)

[참고]

❖ **부가의미** ·①피리. 대로 만든 관악기. 팔음(八音)의 하나. ②옛날에 종이가 없었을 때 글씨를 쓰던 대의 조각. 문서. ③성(姓)의 하나 등의 뜻도 있음.

ノ ― ― ― 竹

準 (평평할 준)

★ ★

氵의 10 총13획

평평할 준

[풀이] 氵[물]과 음을 나타내는 隼(준)을 합쳐서 수면이 평평함을 뜻함.

- 準據(준거) ①표준으로 삼아 거기에 따름. ②모범. 표준(標準).
- 標準(표준) ①목표(目標) ②규범이 되는 준칙(準則).
- 準決勝(준결승)·準急(준급)·準備(준비)·準用(준용)·準的(준적)·準則(준칙)·準平原(준평원)
- 準行(준행)

[참고]

❖ **부가의미** ·①수평기(水平器). ②근거. ③준함. ④근거로 삼음. ⑤콧마루 등의 뜻도 있음.

氵 氵 氵 淮 準

中 (가운데 중)

★ ★ ★

|의 3 총4획

가운데 중

[풀이] 물건(口)의 한복판을 가리킴. 가운데·안을 뜻함.

- 中立(중립) 양자의 어느 쪽에도 치우치지 아니함. 중정독립(中正獨立).
- 中華(중화) 세계의 중앙에 있는 문명국이라는 뜻으로, 중국 사람이 자기 나라를 일컫는 말.
- 中京(중경)·中軍(중군)·中期(중기)·中農(중농)
- 中道(중도)·中領(중령)·中伏(중복)·中士(중사)

[참고]

❖ **비슷한 의미를 가진 한자** 맞다의 뜻을 가진 글자 中(중)은 본디 화살이 과녁에 꽂힌다는 뜻에서 적중하다로 쓰임. 當(당)은 꼭 들어맞음. 直(직)은 차례가 됨. 만나 부딪침.

丶 口 口 中

重 (무거울 중)

★ ★ ★

里의 2 총9획

무거울 중

[풀이] 사람이 똑바로 서 있는 모양과 음을 나타내는 東(동)[중은 변음]을 합하여 사람이 무거운 짐을 지고 서다의 뜻. 후에 무겁다의 뜻으로 쓰임.

- 重勞動(중노동) ①육체적으로 힘이 드는 노동. ②어떤 집단이나 단체에서 과하는 가벼운 형벌의 일종.
- 輕重(경중) ①가벼움과 무거움. ②경시할 것과 중시할 것. ③무게, 중량. ④돈, 금전.
- 重刊(중간)·重慶(중경)·重工業(중공업)

[참고]

❖ **부가의미** ·①중히 여김. 소중히 여김. ②인격을 존중함. ③더딤. 느림. 굼뜸. ④진함. 농후함. ⑤중량. ⑥겹침. 중첩. 중복됨. 되풀이함. ⑦늦곡식. ⑧아이 등의 뜻도 있음.

🅧 **반대되는 한자** ·重(무거울 중)↔輕(가벼울 경)

一 二 旨 重 重 ♡

衆 (많을 중)

血의 6
총 12획

★ ★

衆 많을 중

[풀이] 어떤 지역을 뜻하는 口를 잘못 적은 血과 사람이 셋이라는 뜻인 乑를 합쳐서 어떤 땅에 살고 있는 많은 사람들 즉 백성의 뜻.

- 衆意(중의) 여러 사람의 의향(意向). 뭇사람의 의견(意見).
- 公衆(공중) 사회의 여러 사람들.
- 衆苦(중고)·衆寡(중과)·衆口(중구)·衆多(중다)
- 衆徒(중도)·衆力(중력)·衆論(중론)·衆生(중생)
- 觀衆(관중)·多衆(다중)·民衆(민중)

[참고]

◎ 모양이 비슷한 한자 ·衆(무리 중) 群衆(군중)
　　　　　　　　　　　　·象(코끼리 상) 居象(거상)

◈ 반대되는 한자 ·衆(무리 중)↔寡(적을 과)

| ノ |
| 宀 |
| 血 |
| 𠚍 |
| 衆 |

卽 (곧 즉)

卩의 7
총 9획

卽 곧 즉

[풀이] 먹을 것을 수북히 담은 그릇을 나타내는 皀과 사람이 무릎을 꿇고 있는 모양을 나타내는 卩을 합쳐 식탁에 앉다의 뜻. 널리 나아가다의 뜻으로 쓰다가 후에 곧·바로라는 뜻으로 쓰임.

- 卽刻(즉각) 곧 그 시각(時刻). 즉시.
- 卽興(즉흥) ①즉석에서 일어나는 흥치. ②즉석에서 하는 음영(吟詠).
- 卽決(즉결)·卽答(즉답)·卽死(즉사)·卽席(즉석)
- 卽位(즉위)

[참고]

◈ 부가의미 ·①가까이 함. ②나아감. 불똥 등의 뜻도 있음.

| 白 |
| 白 |
| 皀 |
| 皀 |
| 卽 |

症 (병증세 증)

疒의 5
총 10획

症 병증세 증

[풀이] 병(疒)과 음을 나타내는 正(정)[증은 변음]을 합하여 병의 증세(성질)를 뜻함.

- 症勢(증세) 병을 앓는 여러 가지의 모양.
- 痛症(통증) 아픈 증세.
- 症狀(증상)·渴症(갈증)·炎症(염증)·重症(중증)
- 狹心症(협심증)

[참고]

◈ 부가의미 ·병의 성질의 뜻도 있음.

| 亠 |
| 广 |
| 疒 |
| 症 |
| 症 |

曾 (일찍 증)

曰의 8
총 12획

曾 일찍 증

[풀이] 八(사방으로 퍼짐을 뜻함)에 吅(들창을 뜻함)과 曰(말함을 뜻함)을 합한 글자. 입김이 계속 나옴을 나타낸 것으로 말이 연이어 나온다는 데서 겹침, 거듭됨을 뜻함.

- 曾孫(증손) 아들의 손자.
- 曾遊(증유) 전에 논 일이 있음.
- 曾思(증사)·曾孫女(증손녀)·曾孫婦(증손부)·
　曾祖母(증조모)·曾祖父(증조부)·孫曾(손증)

[참고]

◈ 부가의미 ·①거듭. ②이에. ③곧 등의 뜻도 있음.

| 八 |
| 𫝆 |
| 曾 |
| 曾 |
| 曾 |

灬의
10
총
14획

蒸 찔 증

· 蒸氣(증기) 액체가 증발하여 생긴 기체.
· 蒸發(증발) 액체나 고체가 기체인 증기로 변하는 현상.
· 蒸氣機關(증기기관)·蒸氣船(증기선)·蒸溜(증류)
· 蒸溜水(증류수)·蒸發(증발)·蒸發熱(증발열)·蒸暑(증서)·蒸返(증반)·蒸物(증물)·釜蒸(부증)

[풀이] 艹[풀]와 음 및 찌다의 뜻을 나타내는 烝(증)을 합쳐서 찌다의 뜻.

[참고]
❖ 부가의미 · ①삼대[麻中幹]. ②무리[衆]. ③섶[薪]. ④횃불[炬] 등의 뜻도 있음.

★ ★

土의
12
총
15획

增 불을 증

· 增加(증가) 더 늚. 늘어서 많아짐.
· 增進(증진) 더하여 나아가게 함. 또 더하여 나아감.
· 增刊(증간)·增減(증감)·增强(증강)·增結(증결)
· 增大(증대)·增發(증발)·增配(증배)·增補(증보)

[풀이] 土[흙]와 음을 나타내며 겹치다의 뜻인 曾(증)을 합쳐서 흙을 쌓아 높이다의 뜻. 후에 붇다의 뜻으로 쓰게 됨.

[참고]
❖ 부가의미 · ①더욱. ②겹침 등의 뜻도 있음.
❖ 모양이 비슷한 한자 · 增(늘 증) 增加(증가)
· 僧(중 승) 僧侶(승려)
· 贈(줄 증) 贈呈(증정)

忄의
12
총
15획

憎 미울 증

· 憎斥(증척) 미워하여 배척(排斥)함.
· 愛憎(애증) 사랑과 미움.
· 憎愛(증애)·憎惡(증오)·生憎(생증)

[풀이] 마음을 뜻하는 忄과 음을 나타내는 曾(증)을 합쳐서 상대편과 맞서서 적대하다의 뜻.

[참고]
❖ 부가의미 · 새암. 시새움의 뜻도 있음.
❖ 비슷한 의미를 가진 한자 · 미워하다의 뜻을 가진 글자 憎(증)은 밉게 생각함.↔愛(애). 惡(오)은 대단히 싫어함.↔好(호). 疾(질)은 지독하게 미워함. 또는 남의 좋은 일을 뒤에서 시새움. 嫉(질)은 疾(질)과 같음.

★

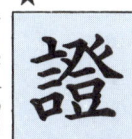

言의
12
총
19획

證 증명할 증

· 證明(증명) 어떤 사물이 진실(眞實) 또는 진리(眞理)임을 증거 세워 확실하게 함.
· 僞證(위증) ①거짓 증거(證據). ②증인으로서 선서(宣誓)한 뒤에 허위의 진술을 하는 일.
· 證據(증거)·證券(증권)·證文(증문)·證本(증본)
· 證憑(증빙)·證書(증서)·證言(증언)·證人(증인)

[풀이] 言[말]과 음을 나타내는 登(등)[증은 변음]을 합쳐서 말하여 분명하게 한다는 뜻.

[참고]
❖ 부가의미 · 깨달음의 뜻도 있음.

之 (갈 지)

/의
3
총
4획

갈 지

· 之東之西(지동지서) 동으로 가고, 서로 감. 곧, 이리 저리 갈팡질팡 함.
· 愛之重之(애지중지) 사랑하고 중히 여김.

[풀이] 초목의 싹이 흙을 뚫고 나오는 모양을 본뜬 글자. 싹이 돋아서 자라다는 뜻으로 널리 가다의 뜻으로 씀.

[참고]

❖ **부가의미** · ①이름[至]. ②이것[是]. 이것[此]. ③소유를 나타내는 조사 등의 뜻도 있음.
🔁 **모양이 비슷한 한자** · 之(갈 지) 之無(지무)
· 乏(다할 핍) 缺乏(결핍)

`丶  丿  之`

止 (그칠 지)

止의
0
총
4획

★ ★ ★

그칠 지

· 止血(지혈) 피가 나오다 멈춤. 나오는 피를 그치게 함.
· 廢止(폐지) 행하지 않고 그만둠.

[풀이] 왼쪽 발자국의 모양을 본뜸. 발자국을 뜻함. 널리 멈추다의 뜻으로 씀. 부수로서는 발과 보행에 관한 뜻을 나타냄.

[참고]

❖ **비슷한 의미를 가진 한자** · ①멎다의 뜻을 가진 글자 止(지)는 그 곳에 가만히 있음. 留(류)는 한 곳에 계속해서 있음. 駐(주)는 말을 멈추다의 뜻에서 지나가던 것이 잠깐 멈춤. 逗(두)는 도중에 멈춤. ②止(지)와 留(류)의 차이는 止(지)는 한 곳에 머물러 움직이지 않다이며, 留(류)는 去(거)의 반대로서 떠나지 않고 그 곳에 머무르고 있음.

`丨  卜  止  止`

支 (가지 지)

支의
0
총
4획

★ ★

가지 지

· 支局(지국) 본국(本局)이나 본사(本社) 등의 관리 하에 있으면서 지방에 분재(分在)하여 업무를 취급하는 곳.
· 干支(간지) 십간(十干)과 십이지(十二支)의 총칭. 육십갑자(六十甲子).
· 支根(지근) · 支給(지급) · 支流(지류) · 支保(지보)

[풀이] 대나무의 가지를 뜻하는 十과 손을 뜻하는 又를 합하여 손으로 대나무의 가지를 꺾어 떼다의 뜻. 나누다의 뜻으로 쓰이다가 후에 받치다의 뜻으로 바뀜.

[참고]

❖ **부가의미** · ①헤어짐. 떨어짐. 나눔. 나누어짐. ②가지. ③지불함. ④지지(地支) 등의 뜻도 있음.

`一  十  步  支`

至 (이를 지)

至의
0
총
6획

★ ★

이를 지

· 至極(지극) ①궁극(窮極)에 이름. ②더없이 극진함.
· 冬至(동지) 이십사절후(節侯)의 하나로 일년 중 밤이 가장 길고 낮이 가장 짧음. 양력 12월 22~23일경.
· 至高(지고) · 至公(지공) · 至近(지근) · 至急(지급)
· 至難(지난) · 至當(지당) · 至大(지대) · 至德(지덕)
· 至樂(지락) · 至論(지론) · 至理(지리) · 至妙(지묘)

[풀이] 화살이 땅에 꽂힌 양을 본뜬 글자. 이르다의 뜻으로 씀.

[참고]

❖ **부가의미** · ①더할 나위 없음. ②절기의 이름 등의 뜻도 있음.

`一  工  互  至  至`

氵의3 총6획	池 못 지	· 池面(지면) 못의 표면(表面). · 蓮池(연지) 연꽃이 있는 못. · 池塘(지당) · 池塘春草夢(지당춘초몽) · 池頭(지두) · 池畔(지반) · 池邊(지변) · 池上(지상) · 池魚(지어) · 池魚之殃(지어지앙) · 古池(고지) · 墨池(묵지) · 沼池(소지) · 臨池(임지) · 貯水池(저수지)	丶 氵 氿 沔 池
풀이 물을 뜻하는 氵와 음을 나타내는 也(야)[지는 변음]를 합쳐서 둘레가 막힌 물을 뜻함.		**참고** ※ **부가의미** · ①섞바꿔서 낢. ②풍류 이름 등의 뜻도 있음.	

土의3 총6획	★★ 地 땅 지	· 地變(지변) 지상(地上)에서 일어나는 괴변(怪變). · 不毛地(불모지) 초목이 나지 않는 척박한 땅. · 地價(지가) · 地檢(지검) · 地境(지경) · 地久(지구) · 地球(지구) · 地球儀(지구의) · 地帶(지대) · 地理(지리) · 地獄(지옥) · 地下(지하) · 窮地(궁지) · 植民地(식민지) · 宅地(택지) · 平地(평지)	一 十 土 圤 地
풀이 土[흙]와 음을 나타내는 也(야)[지는 변음]를 합쳐서 울퉁불퉁 기복을 만들어 뻗어 나가는 대지의 뜻.		**참고** ※ **부가의미** · ①곳. ②밑바탕. ③지위. ④다만. ⑤어조사 등의 뜻도 있음. ✕ **반대되는 한자** · 地(땅 지)↔天(하늘 천)	

心의3 총7획	★★ 志 뜻 지	· 志操(지조) 지켜 바꾸지 않는 지향(志向). 굳은 지기(志氣). · 初志(초지) 처음의 뜻. 처음에 먹었던 뜻. · 志格(지격) · 志氣(지기) · 志望(지망) · 志士(지사) · 志尙(지상) · 志願(지원) · 志節(지절) · 志學(지학) · 志行(지행) · 志向(지향) · 大志(대지) · 篤志(독지)	一 十 士 志 志
풀이 心[마음]과 음을 나타내는 之(지)를 합쳐서 마음이 기울어지는 곳이라는 뜻. 마음의 움직임을 뜻하며 士는 之의 변형임.		**참고** ❖ **비슷한 의미를 가진 한자** · 적다의 뜻을 가진 글자 →記(기).	

矢의3 총8획	★★ 知 알 지	· 知己(지기) ①자기의 마음이나 진가(眞價)를 알아주는 사람. 친한 벗. ②친구. 아는 사람. · 良知良能(양지양능) 경험이나 교육에 의하지 않고도 알며 또한 행할 수 있는 지능(知能). · 知覺(지각) · 知覺異常(지각이상) · 知見(지견) · 知舊(지구) · 知能(지능) · 知能犯(지능범)	广 스 矢 知 知
풀이 口[입]와 矢[화살]를 합하여 거침없이 지껄임을 뜻함. 후에 識을 빌어 알다의 뜻으로 씀.		**참고** ※ **부가의미** · ①맡음. 주재(主宰)함. ②알림. 알게 함. ③아는 일. ④앎. ⑤대접. 대우. ⑥지사. 지사(知事)의 약칭. 도(道)의 장관. ⑦슬기. ⑧하고자 함 등의 뜻도 있음.	

持

扌의 6
총 9획

★

가질 지

[풀이] 손을 뜻하는 扌와 음을 나타내는 寺(사, 시)[지는 변음]를 합쳐서 손을 써서 움직이다의 뜻. 널리 손에 물건을 들다의 뜻으로 쓰임.

· 持久(지구) 같은 상태에서 오래 견딤. 오래 끌어감.
· 持病(지병) 오랫동안 낫지 않아 늘 지니고 있는 병.
· 持戒(지계) · 持論(지론) · 所持(소지) · 住持(주지)
· 支持(지지) · 持久力(지구력) · 持久戰(지구전) ·
  持續(지속) · 保持者(보지자)

[참고]
❖ 부가의미 · ①지킴. ②물지게 등의 뜻도 있음.
◩ 모양이 비슷한 한자 · 持(가질 지) 持論(지론)
　　　　　　　　　· 特(유다를 특) 特別(특별)

一
丁
扌
拌
持

指

扌의 6
총 9획

★ ★

손가락 지

[풀이] 손을 뜻하는 扌와 음을 나타내는 旨(지)를 합쳐서 손끝의 갈라진 부분이라는 뜻.

· 指導(지도) 가리켜 인도함.
· 中指(중지) 가운데 손가락.
· 指貫(지관) · 指南(지남) · 指名(지명) · 指目(지목)
· 指事(지사) · 指示(지시) · 指章(지장) · 指揮(지휘)

[참고]
❖ 부가의미 · ①가리킴. ②뜻. ③아름다움. ④벼슬 이름 등의 뜻도 있음.

寸
扌
打
扫
指

紙

糸의 4
총 10획

★ ★ ★

종이 지

[풀이] 糸[실]와 음을 나타내는 氏(씨, 지)를 합하여 고치의 지스러기나 헌솜, 나무껍질 등을 바래어 눌러 펴 만든 것. 널리 종이를 뜻함.

· 紙筆墨(지필묵) 종이와 붓과 먹.
· 便紙(편지) 소식을 알리거나 용건을 전하는 글. 서간(書簡).
· 紙匣(지갑) · 紙袋(지대) · 紙面(지면) · 紙背(지배)
· 紙本(지본) · 紙上(지상) · 紙魚(지어) · 紙帳(지장)
· 紙質(지질) · 紙燭(지촉) · 紙幣(지폐)

[참고]
❖ 부가의미 · 편지의 뜻도 있음.

幺
糸
紅
紙
紙

智

日의 8
총 12획

★ ★ ★

슬기 지

[풀이] 음 및 신(神)의 말씀을 뜻하는 知(지)와 日[해, 밝음]을 합쳐서 지식이 있다는 뜻.

· 智慧(지혜) 사물의 이치를 밝히고 옳고 그름을 판별하는 능력.
· 眞智(진지) 진리를 깨달은 지혜.
· 智囊(지낭) · 智略(지략) · 智力(지력) · 智謀(지모)
· 智識(지식) · 智勇(지용) · 智者(지자)

[참고]
❖ 부가의미 · ①박식한 사람. ②앎. 깨달음 등의 뜻도 있음.
❖ 비슷한 의미를 가진 한자 · 총명하다의 뜻을 가진 글자→敏(민).

'
矢
知
智
智

289

誌 (적을 지)
言의 7 / 총 14획 ★★

言[말]과 음을 나타내는 志(지)를 합쳐서 말을 적어 두다의 뜻.

- 墓誌(묘지) 망인(亡人)의 사적(事跡), 덕행(德行), 자손의 이름, 묘지(墓地)의 지명(地名), 생사(生死)년월일, 매장(埋葬)년월일(年月日) 등을 기록한 글. 도판(陶板)에 새겨 무덤에 묻음.
- 雜誌(잡지) 여러 가지 사항을 함께 실은 책자. 호를 바꾸어 정기적으로 발행하는 책자.

참고
❖ 비슷한 의미를 가진 한자·적다의 뜻을 가진 글자 →記(기).

言 言 計 誌 誌

直 (곧을 직)
目의 3 / 총 8획 ★★★

눈[目]위에 곧은 금을 그어 똑바로 봄을 뜻함. 곧다의 뜻으로 쓰다가 굽다의 뜻을 가진 ㄴ을 더하여 굽은 것을 곧게 바로잡음을 뜻함.

- 直觀(직관) 추리(推理) 등의 사유(思惟)를 거치지 않고 직접적으로 대상을 파악하는 작용.
- 正直(정직) 마음이 바르고 곧음.
- 直角(직각)·直覺(직각)·直覺的(직각적)·直諫(직간)·直感(직감)·直擊(직격)·直結(직결)·直徑(직경)·直系(직계)·直系卑屬(직계비속)

참고
⊠ 반대되는 한자·直(곧을 직)↔曲(굽을 곡)

一 十 directory 直

職 (주장할 직)
耳의 12 / 총 18획 ★★

귀를 뜻하는 耳와 음을 나타내는 戠(직)을 합쳐서 잘 알아 들어 외다의 뜻. 후에 직업의 뜻으로 씀.

- 職業(직업) ①관직상의 일. ②생계를 유지하기 위하여 하는 일. ③자기 능력에 따라, 어떤 목적을 위하여 전문적으로 종사하는 일.
- 辭職(사직) 직무를 내놓고 물러나옴.
- 職階(직계)·職工(직공)·職權(직권)·職能(직능)
- 職歷(직력)·職名(직명)·職務(직무)·職分(직분)

참고
❖ 부가의미·①맡음. 직분. ②벼슬. ③많음. ④공(貢)을 바침. ⑤나눔. ⑥떳떳함 등의 뜻도 있음.

⊦ 耳 耵 瞆 職

織 (짤 직)
糸의 12 / 총 18획 ★

실을 뜻하는 糸와 음을 나타내는 戠(직)을 합쳐서 베틀에 똑바로 걸치는 날실이라는 뜻. 널리 직물을 짜다의 뜻으로 씀.

- 織女(직녀) ①베짜는 여자. ②별이름. 직녀성(織女星). 음력 7월 7일 밤 은하수를 건너 견우성(牽牛星)과 만난다는 전설이 있는 일등성(一等星).
- 紡織(방직) 실을 잣고 나서 피륙을 짬.
- 織耕(직경)·織工(직공)·織機(직기)·織物(직물)
- 織造所(직조소)·手織(수직)·染織(염직)

참고
❖ 부가의미·①만듦. ②실을 다듬음. 실을 뽑음. ③기(旗) 등의 뜻도 있음.

糸 紵 紵 織 織

辰의 0 총7획	辰 때 진	·生辰(생신) 생일(生日). ·日月星辰(일월성신) 해와 달과 별. ·辰駕(신가)·辰砂(진사)·辰宿(진수)·辰韓(진한) ·吉辰(길신)·北辰(북신)·上辰(상진)·星辰(성신)

풀이 蜃의 본디 글자로 대합(大蛤)이 껍데기 속에서 발을 내밀고 있는 모양을 본뜸. 끝을 갈아서 풀을 베는 연장으로 사용하였음. 부수로는 농사에 관한 뜻을 나타냄.

참고

❈ 부가의미 ·①다섯째지지(地支). 12지지의 다섯 번째. ②별 이름. [북극성]. ③일월성신(日月星辰). ④진시(辰時). 상오 8시. ⑤날. 하루 등의 뜻도 있음.

一 厂 厂 辰 辰

玉의 5 총9획	★ 珍 보배 진	·珍味(진미) ①진기(珍奇)한 음식물. ②음식의 썩 좋은 맛. ·珍書(진서) 진귀한 책. 진본(珍本). ·珍客(진객)·珍果(진과)·珍菓(진과)·珍奇(진기) ·珍妙(진묘)·珍聞(진문)·珍物(진물)·珍寶(진보) ·珍本(진본)·珍事(진사)·珍說(진설)·珍羞(진수)

풀이 玉[구슬]과 음을 나타내는 彡(진)을 합쳐서 희귀한 구슬을 뜻. 널리 희귀하다의 뜻으로 씀.

참고

❈ 부가의미 ·①중히 여김. 중요함. 귀중함. ②맛있음. 맛이 좋음 등의 뜻도 있음.

一 T 王 玲 珍

目의 5 총10획	★★ 眞 참 진	·眞假(진가) 진짜와 가짜. ·眞理(진리) ①참된 이치. 참된 법칙. ②누구에게나 타당하다고 인정되는 지식. ·眞價(진가)·眞骨(진골)·眞談(진담)·眞理(진리) ·眞面目(진면목)·眞本(진본)·眞否(진부)·眞相 (진상)·眞書(진서)·眞善美(진선미)·眞性(진성)

풀이 사람[匕]이 머리[首]를 거꾸로 하고 있는 모양[眞]을 본뜸. 顚[거꾸로]의 본디 글자. 후에 참·진실의 뜻으로 씀.

참고

✕ 반대되는 한자 ·眞(참 진)↔僞(거짓 위)

匕 眞 旨 眞 眞

扌의 7 총10획	振 떨칠 진	·振作(진작) 정신을 가다듬어 일으킴. 또는 일어남. ·振興(진흥) 떨쳐 일으킴. 성하게 함. ·振古(진고)·振起(진기)·振動(진동)·振鈴(진령) ·振肅(진숙)·振揚(진양)·振子(진자)·振替(진체) ·振出(진출)·振出人(진출인)·振盪(진탕)·振幅 (진폭)·不振(부진)·三振(삼진)

풀이 扌[손]과 음을 나타내는 辰(진)을 합쳐서 손을 흔들어 움직이다의 뜻.

참고

❈ 부가의미 ·①흔듦. 움직임. 진동함. ②왕성함. ③무던함. ④듦[擧]. ⑤발(發)함. ⑥정돈함. ⑦거둠. ⑧그침. ⑨떼지어 낢 등의 뜻도 있음.

一 扌 扌 扩 护 振

陣 진 진

β의7 총10획 ★

[풀이] 陳이 정자. 陳의 아랫 부분의 八을 옆으로 바로 그어서 된 글자.

- 陣營(진영) ①군대가 집결된 곳. 병영(兵營). ②계급·당파 등의 단체적 결속(結束).
- 陣痛(진통) ①어린애를 낳을 때 주기적으로 오는 아픈 증세. ②일이 성숙되어 갈 무렵의 경난(經難).
- 陣頭(진두)·陣亡(진망)·陣沒(진몰)·陣門(진문)
- 陣勢(진세)·陣列(진열)·陣容(진용)·陣中(진중)

[참고]
❖ **부가의미** ·①전쟁. ②얼마 동안 계속하여. 갑작스런 등의 뜻도 있음.

`' 阝 阝 阶 阵 陣`

陳 늘어 놓을 진

β의8 총11획

[풀이] 본디 敶으로 썼으며 β[언덕]과 음을 나타내는 진을 합쳐서 고장 이름. 후에 생략체인 陳으로 쓰고 연잇다의 뜻으로 씀.

- 陳辯(진변) 사정을 말하여 변명함.
- 陳腐(진부) 오래 되어 썩음. 낡아 새롭지 못함. 케케묵음.
- 陳謝(진사)·陳述(진술)·陳言(진언)·陳列(진열)
- 陳情(진정)·陳皮(진피)·開陳(개진)·具陳(구진)
- 新陳(신진)·前陳(전진)

[참고]
❖ **부가의미** ·①말함. ②낡음 등의 뜻도 있음.

`阝 阝 阽 陌 陳 陳`

進 나아갈 진

辶의8 총12획 ★★

[풀이] 보행의 뜻인 辶과 음을 나타내는 隹(추)[진은 변음]를 합쳐서 거침없이 걸어 나아가다의 뜻. 널리 나아가다의 뜻으로 씀.

- 進步(진보) ①발을 앞으로 나아감. ②차차 발달하여 나아감.
- 進度(진도) 진행되는 정도.
- 進講(진강)·進擊(진격)·進攻(진공)·進軍(진군)
- 進級(진급)·進路(진로)·進物(진물)·進發(진발)
- 進步(진보)·進士(진사)·進仕(진사)·進上(진상)

[참고]
❖ **부가의미** ·①천거함. ②드림. 바침. ③본받음. ④더함[加]. ⑤가까이 함. ⑥선물을 보냄. 선물 등의 뜻도 있음.
❖ **반대되는 한자** ·進(나아갈 진)↔退(물러날 퇴)

`' 亻 什 隹 進 進`

盡 다할 진

皿의9 총14획 ★

[풀이] 皿[그릇]과 음을 나타내는 聿(진)[灻의 변형]을 합하여 그릇을 비우다의 뜻. 널리 다하다의 뜻으로 씀.

- 盡心(진심) ①마음을 다 기울여 씀. ②마음에 고유한 본연의 덕성(德性)을 다하여 천명함.
- 無盡(무진) 다하지 아니함. 없어지지 아니함.
- 盡力(진력)·盡善盡美(진선진미)·盡心(진심)·盡日(진일)·盡忠(진충)·盡悴(진췌)·大盡(대진)

[참고]
❖ **부가의미** ·①자세함. ②다하게 함 등의 뜻도 있음.
❖ **비슷한 의미를 가진 한자** ·다·모두의 뜻을 가진 글자→悉(실).

`一 亖 聿 肃 盡`

金의
10
총
18
획

鎭 누를 진
진정할 진

[풀이] 金과 음을 나타내는 眞(진)을 합하여 쇠붙이로 만든, 물건을 눌러 놓는 물건의 뜻. 널리 누르다·가라앉게 하다의 뜻으로 쓰임.

· 鎭息(진식) 진정(鎭定)하여 그치게 함.
· 鎭痛(진통) 아픈 것을 진정시킴.
· 鎭撫(진무)·鎭邊(진변)·鎭西(진서)·鎭守(진수)
· 鎭守府(진수부)·鎭壓(진압)·鎭慰(진위)·鎭靜(진정)·鎭靜劑(진정제)·鎭定(진정)·鎭火(진화)

[참고]
❖ **부가의미** ·①어루만져 편안하게 함. ②지덕(地德)으로써 한 지방을 진정하는 명산 대악(名山大嶽). ③한 지방 또는 한 사회를 진정시킬 만한 권위·덕망. ④고을 등의 뜻도 있음.

金
釒
鉅
鉬
鎭

广의
5
총
10
획

疾 병 질

[풀이] 병[广]과 음을 나타내는 矢(시)[질은 변음]를 합하여 화살로 인한 상처를 뜻함. 널리 앓다·미워하다의 뜻으로 씀.

· 疾視(질시) 흘겨 봄.
· 疾走(질주) 빨리 달림.
· 疾苦(질고)·疾驅(질구)·疾病(질병)·疾速(질속)
· 疾呼(질호)·疾患(질환)·脚疾(각질)·痼疾(고질)
· 急疾(급질)·惡疾(악질)

[참고]
❖ **비슷한 의미를 가진 한자** ·앓다의 뜻을 가진 글자→病(병). 미워하다의 뜻을 가진 글자→憎(증). 빠르다의 뜻을 가진 글자→速(속).

亠
广
疒
疒
疾

禾의
5
총
10
획

秩 차례 질

[풀이] 禾[벼]와 음을 나타내는 失(실)[질은 변음]을 합하여 벼를 깔끔하게 쌓아 올리다의 뜻. 널리 차례·순서의 뜻으로 쓰임.

· 秩序(질서) 사물의 조리 또는 바른 순서(順序).
· 官秩(관질)·祿秩(녹질)·常秩(상질)·榮秩(영질)
· 位秩(위질)·品秩(품질)·顯秩(현질)·厚秩(후질)

[참고]
❖ **부가의미** ·①매김. 순서나 등급 등을 매김. ②벼슬. 관직. ③봉급. ④떳떳함 등의 뜻도 있음.

二
千
禾
秒
秩

貝의
8
총
15
획

★ ★ ★
質 바탕 질

[풀이] 貝(돈)과 음을 나타내는 斦(은)[질은 변음]을 합쳐서 돈과 같은 가치가 있는 것이라는 뜻. 후에 질·알맹이의 뜻으로 쓰임.

· 質朴(질박) 자연 그대로의 순수함.
· 質疑(질의) 의심 나는 것을 질문함.
· 質權(질권)·質鈍(질둔)·質量(질량)·質問(질문)
· 質素(질소)·質實(질실)·質言(질언)·質子(질자)
· 質正(질정)·質草(질초)

[참고]
❖ **비슷한 의미를 가진 한자** ·올바르다의 뜻을 가진 글자→正(정).

厂
斤
斦
質
質

執 (잡을 집)

土의 8
총 11획

잡을 집

[풀이] 형벌의 도구를 뜻하는 幸과 사람이 손을 뻗치고 있는 꼴을 뜻하는 丸을 합쳐서 죄인을 잡다의 뜻.

- 執務(집무) 사무를 잡아서 함.
- 執着(집착) 마음에 새겨두고 잊지 않음.
- 執權(집권) · 執念(집념) · 執達吏(집달리) · 執刀(집도) · 執務(집무) · 執杯(집배) · 執筆(집필) · 執行(집행)

[참고]
❖ 부가의미 · ①다룸. ②제자리를 뜨지 않음 등의 뜻도 있음.

土 幸 幸 執 執

集 (모일 집) ★★★

隹의 4
총 12획

모일 집

[풀이] 많은 새[隹]와 나무[木]를 합하여 모이다의 뜻.

- 集團(집단) 모여서 이룬 떼.
- 雲集(운집) 구름같이 모임. 많이 모임.
- 集句(집구) · 集權(집권) · 集散(집산) · 集成(집성)
- 集子(집자) · 集中(집중) · 集合(집합) · 群集(군집)
- 召集(소집) · 收集(수집)

[참고]
❖ 부가의미 · ①새김. ②환함. ③시듦. 등의 뜻도 있음.
✗ 반대되는 한자 · 集(모을 집)↔散(흩어질 산)

亻 亻 隹 隹 集

徵 (부를 징 / 조짐 징)

彳의 12
총 15획

부를 징
조짐 징

[풀이] 분간하기 어렵다의 뜻인 徵의 생략체인 㣲와 음을 나타내는 壬(정)[징·치는 변음]을 합쳐서 어렴풋이 나타내다의 뜻.

- 徵兵(징병) 국가에서 장정(壯丁)을 불러 모아 병역(兵役)에 복무시킴. 또 그 군사(軍士).
- 徵兆(징조) 조짐. 전조(前兆).
- 徵發(징발) · 徵稅(징세) · 徵收(징수) · 徵役(징역)
- 徵用(징용) · 徵集(징집) ·

[참고]
❖ 비슷한 의미를 가진 한자 · 통하다의 뜻을 가진 글자 →通(통).
◎ 모양이 비슷한 한자 · 徵(부를 징) 徵兵(징병)
· 徽(아름다울 휘) 徽章(휘장)

彳 彳 徉 徨 徵

次 (버금 차) ★★

欠의 2
총 6획

버금 차

[풀이] 하품을 하다의 뜻인 欠과 음을 나타내는 冫(이)[차는 변음]를 합쳐서 멈추어 쉬다의 뜻임. 널리 여행 중에 차례차례로 쉬다의 뜻에서 차례·순서의 뜻으로 씀. 冫은 二의 변형임.

- 次例(차례) 나아가는 순서.
- 漸次(점차) 차차. 차츰차츰. 점점.
- 次官(차관) · 次期(차기) · 次男(차남) · 次女(차녀)
- 次序(차서) · 次席(차석) · 次善(차선) · 次元(차원)
- 次長(차장) · · 席次(석차) · 順次(순차)

[참고]
❖ 비슷한 의미를 가진 한자 · 뒤를 따르다의 뜻을 가진 次(차)는 그 다음을 차례로 따름. 續(속)은 한 번 한 것을 계속하여 따름. 繼(계)는 끊어진 뒤를 이어 받음. 嗣(사)는 대를 이음. 按(안)은 끊어진 곳을 붙임. 襲(습)은 전부터 있는 것을 이어 받음.

丶 冫 次 次 次

此 (이 차)

止의 2
총 6획

이 차

· 此後(차후) 이 다음. 이 뒤.
· 如此(여차) 이러함.
· 此世(차세) · 此日(차일) · 此際(차제) · 此後(차후)
· 如此(여차) · 於此彼(어차피) · 此日彼日(차일피일)
· 彼此(피차)

풀이 발자국을 뜻하는 止와 음을 나타내는 匕(비)[차는 변음]를 합쳐서 잇닿은 발자국이라는 뜻. 바꾸어 지시사인 여기 · 이의 뜻으로 씀.

참고

❖ **부가의미** · 이렇게. 이와 같이의 뜻도 있음.
▨ **반대되는 한자** · 此(이 차)↔彼(저 피)

│ 丨 丨 丬 止 此 此

差 (어기어질 차) ★★

工의 7
총 10획

어기어질 차

· 差等(차등) 등급의 차이. 등차(等差).
· 誤差(오차) ①착오. ②일정한 분량을 보이는 참 수치와 근사치와의 사이.
· 差遣(차견) · 差配(차배) · 差別(차별) · 差額(차액)
· 差異(차이) · 時差(시차)

풀이 보리` 이삭을 뜻하는 來[次은 그 변형]와 음을 나타내는 左(좌)[차는 변음]를 합쳐서 보리 이삭이 고르지 못하다의 뜻. 다르다의 뜻으로 널리 쓰임.

참고

❖ **비슷한 의미를 가진 한자** · 다르다의 뜻을 가진 글자 差(차)는 가지런하지 못하여 다름. 違(위)는 길이 어긋남. 크게 다름. 夾(협)은 次(차)에 가까와 보통과는 조금 다름.

丷 丷 羊 羊 差

着 (붙을 착 / 도착할 착) ★★★

目의 7
총 12획

붙을 착
도착할 착

· 着手(착수) 일을 손에 댐. 일을 시작함.
· 着用(착용) 옷을 입음.
· 着工(착공) · 着根(착근) · 着陸(착륙) · 着發(착발)
· 着服(착복) · 着想(착상) · 着色(착색) · 着生(착생)
· 着席(착석) · 着水(착수) · 着實(착실) · 着眼(착안)
· 着地(착지) · 着着(착착) · 固着(고착) · 歸着(귀착)

풀이 羊(양을 뜻함)에 目(눈 목)을 합한 글자. 양은 떼를 지어 붙어 다닌다는 데서 붙음을 뜻하게 됨. 또 옷을 입는다라는 뜻으로도 쓰임.

참고

▨ **반대되는 한자** · 着(다다를 착)↔發(떠날 발)

丷 羊 养 着

贊 (도울 찬)

貝의 12
총 19획

도울 찬

· 贊成(찬성) 다른 사람의 의견(意見)에 동의(同義)함.
· 協贊(협찬) 협력하여 도움. 협부(協扶).
· 贊同(찬동) · 贊否(찬부) · 贊意(찬의) · 贊助(찬조)
· 贊嘆(찬탄) · 翼贊(익찬) · 稱贊(칭찬)

풀이 (나아감을 뜻함)에 貝(조개 패)를 합한 글자. 돈이나 재물을 행사에 보낸다는 데서 돕다의 뜻이 됨.

참고

❖ **부가의미** · ①밝힘. ②참례함. ③기림. 칭찬함. 찬사. ④문체(文體)의 하나 등의 뜻도 있음.

乀 艹 先 犾 贊

★

言의
19
총26획

讚 기릴 찬

풀이 言[말]과 음을 나타내는 贊(찬)을 합쳐서 기리다·칭찬하다의 뜻.

- 讚歌(찬가) 찬미하는 노래.
- 自讚(자찬) 자기가 자기 일을 칭찬함.
- 讚美(찬미)·讚辭(찬사)·讚頌(찬송)·讚揚(찬양)
- 讚歎(찬탄)·賞讚(상찬)·禮讚(예찬)·絶讚(절찬)
- 稱讚(칭찬)

참고

❖ 부가의미 · ①도움. ②불덕(佛德)을 칭송하는 말. ③밝음 등의 뜻도 있음.

言
言
誹
讚
讚

★★

宀의
11
총14획

察 살필 찰

풀이 씌우개를 뜻하는 宀(면)과 음을 나타내는 祭(제)[찰은 변음]를 합쳐서 가리워져 보이지 않는 것을 애써 분간한다는 뜻. 후에 추측함·밝힘이라는 뜻으로 쓰게 됨.

- 不察(불찰) 자세히 살펴보지 못하여 저지른 잘못.
- 省察(성찰) ①살펴봄. ②자기의 언행을 반성하여 봄.
- 監察(감찰)·檢察(검찰)·考察(고찰)·觀察(관찰)
- 視察(시찰)·診察(진찰)·觀察使(관찰사)·洞察力(통찰력)

참고

❖ 부가의미 · ①분명함. 분명히 함. ②생각함 등의 뜻도 있음.
❖ 비슷한 의미를 가진 한자 · 보다의 뜻을 가진 글자 →見(견).

宀
宀
宓
察
察

★★★

厶의
9
총11획

參 섞일 참
셋 삼

풀이 여자가 비녀를 머리에 꽂은 모습을 본뜻 과, 번쩍이다의 뜻인 彡(삼)을 합쳐서 아름답게 번쩍이다의 뜻을 나타냄. 三과 통하며, 섞이다·비교하다의 뜻도 지님.

- 參與(참여) 참가(參加)하여 관계함.
- 參政權(참정권) 국민이 그 나라의 정치에 참여할 수 있는 권리.
- 參加(참가)·參看(참간)·參見(참견)·參考(참고)
- 參考書(참고서)·參觀(참관)·參內(참내)·參堂(참당)·參謀(참모)·參席(참석)·參禪(참선)

참고

❖ 부가의미 · ①비교함. ②참여함. ③무리함. ④뵘. ⑤셋. ⑥인삼 등의 뜻도 있음.

厶
厽
參

日의
4
총8획

昌 창성할 창

풀이 日[해] 두 개를 합쳐서 햇빛이 빛나고 강하다의 뜻. 창성하다의 뜻으로 쓰임.

- 昌運(창운) ①탁 트인 좋은 운. ②사물이 번영해질 시기.
- 繁昌(번창) ①초목이 무성함. ②번영하고 창성(昌盛)함.
- 昌盛(창성)·昌原(창원)·昌昌(창창)·昌平(창평)
- 隆昌(융창)

참고

❖ 부가의미 · ①좋음. 아름다움. ②분명함 등의 뜻도 있음.
❖ 비슷한 의미를 가진 한자 · 왕성하다의 뜻을 가진 글자→盛(성).

丨
日
昌
昌
昌

人의
8
총
10
획

倉
곳집 창

[풀이] 食의 생략체인 亽과 口를 합하여 곡식을 넣어 두는 네모진 창고를 뜻함.

· 倉廩(창름) 곡식을 넣어두는 창고.
· 穀倉(곡창) ①곡식을 쌓아 두는 곳집. ②곡식이 많이 나는 지방을 가리키는 말.
· 倉庫(창고) · 倉穀(창곡) · 倉官(창관) · 倉頭(창두)
· 倉敷(창부) · 倉卒(창졸) · 倉荷(창하) · 倉皇(창황)
· 官倉(관창) · 米倉(미창) · 社倉(사창) · 神倉(신창)

[참고]

❖ 부가의미 · ①갑자기. 당황함. ②애통함. ③초상남. ④성(姓)의 하나 등의 뜻도 있음.

穴의
6
총
11
획
★★★

窓
창 창

[풀이] 집을 뜻하는 穴과 음을 나타내는 悤(창)을 합하여 집 안팎을 잘 통하는 구멍을 뜻함.

· 窓戶(창호) 창과 문의 통칭.
· 紗窓(사창) 집을 바른 창.
· 窓口(창구) · 窓門(창문) · 窓外(창외) · 窓前(창전)
· 窓戶紙(창호지) · 窓明(창명) · 窓掛(창괘) · 窓雪(창설) · 同窓(동창) · 車窓(차창) · 天窓(천창) · 學窓(학창)

[참고]

❖ 부가의미 · 지게문의 뜻도 있음.

口의
8
총
11
획
★★★

唱
부를 창

[풀이] 음을 나타내는 昌(창)은 日[해]에 日[해]을 더하여 밝다의 뜻. 거기에 입을 뜻하는 口를 더하여 똑똑히 말하다의 뜻이 됨. 지금은 소리를 높여 부르다 · 노래하다의 뜻으로 씀.

· 唱歌(창가) 곡조에 맞추어 노래를 부름. 또는 그 노래.
· 絕唱(절창) ①견줄 만한 것이 없는 뛰어난 시가(詩歌). ②뛰어난 명창(名唱).
· 唱劇(창극) · 唱道(창도) · 唱導(창도) · 唱名(창명)
· 唱和(창화) · 高唱(고창) · 獨唱(독창) · 吟唱(음창)

[참고]

❖ 부가의미 · 노래의 뜻도 있음.

刂의
10
총
12
획
★★

創
다칠 창

[풀이] 칼을 뜻하는 刂와 음을 나타내는 倉(창)을 합쳐 상처를 내다의 뜻. 刱(창)과 음이 같은데서 그 뜻을 빌어 시작하다의 뜻으로 쓰게 됨.

· 創立(창립) 학교 · 회사 등을 처음으로 이룩함.
· 創意(창의) 새로 생각해 낸 의견. 새로운 착상(着想).
· 創刊(창간) · 創建(창건) · 創見(창견) · 創傷(창상)
· 創設(창설) · 創世記(창세기) · 創始(창시) · 創氏(창씨) · 創案(창안) · 創業(창업) · 創痍(창이) · 創作(창작) · 創製(창제) · 創造(창조)

[참고]

❖ 비슷한 의미를 가진 한자 · 상처의 뜻을 가진 글자 →傷(상). 만들다의 뜻을 가진 글자→作(작).

▨ 반대되는 한자 · 創(창조할 창)↔模(본뜰 모)

蒼

艹의 10
총 14획

푸를 **창**

· 蒼空(창공) 푸른하늘. 창천(蒼天). 창궁(蒼穹).
· 蒼生(창생) 많은 백성. 만민(萬民).
· 蒼庚(창경) · 蒼古(창고) · 蒼官(창관) · 蒼穹(창궁)
· 蒼浪(창랑) · 蒼龍(창룡) · 蒼茫(창망) · 蒼氓(창맹)
· 蒼民(창민) · 蒼白(창백) · 蒼松(창송) · 蒼顔白髮
  (창안백발) · 蒼苔(창태) · 蒼海(창해) · 蒼黃(창황)

풀이 艹[풀]와 음을 나타내는 倉(창)을 합쳐서 풀의 빛 즉 푸른 빛을 뜻함.

참고

❖ **부가의미** · ①무성함. 우거짐. ②허둥지둥함. ③늙음.
④어둑어둑한 모양 등의 뜻도 있음.
❖ **비슷한 의미를 가진 한자** · 푸르다의 뜻을 가진 글자
→靑(청).

菜

艹의 8
총 12획

나물 **채**

· 菜根(채근) ①야채의 뿌리. ②나물 반찬의 밥. 변변
  치 못한 음식.
· 野菜(야채) ①들이나 산에서 나는 나물. ②채소.
· 菜緞(채단) · 菜麻(채마) · 菜飯(채반) · 菜色(채색)
· 菜蔬(채소) · 菜食(채식) · 菜園(채원) · 菜種(채종)
· 菜圃(채포) · 白菜(백채) · 山菜(산채) · 蔬菜(소채)

풀이 艹[풀]와 음을 나타내는 菜(채)를 합쳐서 식용으로 재배한 풀을 뜻함.

참고

❖ **부가의미** · ①채마밭. ②반찬. 술안주. ③주린 빛. 푸성
귀만 먹어서 누르스럼하게 된 얼굴빛. ④나물을 캠
등의 뜻도 있음.

採

扌의 8
총 11획

딸 **채**

· 採用(채용) 채택하여 씀. 사람을 뽑아 씀. 등용(登用).
· 採集(채집) 동식물의 표본(標本)을 잡거나 찾아서
  모으는 일.
· 採決(채결) · 採光(채광) · 採鑛(채광) · 採掘(채굴)
· 採錄(채록) · 採訪(채방) · 採否(채부) · 採算(채산)
· 採石(채석) · 採點(채점) · 採種(채종) · 採取(채취)

풀이 采는 爪[손톱]와 木[나무]을 합쳐서 나무 끝을 따다의 뜻. 후에 扌를 덧붙임.

참고

❖ **부가의미** · 잡음. 취(取)함의 뜻도 있음.

彩

彡의 8
총 11획

채색 **채**

· 彩畫(채화) 색을 써서 그린 그림.
· 淡彩(담채) 엷은 채색. 산뜻한 채색.
· 彩管(채관) · 彩度(채도) · 彩料(채료) · 彩墨(채묵)
· 彩文(채문) · 彩服(채복) · 彩色(채색) · 彩雲(채운)
· 光彩(광채) · 色彩(색채) · 水彩(수채) · 彩飾(채식)

풀이 아름답다는 뜻인 彡과 음을 나타내는 采(채)를 합쳐서 여러 가지 색을 겹쳐서 아름답게 하다의 뜻.

참고

❖ **부가의미** · 빛남. 윤이 남의 뜻도 있음.
❖ **부수풀이** · 彡(터럭 삼): 보기좋게 자라난 머리털 모양
을 본뜬 자. 털로 만든 붓으로 색칠한다하여 그리다
의 뜻으로 널리 쓰임.

★

冊의 3 총5획

冊

책 책

풀이 몇 개의 대나무 조각을 겹쳐서 실로 꿰맨 모양을 본뜬 것. 기록 문서·서적이라는 뜻을 나타냄. 나중에 책을 세는 단위로 쓰이게 됨.

· 冊張(책장) 책의 낱장.
· 別冊(별책) 다른 책.
· 冊價(책가)·冊立(책립)·冊名(책명)·冊房(책방)
· 冊褓(책보)·冊封(책봉)·冊床(책상)·冊數(책수)
· 冊子(책자)·冊欌(책장)·簡冊(간책)·分冊(분책)
· 書冊(서책)·小冊(소책)

참고

❀ **부가의미** · ①병부(兵符). ②세움[立]. ③꾀. ④문서 등의 뜻도 있음.

세로 획순
丨
刀
册
册
冊

★ ★ ★

貝의 4 총11획

責

꾸짖을 책

풀이 貝[화폐]와 음을 나타내는 朿(자)[책은 변음]의 변형인 主를 합쳐서 금전 문제로 몹시 책망하다의 뜻.

· 責望(책망) ①허물을 꾸짖음. ②요구함. 요구하여 뜻대로 안됨을 원망함.
· 叱責(질책) 꾸짖으며 책망함.
· 責苦(책고)·責務(책무)·責任(책임)·譴責(견책)
· 言責(언책)·自責(자책)·職責(직책)

참고

❀ **부가의미** · ①조름. 요구함. 바람. ②맡음. ③근무. 의무. ④재촉함. ⑤권함. ⑥빚[負債]. ⑦뜻에 맞음 등의 뜻도 있음.

세로 획순
十
龶
靑
責
責

竹의 6 총12획

策

꾀 책

풀이 竹[대]과 음을 나타내는 朿(자)[책은 변음]를 합하여 대나무 채적이라는 뜻. 음을 빌어 계략(計略)의 뜻으로 씀.

· 策動(책동) ①꾀를 부려서 남몰래 행동함. ②남으로 하여금 어떤 행동을 하게 선동함.
· 散策(산책) 한가히 거닒.
· 策略(책략)·策謀(책모)·策士(책사)·策源地(책원지)·策應(책응)·策定(책정)·國策(국책)·對策(대책)·得策(득책)·秘策(비책)·上策(상책)

참고

❀ **부가의미** · ①채찍질 함. ②쇠지팡이. ③짚음. 지팡이를 짚음. ④책. 문서. 문자를 기록한 것. ⑤직첩. 사령서. 사령서를 줌 등의 뜻도 있음.

세로 획순
ﾉﾉ
ﾉﾉ
竹
笁
策

女의 5 총8획

妻

아내 처

풀이 女[여자]와 음을 나타내는 㞢[섭][처는 변음]을 합쳐서 자기 것으로 만든 여자라는 뜻.

· 妻德(처덕) ①아내의 은덕. ②아내의 덕행(德行).
· 荊妻(형처) 자기 아내의 겸칭(謙稱).
· 妻女(처녀)·妻子(처자)·妻子眷屬(처자권속)·妻財(처재)·妻弟(처제)·妻妾(처첩)·亡妻(망처)·夫妻(부처)·先妻(선처)·良妻(양처)·愚妻(우처)·正妻(정처)·賢妻(현처)

참고

❀ **부가의미** · 시집보냄의 뜻도 있음.

세로 획순
一
彐
妻
妻
妻

299

★ ★

虍의 5
총11획

處　살　처

(풀이) 걸상을 뜻하는 几(궤)와 발을 뜻하는 夂(치)와 음을 나타내는 虍(호)를 합쳐서 걸터앉아 있다의 뜻. 널리 있는 곳의 뜻으로 씀.

· 處置(처치) 다루어서 치움. 일을 처리함.
· 出處(출처) ①사물이 어디로부터 나온 곳. ②나가 벼슬하는 일과 물러나 집에 있는 일. 진퇴(進退).
· 處女(처녀) · 處斷(처단) · 處理(처리) · 處方(처방)
· 處方箋(처방전) · 處罰(처벌) · 處分(처분) · 處士(처사) · 處地(처지) · 處刑(처형) · 居處(거처)

(참고)

❖ 부가의미 · ①곳. ②벼슬을 않고 있음. ③미혼으로 있음. ④응분의 조처를 함 등의 뜻도 있음.

｜广广虍虍虍虍處

尸의 1
총4획

尺　자　척
길이 척

(풀이) 엄지 손가락과 다른 네 손가락을 펼쳐서 나비를 재고 있는 모습을 본뜸. 그 벌린 나비의 길이를 한 자로 함.

· 尺度(척도) ①자. ②길이. ③계량(計量)의 표준.
· 咫尺(지척) ①여덟 치와 한 자. 전(轉)하여 가까운 거리. ②협소(狹小)함. ③짧음. ④근소(僅少)함.
· 九尺長身(구척장신) · 三尺童子(삼척동자) · 吾鼻三尺(오비삼척)

(참고)

❖ 부가의미 · ①짧은. 약간의 가까움. ②편지를. ③두 살 반의 나이를 1척이라 함. ④법[尺] 등의 뜻도 있음.

コ尸尺

扌의 5
총8획

拓　물리칠 척
주을 탁

(풀이) 손을 뜻하는 扌와 음을 나타내는 石(석)[척·탁은 변음]을 합쳐서 땅을 개간하다의 뜻.

· 拓落(척락) ①불우한 환경에 빠짐. ②매조지가 없는 모양. 낙척(落拓). ③광대한 모양.
· 拓本(탁본) 비석 등의 글씨나 그림을 먹으로 종이에 박아낸 것.
· 拓殖(척식) · 拓地(척지) · 干拓(간척) · 開拓(개척)

(참고)

❖ 부가의미 · ①역경에 빠짐. ②비석 등의 그림이나 글을 종이에 박는 일 등의 뜻도 있음.

一扌扌扩拓拓

戈의 7
총11획

戚　슬퍼할 척
친숙할 척

(풀이) 戉[도끼]와 음을 나타내는 尗(숙)[척은 변음]을 합쳐 도끼의 이름을 뜻함. 그 음을 빌려서 친척의 뜻으로 씀.

· 戚屬(척속) 외척(外戚)과 처족(妻族).
· 戚然(척연) 슬퍼하는 모양.
· 戚黨(척당) · 戚臣(척신) · 戚族(척족) · 戚戚(척척)
· 外戚(외척) · 遠戚(원척) · 姻戚(인척) · 親戚(친척)

(참고)

❖ 부가의미 · ①살붙이. ②걱정함. 두려워함 등의 뜻도 있음.

｜厂厃斥戚戚

千

十의
1
총3획

일천 천

필이 一과 음을 나타내며 사람을 뜻하는 亻(인)[천은 변음]을 합쳐서 일천이라는 뜻.

· 千里馬(천리마) ①하루에 천리를 달리는 준마(駿馬). ②재지(才智)가 뛰어난 사람의 비유.
· 千秋(천추) 천년(千年). 긴 세월.
· 千客萬來(천객만래) · 千古(천고) · 千古不易(천고불역) · 千軍萬馬(천군만마) · 千鈞(천균) · 千兩(천냥) · 千里眼(천리안) · 千萬番(천만번)

참고

❖ 부가의미 · ①여러 가지. 여러 갈래. ②성(姓)의 하나 등의 뜻도 있음.

一 ノ 千

川

川의
0
총3획

내 천

필이 두 강가 사이로 물이 흐르는 모양을 본뜸. 두 강가 사이를 굽이쳐 흐르는 물이라는 뜻.

· 川渠(천거) 수원(水源)이 멀지 않은 내.
· 河川(하천) 강과 내.
· 川谷(천곡) · 川口(천구) · 川芎(천궁) · 川獵(천렵) · 川流(천류) · 川邊(천변) · 川上之嘆(천상지탄) · 川漁(천어) · 川原(천원) · 川澤(천택) · 川合(천합) · 川明(천명) · 川上(천상) · 川岸(천안) · 川椒(천초)

참고

❖ 부가의미 · 굴[坑]의 뜻도 있음.
❖ 비슷한 의미를 가진 한자 · 巛은 옛 글자.

丿 丿丨 川

天

大의
1
총4획

하늘 천

필이 손발을 벌리고 서 있는 사람의 머리 모양을 본떠서 꼭대기라는 뜻을 나타냄. 널리 하늘의 뜻으로 씀.

· 天壽(천수) ①천자(天子)의 수(壽). ②타고난 목숨. 천명(天命).
· 樂天(낙천) 천명(天命)을 즐김.
· 天蓋(천개) · 天慶(천경) · 天啓(천계) · 天鼓(천고) · 天骨(천골) · 天工(천공) · 天空(천공) · 天干(천간) · 天國(천국) · 天氣(천기) · 天堂(천당) · 天倫(천륜)

참고

❖ 모양이 비슷한 한자 · 天(하늘 천) 天地(천지)
              · 夭(일찍죽을 요) 夭折(요절)
❖ 반대되는 한자 · 天(하늘 천)↔地(땅 지)

一 二 チ 天

泉

水의
5
총9획

샘 천

필이 바위 사이에서 물이 흘러 나오는 모양을 본뜸. 땅속에서 나오는 물이라는 뜻.

· 泉下(천하) 사람이 죽어서 가는 곳. 지하(地下). 명도(冥途).
· 鑛泉(광천) 광물질을 다량으로 함유한 샘이나 온천.
· 泉石(천석) · 泉水(천수) · 泉布(천포) · 甘泉(감천) · 溪泉(계천) · 冷泉(냉천) · 飛泉(비천) · 深泉(심천) · 溫泉(온천) · 源泉(원천) · 林泉(임천) · 井泉(정천)

참고

❖ 부가의미 · ①폭포. ②근원. ③돈의 옛 이름 등의 뜻도 있음.

丶 宀 白 泉 泉

氵 의8 총11 획	**淺** 얕을 천	· 淺薄(천박) ①학문이나 생각 등이 얕음. ②내용이 부족함. · 深淺(심천) 깊음과 얕음. · 淺見(천견) · 淺近(천근) · 淺慮(천려) · 淺瀨(천뢰) · 淺聞(천문) · 淺劣(천열) · 淺酌低唱(천작저창) · · 淺才(천재) · 淺灘(천탄) · 淺學(천학) · 淺深(천심)

풀이 氵[물]과 음을 나타내는 戔(전)[천은 변음]을 합쳐서 물이 적다의 뜻. 널리 얕다의 뜻으로 쓰임.

참고

❖ **부가의미** · ①부족하고 적음. ②소견이 얕음 등의 뜻도 있음.

▨ **반대되는 한자** · 淺(얕을 천)↔深(깊을 심)

足 의8 총15 획	**踐** 밟을 천	· 踐踏(천답) 짓밟음. · 踐約(천약) 약속을 이행함. · 踐歷(천력) · 踐位(천위) · 踐祚(천조) · 踐行(천행) · 實踐(실천) · 履踐(이천)

풀이 足[다리]과 음을 나타내는 戔(전)[천은 변음]을 합하여 좌우의 발을 가지런히 하다의 뜻. 널리 밟다 · 실천하다의 뜻으로 쓰임.

참고

❖ **부가의미** · 차려 놓음. 진열. 벌여 놓은 모양의 뜻도 있음.

貝 의8 총15 획	**賤** 천할 천	· 賤待(천대) ①업신여기어 푸대접함. ②함부로 다룸. · 卑賤(비천) ①신분이 낮음. 천함. ②천하게 여겨 깔봄. 비웃음. 조소함. · 賤民(천민) · 賤臣(천신) · 賤業(천업) · 賤役(천역) · 賤劣(천열) · 賤惡(천오) · 貴賤(귀천) · 貧賤(빈천) · 下賤(하천)

풀이 貝[돈]와 음을 나타내는 戔(전)[천은 변음]을 합쳐서 작은 조개, 화폐 가치가 작은 조개를 뜻함. 바뀌어 천하다 · 싸다의 뜻으로 쓰임.

참고

❖ **부가의미** · ①자기의 겸칭. ②천한 사람. 신분이 낮은 사람 등의 뜻도 있음.

▨ **반대되는 한자** · 賤(천할 천)↔貴(귀할 귀)

口 의7 총10 획	**哲** 밝을 철	· 哲理(철리) ①현묘(玄妙)한 이치. ②철학상(哲學上)의 이치(理致). · 哲人(철인) 어질고 밝은 사람. · 哲王(철왕) · 哲學(철학) · 明哲(명철) · 聖哲(성철) · 儒哲(유철) · 俊哲(준철)

풀이 입을 뜻하는 口와 음을 나타내는 折(절)[철은 변음]을 합쳐서 죄를 탓하다 · 타박하다의 뜻. 지금은 잘알다의 뜻으로 씀.

참고

❖ **비슷한 의미를 가진 한자** · 똑똑하다의 뜻을 가진 글자→敏(민)

◪ **모양이 비슷한 한자** · 哲(밝을 철) 哲理(철리)
 · 晳(밝을 석) 明晳(명석)

彳의 12 총 15획	徹 통할 철	· 徹夜(철야) 밤을 새움. · 徹底(철저) ①깊이 속까지 이름. ②물이 맑아 깊은 속까지 환히 비침. ③일을 끝까지 관철(貫徹)하는 태도가 있음. · 徹骨(철골) · 徹頭徹尾(철두철미) · 徹兵(철병) · 徹祀(철사) · 徹宵(철소) · 徹晝(철주) · 貫徹(관철) [참고] ※ 부가의미 · ①사무침. ②버림. ③벗김. ④다스림. ⑤벌임[列] 등의 뜻도 있음. ❖ 비슷한 의미를 가진 한자 · 통하다의 뜻을 가진 글자 →通(통).	彳 彳 徝 徹 徹

풀이 가다의 뜻인 彳과 음을 나타내는 㪀(철)을 합쳐서 어디까지든지 해내다 · 꿰뚫다의 뜻.

金의 13 총 21획	★ ★ ★ 鐵 쇠 철	· 鐵橋(철교) 철재를 주재료로 하여 놓은 다리. · 鐵則(철칙) 변경 또는 위반할 수 없는 규칙. · 鐵脚(철각) · 鐵甲(철갑) · 鐵鋼(철강) · 鐵骨(철골) · 鐵工(철공) · 鐵棺(철관) · 鐵管(철관) · 鐵鑛(철광) · 鐵拳(철권) · 鐵櫃(철궤) · 鐵筋(철근) · 鐵器(철기) · 鐵騎(철기) · 鐵道(철도) [참고] ※ 부가의미 · ①쇠로 만든 기물. ②쇠 같은 검은 빛깔. ③철도(鐵道) 등의 뜻도 있음.	金 釒 鋅 鐼 鐵

풀이 金과 음을 나타내는 𢧜(질)[철은 변음]을 합하여 검은 쇠붙이란 뜻.

靑의 0 총 8획	★ ★ ★ 靑 푸를 청	· 靑丘(청구) 중국에서 우리 나라를 일컫던 말. 청구(靑邱). · 靑雲(청운) ①푸른 하늘. ②고위고관의 지위를 이름. ③속세를 떠난 은일(隱逸). 또 고상한 지조의 비유. · 靑果(청과) · 靑年(청년) · 靑銅(청동) · 靑龍(청룡) · 靑史(청사) · 靑山(청산) · 靑瓷(청자) · 靑春(청춘) [참고] ※ 부가의미 · ①대껍질. ②땅 이름. 옛날 중국 구주(九州)의 하나. ③젊음 등의 뜻도 있음.	一 十 主 靑 靑

풀이 땅속에서 나오는 광물(鑛物)을 뜻하는 丹(단)과, 음을 나타내는 동시에 풀의 싹이 자람을 뜻하는 生(생)[청은 변음, 主은 변형]으로 이루어져 초록빛을 띤 丹, 즉 초록빛 광물(鑛物)을 뜻함.

氵의 8 총 11획	★ ★ ★ 淸 맑을 청	· 淸涼(청량) 맑고 시원함. · 淸靜(청정) 맑고 고요함. · 淸鑑(청감) · 淸江(청강) · 淸潔(청결) · 淸高(청고) · 淸光(청광) · 淸敎徒(청교도) · 淸談(청담) · 淸道(청도) · 淸覽(청람) · 淸朗(청랑) · 淸冷(청랭) · 淸亮(청량) · 淸涼殿(청량전) · 淸涼劑(청량제) [참고] ※ 부가의미 · ①깨끗하게 맑음. ②깨끗하게 함. ③매듭을 지음. ④나라 이름 등의 뜻도 있음. ☒ 반대되는 한자 · 淸(맑을 청)↔濁(흐릴 탁)	氵 汁 汫 淸 淸

풀이 氵[물]과 음을 나타내는 靑(청)을 합쳐서 매우 맑은 물의 뜻임. 널리 맑다의 뜻으로 쓰임.

請 청할 청
言의 8 총 15획

풀이 言[말]과 음을 나타내는 靑(청)을 합쳐서 청한다는 뜻.

- 請願(청원) ①무슨 일을 해달라고 청함. ②백성이 관헌에 희망을 진술함.
- 招請(초청) 청하여 부름.
- 請暇(청가) · 請客(청객) · 請求(청구) · 請文(청문)
- 請兵(청병) · 請負(청부) · 請託(청탁) · 請婚(청혼)
- 請訓(청훈) · 懇請(간청) · 勸請(권청) · 祈請(기청)

참고

❖ **부가의미** · ①물음. 문의(問議). ②뵘[謁]. ③가을에 조회를 함[秋朝見] 등의 뜻도 있음.

言 言 詩 請 請

聽 들을 청
耳의 16 총 22획

풀이 귀를 뜻하는 耳와 세우다의 뜻인 悳(덕)과 음을 나타내는 壬(정)[청은 변음]를 합쳐서 소리가 잘 들리게 귀를 세우다의 뜻.

- 聽衆(청중) 강의 · 연설 등을 듣는 무리.
- 視聽(시청) 보고 들음.
- 聽覺(청각) · 聽覺敎育(청각교육) · 聽講(청강) · 聽骨(청골) · 聽官(청관) · 聽力(청력) · 聽聞(청문) · 聽神經(청신경) · 聽音機(청음기) · 聽者(청자) · 聽取(청취) · 傾聽(경청)

참고

❖ **비슷한 의미를 가진 한자** · 듣다의 뜻을 가진 글자 聽(청)은 자기가 애써 들음. 聞(문)은 목소리가 귀에 들림. 소리가 들려 옴.

❖ **반대되는 한자** · 聽(들을 청)↔視(볼 시)

耳 耵 聽 聽 聽

廳 대청 청
广의 22 총 25획

풀이 집을 뜻하는 广과 음을 나타내는 聽(청)을 합쳐서 백성의 소리를 듣는 관청이라는 뜻.

- 廳舍(청사) 관청의 건물.
- 支廳(지청) 본청(本廳)의 관할 밑에서 본청과 분리하여 소재지의 소관 사무를 맡는 관청.
- 廳堂(청당) · 官廳(관청) · 敎育廳(교육청) · 道廳(도청) · 市廳(시청)

참고

❖ **부가의미** · 청사. 집. 방의 뜻도 있음.

广 庌 廗 廳 廳

體 몸 체
骨의 13 총 23획

풀이 骨[뼈]과 음을 나타내는 豊(례)[체는 변음]를 합쳐서 골격 · 몸을 뜻함.

- 體得(체득) 충분히 이해하여 자기 것으로 함. 또는 체험에 의하여 얻음.
- 身體(신체) 사람의 몸.
- 體感(체감) · 體腔(체강) · 體格(체격) · 體系(체계)

참고

❖ **비슷한 의미를 가진 한자** · 앓는 몸은 病體(병체) · 病軀(병구). 약한 몸은 虛弱體(허약체). 뚱뚱한 몸은 肥滿體(비만체). 임금의 몸은 玉體(옥체) · 聖體(성체). 늙은 몸은 老體(노체) · 老軀(노구). 죽은 사람의 몸은 屍體(시체) · 遺骸(유해). 자기의 몸은 自體(자체) · 自身(자신). 몸 전체는 五體(오체) · 全身(전신).

骨 骭 體 體 體

月의
3
총7획

肖　닮을 초

풀이 살을 뜻하는 月과 음을 나타내는 小(소)[초는 변음]를 합쳐서 몸매가 닮다의 뜻. 널리 닮다의 뜻으로 쓰임.

· 肖像(초상) 사람의 얼굴이나 자태(姿態)를 그림이나 조각으로 나타낸 것.
· 不肖(불초) ①아버지를 닮지 않아 미련함. ②미련함. ③자기의 겸칭(謙稱)
· 肖像畫(초상화)

참고

❖ 부가의미 ·①본받음. ②같지 않음. ③작음. ④쇠약함. ⑤흩어짐 등의 뜻도 있음.
❖ 비슷한 의미를 가진 한자 ·닮다의 뜻을 가진 글자 →似(사).

刀의
5
총7획

★★★

初　처음 초

풀이 칼을 뜻하는 刀와 옷을 뜻하는 衤를 합쳐 칼로 마름질한다는 뜻. 재단은 옷을 만드는 첫번째의 일이므로 처음이라는 뜻으로 쓰임.

· 初聲(초성) 한 음절에서 처음으로 나는 소리.
· 當初(당초) 그 맨 처음.

참고

❖ 비슷한 의미를 가진 한자 ·初(초)는 시간에 관한 것이 많고 동사로 사용되는 경우는 적음. 始(시)는 주로 사물에 대해 쓰이며 동사로도 쓰임. 처음의 뜻을 가진 글자 初(초)는 사물의 시초·최초↔後(후). 始(시)는 사물이 시작됨.↔終(종). 肇는 차차 열리기 시작함. 創(창)은 새로 시작함. 首(수)는 첫 번째. 甫(보)는 겨우 비로소 거기에 이름. 一(일)은 수의 첫째. 元(원)은 사물의 처음이라는 뜻.

扌의
5
총8획

★

招　손짓할 초

풀이 손을 뜻하는 扌와 음을 나타내는 召(소)[초는 변음]를 합쳐서 손짓으로 부르다의 뜻.

· 招聘(초빙) 일을 의뢰하기 위해서, 예(禮)를 다하여 불러 옴.
· 招魂(초혼) 죽은 사람의 혼을 위로하여 제사지냄.
· 招待(초대) · 招來(초래) · 招宴(초연) · 招人(초인)
· 招電(초전) · 招集(초집) · 招請(초청) · 招致(초치)
· 招牌(초패) · 嘉招(가초) · 目桃心招(목도심초)

참고

❖ 부가의미 ·①불러 옴. 맞음. ②듦. 높이 듦 등의 뜻도 있음.

艹의
6
총10획

★★

草　풀 초

풀이 艹[풀]와 음을 타나내는 早(조)[초는 변음]를 합쳐서 풀을 뜻함.

· 草稿(초고) 시나 소설 등의 맨 처음 쓴 글. 원고(原稿).
· 結草報恩(결초보은) 풀을 엮어 은혜를 갚는다는 뜻으로 죽어서도 은혜를 잊지 않고 갚음을 이름.
· 草芥(초개) · 草根木皮(초근목피) · 草堂(초당) · 草露(초로) · 草綠(초록) · 草履(초리) · 草笠(초립)

참고

❖ 부가의미 ·①거칢. 촌스러움. ②시작함. 처음. ③글을 씀. 초를 잡음. ④초서[자체의 한 가지]. ⑤초조함 등의 뜻도 있음.

走의 5 총 12획 **超** 뛰어넘을 초	· 超過(초과) 일정한 수를 넘음. 또 예정한 것보다 지나침. · 超脫(초탈) 세속을 벗어남. · 超群(초군) · 超克(초극) · 超短波(초단파) · 超等(초등) · 超滿員(초만원) · 超世(초세) · 超俗(초속) · 超音波(초음파) · 超人(초인) · 超自然(초자연)	

풀이 走[달리다]와 음을 나타내는 召(소)[초는 변음]를 합하여 뛰어 넘는다는 뜻.

참고

❀ **부가의미** · ①탁월함. ②높음 등의 뜻도 있음.

石의 13 총 18획 **礎** 주춧돌 초	· 礎石(초석) 건물 등을 지을 때 기둥 밑에 괴는 돌. 주춧돌. 초반(礎盤). · 基礎(기초) ①주춧돌. ②사물의 근본. · 國礎(국초) · 定礎(정초) · 柱礎(주초)	

풀이 石[돌]과 음을 나타내는 楚(초)를 합하여 맨 먼저 놓는 돌 · 주춧돌을 뜻함.

참고

❀ **부가의미** · 바탕. 사물의 토대의 뜻도 있음.

亻의 7 총 9획 **促** 재촉할 촉	· 促迫(촉박) 급함. 기한이 바싹 다가옴. · 催促(최촉) 재촉함. · 促急(촉급) · 促發(촉발) · 促成(촉성) · 促音(촉음) · 促進(촉진) · 督促(독촉)	

풀이 사람을 뜻하는 亻과 음을 가리키는 足(족)[촉은 변음]을 합쳐 사람을 재촉한다는 뜻을 나타냄.

참고

❀ **부가의미** · ①강요함. 다가 옴. ②빠름. ③바쁨. ④엄숙함 등의 뜻도 있음.

角의 13 총 20획 **觸** 닿을 촉	· 觸角(촉각) 피부의 겉에 다른 물건이 닿을 때 느끼는 감각. · 抵觸(저촉) ①서로 닥뜨림. ②양자(兩者)가 서로 모순(矛盾)함. · 觸感(촉감) · 觸官(촉관) · 觸手(촉수) · 感觸(감촉) · 接觸(접촉) · 觸覺(촉각) · 觸媒(촉매) · 觸發(촉발)	

풀이 뿔을 뜻하는 角과 음을 나타내는 蜀(촉)을 합쳐서 뿔을 대고 찌르다의 뜻. 널리 닿다 · 범하다의 뜻으로 씀.

참고

❀ **부가의미** · ①마음에 질리어 느낌. ②받음. 찌름. ③범함. ④더러움. ⑤지남 등의 뜻도 있음.

寸의 0 총3획

寸 마디 촌

★ ★ ★

풀이 손목의 맥을 一로 표시하고 손목에서 맥까지의 거리를 한 치로 하여 그곳을 짚는다는 데서 재다의 뜻으로 쓰임.

・寸暇(촌가) 얼마 안되는 겨를.
・寸蟲(촌충) 편형동물에 속하는 기생충.
・寸刻(촌각)・寸隙(촌극)・寸分(촌분)・寸數(촌수)
・寸陰(촌음)・寸志(촌지)・寸紙(촌지)・寸鐵殺人(촌철살인)・一寸光陰(일촌광음)・外從四寸(외종사촌)・尺寸(척촌)

참고

❖ 부가의미 ・①치[길이의 단위]. ②잼.=忖 헤아림. ③조금. 적음. ④촌수 등의 뜻도 있음.

一 寸 寸

木의 3 총7획

村 마을 촌

★ ★ ★

풀이 木과 음을 나타내는 寸(촌)을 합쳐서 본래는 나무 이름, 후에 음을 빌어서 마을의 뜻으로 쓰임.

・村翁(촌옹) 시골에 사는 노인.
・僻村(벽촌) 궁벽한 마을.
・村落(촌락)・村老(촌로)・村長(촌장)・江村(강촌)
・南村(남촌)・農村(농촌)・富村(부촌)・貧村(빈촌)
・山村(산촌)・基地村(기지촌)・無醫村(무의촌)・定着村(정착촌)・鄕村(향촌)

참고

❖ 부가의미 ・시골의 뜻도 있음.

一 十 木 村 村

金의 6 총14획

銃 도끼구멍 총

★ ★

풀이 金과 음을 나타내는 充(충)[총은 변음]을 합하여 도끼 자루를 박는 구멍의 뜻. 후에 총의 뜻이 됨.

・銃劍(총검) ①총과 칼. ②총 끝에 꽂아 적을 무찌를 때 쓰는 짧은 칼.
・獵銃(엽총) 사냥하는 데 쓰는 총.
・銃擊(총격)・銃口(총구)・銃器(총기)・銃獵(총렵)
・銃殺(총살)・銃傷(총상)・銃聲(총성)・銃彈(총탄)
・銃砲(총포)・銃火(총화)・銃丸(총환)・拳銃(권총)

참고

❖ 부가의미 ・총의 뜻도 있음.

스 수 金 鈇 銃

糸의 11 총17획

總 꿰맬 총

★ ★

풀이 실을 뜻하는 糸와 음을 나타내는 悤(총)을 합쳐서 실을 모아 정리하다의 뜻.

・總括(총괄) ①통틀어 모아 하나로 뭉침. ②요점(要點)을 모아서 한 개의 개념을 만듦.
・總務(총무) 전체의 사무. 또 그 사무를 취급하는 사람.
・總角(총각)・總決算(총결산)

참고

❖ 비슷한 의미를 가진 한자 ・모든의 뜻을 가진 글자 總(총)은 많은 것을 모아서 합침. 渾(휘)은 모든 것을 섞어서 하나로 합침. 凡(범)은 대체로 널리. 總(총)과 비슷한 都(도)는 남김 없이 긁어 모으다에서 모든의 뜻.

糸 糹 紒 綿 綿

曰의 8
총 12획

最 가장 최

ㅣ 曰
旦
早
最
最

• 最新(최신) 가장 새로움.
• 最後(최후) 맨 뒤. 맨 나중.
• 最强(최강)·最古(최고)·最高(최고)·最近(최근)
• 最多(최다)·最短(최단)·最大(최대)·最大限(최대한)·最上(최상)·最善(최선)·最小(최소)·最惡(최악)·最初(최초)·最下(최하)

❖

[풀이] 범하다의 뜻인 曰[冒]의 생략과 取[빼앗다]를 합쳐서 사람을 해치고 빼앗다의 뜻. 후에 가장 많다의 뜻으로 쓰임.

[참고]

❖ **부가의미** · ①가장 뛰어난 것. 우두머리. ②모두. ③모음 등의 뜻도 있음.

亻의 11
총 13획

催 재촉할 최

ㅣ 亻
仙
仕
催
催

• 催告(최고) ①재촉하는 뜻을 알림. ②법률상 일정한 결과를 맺기 위하여 상대방에게 어떤 행위를 요구하는 일.
• 催淚(최루) 눈물이 나오게 함.
• 催淚彈(최루탄)·催眠術(최면술)·催促(최촉)·開催(개최)·主催(주최)

❖

[풀이] 사람을 뜻하는 亻과 음을 나타내는 崔(최)를 합쳐 사람을 졸라 대다의 뜻.

[참고]

❖ **부가의미** · 조름 등의 뜻도 있음.

禾의 4
총 9획

秋 가을 추

二 千
千
禾
秒
秋

• 秋毫(추호) 가을철에 가늘어진 짐승의 털. 곧 매우 작은 것의 비유.
• 秋興(추흥) 가을의 홍취. 가을의 멋. 秋意(추의).
• 秋耕(추경)·秋景(추경)·秋季(추계)·秋穀(추곡)
• 秋刀魚(추도어)·秋凉(추량)·秋分(추분)·秋思(추사)·秋霜(추상)·秋霜烈日(추상열일)

❖

[풀이] 곡식[禾]과 불[火]을 합하여 곡식을 베어 말리다의 뜻. 후에 그 시기, 철의 뜻으로 쓰임.

[참고]

❖ **부가의미** · ①세월. ②때. 중요한 때. ③성(姓)의 하나 등의 뜻도 있음.

辶의 6
총 10획

追 쫓을 추
옥 다듬을 퇴

厂 厂
厂
㠯
追
追

• 追求(추구) 어디까지나 캐어 들어가며 연구함.
• 追從(추종) 뒤를 따름.
• 追加(추가)·追擊(추격)·追究(추구)·追窮(추궁)
• 追記(추기)·追念(추념)·追悼(추도)·追錄(추록)
• 追慕(추모)·追尾(추미)·追放(추방)·追福(추복)
• 追想(추상)·追憶(추억)·追後(추후)

❖

[풀이] 걷다의 뜻인 辶과 음을 나타내는 㠯(퇴)[추는 변음]를 합쳐서 뒤를 따라가다의 뜻. 널리 쫓다의 뜻으로 씀.

[참고]

❖ **비슷한 의미를 가진 한자** · 쫓다의 뜻을 가진 글자 追(추)는 뒤따라 쫓음. 逐(축)은 쫓아 버림.

⊕ **잘못읽기 쉬운 한자** · 追悼 추도 (추탁으로 읽지 말 것)

扌의 8 총 11획	 밀 추 밀어 젖힐 퇴	· 推薦(추천) 사람을 천거(薦擧)함. · 推敲(퇴고) 시문(詩文)의 자구(字句)를 여러번 고침. · 推擧(추거)·推計(추계)·推考(추고)·推敲(추고) · 推究(추구)·推論(추론)·推理(추리)·推算(추산) · 推仰(추앙)·推移(추이)·推定(추정)·推進(추진) · 推察(추찰)·推測(추측)·類推(유추)	扌 扩 折 推 推

풀이 扌[손]와 음을 나타내는 隹(추)를 합쳐서 밀어 젖히다의 뜻.

참고 ❈ 부가의미 · ①옮김. ②파묻음. ③헤아려 생각함. ④표창함. ⑤밀어 젖힘. 배제함 등의 뜻도 있음.

示의 5 총 10획	 빌 축	· 祝賀(축하) 경사를 치하(致賀)함. · 慶祝(경축) 경사를 축하함. · 祝官(축관)·祝文(축문)·祝杯(축배)·祝福(축복) · 祝詞(축사)·祝手(축수)·祝勝(축승)·祝言(축언) · 祝宴(축연)·祝願(축원)·祝融(축융)·祝意(축의) · 祝儀(축의)	二 亍 示 和 祝

풀이 示[신]와 무릎을 꿇고 입을 크게 벌려 외치고 있는 모습의 변형인 兄을 합하여 무녀(巫女)가 신(神)을 향하여 빌다의 뜻. 널리 빌다·축하하다의 뜻으로 쓰임.

참고 ❈ 부가의미 · ①축하함. 하례함. ②짬[織]. ③끊음[斷]. ④비로소. ⑤축문. 신(神)에게 고하는 말. ⑥축문을 읽는 사람. ⑦축문을 읽음.

⊠ 반대되는 한자 · 祝(축하할 축)↔呪(저주할 주)

艸의 5 총 10획	 가축 축	· 蓄膿症(축농증) 늑막강(肋膜腔), 부비강(副鼻腔), 관절(關節), 뇌강(腦腔) 등의 체강(體腔) 안에 고름이 괴는 병. · 蓄髮(축발) ①한 번 자른 머리를 기름. 또는 그 기른 머리. ②중이 다시 속인이 됨. · 蓄音機(축음기)·蓄藏(축장)·蓄財(축재)	艹 芏 荃 蕃 蓄

풀이 艹[풀]과 음을 나타내는 畜(축)을 합쳐서 수확물을 모아 두다의 뜻.

참고 ❈ 부가의미 · ①쌓음. 모아 둠. 모음. ②거두어 챙김. 챙겨 둠 등의 뜻도 있음.

竹의 10 총 16획	 다질 축	· 築臺(축대) 높이 쌓아 올린 터나 담. · 構築(구축) 얽어 만들어 쌓아 올림. · 築城(축성)·築堤(축제)·築造(축조)·築港(축항) · 築山(축산)·改築(개축)·建築(건축)·修築(수축) · 新築(신축)·增築(증축)	⺮ ⓒ 筑 筑 築

풀이 木[나무]과 음을 나타내는 筑을 합하여 절굿공이로 흙을 다져 굳게 하다의 뜻.

참고 ❈ 부가의미 · ①쌓음. 성·정원 등을 쌓음. ②지음. 집을 지음. ③건축물. 쌓거나 지은 성벽·가옥 등. ④공이. 절굿 공이. 방앗 공이. ⑤날개침. 새가 날개를 침.

縮 (오그라질 축)

糸의 11 총 17획

| 糸 紁 紁 縮 縮 |

- 縮約(축약) 글이나 말의 요점을 간추려서 짧게 함.
- 恐縮(공축) 두려워하여 몸을 움츠림.
- 縮減(축감) · 縮圖(축도) · 縮寫(축사) · 縮小(축소)
- 縮刷(축쇄) · 縮地法(축지법) · 縮尺(축척) · 縮緬(축면) · 減縮(감축) · 軍縮(군축) · 伸縮(신축) · 壓縮(압축) · 萎縮(위축)

풀이 실을 뜻하는 糸와 음을 나타내는 宿(숙)[축은 변음]을 합쳐서 실이나 천이 오그라들다의 뜻.

참고

❖ **부가의미** · ①거둠. ②모자람. ③물러감 등의 뜻도 있음.

❖ **반대되는 한자** · 縮(줄 축)↔擴(늘릴 확)

春 (봄 춘)

★★★

日의 5 총 9획

| 旾 旾 春 春 春 |

- 春秋(춘추) ①봄과 가을. ②어른의 나이. ③역사(歷史)의 범칭(凡稱). ④노(魯)나라의 역사서.
- 回春(회춘) ①봄이 다시 돌아옴. ②중병(重病)을 돌리어 건강을 회복함. ③젊어짐.
- 春耕(춘경) · 春景(춘경) · 春季(춘계) · 春困(춘곤)
- 春光(춘광) · 春期(춘기) · 春暖(춘난) · 春梅(춘매)

풀이 뽕나무의 새싹이 나온 모양인 芚과 日을 합쳐서 뽕나무의 새싹이 나오는 날을 뜻하며 봄의 뜻으로 씀.

참고

❖ **비슷한 의미를 가진 한자** · 이른 봄은 初春(초춘) · 早春(조춘) · 孟春(맹춘). 봄의 중간은 仲春(중춘) · 盛春(성춘). 늦은 봄은 晚春(만춘) · 暮春(모춘). 봄철의 뒤숭숭한 근심은 春愁(춘수).

出 (날 출, 뛰어날 출)

★★★

니의 3 총 5획

| 一 屮 屮 出 |

- 出衆(출중) 여러 사람 속에서 뛰어남.
- 露出(노출) 거죽으로 드러남. 또 거죽으로 드러냄.
- 出家(출가) · 出講(출강) · 出動(출동) · 出頭(출두)
- 出力(출력) · 出馬(출마) · 出發(출발) · 出兵(출병)
- 出産(출산) · 出喪(출상) · 出生(출생) · 出席(출석)
- 出世(출세) · 出所(출소) · 出身(출신) · 出漁(출어)

풀이 발을 뜻하는 屮와 나가는 곳을 뜻하는 ㅣㅣ을 합쳐서 됨.

참고

❖ **부가의미** · 지출함의 뜻도 있음.

❖ **반대되는 한자** · 出(나갈 출)↔入(들 입)

充 (가득찰 충)

★★★

儿의 3 총 5획

| 一 云 云 厷 充 |

- 充當(충당) 모자라는 것을 채워 메움. 충전(充塡).
- 擴充(확충) 넓히어 충실하게 함.
- 充納(충납) · 充滿(충만) · 充分(충분) · 充塞(충색)
- 充實(충실) · 充用(충용) · 充員(충원) · 充溢(충일)
- 充電(충전) · 充塡(충전) · 充塡物(충전물) · 充足(충족) · 充血(충혈) · 補充(보충)

풀이 사람을 뜻하는 儿과 음을 나타내는 厶[育(육)의 생략형. 충은 변음]을 합쳐 사람이 살이 찐다는 뜻. 일반적으로 가득 찬다는 뜻으로 보임.

참고

❖ **비슷한 의미를 가진 한자** · 가득 차다의 뜻을 가진 글자→滿(만).

❖ **모양이 비슷한 한자** · 充(가득찰 충) 充滿(충만)
· 允(진실할 윤) 允許(윤허)

★

心의 4 총8획

忠 충성 충

풀이 心[마음]과, 음 및 속을 채우다의 뜻을 나타내는 中(중)[충은 변음]을 합쳐서 정성을 들여 하다의 뜻. 널리 진심의 뜻으로 씀.

· 忠諫(충간) 충성스러운 마음으로 간(諫)함. 또는 그 말.
· 忠邪(충사) ①충직(忠直)함과 간사(奸邪)함. ②충신(忠臣)과 간신(奸臣).
· 忠告(충고) · 忠君(충군) · 忠君愛國(충군애국) · 忠勤(충근) · 忠良(충량) · 忠烈(충렬) · 忠僕(충복)

참고

❖ **부가의미** · ①신하가 군주에게 정성을 다하여 섬김. ②성실. 진지. ③정이 두터움 등의 뜻도 있음.

❖ **반대되는 한자** · 忠(충성 충)↔奸(간사할 간)

行의 9 총15획

衝 충동할 충

풀이 길을 가다의 뜻인 行과 음을 나타내는 重(중)[충은 변음]을 합쳐서 거리를 관통하는 길이라는 뜻. 후에 부딪다의 뜻으로 쓰임.

· 衝激(충격) 서로 심하게 부딪힘.
· 要衝(요충) ①긴요한 처소. ②요해처(要害處).
· 衝擊(충격) · 衝決(충결) · 衝突(충돌) · 衝動(충동)
· 衝路(충로) · 衝心(충심) · 衝要(충요) · 折衝(절충)

참고

❖ **부가의미** · ①움직임. ②중요한 곳. ③거리. 뚫린 길. ④돌파함 등의 뜻도 있음.

❖ **비슷한 의미를 가진 한자** · 찌르다의 뜻을 가진 글자 衝(충)은 부딪침. 突(돌)은 갑자기 불쑥 나옴. 搗(도)는 절구로 찧음. 撞(당)은 막대기로 찔러 맞힘.

★ ★

虫의 12 총18획

蟲 벌레 충

풀이 벌레를 뜻하는 虫을 셋 합쳐서 곤충을 뜻함. 벌레의 총칭으로 씀.

· 蟲齒(충치) 벌레 먹은 이.
· 幼蟲(유충) 알에서 부화하여 아직 성충(成蟲)이 되지 아니한 벌레. 애벌레.
· 蟲媒花(충매화) · 蟲聲(충성) · 蟲垂(충수) · 蟲災(충재) · 蟲豸(충치) · 蟲害(충해) · 昆蟲(곤충) · 寄生蟲(기생충) · 成蟲(성충) · 益蟲(익충)

참고

❖ **부가의미** · ①김이 오름. ②무더움 등의 뜻도 있음.

口의 4 총7획

吹 불 취 / 관악 취

풀이 입을 뜻하는 口와 입을 벌린 모양을 딴 欠을 합쳐 숨을 크게 내쉬다의 뜻.

· 吹奏(취주) 피리 · 나팔 등의 관악기를 불어서 연주함.
· 鼓吹(고취) ①북을 치며 피리를 붊. ②사기(士氣)를 북돋움. 기세를 올려줌.
· 吹管(취관) · 吹毛求疵(취모구자) · 吹雪(취설) · 吹奏樂(취주악)

참고

❖ **부가의미** · 격려함의 뜻도 있음.

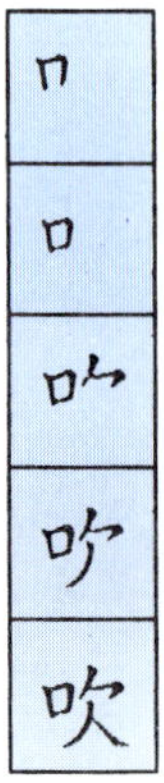

取 (취할 취)

★★
又의 6
총 8획

취할 취

(풀이) 손을 뜻하는 手가 변한 又(우)와 귀를 뜻하는 耳(이)를 합쳐 귀를 잡는다는 뜻. 전쟁에서 진 쪽의 왼편 귀를 자른 데서 나온 글자임.

· 取消(취소) ①지워 흔적을 없앰. ②기재·진술한 사실을 말살함. ③법률 행위의 효력을 소급하여 소멸시키는 일.
· 奪取(탈취) 빼앗아 가짐.
· 取得(취득)·取才(취재)·取調(취조)·先取(선취)
· 受取(수취)·爭取(쟁취)·進取(진취)·採取(채취)

(참고)

※ 부가의미 · 장가 듦의 뜻도 있음.
⊠ 반대되는 한자 · 取(취할 취)↔捨(버릴 사)

一 厂 F 耳 取 取

就 (이룰 취)

★
尢의 9
총 12획

이룰 취

(풀이) 언덕 위에 선 집을 뜻하는 京과 음을 나타내는 尤(우)[취는 변음]를 합쳐서 언덕 위의 집에 눌러 살다의 뜻.

· 就中(취중) 그 가운데서 특별히.
· 去就(거취) 관도(官途)를 물러남과 관도에 나섬. 전(轉)하여 일신(一身)의 진퇴(進退).
· 就勞(취로)·就眠(취면)·就床(취상)·就業(취업)
· 就任(취임)·就職(취직)·就寢(취침)·就學(취학)
· 就航(취항)·就縛(취박)·成就(성취)

(참고)

※ 부가의미 · ①마침. ②능(能)함. ③나감. 좋음. ④곧. ⑤가령. ⑥저자. ⑦성(姓)의 하나 등의 뜻도 있음.
❖ 비슷한 의미를 가진 한자 · 이루다의 뜻을 가진 글자→作(작).

亠 亠 亨 就 就

醉 (취할 취)

酉의 8
총 15획

취할 취

(풀이) 酉[술항아리]와 음을 나타내는 卒(졸)[취는 변음]을 합하여 술을 실컷 마시다의 뜻.

· 醉吟(취음) 술에 취하여 시가(詩歌)를 읊음.
· 痲醉(마취) 독이나 또는 약으로 인하여 몸의 일부나 전부의 감각을 잃음.
· 醉客(취객)·醉狂(취광)·醉談(취담)·醉生夢死(취생몽사)·醉殺(취살)·醉眼(취안)·醉顔(취안)
· 醉臥(취와)·醉中(취중)·醉態(취태)·醉漢(취한)

(참고)

※ 부가의미 · 궤란(潰爛). 썩어 문드러짐의 뜻도 있음.

西 酉 酉 酉 醉 醉

趣 (주창할 취 / 향할 취)

走의 8
총 15획

주창할 취
향할 취

(풀이) 走(달릴 주)에 取(취할 취)를 합한 글자. 빨리 달려가 취한다고 해서 재촉하다, 서두르다의 뜻이 됨.

· 趣味(취미) 감흥을 느끼어 마음이 당기는 멋. 흥취(興趣).
· 高趣(고취) 고상한 운치(韻致).
· 趣意(취의)·趣旨(취지)·趣向(취향)·妙趣(묘취)
· 美趣(미취)·本趣(본취)·詩趣(시취)·深趣(심취)
· 雅趣(아취)·幽趣(유취)·意趣(의취)·情趣(정취)

(참고)

※ 부가의미 · ①빨리. ②추마 벼슬 등의 뜻도 있음.

土 耂 走 起 趨 趣

側 (곁 측)

亻의 9 총 11획

側 곁 측

仉 佴 俱 側 側 側

- 側室(측실) ①곁에 있는 방. ②서자(庶子). ③첩(妾).
- 反側(반측) ①누운 자리가 편안하지 못하여 몸을 뒤척거림. ②이심(異心)을 품음. 배반함. 모반함.
- 側徑(측경) · 側近(측근) · 側面(측면) · 側目(측목)
- 側聞(측문) · 側壁(측벽) · 側線(측선) · 側臥(측와)
- 側耳(측이) · 兩側(양측)

[풀이] 사람을 뜻하는 亻과 음을 나타내는 則(즉)[측은 변음]을 합쳐 사람이 기울어지다의 뜻을 가짐. 나중에 옆·곁이라는 뜻으로 바뀜.

[참고]

❋ **부가의미** · ①귀 등을 쫑긋 세움. 기울임. ②기울어짐. ③넘어짐 등의 뜻도 있음.

· 側(곁 측) 側近(측근)
· 測(잴 측) 測量(측량)

測 (잴 측)

★ ★

氵의 9 총 12획

測 잴 측

氵 氾 洞 測 測

- 測度(측도 · 측탁) ①도수(度數) · 척도(尺度)를 잼. ②헤아림. 조사함.
- 豫測(예측) 미리 헤아림.
- 測量(측량) · 測算(측산) · 測定(측정) · 測地(측지)
- 計測(계측) · 觀測(관측) · 推測(추측)

[풀이] 氵[물]과 음을 나타내는 則(즉)[측은 변음]을 합쳐서 물의 깊이를 재다의 뜻. 널리 재다의 뜻으로 쓰임.

[참고]

❋ **부가의미** · 헤아림의 뜻도 있음.

層 (층 층)

★

尸의 12 총 15획

層 층 층

一 尸 尺 層 層

- 層雲(층운) ①여러 겹으로 겹친 구름. ②안개 구름.
- 層層(층층) ①여러 층으로 거듭된 층. ②낱낱의 층.
- 層階(층계) · 層構(층구) · 高層(고층) · 斷層(단층)
- 上層(상층) · 重層(중층) · 地層(지층) · 下層(하층)

[풀이] 尸[집]와 음을 나타내는 曾(증)[층은 변음]을 합쳐서 이층·삼층처럼 겹쳐 세운 집이라는 뜻. 널리 겹치다의 뜻으로 쓰임.

[참고]

❋ **부가의미** · 다락. 이층 이상의 건물.

治 (다스릴 치)

★ ★

氵의 5 총 8획

治 다스릴 치

氵 氿 沾 治 治

- 治下(치하) 다스리는 범위(範圍)의 안. 지배하.
- 統治(통치) ①도맡아 다스림. ②원수(元首)가 주권(主勸)을 행사하여 나라를 다스림.
- 治家(치가) · 治敎(치교) · 治國(치국) · 治國平天下(치국평천하) · 治亂(치란) · 治療(치료) · 治邦(치방) · 治法(치법) · 治兵(치병) · 治産(치산)

[풀이] 氵[시내]과 음을 나타내는 台(태 · 이)[치는 변음]로 이루어지며 본래 강 이름이었으나 후에 다스리다의 뜻이 됨.

[참고]

❋ **부가의미** · ①조사하여 가림. ②병을 고침. ③평정됨. ④정치. 정사 등의 뜻도 있음.

◙ **모양이 비슷한 한자** · 治(다스릴 치) 政治(정치)
· 冶(불릴 야) 冶金(야금)

亻의 8 총 10 획	**值** 값 치 만날 치	· 遭値 (조치) 만남. · 價値 (가치) ①값, 가격. ②자격, 품위. ③욕망에 대한 재화(財貨)의 효용 정도. · 値遇(치우) · 値段(치단) · 近似値(근사치)

풀이 사람을 뜻하는 亻과 음을 가리키는 直(직)[치는 변음]을 합쳐서 그 물건에 어울리게 평가한 값어치라는 뜻.

참고

❊ **부가의미** · ①값이 나감. 값어치가 있음. ②만남. 맞음. 해당함 등의 뜻도 있음.

ノ 亻 亻 伃 値 値

心의 6 총 10 획	**恥** 부끄러울 치	· 恥雪(치설) 불명예를 씻고 명예를 되찾음. · 羞恥(수치) 부끄러움. · 恥心(치심) · 恥辱(치욕) · 恥事(치사) · 國恥(국치) · 大恥(대치) · 羞恥(수치) · 廉恥(염치) · 破廉恥(파렴치) · 會稽之恥(회계지치)

풀이 心[마음]과 음을 나타내는 耳(이)[치는 변음]를 합쳐서 마음으로 생각하여 얼굴이 빨개지다의 뜻. 널리 부끄러워 하다의 뜻.

참고

❊ **부가의미** · 창피를 줌. 욕되게 함 등의 뜻도 있음.

一 丆 丆 F 耳 恥

至의 3 총 9 획	★ ★ ★ **致** 이를 치	· 致知(치지) 사무의 도리를 깨달아서 알기에 이름. · 誘致(유치) 꾀어 냄. · 致命(치명) · 致命傷(치명상) · 致富(치부) · 致仕(치사) · 致死(치사) · 致謝(치사) · 致辭(치사) · 致死量(치사량) · 致誠(치성) · 致賀(치하) · 極致(극치) · 引致(인치) · 一致(일치) · 風致(풍치)

풀이 걷다의 뜻인 夂(쇠)와 음을 나타내는 直(직)[치는 변음]을 합쳐서 사람을 배웅하여 보내다의 뜻.

참고

❊ **부가의미** · ①극진함. ②맡김. ③불러 옴. ④보냄. 부쳐 줌. ⑤풍치(風致). ⑥이름 등의 뜻도 있음.

ス 云 予 至 致

罒의 8 총 13 획	**置** 베풀 치	· 置重(치중) 어떤 곳에 중점을 둠. · 安置(안치) 일정한 장소에 안전하게 놓음. · 置毒(치독) · 置簿(치부) · 置身(치신) · 置酒(치주) · 置中(치중) · 置重(치중) · 置之度外(치지도외) · 置換(치환) · 据置(거치) · 建置(건치) · 拘置(구치) · 倒置(도치) · 放置(방치) · 配置(배치) · 備置(비치)

풀이 그물을 뜻하는 罒과 음을 나타내는 直(직)[치는 변음]을 합쳐서 그물을 치다의 뜻. 널리 물건을 두다의 뜻으로 씀.

참고

❊ **부가의미** · ①둠. 안치함. ②버림. 그만둠. ③붙들어 둠. ④역말 등의 뜻도 있음.

丶 冖 罒 罒 置

禾의 8 총 13 획  **稚** 어릴 치	· 稚子(치자) ①어린애. ②죽순(竹筍)의 다른 이름. · 稚拙(치졸) 유치하고 졸렬함. · 稚氣(치기) · 稚兒(치아) · 稚魚(치어) · 孤稚(고치) · 幼稚(유치)

풀이 禾[벼]와 음을 나타내는 隹 (추)[치는 변음]를 합하여 작은 벼 를 뜻함. 널리 어리다의 뜻으로 쓰 임.

참고

❊ **부가의미** · 늦음[晩]의 뜻도 있음.

千
禾
秆
秆
稚

齒의 0 총 15 획 ★★ **齒** 이 치 나란히 치	· 齒痛(치통) 이앓이. · 乳齒(유치) 젖니. 배냇니. · 齒腔(치강) · 齒莖(치경) · 齒科(치과) · 齒根(치근) · 齒石(치석) · 齒髓(치수) · 齒牙(치아) · 齒藥(치약) · 齒列(치열) · 齒齦(치은) · 齒槽(치조) · 齒槽膿漏 (치조농루) · 齒次(치차) · 齒車(치차) · 犬齒(견치)

풀이 입과 이의 모양을 나타내는 齒와 음을 나타내는 止(지)[치는 변 음]를 합쳐 입속에 있는 이를 뜻함. 부수로서는 이에 관한 뜻을 나타냄.

참고

❊ **부가의미** · ①나이. 연령. ②가지런함. 줄지어 섬. 한 패가 됨. 같음. ③나이를 셈 등의 뜻도 있음.

ˈ
止
歩
歯
齒

刂의 7 총 9 획 ★★★ **則** 법칙 칙 곧 즉	· 則效(칙효) 본받음. 모범으로 삼음. · 規則(규칙) ①지키기로 작정한 법칙. ②사건이나 행 위의 일률성. · 校則(교칙) · 反則(반칙) · 法則(법칙) · 變則(변칙) · 細則(세칙) · 守則(수칙) · 原則(원칙) · 鐵則(철칙) · 學則(학칙) · 會則(회칙) · 貧則多事(빈즉다사)

풀이 칼을 뜻하는 刂와 청동기를 뜻하는 鼎에서 변한 貝를 합쳐서 청 동기[재물]에 새겨진 글을 뜻함. 후 에 약속[재산상의]이란 뜻으로 변했 다가 다시 규칙이란 뜻으로 바뀜.

참고

❊ **부가의미** · ①일정한 도리. 규칙. ②본보기. ③사리. ④법칙에 따름. 본으로 삼아 따름 등의 뜻도 있음.

冂
目
貝
貝
則

見의 9 총 16 획 ★★★ **親** 어버이 친	· 親舊(친구) 오래 두고 정답게 사귀어 온 벗. · 近親(근친) 촌수가 가까운 일가. 흔히 8촌 이내를 일 컬음. · 親家(친가) · 親告(친고) · 親交(친교) · 親敎(친교) · 親權(친권) · 親近(친근) · 親等(친등) · 親臨(친림) · 親睦(친목) · 親密(친밀)

풀이 보다의 뜻인 見과 음을 나 타내는 亲(친)을 합쳐 같은 곳에 태 어나서 언제나 상종하는 가족, 즉 부모 형제라는 뜻. 널리 어버이 또 는 특히 가까운 사람을 뜻함.

참고

❊ **부가의미** · ①육친(六親). 부모 형제처자(父母兄弟妻 子). ②집안. 일가. ③친정. ④사돈. ⑤겨레. ⑥사이 좋 게 지냄. ⑦소중히 여김. ⑧스스로 등의 뜻도 있음.

立
亲
新
親
親

一의 1
총 2획

★ ★ ★

七

일곱 **칠**

풀이 한가운데를 잘라 끊는 것을 나타냄. 잘라 끊는다는 뜻. 후에 수사인 일곱으로 씀.

· 七去之惡(칠거지악) 유교에서 아내를 내쫓는 이유가 되는 일곱가지 사항. 곧, 불순구고(不順舅姑), 무자(無子), 淫行(음행), 嫉妬(질투), 惡疾(악질), 口舌(구설), 도절(盜竊).
· 七旬(칠순) 일흔 날. 나이 일흔 살.
· 七經(칠경) · 七夕(칠석) · 七月(칠월) · 七音(칠음)

참고

❖ 부가의미 · 수의 이름. 일곱 번의 뜻도 있음.

一
七

氵의 4
총 7획

沈

가라앉을 **침**

풀이 氵(물)과 음을 나타내는 尤(침)이 합쳐서 물 속에 잠기는 것을 뜻함.

· 沈默(침묵) ①말없이 잠자코 있음. ②소리를 내지 않음.
· 沈着(침착) ①가라 앉음. 침몰(沈沒). ②성질이 가라앉고 착실함.
· 沈德潛(심덕잠) · 沈降(침강) · 沈淪(침륜)

참고

❖ 비슷한 의미를 가진 한자 · 가라앉다의 뜻을 가진 글자 沈(침)은 물 바닥에 가라앉았다의 뜻으로 깊이 관계하여 빠지다의 뜻. ↔浮(부). 沒(몰)은 물 속에 잠겨 안 보이다의 뜻. ↔出(출).
◪ 반대되는 한자 · 沈(잠길 **침**) ↔浮(뜰 부)

氵
氵
氿
沙
沈

亻의 7
총 9획

★ ★

侵

범할 **침**

풀이 사람을 뜻하는 亻과 음을 가리는 𠬶(침)을 합쳐 다른 사람의 영역에 들어가다의 뜻.

· 侵害(침해) 불법적으로 남을 해침.
· 不可侵(불가침) 침범할 수 없음.
· 侵攻(침공) · 侵略(침략) · 侵犯(침범) · 侵蝕(침식)
· 侵欲(침욕)

참고

❖ 비슷한 의미를 가진 한자 · 범하다의 뜻을 가진 글자 侵(침)은 몰래 빼앗음. 犯(범)은 남의 영역에 마구 들어가 망가뜨림. 干(간)은 무리하게 밀고 들어 감. 冒(모)은 앞뒤를 생각하지 않고 일을 함.
◈ 모양이 비슷한 한자 · 侵(침노할 **침**) 侵略(침략)
· 浸(적실 **침**) 浸水(침수)

亻
亻
伊
侵
侵
侵

金의 2
총 10획

★

針

바늘 **침**

풀이 十은 본디 구멍이 뚫린 바늘의 모양을 본뜬 것인데 후에 金을 더하였음. 十(십)[침은 변음]은 또 음을 나타냄.」

· 針線(침선) 바늘과 실. 바느질. 침선(鍼線).
· 指針(지침) ①나침반의 바늘. ②사물을 지시하는 장치의 바늘. ③가리켜 인도할 만한 사물.
· 針工(침공) · 針灸(침구) · 針路(침로) · 針母(침모)
· 針山(침산) · 針小棒大(침소봉대) · 針術(침술) ·
針葉樹(침엽수) · 針醫(침의) · 針金(침금)

참고

❖ 부가의미 · ①바늘 모양을 한 물건. ②바느질함. ③찌름 등의 뜻도 있음.

人
亼
仐
金
針

宀 의11 총14 획	寝 잘 침 ★

· 寢具(침구) 사람이 잘 때에 쓰는 여러 가지 물건. 이불·베개 등.
· 就寢(취침) 잠을 잠.
· 寢臺(침대)·寢牀(침상)·寢所(침소)·寢食(침식)
· 寢室(침실)·寢殿(침전)·寢汗(침한)·寢返(침반)
· 寢言(침언)

풀이 어두운 방을 뜻하는 宀과 음을 나타내는 㑴(추)[침은 변음]의 변형인 㝱을 합쳐서 병으로 자리에 눕다의 뜻. 후에 자다의 뜻으로 씀.

참고

❖ 부가의미 · ①정자각(丁字閣). ②쉼. 그침. ③운자(韻字) 등의 뜻도 있음.

宀 宀 宷 寑 寝

禾 의9 총14 획	稱 일컬을 칭 ★

· 稱號(칭호) 어떠한 뜻으로 일컫는 이름.
· 假稱(가칭) 임시로 일컬음.
· 稱名(칭명)·稱病(칭병)·稱頌(칭송)·稱揚(칭양)
· 稱讚(칭찬)·稱歎(칭탄)·稱頉(칭탈)·稱呼(칭호)
· 謙稱(겸칭)·敬稱(경칭)·公稱(공칭)·對稱(대칭)
· 名稱(명칭)·美稱(미칭)·愛稱(애칭)·異稱(이칭)

풀이 禾[곡식]와 음을 나타내는 冓(칭)[칭은 변음]을 합하여 볏단을 소리내어 세다의 뜻. 널리 일컫다 뜻으로 쓰임.

참고

❖ 비슷한 의미를 가진 한자 · 칭찬하다의 뜻을 가진 글자→襃(보).

禾 禾 秆 秆 稱

忄 의4 총7 획	快 쾌할 쾌 ★ ★

· 快樂(쾌락) ①즐거움. 유쾌함. ②정력(精力)의 증진 또는 욕망의 만족에서 생기는 감정.
· 愉快(유쾌) 마음이 상쾌함. 마음이 즐거움.
· 快感(쾌감)·快擧(쾌거)·快氣(쾌기)·快男兒(쾌남아)·快男子(쾌남자)·快刀(쾌도)·快諾(쾌락)
· 快馬(쾌마)·快味(쾌미)·快報(쾌보)

풀이 마음을 뜻하는 忄과 음을 나타내는 夬(쾌)를 합쳐서 마음이 활짝 열리다의 뜻.

참고

❖ 부가의미 · ①가(可)함. ②빠름. ③날카로움. 잘 베어짐. ④병이 나음 등의 뜻도 있음.

忄 忄 忴 快 快

亻 의3 총5 획	他 남 타 ★ ★ ★

· 他人(타인) 다른 사람. 남.
· 出他(출타) 집에 있지 않고 다른 곳에 나감.
· 他家(타가)·他見(타견)·他界(타계)·他關(타관)
· 他國(타국)·他年(타년)·他念(타념)·他道(타도)
· 他動詞(타동사)·他力(타력)·他力本願(타력본원)
· 他流(타류)·他面(타면)·他聞(타문)·他方(타방)

풀이 亻과 음을 나타내는 它(타)의 변형인 也를 합쳐서 다른·딴이라는 뜻.

참고

❖ 부가의미 · ①딴 마음. ②간사함. ③누구 등의 뜻도 있음.

▨ 반대되는 한자 · 他(남 타)↔自(스스로 자)

丿 亻 仢 伷 他

打

扌의2
총5획

칠 타
칠 정

★ ★ ★

[풀이] 손을 뜻하는 扌와 음을 나타내는 丁(정)[타는 변음]을 합쳐서 손으로 치다의 뜻.

· 打開(타개) 헤쳐 열다.
· 打擊(타격) 때리어 침. 쇼크. 손해.
· 打開策(타개책)·打球(타구)·打倒(타도)·打令(타령)·打撲(타박)·打棒(타봉)·打算(타산)·打席(타석)·打線(타선)·打數(타수)·打順(타순)·打樂器(타악기)·打率(타율)·打作(타작)

[참고]

❖ 부가의미 · 때림의 뜻도 있음.
❖ 비슷한 의미를 가진 한자 · 치다의 뜻을 가진 글자 →伐(벌).

一 丁 扌 扌 打

卓

十의6
총8획

높을 탁

★ ★ ★

[풀이] 물건을 견주어 본다는 뜻으로 가진 卜과 음을 나타내는 早(조)[탁은 변음]를 합쳐 다른 것과 견주어 보아 뛰어나다의 뜻을 나타 냄. 후에 높은 책상의 뜻으로 쓰이게 됨.

· 卓越(탁월) 월등하게 뛰어남.
· 圓卓(원탁) 둥근 탁자.
· 卓見(탁견)·卓球(탁구)·卓論(탁론)·卓立(탁립)
· 卓拔(탁발)·卓上(탁상)·卓說(탁설)·卓識(탁식)
· 卓子(탁자)·卓絶(탁절)·卓出(탁출)·食卓(식탁)

[참고]

❖ 부가의미 · ①뛰어남. ②탁자 등의 뜻도 있음.

丶 卜 占 占 卓

炭

火의5
총9획

숯 탄

★ ★ ★

[풀이] 火[불]와 음을 나타내는 屵(안)[탄은 변음]을 합쳐서 껐다가 다시 불을 피울 수 있는 것이라는 뜻. 뜬숯의 뜻으로 씀.

· 炭鑛(탄광) 석탄(石炭)을 파내는 광산.
· 木炭(목탄) 숯.
· 炭坑(탄갱)·炭末(탄말)·炭山(탄산)·炭酸(탄산)
· 炭酸瓦斯(탄산와사)·炭素(탄소)·炭水化物(탄수화물)·炭疽(탄저)·炭田(탄전)·炭質(탄질)·炭車(탄차)·炭層(탄층)·炭化(탄화)·炭火(탄화)

[참고]

❖ 부가의미 · 석탄의 뜻도 있음.

丶 山 屵 炭 炭

彈

弓의12
총15획

탄알 탄

★

[풀이] 弓[활]과 음을 나타내는 單(단)[탄은 변음]을 합쳐서 탄알을 쏘는 활, 즉 튀기는 활이라는 뜻. 튀기다의 뜻으로 널리 쓰임.

· 彈琴(탄금) 거문고·가야금 따위를 탐.
· 彈丸(탄환) 탄알. 총단·포탄의 총칭.
· 彈帶(탄대)·彈道(탄도)·彈力(탄력)·彈文(탄문)
· 彈性(탄성)·彈壓(탄압)·彈藥(탄약)·彈雨(탄우)
· 彈奏(탄주)·彈指(탄지)·彈倉(탄창)·彈片(탄편)

[참고]

❖ 부가의미 · ①튀김. 쏨. ②탐. 뚱김. ③탄핵함. 죄를 물음 등의 뜻도 있음.

弓 弜 弭 彈 彈

歎 탄식할 탄

欠의 11
총 15획

★

- 歎息(탄식) 한숨을 쉬며 한탄함.
- 感歎(감탄) 감동하여 찬탄함.
- 歎服(탄복)・歎常(탄상)・歎聲(탄성)・歎願(탄원)・
- 慨歎(개탄)・驚歎(경탄)・亡羊之歎(망양지탄)・
  悲歎(비탄)・愁歎(수탄)・哀歎(애탄)・詠歎(영탄)・
- 長歎(장탄)・讚歎(찬탄)・風樹之歎(풍수지탄)

[풀이] 크게 숨쉬다의 뜻인 欠과 음을 나타내는 菓(난)[탄은 변음]을 합쳐서 한숨쉬다의 뜻.

[참고]

❖ **부가의미**・칭찬함의 뜻도 있음.
❖ **비슷한 의미를 가진 한자**・한탄하다의 뜻을 가진 글자→嘆(탄).

一 艹 菓 歎 歎

脫 벗어날 탈

月의 7
총 11획

★

- 脫衣(탈의) 옷을 벗음.
- 脫盡(탈진) 기운이 빠져 없어짐.
- 脫却(탈각)・脫稿(탈고)・脫穀(탈곡)・脫句(탈구)・
- 脫臼(탈구)・脫黨(탈당)・脫落(탈락)・脫漏(탈루)・
- 脫毛(탈모)・脫帽(탈모)・脫文(탈문)・脫法(탈법)・
- 脫喪(탈상)・脫色(탈색)・脫線(탈선)

[풀이] 고기를 뜻하는 月과 음을 나타내는 兌(태)[탈은 변음]를 합쳐서 고기에서 뼈를 발라 내다의 뜻. 후에 벗다의 뜻으로 쓰임.

[참고]

❖ **부가의미**・①빠짐. 달아남. 빠뜨림. ②살이 내림. 야윔. ③천천함. 더딤 등의 뜻도 있음.

刀 月 肝 脫 脫

探 더듬을 탐

扌의 8
총 11획

★

- 探究(탐구) 더듬어 구함. 탐색(探索).
- 探險(탐험) 위험을 무릅쓰고 현지를 탐방함.
- 探檢(탐검)・探鑛(탐광)・探求(탐구)・探問(탐문)・
- 探訪(탐방)・探索(탐색)・探勝(탐승)・探偵(탐정)・
- 探題(탐제)・探照燈(탐조등)・探知(탐지)・窮探
  (궁탐)・內探(내탐)・密探(밀탐)・幽探(유탐)

[풀이] 扌[손]와 음을 나타내는 罙(심)[탐은 변음]를 합쳐서 손으로 더듬다의 뜻.

[참고]

❖ **부가의미**・①시험함. ②취(取)함 등의 뜻도 있음.

扌 扩 把 抨 探

塔 탑 탑

土의 10
총 13획

- 塔尖(탑첨) 탑 끝의 뾰족한 곳.
- 佛塔(불탑) 절에 세운 탑.
- 塔頭(탑두)・塔婆(탑파)・多寶塔(다보탑)・寶塔
  (보탑)・石塔(석탑)・五重塔(오중탑)

[풀이] 土[흙]와, 범어(梵語)에서 탑이라는 뜻인 Stupa(卒塔婆)의 음을 딴 글자 荅(탑)을 합쳐서 흙으로 만든 탑이라는 뜻. 높은 건물의 뜻으로 널리 쓰임.

[참고]

❖ **부가의미**・부처의 사리(舍利)를 넣어 두는 높은 건물을 가리키는 뜻도 있음.

土 圵 圠 塔 塔

★ ★ ★

大의
1
총
4획

太 클 태

一
ナ
大
太

· 太初(태초) 천지가 개벽한 처음.
· 太平(태평) 세상이 무사하고 해마다 풍년이 들며 평안(平安)함.
· 太古(태고) · 太空(태공) · 太極(태극) · 太半(태반)
· 太白(태백) · 太祖(태조) · 太宗(태종) · 明太(명태)

[풀이] 大를 二로써 표시하여 大大의 뜻으로 쓰이던 것이 지금의 모양으로 바뀌어 굵다 심하다의 뜻으로 쓰임.

❖ [참고]

※ **부가의미** · ①매우. ②처음. 기원(起源). ③높여서 부를 때 붙이는 말. ④콩 등의 뜻도 있음.
◙ **모양이 비슷한 한자** · 太(클 태) 太初(태초)
· 犬(개 견) 忠犬(충견)
· 大(큰 대) 大小(대소)

歹의
5
총
9획

殆 위태할 태

丆
歹
歹
殆
殆

· 殆半(태반) 거의 절반.
· 危殆(위태) 위험(危險)스러움.
· 困殆(곤태) · 欺殆(기태) · 百戰不殆(백전불태)

[풀이] 죽음을 뜻하는 歹과 음을 나타내는 台(태)를 합쳐서 위태하다의 뜻. 似와 통하여 거의 · 가깝다의 뜻을 나타냄.

❖ [참고]

※ **부가의미** · 걱정함의 뜻도 있음.
❖ **비슷한 의미를 가진 한자** · 위태롭다의 뜻을 가진 글자→危(위).

水의
5
총
10획

泰 클 태

三
夫
夬
泰
泰

· 泰平(태평) 몸이나 집안이 평안함.
· 泰然(태연) 기색이 아무렇지도 않은 모양.
· 泰斗(태두) · 泰山(태산) · 泰山北斗(태산북두) · 泰色(태색) · 泰西(태서) · 泰運(태운) · 安泰(안태)
· 靜泰(정태)

[풀이] 水[물]와 두 손[二]과 음을 나타내는 大(대)[태는 변음]를 합쳐서 손을 물에 적시다의 뜻. 후에 편안하다 · 안온하다의 뜻으로 씀.

❖ [참고]

※ **부가의미** · ①심함. ②편안함. ③오만함 등의 뜻도 있음.
❖ **비슷한 의미를 가진 한자** · 편안하다의 뜻을 가진 글자→安(안).

★ ★

心의
10
총
14획

態 모양 태 태도 태

厶
台
能
能
態

· 態勢(태세) 상태(狀態)와 형세(形勢).
· 狀態(상태) 현재의 모습이나 형편.
· 態度(태도) · 變態(변태) · 世態(세태) · 姿態(자태)
· 形態(형태)

[풀이] 心[마음]과 음을 나타내는 能(능)[태는 변음]을 합쳐서 여러 가지 일을 잘할 수 있는 정신적 능력의 뜻. 재능이란 뜻의 본래의 글자이나 후에 자태[모습]의 뜻으로 쓰이게 됨.

❖ [참고]

※ **부가의미** · ①몸차림. 태도. ②마음가짐. 몸가짐 등의 뜻도 있음.
◙ **모양이 비슷한 한자** · 態(모양 태) 態度(태도)
· 能(능할 능) 能力(능력)

 宀 의 3 총 6획 집 택	· 宅地(택지) 집 터. · 邸宅(저택) 왕후의 집. 구조가 큰 집. · 宅診(택진) · 家宅(가택) · 居宅(거택) · 舊宅(구택) · 歸宅(귀택) · 別宅(별택) · 舍宅(사택) · 私宅(사택) · 自宅(자택) · 住宅(주택) · 住宅難(주택난) · 主人 　宅(주인택)	宀 宀 宅 宅

풀이 宀[집]과 음을 나타내는 乇
(척)[택은 변음]을 합쳐서 몸을 의
지하는 집·가정이라는 뜻.

참고
❖ 부가의미 · 정(定)함의 뜻도 있음.

 氵 의 13 총 16획 澤 못 택	· 澤畔(택반) 못 가. · 潤澤(윤택) 윤기 있는 광택. 물건의 풍부함. · 澤雨(택우) · 光澤(광택) · 德澤(덕택) · 山澤(산택) · 色澤(색택) · 手澤(수택) · 恩澤(은택) · 惠澤(혜택) · 皇澤(황택) · 厚澤(후택)	氵 氵 澤 澤 澤

풀이 氵[물]과 음을 나타내는 睪
(택)을 합쳐서 초목이 둘레에 무성
한 습지의 뜻.

참고
❖ 부가의미 · ①광택. ②적심[潤]. 은혜 등의 뜻도 있음.

扌 의 13 총 16획 擇 가릴 택	· 擇日(택일) 좋은 날짜를 고름. · 採擇(채택) 골라서 냄. 가려서 택함. · 擇一(택일) · 擇定(택정) · 擇地(택지) · 擇材(택재) · 選擇(선택)	扌 扌 扌 擇 擇

풀이 손을 뜻하는 扌와 음을 나
타내는 睪(택)을 합쳐서 손으로 가
려내다의 뜻.

참고
❖ 부가의미 · 차별함의 뜻도 있음.

土 의 0 총 3획 土 흙 토	· 土木(토목) 흙과 나무. 토목공사. · 土沙(토사) 흙과 모래. · 土建(토건) · 土工(토공) · 土管(토관) · 土橋(토교) · 土窟(토굴) · 土器(토기) · 土囊(토낭) · 土壇(토단) · 土臺(토대) · 土幕(토막) · 土饅頭(토만두) · 土民 　(토민)	一 十 土

풀이 땅의 신(神)을 모시기 위하
여 흙을 수북히 쌓은 모양이나 땅
속에서 초목의 싹이 나와 있는 모
양을 본뜬 글자.

참고
❖ 부가의미 · ①삶. ②잼[測上深]. ③토성(土星). ④오행
　의 하나. ⑤뿌리 등의 뜻도 있음.
◎ 모양이 비슷한 한자 · 土(흙 토) 土地(토지)
　　　　　　　　　　 · 士(선비 사) 名士(명사)

儿의 6
총 8획

兎 토끼 토

- 兎月(토월) 달의 별칭.
- 玉兎(옥토) 옥토끼.
- 兎糞(토분)·兎脣(토순)·兎烏(토오)·烏兎(오토)
- 月兎(월토)·銀兎(은토)·騫兎(건토)·狡兎(교토)
- 蟾兎(섬토)·脫兎(탈토)

풀이 토끼의 모양을 본뜬 글자로 토끼를 뜻함.

참고

모양이 비슷한 한자 · 免(벗어날 면) 免疫(면역)
· 兎(토끼 토) 烏兎(오토)

★
言의 3
총 10획

討 칠 토

- 討伐(토벌) 정벌(征伐)함.
- 檢討(검토) 내용을 검사하면서 토구(討究)함.
- 討究(토구)·討論(토론)·討滅(토멸)·討索(토색)
- 討逆(토역)·討議(토의)·討賊(토적)·聲討(성토)
- 征討(정토)·追討(추토)

풀이 言[말]과 음을 나타내는 肘의 생략형인 寸(주)[토는 변음]를 합쳐서 말로 추구한다는 뜻. 널리 타박하다·치다의 뜻으로. 씀.

참고

부가의미 · ①벰. ②꾸짖음. ③다스림. ④더듬음. 구함. ⑤찾음 등의 뜻도 있음.

★ ★ ★
辶의 7
총 11획

通 통할 통

- 通過(통과) 통하여 지나가거나 옴.
- 通常(통상) 보통. 특별한 것이 없음.
- 通家(통가)·通姦(통간)·通鑑(통감)·通經(통경)
- 通計(통계)·通考(통고)·通告(통고)·通譯(통역)
- 交通(교통)·流通(유통)

풀이 辶[길]과 음을 나타내는 甬(용·통)을 합쳐서 똑바로 나 있는 길의 뜻. 후에 다니다의 뜻으로 씀.

참고

비슷한 의미를 가진 한자 · 통하다의 뜻을 가진 글자 通(통)은 거침 없이 통함. 亨(형)은 일이 순조롭게 됨. 透(투)는 트여 보이게 뚫고 나감. 또는 스며듦. 徹(철) 은 명확하게 꿰뚫고 나감.

★
广의 7
총 12획

痛 아플 통

- 痛症(통증) 아픈 증세(症勢).
- 鎭痛(진통) 아픈 것을 진정시킴.
- 痛覺(통각)·痛感(통감)·痛擊(통격)·痛苦(통고)
- 痛古斯族(통고사족)·痛過貿易(통과무역)·痛哭(통곡)·痛悼(통도)·痛烈(통렬)·痛論(통론)·痛罵(통매)·痛憤(통분)

풀이 몸의 이상(異常)[广]과 음을 나타내는 甬(용)[통은 변음]을 합하여 바늘로 찌르는 듯한 아픔이라는 뜻. 널리 아파하다의 뜻으로 씀.

참고

부가의미 · ①마음 아파함. ②번민함. ③아프게 함. ④ 상함. 다침. ⑤슬퍼함. ⑥원망함. ⑦몹시. 대단히. ⑧병(病) 등의 뜻도 있음.

刀
召
乷
兎
兎

、
丶
言
討
討

一
乛
甬
通
通

广
疒
疒
痛
痛

統 거느릴 통

系의 6 총 12획

풀이 系[실]와 음을 나타내는 充(충)[통은 변음]을 합하여 고치의 실끝을 뜻함. 널리 통솔하다의 뜻으로 쓰임.

- 統一(통일) 여럿을 모아서 계통이 선 하나로 만듦.
- 大統領(대통령) ①두목. ②공화국(共和國)의 원수(元首).
- 統監(통감)·統計(통계)·統計學(통계학)·統管(통관)·統括(통괄)·統率(통솔)·統帥(통수)·統帥權(통수권)·統御(통어)

참고

❀ **부가의미**·①법. 강기(綱紀). ②이음. 계통. ③실마리. 단서. ④근본(根柢). ⑤합침. ⑥모두. 전체 등의 뜻도 있음.

❌ **반대되는 한자**·統(합칠 통)↔分(나눌 분)

幺 系 紅 紀 統

退 물러날 퇴

辶의 6 총 10획

풀이 日[해]과 나아가다의 뜻인 夊과 음을 나타내는 辶(착)[퇴는 변음]을 합쳐서 해가 떨어지다의 뜻. 후에 물러나다의 뜻으로 씀.

- 退去(퇴거) 물러감.
- 後退(후퇴) 뒤로 물러남.
- 退却(퇴각)·退官(퇴관)·退校(퇴교)·退屈(퇴굴)·退妓(퇴기)·退路(퇴로)·退步(퇴보)·退社(퇴사)·退散(퇴산)·退色(퇴색)·退席(퇴석)·退身(퇴신)·退役(퇴역)·退院(퇴원)

참고

❀ **부가의미**·①물리침. ②뒤로 물러나게 함. ③자리·지위를 낮춤. ④멀리함. ⑤되물리침. ⑥겸양함 등의 뜻도 있음.

❌ **반대되는 한자**·退(물러날 퇴)↔進(나아갈 진)

フ ㄹ 艮 退 退

投 던질 투

扌의 4 총 7획

풀이 손을 뜻하는 扌와 음을 나타내는 殳(수)[투는 변음]를 합쳐서 손으로 물건을 던지다의 뜻.

- 投宿(투숙) 머무름. 여관에서 잠.
- 投降(투항) 적에게 가서 항복함.
- 投稿(투고)·投球(투구)·投棄(투기)·投機(투기)·投書(투서)·投身(투신)·投資(투자)·投票(투표)

참고

❀ **부가의미**·①버림. ②줌. 보냄. ③의탁함. ④묵음. ⑤틈을 탐. ⑥맞음 등의 뜻도 있음.

丁 扌 扒 投 投

鬪 싸움 투

鬥의 10 총 20획

풀이 鬥[싸우다]와 음을 나타내는 尌(착)[투는 변음]의 변형인 鬭를 합쳐 싸움에서 서로 치다의 뜻. 널리 싸우다의 뜻으로 쓰임.

- 鬪志(투지) 싸우고자 하는 의지. 투쟁심.
- 奮鬪(분투) 힘을 다하여 싸움.
- 鬪犬(투견)·鬪鷄(투계)·鬪技(투기)·鬪病(투병)·鬪士(투사)·鬪魚(투어)·鬪牛(투우)·鬪爭(투쟁)·鬪魂(투혼)·健鬪(건투)·格鬪(격투)·決鬪(결투)·私鬪(사투)

참고

❀ **부가의미**·싸우게 함의 뜻도 있음.

❖ **비슷한 의미를 가진 한자**·싸우다의 뜻을 가진 글자
→戰(전).

鬥 鬥 鬬 鬪 鬪

特 우뚝할 특

牛의 6 총 10획

★★★

- 特別(특별) 보통보다 다름.
- 英特(영특) 걸출함.
- 特價(특가)·特減(특감)·特講(특강)·特攻隊(특공대)·特權(특권)·特勤(특근)·特急(특급)·特級(특급)·特技(특기)·特記(특기)·特大(특대)

[풀이] 牛[소]와 음을 나타내는 寺(사)[특은 변음]를 합쳐서 수소를 뜻. 후에 음을 빌어 혼자[獨]의 뜻으로 씀.

참고
※ 부가의미 · ①특히. ②뛰어남. 두드러짐. 그것뿐이며 딴 것은 없음. 우뚝함. ③수컷. 수소. ④한마리의 짐승. ⑤짝[匹]. ⑥세 살 먹은 짐승 등의 뜻도 있음.
◑ 모양이 비슷한 한자 · 特(유다를 특) 特別(특별)
· 持(가질 지) 持論(지론)

ノ 牛 牜 特 特 特

波 물결 파

氵의 5 총 8획

★★

- 波動(파동) 어떤 행동이나 감정이 물결처럼 움직여 퍼짐.
- 波文·波紋(파문) 수면에 이는 잔물결.
- 波羅門(바라문)·波及(파급)·波濤(파도)·波頭(파두)·波瀾(파란)·波瀾萬丈(파란만장)

[풀이] 氵[물]과 음을 나타내는 皮(피)[파는 변음]를 합쳐서 물이 높아 지고 낮아짐을 뜻함. 널리 파도의 뜻으로 쓰임.

참고
❖ 비슷한 의미를 가진 한자 · 물결의 뜻을 가진 글자 波는 물결의 총칭으로 쓰임. 浪은 작은 물결. 濤는 큰 물결. 瀾은 몹시 거센 물결.
◑ 모양이 비슷한 한자 · 波(물결 파) 波動(파동)
· 破(깨질 파) 破損(파손)

氵 氵 汃 沪 波 波

派 갈라질 파

氵의 6 총 9획

★

- 派閥(파벌) 한 파에서 갈린 가벌(家閥)이나 지벌(地閥).
- 派生(파생) 주체로부터 갈려 나와 생김.
- 派遣(파견)·派兵(파병)·派爭(파쟁)·派出(파출)·派出婦(파출부)·派出所(파출소)·派手(파수)·黨派(당파)·末派(말파)·別派(별파)

[풀이] 氵[강]과 지류(支流)가 갈라져 나간 모양을 한 辰(파)로 이루어짐. 辰(파)는 음도 나타냄. 널리 갈라지다의 뜻으로 쓰임.

참고
※ 부가의미 · ①갈라져 나옴. ②보냄 등의 뜻도 있음.
◈ 잘못읽기 쉬운 한자 · 派遣 파견 (파유로 읽지 말 것)

氵 氵 汓 沠 沠 派

破 깨질 파

石의 5 총 10획

★★

- 破壞(파괴) 때려부수거나 헐어버림.
- 破局(파국) 판국(版局)이 결단남. 또 그 판국.
- 破却(파각)·破格(파격)·破鏡(파경)·破戒(파계)·破門(파문)·破産(파산)·破字(파자)·破紙(파지)·破片(파편)·破婚(파혼)·看破(간파)·難破(난파)·大破(대파)·讀破(독파)·半破(반파)·發破(발파)

[풀이] 石[돌]과 음을 나타내는 皮(피)[파는 변음]를 합하여 돌이 부서짐을 뜻함. 널리 사물이 깨지다·찢어지다의 뜻으로 쓰임.

참고
※ 부가의미 · ①다함. 남김 없이 마침. ②가름. 쪼갬. ③나눔. 분석함. ④갈라짐. ⑤흩뜨림. 재물을 모두 없앰.
◈ 잘못읽기 쉬운 한자 · 破綻 파탄 (파정으로 읽지 말 것)

厂 石 石 矿 破

判 (가를 판)

刂의 5 총7획	★

판순: ⼁ ⼃ 半 判

풀이 칼을 뜻하는 刂에 음인 半(반)[판은 변음]을 합쳐서 만든 글자로서 칼로 잘라 나눈다는 뜻을 나타냄. 결말을 지음·판가름 냄을 뜻함.

- 判斷(판단) 사물의 진위·선악 등을 정함.
- 判別(판별) 가름. 판단하여 구별함.
- 判檢事(판검사)·判決(판결)·判決文(판결문)·判決猶豫(판결유예)·判官(판관)·判斷力(판단력)
- 判讀(판독)·判例(판례)·判定(판정)·審判(심판)
- 裁判(재판)

참고
❖ **부가의미** · 옳고 그름을 가림. 판단의 뜻도 있음.
❖ **비슷한 의미를 가진 한자** · 가르다의 뜻을 가진 글자 →分(분).

板 (널조각 판)

木의 4 총8획	★ ★ ★

판순: ⼀ ⼗ 木 杤 杤 板

풀이 木과 음을 나타내는 反(반)[판은 변음]을 합쳐서 넓적한 나무란 뜻.

- 板書(판서) 칠판에 글씨를 씀.
- 黑板(흑판) 칠판.
- 板木(판목)·板本(판본)·板染(판염)·板屋(판옥)
- 板子(판자)·板場(판장)·板材(판재)·板紙(판지)
- 板垣(판원)

참고
❖ **부가의미** · ①널리 넓적한 것을 일컬음. ②변화가 없음. ③나무 패 등의 뜻도 있음.

版 (조각 판)

片의 4 총8획	

판순: ⼃ ⼂ 片 片 版

풀이 나무 조각을 뜻하는 片과 음을 나타내는 反(반)[판은 변음]을 합쳐서 둘로 쪼갠 나무 판자를 뜻함.

- 出版(출판) 서적 등을 발행함.
- 版局(판국)·版權(판권)·版圖(판도)·版本(판본)
- 版籍(판적)·版行(판행)·版畵(판화)·版元(판원)
- 木版(목판)·再版(재판)·製版(제판)·活 (활판)

참고
❖ **부가의미** · ①담틀. ②명부. 호적부. ③국경. ④홀(笏). ⑤여덟자. ⑥인쇄판 등의 뜻도 있음.

八 (여덟 팔)

八의 0 총2획	★ ★ ★

판순: ⼃ 八

풀이 옛적에 엄지 손가락과 새끼 손가락을 내밀어 여덟이라는 수를 표시하였던 것을 본떠 만든 글자.

- 八字(팔자) 사람의 한평생의 운수.
- 八道(팔도) 조선조시대의 행정구역. 곧 경기·충청·경상·전라·강원·황해·평안·함경의 각도.
- 八家文(팔가문)·八景(팔경)·八苦(팔고)·八卦(팔괘)·八紘(팔굉)·八區(팔구)·八難(팔난)

참고
◫ **모양이 비슷한 한자** · 八(여덟 팔) 八道(팔도)
· 人(사람 인) 人口(인구)
· 入(들 입) 入口(입구)

敗 패할 패

攵의 7
총 11획

★★★

부수: 目 貝 貝 敗

풀이 치다의 뜻인 攵과 음을 나타내는 貝(패)를 합쳐서 쳐부수다의 뜻. 널리 지다·지우다의 뜻으로 쓰임.

- 敗北(패배) 싸움에서 짐. 져서 도망감.
- 慘敗(참패) 참혹하게 패함.
- 敗家(패가)·敗局(패국)·敗軍(패군)·敗衄(패뉵)
- 敗洞(패동)·敗亡(패망)·敗滅(패멸)·敗報(패보)
- 敗死(패사)·敗勢(패세)·敗訴(패소)·敗衰(패쇠)
- 敗屋(패옥)·敗運(패운)·敗因(패인)·敗者(패자)

참고

❖ 부가의미 ·재난의 뜻도 있음.

❖ 비슷한 의미를 가진 한자 ·깨다의 뜻을 가진 글자
→破(파).

❖ 잘못읽기 쉬운 한자 ·敗北 패배 (패북으로 읽지 말 것)

片 조각 편

片의 0
총 4획

부수: 丿 丿 片

풀이 木[나무]을 둘로 나눈 오른쪽 절반으로, 나무 조각을 뜻함. 부수로서는 나무 패나 널빤지 에 관한 뜻을 나타냄.

- 片鱗(편린) 한 조각의 비늘. 곧 사물의 극히 작은 부분.
- 破片(파편) 깨어진 조각.
- 片道(편도)·片面(편면)·片貿易(편무역)·片帆(편범)·片手(편수)·片時(편시)·片言(편언)·片言隻語(편언척어)

참고

❖ 부가의미 ·①쪼갬. ②화판(花瓣). ③성(姓)의 하나 등의 뜻도 있음.

便 편할 편 / 소변 변

亻의 7
총 9획

★★★

부수: 亻 仁 仃 佰 便

풀이 사람을 뜻하는 亻과 음을 가리키는 更(경)[편·변은 변음]을 합쳐 하인(下人)이란 뜻을 나타냄. 지금은 형편이 좋다는 뜻으로 쓰고 있음.

- 便所(변소) 대소변을 보는 곳.
- 便利(편리) 편하고 쉬움.
- 便巧(편교)·便口(편구)·便器(변기)·便秘(변비)
- 便通(변통)·便血(변혈)·便佞(편녕)·便覽(편람)

참고

❖ 부가의미 ·①순서. 좋은 기회. ②소식. ③곧. ④말을 잘함. ⑤부드러움. ⑥겉으로 얌전한 체함. ⑦오줌. 똥 등의 뜻도 있음.

篇 책 편

竹의 9
총 15획

★

부수: 𥫗 𥫗 𥬥 𥬥 篇

풀이 竹(대나무 죽)에 扁(한편 편)을 합한 글자. 대나무 조각으로 엮은 책을 뜻한 것.

- 篇首(편수) 책의 첫머리.
- 玉篇(옥편) 한자를 모아 뜻을 풀어 놓은 책. 자전(字典).
- 短篇(단편)·詩篇(시편)·長篇(장편)·全篇(전편)
- 前篇(전편)·中篇(중편)·下篇(하편)·後篇(후편)
- 上下篇(상하편)·千篇一律(천편일률)

참고

❖ 부가의미 ·①편. ②서책의 부류(部類). ③완결된 사장(詞章) 등의 뜻도 있음.

平

干의
2
총5획

평탄할 평

★ ★ ★

(풀이) 물에 떠서 넓게 퍼져 있는 물풀의 모양을 본뜸. 개구리밥이라는 뜻. 고르게 떠 있는 모양에서 평평하다의 뜻으로 쓰임.

· 平原(평원) 평평한 들.
· 公平(공평) ①한 편으로 치우치지 아니함. ②공정(公正)함.
· 平家(평가)·平價(평가)·平居(평거)·平高臺(평고대)·平交(평교)·平均(평균)·平氣(평기)·平吉(평길)·平坦(평탄)·平平(평평)·平行(평행)

(참고)

❀ 부가의미 ·①바름. 반듯함. 고름[均等]. ②화함. 화친함. ③다스림. ④쉬움. 보통의. ⑤사성(四聲) 중의 하나. ⑥편편함 등의 뜻도 있음.

一 丁 亓 平 平

評

言의
5
총12획

품평할 평

★

(풀이) 言[말]과 공평하다의 뜻인 平을 합쳐서 공평한 말이라는 뜻.

· 評價(평가) ①물품의 가치·가격을 평정함. ②선악·미추 등의 가치를 논정(論定)함.
· 評論(평론) 사물의 가치·선악 등을 비평하여 논함. 또 그 글.
· 評決(평결)·評釋(평석)·評語(평어)·評判(평판)
· 批評(비평)·定評(정평)·品評(품평)

(참고)

❀ 부가의미 ·①헤아림. ②고침 등의 뜻도 있음.

丶 亠 言 言 評 評

肺

月의
4
총8획

부아 폐

(풀이) 살을 뜻하는 月과 음을 나타내는 市(패)[폐는 변음. 市(시)와는 다름]를 합쳐서 허파의 뜻.

· 肺結核(폐결핵) 결핵균(結核菌)의 침입으로 일어나는 폐장(肺臟)의 질환(疾患).
· 肺炎(폐렴) 세균의 침입으로 일어나는 폐(肺)의 염증(炎症).
· 肺肝(폐간)·肺門(폐문)·肺病(폐병)·肺腑(폐부)
· 肺癌(폐암)·肺葉(폐엽)·肺臟(폐장)

(참고)

❀ 부가의미 ·①친함. ②마음 속. ③성함 등의 뜻도 있음.

丿 刀 月 肝 肺

閉

門의
3
총11획

닫을 폐

★

(풀이) 門과 닫다의 뜻인 才를 합하여 문을 닫고 출입을 막다의 뜻.

· 閉講(폐강) 하던 강의를 폐지함.
· 閉校(폐교) 학교를 폐쇄(閉鎖)함.
· 閉居(폐거)·閉管(폐관)·閉口(폐구)·閉氣(폐기)
· 閉幕(폐막)·閉門(폐문)·閉塞(폐색)·閉鎖(폐쇄)
· 閉市(폐시)·閉場(폐장)·閉店(폐점)·閉廷(폐정)
· 閉會(폐회)·開閉(개폐)·密閉(밀폐)·幽閉(유폐)

(참고)

❀ 부가의미 ·①덮음. 가림. ②자물쇠. ③입추(立秋). 입동(立冬). ④막음. ⑤감춤 등의 뜻도 있음.

◩ 반대되는 한자 ·閉(닫을 폐)↔開(열 개)

冂 冖 門 閂 閉 閉

弊

의12 총15획

해질 폐

풀이 樊의 犬을 廾으로 잘못 쓴 글자로서 개를 뜻하는 犬과 음을 나타내는 敝를 합쳐서 개가 지쳐 쓰러지다의 뜻. 후에 개라는 뜻이 빠지고 敝의 음인 찢어지다의 뜻만 남게 됨.

· 弊社(폐사) 자기 회사를 낮추어 일컫는 말.
· 弊習(폐습) 나쁜 습관. 나쁜 풍습. 폐풍(弊風).
· 弊端(폐단) · 弊履(폐리) · 弊屋(폐옥) · 弊害(폐해)
· 疲弊(피폐)

참고
❖ 비슷한 의미를 가진 한자 · 찢다의 뜻을 가진 글자 →破(파).
　· 弊(폐백 폐) 弊端(폐단)
　· 幣(폐단 폐) 幣物(폐물)

〰 〰 〰 敝 幣

巾의2 총5획 ★★

布

베 포

풀이 천이라는 뜻인 巾과 음을 나타내는 𠂇(부)[또는 변음]를 합쳐서 방망이질하여 부드럽게한 삼베라는 뜻. 널리 천의 뜻으로 쓰임.

· 布巾(포건) 머리에 쓰는 베로 만든 건(巾)
· 布告(포고) 일반 사람에게 고시(告示)하여 널리 알림. 국가의 결정적 의사를 공식으로 일반에게 알리는 것.
· 布敎(포교) · 布袋(포대) · 布木(포목) · 布衣(포의)
· 毛布(모포) · 宣布(선포) · 流布(유포)

참고
❖ 부가의미 · ①벌림. ②널리 퍼짐. ③베풂. ④돈 등의 뜻도 있음.

ノ ナ 𣎴 右 布

勹의3 총5획 ★★

包

쌀 포

풀이 몸을 구부리고 있는 모양인 勹와 뱃속의 아기를 뜻하는 巳를 합쳐 사람이 뱃속에 아기를 품고 있다는 뜻을 나타냄. 나중에 싸다의 뜻으로 바뀜.

· 包攝(포섭) 상대를 허용하여 받아들이거나 포괄하여 가담시킴.
· 包容(포용) ①싸서 넣음. ②마음씨가 너그러워 남의 잘못을 허용하고 이해하여 감싸 줌.
· 包莖(포경) · 包括(포괄) · 包袋(포대) · 包帶(포대)
· 包帛(포백) · 布石(포석) · 布施(포시) · 包演(포연)

참고
❖ 부가의미 · 용납함의 뜻도 있음.
❖ 비슷한 의미를 가진 한자 · 겸하다의 뜻을 가진 글자 →兼(겸).

ノ 勹 勽 包

月의5 총9획 ★

胞

태보 포

풀이 살을 뜻하는 月과 음을 나타내는 包(포)를 합쳐서 태아(胎兒)를 싸는 것이란 뜻.

· 胞衣(포의) 태막(胎膜)과 태반(胎盤).
· 同胞(동포) 형제자매. 같은 겨레.
· 胞宮(포궁) · 胞子(포자) · 胞胎(포태) · 僑胞(교포)
· 細胞(세포)

참고
❖ 부가의미 · 한 배. 동포(同胞)의 뜻도 있음.

） 刀 月 肕 胕 胞

| 氵의7
총10획 | 浦 개 포 | · 浦口(포구) 배가 드나드는 개의 어귀.
· 曲浦(곡포) 꼬불꼬불한 갯벌.
· 浦灣(포만) · 極浦(극포) · 麻浦(마포) · 木浦(목포)
· 永燈浦(영등포) · 合浦(합포) | 氵
氵
沪
浦
浦 |

풀이 氵(물)과 음을 나타내는 甫 (보)[포는 변음]를 합쳐서 물가에 잇닿은 곳을 뜻함.

참고

❖ **부가의미** · 바닷가. 해변. 강가. 호수가의 뜻도 있음.

| 石의5
총10획 | ★ ★
砲 돌쇠뇌 포
대포 포 | · 砲彈(포탄) 대포의 탄알.
· 砲塔(포탑) 군함(軍艦)이나 요새(要塞)에서 대포 · 포가 · 포원(砲員)을 방호(防護)하기 위해 두터운 강철로 둘러싼 장치.
· 砲擊(포격) · 砲口(포구) · 砲臺(포대) · 砲門(포문)
· 砲兵(포병) · 砲聲(포성) · 砲手(포수) · 砲術(포술) | 厂
石
矴
砲
砲 |

풀이 石[돌]과 음을 나타내는 包 (포)를 합하여 돌을 멀리 튀기어 날리는 기계를 뜻함.

참고

❖ **부가의미** · ①대포 포탄을 내쏘는 화기. ②돌 튀기는 화살 등의 뜻도 있음.

| 日의11
총15획 | ★ ★
暴 사나울 포
드러낼 폭 | · 暴漢(폭한) 함부로 난폭한 짓을 하는 사람. 난폭자 (亂暴者).
· 暴行(폭행) 난폭한 행동. 폭력을 남에게 가함.
· 暴惡(포악) · 暴擧(폭거) · 暴君(폭군) · 暴徒(폭도)
· 暴動(폭동) · 暴落(폭락) · 暴露(폭로) · 暴利(폭리)
· 暴發(폭발) · 暴雪(폭설) · 暴言(폭언) · 暴炎(폭염) | 口
旱
昦
暴
暴 |

풀이 米[쌀]와 음을 나타내는 㬥 (폭)을 합쳐서 쌀을 햇빛에 바래다 의 뜻. 널리 난폭하게 굴다 · 해치 다 · 드러내다의 뜻으로 쓰임.

참고

❖ **부가의미** · ①소란을 피우는 사람. ②빠름. 심함. ③손으로 침. ④갑자기. 금방. ⑤햇빛에 바램. ⑥말림. ⑦비를 맞게 함. ⑧알려짐 등의 뜻도 있음.

| 火의15
총19획 | ★
 터질 폭 | · 爆音(폭음) ①폭발하는 소리. ②비행기가 비행할 때 내는 소리.
· 爆竹(폭죽) 가느다란 대통에 불을 지르거나 그 속에 화약을 다져 넣어 터뜨려서 소리가 나게 하는 물건.
· 爆擊(폭격) · 爆雷(폭뢰) · 爆發(폭발) · 爆死(폭사)
· 爆笑(폭소) · 爆藥(폭약) · 爆枕(폭침) · 爆彈(폭탄) | 炉
焊
煜
爆
爆 |

풀이 火[불]과 음을 나타내는 暴 (폭)을 합쳐서 불로 인하여 물건이 터지다라는 뜻.

참고

❖ **부가의미** · 불로 지짐의 뜻도 있음.

表 겉 표

衣의 3 총8획 ★★★

[풀이] 옷을 뜻하는 衣와 음을 나타내는 毛(모)[표는 변음]를 합친 것이 변한 글자. 옷의 거죽이라는 뜻. 널리 거죽·겉의 뜻으로 씀.

- 表決(표결) 의안(議案)에 대한 가부(可否)의 의사를 표시하여 결단함.
- 表具(표구) 병풍·족자 등을 꾸미는 일.
- 表記(표기)·表裏(표리)·表面(표면)·表面張力 (표면장력)·表明(표명)·表白(표백)·表象(표상)
- 表示(표시)·表音文字(표음문자)

[참고]

❖ **부가의미** ·①웃옷[上衣]. ②나타냄. ③밝음. ④본보기. ⑤정문을 세움. ⑥사물을 한 눈에 알아볼 수 있게 만든 그림. ⑦천자에게 바치는 문서 등의 뜻도 있음.

十 圭 声 耒 表

票 쪽지 표

示의 6 총11획 ★★

[풀이] 불을 뜻하는 火[示는 잘못 씌여진 것]와 음을 나타내는 西(몹의 변형)를 합하여 불티가 날다의 뜻. 후에 표·쪽지의 뜻으로 쓰임.

- 票決(표결) 투표(投票)를 하여 그 결과로써 결정을 지음.
- 計票(계표) 표를 정리하여 수를 헤아림.
- 開票(개표)·記標(기표)·得票(득표)·賣票(매표)
- 白票(백표)·散票(산표)·手票(수표)·傳票(전표)
- 坐席票(좌석표)·投票(투표)

[참고]

❖ **부가의미** ·①홀쩍 낢. 가볍게 낢. ②표. 문서. 어음. 수표. ③날램[疾] 등의 뜻도 있음.

一 一 西 覀 票 票

標 표할 표

木의 11 총15획 ★

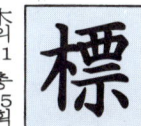

[풀이] 木[나무]과 음을 나타내는 票(표)를 합쳐서 나뭇가지 끝을 뜻함. 후에 널리 표적의 뜻으로 씀.

- 標高(표고) 바다의 수준면(水準面)에서 지표(地表)의 어느 지점에 이르는 수직 거리. 해발(海拔).
- 標記(표기) ①무슨 표로 기록함. ②표가 되는 기록이나 부호.
- 標燈(표등)·標榜(표방)·標本(표본)·標示(표시)
- 標語(표어)·標的(표적)·標題(표제)·標主(표주)

[참고]

❖ **비슷한 의미를 가진 한자** ·표적의 뜻을 가진 글자 →印(인).

木 朽 栖 標 標

品 가지 품

口의 6 총9획 ★★★

[풀이] 입을 뜻하는 口 셋은 많은 사람이 지껄임을 나타냄. 후에 많은 물건이라는 뜻으로 바뀜.

- 品格(품격) ①사람된 자질과 타고난 성질. 인격(人格). ②물품의 성질.
- 品階(품계) 벼슬아치의 직품(職品)과 관계(官階). 품질(品秩).
- 品貴(품귀)·品目(품목)·品性(품성)·品位(품위)
- 品質(품질)·品行(품행)·金品(금품)·物品(물품)

[참고]

❖ **부가의미** ·①가지. 종류. 온갖. 뭇. ②성질. 품수(品數). ③가지런히 함. ④벼슬 자리 등의 뜻도 있음.

丨 口 口 口 品 品

風 바람 풍

風의 0
총 9획

★ ★ ★

풀이 첫째는 봉황(鳳凰)의 모양과 음을 나타내는 凡(범)[풍은 변음]으로 이루어짐. 둘째는 鳥(새)와 음을 나타내는 凡으로 이루어짐. 셋째는 뜻을 나타내는 虫과 음을 나타내는 几으로 이루어짐. 원뜻은 봉황(鳳凰).

- 風格(풍격) 인품. 고상한 인격. 풍채(風采)와 품격(品格).
- 風景(풍경) ①경치. 풍광(風光). ②모습. 상태.
- 風光(풍광) · 風聞(풍문) · 風物(풍물) · 風味(풍미)
- 風霜(풍상) · 風雪(풍설) · 風速(풍속) · 風習(풍습)
- 風波(풍파) · 風向(풍향) · 家風(가풍) · 强風(강풍)

참고

❖ 부가의미 · ①빠름. ②흘음. ③위엄. ④기세. ⑤모습. ⑥경치. ⑦풍속. ⑧가르침. ⑨노래. ⑩감기. 고뿔. ⑪흘레함[交尾] 등의 뜻도 있음.

❖ 잘못읽기 쉬운 한자 · 風靡 풍미 (풍비로 읽지 말 것)

세로획: ノ 几 凡 凨 風 風

楓 단풍나무 풍

木의 9
총 13획

풀이 木[나무]과 음을 나타내는 風(풍)을 합쳐서 단풍나무를 뜻함.

- 楓樂(풍악) 가을의 금강산(金剛山)의 별명. 풍악산 (楓嶽山).
- 楓葉(풍엽) 단풍나무의 잎.
- 楓錦(풍금) · 楓林(풍림) · 江楓(강풍) · 丹楓(단풍)
- 霜楓(상풍)

참고

❖ 부수풀이 · 木(나무 목): 땅에 뿌리(八)를 내리고 뻗어 자라나는 (屮= 싹날 철) 나무 모양을 본뜬 자.

세로획: 木 术 朽 枫 楓

豐 풍부할 풍

豆의 11
총 18획

★ ★

풀이 豆[발과 뚜껑이 있는 그릇]와 음을 나타내는 丰丰(봉)[풍은 변음]을 합쳐서 그릇에 먹을 것이 수북히 담겨 있음을 뜻함. 널리 풍부하다의 뜻으로 씀.

- 豐年(풍년) 농작물(農作物)이 잘 되어 수확(收穫)이 많은 해.
- 豐富(풍부) 모든 것이 풍족하게 많음.
- 豐登(풍등) · 豐麗(풍려) · 豐滿(풍만) · 豐盛(풍성)
- 豐熟(풍숙) · 豐艶(풍염) · 豐沃(풍옥) · 豐饒(풍요)
- 豐潤(풍윤) · 豐作(풍작) · 豐頰(풍협)

참고

❖ 부가의미 · ①왕성함. ②두터움. ③괘 이름[卦名]. ④잔대. 술잔을 받는 그릇. 제기(祭器)의 한 가지 등의 뜻도 있음.

세로획: 丰 丰 豐 豐 豐

皮 가죽 피

皮의 0
총 5획

풀이 손[手]과 짐승(獸)을 합하여 손으로 짐승의 가죽을 벗기다 · 벗긴 털가죽을 뜻함. 부수의 皮는 피부(살갗)에 관한 뜻을 나타냄.

- 皮具(피구) 가죽으로 만든 도구.
- 皮帶(피대) 두 개의 기계 바퀴에 걸어 동력을 전하는 띠 모양의 물건. 벨트.
- 皮下(피하) · 去皮(거피) · 內皮(내피) · 面皮(면피)
- 毛皮(모피) · 木皮(목피) · 樹皮(수피) · 羊皮(양피)
- 外皮(외피) · 牛皮(우피) · 脫皮(탈피) · 表皮(표피)

참고

❖ 비슷한 의미를 가진 한자 · 가죽의 뜻을 가진 글자 皮(피)는 털이 있는 가죽. 革(혁)은 털을 뽑은 가죽. 韋(위)는 革(혁)을 부드럽게 무두질한 가죽.

세로획: ノ 厂 广 皮 皮

彳의5 총8획	**彼** 저 피	· 彼我(피아) 그와 나. 타인과 자기. 자타(自他). · 彼岸(피안) ①저쪽 언덕. ②<佛>이승의 번뇌(煩惱)를 벗고 열반(涅槃)의 세계에 도달함. 또는 그 경지. · 彼此(피차) · 彼處(피처) · 於此彼(어차피) · 此日彼日(차일피일)

풀이 길을 뜻하는 彳과 음을 나타내는 皮(피)를 합쳐서 갈림길이라는 뜻. 빗나가서 멀어지다의 뜻에서 널리 먼곳에 있는 물건이나 사람을 가리킴.

참고

❊ **부가의미** · 저곳. 저쪽의 뜻도 있음.
▨ **반대되는 한자** · 彼(저 피)↔此(이 차)

彳
彳
衤
衤
彼

广의5 총10획	★ **疲** 피곤할 피	· 疲困(피곤) 피로하여 괴로워함. 몸이 지치어 고달픔. · 疲勞(피로) 지침. 지쳐서 몸이 나른함. 피곤(疲困). · 疲倦(피권) · 避病(피병) · 疲弊(피폐)

풀이 병[疒]과 음을 나타내는 皮(피)를 합하여 앓아 지침을 뜻함.

참고

❊ **부가의미** · ①돈이나 재물이 떨어져 고생함. ②고달프게 함. ③느른함. 나른함. ④여윔 등의 뜻도 있음.

广
广
疒
疲
疲

衣의5 총10획	**被** 입을 피	· 被檢(피검) 검거됨. 검사를 받음. · 被擊(피격) 습격을 받음. 사격을 받음. · 被告(피고) · 被告人(피고인) · 被動(피동) · 被命(피명) · 被服(피복) · 被寫體(피사체) · 被選擧權(피선거권) · 被選擧人(피선거인) · 被訴(피소) · 被襲(피습) · 被乘數(피승수)

풀이 衣[옷]와 음을 나타내는 皮(피)를 합하여 가리다[蔽]의 뜻을 나타냄. 널리 잘 때 뒤집어쓰는 옷 · 뒤집어쓰다 · 입다의 뜻으로 쓰임.

참고

❊ **부가의미** · ①입음. 옷을 입음. ②받음. 은혜 등을 입음. ③손해를 봄. 부상. ④겉. 거죽. ⑤덮임. 씌움. 더함. ⑥짐. 등에 짐. 어깨에 멤 등의 뜻도 있음.

丶
衤
衤
被
被

辶의13 총17획	★ **避** 피할 피	· 避難(피난) 재난(災難)을 피해 안전한 곳으로 옮김. · 避暑(피서) 더위를 피함. 더위를 피하기 위해 시원한 지방에 감. · 避亂(피란) · 避雷針(피뢰침) · 避身(피신) · 避妊(피임) · 避寒(피한) · 避禍(피화) · 忌避(기피) · 逃避(도피) · 回避(회피)

풀이 길을 가다의 뜻인 辶과 음을 나타내는 辟(벽)[피는 변음]을 합쳐서 한쪽으로 비켜서 가다의 뜻. 널리 피하다의 뜻으로 씀.

참고

❊ **부가의미** · ①숨음. ②어김. ③싫어함 등의 뜻도 있음.

コ
居
辟
辟
避

必 (반드시 필)

心의 1
부 5획
총 5획

반드시 필

[풀이] 무기의 손잡이로 쓰는 나무가 부러지지 않도록 끈을 감은 모양을 본뜸. 柲의 본디 글자임. 나무 막대에 끈을 꼭 죄어서 감다의 뜻에서 반드시의 뜻으로 쓰이게 됨.

· 必讀(필독) 반드시 읽어야 함. 읽을 만한 가치가 있음.
· 必罰(필벌) 죄 있는 자는 반드시 벌을 받음.
· 必須(필수) · 必需(필수) · 必需品(필수품) · 必勝(필승) · 必然(필연) · 必然性(필연성) · 必要(필요)
· 必定(필정) · 必至(필지)

[참고]
❖ 부가의미 · ①꼭 해치움. 굳게 기대함. ②끝까지 함. 완수함. ③반드시 …라고는. 반드시 …은 아님. ④필시 등의 뜻도 있음.

> ノ ソ 义 必 必

畢 (마칠 필)

田의 6
부 11획
총 11획

畢

마칠 필

[풀이] 짐승을 잡는 그물을 뜻하는 䍇과 음을 나타내는 由(불)[필은 변음]의 변형인 田을 합쳐서 자루가 달린 그물의 뜻. 음을 빌어 남김 없이 · 모두의 뜻으로 씀.

· 畢竟(필경) 마침내. 결국에는. 구경(究竟).
· 畢納(필납) 납세나 납품 같은 것을 끝마침.
· 畢杯(필배) · 畢生(필생) · 簡畢(간필) · 了畢(요필)
· 佔畢(점필) · 終畢(종필)

[참고]
❖ 부가의미 · ①드디어. ②토끼 그물. ③고기를 꿰는 나무. ④편지. 책. ⑤별 이름 등의 뜻도 있음.
❖ 비슷한 의미를 가진 한자 · 끝나다의 뜻을 가진 글자 →終(종).

> 冂 田 甲 畢 畢

筆 (붓 필)

竹의 6
부 12획
총 12획

붓 필

[풀이] 竹[대]과 음을 나타내는 聿(율)[필은 변음]을 합하여 대나무 자루로 된 붓을 뜻함.

· 筆記(필기) ①글을 쓰는 일. ②강의 연설 등에서 말을 받아 기록하는 일.
· 筆談(필담) 말로 뜻이 통하지 아니할 때에 글을 써서 의사를 통함.
· 筆名(필명) · 筆順(필순) · 筆者(필자) · 筆致(필치)
· 加筆(가필) · 曲筆(곡필) · 達筆(달필) · 代筆(대필)

[참고]
❖ 부가의미 · ①씀. ②필기용으로 사용되는 것의 총칭. ③쓰여진 글자나 그림 등의 뜻도 있음.

> ⺮ ⺮ ⺮ 筆 筆

下 (아래 하)

一의 2
부 3획
총 3획

아래 하

[풀이] 어떤 위치[一]보다도 아래쪽에 있음을 一 · ㅣ로 나타냄.

· 下降(하강) 아래로 내려옴.
· 手下(수하) 손아래. 부하(部下)
· 下界(하계) · 下記(하기) · 下端(하단) · 下達(하달)
· 下落(하락) · 下流(하류) · 下命(하명) · 下山(하산)
· 下野(하야) · 下位(하위) · 下車(하차) · 降下(강하)
· 貴下(귀하) · 落下(낙하) · 部下(부하) · 臣下(신하)

[참고]
❖ 부가의미 · ①기슭. ②백성. ③신하. ④다음의. ⑤뒤. 후세. ⑥낮은 곳. ⑦신분이 낮은 사람. ⑧모자람. 미치지 못함. ⑨나이가 적은 쪽. ⑩근처. 곁 등의 뜻도 있음.

> 一 丅 下

| 亻의 5 총 7획 | 何 어찌 하 | · 何等(하등) 아무런. 조금도.
· 何時(하시) 어느 때. 언제.
· 何人(하인) · 何處(하처) · 何必(하필) · 幾何(기하)
· 誰何(수하) · 如何(여하) | 亻
仁
仁
何
何 |

풀이 사람을 뜻하는 亻과 음을 가리키는 可(가)를 합쳐 사람이 등에 짐을 진다는 뜻을 나타냄. 후에 어찌 · 무엇이라는 의문의 뜻으로 쓰임.

참고

❊ 부가의미 · ①누구. ②뇨[詰辭]. ③꾸지람. ④얼마만큼. ⑤멜[荷] 등의 뜻도 있음.

☯ 모양이 비슷한 한자 · 何(어찌 하) 如何(여하)
· 河(물 하) 河川(하천)

| 氵의 5 총 8획 | ★★★
河 물 하 | · 河口(하구) 바다 · 호수 등으로 들어가는 강의 어귀.
· 河童(하동) 물에서 헤엄치며 노는 아이들.
· 河渠(하거) · 河口(하구) · 河豚(하돈) · 河梁(하량)
· 河鹿(하록) · 河流(하류) · 河馬(하마) · 河畔(하반)
· 河伯(하백) · 河川(하천) · 江河(강하) · 大河(대하)
· 氷河(빙하) · 山河(산하) · 運河(운하) | 氵
氵
氵
河
河 |

풀이 氵[시내]과 음을 나타내는 可(가)[하는 변음]가 합쳐서 중국 황하(黃河)의 뜻임. 후에 큰 강을 뜻하게 됨.

참고

❊ 부가의미 · 강. 큰 강의 뜻도 있음.

| 夂의 7 총 10획 | ★★★
夏 여름 하 | · 夏季(하계) 여름철. 하기(夏期).
· 夏穀(하곡) 보리와 밀 등 여름에 거두는 곡식.
· 夏期(하기) · 夏臘(하랍) · 夏爐冬扇(하로동선) ·
夏蜜柑(하밀감) · 夏服(하복) · 夏節(하절) · 夏至
(하지) · 盛夏(성하) · 立夏(입하) · 春夏秋冬(춘하
추동) | 一
丆
百
夏
夏 |

풀이 탈을 쓰고 춤을 추는 모습을 본뜬 글자. 본디 뜻은 춤. 여름 · 크다의 뜻으로 씀.

참고

❊ 부가의미 · ①옛 중국의 자칭. ②중국에서 가장 오래된 왕조의 이름 등의 뜻도 있음.

| 貝의 5 총 12획 | 賀 하례할 하 | · 賀客(하객) 축하하는 손님.
· 賀詞(하사) 축하(祝賀)하는 말. 하사(賀辭).
· 賀辭(하사) · 賀筵(하연) · 賀宴(하연) · 賀意(하의)
· 賀狀(하장) · 賀正(하정) · 賀表(하표) · 慶賀(경하)
· 謹賀(근하) · 拜賀(배하) · 年賀(연하) · 祝賀(축하) | 力
加
智
智
賀 |

풀이 貝[화폐]와 음을 나타내는 加(가)[하는 변음]를 합쳐서 선물을 보내고 축하하다의 뜻.

참고

❊ 부가의미 · ①위로함. ②더함[加] 등의 뜻도 있음.

學 (배울 학)

子의 13 / 총 16획

★ ★ ★

배울 학

[풀이] 子[자식]와 臼(곡)[두손]과 음을 나타낸(효)[학은 변음]를 합쳐서 손짓·몸짓을 배우다의 뜻. 배우다의 뜻으로 널리 쓰임.

- 學課(학과) 학교의 수학과정(修學課程).
- 勉學(면학) 학문에 힘씀.
- 學校(학교)·學究(학구)·學期(학기)·學年(학년)
- 學歷(학력)·學士(학사)·學生(학생)·學習(학습)
- 學識(학식)·學業(학업)·學友(학우)·學長(학장)
- 學窓(학창)·學則(학칙)·學風(학풍)·開學(개학)

[참고]
❖ 부가의미 ·본받음. 배움. 글방. 학교 등의 뜻도 있음.

필순: ｢ / 臼 / 臼ㅋ / 臼ㅋ / 學

鶴 (두루미 학)

鳥의 10 / 총 21획

두루미 학

[풀이] 鳥와 음을 나타내는 隺(학)을 합쳐서 흰 새의 뜻임.

- 鶴髮(학발) 학의 깃털같이 하얀 머리털, 곧 백발(白髮)을 일컫는 말.
- 鶴首(학수) ①머리털이 흰 머리. ②학처럼 목을 길게 빼고 기다림.
- 鶴龜(학구)·鶴壽(학수)·鶴氅(학창)·孤鶴(고학)
- 丹頂鶴(단정학)·白鶴(백학)·靑鶴(청학)

[참고]
❖ 부가의미 ·①새털이 함치르르함. ②흰 것을 일컬음. ③진형(陣形)의 하나 등의 뜻도 있음.

필순: ｢ / 宀 / 宀 / 雀 / 鶴

恨 (한할 한)

忄의 6 / 총 9획

한할 한

[풀이] 마음을 뜻하는 忄과 음을 나타내는 艮(간)[한은 변음]을 합쳐서 깊이 뿌리 박다의 뜻. 널리 원한을 품다의 뜻으로 쓰임.

- 恨歎(한탄) 원통한 일이나 뉘우침이 있을 때에 한숨 짓는 탄식.
- 悔恨(회한) 뉘우치고 한탄(恨歎)함.
- 恨憤(한분)·恨死(한사)·恨事(한사)·悲恨(비한)
- 哀恨(애한)·怨恨(원한)·遺恨(유한)·長恨(장한)
- 痛恨(통한)

[참고]
❖ 부가의미 ·뉘우침의 뜻도 있음.
◎ 모양이 비슷한 한자 ·恨(한할 한) 怨恨(원한)
·限(지경 한) 期限(기한)

필순: 八 / 忄 / 忄ㅋ / 恨 / 恨

限 (지경 한)

阝의 6 / 총 9획

★ ★

지경 한

[풀이] 阝[언덕]과 음을 나타내는 艮(간)[한은 변음]을 합쳐서 산이 험하여 앞으로 못가다의 뜻. 널리 길이 막히다·경계를 짓다의 뜻으로 씀.

- 限界(한계) ①사물의 정해 놓은 범위. ②땅의 경계.
- 限定(한정) 사물의 수량이나 범위를 제한하여 정함.
- 限界點(한계점)·限局(한국)·限期(한기)·限度(한도)·限死(한사)·限時法(한시법)·限外(한외)
- 限前(한전)·限定版(한정판)·局限(국한)·極限(극한)·權限(권한)·期限(기한)·無限(무한)

[참고]
❖ 부가의미 ·①정도. ②범위. ③약속. 규정. ④끝 등의 뜻도 있음.

필순: ㄱ / 阝 / 阝ㅋ / 阼 / 限

寒 찰 한
宀의 9 총12획
★★★

- 寒暑(한서) 추위와 더위.
- 寒害(한해) 추위로 말미암은 손해.
- 寒菊(한국)·寒國(한국)·寒氣(한기)·寒暖(한난)
- 寒帶(한대)·寒燈(한등)·寒冷(한랭)·寒流(한류)
- 寒天(한천)·寒波(한파)·極寒(극한)·大寒(대한)
- 小寒(소한)·惡寒(오한)·防寒服(방한복)

풀이 집 안에 풀을 깔고 사람이 누운 모양인 寒과 얼음을 뜻하는 冫(빙)을 합쳐 추워서 얼음이 언다는 뜻. 널리 춥다의 뜻으로 쓰임.

참고
☼ 모양이 비슷한 한자 ·寒(찰 한) 寒冷(한랭)
　　　　　　　　　·塞(요새 새) 要塞(요새)
⊠ 반대되는 한자 ·寒(찰 한)↔暖(따뜻할 난)

宀 宀 审 寒 寒

閑 막을 한
門의 4 총12획
★

- 閑暇(한가) 조용하고 별로 할 일이 없어 틈이 있음. 한가(閒暇)
- 閑裕(한유) 한가하고 여유가 있음.
- 閑却(한각)·閑客(한객)·閑具(한구)·閑良(한량)
- 閑麗水道(한려수도)·閑忙(한망)·閑事業(한사업)
- 閑山島(한산도)·閑日月(한일월)·閑宅(한택)

풀이 門과 나무[木]를 합하여 마소가 도망치지 못하게 우리의 입구에 가로 지른 나무의 뜻. 바꾸어 막다, 음을 빌어 틈·한가하다의 뜻으로 씀.

참고
❉ 부가의미 ·①호위(護衛)함. ②다듬. 폐쇄함. ③법. 법도. ④큼. ⑤익음. 숙습(熟習)함. ⑥틈. 한가함. ⑦등한히 함. ⑧마구간. ⑨문지방 등의 뜻도 있음.
⊠ 반대되는 한자 ·閑(한가할 한)↔忙(바쁠 망)

冂 尸 門 閂 閑

漢 나라 한
氵의 11 총14획
★★★

- 漢方(한방) 중국에서 전해 온 의술.
- 漢書(한서) ①<書>전한(前漢)의 반표(班彪)가 착수하고 그의 아들 班固(반고)가 완성한 120권으로 된 전한의 역사서(歷史書). ②한자로 된 서적.
- 漢菓(한과)·漢南(한남)·漢文(한문)·漢水(한수)
- 漢詩(한시)·漢陽(한양)·漢字(한자)·漢族(한족)

풀이 氵[시내]와 음을 나타내는 莫(난)[한은 변음]으로 이루어지며 강의 이름임.

참고
❉ 부가의미 ·①은하수. ②사나이. ③중국 등의 뜻도 있음.

氵 氵 渾 渾 漢

韓 한나라 한
韋의 8 총17획
★★★

- 韓服(한복) 우리 나라의 고유한 의복. 조선옷.
- 韓非子(한비자) 중국의 한비(韓非)의 저서. 20권으로 되어 있음. 정치의 기초는 법률이나 형벌로서 이루어졌다는 내용임.
- 韓國(한국)·韓末(한말)·韓美(한미)·韓食(한식)
- 韓人(한인)·韓日(한일)·來韓(내한)·大韓(대한)

풀이 에움[圍(위)]을 뜻하는 韋(위)와 음을 나타내는 동시에 우물 구덩이[坎(감)]을 뜻하는 幹(간)의 생략형인 龺을 합하여 우물을 에워싸는 우물 난간의 뜻.

참고
❉ 부가의미 ·①삼한(三韓). ②대한(大韓). ③우물의 난간. ④성(姓)의 하나 등의 뜻도 있음.

十 𠦝 𠦝 韓 韓

リ의
10
총12
획

가를 할

풀이 リ(刀)와 음을 나타내는 동시 연다는 뜻을 나타내는 害(해)[할은 변음]를 합하여 칼로 가르다의 뜻.

· 割腹(할복) 배를 칼로 가름.
· 割愛(할애) 아까운 것을 선뜻 내어줌.
· 割去(할거) · 割據(할거) · 割股(할고) · 割當(할당)
· 割戻金(할려금) · 割禮(할례) · 割剝(할박)

참고
❖ 부가의미 · ①찢음. 잘라냄. ②해침. ③재앙. ④십분의 일 등의 뜻도 있음.
❖ 비슷한 의미를 가진 한자 · 찢다의 뜻을 가진 글자
→裂(렬).
❖ 잘못읽기 쉬운 한자 · 割引 할인 (활인으로 읽지 말 것)

宀
宀
宝
害
割

口의
4
총7
획

舍

머금을 함

풀이 입을 뜻하는 口와 음을 나타내는 今(금)[함은 변음]을 합쳐 무엇을 입속에 넣다의 뜻.

· 含垢(함구) 부끄러움을 참고 견딤.
· 含默(함묵) 입을 다문 채 조용히 있음.
· 含味(함미) · 含笑(함소) · 含羞(함수) · 含嗽(함수)
· 含玉(함옥) · 含有(함유) · 含蓄(함축) · 含哺鼓腹
(함포고복) · 包含(포함)

참고
❖ 비슷한 의미를 가진 한자 · 품다의 뜻을 가진 글자 含
(함)은 입에 머금음. 또는 싸서 넣음. 哺(포)는 음식을 입속에 품고 있음.

ノ
人
今
今
含

阝의
8
총11
획

빠질 함

풀이 阝[언덕]과 음 및 떨어져 빠지다의 뜻을 나타내는 臽(함)을 합쳐서 높은 곳에서 아래로 떨어져 빠지다의 뜻.

· 陷溺(함닉) ①함정이나 물에 빠짐. ②주색 같은 못된 구렁에 빠져 들어감.
· 陷落(함락) ①땅이 무너져 떨어짐. ②적의 성(城)이나 요새 등을 공격하여 빼앗음.
· 陷沒(함몰) · 陷入(함입) · 陷穽(함정) · 陷地(함지)
· 缺陷(결함) · 失陷(실함)

참고
❖ 부가의미 · ①공격하여 떨어지게 함. ②빠지게 함. 계략을 써서 속임. ③함락시킴. ④함정. ⑤적음. 모자람. 결점 등의 뜻도 있음.

阝
阝
阝
陷
陷

口의
3
총6
획

★ ★ ★

합할 합

풀이 입을 뜻하는 口와 음을 나타내는 스(집)[합·흡은 변음]을 합쳐 입으로 답하다의 뜻. 후에 합하다의 뜻으로 바뀜.

· 合格(합격) ①어떤 조건이나 격식에 적합함. ②시험나 검사(檢査)에 통과함.
· 合計(합계) 합하여 계산함. 또는 그 수.
· 合金(합금) · 合同(합동) · 合力(합력) · 合禮(합례)
· 合流(합류) · 合理(합리) · 合理的(합리적) · 合理 主義(합리주의) · 合理化(합리화) · 合法(합법)

참고
❖ 부가의미 · ①싸움이나 경기의 회수를 세는 단위. ②교합함. ③짝. ④합(盒). ⑤홉. 들이의 단위 등의 뜻도 있음.

ノ
人
人
合
合

★ 扌의 4 총 7획 **抗** 막을 항	· 抗拒(항거) 순종하지 아니하고 맞서서 겨누어 대항함. · 抗告(항고) 법원의 판결에 대하여 상급 법원에 불복(不服)을 상신(上申)함. 공소(控訴). · 抗論(항론) · 抗命(항명) · 抗辯(항변) · 抗生物質(항생물질) · 抗議(항의) · 抗爭(항쟁) · 抗敵(항적)	扌 扌 扩 扩 抗
풀이 손을 뜻하는 扌와 음을 나타내는 亢(항)을 합쳐서 손을 높이 들다의 뜻. 후에 버티어 맞서다의 뜻으로 쓰임.	**참고** ❖ **부가의미** · ①듦. 올림. ②버티어 맞섬 등의 뜻도 있음. ⊠ **반대되는 한자** · 抗(대항할 항)↔屈(굽을 굴)	

忄의 6 총 9획 **恒** 항상 항	· 恒久(항구) 변하지 않고 오래감. · 恒心(항심) 일정 불변한 마음. · 恒常(항상) · 恒星(항성) · 恒溫(항온) · 恒用(항용) · 恒久的(항구적)	忄 忄 忄 恒 恒 恒
풀이 忄=心(마음 심)에 亘(고정됨을 뜻함)을 합한 글자. 늘 동요되지 않는 마음을 나타낸 것으로 항상의 뜻이 됨.	**참고** ⊕ **부수풀이** · 心(忄)(마음 심): 마음은 심장에서 우러나온다하여 그의 모양을 본떠 마음의 뜻으로 널리 쓰임.	

★ 舟의 4 총 10획 **航** 쌍배 항	· 航空(항공) 비행기나 비행선(飛行船)으로 공중을 날아다님. · 航海(항해) 배를 타고 바다를 건넘. · 航空機(항공기) · 航空母艦(항공모함) · 航空術(항공술) · 航空郵便(항공우편) · 航路標識(항로표지) · 航續力(항속력) · 航運(항운) · 航跡(항적)	丿 刀 舟 舟 航
풀이 배를 뜻하는 舟와 음을 나타내는 亢(항)을 합쳐서 배를 두 척 잇대어 놓고 건너다의 뜻.	**참고** ❖ **부가의미** · ①배질함. ②건넘. ③낢. 하늘을 건넘 등의 뜻도 있음.	

★★ 氵의 9 총 12획 **港** 뱃길 항	· 港口(항구) 바닷가에 배가 출입할 수 있도록 한 곳. 선박(船舶)의 출입구. · 港內(항내) 항구의 안쪽. · 港灣(항만) · 港市(항시) · 港外(항외) · 開港(개항) · 軍港(군항) · 貿易港(무역항) · 不凍港(부동항) · 商港(상항) · 良港(양항) · 漁港(어항) · 要港(요항)	氵 氵 洪 洪 港
풀이 氵[물]과 음을 나타내는 巷(항)을 합쳐서 배가 항행하는 수로의 뜻인데 후에 항구의 뜻으로 쓰이게 됨.	**참고** ❖ **부가의미** · 항구의 뜻도 있음.	

頁의 3 총 12 획	**項**	목덜미 항 항목 항

- 項領(항령) 큰 목, 목덜미.
- 項目(항목) 조목(條目).
- 同類項(동류항) · 別項(별항) · 事項(사항) · 要項(요항) · 條項(조항)

풀이 머리[頁]와 음을 나타내는 工(공)[항은 변음]을 합하여 머리의 뒤쪽, 목덜미를 뜻함.

참고
☒ 모양이 비슷한 한자 · 項(목 항) 項目(항목)
　　　　　　　　　　 · 頃(잠깐 경) 頃刻(경각)

一 工 瓸 項 項

宀의 7 총 10 획	★ ★ ★ **害**	해칠 해 해 해

- 害惡(해악) 해가 되는 나쁜 일.
- 災害(재해) 재앙으로 인한 해.
- 害蟲(해충) · 加害(가해) · 公害(공해) · 冷害(냉해)
- 病害(병해) · 殺害(살해) · 傷害(상해) · 雪害(설해)
- 水害(수해) · 有害(유해) · 陰害(음해) · 自害(자해)
- 風害(풍해) · 寒害(한해)

풀이 모자를 뜻하는 宀와 머리를 나타내는 古를 합쳐서 머리에 쓰는 삿갓이라는 뜻. 상처를 내다의 뜻으로 바뀌어 쓰이고 있음.

참고
❉ **부가의미** · ①못하게 막음. ②불행한 사고. ③어느, 무엇. ④어찌 아니함[盍] 등의 뜻도 있음.

丶 宀 宀 宔 害

氵의 7 총 10 획	★ ★ ★ **海**	바다 해

- 海空(해공) ①바다와 하늘. ②해군과 공군.
- 海女(해녀) ①바다의 여신(女神)의 딸. ②바닷속에 들어가서 해산물을 따는 것을 업으로 하는 여자.
- 海圖(해도) · 海路(해로) · 海流(해류) · 海上(해상)
- 海外(해외) · 海戰(해전) · 海風(해풍) · 公海(공해)
- 近海(근해) · 大海(대해) · 領海(영해) · 深海(심해)

풀이 氵[물]과 음을 나타내는 每(매)[해는 변음]를 합쳐서 푸르고 깊은 바다의 뜻임.

참고
❉ **부가의미** · ①크고 넓은 모양. ②많이 모이는 곳 등의 뜻도 있음.

氵 氵 汀 汈 海

角의 6 총 13 획	★ ★ **解**	풀 해

- 解渴(해갈) ①갈증을 풀어 버림. ②금전의 융통이 생김. ③비가 내려 가뭄을 겨우 면함.
- 解決(해결) 얽힌 일을 풀어서 처리함. 문제를 풀어서 결말을 지음.
- 解禁(해금) · 解答(해답) · 解讀(해독) · 解明(해명)
- 解法(해법) · 解氷(해빙) · 解散(해산) · 解說(해설)

풀이 刀[칼]와 牛[소]와 음을 나타내는 角(각)[해·개는 변음]을 합쳐서 칼로 소를 잡아 발기다의 뜻. 따라서 풀어 헤친다의 뜻으로 씀.

참고
❂ **잘못읽기 쉬운 한자** · 解弛 헤이 (해야로 읽지 말 것)
☒ **반대되는 한자** · 解(떨어질 해)↔結(맺을 결)

⺈ 刀 角 觪 解

核

木의 6
총 10획

씨 **핵**

[풀이] 木[나무]과 음을 나타내는 亥(해)[핵은 변음]를 합쳐서 나무 열매의 씨를 싸고 있는 굳은 껍질의 뜻.

· 核膜(핵막) 세포핵의 겉을 싸고 있는 얇은 껍질.
· 核心(핵심) 사물의 중심이 되는 가장 요긴(要緊)한 부분.
· 核果(핵과) · 核實(핵실)

[참고]
❖ **부가의미** · ①중심에 있는 것. ②세포의 중심에 있는 것. ③원자의 중심에 있는 것 등의 뜻도 있음.

十 木 栌 杉 核 核

行

行의 0
총 6획

갈 **행**

[풀이] 네거리의 모양을 본뜬 것으로 길이라는 뜻. 널리 길을 가다 · 행하다의 뜻으로 쓰임. 부수로는 길에 관한 뜻을 나타냄.

· 行方(행방) 간 곳, 방향.
· 行進(행진) 앞으로 걸어 나아감.
· 行間(행간) · 行軍(행군) · 行樂(행락) · 行路(행로)
· 行步(행보) · 行使(행사) · 行商(행상) · 行色(행색)
· 行實(행실) · 行爲(행위) · 步行(보행) · 素行(소행)
· 修行(수행) · 施行(시행) · 實行(실행) · 言行(언행)

[참고]
❖ **부가의미** · ①길. 도정(道程). ②오행(五行). ③여행(旅行). ④행서. 글씨체의 하나. ⑤줄. ⑥가게. ⑦행렬. 혈통의 순서. ⑧줄[列]. ⑨시장. 저자. ⑩군셈 등의 뜻도 있음.

ノ ノ 彳 行 行 行

幸

干의 5
총 8획

다행할 **행**

[풀이] 젊어서 죽다의 뜻인 夭와 반대라는 뜻을 가지면서 음을 나타내는 ⺀(역)[행은 변음]을 합쳐서 젊어서 죽다의 반대인 오래 살다의 뜻. 널리 다행하다의 뜻으로 쓰임.

· 幸冀(행기) 요행만을 바람.
· 幸福(행복) 복된 좋은 운수. 심신이 만족감을 느끼는 상태.
· 幸民(행민) · 幸甚(행심) · 幸運(행운) · 幸姬(행희)
· 幸不幸(행불행) · 幸運兒(행운아) · 多幸(다행)
· 不幸(불행) · 巡幸(순행) · 行幸(행행)

[참고]
❖ **비슷한 의미를 가진 한자** · 다행하다의 뜻을 가진 글자 幸은 뜻밖의 행운. 福(복)은 행복하여 경사스러움. ↔禍(화). 祉(사)는 하늘에서 내린 복. 倖(행)은 어쩌다가 얻은 조그마한 행운. 祥(상)은 경사스러운 징조.

十 土 吉 杢 幸 幸

向

口의 3
총 6획

향할 **향**

[풀이] 집의 높은 곳에 있는 창이 열린 모양을 본뜬 글자. 향하다의 뜻을 지니고 있음.

· 向方(향방) 향하는 곳.
· 向背(향배) 앞과 뒤. 좋음과 등짐.
· 向發(향발) · 向上(향상) · 向後(향후) · 傾向(경향)
· 南向(남향) · 動向(동향) · 方向(방향) · 北向(북향)
· 上向(상향) · 性向(성향) · 意向(의향) · 志向(지향)
· 風向(풍향) · 下向(하향)

[참고]
❖ **부가의미** · ①북창. ②취미. 솔깃해짐. 기욺. ③접때. 이전. ④성(姓)의 하나. ⑤땅이름 등의 뜻도 있음.

ノ ノ 门 向 向 向

香 (향내 향)

★ ★

香의 O
총 9획

풀이 기장[수수의 한 가지]을 뜻하는 禾(黍의 약자)와 달다의 뜻인 曰(=甘)을 합쳐서 맛이 있는 기장을 뜻함. 찔 때의 냄새가 좋으므로 향내의 뜻으로 씀.

· 香氣(향기) 향기로운 냄새. 향 냄새.
· 香茶(향다) 향기가 좋은 차.
· 香爐(향로) · 香料(향료) · 香木(향목) · 香味(향미)
· 香水(향수) · 香辛料(향신료) · 香臭(향취) · 香煙(향연) · 香油(향유)

참고

❖ **부가의미** · 약 이름의 뜻도 있음.

二 千 禾 香 香

鄕 (고향 향)

★ ★

阝의 10
총 13획

풀이 그릇에 음식을 담고 사람이 마주 앉아 먹는 모양을 본뜸. 饗의 본디 글자. 후에 모여서 잔치를 베푸는 마을의 뜻으로 씀.

· 鄕歌(향가) 신라 중엽에서 고려 초기까지에 걸쳐서 민간에 널리 유행하던 우리 나라 고유의 시가(詩歌).
· 鄕校(향교) ①시골에 있는 문묘(文廟)와 거기에 딸린 옛날 학교. ②시골의 학교.
· 鄕客(향객) · 鄕國(향국) · 鄕黨(향당) · 鄕里(향리)
· 鄕鄰(향린) · 鄕愁(향수) · 故鄕(고향) · 他鄕(타향)

참고

❖ **부가의미** · 마을. 촌락. 토지의 뜻도 있음.

▣ **모양이 비슷한 한자** · 鄕(마을 향) 鄕里(향리)
· 卿(벼슬 경) 卿相(경상)

▨ **반대되는 한자** · 鄕(시골 향)↔京(서울 경)

乡 乡 幺 乡 乡 乡 乡 乡 鄕

響 (울릴 향)

音의 13
총 22획

풀이 音[소리]과 음을 나타내며 동시에 향(向)한다는 뜻을 가진 鄕(향)을 합하여 사방으로 전해지는 소리, 울림을 뜻함.

· 響應(향응) ①소리에 따라서 울리는 소리가 응함. ②어떤 사람의 주창(主唱)에 따라 그와 행동을 같이 취함.
· 影響(영향) 한가지 사물로 인해 다른 사물에 미치는 결과.
· 交響(교향) · 妙響(묘향) · 反響(반향) · 餘響(여향)

참고

❖ **부가의미** · 소리를 울림의 뜻도 있음.

乡 乡 鄕 鄕 鄕 響 響

許 (허락할 허)

★ ★ ★

言의 4
총 11획

풀이 言[말]과 음을 나타내는 午(오)[허는 변음]를 합쳐서 허락한다는 뜻.

· 許可(허가) ①허락함. 들어 줌. ②행정법상으로 법령에 의한 어떤 행위의 일반적인 제한 또는 금지를 특정한 경우에 해제하고 이를 적법(適法)하게 할 수 있도록 허락해 주는 행정 행위.
· 許多(허다) 몹시 많음. 수두룩함.
· 許諾(허락) · 許與(허여) · 許容(허용) · 許婚(허혼)
· 公許(공허) · 官許(관허) · 免許(면허) · 認許(인허)

참고

❖ **부가의미** · ①나아감. ②기약함. ③곳. ④어조사 등의 뜻도 있음.

❖ **비슷한 의미를 가진 한자** · 용서하다의 뜻을 가진 글자→赦(사).

亠 言 言 言 許

虛 (빌 허) ★★
心의 6 총 12획

[풀이] 가운데가 움푹 패인 땅을 뜻하는 ㅛ와 음을 나타내는 虍(호)[허는 변음]를 합쳐서 가운데가 움푹 들어간 언덕이라는 뜻. 후에 텅 비다의 뜻으로 쓰임.

- 虛空(허공) ①텅 빈 공중(空中). ②적막한 무인지경(無人之境).
- 虛構(허구) ①사실이 없는 일을 사실처럼 조작함. ②소설·희곡 등에서 실제로는 없는 사건을 작가(作家)의 상상력으로 창작하는 일. 또는 그 이야기. 픽션.
- 虛氣(허기)·虛飢(허기)·虛器(허기)·虛禮(허례)

[참고]
❖ **비슷한 의미를 가진 한자**·비다의 뜻을 가진 글자 →空(공).
☒ **반대되는 한자**·虛(빌 허)↔實(찰 실)

広 庐 虐 虖 虛

憲 (법 헌) ★
心의 12 총 16획

[풀이] 心[마음]과 음을 나타내는 𡍮(변)[헌은 변음]을 합쳐서 마음의 움직임이 바르고 총명하다의 뜻. 후에 헌법의 뜻으로 쓰임.

- 憲法(헌법) 근본이 되는 법규. 나라를 다스리고 국사(國事)를 행하는 방법과 국민의 권리·의무를 규정하고 있는 최고의 기본적인 법률.
- 憲兵(헌병) 군대에서 주로 군사 경찰을 맡아 보는 특과(特科) 군인.
- 憲章(헌장)·憲政(헌정)·家憲(가헌)·官憲(관헌)

[참고]
❖ **부가의미**·①법에 따름. 본으로 삼음. ②중요한 지위에 있는 관리. ③흥성(興盛)함.

宀 宔 害 𡍮 憲

獻 (드릴 헌)
犬의 16 총 20획

[풀이] 犬[개]과 음을 나타내는 鬳(권)[헌은 변음]을 합쳐서 신에게 바치는 개를 뜻함. 널리 받들어 바치다의 뜻으로 씀.

- 獻功(헌공) ①만들어진 물품을 웃사람에게 올림. ②정성을 다하여 공무에 힘씀.
- 獻供(헌공) 물품을 바침. 헌납(獻納).
- 獻金(헌금)·獻納(헌납)·獻燈(헌등)·獻杯(헌배)
- 獻本(헌본)·獻上(헌상)·獻酬(헌수)·獻詩(헌시)
- 獻身(헌신)·獻言(헌언)·獻詠(헌영)·獻酌(헌작)

[참고]
❖ **부가의미**·①어짊. ②개. ③음식. ④술 단지 등의 뜻도 있음.

广 庐 虎 鬳 獻

險 (험할 험) ★
阝의 13 총 16획

[풀이] 阝[산]과 음을 나타내는 僉(첨)[험은 변음]을 합쳐서 오르기에 힘든 험한 산이라는 뜻.

- 險口(험구) 남의 단점을 들추어 내어 헐뜯음. 또는 그런 사람.
- 險難(험난) 위험하고 어려움. 고생이 됨.
- 險路(험로)·險相(험상)·險塞(험새)·險所(험소)
- 險惡(험악)·險峻(험준)·冒險(모험)·保險(보험)
- 危險(위험)

[참고]
❖ **부가의미**·①위태로움. ②어려움. ③사악(邪惡). 마음이 검음 등의 뜻도 있음.
◎ **모양이 비슷한 한자**·險(험할 험) 險難(험난)
　　　　　　　　　·儉(검소할 검) 儉素(검소)

阝 阝 险 險 險

342

馬의 13 총 23 획	驗 증험할 험

・驗算(험산) 계산한 결과의 정부(正否)를 알기 위하여 따로 하는 계산. 검산(檢算).
・驗效(험효) 효력. 효험(效驗).
・驗者(험자)・經驗(경험)・試驗(시험)・實驗(실험)・
・靈驗(영험)・證驗(증험)・體驗(체험)・效驗(효험)

풀이 馬[말]와 음을 나타내는 僉(첨)[험은 변음]을 합쳐서 말 종류의 이름. 人[사람]을 빌어서 물어보다의 뜻으로 씀.

참고
❖ 부가의미 ・①증거. ②효능. ③조짐. ④징조. ⑤시험(試驗) 등의 뜻도 있음.

顜 馬 駼 驗 驗

革의 0 총 9 획	革 가죽 혁

・革帶(혁대) 가죽으로 만든 띠.
・革新(혁신) 묵은 제도나 조직・풍습 등을 바꾸어 새롭게 함. ↔ 보수(保守).
・革命(혁명)・革命運動(혁명운동)・革世(혁세)・
・革易(혁역)・革正(혁정)・革弊(혁폐)・改革(개혁)
・變革(변혁)・沿革(연혁)・皮革(피혁)

풀이 짐승의 희생(犧牲)을 비에 맞혀 드러난 뼈를 본떠 짐승의 흰 골격을 뜻함. 가죽을 무두질하여 안쪽을 희게 하므로 革자의 희다의 뜻을 빌어 무두질한 가죽을 뜻하게 됨.

참고
❖ 부가의미 ・①갑옷. 투구. ②팔음(八音)의 하나. 가죽을 댄 악기. ③고침. ④털갈이 함. 날개를 벌림. ⑤혁괘. 육십 사괘(六十四卦)의 하나. ⑥병이 급함. 위독해짐 등의 뜻도 있음.

艹 苦 苜 苹 革

玄의 0 총 5 획	玄 검을 현

・玄功(현공) ①위대한 공(功). ②임금의 공적.
・玄關(현관) ①집의 정면으로 들어가는 문. ②현묘(玄妙)한 길로 들어가는 문이란 뜻으로 불문(佛門)에 들어가는 문을 말함.
・玄琴(현금)・玄理(현리)・玄妙(현묘)・玄米(현미)
・玄孫(현손)・玄奘(현장)・玄宗(현종)・玄旨(현지)

풀이 亠(두)와 幺(요)를 합쳐서 유원(幽遠)하다의 뜻. 바꿔어 검다・하늘의 뜻으로 씀. 부수로서는 실・줄에 관한 뜻을 나타냄.

참고
❖ 부가의미 ・①아득하고 멂. ②심오함. 현묘함. ③고요함. ④현손[曾孫之子]. ⑤하늘. 하늘의 빛. ⑥노자(老子)의 학설. ⑦성(姓)의 하나 등의 뜻도 있음.

亠 亠 玄 玄

玉의 7 총 11 획	現 나타날 현

・現金(현금) ①지금 가지고 있는 돈. ②물품을 팔고 살 때 그 자리에서 돈을 주고 받는 일. 맞돈.
・現代(현대) 지금의 시대. 지금의 세상.
・現物(현물)・現世(현세)・現業(현업)・現在(현재)
・現存(현존)・現品(현품)・發現(발현)・實現(실현)
・再現(재현)・出現(출현)・表現(표현)

풀이 玉[구슬]과 음을 나타내는 見(견)[현은 변음]을 합쳐서 옥을 닦아 아름다운 빛이 나다의 뜻. 널리 나타나다의 뜻으로 씀.

참고
❖ 부가의미 ・①지금. 당장. 현재. ②옥 빛. 옥의 광채 등의 뜻도 있음.
❖ 잘못읽기 쉬운 한자・現況 현황 (현항으로 읽지 말 것)

T 珇 珇 珇 現

貝의 8 총 15획  어질 현	★★

賢君(현군) 어질고 현명(賢明)한 임금. 명군(明君).
賢能(현능) ①어질고 재능이 있음. 또 그 사람. ②어진 사람과 재능이 많은 사람.
賢明(현명) · **賢母**(현모) · **賢婦**(현부) · **賢夫人**(현부인) · **賢相**(현상) · **賢聖**(현성) · **賢淑**(현숙) · **賢王**(현왕) · **賢愚**(현우) · **賢人**(현인) · **賢者**(현자)

풀이 재보(財寶)를 뜻하는 貝와 음을 나타내는 臤(견·현)을 합하여 재물을 남에게 나누어 주다의 뜻. 널리 뛰어나다·어질다의 뜻으로 쓰임.

참고
❖ **부가의미** ·①나음. 좋은 점이 더 많음. ②구멍 등의 뜻도 있음.
⊠ **반대되는 한자** ·賢(어질 현)↔愚(어리석을 우)

一 臣 臤 賢 賢

心의 16
총 20획
懸
달 현

懸隔(현격) 썩 동떨어짐. 매우 차이가 큼.
懸念(현념) 마음속에 두고 늘 생각함.
懸燈(현등) · **懸命**(현명) · **懸賞**(현상) · **懸垂**(현수)
懸垂幕(현수막) · **懸案**(현안) · **懸崖**(현애) · **懸板**(현판) · **懸河**(현하) · **懸河之辯**(현하지변) · **倒懸**(도현) · **殊懸**(수현) · **危懸**(위현) · **天懸**(천현)

풀이 心[마음]과 음을 나타내는 縣(현)을 합쳐서 마음이 끌려 마음속에 걸리다의 뜻. 縣은 나무에 목을 매달다의 뜻이나 후에 행정 구역의 단위로 쓰게 되어 그 뜻으로는 懸을 대신 쓰게 됨.

참고
❖ **부가의미** ·①공중에 있음. ②떨어져 있음. 떨어져 나감. 아득함. 멂. ③마음에 걸림. 거리낌. ④사모함. 그리워함 등의 뜻도 있음.

冂 目 県 縣 懸

頁의 14
총 23획

밝을 현
★

顯考(현고) ①돌아간 아버지의 신주(神主) 첫 머리에 쓰는 말. ②돌아간 아버지의 높임말.
顯官(현관) ①높은 벼슬. 또는 지위에 있는 사람. ②문무(文武)의 반만이 하는 벼슬. 정직(正職).
顯貴(현귀) · **顯達**(현달) · **顯靈**(현령) · **顯妣**(현비)

풀이 얼굴[頁]과 음을 나타내는 㬎(현)을 합하여 머리에 감은 아름다운 장식품의 뜻. 바귀어 매우 밝다의 뜻으로 쓰임.

참고
❖ **부가의미** ·①나타남. ②알려짐. ③영달(榮達)함. 지위가 높아짐. ④드러남. ⑤통달함. ⑥경칭. 자손이 돌아간 부모를 존경하여 일컫는 말 등의 뜻도 있음.
⊠ **반대되는 한자** ·顯(밝을 현)↔隱(숨을 은)

冂 日 㬎 㬎 顯

血의 0
총 6획

피 혈
★★

血管(혈관) 체내에 있는 혈액을 순환시키는 관(管). 척추 동물에서는 동맥·정맥·모세혈관으로 나뉨. 핏줄. 맥관(脈管).
血氣(혈기) ①목숨을 유지하는 체력. 곧 피와 기운. ②격동하기 쉬운 의기(意氣). 객기(客氣).
血書(혈서) · **血眼**(혈안) · **血緣**(혈연) · **血肉**(혈육)

풀이 접시에 담긴 핏덩이를 본뜬 글자로서 접시에 담아 하느님에게 바치는 피를 뜻함. 널리 피의 뜻으로 씀.

참고
❖ **부가의미** ·①붙이. ②씩씩함 등의 뜻도 있음.
◎ **모양이 비슷한 한자** ·血(피 혈) 血液(혈액) ·皿(그릇 명) 器皿(기명)

丿 丷 仐 血 血

十의 6
총 8획

協　맞을 협

★ ★

풀이 많다는 뜻인 十과 힘을 합하다의 뜻인 劦(협)을 합쳐서 많은 사람들이 힘을 모으다의 뜻.

· 協同(협동) 모두 마음을 같이하고 힘을 합하여 일을 함.
· 協力(협력) 힘을 모아서 서로 도움.
· 協同組合(협동조합) · 協商(협상) · 協約(협약) · 協業(협업) · 協議(협의) · 協定(협정) · 協助(협조) · 協會(협회) · 農協(농협) · 水協(수협)

참고
❊ **부가의미** ·①도움. ②합침. 힘을 합침. ③같게 함. 함께 함. ④복종함 등의 뜻도 있음.

一
十
忄
協
協

月의 6
총 10획

脅　갈비 협
　　으를 협

풀이 살을 뜻하는 月과 음을 나타내는 劦(협)을 합쳐서 옆구리라는 뜻. 후에 으르다의 뜻으로 씀.

· 脅迫(협박) 으르고 다잡음. 사람을 공포에 빠지도록 해악을 끼칠 뜻을 통고함.
· 威脅(위협) 위력(威力)으로써 으르고 협박함.
· 脅威(협위) · 劫脅(겁협) · 恐脅(공협) · 驅脅(구협) · 迫脅(박협) · 仳脅(비협) · 抽脅(추협)

참고
❊ **부가의미** ·①거둠. ②으름. ③책망함 등의 뜻도 있음.

フ
カ
夯
劦
脅

儿의 3
총 5획

兄　맏 형

★ ★ ★

풀이 사람을 뜻하는 儿과 굽은 두 개골을 뜻하는 口를 합쳐 자식들 중에서 가장 크게 자란 쪽이라는 뜻. 보통 연장자라는 뜻으로 쓰임.

· 兄夫(형부) 언니의 남편. 형랑(兄郞).
· 兄弟(형제) 형과 아우.
· 兄事(형사) · 兄弟姉妹(형제자매) · 大兄(대형) · 實兄(실형) · 義兄(의형) · 仁兄(인형) · 姉兄(자형) · 慈兄(자형) · 長兄(장형) · 從兄(종형) · 妻兄(처형) · 學兄(학형)

참고
❊ **부가의미** ·①같은 또래. 친한 사람끼리 서로 존경해서 쓰는 말. ②부름. ③민망함. ④큰. ⑤근심함. ⑥하물며 등의 뜻도 있음.

丿
口
口
尸
兄

刂의 4
총 6획

刑　형벌 형

★

풀이 井의 변형인 开(정)은 음을 나타내고 刂는 칼을 뜻함. 합쳐서 체형을 가하여 규칙에 다르게 한다는 뜻을 나타냄.

· 刑務所(형무소) 형(刑)을 받은 수형자(受刑者)나 피고인을 가두어 두는 곳. 감옥. 교도소.
· 刑法(형법) ①형벌(刑罰)의 법칙. ②공법(公法)의 하나로 범죄와 형벌에 관한 법률 체계.
· 刑官(형관) · 刑具(형구) · 刑期(형기) · 刑徒(형도) · 刑罰(형벌) · 刑事(형사) · 刑場(형장)

참고
❊ **부가의미** ·①죄를 추궁함. ②규칙. 법률. ③규칙에 따름. 본보기로 삼음 등의 뜻도 있음.
◪ **모양이 비슷한 한자**·刑(형벌 형) 刑罰(형벌)
　　　　　　　　·形(형상 형) 形象(형상)

一
二
开
开
刑
刑

彡의 1
총 7획

형상 형

- 形成(형성) 어떤 모양을 이룸.
- 人形(인형) 사람의 모양으로 만든 장난감.
- 形局(형국) · 形貌(형모) · 形相(형상) · 形象(형상)
- 形狀(형상) · 形色(형색) · 形成(형성) · 形勢(형세)
- 形態(형태) · 外形(외형)

二 于 开 形 形

풀이 붓으로 곱게 쓰다의 뜻인 彡과 음을 나타내는 井(정)[형은 변음]을 합쳐서 반듯하게 쓰다의 뜻. 널리 모양이라는 뜻으로 쓰임.

참고

❖ 비슷한 의미를 가진 한자 · 形(형)과 型(형)의 차이는 形(형)은 물건의 모양이나 모습을 본뜸. 또는 물건에 나타나는 모양 · 모습이라는 뜻. 型(형)은 거푸집 · 본보기 · 유형(類型)의 크기 · 견본 등에 해당하는 말.

心의 8
총 12획

은혜 혜

- 惠澤(혜택) 은혜와 덕택(德澤).
- 恩惠(은혜) 사랑으로 끼치는 신세.
- 惠福(혜복) · 惠賜(혜사) · 惠愛(혜애) · 惠與(혜여)
- 惠雨(혜우) · 惠音(혜음) · 惠政(혜정) · 惠存(혜존)
- 惠投(혜투) · 惠化(혜화) · 愛惠(애혜) · 仁惠(인혜)
- 慈惠(자혜)

一 一 曰 申 审 恵 惠

풀이 心[마음]과 음을 나타내는 專(전)[혜는 변음]을 합쳐서 물건을 베풀어주다의 뜻.

참고

❖ 부가의미 · ①따름[從]. ②총명함. 현명함 등의 뜻도 있음.

心의 11
총 15획

총명할 혜

- 慧眼(혜안) 사물을 밝게 살피는 눈.
- 智慧(지혜) 슬기.
- 慧劍(혜검) · 慧敏(혜민) · 慧性(혜성) · 慧悟(혜오)
- 慧智(혜지) · 驚慧(경혜) · 明慧(명혜) · 秀慧(수혜)
- 令慧(영혜) · 俊慧(영혜) · 聰慧(총혜)

彐 丰 聿 彗 慧

풀이 心[마음]과 음을 나타내는 彗(혜)를 합쳐서 마음이 슬기롭다의 뜻.

참고

❖ 부가의미 · 잔재주가 많음의 뜻도 있음.
❖ 비슷한 의미를 가진 한자 · 총명하다의 뜻을 가진 글자→聰(총).

戶의 0
총 4획

지게 호

- 戶口(호구) 호수(戶數)와 식구수.
- 戶主(호주) 한 집안의 주장이 되는 사람.
- 戶別(호별) · 戶稅(호세) · 戶數(호수) · 戶外(호외)
- 戶牖(호유) · 戶籍(호적) · 戶籍騰本(호적등본) ·
 戶籍抄本(호적초본) · 戶曹(호조)

一 丆 ㄸ 戶

풀이 한쪽으로 열리는 문짝의 모양을 본뜸. 부수로서는 문짝 · 방에 관계되는 뜻을 나타냄.

참고

❖ 부가의미 · ①집. ②거실. ③거처하는 방. ④호[집을 세는 단위]. ⑤주량(酒量) 등의 뜻도 있음.

女의
3
총6획

好 ★

좋을 호

· 好機(호기) 좋은 기회.
· 好評(호평) 좋은 평판(評判).
· 好感(호감) · 好個(호개) · 好景氣(호경기) · 好古
　(호고) · 好奇(호기) · 好期(호기) · 好奇心(호기심)
· 好色(호색) · 好食(호식) · 好意(호의) · 好快(호쾌)
· 嗜好(기호) · 愛好(애호) · 良好(양호)

[풀이] 女[여자]와　子[아들 · 자녀]
를 합쳐서 젊은 여자라는 뜻을 나
타냄. 널리 좋아함 · 즐김의 뜻으로
쓰임.

[참고]

❖ **부가의미** · ①아름다움. ②친함. 사귐 등의 뜻도 있음.
🞪 **반대되는 한자** · 好(좋을 호)↔惡(미워할 오)

〈
夕
女
奵
好

虎의
2
총8획

虎

범　호

· 虎穴(호혈) 범의 굴. 곧 위험한 장소.
· 虎狼(호랑) ①범과 이리. 포악한 사람. ②호랑이.
· 虎骨(호골) · 虎口(호구) · 虎班(호반) · 虎榜(호방)
· 虎符(호부) · 虎父犬子(호부견자) · 虎鬚(호수) ·
　虎視耽耽(호시탐탐) · 虎列刺(호열자) · 虎而冠(호
　이관) · 虎子(호자) · 虎叱(호질)

[풀이] 범의 모양을 본뜸. 범이란
뜻.

[참고]

❖ **부가의미** · 용맹함의 뜻도 있음.

丶
卜
广
庐
虎

口의
5
총8획

呼 ★★

숨내쉴 호

· 呼應(호응) 부름에 따라 응답(應答)함.
· 呼吸(호흡) 숨을 내쉼과 들이 마심.
· 呼價(호가) · 呼氣(호기) · 呼名(호명) · 呼訴(호소)
· 呼噪(호조) · 呼集(호집) · 呼唱(호창) · 呼出(호출)
· 呼稱(호칭) · 呼兄(호형) · 呼號(호호) · 呼吸器(호
　흡기)

[풀이] 입을 뜻하는 口와 음을 나
타내는 乎(호)를 합쳐 큰소리로 부
르다의 뜻.

[참고]

❖ **비슷한 의미를 가진 한자** · 부르다의 뜻을 가진 글자
呼(호)는 소리를 내어 부름. 喚(환)은 큰소리로 급히
부름. 召(소)는 불러 오게 함.

丨
口
叮
叮
呼

月의
5
총9획

胡

어찌　호
오랑캐 호

· 胡國(호국) 북쪽 오랑캐의 나라.
· 胡地(호지) 중국의 북부 지방.
· 胡笳(호가) · 胡瓜(호과) · 胡弓(호궁) · 胡女(호녀)
· 胡桃(호도) · 胡亂(호란) · 胡虜(호로) · 胡錄(호록)
· 胡馬(호마)

[풀이] 살을 뜻하는 月과 음을 나
타내는 古(고)[호는 변음]을 합쳐서
소의 턱밑살을 뜻함. 음을 빌어서
의문 · 반어(反語)의 조사로 씀.

[참고]

❖ **부가의미** · ①오래 삶. ②늙은이. ③멂. ④창끝의 갈라
진 가지. ⑤예기(禮器) 등의 뜻도 있음.

氵
汁
沽
沽
湖

氵의7 총10획 **浩** 넓을 호 클 호	· 浩洋(호양) 물이 광대(廣大)한 모양. · 浩然之氣(호연지기) 사람의 마음에 차 있는 너르고 굳고 맑고 올바른 기운. · 浩蕩(호탕) · 浩浩(호호)	氵 汁 汢 浩 浩

풀이 氵[물]과 음을 나타내는 告(고)[호는 변음]를 합하여 큰 물의 뜻이 되며 전(轉)하여 넓다·크다의 뜻.

참고

❖ **부가의미** · 기운이 좋고 센 모양의 뜻도 있음.

❖ **비슷한 의미를 가진 한자** · 크다의 뜻을 가진 글자 →大(대).

◻ **모양이 비슷한 한자** · 浩(클 호) 浩茫(호망)
· 活(살 활) 生活(생활)

★ ★ ★ 氵의9 총12획 **湖** 큰못 호	· 湖畔(호반) 호수의 가. · 湖水(호수) 사면이 육지로 쌓이고 물이 괸 곳. 못·늪보다 넓고 깊은 곳. · 湖南(호남) · 湖上(호상) · 湖沼(호소) · 湖心(호심) · 湖海(호해) · 江湖(강호) · 淡水湖(담수호) · 大湖(대호) · 鹽湖(염호) · 五湖(오호)	氵 汁 沽 湖 湖

풀이 氵[물]과 음을 나타내는 胡(호)를 합쳐서 큰 못을 뜻함.

참고

❖ **부가의미** · 중국의 동정호(洞定湖)의 뜻도 있음.

★ ★ ★ 虍의7 총13획 **號** 부르짖을 호	· 號令(호령) ①지휘(指揮)하는 명령. ②큰 소리로 꾸짖음. · 番號(번호) 차례를 나타내는 호수(號數). · 號哭(호곡) · 號俸(호봉) · 號數(호수) · 號外(호외) · 口號(구호) · 國號(국호) · 記號(기호) · 年號(연호) · 怒號(노호) · 別號(별호) · 商號(상호) · 詩號(시호)	口 号 号卢 號 號

풀이 범을 뜻하는 虎와 음을 나타내는 号(호)를 합쳐서 범이 크게 소리를 지르다의 뜻. 부르짖다의 뜻으로 씀.

참고

❖ **부가의미** · ①목을 놓아 욺. ②덧붙이는 이름. ③표적. ④등급을 나타내는 접미어 등의 뜻도 있음.

❖ **비슷한 의미를 가진 한자** · 부르짖다의 뜻을 가진 글자→叫(규).

手의7 총11획 **豪** 호협할 호	· 豪傑(호걸) 기개, 풍모가 뛰어난 사람. · 文豪(문호) 뛰어난 문학가, 문장가. · 豪家(호가) · 豪强(호강) · 豪氣(호기) · 豪農(호농) · 豪膽(호담) · 豪放(호방) · 豪富(호부) · 豪士(호사) · 豪奢(호사) · 豪商(호상) · 豪勢(호세) · 豪語(호어) · 豪言(호언) · 豪勇(호용) · 豪雨(호우) · 豪遊(호유)	· 亠 亠 高 毫

풀이 豕[돼지]와 음을 나타내는 高(고)[호는 변음]의 생략형인 亠를 합쳐서 가시털이 있는 멧돼지 모양의 짐승(호저)을 뜻함. 널리 호협하다·강하다의 뜻으로 씀.

참고

❖ **부가의미** · ①뛰어남. 걸출함. ②굳셈. 강함. ③호화로움. ④돼지 갈기. 터럭. ⑤근소, 약간 등의 뜻도 있음.

◻ **모양이 비슷한 한자** · 豪(호걸 호) 豪傑(호걸)
· 毫(붓 호) 秋毫(추호)

護

言의 14
총 21획

도울 호

· 護國(호국) 나라를 수호(守護)함.
· 辯護(변호) 남에게 이롭도록 변명함.
· 護法(호법) · 護喪(호상) · 護送(호송) · 護身(호신)
· 護岸(호안) · 護衛(호위) · 護憲(호헌) · 加護(가호)
· 看護(간호) · 警護(경호) · 救護(구호) · 防護(방호)
· 保護(보호) · 庇護(비호) · 守護(수호) · 愛護(애호)

【풀이】 言[말]과 음을 나타내는 蒦
(약)[호는 변음]을 합쳐서 말로 변
호하다의 뜻. 널리 지키다의 뜻으로
씀.

【참고】
※ 부가의미 · ①지킴. ②두둔함. 호위함. ③감독함 등의
뜻도 있음.

言
言
謢
護

或

戈의 4
총 8획

혹 혹

· 或是(혹시) 만일에. 어떤 경우에.
· 間或(간혹) 이따금. 간간이.
· 或時(혹시) · 或如(혹여) · 或者(혹자) · 設或(설혹)

【풀이】 말뚝을 나타내는 弋(戈는
변형)과 밭 경계를 뜻하는 疆의 생
략형 口으로 이루어져, 말뚝을 쳐서
경계를 지은 땅을 뜻함. 域의 본디
글자. 음을 빌어 혹이라는 뜻으로
쓰임.

【참고】
※ 부가의미 · ①어떤 것. ②어떤 사람. ③있음 등의 뜻도
있음.

一
口
或
或
或

惑

心의 8
총 12획

미혹할 혹

· 惑世(혹세) 세상을 현혹함.
· 迷惑(미혹) 마음이 흐려서 무엇에 홀림.
· 惑溺(혹닉) · 惑亂(혹란) · 惑星(혹성) · 惑愛(혹애)
· 當惑(당혹) · 不惑(불혹) · 誘惑(유혹) · 疑惑(의혹)

【풀이】 心[마음]과 음을 나타내는
或(혹)을 합쳐서 혹시 하고 마음 속
에 생각하다의 뜻.

【참고】
※ 부가의미 · ①한 곳에 가만히 못 있음. 올바른 길에서
벗어남. ②잘못 생각함. 갈피를 못 잡음. 망설임 등의
뜻도 있음.

一
亠
或
或
惑

混

氵의 8
총 11획

섞일 혼

· 混亂(혼란) 뒤섞여서 어지러움.
· 混濁(혼탁) 흐림. 맑지 아니함.
· 混沌(혼돈) · 混同(혼동) · 混流(혼류) · 混淪(혼륜)
· 混芒(혼망) · 混冥(혼명) · 昏迷(혼미) · 混紡(혼방)
· 混色(혼색) · 混用(혼용) · 混雜(혼잡) · 混合(혼합)
· 混血(혼혈)

【풀이】 氵[물]과 음을 나타내는 昆
(곤)[혼은 변음]을 합쳐서 물이 마
구 끓다의 뜻임. 후에 섞이다의 뜻
으로 쓰게 됨

【참고】
※ 부가의미 · ①섞임. 서로 섞임. ②구별이 안됨. ③물이
마구 끓는 모양. ④흐림 등의 뜻도 있음.

氵
氿
汨
混
混

婚

★

女의 8
총11획

장가들 혼

婚 (필순: 女 女 妡 婚 婚)

・婚姻(혼인) 남녀가 부부가 되는 일.
・既婚(기혼) 이미 혼인을 하였음.
・婚家(혼가)・婚具(혼구)・婚期(혼기)・婚談(혼담)
・婚禮(혼례)・婚事(혼사)・婚書(혼서)・婚約(혼약)
・婚儀(혼의)・婚處(혼처)・結婚(결혼)・求婚(구혼)
・禁婚(금혼)・晩婚(만혼)・成婚(성혼)・新婚(신혼)

[풀이] 女[여자]와 昏[황혼]을 합쳐서 해가 저물 무렵부터 시작되는, 신부를 맞아 들이는 일이라는 뜻.

[참고]
❖ 부가의미 ・처가의 뜻도 있음.

魂

鬼의 4
총14획

넋 혼

魂 (필순: 二 云 动 动 魂)

・魂靈(혼령) 죽은 사람의 넋.
・商魂(상혼) 상인(商人)의 장사에 대한 정신이나 의욕.
・魂怯(혼겁)・魂氣(혼기)・魂膽(혼담)・魂帛(혼백)
・魂魄(혼백)・魂飛魄散(혼비백산)・亡魂(망혼)・傷魂(상혼)・心魂(심혼)・英魂(영혼)・靈魂(영혼)

[풀이] 鬼[죽은 사람]와 음을 나타내는 云(운)[훈은 변음]을 합쳐서 죽은 사람의 혼을 뜻함. 널리 넋・정신의 뜻으로 쓰임.

[참고]
❖ 비슷한 의미를 가진 한자 ・뛰어난 사람의 혼은 英魂(영혼)・英靈(영령)・神靈(신령). 죽은 사람의 혼은 亡魂(망혼)・亡靈(망령). 해를 끼치는 망령은 怨靈(원령)・惡靈(악령).

忽

心의 4
총8획

깜짝할 홀
소홀히할 홀

忽 (필순: ノ ク 勿 勿 忽)

・忽如(홀여) 뜻밖에 얼씬 나타나거나 사라지는 모양. 문득. 갑작스레.
・疎忽(소홀) 탐탁지 않고 범연(泛然)한 모양.
・忽視(홀시)・忽焉(홀언)・忽然(홀연)・忽地(홀지)
・忽忽(홀홀)・輕忽(경홀)・怠忽(태홀)・飄忽(표홀)

[풀이] 음을 나타내는 勿(물)[홀은 변음]과 心[마음]을 합쳐서 갑자기라는 뜻.

[참고]
❖ 부가의미 ・①잊음. ②다함. 멸망함 등의 뜻도 있음.
❖ 잘못읽기 쉬운 한자 ・忽然 홀연 (총연으로 읽지 말 것)

洪

氵의 6
총9획

클 홍

洪 (필순: 氵 汁 沖 洪 洪)

・洪水(홍수) 큰물. 넘쳐 흐를 정도로 많은 사물의 비유.
・洪業(홍업) 나라를 세우는 큰 사업.
・洪大(홍대)・洪圖(홍도)・洪恩(홍은)・洪才(홍재)
・洪積層(홍적층)・洪志(홍지)・洪蕩(홍탕)・洪荒(홍황)

[풀이] 氵[물]과 음을 나타내는 共(공)[홍은 변음]으로 이루어지며 널리 퍼지는 물의 뜻임.

[참고]
❖ 부가의미 ・①홍수. 큰물. ②넓음. ③성(姓)의 하나 등의 뜻도 있음.
❖ 비슷한 의미를 가진 한자 ・큰, 크다의 뜻을 가진 글자→大(대).

| 糸의
3 획
총 9획 | 紅 붉을 홍 | · 紅桃(홍도) 붉은 복숭아.
· 紅葉(홍엽) 붉은 잎. 단풍든 나뭇잎.
· 紅巾賊(홍건적) · 紅絹(홍견) · 紅東白西(홍동백서)
· 紅燈(홍등) · 紅燈街(홍등가) · 紅蓮(홍련) · 紅淚
(홍루) | 乀
幺
糸
糸
紅 |

[풀이] 糸[실]와 음을 나타내는 工 (공)을 합하여 붉게 물들인 옷감·피륙의 뜻. 널리 붉은 색의 뜻으로 쓰임.

[참고]

❈ 부가의미 · ①털여뀌. 마디풀과에 속하는 일년초. 홍초 (紅草). ②연지. 붉은 물감의 한 가지. ③붉은 꽃. ④ 상복(喪服) 이름. ⑤길쌈 등의 뜻도 있음.

| 火의
0 획
총 4획 | ★★★
火 불 화 | · 火急(화급) 매우 급함.
· 放火(방화) 불이 일어남.
· 火鏡(화경) · 火攻(화공) · 火口(화구) · 火口湖(화
구호) · 火氣(화기) · 火器(화기) · 火難(화난) · 火
力(화력) · 火輪(화륜) · 火傷(화상) · 火星(화성) ·
火食(화식) · 火因(화인) · 火田(화전) · 火刑(화형) | 丶
丷
少
火 |

[풀이] 불길의 모양을 본뜸. 부수로 서는 불에 관한 뜻을 나타냄. 받침이 될 때는 灬로 되는 때가 많음.

[참고]

❈ 부가의미 · ①등불. 횃불. 빛을 발하는 것. ②화재. ③급함. ④오행(五行)의 하나 등의 뜻도 있음.

| 匕의
2 획
총 4획 | ★★★
化 화할 화 | · 化石(화석) 전세기(前世紀)의 지층(地層)속에 보존된
동식물의 유해(遺骸).
· 變化(변화) 사물의 형상·성질 등이 변하여 다르게
됨.
· 化去(화거) · 化工(화공) · 化膿(화농) · 化導(화도)
· 化身(화신) · 化神(화신) · 化育(화육) · 化合(화합) | 丿
亻
化
化 |

[풀이] 사람을 뜻하는 亻과 음을 나타내는 匕[화]를 합쳐 사람이나 물건의 겉모양이 달라지다의 뜻. 널리 달라지다의 뜻으로 쓰임.

[참고]

❈ 부가의미 · ①변화. ②죽음. ③본받음. ④교화. 교육. ⑤마술. 요술. ⑥중이 동냥함 등의 뜻도 있음.

◪ 모양이 비슷한 한자 · 化(화할 화) 火道(화도)
· 花(꽃 화) 花開(화개)

| ++의
4 획
총 8획 | ★★★
花 꽃 화 | · 花草(화초) 꽃이 피는 풀과 나무.
· 花盆(화분) 꽃을 심어 가꾸는 그릇.
· 花街(화가) · 花間(화간) · 花崗巖(화강암) · 花客
(화객) · 花莖(화경) · 花冠(화관) · 花期(화기) · 花
器(화기) · 花壇(화단) · 花代(화대) · 花郎(화랑) ·
花郎世紀(화랑세기) · 花柳(화류) | 丆
艹
花
花
花 |

[풀이] ++[풀]와 음을 나타내는 化 (화)를 합쳐서 풀의 꽃을 뜻함.

[참고]

❈ 부가의미 · ①꽃이 핌. 아름다움. ②천연두(天然痘). ③써서 없앰 등의 뜻도 있음.

❈ 잘못읽기 쉬운 한자 · 花瓣 화판 (화변으로 읽지 말 것)

和

口의 5
총 8획

★ ★ ★

온화할 화

二
千
禾
和
和

풀이 입을 뜻하는 口와, 음을 나타내면서 군문(軍門)에 세운 깃발의 뜻인 禾(화)를 합쳐서 남의 소리에 응해 가담하다의 뜻. 널리 얼러 화목해지다의 뜻.

· 和氣(화기) 화창(和暢)한 일기. 온화한 기색.
· 和解(화해) 불화를 풂.
· 和歌(화가)·和姦(화간)·和謙(화겸)·和敬(화경)
· 和氣靄靄(화기애애)·和答(화답)·和尙(화상)·和色(화색)·和順(화순)·和食(화식)·和音(화음)

참고

❖ **비슷한 의미를 가진 한자**·부드러워지다의 뜻을 가진 글자 和(화)는 음양(陰陽)이 잘 조화되어 부드러워짐. 柔(유)는 부드러운 모양.↔剛(강). 輯(집)은 많은 것이 모여 부드러워짐.

⛎ **반대되는 한자**·和(화목할 화)↔戰(싸움 전)

華

艹의 8
희
총 12획

빛날 화

丷
艹
艹
苹
華

풀이 艹[풀]와 버드나무 잎이 아름답게 늘어진 모양인 芈를 합쳐서 아름답게 꽃이 핀 가지가 달린 초목의 뜻. 널리 꽃·화려하다의 뜻으로 씀.

· 華麗(화려) 번화하고 고움.
· 樺燭(화촉) ①빛갈 들인 말초. 호화로운 등화(燈火). ②결혼의 예식.
· 華客(화객)·華僑(화교)·華墨(화묵)·華美(화미)·華奢(화사)·華商(화상)·華婚(화혼)·散華(산화)
· 榮華(영화)·中華(중화)

참고

❖ **부가의미**·①빛남. 영화. 아름다움. ②겉. 표면. ③흼[白]. ④중국을 일컫는 말 등의 뜻도 있음.

貨

貝의 4
총 11획

재화 화

亻
化
化
貨
貨

풀이 貝[화폐]와 바꾸다의 뜻인 化를 합쳐 돈으로 바꾸기 위한 물건이라는 뜻. 널리 재화의 뜻으로 쓰임.

· 貨幣(화폐) 돈. 통화(通貨).
· 雜貨(잡화) 여러 가지 상품.
· 貨客船(화객선)·貨物(화물)·貨殖(화식)·貨財(화재)·貨車(화차)·硬貨(경화)·金貨(금화)·銅貨(동화)·百貨(백화)·良貨(양화)·銀貨(은화)·財貨(재화)·通貨(통화)

참고

❖ **부가의미**·①물건. 짐. ②돈. ③팖. ④선물을 보냄. 뇌물을 보냄 등의 뜻도 있음.

畵

田의 7
총 12획

그림 화

一
一
聿
書
畵

풀이 손에 붓을 든 것을 뜻하는 聿과 음을 나타내는 畀(화)를 합쳐서 붓으로 줄을 긋다의 뜻. 또 밭의 경계를 긋다의 뜻으로도 씀.

· 畵癖(화벽) 그림을 좋아하는 버릇.
· 畵幅(화폭) 그림을 그린 족자.
· 畵架(화가)·畵家(화가)·畵境(화경)·畵工(화공)·畵具(화구)·畵壇(화단)·畵廊(화랑)·畵龍點睛(화룡점정)·畵面(화면)·畵伯(화백)·畵法(화법)

참고

❖ **비슷한 의미를 가진 한자**·꾀하다의 뜻을 가진 글자→計(계). 그리다의 뜻을 가진 글자→描(묘).

352

話 이야기 화	· 話術(화술) 말재주. · 話題(화제) 얘기의 제목. 이야깃거리. · 話頭(화두)·話法(화법)·話語(화어)·佳話(가화)	言 言 言 話

言의 6
총 13획

(풀이) 言과 음을 나타내는 舌(괄)[화는 변음]을 합쳐서 좋은 말이라는 뜻. 후에 널리 말하다의 뜻으로 씀.

(참고)
❖ 비슷한 의미를 가진 한자 · 비밀 이야기는 密談(밀담). 실제로 있은 이야기는 實話(실화). 아름다운 이야기는 美談(미담). 흔하지 않은 이야기는 珍談(진담)·奇談(기담)·珍聞(진문). 심심풀이로 하는 이야기는 閑談(한담). 서로 주고 받는 이야기는 對談(대담)·對話(대화)·面談(면담)·會話(회화). 여러 가지 이야기는 雜談(잡담). 거리낌 없는 이야기는 放談(방담).

禍 앙화 화	· 禍根(화근) 재화(災禍)의 근원. · 禍福(화복) 재앙과 福祿(복록). · 禍難(화난)·禍亂(화란)·禍不單行(화불단행)·禍害(화해)·禍口生(화구생)·奇禍(기화)·舌禍(설화)·水禍(수화)·災禍(재화)	二 示 祀 祀 禍

示의 9
총 14획

(풀이) 示[신]와 음을 나타내는 咼(과)[過의 생략형. 화는 변음]를 합하여 신(神)의 문책·타박의 뜻으로 쓰임.

(참고)
❖ 부가의미 · 재앙(災殃)의 뜻도 있음.
✗ 반대되는 한자 · 禍(재앙 화)↔福(복 복)

確 확실할 확	· 確固(확고) 확실하고 튼튼하여 굳음. · 確然(확연) 확실한 모양. · 確答(확답)·確率(확률)·確立(확립)·確聞(확문) · 確保(확보)·確報(확보)·確說(확설)·確守(확수) · 確信(확신)·確實(확실)·確約(확약)·確言(확언) · 確認(확인)·確定(확정)·確證(확증)·明確(명확)	厂 石 矿 砳 確

石의 10
총 15획

(풀이) 石[돌]과 음을 나타내는 隺(확)을 합하여 굳은 돌를 뜻함. 널리 굳다의 뜻으로 씀.

(참고)
❖ 부가의미 · 굳음. 여묾의 뜻도 있음.
✗ 반대되는 한자 · 確(확실할 확)↔漠(아득할 막)

患 근심 환	· 患難(환난) 근심과 재난(災難). · 憂患(우환) ①근심. 걱정. ②질병. · 患家(환가)·患苦(환고)·患部(환부)·患憂(환우) · 患者(환자)·患禍(환화)·急患(급환)·內患(내환) · 大患(대환)·外患(외환)·重患(중환)·疾患(질환) · 風患(풍환)·後患(후환)	口 口 吕 串 患

心의 7
총 11획

(풀이) 心[마음]과 음을 나타내는 串(관)[화는 변음]을 합쳐서 고민하다의 뜻. 널리 앓다의 뜻으로 씀.

(참고)
❖ 부가의미 · ①(병·재난을) 괴로와함. 앓음. 병이 듦. ②병. ③어려움. 재난 등의 뜻도 있음.
❖ 비슷한 의미를 가진 한자 · 근심하다의 뜻을 가진 글자→愁(수).

扌의 9 총 12획	換 바꿀 환	· 換節期(환절기) 절기(節氣)가 바뀌는 시기. · 交換(교환) 이것과 저것을 서로 바꿈. · 換價(환가) · 換穀(환곡) · 換骨奪胎(환골탈태) · 換券(환권) · 換金(환금) · 換氣(환기) · 換算(환산) · 換言(환언) · 換腸(환장) · 變換(변환) · 轉換(전환) · 置換(치환)	一 十 扛 换 換

풀이 扌[손]와 음을 나타내는 奐(환)을 합쳐서 손을 교대로 바꾸다의 뜻. 널리 바꾸다의 뜻으로 씀.

❖ **참고**

❖ **부가의미** · 방자함의 뜻도 있음.
❖ **비슷한 의미를 가진 한자** · 바꾸다의 뜻을 가진 글자
→變(변).

辶의 3 총 17획	還 돌아올 환	· 還元(환원) 근본으로 되돌아 감. · 歸還(귀환) 돌아감. 돌아옴. · 還甲(환갑) · 還國(환국) · 還宮(환궁) · 還都(환도) · 還曆(환력) · 還付(환부) · 還拂(환불) · 還俗(환속) · 還御(환어) · 還幸(환행) · 還鄕(환향) · 返還(반환) · 奉還(봉환) · 償還(상환) · 生還(생환) · 送還(송환)	罒 咒 睘 景 還

풀이 길을 걸어가다의 뜻인 辶과 음을 나타내는 睘(경)[환은 변음]을 합쳐서 한 바퀴 빙 돌다의 뜻. 후에 돌아오다의 뜻으로 씀.

❖ **참고**

❖ **부가의미** · ①돌려줌. ②돌림. ③돌아봄. ④둘[周].
⑤가벼움. ⑥빠름 등의 뜻도 있음.
❖ **비슷한 의미를 가진 한자** · 돌아오다의 뜻을 가진 글
자→歸(귀).

★ 玉의 13 총 17획	環 옥 환 고리 환	· 環境(환경) ①빙 둘러 싼 구역. ②주위의 사물 또는 사정. 분위기. · 環視(환시) ①뭇 사람이 둘러 서서 봄. ②사방을 둘 러 봄. · 環刀(환도) · 環狀(환상) · 環列(환열) · 環衛(환위) · 環節(환절) · 環周(환주) · 環海(환해)	王 玗 珇 瑈 環

풀이 玉[구슬]과 음을 나타내는 睘(경)[환은 변음]을 합쳐서 고리 모양의 구슬을 뜻함.

❖ **참고**

❖ **부가의미** · ①두름. 둘러쌈. ②둘레. ③둚. 돌림. ④상
제가 머리에 쓰는 테두리 등의 뜻도 있음.

欠의 18 총 22획	歡 기뻐할 환	· 歡迎(환영) 즐거운 뜻을 표해 맞음. · 歡呼(환호) 기뻐서 부르짖음. · 歡客(환객) · 歡談(환담) · 歡待(환대) · 歡樂(환락) · 歡聲(환성) · 歡送(환송) · 歡心(환심) · 歡游(환유) · 歡天喜地(환천희지) · 歡喜(환희) · 交歡(교환) · 哀歡(애환) · 歡樂街(환락가) · 歡呼聲(환호성)	丶 卝 茁 雚 歡

풀이 입을 벌리다의 뜻인 欠와 음을 나타내는 雚(관)[환은 변음]을 합쳐서 음식을 앞에 놓고 입을 벌리고 먹다의 뜻. 널리 기뻐하다의 뜻으로 씀.

❖ **참고**

❖ **부가의미** · 칭찬함의 뜻도 있음.
❖ **반대되는 한자** · 歡(기쁠 환)↔哀(슬플 애)

氵
의 6
총 9획

活 ★★★
살 활

[풀이] 氵[물]과 음을 나타내는 舌(설)[昏의 변형이며 활은 변음]로 이루어지며 물이 주기차게 움직임을 뜻함. 후에 생생함·팔팔함·삶의 뜻으로 쓰임.

- 活用(활용) 살리어 잘 응용함.
- 復活(부활) 소생함.
- 活計(활계)·活劇(활극)·活氣(활기)·活動(활동)
- 活力(활력)·活路(활로)·活舞臺(활무대)·活物(활물)·活潑(활발)·活寫(활사)·活魚(활어)·活着(활착)·農活(농활)·死活(사활)·自活(자활)

[참고]
❖ 부가의미 · ①팔팔함. 생생함. ②물 콸콸 흐르는 소리 등의 뜻도 있음.
✖ 반대되는 한자 · 活(살 활)↔死(죽을 사)

氵 氵 汙 活 活

氵
의 5
총 8획

況
하물며 황

[풀이] 氵[물]과 음을 나타내는 兄(형)[황은 변음]으로 이루어지며 찬 물의 뜻임. 후에 양상(樣相)의 뜻이 되고 또 하물며의 뜻도 있음.

- 況且(황차) 하물며.
- 狀況(상황) 일이 되어 가는 형편이나 모양.
- 近況(근황)·比況(비황)·實況(실황)·戰況(전황)
- 情況(정황)

[참고]
❖ 부가의미 · ①비교함. ②양상 등의 뜻도 있음.

氵 氵 氵 況 況

白
의 4
총 9획

皇
임금 황

[풀이] 임금의 상징인 관(冠)이 받침 위에 놓여 있는 모양을 본떠 큰 관을 뜻함. 후에 크다·임금의 뜻으로 쓰임.

- 皇城(황성) 황제국의 도성(都城).
- 皇帝(황제) 제국(帝國)의 군주(君主)의 존칭.
- 皇居(황거)·皇考(황고)·皇國(황국)·皇軍(황군)
- 皇宮(황궁)·皇基(황기)·皇女(황녀)·皇道(황도)
- 皇龍寺(황룡사)·皇妃(황비)·皇嗣(황사)·皇孫(황손)

[참고]
❖ 부가의미 · ①천제(天帝). 상제(上帝). 만물의 주재자(主宰者). ②큼. ③넓음. ④성함. 왕성함. 번성함. ⑤바름. 바로잡음. ⑥비롯함. ⑦아름다움. ⑧훌륭함. ⑨겨를. 틈. ⑩비롯함. ⑪엄숙함 등의 뜻도 있음.

丿 亻 宀 白 白 皇

黃
의 0
총 12획

黃 ★★★
누를 황

[풀이] 끝에 불을 단 화살의 모양을 본뜸. 불을 붙인 화살이 날 때 타는 불이 빨간 빛보다 엷은 누런 빛으로 보이므로 노란 빛의 뜻으로 씀.

- 黃疸(황달) 살빛이 누렇게 되며 대변은 회백색, 소변은 황색으로 변하는 병.
- 黃塵(황진) ①누른 빛의 흙먼지. ②싫증이 나는 세상의 속된 일.
- 黃褐色(황갈색)·黃巾(황건)·黃口(황구)·黃菊(황국)·黃金(황금)·黃金時代(황금시대)

[참고]
❖ 부가의미 · ①급히 서두름. ②어린 아이. ③성(姓)의 하나 등의 뜻도 있음.

一 十 卄 苫 菎 黃

火의 2 총 6획	 **灰** 　　재 회	· 灰滅(회멸) 타서 없어짐. · 灰壁(회벽) 석회(石灰)를 바른 벽. · 灰白色(회백색) · 灰分(회분) · 灰色(회색) · 灰燼(회신) · 灰心(회심) · 灰塵(회진) · 劫灰(겁회) · 枯木死灰(고목사회) · 冷灰(냉회) · 石灰(석회) · 燼灰(신회) · 熱灰(열회) · 蛤灰(합회)	一 厂 厂 厃 灰

풀이 火[불]와 손을 뜻하는 厂을 합쳐서 불이 꺼지고 손으로 만질 수 있게 된 것, 즉 재를 뜻함.

口의 3 총 6획	 **回** 　　돌 회	· 回甲(회갑) 환갑. 61세를 일컬음. · 回傳(회전) 빙빙 돌아서 구름. · 回顧(회고) · 回敎(회교) · 回國(회국) · 回軍(회군) · 回歸(회귀) · 回歸年(회귀년) · 回歸線(회귀선) · 回答(회답) · 回路(회로) · 回復(회복) · 回想(회상) · 回線(회선) · 回收(회수) · 回數(횟수) · 回信(회신)	一 冂 冂 回 回

풀이 물의 소용돌이가 빙글빙글 도는 모양을 본뜬 글자.

참고

❖ **부가의미** · ①돌이킴. ②사물의 도수(度數). ③머뭇거림. ④간사함. ⑤어김. 피함. ⑥나라이름 등의 뜻도 있음.

忄의 7 총 10획	 **悔** 　　뉘우칠 회	· 悔恨(회한) 뉘우치고 한탄함. · 後悔(후회) 이전의 잘못을 깨우치고 뉘우침. · 悔改(회개) · 悔過(회과) · 悔心(회심) · 悔悟(회오) · 悔尤(회우) · 悔悛(회전) · 憾悔(감회) · 悲悔(비회) · 怨悔(원회) · 追悔(추회) · 痛悔(통회)	ㄴ ㅏ 忙 悔 悔

풀이 마음을 뜻하는 忄과 음을 나타내면서 어둡다의 뜻을 가진 每(매)[회는 변음]를 합쳐서 근심 때문에 마음이 언짢다의 뜻. 후회하다로 바꾸어 쓰임.

참고

❖ **부가의미** · ①실패함. ②고침 등의 뜻도 있음.

曰의 9 총 13획	★ ★ ★ **會** 　　모일 회	· 會見(회견) 서로 만나봄. · 會談(회담) 한곳에 모여 이야기함. · 會見談(회견담) · 會計(회계) · 會計年度(회계연도) · 會稽之恥(회계지치) · 會期(회기) · 會同(회동) · 會報(회보) · 會食(회식) · 會友(회우) · 會議(회의) · 會意(회의) · 會場(회장) · 會則(회칙) · 會合(회합)	人 今 侖

풀이 시루(曾)에 뚜껑(亼)을 맞추다의 뜻. 널리 만나다의 뜻으로 쓰임.

참고

❖ **부가의미** · ①모임. 모음. 집회. ②때마침. 꼭. ③때. ④깨달음. 이해함. ⑤셈 등의 뜻도 있음.

❖ **비슷한 의미를 가진 한자** · 만나다의 뜻을 가진 글자 →遇(우).

忄의 16 총 19 획	 생각할 회

・懷柔(회유) 어루만지어 달램.
・懷中(회중) 품속.
・懷古(회고)・懷舊(회구)・懷歸(회귀)・懷慕(회모)
・懷想(회상)・懷柔(회유)・懷疑(회의)・懷疑論(회의론)・懷妊(회임)・懷孕(회잉)・懷中(회중)

[풀이] 마음을 뜻하는 忄과 음을 나타내는 襄(회)를 합쳐서 두고두고 생각하다의 뜻. 널리 품다의 뜻으로 씀.

[참고]
❖ 비슷한 의미를 가진 한자・생각하다의 뜻을 가진 글자→思(사). 품다의 뜻을 가진 글자→抱(포).
◘ 모양이 비슷한 한자・懷(품을 회) 懷疑(회의)
・壞(무너질 괴) 破壞(파괴)
・壤(부드러운 흙 양) 土壤(토양)

刂의 12 총 14 획	 쪼갤 획

・劃期的(획기적) 시 시대를 긋는 상태.
・劃一的(획일적) 한결같은 모양.
・劃數(획수)・劃一(획일)・劃然(획연)・區劃(구획)
・字劃(자획)・天劃(천획)

[풀이] 畫(그을 획)에 刂(=刀→칼 도)를 합한 글자. 논밭의 경계가 되는 곳에 칼로 금을 그어 나누었다는 데서 긋다의 뜻이 됨. 이를 미리 짠다는 데서 계획을 뜻함.

[참고]
❖ 부가의미・구분을 지음의 뜻도 있음.

犭의 14 총 17 획	 얻을 획

・獲得(획득) 손에 넣음. 얻음.
・獲利(획리) 이익을 얻음. 자기에게 유리한 처지를 얻는 일.
・獲麟(획린)・獲罪(획죄)・拿獲(나획)・殺獲(살획)
・漁獲(어획)・田獲(전획)・捕獲(포획)

[풀이] 犭[개]과 음을 나타내는 蒦(확)[획은 변음]을 합쳐서 개를 부려 새난 짐승을 잡다의 뜻. 또 그렇게 하여 잡은 것의 뜻으로도 씀.

[참고]
❖ 부가의미 ・①사냥한 것. 빼앗은 것. ②빼앗음. 약탈함. ③실심하는 모양 등의 뜻도 있음.
◘ 모양이 비슷한 한자・獲(얻을 획) 捕獲(포획)
・穫(벨 확) 收穫(수확)
▨ 반대되는 한자・獲(얻을 획)↔播(씨뿌릴 파)

木의 12 총 16 획	 가로 횡

・橫斷(횡단) 가로로 절단함. 가로 지나감.
・橫暴(횡포) 제멋대로 굴며 난폭함.
・橫經膜(횡경막)・橫貫(횡관)・橫隊(횡대)・橫道(횡도)・橫列(횡렬)・橫領(횡령)・橫流(횡류)・橫目(횡목)

[풀이] 木[나무]과 음을 나타내는 黃(황)[횡은 변음]을 합쳐서 문이 열리지 않도록 가로로 끼우는 나무, 즉 빗장을 뜻함. 널리 가로의 뜻으로 씀.

[참고]
❖ 부가의미・바르지 못함. 제멋대로 함의 뜻도 있음.
▨ 반대되는 한자・橫(가로 횡)↔從(세로 종)

忄
忄
忄
忄
忄
懷

フ
ユ
聿
畫
劃

犭
犭
犭
獲
獲
獲

木
枠
柿
椪
橫
橫

孝 (부모를 잘섬길 효)

子의 4 총7획

★★★

부모를 잘섬길 효

十 土 耂 孝 孝

- 孝道(효도) 부모를 잘 섬기는 도리.
- 孝誠(효성) 마음을 다하여 부모를 섬기는 정성.
- 孝女(효녀)·孝婦(효부)·孝誠(효성)·孝心(효심)
- 孝養(효양)·孝子(효자)·孝慈(효자)·孝悌(효제)
- 孝親(효친)·孝行(효행)·忠孝(충효)·不孝子(불효자)·孝者德之本(효자덕지본)

[풀이] 늙은이라는 뜻인 耂와 음인 子(자)를 합쳐서 늙은 이를 봉양하다의 뜻.

[참고]

❖ 부가의미 ·상복의 뜻도 있음.

效 (효험 효)

夂의 6 총10획

★★★

효험 효

亠 六 交 交 效

- 效果(효과) ①보람. ②좋은 결과. 성과(成果).
- 倣效(방효) 모떠서 본받음.
- 效力(효력)·時效(시효)·實效(실효)·藥效(약효)
- 有效(유효)·效能(효능)·效用(효용)·無效(무효)
- 發效(발효)·卽效(즉효)·逆效果(역효과)·特效藥(특효약)

[풀이] 손에 몽둥이를 들고 강제(强制)하다의 뜻인 攵(=攴)과 음을 나타내는 交(교)[효는 변음]를 합쳐서 강제로 배워 익히게 하다의 뜻. 후에 효력의 뜻으로 쓰임.

[참고]

❖ 부가의미 ·①따라서 함. 흉내를 냄. 배움. ②힘씀. 힘을 다함. ③공(功) 등의 뜻도 있음.

◎ 모양이 비슷한 한자 · 效(효험 효) 效能(효능)
· 郊(성 밖 교) 郊外(교외)

厚 (두터울 후)

厂의 7 총9획

★

두터울 후

一 厂 厈 厚 厚

- 厚德(후덕) 두터운 덕행. 또 두터운 은덕.
- 厚謝(후사) 정중히 사례함. 또 정중히 사죄(謝罪)함.
- 厚祿(후록)·厚味(후미)·厚薄(후박)·厚待(후대)
- 厚生(후생)·厚意(후의)·顔厚(안후)·溫厚(온후)
- 重厚(중후)

[풀이] 벼랑을 뜻하는 厂과 음을 가리키는 旱(후)를 합쳐 두텁다는 뜻. 융숭한 마음이라는 뜻으로도 쓰임.

[참고]

❖ 부가의미 ·①짙음. ②많은. 큰. 훌륭한. ③뻔뻔스러운. ④두께 등의 뜻도 있음.

❖ 반대되는 한자 · 厚(두터울 후)↔薄(얇을 박)

後 (뒤 후)

彳의 6 총9획

★★★

뒤 후

彳 彳 彳 彳 後

- 後繼(후계) 뒤를 이음.
- 後裔(후예) 후손.
- 後架(후가)·後家(후가)·後刻(후각)·後距(후거)
- 後光(후광)·後期(후기)·後代(후대)·後面(후면)
- 後聞(후문)·後門(후문)·後尾(후미)·後方(후방)
- 後事(후사)·後世(후세)·後送(후송)·後手(후수)

[풀이] 물러나다의 뜻인 夊[가다의 뜻인 彳을 거꾸로 한꼴]와 음을 나타내는 幺(요)[후는 변음]를 합쳐서 뒤를 향하여 가다의 뜻. 널리 뒤·나중이라는 뜻으로 쓰임.

[참고]

❖ 부가의미 ·①자손. ②늦음. ③뒤짐. 능력이 못함 등의 뜻도 있음.

❖ 반대되는 한자 · 後(뒤 후)↔前(앞 전)

イ의 8
총 10
획

候
날씨 후
기다릴 후

ノ
イ
イ
亻宀
伊
候

풀이 사람을 뜻하는 亻과 음을 가리키는 矦(후)를 합쳐서 묻다와 징조라는 뜻.

- 候補(후보) 어떠한 벼슬·직무·지위·운동선수 등 에 결원이 있을 때에 그 자리에 나아갈 만한 자격이 있는 사람.
- 候鳥(후조) 계절에 따라서 오고 가는 새. 철새.
- 候問(후문)·候兵(후병)·候伺(후사)·候鐘(후종)

참고

❖ **비슷한 의미를 가진 한자** · 여쭈다의 뜻을 가진 글자 →伺(사). 기다리다의 뜻의 글자→待(대).
☒ **모양이 비슷한 한자** · 侯(제후 후) 君侯(군후)
· 候(철 후) 氣候(기후)
· 喉(목구멍 후) 喉頭(후두)

言의 3
총 10
획

訓
가르칠 훈

ᆖ
言
言
訓
訓

풀이 言[말]과 음을 나타내는 川 (천)[훈은 변음]을 합쳐서 말에 따르도록 한다는 뜻.

- 訓導(훈도) ①가르쳐 인도(引導)함. ②학교의 교원.
- 訓示(훈시) ①가르쳐 보임. ②상관이 직무상(職務上) 의 주의사항을 부하직원에게 일러보임.
- 訓戒(훈계)·訓詁(훈고)·訓告(훈고)·訓讀(훈독)
- 訓令(훈령)·訓放(훈방)·訓手(훈수)·訓育(훈육)
- 訓長(훈장)·訓話(훈화)·家訓(가훈)·敎訓(교훈)

참고

❖ **부가의미** · ①타이름. 이끎. ②거역하지 않음. 순하게 따름. 주[註]를 닮. 뜻을 일러 줌 등의 뜻도 있음.

扌의 9
총 12
획

揮
휘두를 휘

扌
扩
揎
揮
揮

풀이 扌[손]와 음을 나타내는 軍 (군)[휘는 변음]을 합쳐서 손을 휘두르다의 뜻.

- 揮汗(휘한) 땀을 뿌림.
- 揮毫(휘호) 붓을 휘둘러서 글씨를 쓰거나 그림을 그림.
- 揮發(휘발)·揮手(휘수)·揮帳(휘장)·發揮(발휘)
- 指揮(지휘)

참고

☒ **모양이 비슷한 한자** 揮(휘두를 휘) 指揮(지휘)
· 輝(빛 휘) 光輝(광휘)

亻의 4
총 6
획

休
쉴 휴

ノ
イ
亻
仁
什
休

풀이 亻과 음을 가리키는 木[고 목의 상형]을 합쳐 사람이 잠자코 있는 것을 나타냄.

- 休憩(휴게) 잠깐 쉼. 휴식(休息).
- 休廷(휴정) 재판 도중에 쉼.
- 休暇(휴가)·休刊(휴간)·休講(휴강)·休耕(휴경)
- 休校(휴교)·休眠(휴면)·休務(휴무)·休業(휴업)
- 休日(휴일)·休電(휴전)·休學(휴학)·休會(휴회)
- 歸休(귀휴)·無休(무휴)·連休(연휴)·運休(운휴)

참고

❖ **부가의미** · ①아름다움. ②기쁨 등의 뜻도 있음.
❖ **비슷한 의미를 가진 한자** · 쉬다의 뜻을 가진 글자 休 (휴)는 근무나 일을 쉼. 息(식)은 한숨 돌리기 위해 쉼. 憩(휴)는 걸음을 멈추고 잠깐 쉼.

凶

凵의 2 총4획 ★★★

흉할 흉

풀이 위터진입구변(凵)과 음을 나타내면서 텅 비었다는 뜻인 ㄨ(오)[흉은 변음]를 합쳐 흉년이라서 뒤주가 비었다는 뜻. 후에 재난이라는 뜻으로 쓰이게 됨.

- 凶夢(흉몽) 불길한 꿈.
- 凶惡(흉악) 성질이 거칠고 사나움.
- 凶家(흉가)·凶計(흉계)·凶器(흉기)·凶年(흉년)
- 凶黨(흉당)·凶徒(흉도)·凶謀(흉모)·凶物(흉물)
- 凶變(흉변)·凶報(흉보)·凶事(흉사)·凶狀(흉상)
- 凶手(흉수)·凶音(흉음)·凶日(흉일)

참고

❖ **비슷한 의미를 가진 한자**·나쁘다의 뜻을 가진 글자 →惡(악).

❖ **반대되는 한자**·凶(흉년들 흉)↔吉(길할 길)

ノ ㄨ 凶 凶

黑

黑의 0 총12획 ★★★

검을 흑

풀이 焱이 본자(本字)임. 불꽃이 굴뚝으로 나오는 모양을 본떠 검다의 뜻. 부수로서는 검다의 뜻을 나타냄.

- 黑夜(흑야) 깜깜한 밤.
- 暗黑(암흑) ①어두 컴컴한 함. ②공명정대하지 아니함. ③세상이 어지러움.
- 黑褐色(흑갈색)·黑旗(흑기)·黑奴(흑노)·黑龍江(흑룡강)·黑幕(흑막)·黑斑(흑반)·黑髮(흑발)
- 黑白(흑백)·黑死病(흑사병)·黑砂糖(흑사탕)

참고

❖ **부가의미**·①검게 물듦. ②어두워짐. ③캄캄함. ④안 보임. ⑤검은 사마귀 등의 뜻도 있음.

ㅁ 罒 四 里 黑

吸

口의 4 총7획 ★★

숨들이쉴 흡

풀이 입을 뜻하는 口와, 음을 나타내는 及(급)[흡은 변음]을 합쳐 입을 대고 쭉 빨다·숨을 들이쉬다의 뜻.

- 吸引力(흡인력) 빨아들이는 힘.
- 呼吸(호흡) 숨을 쉼.
- 吸氣(흡기)·吸力(흡력)·吸盤(흡반)·吸收(흡수)
- 吸煙(흡연)·吸乳期(흡유기)·吸引(흡인)·吸入(흡입)·吸着(흡착)·吸血鬼(흡혈귀)

참고

❖ **부가의미**·기체나 액체를 빨아 들임의 뜻도 있음.

ㅁ 口 叨 吸 吸

興

臼의 9 총16획 ★★

일 흥

풀이 두 손을 뜻하는 舁와 음을 나타내는 同(동)[흥은 변음]을 합쳐서 힘을 모아 들어 올리다의 뜻.

- 興起(흥기) ①떨치고 일어남. ②성(盛)해짐.
- 興奮(흥분) ①마음이 일어나 동(動)함. ②자극을 받아서 신경의 작용을 일으킴.
- 興感(흥감)·興國(흥국)·興隆(흥륭)·興亡(흥망)
- 興味(흥미)·興盛(흥성)·興信所(흥신소)·興業(흥업)·興旺(흥왕)·興趣(흥취)·興敗(흥패)

참고

☉ **모양이 비슷한 한자**·興(일 흥) 興亡(흥망)·與(더불 여) 輿論(여론)

❖ **반대되는 한자**·興(일어날 흥)↔亡(망할 망)

ノ 卜 臼 興 興

希 (★★)
巾의 4
총 7획
바랄 희
드물 희

· 希求(희구) 바라고 구함.
· 希慕(희모) 유덕(有德)한 사람을 사모하여 자기도 그렇게 되기를 바람.
· 希臘神話(희랍신화) · 希望(희망) · 希願(희원) · 幾希(기희) · 鮮希(선희) · 知希(지희)

[풀이] 천을 뜻하는 巾과 교차하다의 뜻인 爻를 합쳐서 실을 섞어 짠 천의 뜻. 후에 음을 빌어 드물다 · 바라다의 뜻으로 쓰임.

[참고]
❖ 부가의미 · 적음의 뜻도 있음.

(세로: 乄 乂 爻 希 希)

喜 (★)
口의 9
총 12획
기쁠 희

· 喜劇(희극) 사람을 웃기는 연극(演劇).
· 喜悲(희비) 기쁨과 슬픔.
· 喜歌劇(희가극) · 喜怒哀樂(희노애락) · 喜報(희보)
· 喜事(희사) · 喜色(희색) · 喜色滿面(희색만면)

[풀이] 입을 뜻하는 口와 그릇에 음식을 그득 담은 모양을 본뜬 壴(추)를 합쳐서 먹고 마시다의 뜻. 널리 기쁘다의 뜻으로 쓰임.

[참고]
❖ 비슷한 의미를 가진 한자 · 기뻐하다의 뜻을 가진 글자 喜(희)는 기뻐서 기분이 좋음. 欣(흔)은 기꺼워서 마음이 들뜸. 悅(열)은 속으로 기뻐함. 說(열)은 悅(열)과 같음. 慶(경)은 경사스러워서 기쁨. 歡(환)은 기뻐서 뛰어 오름.↔憂(우) · 悲(비).
✗ 반대되는 한자 · 喜(기쁠 희)↔悲(슬플 비)

(세로: 十 士 吉 壴 喜)

稀
禾의 7
총 12획
드물 희

· 稀薄(희박) 기체 · 액체가 짙지 않고 묽거나 엷음.
· 稀少(희소) 드물어서 적음.
· 稀貴(희귀) · 稀金屬(희금속) · 稀代(희대) · 稀釋(희석) · 稀罕(희한) · 古稀(고희) · 月明星稀(월명성희) · 依稀(의희) · 行人稀(행인희)

[풀이] 禾[벼]와 음을 나타내는 希(희)를 합하여 벼가 적다의 뜻. 널리 드물다의 뜻으로 쓰임.

[참고]
❖ 부가의미 · 묽음. 짙지 않음[淡]의 뜻도 있음.

(세로: 二 禾 秒 秞 稀)

戲
戈의 13
총 17획
놀 희

· 戲曲(희곡) 연극의 각본(脚本).
· 戲弄(희롱) 실없이 놀리는 것.
· 戲劇(희극) · 戲文(희문) · 戲媒(희설) · 戲玩(희완)
· 戲作(희작) · 戲畫(희화) · 戲作者(희작작) · 兒戲(아희) · 惡戲(악희) · 遊戲(유희)

[풀이] 戈(무기)와 음을 나타내는 虛(희)를 합쳐서 무위(武威)를 나타내다의 뜻. 후에 희롱하다의 뜻으로 쓰임.

[참고]
❖ 부가의미 · ①연극. ②서러워함 등의 뜻도 있음.

(세로: 广 卢 虍 虐 戲)

필수 한자 1807(3급 수준)

· 시렁 가. 건너지를 가
· 架橋(가교) 다리를 놓음.　· 書架(서가) 책을 얹어 놓은 선반.
· 架空(가공) · 架線(가선) · 架設(가설) · 高架(고가) · 十字架(십자가)

· 물러날 각. 물리칠 각. 도리어 각
· 却說(각설) 화제를 돌리어 딴 말을 꺼낸 때에 쓰는 말.
· 却縮(각축) 물러나 위축함.
· 却立(각립) · 却走(각주) · 却下(각하) · 却行(각행) · 棄却(기각) · 忘却(망각)
· 賣却(매각) · 消却(소각) · 退却(퇴각) · 敗却(패각)

· 간음할 간. 간사할 간
· 姦巧(간교) 간사하고 교활함.　· 强姦(강간) 강제로 간통함.
· 姦骨(간골) · 姦邪(간사) · 姦臣(간신) · 姦婬(간음) · 姦通(간통)

· 목마를 갈. 갈증 갈. 서두를 갈
· 渴求(갈구) 대단히 애써 구함.　· 涸渴(고갈)
· 渴急(갈급) · 渴望(갈망) · 渴水(갈수) · 渴仰(갈앙) · 窮渴(궁갈) · 飢渴(기갈)

· 강철 강
· 鋼玉(강옥) 대리석 · 화강석 등의 속에 든 광석.
· 鋼鐵(강철) 철 중에 가장 내열과 인성이 강한 것.
· 純鋼(순강) · 鍊鋼(연강)

· 다 개. 모두 개
· 皆勤(개근) 일정 기간 동안 하루도 쉬지 않고 근무함.
· 皆旣蝕(개기식) · 皆納(개납) · 皆無(개무) · 皆濟(개제)

· 덮을 개. 대개 개. 어찌아니할 합
· 蓋然(개연) 확실치 않으나 그럴 것 같음.　· 覆蓋(복개) 덮개. 뚜껑.
· 蓋世(개세) · 蓋然性(개연성) · 蓋瓦(개와) · 蓋草(개초)

· 슬퍼할 개. 강개할 개. 개탄할 개. 분할 개
· 慨嘆(개탄) 의분에 복받쳐 탄식함.　· 感慨(감개) 깊이 느껴 탄식함.
· 慨世(개세) · 忼慨(강개) · 憤慨(분개)

· 쉴 게
· 憩止(게지) 일하다 잠깐 쉼.　· 休憩(휴게) 일 도중에 잠깐 쉼.
· 偃憩(언게) · 留憩(유게)

· 어깨 견. 멜 견
· 肩章(견장) 어깨에 붙인 표창.　· 比肩(비견) 어깨를 나란히 함.
· 肩胛骨(견갑골) · 肩骨(견골) · 肩帶(견대) · 肩摩轂擊(견마곡격) · 肩膊(견박)
· 肩負(견부) · 肩臂(견비) · 肩隨(견수)

· 보낼 견. 쫓을 견. 버릴 견
· 遣悶(견민) 답답한 마음을 풂.　· 派遣(파견) 용무를 띄워 사람을 보냄.
· 遣唐使(견당사) · 遣外(견외)

· 비단 견. 명주 견
· 絹絲(견사) 누에고치에서 뽑은 실.　· 人絹(인견) 인조견사의 준말.
· 絹物(견물) · 絹帛(견백) · 絹本(견본) · 絹織物(견직물) · 絹布(견포) · 素絹(소견)

· 일곱째 천간 경. 나이 경. 곡식 경
· 庚申(경신) 육십갑자 중의 열일곱째.　· 同庚(동경) 동갑. 같은 나이.
· 庚帖(경첩) · 盜庚(도경) · 夷庚(이경) · 後庚(후경)

· 지름길 경. 곧을 경. 지날 경
· 徑路(경로) 지름길.　· 捷徑(첩경) 빠른 방법. 지름길.
· 徑輪(경륜) · 徑庭(경정) · 徑行(경행) · 半徑(반경) · 直徑(직경)

· 마침내 경. 다할 경. 끝날 경
· 竟內(경내) 일정한 지경의 안.　· 畢竟(필경) 마침내. 결국에는.
· 竟夕(경석)

· 벼슬 경
· 卿相(경상) 재상.　· 公卿(공경) 3공과 9경의 벼슬아치.
· 卿雲(경운) · 卿子(경자) · 卿宰(경재) · 卿曹(경조) · 上卿(상경)

· 굳을 경. 단단할 경. 강할 경
· 硬直(경직) 굳어서 단단함.　· 强硬(강경) 버티어 굽힘이 없음.
· 硬膏(경고) · 硬骨(경골) · 硬敎育(경교육) · 硬度(경도) · 硬軟(경연)
· 硬質(경질) · 硬筆(경필) · 硬化(경화) · 硬貨(경화) · 生硬(생경)

· 열째천간 계. 북방 계. 헤아릴 계
· 癸方(계방) 북쪽.　· 癸丑(계축) 육십갑자의 쉰번째.
· 癸坐(계좌) · 癸丑日記(계축일기)

桂
· 계수나무 계
· 桂樹(계수) 계수나무.　· 月桂冠(월계관) 우승의 영예.
· 桂冠詩人(계관시인) · 桂男(계남) · 桂棹蘭漿(계도난장) · 桂輪(계륜)
· 桂林一枝(계림일지) · 桂酸(계산) · 桂枝(계지) · 桂秋(계추) · 桂皮(계피)

枯
· 마를 고. 죽을 고. 야윌 고
· 枯渴(고갈) 물이 말라서 없어짐.　· 榮枯(영고) 번영과 쇠망.
· 枯槁(고고) · 枯骨(고골) · 枯淡(고담) · 枯木(고목) · 枯葉(고엽) · 枯死(고사)

· 枯池(고지) · 枯旱(고한)

· 돌아볼 고
· 顧客(고객) 단골 손님.　· 回顧(회고) 지난날을 돌이켜 봄.
· 顧見(고견) · 顧念(고념) · 顧慮(고려) · 顧望(고망) · 顧問(고문) · 顧視(고시)
· 恩顧(은고) · 懷顧(회고) · 後顧(후고)

· 땅 곤. 황후 곤
· 坤殿(곤전) 왕비.　· 乾坤(건곤) 하늘과 땅.
· 坤卦(곤괘) · 坤時(곤시) · 坤輿(곤여) · 坤儀(곤의)

· 창 과
· 戈劍(과검) 창과 칼.　· 兵戈(병과) 군사에 쓰이는 창.
· 戈鋒(과봉) · 戈盾(과순) · 干戈(간과)

· 오이 과
· 瓜年(과년) 여자가 시집갈 나이에 이름.　· 瓜滿(과만) 벼슬의 임기가 다함.
· 瓜田李下(과전이하) · 瓜菜(과채)

· 외곽 곽. 성 곽. 둘레 곽
· 城郭(성곽) 내성과 외성을 이르는 말.　· 外郭(외곽) 성 밖으로 다시 둘러싼 성.
· 郭公(곽공) · 郭內(곽내) · 輪郭(윤곽) · 一郭(일곽)

· 걸 괘. 달아둘 괘
· 掛念(괘념) 마음에 두고 잊지 않음.　· 掛圖(괘도) 걸어놓고 보는 그림이나 도표
· 掛冠(괘관) · 掛書(괘서) · 掛鐘(괘종) · 掛軸(괘축)

· 덩어리 괴
· 塊炭(괴탄) 덩어리로 된 석탄.　· 金塊(금괴) 금덩이.
· 塊莖(괴경) · 塊狀(괴상) · 石塊(석괴) · 銀塊(은괴)

· 부끄러워할 괴
· 愧色(괴색) 부끄러워하는 얼굴빛.　· 慙愧(참괴) 부끄럽게 여김.
· 愧赧(괴란) · 愧死(괴사) · 憂愧(우괴)
· 林慙澗愧(임참간괴) · 痛愧(통괴)

· 들 교. 시골 교
· 郊外(교외) 도시 주위의 들.　· 近郊(근교) 도시 부근의 들.
· 郊關(교관) · 郊使(교사) · 郊祀(교사) · 郊原(교원) · 郊戰(교전) · 遠郊(원교)

· 바로잡을 교
· 矯正(교정) 바르게 바로 잡음.　· 矯風(교풍) 나쁜 풍속을 바로 잡음.
· 矯角殺牛(교각살우) · 矯激(교격)

· 언덕 구. 무덤 구
· 丘陵(구릉) 언덕. 나지막한 산.　· 比丘(비구) 남자 중.
· 丘木(구목) · 丘墓(구묘) · 丘民(구민) · 丘山(구산) · 砂丘(사구) · 小丘(소구)

· 구차할 구. 진실로 구. 겨우 구. 단지 구
· 苟且(구차) 일시를 미봉함. 등한히 함. 가난함.

· 개 구
· 狗盜(구도) 좀도둑.　· 海狗(해구) 바닷개. 물개.
· 狗腎(구신) · 狗肉(구육) · 狗子(구자) · 狗吠(구폐) · 喪狗(상구) · 走狗(주구)
· 天狗(천구)

· 함께 구. 모두 구
· 俱現(구현) 내용이 다 드러남.　· 俱備(구비) 골고루 갖춤.
· 俱存(구존)

· 두려워할 구. 근심할 구
· 悚懼(송구) 마음에 두렵고 미안함.　· 疑懼(의구) 의심하고 두려워함.
· 懼然(구연) · 恐懼(공구) · 慙懼(참구) · 駭懼(해구)

· 몰 구
· 驅使(구사) 자유자재로 다루어서 씀.　· 先驅(선구) 사상 등에 타인들보다 앞섬.
· 驅迫(구박) · 驅步(구보) · 驅除(구제) · 驅逐(구축) · 驅蟲(구충) · 驅馳(구치)
· 長驅(장구) · 前驅(전구) · 疾驅(질구)

· 갈매기 구
· 鷗汀(구정) 갈매기가 노니는 물가.　· 白鷗(백구) 갈매기.
· 鷗鷺(구로) · 鷗盟(구맹)

· 거북 귀　틀 균
· 龜鑑(귀감) 본보기가 될 만함.　· 龜裂(균열) 갈라져 터짐.
· 龜甲(귀갑) · 龜背(귀배) · 龜卜(귀복) · 龜船(귀선) · 神龜(신귀)

· 그 궐. 짧을 궐
· 厥尾(궐미) 짧은 꼬리.　· 厥者(궐자) 그 사람.
· 厥女(궐녀) · 突厥(돌궐) · 憤厥(분궐) · 熟厥(숙궐)

· 부르짖을 규. 울 규
· 叫喚(규환) 큰 소리로 부르짖음. · 絶叫(절규) 힘을 다하여 부르짖음.
· 叫號(규호)

· 안방 규
· 空閨(공규) 남편없이 혼자 사는 방.　· 閨秀(규수) 학문과 재주가 뛰어난 여자.
· 閨房(규방) · 閨閥(규벌) · 閨怨(규원) · 閨中(규중) · 孤閨(고규) · 令閨(영규)
· 紅閨(홍규)

· 버섯 **균**. 곰팡이 **균**. 세균 **균**
· 菌毒(균독) 균류가 가지고 있는 독.　· 殺菌(살균) 병원체 및 그외의 미생물을 죽임.
· 菌類(균류) · 菌絲(균사) · 菌腫(균종) · 病菌(병균) · 細菌(세균)

· 근 **근**. 도끼 **근**. 나무쪼갤 **근**. 무게 **근**
· 斤量(근량) 저울에 단 무게.　· 斧斤(부근) 큰 도끼와 작은 도끼.
· 運斤(운근) · 黃斤(황근)

· 겨우 **근**. 거의 **근**
· 僅僅(근근) 겨우겨우.　· 僅少(근소) 아주 적음.

· 삼갈 **근**. 공경할 **근**
· 謹愼(근신) 언행을 삼가해서 조심함.　· 恭謹(공근) 공손하고 삼가함.
· 謹身(근신) · 謹嚴(근엄) · 謹製(근제) · 謹直(근직) · 謹聽(근청)
· 謹賀新年(근하신년) · 謹厚(근후) · 忠謹(충근)

· 즐길 **긍**. 긍정할 **긍**
· 肯定(긍정) 그렇다고 인정함, 또는 승인함.　· 首肯(수긍) 고개를 끄덕여 인정함.
· 肯綮(긍경) · 肯諾(긍낙)

· 꺼릴 **기**. 삼갈 **기**. 제삿날 **기**
· 忌憚(기탄) 어렵게 여기어 꺼림.　· 禁忌(금기) 꺼려서 싫어함.
· 忌明(기명) · 忌服(기복) · 忌日(기일) · 忌祭祀(기제사) · 忌中(기중) · 忌避(기피)
· 忌嫌(기혐) · 忌諱(기휘) · 年忌(연기) · 周忌(주기) · 回忌(회기)

· 어찌 **기**
· 豈敢(기감) 어찌 감히.　· 豈唯(기유) 어찌 다만 그것 뿐이랴.

· 주릴 **기**
· 飢饉(기근) 흉년으로 식량이 매우 부족함.　· 療飢(요기) 조금 먹고 배고픔을 면함.
· 飢渴(기갈) · 飢色(기색) · 飢餓(기아) · 飢飽(기포) · 飢寒(기한)

· 이미 **기**. 다할 **기**
· 旣成(기성) 이미 이루어졌음.　· 旣往(기왕) 현재보다 이전.
· 旣刊(기간) · 旣決(기결) · 旣得(기득) · 旣望(기망) · 旣成服(기성복) · 旣定(기정)
· 旣濟(기제) · 旣存(기존) · 旣知(기지) · 旣婚(기혼)

· 버릴 **기**. 잃을 **기**
· 棄權(기권) 권리를 행사하지 아니함.　· 廢棄(폐기) 폐지하여 버림.
· 棄却(기각) · 棄市(기시) · 棄兒(기아) · 棄捐(기연) · 放棄(방기) · 自棄(자기)
· 破棄(파기) · 毁棄(훼기)

· 몇 **기**. 거의 **기**. 기미 **기**. 바랄 **기**
· 幾日(기일) 며칠.　· 庶幾(서기) 가까움. 바람. 바라건대.
· 幾年(기년) · 幾多(기다) · 幾度(기도) · 幾歲(기세) · 幾重(기중)
· 幾何級數(기하급수) · 幾何學(기하학) · 幾許(기허) · 萬幾(만기) · 無幾(무기)

· 속일 기
· 欺瞞(기만) 그럴 듯하게 속여 넘김.　· 詐欺(사기) 남을 꾀어 속여 해침.
· 欺君罔上(기군망상) · 欺弄(기롱) · 欺罔(기망) · 欺世盜名(기세도명) · 欺誕(기탄)

· 말탈 기
· 騎士(기사) 말을 타는 무사.　· 單騎(단기) 홀로 말을 타고 감.
· 騎馬(기마) · 騎兵(기병) · 騎射(기사) · 騎士道(기사도) · 騎手(기수) · 騎乘(기승)
· 騎將(기장) · 騎從(기종) · 騎虎之勢(기호지세)

· 긴요할 긴. 급할 긴
· 緊張(긴장) 정신을 바짝 차림.　· 要緊(요긴) 중요하고도 꼭 필요함.
· 緊急(긴급) · 緊急動議(긴급동의) · 緊急命令(긴급명령) · 緊密(긴밀) · 緊迫(긴박)
· 緊縛(긴박) · 緊切(긴절) · 喫緊(끽긴)

· 어찌 나. 나라이름 나
· 那邊(나변) 어느 곳. 어디.　· 刹那(찰나) 지극히 짧은 동안.
· 那落(나락) · 旦那(단나) · 檀那(단나) · 支那(지나)

· 안 내. 몰래 내. 들일 내. 들일 납
· 內賓(내빈) 안 손님.　· 室內(실내) 방 안.
· 內閣(내각) · 內科(내과) · 內陸(내륙) · 內幕(내막) · 內務(내무) · 內政(내정)
· 內助(내조) · 內訓(내훈)

· 어찌 내. 어조사 내
· 奈落(나락) 지옥. 불교에서 나온 말.　· 奈何(내하) 어찌하여.

· 짙을 농. 무르녹을 농
· 濃度(농도) 각 성분의 양의 비율.　· 濃厚(농후) 빛깔이 매우 짙음.
· 濃淡(농담) · 濃霧(농무) · 濃色(농색) · 濃愁(농수) · 濃液(농액) · 濃艶(농염)
· 濃粧(농장) · 濃縮(농축) · 濃濁(농탁)

· 괴로워할 뇌. 번뇌할 뇌
· 苦惱(고뇌) 괴로워하고 번뇌함.　· 煩惱(번뇌) 마음이 시달려서 괴로움.
· 惱殺(뇌쇄)

· 진흙 니. 흙손 니
· 泥土(이토) 진흙.　· 拘泥(구니) 거리낌. 얽어냄.
· 泥濘(이녕) · 泥塗(이도) · 泥水(이수) · 泥匠(이장) · 泥中之蓮(이중지연)
· 泥醉(이취) · 泥炭(이탄) · 沙泥(사니) · 雲泥(운니)

· 못 담. 깊을 담
· 潭水(담수) 깊은 물. 못 물.　· 淸潭(청담) 맑은 못.
· 潭根(담근) · 潭潭(담담) · 潭府(담부) · 潭思(담사) · 潭淵(담연) · 江潭(강담)
· 深潭(심담) · 池潭(지담)

畓
· 논 답
· 田畓(전답) 논과 밭.　· 沃畓(옥답) 지질이 좋아 기름진 논.

糖
· 사탕 당
· 糖分(당분) 사탕질의 성분.　· 砂糖(사당·사탕) 맛이 단 유기화합물.
· 糖尿病(당뇨병) · 糖類(당류) · 糖密(당밀) · 糖衣(당의) · 糖化(당화) · 果糖(과당)
· 麥芽糖(맥아당)

貸
· 빌릴 대. 갚을 대
· 貸借(대차) 꾸어 줌과 꾸어 옴.　· 賃貸(임대) 대가를 받고 빌려 줌.
· 貸金(대금) · 貸本(대본) · 貸附信託(대부신탁) · 貸費(대비) · 貸與(대여)
· 貸切(대절) · 貸地(대지) · 貸出(대출)

挑
· 돋울 도. 집적거릴 도. 뛸 도
· 挑發(도발) 집적거려 말썽을 일으킴.　· 挑戰(도전) 싸움을 걺.
· 鉤挑(구도) · 燈挑(등도) · 目挑(목도) · 以琴心挑(이금심도)

倒
· 넘어질 도. 거꾸로 도
· 倒立(도립) 거꾸로 섬. 곤두섬.　· 卒倒(졸도) 갑자기 넘어섬.
· 倒閣(도각) · 倒壞(도괴) · 倒死(도사) · 倒産(도산) · 倒影(도영) · 倒錯(도착)
· 倒置(도치) · 傾倒(경도) · 壓倒(압도) · 打倒(타도)

桃
· 복숭아 도. 복숭아나무 도
· 桃李(도리) 복숭아와 오얏.　· 紅桃(홍도) 붉은 잎의 복숭아 나무.
· 桃色(도색) · 桃源(도원) · 桃紅色(도홍색) · 白桃(백도) · 櫻桃(앵도) · 扁桃(편도)
· 胡桃(호도)

渡
· 건널 도. 건넬 도
· 渡江(도강) 강물을 건넘.　· 讓渡(양도) 남에게 넘겨 줌.

跳
· 뛸 도. 건널 도. 뛸 조
· 跳躍(도약) 뛰어오름. 훌쩍 뜀.　· 跳戰(도전) 싸움을 걺.
· 跳梁(도량)

稻
· 벼 도
· 稻熱病(도열병) 벼에 생기는 병의 하나.　· 陸稻(육도) 밭 벼.

篤
· 도타울 독. 독실할 독. 위독할 독
· 篤實(독실) 열성있고 진실함.　· 敦篤(돈독) 인정이 두터움.
· 篤敬(독경) · 篤恭(독공) · 篤農(독농) · 篤信(독신) · 篤志(독지) · 篤學(독학)
· 篤行(독행) · 篤厚(독후) · 懇篤(간독) · 危篤(위독)

豚
· 돼지 돈
· 豚兒(돈아) 자기 아들의 겸칭.　· 養豚(양돈) 집에서 돼지를 기름.
· 豚犬(돈견)

· 도타울 돈
· 敦篤(돈독) 인정이 도타움.   · 敦厚(돈후) 심덕이 도타움. 정성을 들임.
· 敦實(돈실) · 敦煌(돈황) · 可敦(가돈) · 大敦(대돈) · 陪敦(배돈) · 安敦(안돈)

· 얼 동. 얼음 동. 추울 동
· 凍結(동결) 얼어 붙음.   · 解凍(해동) 얼었던 것이 봄이 되어 녹아 풀림.
· 凍死(동사) · 凍上(동상) · 凍傷(동상) · 凍雨(동우) · 凍雲(동운) · 凍原(동원)
· 凍害(동해) · 冷凍(냉동) · 寒凍(한동)

· 오동나무 동. 거문고 동
· 桐君(동군) 거문고의 다른 이름.   · 梧桐(오동) 오동나무.
· 桐油(동유) · 桐一葉(동일엽) · 白桐(백동) · 凡桐(범동) · 新桐(신동)

· 둔할 둔
· 鈍感(둔감) 예민하지 못하고 무딘 감각.   · 愚鈍(우둔) 어리석고 둔함.
· 鈍角(둔각) · 鈍器(둔기) · 鈍朴(둔박) · 鈍色(둔색) · 鈍才(둔재) · 鈍重(둔중)
· 鈍濁(둔탁) · 鈍行(둔행) · 魯鈍(노둔) · 遲鈍(지둔)

· 물 락. 낙수 락
· 洛東江(낙동강) 경상남·북도를 흐르는 강.   · 京洛(경락) 서울. 수도.
· 洛水(낙수) · 洛陽(낙양) · 洛繹不絶(낙역부절) · 洛外(낙외) · 洛中(낙중)

· 빛날 란. 무르익을 란
· 爛漫(난만) 꽃이 만발하여 화려함.   · 燦爛(찬란) 광채가 번쩍거리고 환함.

· 쪽 람. 누더기 람
· 藍縷(남루) 누더기.   · 靑出於藍(청출어람) 제자가 스승보다 뛰어남.
· 藍面(남면) · 藍本(남본) · 藍色(남색) · 伽藍(가람) · 甘藍(감람)

· 넘칠 람. 외람될 람. 함부로할 람
· 濫發(남발) 함부로 발행함. 함부로 씀.   · 汎濫(범람) 물이 넘쳐 흐름.
· 濫掘(남굴) · 濫讀(남독) · 濫伐(남벌) · 濫費(남비) · 濫觴(남상) · 濫用(남용)
· 濫作(남작) · 濫吹(남취) · 濫行(남행) · 濫獲(남획)

掠
· 노략질 략. 빼앗을 량
· 掠奪(약탈) 폭력으로 무리하게 빼앗음.   · 擄掠(노략) 떼를 지어 재물을 빼앗음.
· 掠笞(약태) · 剽掠(표략)

梁
· 들보 량. 나무다리 량
· 橋梁(교량) 다리.   · 棟梁(동량) 마룻대와 대들보.
· 梁木(양목) · 梁上君子(양상군자) · 梁材(양재)

諒
· 살필 량. 생각해줄 량
· 諒解(양해) 사정을 살펴 너그러이 이해함.   · 海諒(해량) 바다처럼 크게 양해함.

· 연 련. 연밥 련
· 蓮花(연화) 연꽃 연화(蓮華). · 木蓮(목련) 목련과에 딸린 낙엽. 묘목.
· 蓮境(연경) · 蓮根(연근) · 蓮步(연보) · 蓮子(연자)

· 불쌍히 여길 련. 가엾을 련. 사랑할 련
· 憐憫(연민) 불쌍히 여김. 가엾게 여김. · 哀憐(애련) 가엾고 애처로움.
· 憐悼(연도) · 憐愛(연애) · 憐情(연정) · 憐察(연찰) · 憐恤(연휼) · 可憐(가련)
· 同病相憐(동병상련)

· 용렬할 렬. 서투를 렬
· 劣等(열등) 낮은 등급. · 拙劣(졸렬) 용렬하고 단졸함.
· 劣性(열성) · 劣勢(열세) · 劣惡(열악) · 劣弱(열약) · 劣才(열재) · 劣敗(열패)
· 卑劣(비열) · 優劣(우열) · 低劣(저열)

· 찢을 렬. 터질 렬. 갈릴 렬
· 分裂(분열) 갈라져 나누임. · 破裂(파열) 깨뜨리어 가름. 깨져 갈라짐.
· 裂開(열개) · 裂壞(열괴) · 裂眥(열자) · 裂敝(열폐) · 龜裂(균열)

· 청렴할 렴. 값 쌀 렴. 검소할 렴
· 廉價(염가) 싼 값. · 淸廉(청렴) 고결하고 물욕(物慾)이 없음.
· 廉潔(염결) · 廉吏(염리) · 廉賣(염매) · 廉白(염백) · 廉士(염사) · 廉節(염절)
· 廉直(염직) · 廉恥(염치) · 廉探(염탐) · 低廉(저렴)

· 떨어질 령. 비올 령. 영 령
· 零細(영세) 보잘 것 없이 적음. · 零下(영하) 빙점 이하.
· 零時(영시) · 零餘(영여) · 零點(영점) · 零丁(영정) · 零凋(영조) · 零墮(영타)
· 零歇(영헐)

· 사슴 록
· 鹿角(녹각) 사슴의 뿔. · 馴鹿(순록) 북극권에 사는 사슴과 동물.
· 鹿獵(녹렵) · 鹿毛(녹모) · 鹿茸(녹용) · 鹿砦(녹채) · 鹿皮(녹피) · 神鹿(신록)
· 野鹿(야록) · 逐鹿(축록)

· 녹 록. 급료 · 녹봉 록
· 祿俸(녹봉) 나라에서 주는 쌀이나 돈. · 國祿(국록) 나라에서 주는 급료.
· 祿仕(녹사) · 祿位(녹위) · 家祿(가록) · 高祿(고록) · 貫祿(관록)

· 우뢰 뢰
· 雷聲(뇌성) 천둥 소리. · 地雷(지뢰) 땅 속에 묻는 폭약.
· 雷擊(뇌격) · 雷管(뇌관) · 雷同(뇌동) · 雷動(뇌동) · 雷名(뇌명) · 雷鳴(뇌명)
· 雷雨(뇌우) · 雷電(뇌전) · 落雷(낙뢰) · 魚雷(어뢰)

· 마칠 료. 깨달을 료. 어조사 료
· 完了(완료) 완전히 끝마침. · 終了(종료) 일을 끝마침. 끝냄.
· 了得(요득) · 了承(요승) · 了然(요연) · 了悟(요오) · 了知(요지) · 了解(요해)
· 校了(교료) · 修了(수료)

· 여러 루. 층 루. 더할 루. 폐끼칠 루
· 累積(누적) 포개어 쌓음. 쌓이고 쌓임.　· 連累(연루) 남의 범죄에 관계됨.
· 累加(누가) · 累減(누감) · 累計(누계) · 累年(누년) · 累累(누누) · 累代(누대)
· 累卵(누란) · 累犯(누범) · 累進(누진) · 累次(누차)

· 눈물 루. 눈물흘릴 루
· 感淚(감루) 감격하여 흘리는 눈물.　· 落淚(낙루) 눈물을 흘림.
· 淚管(누관) · 淚線(누선) · 淚眼(누안) · 淚痕(누흔) · 暗淚(암루) · 熱淚(열루)
· 涕淚(체루) · 血淚(혈루)

· 자주 루. 여러 루
· 屢屢(루루) 여러 번 반복하여.　· 屢次(누차) 여러 차례. 여러 번.

· 샐 루. 물시계 루. 잃어버릴 루
· 漏落(누락) 적히지 않고 빠짐.　· 漏洩(누설) 비밀이 새어나감.
· 漏刻(누각) · 漏鼓(누고) · 漏斗(누두) · 漏泄(누설) · 漏水(누수) · 漏電(누전)
· 漏出(누출) · 漏脫(누탈) · 遺漏(유루) · 脫漏(탈루)

· 배 리
· 梨花(이화) 배나무의 꽃. 배꽃.　· 挑梨(도리) 복숭아와 배.

· 이웃 린
· 隣家(인가) 이웃 집.　· 善隣(선린) 이웃과 친하게 지냄.
· 隣境(인경) · 隣交(인교) · 隣國(인국) · 隣近(인근) · 隣接(인접)

· 삼 마
· 痲藥(마약) 마취작용을 하는 습관성 약.
· 痲醉(마취) 약의 힘으로 일시, 또는 몸의 일부의 감각을 잃음.
· 痲袋(마대) · 痲痺(마비) · 痲衣(마의) · 痲雀(마작) · 痲織物(마직물) · 痲布(마포)
· 痲鞋(마혜) · 大痲(대마) · 亞痲(아마) · 胡痲(호마)

· 갈 마. 닳을 마
· 磨擦(마찰) 서로 닿아서 갈리거나 비벼짐.　· 硏磨(연마) 정신이나 기술을 닦음.
· 磨勘(마감) · 磨鍊(마련) · 磨滅(마멸) · 磨崖(마애) · 切瑳琢磨(절차탁마)

· 늦을 만. 뒤질 만. 저녁 만
· 晚成(만성) 늦게야 이루어짐.　· 早晚(조만) 이름과 늦음.
· 晚景(만경) · 晚年(만년) · 晚達(만달) · 晚悟(만오) · 晚照(만조) · 晚餐(만찬)
· 晚秋(만추) · 晚學(만학)

· 거만할 만. 게으를 만. 느릴 만. 방종할 만. 업신여길 만
· 慢性(만성) 오래도록 낫지 않는 성질.　· 怠慢(태만) 게으르고 느림.
· 慢罵(만매) · 慢侮(만모) · 慢舞(만무) · 慢心(만심) · 慢然(만연) · 慢遊(만유)
· 慢易(만이) · 驕慢(교만) · 傲慢(오만) · 自慢(자만)

漫
· 부질없을 만. 물질편할 만. 아득할 만. 흩어질 만
· 漫談(만담) 익살스럽게 풍자하는 이야기.　· 散漫(산만) 어수선히 흩어져 퍼져 있음.
· 漫讀(만독) · 漫漫(만만) · 漫文(만문) · 漫步(만보) · 漫言(만언) · 漫然(만연)
· 漫評(만평) · 漫畵(만화) · 爛漫(난만) · 放漫(방만)

蠻
· 오랑캐 만
· 蠻行(만행) 야만스러운 행동.　· 野蠻(야만) 문화가 미개한 상태.
· 蠻方(만방) · 蠻語(만어) · 蠻勇(만용) · 蠻夷(만이) · 蠻人(만인) · 蠻狄(만적)
· 蠻族(만족) · 蠻風(만풍)

忙
· 바쁠 망. 초조할 망
· 忙中(망중) 바쁜 가운데.　· 奔忙(분망) 매우 분산하여 바쁨.
· 忙忙(망망) · 忙殺(망살) · 多忙(다망) · 繁忙(번망)

忘
· 잊을 망. 없앨 망
· 忘却(망각) 잊어버림.　· 滅忘(멸망) 망하여 없어짐.
· 忘機(망기) · 忘年交(망년교) · 忘年會(망년회) · 忘失(망실) · 忘我(망아)
· 忘吾(망오) · 忘憂物(망우물) · 忘形交(망형교)

罔
· 없을 망. 그물 망. 속일 망
· 罔極(망극) 끝이 없음. 한이 없음.　· 欺罔(기망) 남을 그럴 듯하게 속임.
· 罔措(망조) · 姦罔(간망) · 誣罔(무망) · 迷罔(미망) · 天罔(천망) · 侵罔(침망)

茫
· 망망할 망. 넓을 망. 막연할 망
· 茫漠(망막) 넓고 멂.　· 蒼茫(창망) 큰 일을 당해서 계획이 안 섬.
· 茫茫(망망) · 茫茫大海(망망대해) · 茫洋(망양) · 茫然(망연) · 茫然自失(망연자실)
· 冥茫(명망) · 微茫(미망) · 昏茫(혼망)

埋
· 묻을 매. 감출 매
· 埋沒(매몰) 파묻음, 또는 파묻힘.　· 暗埋(암매) 남몰래 묻어 감춤.
· 埋骨(매골) · 埋立(매립) · 埋伏(매복) · 埋設(매설) · 埋葬(매장) · 埋藏(매장)
· 埋築(매축) · 幽埋(유매) · 堆埋(퇴매)

媒
· 중매 매
· 媒介(매개) 중간에서 관계를 맺어줌.
· 仲媒(중매) 혼인을 어울리게 하는 일.
· 媒煙(매연) · 媒酌(매작) · 媒質(매질) · 媒體(매체) · 媒炭(매탄) · 媒婆(매파)
· 溶媒(용매) · 觸媒(촉매)

麥
· 보리 맥
· 麥酒(맥주) 서양식 술의 한 가지.　· 大麥(대맥) 보리(小麥은 밀이다).
· 麥角(맥각) · 麥稈(맥간) · 麥藁(맥고) · 麥麴(맥국) · 麥茶(맥다) · 麥嶺(맥령)
· 麥類(맥류) · 麥粒腫(맥립종) · 麥飯(맥반) · 麥粉(맥분)

· 면할 면
· 免除(면제) 책임과 의무를 지우지 않음.　· 減免(감면) 아주 면하거나 가볍게 해 줌.
· 免官(면관) · 免稅(면세) · 免訴(면소) · 免疫(면역) · 免罪(면죄) · 免職(면직)
· 免責(면책) · 免許(면허) · 赦免(사면) · 罷免(파면)

· 어두울 명. 저승 명. 밤 명
· 冥福(명복) 죽은 뒤의 행복.　· 冥想(명상) 고요히 눈을 감고 생각함.
· 冥加(명가) · 冥界(명계) · 冥鬼(명귀) · 冥利(명리) · 冥冥(명명) · 冥罰(명벌)
· 冥府(명부) · 冥助(명조) · 幽冥(유명) · 晦冥(회명)

· 창 모
· 矛盾(모순) 앞뒤가 맞지 않음. 창과 방패.　· 蛇矛(사모) 창의 한가지.
· 矛戟(모극)

· 아무 모
· 某氏(모씨) 아무 양반. 아무개.　· 某處(모처) 아무곳. 어떠한 곳.
· 某年(모년) · 某所(모소) · 某樣(모양) · 某人(모인) · 某日(모일) · 誰某(수모)

· 모을 모. 뽑을 모. 널리 구할 모
· 募集(모집) 사람이나 사물을 뽑아 모음.　· 公募(공모) 일반에게 공개하여 모집.
· 募金(모금) · 募兵(모병) · 募債(모채) · 應募(응모) · 徵募(징모)

· 저물 모. 늦을 모
· 暮景(모경) 저녁 때의 경치. · 歲暮(세모) 한 해가 저물어 가는 때.
· 暮年(모년) · 暮色(모색) · 暮愁(모수) · 暮夜(모야) · 暮雲(모운) · 暮秋(모추)
· 暮春(모춘) · 薄暮(박모) · 日暮(일모) · 朝暮(조모)

· 머리감을 목. 축일 목
· 沐浴(목욕) 머리 감고 몸 씻는 일.　· 休沐(휴목) 휴일에 쉬면서 목욕함.
· 沐間(목간) · 沐雨(목우) · 沐雨櫛風(목우즐풍) · 歸沐(귀목) · 洗沐(세목)
· 梳沐(소목) · 湯沐(탕목)

· 토끼 묘. 밝아올 묘
· 卯飯(묘반) 아침밥.　· 卯時(묘시) 오전 5~7시까지의 사이.
· 卯月(묘월) · 剛卯(강묘) · 木卯(목묘) · 子卯(자묘) · 波卯(파묘)

· 싹 묘. 모종 묘
· 苗木(묘목) 어린 나무.　· 苗板(묘판) 못자리. 묘판.
· 苗脈(묘맥) · 苗床(묘상) · 苗裔(묘예) · 苗族(묘족) · 苗圃(묘포) · 早苗(조묘)
· 種苗(종묘)

· 사당 묘
· 廟堂(묘당) 사당. 종묘　· 家廟(가묘)
· 廟略(묘략) · 廟社(묘사) · 廟謁(묘알) · 廟塔(묘탑) · 廟號(묘호) · 大廟(대묘)
· 宗廟(종묘)

· 다섯째 천간 무. 무성할 무
· 戊午(무오) 60갑자의 쉰 다섯째. · 戊夜(무야) 오전 3시부터 5시사이.

· 안개 무
· 霧散(무산) 안개가 걷힘. 흔적이 없음. · 噴霧(분무) 물이나 약을 안개처럼 뿜음.
· 霧露(무로) · 霧消(무소)

· 먹 묵
· 墨畫(묵화) 먹으로 그린 동양화. · 白墨(백묵) 분필.
· 墨家(묵가) · 墨客(묵객) · 墨寶(묵보) · 墨色(묵색) · 墨守(묵수) · 墨魚(묵어)
· 墨紙(묵지) · 墨繪(묵회) · 墨痕(묵흔) · 水墨(수묵)

· 꼬리 미. 끝 미
· 尾行(미행) 모래 뒤를 따름. · 末尾(말미) 맨 끄트머리 말단.
· 尾擊(미격) · 尾骨(미골) · 尾大(미대) · 尾燈(미등) · 尾骶骨(미저골) · 交尾(교미)
· 首尾(수미) · 語尾(어미)

· 눈썹 미
· 眉間(미간) 눈썹과 눈썹의 사이. · 白眉(백미) 여럿 중에서 가장 뛰어남.
· 眉黛(미대) · 眉目(미목) · 眉宇(미우)

· 미혹할 미. 헤맬 미. 길 잘못들 미
· 迷路(미로) 갈피를 잡을 수 없이 된 길. · 昏迷(혼미) 사리에 어둡고 흐리멍텅함.
· 迷宮(미궁) · 迷妄(미망) · 迷夢(미몽) · 迷信(미신) · 迷兒(미아) · 迷彩(미채)
· 迷惑(미혹)

· 민첩할 민. 예민할 민
· 敏感(민감) 예민한 감각. 감각이 예민함. · 銳敏(예민) 재치, 행동 등이 날카로움.
· 敏達(민달) · 敏速(민속) · 敏腕(민완) · 敏才(민재) · 敏捷(민첩) · 敏活(민활)
· 過敏(과민) · 明敏(명민)

· 불쌍히 여길 민. 근심할 민
· 憫惘(민망) 답답하고 매우 안타까움. · 憐憫(연민) 불쌍하고 가련함.
· 憫笑(민소) · 憫恤(민휼) · 矜憫(긍민) · 愛憫(애민) · 哀憫(애민)

· 꿀 밀
· 蜜蜂(밀봉) 꿀벌. · 蜜水(밀수) 꿀물.
· 蜜蠟(밀랍) · 蜜月(밀월)

· 돌이킬 반. 돌려보낼 반
· 返納(반납) 남에게 꾼 것을 돌려 줌. · 返送(반송) 도로 돌려 줌.
· 返歌(반가) · 返却(반각) · 返景(반경) · 返戾(반려) · 返禮(반례) · 返路(반로)
· 返報(반보) · 返書(반서) · 返品(반품) · 返還(반환)

叛
- 배반할 반
- 叛逆(반역) 배반하여 모역함.　·背叛(배반) 믿음과 의리를 저버림.
- 叛起(반기)·乖叛(괴반)·謀叛(모반)·逆叛(역반)·離叛(이반)

盤
- 쟁반 반. 큰돌 반
- 盤石(반석) 넓고 편편한 큰 돌.　·基盤(기반) 기초가 되는 지반.
- 盤踞(반거)·盤據(반거)·盤根錯節(반근착절)·盤面(반면)·盤松(반송)
- 盤坐(반좌)·羅針盤(나침반)·旋盤(선반)

拔
- 뺄 발. 가릴 발
- 拔擢(발탁) 사람을 뽑아 올려 씀.　·選拔(선발) 골라서 뽑음.
- 拔劍(발검)·拔群(발군)·拔錨(발묘)·拔本塞源(발본색원)·拔山蓋世(발산개세)
- 拔穗(발수)·拔萃(발췌)·奇拔(기발)·卓拔(탁발)·海拔(해발)

芳
- 꽃다울 방. 이름 빛날 방. 향내 방
- 芳年(방년) 꽃다운 젊은 나이.　·芳名(방명) 남의 이름의 존칭.
- 芳紀(방기)·芳烈(방렬)·芳醇(방순)·芳信(방신)·芳吟(방음)·芳意(방의)
- 芳札(방찰)·芳草(방초)·芳春(방춘)·芳香(방향)

邦
- 나라 방
- 邦交(방교) 나라와 나라사이의 교제.　·友邦(우방) 가까이 사귀는 나라.
- 邦家(방가)·邦國(방국)·邦伯(방백)·邦俗(방속)·邦域(방역)·邦譯(방역)
- 邦土(방토)·邦刑(방형)·邦貨(방화)·邦畵(방화)

倣
- 본받을 방. 모방할 방
- 倣似(방사) 비슷함.　·模倣(모방) 다른 것을 본뜨거나 본받음.

傍
- 곁 방. 가까울 방
- 傍聽(방청) 공판 따위를 옆에서 들음.　·近傍(근방) 가까운 곳. 곁.
- 傍系(방계)·傍觀(방관)·傍輩(방배)·傍生(방생)·傍線(방선)
- 傍若無人(방약무인)·傍證(방증)·傍偟(방황)·路傍(노방)

杯
- 잔 배. 대접 배
- 乾杯(건배) 잔을 비움.　·一杯(일배) 한잔의 술.
- 杯盤狼藉(배반낭자)·杯中物(배중물)·玉杯(옥배)·銀杯(은배)·酒杯(주배)
- 祝杯(축배)·返杯(반배)

栢
- 측백나무 백. 잣나무 백
- 栢葉(백엽) 잣나무 잎.　·松栢(송백) 소나무와 잣나무.

煩
- 번거로울 번. 번민할 번
- 煩惱(번뇌) 마음이 시달려서 괴로움.　·煩雜(번잡) 번거롭고 복잡함.
- 煩簡(번간)·煩渴(번갈)·煩多(번다)·煩累(번루)·煩忙(번망)·煩悶(번민)
- 煩瑣(번쇄)·煩鬱(번울)·煩醜(번추)·頻煩(빈번)

· 뜰 범. 넓을 범
· 汎濫(범람) 물이 넘쳐 흐름.　· 汎稱(범칭) 넓은 범위로 쓰는 명칭.
· 汎論(범론)·汎美(범미)·汎汎(범범)·汎神論(범신론)·汎愛(범애)·汎遊(범유)
· 汎舟(범주)·廣汎(광범)·滿汎(만범)

· 분별할 변. 가릴 변. 밝을 변
· 辨證(변증) 논변하여 증명함.　· 分辨(분변) 세상 물정을 알아서 가림.

· 병풍 병. 물리칠 병
· 屏風(병풍) 바람막이로 둘러친 물건.　· 畵屏(화병) 그림을 그린 병풍.
· 屏居(병거)·屏息(병식)·簾屏(염병)·臥屏(와병)·帷屏(유병)·依屏(의병)
· 徹屏(철병)·枕屏(침병)·退屏(퇴병)

· 아우를 병. 나란할 병. 견줄 병
· 竝行(병행) 나란히 감. 아울러 행함.　· 竝合(병합) 아울러 합침.
· 竝記(병기)·竝立(병립)·竝發(병발)·竝書(병서)·竝作(병작)·竝存(병존)

· 계보 보. 악보 보
· 系譜(계보) 혈통이나 계통을 적은 책.　· 族譜(족보) 집안의 계통을 적은 책.
· 譜曲(보곡)·譜牒(보첩)·家譜(가보)·樂譜(악보)·音譜(음보)

· 점 복. 점칠 복
· 卜地(복지) 살 곳을 고름.　· 問卜(문복) 점장이에게 길흉을 물음.
· 卜筮(복서)·卜術(복술)·卜者(복자)·卜占(복점)·龜卜(귀복)

· 벌 봉. 칼끝 봉
· 蜂起(봉기) 벌떼같이 일어남.　· 蜜蜂(밀봉) 참봉, 즉 꿀벌.
· 蜂房(봉방)·蜂出(봉출)·女王蜂(여왕봉)·熊蜂(웅봉)

· 봉새 봉
· 鳳枕(봉침) 봉황을 수 놓은 베개.　· 鳳凰(봉황) 봉황새. '鳳'은 수컷, '凰'은 암컷.
· 鳳冠(봉관)·鳳輦(봉련)·鳳舞(봉무)·鳳仙花(봉선화)·鳳聲(봉성)·鳳雛(봉추)
· 祥鳳(상봉)·瑞鳳(서봉)·神鳳(신봉)·翠鳳(취봉)

· 다다를 부. 알릴 부
· 赴告(부고) 사람이 죽은 것을 알리는 통지.　· 赴任(부임) 임명을 받아 임지로 감.

· 썩을 부. 묵을 부. 마음 괴롭힐 부
· 腐植(부식) 썩어서 벌레가 먹음.　· 陳腐(진부) 낡아서 새롭지 못함.
· 腐爛(부란)·腐植土(부식토)·腐心(부심)·腐儒(부유)·腐敗(부패)·腐朽(부후)
· 豆腐(두부)

· 살갗 부. 얕을 부
· 膚淺(부천) 생각이 얕음.　· 皮膚(피부) 몸을 싸고 있는 살갗.
· 膚見(부견)·膚公(부공)·膚肌(부기)·膚理(부리)·膚學(부학)·完膚(완부)

賦
- 세금거둘 부. 타고날 부. 구실 부
- 賦課(부과) 세금을 결정하여 매기는 일.　·天賦(천부) 선천적으로 가지고 태어남.
- 賦性(부성)·賦詩(부시)·賦與(부여)·賦役(부역)·賦詠(부영)·月賦(월부)
- 租賦(조부)

墳
- 봉분 분. 무덤 분
- 墳墓(분묘) 흙을 쌓아 올려 무덤을 만듦.　·古墳(고분) 옛날의 무덤.
- 墳上(분상)·憤衍(분연)·墳籍(분적)·墳燭(분촉)

弗
- 아닐 불. 어길 불. 버릴 불. 달러 불
- 弗素(불소) 기체 원소의 하나.　·弗貨(불화) 달러를 단위로 하는 화폐.
- 乙弗(을불)·親弗(친불)·渾弗(필불)

拂
- 떨칠 불. 닦을 불. 거스를 불
- 拂拭(불식) 깨끗이 털어버림.　·排拂(배불) 물리쳐 떨어버림.
- 拂去(불거)·拂鬚(불수)·拂依(불의)·拂天(불천)·擊拂(격불)·彷佛(방불)
- 掃拂(소불)·揮拂(휘불)

朋
- 벗 붕
- 朋黨(붕당) 이해나 主義(주의)를 같이 하는 사람끼리 모여 당외 사람들을 배척하는 단체.
- 朋友有信(붕우유신) 벗 사이에는 신의가 있어야 함.
- 朋徒(붕도)·朋飛(붕비)·朋知(붕지)·朋執(붕집)·朋好(붕호)

崩
- 산 무너질 붕. 죽을 붕
- 崩壞(붕괴) 무너짐. 허물어짐.　·分崩(분붕) 산산이 무너짐.
- 崩潰(붕궤)·崩落(붕락)·崩御(붕어)·崩墜(붕추)

賓
- 손 빈. 좇을 빈. 물리칠 빈
- 賓客(빈객) 손님.　·外賓(외빈) 외부의 손님.
- 賓貢(빈공)·賓旅(빈려)

頻
- 자주 빈. 급할 빈. 찡그릴 빈
- 頻發(빈발) 자주 일어남.　·頻顣(빈축) 얼굴을 찡그림.
- 頻煩(빈번)·頻繁(빈번)·頻頻(빈빈)·頻數(빈삭)

聘
- 사신보낼 빙. 찾을 빙. 장가들 빙
- 聘君(빙군) 관리로 등용하기 위하여 임금이 부른 은사(隱士)의 존칭.
- 招聘(초빙) 부름. 예(禮)로써 부름.
- 聘禮(빙례)·聘母(빙모)·聘問(빙문)

- 뱀 사. 여섯째 지지 사
- 巳時(사시) 오전 9~11시.　·上巳(상사) 삼짓날(음 3월3일).

- 같을 사. 비슷할 사. 본뜰 사
- 似而非(사이비) 겉은 같고 실속은 다름.　·類似(유사) 서로 비슷함.
- 近似(근사)·相似(상사)·擬似(의사)

捨
· 버릴 사. 줄 사
· 取捨(취사) 취할 것은 취하고 버릴 것은 버림.　· 喜捨(희사) 즐겨 재물을 연보함.
· 捨象(사상) · 捨身(사신)

蛇
· 뱀 사
· 蛇足(사족) 군더더기를 이르는 말.　· 毒蛇(독사) 독이 있는 뱀.
· 蛇蝎(사갈) · 蛇毒(사독) · 蛇苺(사매) · 蛇心(사심) · 蛇行(사행) · 蛇虺(사훼)
· 白蛇(백사) · 長蛇(장사)

斜
· 비낄 사. 기울 사. 비스듬할 사
· 斜線(사선) 비스듬히 그어진 선.　· 傾斜(경사) 비스듬히 한쪽으로 기욺.
· 斜角(사각) · 斜坑(사갱) · 斜徑(사경) · 斜面(사면) · 斜方形(사방형) · 斜邊(사변)
· 斜視(사시) · 斜陽(사양) · 斜影(사영) · 急斜(급사)

詐
· 속일 사. 간사할 사
· 詐欺(사기) 잠깐 꾀로 남을 속임.　· 巧詐(교사) 교묘하게 남을 속임.
· 詐妄(사망) · 詐病(사병) · 詐術(사술) · 詐取(사취) · 詐稱(사칭)

斯
· 이 사. 어조사 사
· 斯界(사계) 이 전문분야. 그 사회.　· 斯學(사학) 이 학문.
· 斯道(사도) · 斯文(사문) · 斯須(사수) · 瓦斯(와사)

賜
· 줄 사. 하사할 사
· 賜藥(사약) 임금이 독약을 내림.　· 下賜(하사) 임금이 신하에게 물건을 줌.
· 賜暇(사가) · 賜金(사금) · 賜物(사물) · 賜田(사전) · 賜品(사품) · 賞賜(상사)
· 恩賜(은사) · 給賜(급사)

削
· 깎을 삭
· 削除(삭제) 깎아서 없앰.　· 添削(첨삭) 더하거나 깎거나 하여 고침.
· 削減(삭감) · 削去(삭거) · 削剝(삭박) · 削髮(삭발) · 削籍(삭적) · 削職(삭직)
· 削奪官職(삭탈관직)

朔
· 초하루 삭. 북쪽 삭. 초승 삭
· 朔月貰(삭월세) 집세로 다달이 내는 돈.　· 朔風(삭풍) 북쪽에서 부는 바람. 북풍.
· 朔望(삭망) · 朔望奠(삭망전) · 朔北(삭북) · 朔日(삭일) · 告朔(고삭) · 月朔(월삭)
· 八朔(팔삭) · 晦朔(회삭)

酸
· 실 산
· 酸素(산소) 공기의 주성분인 원소 이름.　· 黃酸(황산) 강한 무기산의 하나.
· 酸類(산류) · 酸味(산미) · 酸鼻(산비) · 酸性(산성) · 酸化(산화) · 辛酸(신산)
· 鹽酸(염산) · 硫酸(유산) · 硝酸(초산)

桑
· 뽕나무 상
· 桑葉(상엽) 뽕나무의 잎사귀.　· 農桑(농상) 농사일과 누에치는 일.
· 桑年(상년) · 桑蠹蟲(상두충) · 桑門(상문) · 桑實(상실) · 桑園(상원) · 桑梓(상재)
· 桑田碧海(상전벽해) · 扶桑(부상) · 山桑(산상) · 蠶桑(잠상)

· 상서로울 상. 조짐 상
· 祥瑞(상서) 경사로운 일이 있을 징조.   · 吉祥(길상) 운수가 좋은 조짐.
· 祥夢(상몽) · 祥月命日(상월명일) · 嘉祥(가상) · 發祥(발상) · 不祥(불상)

· 맛볼 상. 일찍 상. 시험할 상
· 嘗試(상시) 시험하여 봄.   · 未嘗不(미상불) 아니게 아니라 과연.
· 嘗膽(상담) · 嘗味(상미) · 啖嘗(담상) · 新嘗(신상) · 神嘗(신상)

· 갚을 상. 배상 상
· 償金(상금) 갚는 돈. 배상금.   · 報償(보상) 갚음.
· 償命(상명) · 償復(상복) · 償願(상원) · 償罪(상죄) · 償責(상책) · 償還(상환)
· 賠償(배상) · 辨償(변상)

· 변방 새. 변방 색
· 塞翁之馬(새옹지마) 변방 늙은이의 말. 인생의 길흉화복은 점칠 수 없음.
· 壅塞(옹색) 막음. 또 막힘.
· 塞徼(새요) · 塞嘊(색앵) · 塞淵(색연) · 塞責(색책)

· 여러 서. 거의 서. 백성 서
· 庶民(서민) 중류 이하의 평민.   · 庶務(서무) 여러 가지 잡다한 업무.
· 庶類(서류) · 庶母(서모) · 庶羞(서수) · 庶孼(서얼) · 庶政(서정) · 庶出(서출)
· 黔庶(검서) · 士庶(사서) · 衆庶(중서) · 品庶(품서)

· 펼 서. 차례 서. 지워줄 서
· 敍述(서술) 차례를 쫓아 말함.   · 追敍(추서) 추모하여 관위를 수여함.
· 敍景(서경) · 敍論(서론) · 敍事(서사) · 敍說(서설) · 敍爵(서작) · 敍情(서정)
· 敍勳(서훈) · 略敍(약서) · 列敍(열서) · 自敍(자서)

· 관청 서. 대리할 서
· 署理(서리) 직무를 대신함.   · 部署(부서) 나누어져 있는 사무의 부분.
· 署名(서명) · 署長(서장) · 警察署(경찰서) · 分署(분서) · 支署(지서)

· 옛 석. 오랠 석
· 昔談(석담) 옛 이야기.   · 今昔(금석) 이제와 옛.

· 쪼갤 석. 나눌 석
· 析別(석별) 나뉘어 헤어짐.   · 分析(분석) 쪽쪽이 나누어 가름.
· 析出(석출) · 解析(해석)

· 사양할 선. 좌선할 선. 고요할 선
· 禪坐(선좌) 참선하여 앉음.   · 參禪(참선) 선조에 들어가 수행함.
· 禪敎(선교) · 禪林(선림) · 禪門(선문) · 禪問答(선문답) · 禪味(선미) · 禪房(선방)
· 禪寺(선사) · 禪讓(선양) · 禪宗(선종) · 禪刹(선찰)

· 건널 섭. 교섭할 섭. 겪을 섭
· 涉外(섭외) 외부와 연락하여 교섭함.   · 交涉(교섭) 어떤 일을 서로 의논함.
· 涉禽(섭금) · 涉獵(섭렵) · 涉世(섭세) · 涉險(섭험) · 干涉(간섭) · 徒涉(도섭)
· 跋涉(발섭)

· 부를 소
· 召集(소집) 불러서 모음.   · 召命(소명) 신하를 부르는 임금의 명령.
· 召對(소대) · 召狀(소장) · 召喚(소환) · 宣召(선소) · 應召(응소) · 徵召(징소)
· 號召(호소)

· 밝을 소
· 昭明(소명) 밝음. 사물에 밝음.   · 昭詳(소상) 분명하고 자상함.
· 昭光(소광) · 昭代(소대) · 昭明太子(소명 태자) · 昭昭(소소) · 昭示(소시)
· 昭和(소화)

· 나물소. 채소 소
· 蔬飯(소반) 변변하지 못한 음식.   · 菜蔬(채소) 나물.
· 蔬果(소과)

· 불사를 소
· 燒失(소실) 불에 타 없어짐.   · 全燒(전소) 전부 타 버림.
· 燒却(소각) · 燒亡(소망) · 燒滅(소멸) · 燒死(소사) · 燒酒(소주) · 燒盡(소진)
· 燒香(소향) · 燒火(소화) · 燃燒(연소)

· 시끄러울 소
· 騷亂(소란) 어수선하고 시끄러움.   · 騷動(소동) 야단법석. 사건이나 큰 변.
· 騷客(소객) · 騷然(소연) · 騷擾(소요) · 騷音(소음) · 騷人(소인) · 驚騷(경소)
· 風騷(풍소) · 潮騷(조소)

· 조 속. 겉곡식 속
· 粟米(속미) 겉껍질을 쓿지 않은 조.   · 黍粟(서속) 기장과 조.
· 粟立(속립) · 粟散(속산) · 罌粟(앵속)

· 송사할 송. 시비할 송
· 訟事(송사) 재판을 걺.   · 訴訟(소송) 판결을 법원에 요구하는 절차.
· 訟案(송안) · 訟言(송언) · 辨訟(변송) · 爭訟(쟁송)

誦
· 외울 송. 낭독할 송
· 誦讀(송독) 외워서 읽음.   · 暗誦(암송) 책을 보지 않고 글을 욈.
· 誦經(송경) · 誦習(송습) · 口誦(구송) · 念誦(염송) · 傳誦(전송)

鎖
· 쇠사슬 쇄
· 鎖國(쇄국) 외국과의 통상. 교통을 끊음.   · 閉鎖(폐쇄) 닫아 걺.

囚
· 가둘 수. 죄수 수
· 罪囚(죄수) 옥에 갇힌 사람.   · 死刑囚(사형수) 사형 판결을 받은 죄수.
· 囚徒(수도) · 囚虜(수로) · 囚役(수역) · 囚獄(수옥) · 女囚(여수) · 幽囚(유수)

· 모름지기 수. 수염 수
· 須知(수지) 꼭 알아야 함.　· 必須(필수) 꼭 필요함. 없어서는 아니됨.
· 須彌山(수미산)· 須要(수요)· 須臾(수유)· 急須(급수)

· 드디어 수. 이룰 수
· 遂行(수행) 계획한 대로 해 냄.　· 完遂(완수) 목적한 바를 완전히 해냄.
· 旣遂(기수)· 未遂(미수)

· 졸 수. 잠잘 수
· 睡眠(수면) 잠. 잠을 잠.　· 午睡(오수) 낮잠. 午寢(오침).
· 睡蓮(수련)· 睡磨(수마)· 睡癖(수벽)· 睡熟(수숙)· 睡餘(수여)· 假睡(가수)
· 昏睡(혼수)

· 누구 수
· 誰爲爲之(수위위지) 누구를 위하여 일하리.
· 不知誰(부지수) 누구인지를 알지 못함.
· 誰某(수모)· 誰何(수하)· 始誰(시수)· 阿誰(아수)· 何誰(하수)

· 비록 수
· 雖然(수연) 비록 그러하나.　· 雖乞食(수걸식) 빌어먹을 망정.

· 누구 숙. 익을 숙
· 熟成(숙성) 곡식이 익음.　· 孰誰(숙수) 누구.

· 방패 순
· 盾戈(순과) 방패와 창.　· 矛盾(모순) 언행의 앞뒤가 맞지 않음.

· 따라죽을 순. 좇을 순. 순사할 순
· 殉國(순국) 나라에 목숨을 바침.　· 殉職(순직) 직무를 다하다가 죽음.
· 殉敎(순교)· 殉難(순난)· 殉死(순사)· 殉節(순절)· 慕殉(모순)· 無殉(무순)
· 外殉(외순)

· 입술 순
· 脣音(순음) 입술이 맞닿아 나오는 소리.　· 口脣(구순) 입과 입술.
· 脣輕音(순경음)· 脣頭(순두)· 脣亡齒寒(순망치한)· 脣舌(순설)· 脣聲(순성)
· 脣如激丹(순여격단)· 脣齒(순치)· 丹脣(단순)

· 돌 순. 좇을 순. 차례 순. 돌아다닐 순
· 循行(순행) 여러 곳을 돌아다님.　· 循環(순환) 쉬지 않고 자꾸 돎.
· 循守(순수)· 循循(순순)· 良循(양순)· 因循(인순)

· 개 술. 열 한째 지지 술
· 戌時(술시) 오후 7시~9시　· 戌月(술월) 음력 9월

濕 ·젖을 습. 축축할 습
·濕氣(습기) 축축한 기운. ·濕度(습도) 공기 중의 습기의 정도
·濕冷(습랭) ·濕暑(습서) ·濕潤(습윤) ·濕田(습전) ·濕地(습지) ·濕紙(습지)
·濕疹(습진) ·濕風(습풍) ·乾濕(건습) ·多濕(다습)

升 ·되 승. 태평할 승. 오를 승
·升進(승진) 계급 따위가 올라 높아짐. ·升平(승평) 나라가 태평함.
·升遐(승하) ·升華(승화) ·上升(상승) ·一升(일승)

矢 ·화살 시. 맹세할 시
·矢心(시심) 마음 속으로 맹세함. ·嚆矢(효시) 일의 맨 처음의 비유.
·矢石(시석) ·矢言(시언) ·矢場(시장) ·矢鏃(시촉) ·弓矢(궁시) ·毒矢(독시)
·流矢(유시)

辛 ·매울 신. 고생 신
·辛苦(신고) 고생스럽게 애씀. ·艱辛(간신) 힘들고 고생스러움.
·辛辣(신랄) ·辛勞(신로) ·辛味(신미) ·辛酸(신산) ·辛勝(신승)
·辛亥革命(신해혁명)

伸 ·펼 신. 말할 신. 늘일 신
·伸張(신장) 길게 뻗어남. 길게 늘임. ·伸縮(신축) 펴짐과 오그라짐.
·伸寃(신원) ·伸長(신장) ·伸展(신전) ·屈伸(굴신) ·追伸(추신)

晨 ·새벽 신
·晨明(신명) 새벽. ·早晨(조신) 이른 새벽.
·晨鷄(신계) ·晨光(신광) ·晨起(신기) ·晨夕(신석) ·晨省(신성) ·晨星(신성)
·霜晨(상신) ·淸晨(청신) ·詰晨(힐신)

尋 ·찾을 심. 길이 심
·尋問(심문) 물어 봄. 질문함. ·究尋(구심) 찾아 구함.
·尋矩(심구) ·尋訪(심방) ·尋思(심사) ·尋繹(심역)

牙 ·어금니 아. 상아 아
·牙城(아성) 주장이 있는 내성. ·象牙(상아) 코끼리의 어금니.
·牙旗(아기) ·牙營(아영) ·爪牙(조아) ·齒牙(치아)

芽 ·싹 아
·芽椄(아접) 눈을 따서 접붙임. ·發芽(발아) 싹이 나옴. 눈이 틈.

餓 ·주릴 아
·餓死(아사) 굶어 죽음. ·饑餓(기아) 굶주림. 飢餓(기아).
·餓鬼(아귀) ·餓鬼道(아귀도)

岳 ·큰 산 악. 아내의 부모 악
·岳父(악부) 장인 어른. ·山岳(산악) 크고 작은 모든 산들.
·岳陽樓(악양루) ·雪岳(설악) ·五岳(오악)

· 기러기 안
· 雁書(안서) 편지.　· 旅雁(여안) 멀리 여행가는 기러기.
· 雁序(안서) · 雁陣(안진) · 雁幣(안폐) · 雁皮(안피) · 雁行(안행) · 雁戶(안호)
· 歸雁(귀안) · 遊雁(유안)

· 아뢸 알. 알릴 알. 뵈올 알
· 謁見(알현) 지위가 높은 사람을 만나 뵘.　· 拜謁(배알) 절하고 뵘. 높은 어른을 뵘.
· 謁者(알자) · 內謁(내알) · 上謁(상알)

· 재앙 앙
· 殃禍(앙화) 죄의 앙갚음으로 받는 재앙.　· 災殃(재앙) 천재지변의 온갖 불행한 일.
· 苛殃(가앙) · 餘殃(여앙) · 積不善餘殃(적불선여앙) · 天殃(천앙)

· 물가 애. 언덕 애. 끝 애. 가 애
· 涯岸(애안) 물가, 또는 물이 끝난 곳.　· 生涯(생애) 일생. 사는 동안.
· 境涯(경애) · 際涯(제애) · 天涯(천애)

· 재앙 액
· 厄運(액운) 액을 당하는 운수.　· 災厄(재액) 재앙과 액운.
· 厄難(액난) · 厄年(액년) · 厄拂(액불) · 厄日(액일) · 困厄(곤액) · 大厄(대액)
· 遭厄(조액)

· 어조사 야. 또한 야
· 也有(야유) 또 있음.　· 也無妨(야무방) 별로 해로울 것이 없음.

· 어조사 야. 아버지 야
· 耶蘇敎(야소교) 예수교.　· 耶孃(야양) 아버지와 어머니.

· 버들 양
· 楊柳(양류) 버드나무.　· 垂楊(수양) 수양버들. 늘어진 버드나무.
· 楊枝(양지) · 楊弓(양궁) · 白楊(백양) · 朱楊(주양) · 黃楊(황양)

· 어조사 어
· 於焉間(어언간) 어느덧 모르는 사이에.　· 甚至於(심지어) 심하게는. 심하면.
· 於中間(어중간)

· 어조사 언. 어찌 언
· 焉敢(언감) 어찌 감히. 감히 하지 못함.　· 終焉(종언) 계속하던 일이 끝장남.
· 焉敢生心(언감생심) · 揭焉(게언) · 狡焉(교언) · 忽焉(홀언)

· 나 여. 줄 여
· 予一人(여일인) 임금이 자신을 이르는 말.　· 予奪(여탈) 줌과 빼앗음.
· 予告(여고) · 起予(기여) · 付予(부여) · 分予(분여) · 錫予(석여) · 施予(시여)
· 天生德予(천생덕여)

· 너 여. 물이름 여
· 汝等(여등) 너희들.　· 汝矣島(여의도) 한강 하류의 삼각주.
· 爾汝(이여)

· 나 여
· 余等(여등) 우리들.　· 比余(비여) 나와 비교해 봄.
· 余吾(여오)· 余月(여월)

· 수레 여. 많을 여. 무리 여
· 輿論(여론) 일반적으로 공통되는 공론.　· 喪輿(상여) 시체를 나르는 기구.
· 輿駕(여가)· 輿梁(여량)· 輿望(여망)· 神輿(신여)· 竹輿(죽여)

· 염병 역. 돌림병· 전염병 역
· 疫疾(역질) 천연두를 한방에서 부르는 말.　· 免疫(면역) 병균에 저항력이 생김.
· 疫痢(역리)· 疫病(역병)· 檢疫(검역)· 防疫(방역)· 惡疫(악역)

· 벼루 연
· 硯滴(연적) 벼룻물을 담아두는 그릇.　· 硯材(연재) 벼루를 만드는 석재.
· 硯北(연북)· 硯池(연지)· 石硯(석연)· 筆硯(필연)

· 제비 연. 편안할 연. 나라이름 연. 잔치 연
· 燕京(연경) 연나라의 서울. 지금의 북경.　· 燕居(연거) 한가히 집에 있는 동안.
· 燕麥(연맥)· 燕尾服(연미복)· 燕巖集(연암집)· 燕支(연지)· 飛燕(비연)

· 불꽃 염. 염증 염. 더울 염
· 炎症(염증) 붉게 붓고 아픈 증세.　· 炎天(염천) 몹시 더운 여름철.
· 炎上(염상)· 炎暑(염서)· 炎熱(열열)· 炎炎(염염)· 炎夏(염하)· 陽炎(양염)
· 火炎(화염)

· 소금 염
· 鹽田(염전) 바닷물로 소금을 만드는 밭.　· 食鹽(식염) 식용의 소금.
· 鹽氣(염기)· 鹽梅(염매)· 鹽飯(염반)· 鹽釜(염부)· 鹽商(염상)· 鹽稅(염세)
· 鹽藏(염장)· 鹽湯(염탕)· 鹽害(염해)· 燒鹽(소염)

· 헤엄칠 영
· 水泳(수영)· 競泳(경영)· 背泳(배영)· 遠泳(원영)· 遊泳(유영)

· 읊을 영. 노래할 영
· 詠歌(영가) 시가를 읊음, 또는 그 시가.　· 愛歌(애가) 시가 등을 즐겨 읊음.

· 날카로울 예
· 銳利(예리) 날이 잘 듦. 끝이 날카로움.　· 精銳(정예) 잘 세련되고 날쌤.
· 銳角(예각)· 銳氣(예기)· 銳敏(예민)· 銳兵(예병)· 銳鋒(예봉)· 銳意(예의)
· 銳智(예지)· 氣銳(기예)· 新銳(신예)· 尖銳(첨예)

汚
· 더러울 오. 웅덩이 오
· 汚物(오물) 더러운 물건.　· 汚染(오염) 더럽힘. 더러워짐.
· 汚泥(오니)· 汚吏(오리)· 汚名(오명)· 汚俗(오속)· 汚損(오손)· 汚水(오수)
· 汚穢(오예)· 汚辱(오욕)· 汚點(오점)· 汚濁(오탁)

吾
· 나 오
· 吾等(오등) 우리들.　· 忘吾(망오) 깊이 사색함.
· 吾黨(오당)· 吾輩(오배)· 吾人(오인)· 吾子(오자)· 故吾(고오)· 今吾(그오)
· 番吾(번오)· 從吾(종오)

娛
· 즐거워할 오
· 娛樂(오락) 재미있게 노는 놀이.　· 娛遊(오유) 즐거웁게 놂.
· 娛樂室(오락실)· 康娛(강오)· 極歡極娛(극환극오)· 宴娛(연오)· 歡娛(환오)
· 嬉娛(희오)

梧
· 오동나무 오. 거문고 오
· 梧桐(오동) 오동나무.　· 碧梧桐(벽오동) 푸른 오동나무.
· 梧桐一葉(오동일엽)· 梧下(오하)· 魁梧(괴오)· 蒼梧(창오)· 翠梧(취오)

嗚
· 탄식할 오
· 嗚咽(오열) 목이 메어 욺.　· 嗚呼(오호) 탄식하는 소리. '아'의 소리.
· 噫嗚(희오)

傲
· 거만할 오. 업신여길 오
· 傲氣(오기) 남에게 지기 싫어하는 마음.　· 傲慢(오만) 태도가 거만함.
· 傲岸(오안)· 傲然(오연)· 倨傲(거오)· 驕傲(교오)· 放傲(방오)· 侈傲(치오)
· 怠傲(태오)

翁
· 늙은이 옹
· 翁婿(옹서) 장인과 사위.　· 老翁(노옹) 늙은 남자의 총칭.
· 翁媼(옹온)· 不倒翁(부도옹)· 信天翁(신천옹)· 田翁(전옹)· 村翁(촌옹)

瓦
· 기와 와
· 瓦家(와가) 기와집.　· 靑瓦(청와) 청기와.

臥
· 누울 와. 쉴 와
· 臥病(와병) 병석에 누워있음.　· 臥食(와식) 하는 일 없이 놀고 먹음.

緩
· 느릴 완. 부드러울 완. 더딜 완
· 緩慢(완만) 행동이 느릿느릿함.　· 弛緩(이완) 느즈러짐. 풀리어 늦추어짐.
· 緩曲(완곡)· 緩急(완급)· 緩晩(완만)· 緩步(완보)· 緩徐(완서)· 緩衝(완충)
· 緩怠(완태)· 緩行(완행)· 緩和(완화)

曰
· 가로 왈. 말할 왈
· 曰可曰否(왈가왈부) 옳고 그른 말을 함.　· 曰牌(왈패) 언행이 수선스러운 사람.

畏
· 두려워할 외. 겁낼 외
· 畏友(외우) 존경하는 벗.   · 畏敬(외경) 두려워하며 공경함.
· 畏懼(외구) · 畏忌(외기) · 畏服(외복) · 畏縮(외축) · 畏怖(외포) · 恭畏(공외)
· 尊畏(존외) · 憚畏(탄외) · 後生可畏(후생가외)

搖
· 흔들 요. 흔들릴 요
· 搖動(요동) 물체가 흔들리어 움직임.   · 動搖(동요) 움직이고 흔들림.
· 搖籃(요람) · 搖鈴(요령)

遙
· 멀 요. 거닐 요. 노닐 요
· 遙遠(요원) 아득히 멂.   · 逍遙(소요) 산책 삼아 자유롭게 거닒.
· 遙拜(요배) · 遙然(요연) · 遙曳(요예) · 遙遙(요요) · 遼遙(요요)

腰
· 허리 요
· 腰折(요절) 허리가 꺾어짐.   · 腰痛(요통) 허리가 아픈 병. 허리앓이.
· 腰間(요간) · 腰劍(요검) · 腰骨(요골) · 腰帶(요대) · 腰部(요부) · 腰繩(요승)
· 腰圍(요위) · 腰斬(요참) · 腰推(요추)

庸
· 떳떳할 용. 어리석을 용. 중용 용
· 庸劣(용렬) 어리석고 변변하지 못함.   · 中庸(중용) 4서의 한가지.
· 庸君(용군) · 庸器(용기) · 庸愚(용우) · 庸醫(용의) · 庸人(용인) · 庸才(용재)
· 庸租(용조) · 登庸(등용) · 凡庸(범용)

又
· 또 우. 자주 우
· 又況(우황) 하물며. 더군다나.   · 又驚又喜(우경우희) 놀란 위에 또 기뻐함.
· 多又(다우) · 三又(삼우) · 將又(장우) · 從又(종우) · 目又(목우)

于
· 어조사 우
· 于歸(우귀) 신부가 처음 시집에 감.   · 于先(우선) 먼저.
· 于越(우월) · 于嗟(우차)

尤
· 더욱 우. 허물 우. 탓할 우
· 尤甚(우심) 더욱 심함.   · 怨尤(원우) 원망하고 꾸짖음.
· 慢尤(만우) · 殊尤(수우) · 瑕尤(하우) · 效尤(효우)

羽
· 깃 우. 날개 우. 도울 우
· 羽毛(우모) 새의 깃. 깃에 붙은 새털.   · 羽翼(우익) 새의 날개. 도와서 받듦.
· 羽觴(우상) · 羽扇(우선) · 羽音(우음) · 羽衣(우의) · 羽蟻(우의) · 羽人(우인)
· 羽枝(우지) · 羽蟲(우충) · 羽化(우화) · 尾羽(미우)

云
· 이를 운. 어조사 운
· 云謂(운위) 일러 말함.   · 云云(운운) 이러저러하다고 말함.

· 밥통 위
· 胃腸(위장) 위와 창자.　· 健胃(건위) 위를 튼튼하게 함.
· 胃痙攣(위경련) · 胃潰瘍(위궤양) · 胃壁(위벽) · 胃酸(위산) · 胃癌(위암)
· 胃液(위액) · 胃炎(위염) · 胃下垂(위하수) · 肝胃(간위) · 服胃(복위)

· 어길 위. 잘못 위. 피할 위
· 違反(위반) 법령, 계약, 약속 등을 어김.　· 非違(비위) 법에 어긋나는 잘못된 일.
· 違期(위기) · 違例(위례) · 違犯(위범) · 違法(위법) · 違算(위산) · 違約(위약)
· 違憲(위헌) · 違和(위화) · 相違(상위)

· 거짓 위. 속일 위
· 僞造(위조) 거짓으로 만듦.　· 虛僞(허위) 없는 사실을 거짓으로 꾸밈.
· 僞計(위계) · 僞妄(위망) · 僞賣(위매) · 僞名(위명) · 僞善(위선) · 僞作(위작)
· 僞錢(위전) · 僞朝(위조) · 僞證(위증)

· 씨줄 위. 묶을 위. 경위 위
· 緯度(위도) 지구 표면의 가로의 좌표.　· 經緯(경위) 경선과 위선. 사건의 전말.
· 緯武經文(위무경문) · 緯書(위서) · 緯線(위선) · 緯世(위세)

· 닭 유. 술 유
· 酉時(유시) 하오 5시부터 7시 사이.

· 오직 유. 대답할 유
· 唯物論(유물론) 우주의 실재는 물질 뿐이라는 설.
· 唯一(유일) 오직 하나밖에 없음.
· 唯美主義(유미주의) · 唯心論(유심론) · 唯我獨尊(유아독존) · 唯唯(유유)
· 唯唯諾諾(유유낙낙) · 唯一無二(유일무이) · 諾唯(낙유)

· 생각할 유. 오직 유. 어조사 유
· 惟獨(유독) 많은 가운데 홀로.　· 思惟(사유) 생각함.
· 惟一(유일) · 圖惟(도유) · 伏惟(복유) · 永惟(영유)

· 나을 유. 고칠 유. 더할 유. 더욱 유
· 愈愚(유우) 어리석은 마음을 고침.　· 愈愈(유유) 자꾸 더하여지는 모양.

· 윤달 윤
· 閏年(윤년) 윤달이 드는 해.　· 閏位(윤위) 정통이 아닌 임금의 자리.
· 閏月(윤월) · 歷閏(역윤) · 榮閏(영윤) · 再閏(재윤) · 正潤(정윤)

· 읊을 음. 끙끙앓을 음
· 吟味(음미) 읊으면서 감상함. 뜻을 맛봄.　· 呻吟(신음) 괴로와 끙끙거림.
· 吟聲(음성) · 吟嘯(음소) · 吟詠(음영) · 吟遊詩人(음유시인) · 吟唱(음창)
· 吟行(음행) · 苦吟(고음) · 郎吟(낭음) · 詩吟(시음)

387

- 음란할 음. 방탕할 음
- 淫亂(음란) 음탕하고 난잡함.　· 荒淫(황음) 함부로 음탕한 짓을 함.
- 淫溺(음닉)·淫慆(음도)·淫厲(음려)·淫淚(음루)·淫湎(음면)·淫僻(음벽)
- 淫思(음사)·淫藝(음설)·淫貪(음탐)·淫蕩(음탕)

- 울 읍. 눈물 읍
- 泣訴(읍소) 눈물로 하소연함.　· 感泣(감읍) 감격하여 욺.
- 泣諫(읍간)·泣斬馬謖(읍참마속)·泣涕(읍체)·悲泣(비읍)·哀泣(애읍)
- 怨泣(원읍)·號泣(호읍)

- 어조사 의
- 甚矣(심의) 너무 심하구나.　· 鮮矣仁(선의인) 어린 사람이 적구나!

- 마땅할 의. 옳을 의
- 宜當(의당) 마땅히. 의례.　· 便宜(편의) 형편이 썩 좋은.
- 宜土(의토)·機宜(기의)·時宜(시의)·適宜(적의)

- 말이을 이. 너 이. 수염 이
- 而後(이후) 지금부터. 지금부터 다음으로.　· 然而(연이) 그러고서.
- 而今而後(이금이후)·而已(이이)

- 오랑캐 이
- 夷狄(이적) 오랑캐. 야만인.　· 東夷(동이) 동쪽의 오랑캐.
- 夷考(이고)·夷滅(이멸)·夷然(이연)·夷險(이험)·征夷(정이)

- 두 이. 도울 이. 의심 이
- 貳心(이심) 배반하려고 하는 마음.　· 副貳(부이) 옆에서 보좌함.

- 칼날 인. 칼질할 인
- 刃傷(인상) 칼로 사람을 상하게 함.　· 自刃(자인) 칼로 자기 목숨을 끊음.
- 白刃(백인)·兵刃(병인)·凶刃(흉인)

- 혼인 인. 아내 인. 인연 인
- 姻戚(인척) 외가와 처가에 딸린 친족.　· 婚姻(혼인) 남녀가 부부가 되는 일.
- 姻家(인가)·姻媾(인구)·姻屬(인속)·姻族(인족)·外姻(외인)

- 동방 인. 범 인. 삼갈 인
- 寅念(인념) 삼가 생각함.　· 寅時(인시) 오전 3~5시까지의 두 시간.
- 寅月(인월)

- 한 일. 오직 일. 합할 일
- 壹意(일의) 마음을 기울임.　· 專壹(전일) 마음을 오로지 하나에만 씀.

· 팔이 임. 품삯 임. 세낼 임
· 賃金(임금) 삯전. 노동한 댓가의 삯돈.　· 運賃(운임) 운반한 댓가로서의 삯.
· 賃貸(임대)· 賃貸借(임대차)· 賃銀(임은)· 賃作(임작)· 賃錢(임전)· 賃借(임차)
· 賃借料(임차료)· 家賃(가임)· 工賃(공임)· 船賃(선임)

刺

· 찌를 자. 가시 자. 찌를 척. 수라 라
· 刺客(자객) 사람을 몰래 죽이는 사람.　· 亂刺(난자) 아무 곳이나 마구 찌름.
· 刺戟肥料(자극비료)· 刺史(자사)· 刺殺(자살)· 刺繡(자수)· 刺靑(자청)
· 刺痛(자통)· 刺殺(척살)· 名刺(명자)· 風刺(풍자)

茲

· 검을 자. 이에 자. 흐릴 자
· 今茲(금자) 금년. 이제.　· 水茲(수자) 물을 흐리게 휘젓거림.

· 방자할 자
· 恣暴(자포) 방자하고 횡포함.
· 恣肆(자사)· 恣擅(자천)· 恣行(자행)· 恣睢(자휴)　· 放恣(방자)

· 자줏빛 자
· 紫色(자색) 자줏빛.　· 紫水晶(자수정) 자줏빛의 수정.
· 紫紺(자감)· 紫禁城(자금성)· 紫桃(자도)· 紫癜(자반)· 紫斑(자반)
· 紫外線(자외선)· 紫雲(자운)· 紫雲英(자운영)· 紫電(자전)· 紫草(자초)

雌

· 암 자
· 雌雄(자웅) 암컷과 수컷. 우열의 승패.　· 雌性(자성) 암컷의 성질.

· 잔질할 작
· 酌定(작정) 일을 짐작하여 결정함.　· 對酌(대작) 마주 대하여 술을 마심.

· 벼슬 작. 작위 작
· 爵位(작위) 관직과 위계. 벼슬과 지위.　· 公爵(공작) 오등작(五等爵)의 첫째 등위.
· 爵祿(작록)· 爵號(작호)· 男爵(남작)· 伯爵(백작)· 叙爵(서작)　· 子爵(자작)
· 侯爵(후작)

· 누에 잠. 누에칠 잠
· 蠶業(잠업) 누에 치는 일을 업으로 함.　· 養蠶(양잠) 누에를 쳐서 기름.
· 蠶農(잠농)· 蠶桑(잠상)· 蠶食(잠식)· 蠶室(잠실)· 蠶衣(잠의)· 秋蠶(추잠)
· 春蠶(춘잠)· 夏蠶(하잠)

· 담 장
· 墻壁(장벽) 담. 토담.　· 藩墻(번장) 울타리.
· 墻內(장내)· 墻面(장면)· 墻外(장외)· 墻垣(장원)· 墻有耳(장유이)· 墻衣(장의)
· 墻下(장하)· 堵墻(도장)

· 어조사 재
· 也哉(야재) 그러하도다.　· 快哉(쾌재) 뜻대로 잘돼 만족히 여김.

· 물방울 적
· 餘滴(여적) 쓰다가 남은 먹물.　· 硯滴(연적) 벼룻물을 담는 그릇.
· 滴瀝(적력)·滴露(적로)·滴水(적수)·滴滴(적적)·滴下(적하)·水滴(수적)
· 一滴(일적)·殘滴(잔적)·點滴(점적)

· 나비 접
· 蝶夢(접몽) 꿈을 나타냄(장자<莊子>의 꿈).　· 黃蝶(황접) 노랑색의 나비.
· 蝶粉蜂黃(접분봉황)·蝶簪(접잠)·蝴蝶(호접)

· 고칠 정. 바로잡을 정
· 訂正(정정) 글의 잘못된 곳을 바로잡음.　· 改訂(개정) 바르게 고치는 일.
· 訂盟(정맹)

· 방죽 제. 막을 제
· 堤防(제방) 둑. 방죽.　· 防波堤(방파제) 파도를 막으려 쌓은 둑.
· 長堤(장제)

· 조상할 조. 위문할 조
· 弔旗(조기) 조의를 표하는 기.　· 敬弔(경조) 조객이 삼가 조상을 표함.
· 弔歌(조가)·弔客(조객)·弔文(조문)·弔問(조문)·弔詞(조사)·弔喪(조상)
· 弔慰金(조위금)·弔意(조의)·弔鐘(조종)·慶弔(경조)·哀弔(애조)·追弔(추조)

· 구실 조. 세금 조
· 租稅(조세) 국세 및 지방세의 총칭. 공물.
· 賭租(도조) 남의 논을 부치고 그 세로 내는 벼.
· 租界(조계)·租庸調(조용조)·租借(조차)·官租(관조)·免租(면조)·田租(전조)
· 地租(지조)

· 마를 조
· 燥渴(조갈) 목이 타는 듯한 마름.　· 乾燥(건조) 메마름.

· 졸할 졸. 못날 졸
· 拙劣(졸렬) 옹렬하고 서두름.　· 甕拙(옹졸) 성질이 옹하고 생각이 좁음.
· 拙稿(졸고)·拙技(졸기)·拙文(졸문)·拙甫(졸보)·拙速(졸속)·拙作(졸작)
· 拙策(졸책)·拙筆(졸필)·巧拙(교졸)·稚拙(치졸)

· 도울 좌
· 佐命(좌명) 임금을 도움.　· 補佐(보좌) 지위가 높은 사람의 일을 도움.
· 佐官(좌관)·佐幕(좌막)·佐飯(좌반)·佐史(좌사)·佐丞(좌승)·王佐(왕좌)
· 贊佐(찬좌)·參佐(참좌)

· 배 주
· 舟遊(주유) 뱃놀이.　· 扁舟(편주) 작은 배. 거룻배. 쪽배.
· 舟車(주거) · 舟軍(주군) · 舟筏(주벌) · 舟師(주사) · 舟運(주운) · 舟人(주인)
· 舟艇(주정) · 舟楫(주즙) · 舟航(주항) · 舟行(주행) · 刻舟(각주) · 客舟(객주)
· 方舟(방주) · 漁舟(어주)

· 그루 주. 주식 주. 그루터기 주
· 株式(주식) 회사의 출자본을 나눈 자본.　· 株主(주주) 주권을 가지고 있는 사람.
· 株價(주가) · 株券(주권) · 株金(주금) · 舊株(구주) · 守株(수주)

· 준걸 준. 뛰어날 준
· 俊傑(준걸) 재주와 슬기가 뛰어난 사람.　· 英俊(영준) 영민하고 준수함.
· 俊骨(준골) · 俊童(준동) · 俊敏(준민) · 俊秀(준수) · 俊逸(준일) · 俊才(준재)
· 雄俊(웅준)

· 따라갈 준. 좇을 준
· 遵據(준거) 의거하여 좇음.　· 遵守(준수) 좇아 지킴.
· 遵法(준법) · 遵用(준용) · 遵義(준의) · 遵行(준행) · 奉遵(봉준)

· 버금 중. 중개할 중
· 仲媒(중매) 혼사를 이루게 함.　· 伯仲(백중) 서로 어금지금하여 맞섬.
· 仲介(중개) · 仲冬(중동) · 仲父(중부) · 仲裁(중재) · 仲秋(중추) · 仲春(중춘)
· 仲夏(중하) · 仲兄(중형)

· 줄 증. 선사할 증
· 贈呈(증정) 남에게 그냥 물건을 줌.　· 寄贈(기증) 물건을 보내줌.
· 贈答(증답) · 贈與(증여) · 贈位(증위) · 贈賄(증회) · 追贈(추증)

· 다만 지. 어조사 지
· 只今(지금) 이제 현재. 바로 이 시각.　· 但只(단지) 다만. 오직 그것뿐.

· 가지 지
· 枝葉(지엽) 가지와 잎. 중요하지 않음.　· 幹枝(간지) 나무의 줄기와 가지.
· 枝隊(지대) · 枝道(지도) · 枝頭(지두)

· 더딜 지. 오랠 지. 느릴 지
· 遲刻(지각) 정해진 시각보다 늦음.　· 遲延(지연) 느즈러짐.
· 遲鈍(지둔) · 遲配(지배) · 遲速(지속) · 遲緩(지완) · 遲疑(지의) · 遲日(지일)
· 遲遲(지지) · 遲滯(지체)

· 조카 질
· 姪女(질녀) 조카딸.　· 叔姪(숙질) 아저씨와 조카.
· 姪婦(질부) · 姪孫(질손)

懲
- 징계할 징
- 懲戒(징계) 허물을 뉘우치도록 경계함.　・懲役(징역) 죄인을 가두고 일을 시킴.
- 懲勸(징권)・懲罰(징벌)・懲毖(징비)・懲惡(징악)・懲治(징치)・科懲(과징)
- 應懲(응징)・刑懲(형징)

且
- 또 차. 구차할 차. 우선 차. 만일 차
- 苟且(구차) 군색하고 딱함.　・重且大(중차대) 중요하고 큼.

借
- 빌 차. 가령 차. 도울 차
- 借款(차관) 국제간의 자금의 대차.　・貸借(대차) 꾸어 줌과 꾸어 옴.
- 借得(차득)・借覽(차람)・借料(차료)・借問(차문)・借用(차용)・借賃(차임)
- 借入(차입)・借財(차재)・借錢(차전)・借主(차주)

捉
- 잡을 착
- 捉送(착송) 잡아서 보냄.　・捕捉(포착) 꼭 붙잡음.
- 捉去(착거)・擒捉(금착)・把捉(파착)

錯
- 섞일 착
- 錯覺(착각) 사물을 잘못 지각하는 일.　・交錯(교착) 엇갈리고 뒤섞임.
- 錯角(착각)・錯簡(착간)・錯落(착락)・錯亂(착란)・錯誤(착오)・錯雜(착잡)
- 錯節(착절)・錯綜(착종)・倒錯(도착)・失錯(실착)

慘
- 참혹할 참. 괴로워할 참
- 慘憺(참담) 참혹하고 암담한 모양.　・悲慘(비참) 볼 수 없을 정도로 끔찍함.
- 慘景(참경)・慘劇(참극)・慘死(참사)・慘狀(참상)・慘惡(참악)・慘然(참연)
- 慘獄(참옥)・慘惻(참측)・慘敗(참패)・慘酷(참혹)・悽慘(처참)

慙
- 부끄러워할 참
- 慙愧(참괴) 부끄러워서 뉘우침.　・無慙(무참) 말할 수 없이 부끄러움.
- 感慙(감참)

滄
- 푸를 창. 큰 바다 창
- 滄江(창강) 푸르고 푸른 강물.　・滄波(창파) 큰 바다의 물결.
- 滄浪(창랑)・滄茫(창망)・滄桑之變(창상지변)・滄滄(창창)・滄海(창해)
- 滄海一粟(창해일속)

暢
- 화창할 창. 통할 창. 펼 창
- 暢達(창달) 막힘없이 통함.　・和暢(화창) 날씨가 온화하고 맑음.
- 暢快(창쾌)・悠暢(유창)・流暢(유창)

債
- 빚질 채. 빚 채. 빌릴 채
- 債務(채무) 빚을 갚아야 할 의무.　・負債(부채) 진 빚. 빚을 짐.
- 債家(채가)・債券(채권)・債權(채권)・債鬼(채귀)・公債(공채)・國債(국채)
- 起債(기채)

· 슬퍼할 처. 애처로울 처
· 悽絶(처절) 더할 나위없이 애처로움. · 悽慘(처참) 끔찍스럽고 참혹함.
· 悽然(처연) · 悽愴(처창) · 悽悽(처처) · 愁悽(수처) · 憯悽(참처) · 惻悽(측처)

· 내칠 척. 쫓을 척. 넓힐 척
· 斥和(척화) 화의를 물리침. · 排斥(배척) 물리쳐 내뜨림.
· 斥力(척력) · 斥黜(척출) · 斥退(척퇴) · 斥候(척후)

· 옮길 천. 바꿀 천. 귀양보낼 천
· 遷都(천도) 도읍을 옮김. · 變遷(변천) 변하여 바뀌어 짐.
· 遷善(천선) · 遷御(천어) · 遷延(천연) · 遷移(천이) · 遷左(천좌) · 遷行(천행)
· 遷化(천화) · 孟母三遷(맹모삼천) · 左遷(좌천)

· 천거할 천
· 薦擧(천거) 사람을 쓰도록 추천함. · 推薦(추천) 인재를 천거함.
· 薦居(천거) · 薦骨(천골) · 薦望(천망) · 自薦(자천) · 他薦(타천)

· 뾰족할 첨. 끝 첨
· 尖端(첨단) 시대의 사조나 유행에 앞장 섬. · 銳尖(예첨) 날카롭고 뾰족함.
· 尖塔(첨탑) · 眉尖(미첨) · 新尖(신첨) · 玉尖(옥첨) · 筆尖(필첨)

· 더할 첨. 덧붙일 첨
· 添加(첨가) 더 넣음. 덧붙임. · 別添(별첨) 별도로 또 더함.
· 添附(첨부) · 添削(첨삭) · 添書(첨서) · 添入(첨입) · 添酌(첨작)

· 첩 첩. 나 첩
· 妻妾(처첩) 본 아내와 첩. · 小妾(소첩) 여자가 자기를 낮춰 이르는 말.
· 妾腹(첩복) · 妾婦(첩부) · 臣妾(신첩) · 愛妾(애첩) · 賤妾(천첩)

· 개일 청
· 晴天(청천) 갠 하늘. 좋은 날씨. · 快晴(쾌청) 하늘이 시원스럽게 갬.
· 晴耕雨讀(청경우독) · 晴嵐(청람) · 晴朗(청랑) · 晴雨(청우) · 新晴(신청)
· 陰晴(음청) · 秋晴(추청) · 春晴(춘청)

· 베낄 초. 번역할 초. 뽑을 초
· 抄本(초본) 추려서 베낀 문서. · 抄譯(초역) 원문의 한 부분을 번역함.
· 抄略(초략) · 抄錄(초록) · 文抄(문초) · 別抄(별초) · 私抄(사초) · 類抄(유초)
· 雜抄(잡초)

· 촛불 촉. 등불 촉
· 燭數(촉수) 전등의 촉당 도수. · 華燭(화촉) 결혼할 때 켜는 촛불.
· 燭光(촉광) · 燭膿(촉농) · 燭臺(촉대) · 燭淚(촉루)

· 귀밝을 총. 총명할 총
· 聰明(총명) 슬기롭고 도리에 맞음. · 聖聰(성총) 임금의 총명.
· 聰氣(총기) · 聰敏(총민) · 四聰(사총) · 掩聰(엄총)

抽
· 뽑을 **추**. 뺄 **추**. 당길 **추**
· 抽籤(추첨) 제비를 뽑음. 제비뽑기.　· 抽出(추출) 빼 냄. 뽑아 냄.
· 抽斗(추두) · 抽象(추상) · 芽抽(아추) · 左旋右抽(좌선우추) · 花抽(화추)

醜
· 더러울 **추**
· 醜態(추태) 더럽고 지저분한 태도.　· 美醜(미추) 아름다움과 더러움.
· 醜怪(추괴) · 醜女(추녀) · 醜類(추류) · 醜名(추명) · 醜聞(추문) · 醜物(추물)
· 醜婦(추부)

丑
· 소 **축**. 둘째 지지 **축**. 북동쪽 **축**
· 丑方(축방) 북북동쪽(24방위의 하나).　· 丑時(축시) 오전 1~3시.
· 丑初(축초)

畜
· 가축 **축**. 기를 **축**. 쌓을 **축**
· 畜産(축산) 집에서 기르는 짐승.　· 牧畜(목축) 말이나 소를 놓아 기름.
· 畜類(축류) · 畜舍(축사) · 畜生(축생) · 畜養(축양) · 畜牛(축우) · 家畜(가축)
· 獸畜(수축) · 人畜(인축)

逐
· 쫓을 **축**. 다툴 **축**. 물리칠 **축**
· 逐出(축출) 쫓아 냄. 몰아 내버림.　· 角逐(각축) 서로 이기려는 다툼.
· 逐鬼(축귀) · 逐鹿(축록) · 逐語譯(축어역) · 逐一(축일) · 逐日(축일) · 逐次(축차)
· 驅逐(구축) · 放逐(방축) · 追逐(추축)

臭
· 냄새 **취**. 향기 **취**. 썩을 **취**. 악명 **취**
· 臭氣(취기) 비위를 심하게 하는 냄새.　· 惡臭(악취) 흉악한 냄새.
· 臭味(취미) · 臭素(취소) · 口臭(구취) · 奇臭(기취) · 腐臭(부취) · 乳臭(유취)
· 異臭(이취) · 體臭(체취)

漆
· 옻칠할 **칠**. 검을 **칠**
· 漆器(칠기) 옻칠하여 아름답게 만든 기물.　· 漆板(칠판) 글씨 쓰는 검은 판대기.
· 漆工(칠공) · 漆木(칠목) · 漆書(칠서) · 漆夜(칠야) · 漆紙(칠지) · 漆黑(칠흑)
· 乾漆(건칠) · 光漆(광칠) · 膠漆(교칠)

枕
· 베개 **침**. 벨 **침**
· 枕上(침상) 배개머리. 머리맡.　· 木枕(목침) 나무토막으로 만든 베개.
· 枕囊(침낭) · 枕頭(침두) · 枕席(침석) · 高枕(고침) · 安枕(안침)

浸
· 잠길 **침**. 번질 **침**. 차츰차츰 **침**
· 浸蝕(침식) 빗물, 또는 흐르는 물이 지각 · 암석 등을 차츰차츰 개먹어 들어감.
· 浸透(침투) 스미어 젖어서 속속들이 들어감.
· 浸灌(침관) · 浸禮(침례) · 浸水(침수)

妥
· 온당할 **타**. 평온할 **타**. 타협할 **타**
· 妥當(타당) 사리에 마땅함.　· 妥協(타협) 두 편이 서로 좋도록 협의함.
· 妥結(타결) · 安妥(안타) · 帖妥(첩타) · 平妥(평타)

· 떨어질 타. 무너뜨릴 휴
· 墮落(타락) 잘못된 길로 빠지거나 떨어짐.　· 墮胎(타태) 밴 아이를 유산시킴.
· 墮淚(타루) · 墮懈(타해)

· 받칠 탁. 의지할 탁
· 托鉢(탁발) 중이 집집마다 동냥하는 일.　· 依托(의탁) 남에게 의뢰하여 부탁함.
· 托葉(탁엽)

· 쪼을 탁. 닦을 탁
· 琢磨(탁마) 학문과 도덕을 갈고 닦는 일.　· 雕琢(조탁) 옥을 다음음.
· 琢句(탁구) · 琢玉(탁옥)

· 흐릴 탁. 더러울 탁
· 濁流(탁류) 흘러가는 흐린 물.　· 混濁(혼탁) 깨끗하지 못하고 흐림.
· 濁亂(탁란) · 濁浪(탁랑) · 濁聲(탁성) · 濁世(탁세) · 濁水(탁수) · 濁穢(탁예)
· 濁音(탁음) · 濁酒(탁주) · 淸濁(청탁)

· 빨래할 탁. 씻을 탁
· 洗濯(세탁) 빨래. 빨래를 함.　· 濯足(탁족) 발을 씻음. 세속을 떠남.
· 濯船(탁선) · 濯濯(탁탁) · 盥濯(관탁) · 漱濯(수탁) · 淳濯(순탁) · 澡濯(조탁)
· 執熱不濯(집열불탁) · 澣濯(한탁)

· 빼앗을 탈
· 奪取(탈취) 빼앗아 가짐.　· 掠奪(약탈) 폭력을 써서 억지로 빼앗음.
· 奪嫡(탈적) · 奪志(탈지) · 奪胎(탈태) · 奪還(탈환)

· 탐할 탐
· 貪慾(탐욕) 지나치게 탐내는 욕심.　· 食貪(식탐) 음식을 몹시 탐함.
· 貪官汚吏(탐관오리) · 貪婪(탐람)

· 끓일 탕
· 湯藥(탕약) 달여서 먹는 약.　· 雜湯(잡탕) 여러 가지가 뒤섞인 것.
· 湯罐(탕관) · 湯器(탕기) · 湯水(탕수) · 湯屋(탕옥) · 湯治(탕치) · 湯婆(탕파)
· 湯火(탕화) · 湯花(탕화) · 沸湯(비탕) · 溫湯(온탕)

· 게으를 태. 업신여길 태
· 怠慢(태만) 게으르고 느림. 소홀히 함.　· 倦怠(권태) 싫증나서 게으름을 피움.
· 怠業(태업) · 怠傲(태오) · 怠忽(태홀) · 驕怠(교태) · 勤怠(근태)

· 토할 토. 말할 토. 펼 토. 뱉을 토
· 吐露(토로) 속마음을 드러내어 말함.　· 嘔吐(구토) 위 속의 음식물을 토함. 게움.
· 吐氣(토기) · 吐蕃(토번) · 吐瀉(토사) · 吐逆(토역) · 吐血(토혈) · 月吐(월토)
· 音吐(음토) · 呑吐(탄토)

· 통할 투
· 透明(투명) 속까지 트이게 환함.　　· 浸透(침투) 스미어 젖어 들어감.
· 透過(투과)·透寫(투사)·透視(투시)·透徹(투철)·滲透(삼투)

· 자못 파
· 頗多(파다) 자못 많음. 아주 많음.　　· 偏頗(편파) 치우쳐 공평하지 못함.
· 頗僻(파벽)

· 파할 파. 놓을 파. 내칠 파. 고달플 피
· 罷遣(파견) 하던 일을 그만두게 하고 보냄.　　· 罷免(파면) 직무를 해면(解免)함.
· 罷業(파업)·罷場(파장)·罷職(파직)·罷黜(파출)

· 씨 뿌릴 파. 심을 파. 퍼뜨릴 파
· 播種(파종) 논밭에 곡식의 씨앗을 뿌림.　　· 傳播(전파) 널리 전하여 퍼짐.
· 播棄(파기)·播敷(파부)·播植(파식)·播越(파월)·播遷(파천)·流播(유파)
· 弘播(홍파)

· 팔 판. 장사 판
· 販路(판로) 상품이 팔리는 방면이나 길.　　· 共販(공판) 공동으로 판매함.
· 販賣(판매)·市販(시판)

· 조개 패. 재물 패
· 貝類(패류) 조개의 종류.　　· 貝物(패물) 산호나 수정 따위로 만든 물건.
· 貝殼(패각)·貝柱(패주)·貝塚(패총)·貝貨(패화)

· 두루 미칠 편
· 偏在(편재) 두루 퍼지어 있음.　　· 普遍(보편) 모든 것에 미치어 통함.
· 遍界(편계)·遍歷(편력)·遍照(편조)·千遍(천편)

· 엮을 편. 책 편
· 編成(편성) 엮어서 만듦. 모아서 조직함.　　· 改編(개편) 고쳐서 다시 엮음.
· 編曲(편곡)·編年史(편년사)·編隊(편대)·編物(편물)·編修(편수)·編入(편입)
· 編者(편자)·編著(편저)·編輯(편집)·編纂(편찬)

· 폐할 폐. 버릴 폐
· 廢物(폐물) 못 쓰게 된 물건.　　· 荒廢(황폐) 버려 두어 거칠고 못 쓰게 됨.
· 廢家(폐가)·廢刊(폐간)·廢棄(폐기)·廢立(폐립)·廢滅(폐멸)·廢案(폐안)
· 廢業(폐업)·廢位(폐위)·廢人(폐인)·廢殘(폐잔)

· 가릴 폐. 덮을 폐
· 蔽塞(폐색) 가려 막음. 가리어 막힘.　　· 掩蔽(엄폐) 보이지 않게 덮고 막음.
· 蔽護(폐호)·隱蔽(은폐)·遮蔽(차폐)

· 폐백 폐. 비단 폐
· 幣貢(폐공) 공물
· 幣物(폐물)·幣聘(폐빙)·納幣(납폐)

· 안을 포. 가질 포
· 抱負(포부) 품은 계획이나 희망.　· 懷抱(회포) 마음 속에 품은 생각.
· 抱腹(포복)· 抱擁(포옹)· 抱主(포주)· 抱恨(포한)

· 잡을 포. 사로잡을 포
· 捕虜(포로) 사로잡힌 적군의 군사.　· 逮捕(체포) 죄인을 쫓아가서 붙잡음.
· 捕鯨(포경)· 捕盜(포도)· 捕吏(포리)· 捕縛(포박)· 捕殺(포살)· 捕手(포수)
· 捕繩(포승)· 捕食(포식)· 捕捉(포착)· 捕獲(포획)

· 배부를 포
· 飽食(포식) 배불리 먹음.　· 飽和(포화) 채울 수 있는 한도에 달함.
· 飽滿(포만)· 飽食暖衣(포식난의)· 饑飽(기포)· 宿飽(숙포)· 厭飽(염포)
· 溫飽(온포)· 糟糠不飽(조강불포)

· 폭 폭. 복건 복
· 大幅(대폭) 차이가 현저함. 썩 많이.　· 全幅(전폭) 정한 범위의 전체. 온 너비.
· 幅巾(폭건)· 幅廣(폭광)· 幅利(폭리)· 幅員(폭원)· 滿幅(만폭)· 半幅(반폭)
· 邊幅(변폭)· 小幅(소폭)

· 짝 필
· 匹夫(필부) 신분이 낮은 한 사내.　· 配匹(배필) 부부로서 알맞은 짝.
· 匹馬(필마)· 匹婦(필부)· 匹夫之勇(필부지용)· 匹夫匹婦(필부필부)· 匹敵(필적)
· 仇匹(구필)

· 멜 하. 짐 하. 연꽃 하
· 荷役(하역) 짐을 싣고 내리는 일.　· 入荷(입하) 물건이 들어옴.
· 荷擔(하담)· 荷物(하물)· 荷葉(하엽)· 荷重(하중)· 荷札(하찰)· 荷香(하향)
· 負荷(부하)· 揚荷(양하)· 積荷(적하)· 出荷(출하)

· 땀 한
· 汗蒸(한증) 땀을 내어 병을 치료하는 요법.
· 盜汗(도한) 몸이 쇠약하여 나는 식은 땀.
· 汗馬之勞(한마지로)· 汗漫(한만)· 汗衫(한삼)· 汗腺(한선)· 汗水(한수)
· 汗顔(한안)· 汗牛充棟(한우충동)· 汗疹(한진)· 冷汗(냉한)· 發汗(발한)

· 가물 한
· 旱魃(한발) 가뭄.　· 枯旱(고한) 초목이 말라서 다 탈 지경의 대 가뭄.
· 旱稻(한도)· 旱路(한로)· 旱遼(한료)· 旱祭(한제)· 旱天(한천)· 旱害(한해)
· 旱荒(한황)· 旱凶(한흉)· 大旱(대한)· 炎旱(염한)

咸

· 다 함. 덜 감
· 咸集(함집) 모두 모임.　· 咸告(함고) 빼지 않고 모두 일러 바침.
· 咸興差使(함흥차사)· 阮咸(완함)

· 거리 **항**. 골목 **항**
· 巷間(항간) 일반 민중들 사이.　　· 陋巷(누항) 좁고 더러운 거리.
· 巷說(항설)

· 돼지 **해**. 열 둘째 지지 **해**
· 亥時(해시) 오후 9~11시.　　· 亥月(해월) 음력 10월의 별칭.
· 亥方(해방)

· 어찌 **해**. 종 **해**
· 奚如(해여) 어찌.　　· 小奚(소해) 어린 종.
· 奚琴(해금) · 奚童(해동) · 奚若(해약)

· 그 **해**. 넓을 **해**. 해당할 **해**. 갖출 **해**
· 該博(해박) 학문과 지식이 넓음.　　· 當該(당해) 그에 관련됨.
· 該當(해당)

· 누릴 **향**. 제사지낼 **향**. 드릴 **향**
· 享國(향국) 나라를 향유(享有)하게 하여 재위함.　　· 享樂(향락) 즐거움을 누림.
· 享年(향년) · 享祀(향사) · 享宴(향연) · 享有(향유) · 配享(배향)

· 추녀 **헌**. 수레 **헌**. 난간 **헌**
· 軒頭(헌두) 추녀 끝.　　· 軺軒(초헌) 종이품 이상이 타던 말.
· 軒燈(헌등) · 軒昂(헌앙)

· 활시위 **현**. 반달 **현**
· 弦樂(현악) 줄로 된 현악기의 음악.　　· 上弦(상현) 음력 7~8일의 날.
· 弦歌(현가) · 弦琴(현금) · 弦月(현월) · 正弦(정현) · 下弦(하현)

· 악기줄 **현**. 현악기 **현**
· 絃樂(현악) 현악기로 타는 음악.　　· 絶絃(절현) 친구끼리 죽음으로 하는 이별.
· 絃琴(현금) · 管絃(관현) · 彈絃(탄현)

· 고을 **현**. 매달 **현**
· 懸隔(현격) 서로 사이가 멀리 떨어짐.　　· 郡縣(군현) 군과 현.
· 縣監(현감) · 縣官(현관) · 近縣(근현) · 府縣(부현)

· 구멍 **혈**. 굴 **혈**
· 穴居(혈거) 동굴 속에서 삶.　　· 虎穴(호혈) 범이 사는 굴.
· 洞穴(동혈) · 墓穴(묘혈)

· 형통할 **형**. 삶을 **팽**. 드릴 **향**
· 亨通(형통) 모든 일이 뜻과 같이 잘 됨.　　· 亨途(형도) 평탄한 길.

· 개똥벌레 **형**
· 螢光(형광) 반딧불의 빛.　　· 螢雪(형설) 고생해서 공부함의 비유.
· 螢光燈(형광등) · 螢石(형석) · 螢案(형안) · 螢火(형화)

· 어조사 혜. 감탄사 혜
· 極兮(극혜) 다하고 나니.   · 樂兮(낙혜) 즐거웁고 즐거움이여!

· 서로 호
· 互惠(호혜) 서로 혜택을 베풂.   · 相互(상호) 피차가 서로.
· 互角(호각) · 互文(호문) · 互生(호생) · 互選(호선) · 互市(호시) · 互讓(호양)
· 互助(호조) · 交互(교호)

· 어조사 호
· 乎而(호이) 친한 사이의 호칭.   · 斷乎(단호) 결심한 것을 과단하게 처리함.

· 어두울 혼. 혼미할 혼. 저물 혼
· 昏迷(혼미) 사리에 어둡고 흐리멍텅함.   · 黃昏(황혼) 해가 지고 어둑어둑한 때.
· 昏倒(혼도) · 昏昧(혼매) · 昏睡(혼수) · 昏闇(혼암) · 昏愚(혼우) · 昏絕(혼절)
· 昏惑(혼혹) · 昏昏(혼혼)

· 넓을 홍. 크게할 홍
· 弘報(홍보) 널리 알림.   · 弘益(홍익) 크게 이익되게 함.
· 弘文(홍문) · 弘毅(홍의) · 弘濟(홍제) · 寬弘(관홍) · 廣弘(광홍)

· 큰 기러기 홍
· 鴻澤(홍택) 큰 혜택. 큰 은혜.   · 鴻志(홍지) 큰 뜻. 큰 야망.
· 鴻鵠之志(홍곡지지) · 鴻基(홍기) · 鴻圖(홍도) · 鴻名(홍명) · 鴻毛(홍모)
· 鴻業(홍업) · 鴻儒(홍유) · 鴻恩(홍은)

· 벼 화. 곡식 화
· 禾穗(화수) 벼 이삭.   · 禾穀(화곡) 벼. 곡류.
· 禾本科(화본과) · 嘉禾(가화) · 秔禾(갱화) · 稜禾(능화) · 晩禾(만화) · 麥禾(맥화)
· 珍禾(진화)

· 넓힐 확
· 擴大(확대) 늘이어서 크게 함.   · 擴充(확충) 넓혀 충실하게 함.
· 擴聲器(확성기) · 擴張(확장)

· 거둘 확
· 穫稻(확도) 벼를 거두어 들임.   · 收穫(수확) 곡식을 거두어 들임.
· 耕穫(경확) · 刈穫(예확) · 秋穫(추확)

· 알 환. 총알 환
· 丸藥(환약) 알약.   · 彈丸(탄환) 총알.
· 丸劑(환제)

· 거칠 황. 황폐할 황
· 荒廢(황폐) 버려두어 못 쓰게 되고 거침.   · 荒蕪地(황무지) 버려둬 거칠어진 땅.
· 荒畓(황답) · 荒唐無稽(황당무계) · 荒涼(황량) · 荒野(황야) · 荒原(황원)
· 荒淫(황음) · 荒政(황정) · 荒天(황천) · 荒怠(황태) · 荒行(황행)

· 새벽 효. 깨달을 효. 밝을 효
· 曉鐘(효종) 새벽 종소리.　· 曉星(효성) 새벽 하늘에 보이는 별.
· 曉起(효기) · 曉闇(효암) · 曉雲(효운) · 曉天(효천) · 開曉(개효) · 知曉(지효)
· 通曉(통효) · 昏曉(혼효)

· 제후 후. 벼슬이름 후
· 王侯(왕후) 임금과 제후.
· 諸侯(제후) 제왕에게 영토를 받아 영내를 다스리던 벼슬.
· 侯門(후문) · 侯伯(후백) · 侯爵(후작) · 大侯(대후) · 列侯(열후)

· 목구멍 후
· 喉音(후음) 내쉬는 숨으로 내는 소리.　· 咽喉(인후) 목구멍.
· 喉骨(후골) · 喉頭(후두) · 喉佛(후불) · 歌喉(가후) · 結喉(결후)

· 헐 훼. 무너질 훼
· 毁謗(훼방) 헐뜯음. 비방함.　· 毁損(훼손) 헐어서 못 쓰게 함.
· 毁棄(훼기) · 毁傷(훼상) · 毁辱(훼욕) · 毁詆(훼저) · 毁譖(훼참) · 毁廢(훼폐)

· 빛날 휘. 빛 휘
· 輝煌(휘황) 광채가 눈부시게 빛남.　· 光輝(광휘) 아름답게 빛나는 빛.
· 輝石(휘석) · 明輝(명휘) · 發輝(발휘) · 映輝(영휘)

· 가질 휴. 이끌 휴
· 携帶(휴대) 손에 들거나 몸에 지님.　· 提携(제휴) 서로 붙들어 도와줌.

· 가슴 흉
· 胸廓(흉곽) 가슴 부분의 몸통. 휴추골.　· 胸中(흉중) 가슴 속. 가슴 속의 생각.
· 胸間(흉간) · 胸腔(흉강) · 胸骨(흉골) · 胸襟(흉금)

· 빛날 희. 화할 희
· 熙笑(희소) 기뻐하여 웃음.　· 熙朝(희조) 잘 다스려진 시대.
· 熙皥(희호) · 熙熙(희희) · 熙熙壤壤(희희양양) · 光熙(광희) · 恬熙(염희)

· 탄식할 희. 트림할 애
· 噫呼(희호) 탄식, 또는 애통해하는 소리.　· 噫欠(애흠) 트림과 하품.